中小学图书馆管理与服务
（第3版）

江苏省教育装备与勤工俭学管理中心　编著

国家图书馆出版社

图书在版编目（CIP）数据

中小学图书馆管理与服务/江苏省教育装备与勤工俭学管理中心编著. --3 版. --北京：国家图书馆出版社,2024.11. -- ISBN 978 - 7 - 5013 - 8302 - 3

Ⅰ. G258.69

中国国家版本馆 CIP 数据核字第 20241BB195 号

书　　名　中小学图书馆管理与服务（第 3 版）
　　　　　ZHONGXIAOXUE TUSHUGUAN GUANLI YU FUWU(DI 3 BAN)
著　　者　江苏省教育装备与勤工俭学管理中心　编著
责任编辑　张亚娜　高　爽
封面设计　耕者设计工作室

出版发行　国家图书馆出版社（北京市西城区文津街 7 号　　100034）
　　　　　（原书目文献出版社　北京图书馆出版社）
　　　　　010 - 66114536　63802249　nlcpress@ nlc. cn(邮购)
网　　址　http://www.nlcpress.com
排　　版　京荷（北京）科技有限公司
印　　装　河北鲁汇荣彩印刷有限公司
版次印次　2024 年 11 月第 3 版　2024 年 11 月第 1 次印刷

开　　本　787×1092　1/16
印　　张　25.75
字　　数　586 千字
书　　号　978 - 7 - 5013 - 8302 - 3
定　　价　92.00 元

《中小学图书馆管理与服务》编委会

编委会委员： 陈　亮　吴　政　徐　雁
　　　　　　　钱　军　茆意宏　王烨飞

《中小学图书馆管理与服务》修订委员会

主　　编：沈本领

副　主　编：陆　波　张　泉　华南红　冯　刚

修订人员（排名不分先后）：

　　　　　冯　刚　邵援中　蔡　玮　孟　韦　金建雯　殷成文

　　　　　华　斌　蒋　莉　孙　兰　陈　菁　梁雯雯　王志军

目　录

第一章　中小学图书馆概述

本章导读：

　　图书馆被称为"知识殿堂"，是社会教育、文化的重要组成部分。中小学图书馆是我国图书馆事业的重要组成部分，其数量众多，主要是为未成年人服务，担负着弘扬中华优秀传统文化，弘扬中国精神，凝聚中国力量，围绕立德树人培育和弘扬社会主义核心价值观，激发文化价值潜能，全面推进素质教育的光荣任务。

　　通过本章学习，您将了解到：

- 图书馆的概念、发展历程以及图书馆的类型
- 中小学图书馆的性质、地位和任务
- 中小学图书馆建设经费的预算、管理以及使用
- 中小学图书馆机构管理的原则、方法以及策略
- 中小学图书馆行业管理规范——《中小学图书馆(室)规程》解读
- 中小学图书馆的效益与评估

第一节　图书馆的基础知识

一、图书馆的概念

　　人们对图书馆的认识是随着社会的发展、信息技术的提高而逐步变化的。20世纪90年代以前，我国许多图书馆学教材对"图书馆"下的定义不完全相同。20世纪90年代以后，人类社会进入信息时代，信息技术成为当今世界上最先进的生产力。现代计算机技术和网络技术，使人类社会获取信息、存储信息、处理信息、传输信息、控制信息的能力空前提高，也将图书馆带入了一个崭新的工作环境——网络环境。在网络环境下，图书馆的馆藏特点、服务对象、服务手段以及功能和作用都发生了变化，图书馆的概念也有了新的发展。

　　根据2019年图书馆·情报与文献学名词审定委员会编制的《图书馆·情报与文献学名词》一书中的定义，图书馆是"搜集、整理、收藏图书报刊等文献信息资料和为读者提供文献使用及参考咨询服务的文献信息机构，也是为一定社会、政治、经济服务的文化教育机构。通常包含图书馆的物理建筑、图书馆占有的空间两层含义。相对于传统图书馆，数字与网络环境下图书馆藏品的载体发生了很大变化，不仅包括传统的纸质文献，还包括数字资源和音、视频资料。当代图书馆不仅被视为文献信息中心，更被视为知识中心和学习中心"[①]。

---

　　① 图书馆·情报与文献学名词审定委员会.图书馆·情报与文献学名词[M].北京:科学出版社,2019:8.

在社会发展的各个阶段,无论图书馆的形态如何,图书馆都承担着知识、信息的存储、整序、传递乃至增值服务的职能。未来图书馆可能不以我们熟知的实体形态存在,但只要存在一种充当社会知识、信息的记忆、扩散装置的机制,我们就可以将其视作传统图书馆的未来形态。

二、图书馆的组成要素

图书馆要素①(Library Element)指的是构成一个图书馆存在并维持其生存和发展的最小单位和必不可少的因素,是图书馆产生、变化、发展的动因。

1932 年,杜定友提出了图书馆有书、人、法的"三要素说";1934 年,刘国钧在《图书馆学要旨》一书中提出了图书、人员、设备和方法的"四要素说";1957 年,刘国钧在《什么是图书馆学》一文中指出:"图书馆学就是关于图书馆的科学,也就是研究图书馆事业的性质和规律的科学。"②刘国钧在《什么是图书馆学》一文中还提出了"图书馆事业有五项组成要素:(1)图书,(2)读者,(3)领导和干部,(4)建筑与设备,(5)工作方法"的"五要素说"③。图书馆"五要素说"一直影响至今。

图书馆构成有五项基本要素:文献信息资源、读者、工作人员、技术方法、建筑与设备。

文献信息资源——图书馆赖以存在和开展工作的物质基础。图书馆文献信息资源是图书馆所收藏和链接的各类型文献信息的总和,它们是重要的资源,能帮助人们克服空间和时间上的障碍,记录、储存和传递人类已有的知识和经验,从而推动人类知识的增加和科技经济的进步。图书馆文献信息资源的类型主要有以纸为介质的图书期刊等文献、计算机可读信息、多媒体信息、各类数据库等。

读者——图书馆服务的对象。凡是具有利用图书馆资源条件的一切社会成员,包括个人和集体,都可以成为图书馆的读者。这些读者可以是不同年龄、不同性别、不同职业、不同知识结构的,他们对文献资源的需求是各不相同的,对服务方式的需求也是不相同的。图书馆的工作之一就是发展读者、研究读者、服务读者。读者的文献信息需求,决定着图书馆服务工作的价值,也是推动图书馆发展的动力。

工作人员——图书馆活动的组织者和管理者。工作人员是连接文献信息与读者的中介和枢纽,是使文献信息的价值由潜在变为现实的关键。图书馆工作的质量,图书馆的社会作用,取决于工作人员的业务技能、服务精神和道德素养等。

技术方法——做好图书馆工作的主要手段。图书馆技术方法包括文献信息的收集整理和开发利用的技术方法,读者服务的技术方法,图书馆组织管理的技术方法,以及利用信息技术、自动化技术对图书馆进行集成管理的技术方法。掌握先进技术和方法,是图书馆满足读者的需求、提高服务质量不可缺少的条件和手段。现代图书馆作为社会知识信息的交流工具,必须借用先进技术手段和各种工具方法,创建一个与读者交流的平台,才能实现自己的工作目标。当

---

① 图书馆·情报与文献学名词审定委员会.图书馆·情报与文献学名词[M].北京:科学出版社,2019:10.

② 吴慰慈,董焱.图书馆学概论[M].修订 2 版.北京:国家图书馆出版社,2008:7.

③ 刘国钧.什么是图书馆学[M]//刘国钧.刘国钧图书馆学论文选集.北京:书目文献出版社,1983:133.

今社会的信息技术和网络技术的飞速发展,推动了图书馆事业的不断进步和发展。

建筑与设备——图书馆的物质条件。建筑与设备是图书馆开展工作不可缺少的基本物质条件。建筑与设备要适应图书馆文献信息的状况和服务功能的要求,否则就会妨碍图书馆工作的开展,降低图书馆的社会功能。

图书馆的这些要素相互结合、相互作用,构成了图书馆这个发展着的有机体。在这五个要素中,决定性的要素是工作人员。因为工作人员是图书馆活动的管理者和组织者,图书馆的社会效益和价值都是通过工作人员来实现的。因此充分发挥图书馆工作人员的组织和管理作用,以各种类型的读者为服务对象,以科学、实用的文献信息为物质基础,以先进的技术方法为服务手段,为读者提供必备的物质设备及使用条件,这就构成了理想的现代图书馆结构模式。

三、图书馆的起源与发展

1. 图书馆的起源

图书馆是人类社会发展到一定阶段的产物。人类的社会生活、生产劳动离不开信息交流、经验传承。在文字出现之前,人们是依靠口头语言进行社会交际、传递信息,并采用"结绳记事""刻木记事"的方式来记录生产、生活经验。但这种记录方式有很大的局限性。自从人类社会创造了文字,有了书写工具和记录文字的物质材料,文字就成为人类社会交际的辅助工具,这一切也为文献的出现创造了条件。人类的思维活动和人类在生产、生活中积累的知识、经验,都得以借助文字的形式记录保存下来。文字和书籍的出现大大地扩展了人类交际的时间和空间,丰富了信息交流的方式和途径。随着文献的大量出现,收集、整理、保存、利用文献的机构应运而生。所以说,图书馆直接起源于保藏文献。图书等文献资料记录的是人类的智慧,图书馆是人类社会的文明尺度,图书馆事业的发展程度反映了一个国家科学技术、生产力和综合国力的发达程度。

2. 图书馆的发展

图书馆在其发展的过程中大致经历了古代、近代、现代三个时期。

(1)古代图书馆

古代图书馆发端于奴隶社会,发展于封建社会。据考古发现,世界著名的四大文明古国,都曾有图书馆的存在。古巴比伦王国有着人们所知道的迄今最早的图书馆。在古代中国,约公元前14世纪,殷商时期产生了甲骨文字,公元前10世纪左右的周朝就有了正式的、有文献记载的图书馆——藏室,这就是我国图书馆历史长河中的源头。在春秋时期,官、私藏书都已出现,官藏称之为"盟府"或"故府",而且由史官掌管。无论是中国还是外国,古代图书馆的特征都是以藏书为主,所以在中国人们习惯称之为"藏书楼"。

我国古代图书馆在秦汉时期已初具规模,西汉末年,刘歆根据其父刘向的《别录》,编定了我国最早的官修藏书目录《七略》,它记录了我国从上古到汉代的图书,可见当时宫廷的皇家藏书已具一定规模。三国、隋、唐、五代,无论是皇家书库还是私人藏书楼、寺观藏书院都有了进一步的发展。宋代,活字印刷术的发明,推动了藏书事业的发展。这一时期书院藏书逐步发展起来。明代文渊阁是国家藏书机构,文渊阁、翰林院藏书甚多。明代私人藏书盛行,有的藏书家不仅藏书,而且刻书、校书,在古代的藏书事业中占有一定的地位,如江苏毛晋的汲古阁、浙江范钦的天一阁。清代图书事业更加兴盛,康熙、乾隆年间,朝廷都曾下令求书。乾隆下令编纂《四库全书》,并对其存藏十分重视,书未成之前,已陆续建阁,修建了文渊阁、文溯阁、文源阁、文津阁、文汇阁、文宗阁、文澜阁共七座藏书楼,将《四库全书》抄录七部,并将其分藏于此。

（2）近代图书馆

1850年,英国颁布了世界上第一部公共图书馆法,它的倡导者——英国著名图书馆学家爱德华兹因此而名载史册。爱德华兹在这部法案中表达的理念就是建立一种由地方政府授权管理,由地方税收支持,从而对所有纳税人(实际也就是向所有社会公众)免费开放的图书馆。到第二次世界大战前夕,世界各国图书馆已经相当发达。

我国近代图书馆兴起于19世纪末,是西方思想文化传入中国的产物。改良维新派人士首先倡导开设公共藏书楼,公开借阅。1896年李端棻上书,请求在京师及省会设立大书楼(图书馆)并且提出"建立藏书楼的管理制度",包含制定图书馆章程、公共图书馆观念、图书馆馆长的选定。1895年,维新派梁启超等组织"强学会"购置图书、收藏报刊,创设藏书楼作为学会活动和会员研习西方政治学说的场所。各地成立的学会附设藏书楼,它们有明确的办理宗旨,有藏书和借阅制度。1902年,浙江绍兴乡绅徐树兰,仿照西方图书馆模式,个人出资创办了古越藏书楼,向社会公众开放,使它具有了近代公共图书馆性质,这标志着我国第一所公共图书馆诞生。1898年,京师大学堂藏书楼开始创建,至1902年建成,它是具备图书馆服务模式的大学图书馆。1903年,韦棣华在武昌文华书院筹备阅览室,开展图书宣传活动;1910年文华公书林建成开放,管理上吸收了西方近代图书馆的先进模式。

（3）现代图书馆

现代图书馆是指实现自动化管理后相对传统图书馆而言的图书馆概念。第二次世界大战之后,随着科学技术的发展,图书馆发生了巨大的变化。1954年计算机技术首次应用于图书馆,1966年机读目录(MARC)研制成功,这些使图书馆的技术方法有了很大进步。光学技术、声像技术、网络技术的广泛应用,改变了图书馆的管理理念,使图书馆的藏书结构、服务方式、服务手段大大改善。这一阶段,图书馆进入了一个新的发展时期。

现代图书馆的特点是:①现代图书馆是知识、信息存储、传播和交流中心。②馆藏信息资源多元化,电子资源、网络资源、印刷资源并存。③电子计算机技术、现代通信技术、网络技术在图书馆广泛应用,取代了传统图书馆以手工为主的管理模式和服务方式,实现了管理自动化、文献数字化、传递网络化。④服务方式由实体服务和虚拟服务互补,即实物借阅与网络信息资源服务结合,强调服务个性化。

相关链接:

数字图书馆概念的起源①

数字图书馆的概念具有很长的历史渊源,20世纪90年代是数字图书馆研究兴起的阶段,

---

① 数字图书馆[EB/OL].[2024-06-18]. https://www.zgbk.com/ecph/words? SiteID=1&ID=404914&Type=bkzyb&SubID=47265#section1-18.

进入 21 世纪之后,数字图书馆进入深入发展阶段。

众多数字图书馆研究者认为,数字图书馆的概念可以追溯到 V. 布什(Vannevar Bush)和 J. C. R. 利克莱德(Joseph Carl Robnett Licklider)等科学家的著名论文。布什在 1945 年发表的文章《正如我们所想》("As We May Think")中构想了一种名为 Memex 的设备,首次提出构建一种易于访问,可根据个人需要灵活配置的知识仓库的概念,被认为是数字图书馆概念的最早萌芽。而利克莱德在 1965 出版的《未来图书馆》(*Libraries of the Future*)则被认为是关于数字图书馆最早的一部详细著作。在本书中,作者设想构建一种计算机网络,通过这一网络可以存储和使用所有人类出版的文献。

1989 年,在美国国家科学基金会(NSF)工作的科学家 W. 伍尔夫(William Wulf)在洛克菲勒大学召开的 NSF 工作组研讨会上做了《国家合作实验室白皮书》的报告,其中较为明确地提出了数字图书馆的概念,并对数字图书馆在未来的科研模式下的作用进行了阐述。伍尔夫认为合作实验室(collabroatory,由 collaboration 和 laboratory 融合而成)是未来的科研模式,它是一个"没有围墙的中心"。在这种科研模式下,全国的科研人员都可以不受地理位置限制地开展各项研究,可以与同事交流、使用仪器、共享数据和计算资源,并且可以使用数字图书馆中存储的信息资源。

逐步趋向共识的数字图书馆概念①

由于所处时代不同,看问题的角度不同,30 多年以来,研究人员对数字图书馆的定义也各不相同。数字图书馆发展的初期,人们分别从信息系统和(传统)图书馆的角度来认识什么是数字图书馆,但随着研究的不断深入,数字图书馆的概念逐步趋向统一。

从信息系统角度来看,数字图书馆逐步从特定的计算机信息系统演化为一种满足特定个体或机构信息服务需要的数字信息环境;从图书馆的角度来看,数字图书馆虽然可能还是以图书馆为其支撑机构,但是走出图书馆,建设以用户信息活动为中心的数字信息环境已经成为数字图书馆的主流。数字图书馆实际上成了各类信息服务机构都可构建的,充分利用数字信息资源和现代信息技术手段,有效支持用户进行信息检索、信息处理和信息利用的一种信息服务环境。

数字图书馆②的定义

数字图书馆(digital library)曾称"电子图书馆""虚拟图书馆""无纸图书馆",以海量、经过组织和序化的数字化信息资源为基础,以先进的信息通信技术与计算机设备为手段,以网络为服务平台,以智能化、个性化的用户服务为中心,以信息收集、开发、管理、存储并提供利用为目的的数字空间。

---

① 数字图书馆[EB/OL].[2024 - 06 - 18]. https://www.zgbk.com/ecph/words? SiteID = 1&ID = 404914& Type = bkzyb&SubID = 47265#section1 - 18.

② 图书馆·情报与文献学名词审定委员会.图书馆·情报与文献学名词[M].北京:科学出版社,2019: 37.

智慧图书馆概念的由来[①]

"智慧图书馆"的理念和实践率先出现在欧美的大学图书馆、公共图书馆和博物馆中。2003年前后,芬兰奥卢大学图书馆提供的一项新服务称为"Smart Library"。这一服务隶属于"Rotuaari Project"项目,与此同时,芬兰奥卢大学图书馆的Aittola等人,在人机交互移动设备国际研讨会上发表的《智慧图书馆:基于位置感知的移动图书馆服务》论文提出:智慧图书馆是一个不受空间限制,可以被感知的移动图书馆服务,可以帮助用户找到所需要图书和相关资料。

目前,智慧图书馆建设处于起步阶段,具有创新性和前沿性。智慧图书馆是一项融合多学科、多技术的综合性系统工程,将成为图书馆创新、转型和持续发展的新理念和新实践。无论是理论研究还是实践探索都有待深化。

总之,智慧图书馆是数字图书馆发展基础上的新的变质,它以人工智能、大数据为技术基础,在物联网、云计算、移动通信等技术环境和图书馆全面实现信息化的前提下,为读者提供更加优质的服务目标,整合图书馆所有信息系统的数据以及相关系统的数据,通过大数据智能分析平台,在实现图书馆业务智能管理的基础上,最终实现智慧决策和管理以及全方位智慧服务。

3.图书馆的类型

(1)国际通用图书馆分类标准

在1974年,国际标准化组织(ISO)和国际图书馆协会与机构联合会(IFLA)在联合国教科文组织(UNESCO)的支持下,协作研究并颁布了《ISO 2789—1974(E)国际图书馆统计标准》。该标准依据图书馆服务的覆盖范围,确定了图书馆的分类标准,将图书馆划分为以下六大类:国家图书馆、高等院校图书馆、中小学图书馆、专门图书馆、公共图书馆和其他主要的非专门图书馆。

这份标准是为方便图书馆统计和图书馆界的交流而制定的,并没有明确给出这六大类图书馆的全部定义,下文将结合国内文献对这六类图书馆作出解释。

1)国家图书馆(national library)

ISO指出,国家图书馆有以下职能:履行国内外图书文献收藏和保护的职责,指导、协调全国文献保护工作;为中央和国家领导机关、社会各界及公众提供文献信息和参考咨询服务;开展图书馆学理论与图书馆事业发展研究,指导全国图书馆业务工作;对外履行有关文化交流职能,参加国际图联及相关国际组织的活动,开展与国内外图书馆的交流与合作。国内认为国家图书馆是由国家建立的负责收集和保存本国出版物和未出版的信息资源,担负国家总书库职能的图书馆[②]。国家图书馆通常是一个国家最重要的图书馆,拥有丰富的馆藏资源,并承担国家级的文献保存、研究和传播任务。

---

① 张海波.智慧图书馆技术及应用[M].石家庄:河北科学技术出版社,2020:5.

② 图书馆·情报与文献学名词审定委员会.图书馆·情报与文献学名词[M].北京:科学出版社,2019:34.

2）高等院校图书馆（university library）

高等院校图书馆的具体定义并不是由 ISO 直接给出的，IFLA 对"高等院校图书馆"的定义是学术性机构，主要为教学和科研服务。国内所说的高校图书馆指的是由大学建立并管理的图书馆或图书馆系统，负责收集、整理各种文献资料，以满足其学生和教职工对教学及研究的需要①。高等院校图书馆主要服务于高等院校的师生，提供学术资源支持教学和科研活动。

3）中小学图书馆（middle and primary school library）

中小学图书馆的定义和功能主要由教育领域的专业组织和专家进行研究和分析，而不是由 ISO 直接定义。IFLA 和 UNESCO 等机构通过发布宣言和指南，强调了中小学图书馆在教育中的作用，如促进教育进步、提供信息、传授终身学习技能等。这些定义和功能描述更加专注于中小学图书馆在教育环境中的特定角色和贡献。国内对中小学图书馆的定义为：附属于高等教育水平以下的各类学校的图书馆，主要功能是为学校内的学生和教师提供信息服务②。中小学图书馆主要服务于学校师生，提供适合学生年龄和学习需求的图书和资料。

4）专门图书馆（special library）

ISO 本身并没有直接给出专门图书馆的定义。然而，从图书馆学的角度和相关的国际标准来看，专门图书馆通常指的是专门收藏某一学科或某一类文献资料，为专业人员服务的图书馆，如音乐图书馆、美术图书馆、地质图书馆等。这类图书馆的主要特点是具有专业性和针对性，它们收集和组织专门领域的文献，为特定读者服务。国内认为专门图书馆即致力于某些学科或主题领域专业文献的收集、整理和加工，为相关领域人士提供深度信息服务的图书馆③。

5）公共图书馆（public library）

IFLA 制定的《公共图书馆服务发展指南》对公共图书馆进行了明确的定义：公共图书馆是由社区，或者地方政府、区域政府、国家政府，以及其他形式的社区组织建立、支持并拨款维持运营的组织。公共图书馆是各地的信息中心，用户可以随时得到各种知识与信息。它是知识社会的一个基本组成部分，它随着通信方法的变化而持续改变，为所有人提供信息的公共获取手段并使信息得以有效利用，以此来完成其使命。它为知识的生产、信息的共享和交流以及推动公众参与提供了公开的可利用空间④。国内认为公共图书馆是由公共税收或公益资金依法建立，面向社会开放，可免费借阅文献资料的图书馆⑤。公共图书馆是面向社会公众开放，提供广泛的阅读资源和信息服务，是普及文化、促进知识传播的重要机构。

6）其他主要的非专门图书馆（other major non specialized libraries）

国际组织对"其他主要的非专门图书馆"的定义并没有一个直接且统一的表述，因为这一分类是在图书馆分类体系中用于涵盖那些不属于国家图书馆、高等院校图书馆、中小学图书馆、

①③⑤　图书馆·情报与文献学名词审定委员会.图书馆·情报与文献学名词[M].北京:科学出版社,2019:34.

②　图书馆·情报与文献学名词审定委员会.图书馆·情报与文献学名词[M].北京:科学出版社,2019:35.

④　The IFLA-UNESCO Public Library Manifesto 2022[DB/OL].[2024－06－19].https://www.ifla.org/public-library-manifesto/.

专门图书馆和公共图书馆等明确分类的图书馆。

非专门图书馆的主要特点:①学科广泛,非专门图书馆不像专门图书馆那样专注于特定领域,而是广泛收集各种学科的图书和资料,以满足不同读者的需求。②读者多样,这些图书馆通常面向社会公众开放,读者成分多样。③免费开放,非专门图书馆通常向所有居民免费开放,提供公共访问,确保信息资源的普及。④经费来源,这些图书馆的经费主要来源于地方行政机构的税收,确保其长期稳定的资金支持。⑤法律和政策依据,非专门图书馆的设立和管理必须有法律和公共政策的依据,确保其合法性和规范性。

(2)我国图书馆分类标准

我国划分图书馆类型的标准通常有以下三种:

第一种标准:按图书馆的管理体制(隶属关系)划分。例如,文化系统图书馆包括文化和旅游部和各级文化和旅游主管部门领导的公共图书馆,教育系统图书馆包括教育部和各级教育主管部门领导的大、中、小学图书馆,科学研究系统图书馆包括中国科学院、中国社会科学院、中国农业科学院、中国医学科学院和其他专业科学研究机构所领导的图书馆,工会系统图书馆包括全国总工会及各地工会领导的图书馆,共青团系统图书馆包括各级共青团组织领导的青年宫、少年宫等图书馆,军事系统图书馆包括军事领导机关图书馆、军事院校图书馆、军事科学图书馆和部队基层图书馆。

第二种标准:按馆藏文献范围划分。例如,综合性图书馆包括各级公共图书馆、综合性大学图书馆、工会图书馆等,专业性图书馆包括专业科学研究机构图书馆、专业院校图书馆及专业厂矿技术图书馆(室)等。

第三种标准:按读者群划分。例如,儿童图书馆、盲人图书馆、少数民族图书馆等。

我国图书馆的主要类型有:国家图书馆、公共图书馆、学校图书馆、科学图书馆、专业图书馆、技术图书馆、工会图书馆、军事图书馆、儿童图书馆、盲人图书馆、少数民族图书馆等。

第二节　中小学图书馆工作

中小学图书馆亦称学校图书馆,在有些国家被称为"学校媒体中心"或"学校图书馆电教中心"。

一、中小学图书馆的性质

2018 年,教育部在《中小学图书馆(室)规程》中将中小学图书馆定义为:"图书馆是中小学校的文献信息中心,是学校教育教学和教育科学研究的重要场所,是学校文化建设和课程资源建设的重要载体,是促进学生全面发展和推动教师专业成长的重要平台,是基础教育现代化的重要体现,也是社会主义公共文化服务体系的有机组成部分。"[①]这段文字以"一个中心、四个重

---

① 　教育部关于印发《中小学图书馆(室)规程》的通知[EB/OL]. [2024－06－19]. http://www.moe.gov. cn/srcsite/A06/jcys_jyzb/201806/t20180607_338712.html.

要和一个有机组成部分"高度概括了中小学图书馆的性质。

它的主要任务是："贯彻党的教育方针,培育社会主义核心价值观,弘扬中华优秀传统文化,促进学生德智体美全面发展;建立健全学校文献信息和服务体系,协助教师开展教学教研活动,指导学生掌握检索与利用文献信息的知识与技能;组织学生阅读活动,培养学生的阅读兴趣和阅读习惯。"①

中小学图书馆的定性,不同于各类专业学校图书馆"是为教育、教学、科研服务的教育机构",也不同于普通高等院校图书馆"是为教学和科学研究服务的学术性机构",它明确了中小学图书馆的性质是"信息中心"和"社会主义公共文化服务体系的有机组成部分"。

中小学图书馆作为学校的文献信息中心,要根据不同年级、不同学科、不同读者,有目的、有计划、多渠道收集中小学教育、教学和教育科学研究等方面文献信息,注重电子出版物和网络资源的收集、整理,供广大师生阅读和选用,图书馆面向师生服务的面越广、针对性越强,就越能发挥"信息中心"的作用。

中小学图书馆作为服务机构,要确立服务意识。要围绕学校教育、教学和教育科学研究的发展和需要做好相应的服务工作。服务要面向学生、面向教学实际,在学校各相关部门的配合下,认真开展并指导中小学生的读书活动,采用生动活泼、内容丰富的组织形式,激发学生的学习热情,引导中小学生从优秀书籍中汲取精神养料、丰富知识、陶冶情操,培养信息意识和利用图书馆的能力,使图书馆这个服务机构成为广大师生取之不尽、用之不竭的知识宝库和知识源泉,从而有力推动校园文化建设。在服务理念上要变被动服务为主动服务,在服务对象上由重点为教师服务向为学生服务为主转变,在服务方式上要由单一的借阅型向借、阅、网一体化综合创新服务方面转变。中小学图书馆的工作人员肩负重任,工作的开展、服务的效果如何,决定于图书馆工作人员的素质。中小学图书馆工作者要熟悉本馆的各种文献信息,并能对网络上的相关信息资源进行整序,加工提炼做成二次、三次文献,供学生和教师选择使用。

二、中小学图书馆的地位

中小学图书馆是我国图书馆事业中重要的组成部分,也是存在数量最多、从业人员最多和拥有最稳定、最广泛读者的图书馆类型。IFLA 发布的《国际图联学校图书馆宣言(2021)》中指出:"学校图书馆计划通过其合格的学校图书馆专业人员和工作人员、物理和数字馆藏、空间和设备、服务和活动,以及在包容和公平教育中为读写能力、批判性思维、创造力和全球公民的积极合作,改善和提高整个学校社区的教学和学习。"②

"学校图书馆计划通过配备合格的图书馆专业人员,致力于为学生提供公平的学习经验和资源获取机会,打造一个既易于访问又备受欢迎的包容性学习空间,旨在促进学校社区所有成

① 教育部关于印发《中小学图书馆(室)规程》的通知[EB/OL].[2024-06-19]. http://www.moe.gov. cn/srcsite/A06/jcys_jyzb/201806/t20180607_338712.html.

② IFLA School Library Manifesto(2021)[DB/OL].[2024-06-19]. http://www.chinalibs.net/ArticleInfo. aspx? id=493868.

员成为批判性思考者、有效读者、负责任的信息使用者、评估者以及多种格式信息的创作者。"[1]

"在幼儿期、小学和中学图书馆环境中平等使用学习共享空间，必须确保为所有学习者的需求和能力提供资源和差异化的教学机会，不论其年龄、种族、性别、宗教、性取向或身份、残疾、国籍、语言或职业、经济、文化或社会地位如何。必须为那些无法使用主流图书馆服务和材料的人提供特定的访问权限。"[2]

因此我们可以说，中小学图书馆是学校办学的必备条件，是学校教育、教学活动的重要场所。中小学图书馆应该向全体成员开放、能为所有人使用；是信息空间，提供覆盖纸质、多媒体和数字馆藏等多种媒介的高质量的信息源；是安全空间，它能够鼓励和支持个人的好奇心、创造力和学习意向，学生能在其间秘密地、安全地探究包括争议性话题在内的各种问题；是教学空间，学生能够在其间提升信息交流和知识创造相关的能力；是技术空间，图书馆能提供一系列用于知识创造、表达和分享的技术工具、软件和专门知识；是文化中心，学校社群得以在其间进行一切形式的阅读推广和基本素养培育；是数字公民中心，学习社群在其间可以学习如何以恰当的、道德的和安全的方式使用数字化工具，学习保护身份和个人信息的策略；是信息环境，为社群中所有成员提供平等的、他们在家中无法获得的资源和技术以及信息技能发展机会；以及，是社会空间，图书馆为整体社群提供文化的、专业的和教育的活动，活动形式可能是事件、会议、展览或资源等。

中小学图书馆是学校教育资源建设中不可或缺的部分，是新一轮基础教育课程改革必要的条件之一。《中小学图书馆（室）规程》（2018年版）将中小学图书馆定义为学校文献信息中心，这决定了中小学图书馆在学校教育、教学和教育科学研究中的特殊地位。苏联教育家苏霍姆林斯基在著名的《帕夫雷什中学》中有这样的论述："一所学校可能什么都齐全，但如果没有为了人的全面发展和丰富精神生活而必备的书……那就不能称其为学校。一所学校也可能缺少很多东西，可能在很多方面都极其简陋贫乏，但只要有书，有能为我们经常敞开世界之窗的书，那么，这就足以称得上是学校了。"可见图书馆在学校教育中的重要地位。

图书馆是学校教育改革和发展的重要物质基础。中小学图书馆建设在一定程度上能够代表一个学校的整体办学水平。近年来，各级教育行政部门将图书馆建设纳入学校建设发展总体规划，并将其作为评估学校办学条件的内容之一，这一举措大大加快了学校图书馆的发展速度，有力地促进了中小学图书馆规范化、科学化和现代化建设。不少中小学图书馆已成为学校标志性工程，成为学校的文献信息资源中心，成为师生求知和向往的地方，成为学校最亮丽的景观。不少地区的中小学把建设具有一流条件、一流管理、一流服务水平的图书馆作为奋斗目标。许多省、市已建成了一批高标准、有特色的一级中小学图书馆。许多中小学建有独立的馆舍，一些示范中学图书馆的馆舍面积达3000—5000平方米，其藏书量和自动化程度都超过了当地区、县公共图书馆。中小学图书馆为广大学生、教师读书创造更便利条件，用读书促进教育教学改革，积极营造"书香校园"。实践证明，图书馆作为学校教育、教学活动的重要场所，不是可有可无

[1][2] IFLA School Library Manifesto（2021）［DB/OL］.［2024-06-19］. http://www.chinalibs.net/ArticleInfo.aspx? id = 493868.

的,而是学校办学必不可少的。图书馆的办馆条件越好,就越能吸引广大师生。学校的素质教育离不开图书馆,教师备课从事教学研究活动离不开图书馆,学生的成长更离不开图书馆。

三、中小学图书馆的职能、目标和任务

1. 中小学图书馆的职能

图书馆有五项基本职能:对社会文献信息流整序的职能;传递文献信息的职能;开发智力资源,进行社会教育的职能;搜集和保存文献遗产的职能;文化欣赏休闲娱乐的职能。这是图书馆共性的职能,而中小学图书馆由于它服务对象的年龄特征,以及学校所担负的教育、教学任务,因此在职能体现上更加具有自己的特点。中小学图书馆的职能主要是采集文献信息资源、知识导航、社会教育和文化娱乐。

（1）采集文献信息资源

中小学图书馆要贯彻党和国家的教育方针,根据学校的教育目标、课程设置、教学要求、科学研究以及学生的需求,广泛收集、整理、存储各种文献信息,重视馆藏实体资源和虚拟资源的建设,真正承担起全校文献信息中心的重任。

（2）知识导航

中小学图书馆不仅承担传递文献信息的职能,更主要的是根据教师和学生读者要求,在传递信息的过程中起到知识导航的作用,开展有目的、有针对性的信息服务。

（3）社会教育

中小学图书馆以学校的培养目标为宗旨,以活动为载体,将教育渗透到图书馆工作的各个环节,服务育人。

（4）文化娱乐

中小学图书馆利用馆藏文献信息资源,利用馆舍条件和设备,开展丰富多彩的活动,满足学生的兴趣、爱好,丰富学生的课余生活。

中小学图书馆利用馆藏的文献信息资源、馆舍空间及设备,开展丰富多彩的活动,满足学生的兴趣、爱好,丰富学生的课余生活。

2. 中小学图书馆的目标和任务

在当前基础教育课程改革中,在推进素质教育的过程中,中小学图书馆是素质教育的重要阵地。1999 年 6 月 13 日,中共中央、国务院发布《关于深化教育改革全面推进素质教育的决定》(以下简称《决定》)明确了今后一段时期内我国教育改革的方向,即全面推进素质教育。《决定》指出:实施素质教育的根本宗旨是全面贯彻党的教育方针,提高国民素质,重点是培养学生的创新精神和实践能力,造就适应 21 世纪现代化建设需要的社会主义新人。2015 年教育部《关于加强新时期中小学图书馆建设与应用工作的意见》明确了中小学图书馆的重点任务是:推进基础条件建设;确保馆藏资源质量;规范馆藏采购机制;不断提高信息化水平;充分发挥育人作用;带动书香社会建设。

（1）贯彻党和国家的教育方针,采集各类文献信息,为师生提供书刊资料、信息

贯彻落实党和国家的教育方针,首先体现在馆藏建设方面:一方面,中小学图书馆要根据课

程设置、教学要求采集信息,建立教育、教学、科研信息资源库;另一方面,中小学图书馆要根据学校的教育目标和学生的需要以及他们的年龄特征,采集文献信息资料。

中小学图书馆是教学科研的信息中心,是实施新课程的重要教育资源。中小学图书馆工作人员,要有强烈的资源意识,针对学校的课堂设置,广泛搜集、整理各种信息,包括网络信息资源,把分散的课程资源(教师论文、优秀教案、课件等资料)收集起来,分类编目,加工成二次文献、三次文献,提供给教师,做好文献资源保障工作。

中小学图书馆的工作就是为教师改革教学方法、提高教学质量、进行教育科学研究提供有利的条件。中小学图书馆是教师继续教育的基地,是教师成长的良师益友,是提高教师素养教育的课堂。作为一个为教育、教学、科研服务的机构,必然要为教师的继续教育创造良好的条件和环境。

中小学图书馆是学生研究性学习的知识导航站,是培养学生创新精神和实践能力的第二课堂。中小学图书馆应根据新课改的要求,针对学校的课程设置和教学要求,为学生的研究课题,配备图书资料,提供信息服务,成为学生研究性学习的导航员、信息员。要利用馆藏资源的优势,结合课堂教学,为学生提供大量的补充内容,以丰富和延伸课堂教学,促使学生消化和掌握所学的知识。开展与学科课程相衔接的丰富多彩的社会实践活动。

(2)利用书刊资料对学生进行政治思想品德、文化科学知识等方面的教育

中小学图书馆是学校德育的重要基地。中小学图书馆要充分利用自己的资源优势,认真研究中小学图书馆在新形势下德育教育的有效途径,增强教育的针对性、实效性和吸引力、感染力,切实改进图书馆德育工作的方法和途径。要尊重学生的成长规律,掌握学生思想变化的特点,主动参与以基础教育课程改革为重点的素质教育实践,帮助中小学生在实践中成长,在体验中成长,为学生全面发展创造条件。

中小学图书馆是推动"未成年人科学素质行动",培养学生科学素质的重要课堂。图书馆要重视对学生科学素质的培养,为学校开展各种科普活动提供信息资料和活动场所,注意营造热爱科学、学习科学的教育环境,激发学生学习科学文化的兴趣和热情;使学生掌握必要的基本科学知识和技能,培养科学思想,崇尚科学精神,树立人与自然和谐相处和可持续发展的意识。

(3)指导学生课内外阅读,开展信息检索与利用知识的教育活动

开展阅读活动,营造书香校园。培养学生良好的阅读习惯,提高学生的阅读能力,营造良好的读书氛围,是我们图书馆工作人员的一项重要任务。课外阅读是中小学生课余自学形式之一。课外阅读不仅可以巩固和加深课堂所学的知识,而且对启迪思想、开发智力、陶冶情操、拓展知识、提高自学能力都具有十分重要的意义。中小学图书馆的工作就是让学生在读书中寻找乐趣、获得知识、发展能力。

开设阅读指导课,引导学生的阅读活动。阅读指导包括对阅读内容的指导和对阅读方法、阅读技巧的指导。一方面,我们要密切注意学生的阅读兴趣、阅读倾向,把握学生的阅读心理。配合学校开展的活动和课堂教学的要求,根据学生的年龄特征,有选择、有目的地向学生推荐书籍,引导学生读书,以达到教育的目的。另一方面,要指导学生掌握阅读方法,养成良好的阅读习惯,指导学生在阅读过程中学会摘录、剪辑、记笔记等方法,培养学生获得知识、建构知识的能

力。树立终身学习理念,培养终身学习的能力。

开设信息检索课程,培养学生的信息素养。信息素养是人们在当今网络化、信息化社会中生存和发展的基本素质之一。中小学图书馆可以发挥自己的专业优势和资源优势,承担信息检索课,让学生学会使用工具书、利用互联网检索查找资料。开设信息检索课的目的,就是让学生具有较强的信息意识和主动获取新知识的技能,这是培养学生独立吸收和运用信息能力、提高信息素养的重要途径,可以增强学生自主学习的信心和提高终身学习的能力,引导学生进入更加广阔的知识海洋。

(4)培养学生收集、整理资料,利用信息的能力和终身学习的能力

开展多种活动,培养学生的图书馆意识。通过橱窗、讲座等形式普及图书馆的知识,组织学生参观图书馆、参与图书馆的服务工作等活动,让学生走进图书馆、了解图书馆,从而让学生认识到图书馆是他们学习知识、获取知识的重要途径,是他们终身学习的伙伴。

通过研究性学习,培养学生利用信息、处理信息的能力和终身学习的能力。中小学图书馆工作人员要以服务为主线,针对研究课题,指导学生学会利用图书馆的资源,完成研究课题。其一,引导学生根据课题收集、查找资料;其二,注意引导他们对获得的信息资料进行筛选、整合、处理;其三,用获得的信息去完成研究的课题。在收集查找资料和研究探索中,培养学生对信息进行收集、筛选、整合、利用的能力,提高学生分析问题和解决问题的能力,开发学生的创造能力,增强学生的信息素养,培养学生终身学习的能力。

(5)促进学生德、智、体、美等全面发展

中小学图书馆要重视对学生全面素质的培养。全面素质包含思想道德素质、科学素质、人文素质、身体心理素质等。图书馆要利用资源优势,充分发挥教育功能,开展各种形式的活动,实现学生德、智、体、美等全面发展。

关注学生青春期身心健康。中小学教育是基础教育阶段,它对未成年人的心理、生理健康发展,以及价值观、道德观、人生观的形成至关重要。要把中小学图书馆作为青春期教育的课堂,开展青春期健康教育活动。针对中小学生年龄特征,着眼于学生的全面发展、个性发展与和谐发展,通过开展心理咨询、心理疏导、引导、教育,帮助学生解决在学习、生活中以及在生理、心理方面出现的疑惑和问题。教育他们树立正确的世界观、人生观、价值观,培养积极向上的生活态度和自信心,塑造良好的心理素质和健全的人格,学会用理性的思维去分析问题和解决问题,使他们的智力因素和非智力因素全面和谐的发展。

关注学生人文素质培养。中小学图书馆要重视人文素质教育,人文素质教育即提高人的素质、陶冶人文精神的教育。它以强调人性教育,完善人格为宗旨。对学生进行人文素质教育,是国民教育的基础,也是课程改革与时代发展的要求,是建设和谐校园文化的重要内容,中小学图书馆责无旁贷。中小学图书馆可以利用大量、丰富的文献资源,配合课堂教学,开展有特色的人文教育活动,培养学生人文素质,促进学生素质全面发展。

关注学生审美情操的培养。审美教育也是中小学图书馆的教育内容之一。美育在全面素质教育实践中是很重要的内容,中小学图书馆可以根据学生的兴趣、爱好,组织文学社团、体育比赛、摄影活动、歌咏比赛、课本剧表演、网页制作、手工制作等形式多样的活动,培养学生发现

美、欣赏美、创造美的能力,塑造健全的人格和高尚的审美情操。

四、我国中小学图书馆的发展历史与成就

1. 我国中小学图书馆的发展

我国中小学图书馆的发展是与中小学教育事业的发展紧密相连的。最早的中小学图书馆要算 1874 年上海格致书院图书馆。1884 年,在北京创办的汇文学校图书馆也是中国较早的中小学图书馆。1901 年,各省省城书院改为大学堂,各府厅书院改设中学堂,州县书院改设小学堂。由此书院藏书成为各地中小学校图书馆藏书的重要来源。1902 年清政府颁布的《钦定小学堂章程》和《钦定中学堂章程》中就有关于"中小学堂应配置图书室"的规定。

1910 年建立的上海工部局立华童公学图书馆、1911 年建立的上海市立万竹小学图书馆和 1912 年建立的北平公立第一中学图书馆都是著名的中小学校图书馆。截至 1936 年,中国共有 162 所中小学校图书馆。民国时期,也有关于中小学校设立图书馆(室)向学生和社会开放的规定。1949 年以前,我国的基础教育十分薄弱,在教育发展最快的 1946 年,小学有 28.9 万所,中学有 4266 所。改革开放以后,我国的基础教育事业取得了快速发展,到 2005 年,全国中小学有 444177 所,其中建立图书馆的学校有 234825 所。

从历史的角度来看,我国中小学图书馆的发展历史与我国中小学教育事业的发展历程基本一致,具体可以划分为以下三个阶段。

(1)第一阶段(1949—1966 年)

在中华人民共和国成立以前,我国处于较为动乱的局面之中,因此,中小学图书馆建设显然难以得到应有的重视。中华人民共和国成立以后,中央和地方各级政府非常重视发展基础教育,投入大量的人力和财力普及教育。在发展教育、创办大批中小学校的同时,加强了学校图书馆(室)的建设,中小学图书馆建设才逐渐步入正轨。

1956 年,教育部发出《关于指导小学生阅读少年儿童读物的指示》,要求为中小学生提供更多的阅读场所,引导他们在多读书、读好书的活动中开阔视野、增长知识、陶冶情操、健康成长。1963 年 8 月,教育部出台《关于购买教学图书问题》的通知,其中明确要求"各厅、局与财政厅商量,注意今后经费中,中小学多安排一些图书经费"。从该通知的规定可以看出,国家正式采取财政措施支持中小学图书馆建设,这对于解决当时中小学图书馆建设的资金问题起到了很大的作用。

(2)第二阶段(1966—1976 年)

这段时间,中小学校的数量有了较大幅度的增加,普通中学增加到 55010 所,完全中学和中心小学的图书馆(室)的数量也有所增加,大中城市的重点中小学大都建立了独立的图书馆(室),藏书量有了一定的增长。

然而"文化大革命"(以下简称"文革")的十年,学校停课,图书馆关门,许多图书被列为"封资修",被毁被禁,大量图书馆遭到破坏,中小学图书馆建设停滞不前。

(3)第三阶段(1976 年至今)

"文革"结束之后,我国基础教育事业发展重新受到党中央的重视,与此同时,我国中小学

图书馆发展迎来了新的契机。

1978年改革开放以来,中国的基础教育事业进入了一个新的发展时期,中小学图书馆也进入了新的发展时期。1981年5月,文化部、教育部、团中央联合召开了"全国少年儿童图书馆工作座谈会",会后,国务院转发了文化部、教育部、团中央给国务院的《关于全国少年儿童图书馆工作座谈会的情况报告》。报告中提出:"各地要加强领导,从当地情况出发作出规划,分批分期进行中小学图书馆(室)的恢复和建设。建议各地在分配普通教育经费时,应按学生(或班级)数目,安排一定数量的图书购置费。"会后,教育部又转发了《天津市中小学图书馆(室)暂行工作条例》,这是中华人民共和国成立后经教育部批准转发的第一个中小学图书馆(室)工作的章程性文件。这个文件给中小学图书馆的发展,指明了方向。经过20世纪80年代初的整顿,全国中小学图书馆基本走上了正轨,步入了健康发展的道路。

1989年,国家教育委员会(以下简称"国家教委")召开了"全国中小学图书馆会议",在这次会议上,国家教委积极倡导各省市教育部门制定适合本地中小学实际状况的中小学图书馆工作规定,以推动各地中小学图书馆的发展。这是我国历史上第一次召开全国的、专门的中小学图书馆工作会议,预示着我国中小学图书馆建设进入规范化的阶段。会议成立了全国中小学图书馆协会筹备组,并拟由国家教委颁发中小学图书馆工作条例,促使学校图书馆工作科学化、规范化。会后一些省、市教育行政主管部门制定了加强中小学图书馆工作的规定。20世纪80年代是我国中小学教育大发展时期,为适应教育、教学和教学研究的需要,许多中小学建立了图书馆(室),特别是城市中小学图书馆已有了一定的规模。

1991年8月,国家教委颁布《中小学图书馆(室)规程》,对中小学图书馆(室)的性质、地位、作用、规模、办馆标准等都作了明确的规定。这表明,国家对中小学图书馆事业的重视,使中小学图书馆的发展有法可依、有章可循。随后,各省、市、自治区教育主管部门都纷纷下发文件,要求贯彻执行《中小学图书馆(室)规程》,以加强中小学图书馆建设。

20世纪90年代是中小学教育事业发展的黄金时期,也是中小学图书馆步入自动化的发展时期。随着沿海地区中小学图书馆(室)建设和管理工作逐步走上标准化、规范化、科学化后,中小学图书馆现代化和信息化的步伐加快,城市中小学图书馆基本实现了自动化管理。这一时期,中小学图书馆无论是办馆条件,还是服务水准都有了极大提高。

进入21世纪,我国的教育事业迈入了新的发展时期,中小学图书馆也迎来了新的发展机遇。随着信息技术和网络技术的不断发展和广泛运用,为了适应基础教育课程改革的进一步深入,2003年教育部对《中小学图书馆(室)规程》进行了修订,使其更加适合当时的教育改革,更加具有指导性。这次修订强调了各级教育行政部门对中小学图书馆事业的重视,将中小学图书馆信息化建设作为教育信息化建设的一项重要工作。此后数年,我国的中小学图书馆事业发展很快,尤其在沿海和经济发展较好的城市和地区,出现了一批馆舍条件和管理模式先进的中小学图书馆。

2018年5月,教育部对《中小学图书馆(室)规程(修订)》(2003年版)进行了再次修订。中小学图书馆的装备水平有了进一步提高,馆藏图书册数和生均拥有量都有了较大幅度增长,学校电子阅览室和数字图书馆建设已经引起了各地不同程度的重视,图书馆的现代化管理进一步向前推进。

随着信息技术的发展和校园网的建设，许多中小学图书馆建立了电子阅览室。到2007年底，全国共建立中小学电子阅览室136736个。在此基础上，一些学校开展了数字图书馆的建设，充实和完善了校园网、电子阅览室内的数字图书资源，广大师生在学校内任何一台联网的计算机上都可以免费阅读数字图书，有的甚至还可以通过U盘借阅的方式在保护版权的前提下把图书带回家阅读，如中文在线数字图书馆借阅功能。根据中央教育科学研究所(2011年更名为中国教育科学院)提供的数据，截至2007年9月，全国建立数字图书馆的学校达到10000多所，并有上千所学校参与了教育部规划课题有关数字图书馆建设方面的研究。2012年，随着文化部、财政部联合印发《"公共电子阅览室建设计划"实施方案》的推进，学校电子阅览室不仅成为网络环境下图书馆服务的新平台、新渠道，而且为未成年人提供了免费、便捷且内容健康的互联网服务。这一举措有效满足了师生们的基本需求，显著推动了学校图书馆信息化建设的进程。

2. 我国中小学图书馆发展成就

(1) 图书馆数量迅速增加，建馆率大幅提高，扩大了馆舍面积，改善了办馆条件

1966年以前，我国中小学图书馆建馆比例很小，只有一些老校、重要的学校和少数中心校建有图书馆(室)或图书角，馆舍条件很差，大部分没有独立的馆舍。到1990年全国许多中小学新建了图书馆，中学建馆率已达40%以上，小学已达20%左右，有部分学校建立了独立的馆舍，中小学图书馆建馆率不断提高。据《中国教育统计年鉴2007》公布的数据，全国中小学图书馆馆舍面积已达到：高中10619885平方米，普通初级中学7475518平方米，初级职业中学18376平方米，小学13302302平方米，中小学图书馆的馆舍条件也在逐步改善。根据教育部《2023年全国教育事业发展基本情况》，2023年全国共有普通小学14.35万所，初中阶段学校5.23万所，普通高中学校1.54万所。这些学校一般都配有图书馆(室)。

(2) 建立健全管理机构，理顺关系，制定和颁布了一系列规程、规定、细则、条例、标准等，保证了中小学图书馆事业健康发展

改革开放以来，尤其是进入20世纪90年代以来，我国的中小学图书馆事业得到了快速发展，不仅图书馆数量大幅增加，而且相应机构和配套规章制度也在不断完善。1990年国家教委成立条件装备司，该司下设有图情处，主要负责大、中、小学图书情报工作。不久，又成立了中小学图书馆工作委员会(以下简称"图工委")，中小学图书馆事业第一次有了自己的主管部门。此后，全国各地相继建立健全了中小学图书馆的主管部门、装备部门、图工委和相关学会、协会等组织，改变了几十年来无人管的状态，实现了统一管理、统一规划、统一协调。

2018年版《中小学图书馆(室)规程》第二章第五条指出："县级以上教育行政部门负责行政区域内图书馆的规划和管理，指导教育技术装备机构和学校做好图书馆的建设、配备、管理、应用、培训、评估等工作。"第六条指出："图书馆实行校长领导下的馆长负责制，由一名校级领导分管图书馆工作。有关图书馆工作的重大事项应当听取图书馆馆长意见，最终由校长办公会决定。"这些条款明确了县级以上教育行政部门负责行政区域内图书馆的规划和管理，确立了"教育行政部门—教育技术装备部门、学校—图书馆—阅读指导机构"几个层级的机构，并明确了各机构的职责，理顺了关系，加强了领导，确定了中小学图书馆在学校的地位和性质，即"图

书馆是中小学校的文献信息中心,是学校教育教学和教育研究服务的机构"。之后,各级主管部门相继作出规定,如在办学条件等各种验收、评估、评审中,对中小学图书馆的经费、面积、藏书量(生均册数)、阅览座位、工作人员数量及专业素质等方面,都提出了明确的要求。这些举措强调中小学图书馆在重点学校和示范学校评估验收中的重要地位,调动了广大中小学图书馆工作人员的工作积极性,有力地推动了中小学图书馆的建设发展,促进了中小学教育教学改革和科研工作。

(3)藏书观念逐步改变,藏书量不断增加,藏书质量不断提高,藏书结构逐步完善

过去,中小学图书馆只重视收藏,不重视利用。随着中小学图书馆建设的发展、藏书量的增加,藏书观念也在发生变化,越来越多的中小学图书馆在增加藏书的同时,更加重视藏书的质量和结构,重视载体形式的多样化,重视资源的利用和开发。1980 年以前,全国中学生均藏书不足 1 册。1990 年后,国家加大投入,各级政府规定学校教育经费中图书经费要占一定比例,同时通过社会捐助、世界银行贷款、在扶贫中设立图书资料项目款等方式,增加对中小学图书馆的经费投入,使中小学图书馆的藏书量有了较快的增长。

(4)思想观念更新,服务方式改变,从封闭走向开放,开展了多种多样的读者服务工作

受应试教育的影响,以前中小学图书馆的封闭程度比任何类型的图书馆都严重,学生没有时间看书,图书馆开放的时间少,且主要为教师开放,读者服务形式单一、被动,基本上是闭架借阅,几乎谈不上阅读指导和读者教育。20 世纪 90 年代前后,国家陆续制定、颁布了《中华人民共和国教育法》《关于深化教育改革,全面推进素质教育的决定》《中国教育改革和发展纲要》《面向 21 世纪教育振兴行动计划》等法律、规定,推动基础教育改革进一步深化,这对中小学图书馆的工作也提出了要求。在我国图书馆事业飞速发展的大环境影响下,在课程改革和全面素质教育的推动下,学校教育由"应试教育"向"素质教育"转变,中小学图书馆的思想理念和服务方式也受到了冲击和改变,图书馆工作发生了很大变化:变被动为主动,主动深入教育教学;变等人来借书为主动宣传图书、送书上门、送信息上门;以广大学生为主要服务对象,延长开放时间;借阅方式由闭架到半开架到全开架;开展读者教育、开设阅读指导课等多种形式的读者服务工作。

(5)实现了图书馆管理自动化

20 世纪 90 年代以来,一些大中城市中小学图书馆开始实行计算机管理。1996 年 11 月25—28 日,受国家教委图工委委托,《中小学图书情报世界》编辑部和常州市教委在江苏省常州市召开了"全国首届中小学图书馆计算机管理研讨会"。国家教委原副主任邹时炎同志到会并发表了讲话,与会代表就中小学图书馆现代化与素质教育、软硬件建设、标准化问题、现代化与人才培训等问题进行了交流。我国中小学图书馆(室)从此迈出了实现现代化的第一步。2000年 11 月 14 日,教育部发布了《关于在中小学实施"校校通"工程的通知》和《中小学信息技术课程指导纲要(试行)》两个文件,为中小学图书馆(室)实现现代化管理创造了有利的条件和契机。目前,我国大多数城市的重点中学、示范中学、高级中学和部分小学图书馆(室)都实现了计算机管理,许多学校还建起了电子阅览室、音像阅览室等。

(6)重视队伍建设,初步形成能适应中小学教育发展的专业队伍

中小学图书馆事业的发展、图书馆工作的开展,又促进了图书馆队伍建设的发展。自 2003

年颁布实施《中小学图书馆(室)规程(修订)》以来,各级教育行政部门十分重视中小学图书馆专业队伍建设,加强对图书馆工作人员的专业培训。以江苏省为例,1995年共有中小学图书馆工作人员26655人,其中60%—70%的工作人员没有受过专业训练。经过连续3年的定期培训,全省中小学图书馆专业人员中虽然图书馆学专业的毕业生不多,但大多数都经过电大、函授、自考等专业教育和短期培训,基本做到持证上岗。现在不少省市也已规定所有中小学图书馆工作人员必须经过专业培训,持证上岗,中小学图书馆工作人员的文化素质和专业素质有了很大提高。

(7)学术研究欣欣向荣,推动和促进了中小学图书馆(室)的发展

1993年9月,国家教委条件装备司和全国中小学图工委创办并公开发行了《中小学图书情报世界》,这是中小学图书馆事业发展史上的一件大事,中小学图书馆第一次有了自己的园地,这对中小学图书馆事业的信息交流和学术研究有着积极的推动作用。1949—1980年,中小学发表图书馆事业研究论文一共只有47篇。1980年后,中小学图书馆学术研究欣欣向荣,发展迅速。1984—1989年共发表论文255篇,1990—2004年发表论文2100余篇,研究的内容涉及中小学图书馆工作的各个方面。1981年的全国少年儿童图书馆工作座谈会的召开,标志着中小学图书馆分会的初步成立和相关工作的启动。1989年国家教育委员会在北京召开全国中小学图书馆工作会议,成立了全国中小学图书馆协作筹备组,并由国家教育委员会颁发中小学图书馆工作条例。2016年中国图书馆学会中小学图书馆分会举办工作会议,讨论分会的工作和未来的发展。随着信息技术的发展,中小学图书馆重视对资源共享和中小学图书馆协作的研究以及读者工作的研究,中小学图书馆图书情报工作与研究成绩突出,已经发展到了一个新的水平。

现在中小学图书馆已经发生了很大的变化:①功能的转变。以前图书馆的工作是以收藏、整理,只藏不用或少用为主;现在的工作是以采访、处理、存储、传递、利用为主。②任务的转变。以前是书籍的存储者;现在是知识和信息的传播、交流中心,知识的领航员。③馆藏特点的转变。以前的图书馆是纸质资源为主,现在是信息资源的多元化,载体形式多样性。④管理方式的转变。以前基本都是手工管理,现在的管理方式是自动化、数字化、网络化。⑤服务方式的转变。以前是简单的借借还还的服务方式,现在是实体与虚拟服务互补(实物借阅与网络信息资源服务、多元文化服务)的灵活多样的服务。

第三节　中小学图书馆建设经费

一、建设经费的设立与预算

中小学图书馆的经费有限,但广大的师生信息需求很多,这给中小学图书馆的信息资源建设带来了一定的难度。因此中小学图书馆需要建立起经费预算和分配的监督、评估机制,对文献资源投入经费的效能做出准确、规范的评价,使学校图书馆的经费得到科学合理的使用。

1.学校图书馆经费的设立

中小学图书馆的主要经费支出是文献资源购置经费,文献资源是图书馆赖以生存的基础,

是图书馆进行信息资源建设和信息服务的前提。因此,资源经费是图书馆经费的最主要构成部分。学校图书馆的经费预算可以根据以往文献经费预算的统计数据,结合本年度学校下拨经费情况,并考虑文献价格上涨因素和馆藏资源结构变化情况,估计本年度的经费预算。

(1)中小学图书馆经费的来源

中小学图书馆作为学校的组成部分,经费来源大多是学校的行政经费,以政府全额拨款为主、小部分创收为辅,以及经常性的上级补助收入。按现行制度,图书馆经费很大一块是包干定额经费和专项经费。一般来说,包干定额经费年初指标下达后不作调整也不追加。虽然近几年来教育部对中小学图书馆工作越来越重视,学校拨款每年可能有所递增,但实际存在参差不齐的拨款现象。因此,中小学图书馆经费紧缺,必然会影响中小学图书馆正常业务的开展。经费紧缺困扰着中小学图书馆事业的发展。

目前,各地方经济情况不同,各学校的办公经费也不同,学校给图书馆的划拨经费,往往取决于这个学校图书馆的领导以及学校领导对本校图书馆的重视程度。这样就造成中小学图书馆的经费有时会出现困难。要解决这个问题,需要通过中小学图书馆的努力,征得学校领导的同意,制定出图书馆经费划拨制度,通过制度来保证经费的按时足额划拨,以及保证学校图书馆每年经费的连续性。

(2)合理设立经费政策

《中小学图书馆(室)规程》(2018年版)中要求教育主管部门,在每年教育经费预算中安排中小学图书馆资源购置经费,并向农村学校和薄弱学校倾斜,制定资金筹措计划。积极拓宽办馆渠道,鼓励企事业单位、社会团体和公民个人以各种方式支持中小学图书馆建设,标准捐赠程序,明确责任与义务,确保捐赠馆藏和援建工程质量。

2. 中小学图书馆经费的预算

中小学图书馆经费的使用,要充分考虑读者的实际需求。中小学图书馆在进行信息资源建设时,要合理分配纸质资源和电子资源的建设经费比例,优化藏书结构,使中小学图书馆馆藏资源能更好地满足师生们的实际信息需求。

在当今信息时代,数字资源飞速发展,图书馆资源购置经费应侧重于数字文献资源建设,要以数字资源的服务为主,把更多的经费用于信息化服务建设中,加大数字文献资源的投入力度。

中小学图书馆作为校内不可或缺的教育机构,学生课外阅读的主要场所,肩负着读书育人的重任。做好藏书建设工作是中小学图书馆服务的基础条件。要努力争取购书经费,做好馆藏建设。中小学图书馆在年初预算时必须考虑到书价的上涨幅度,按学生数和教师数与文献资源的比例来进行购书经费测算,并要向学校领导或者主管部门说明图书馆藏书量不足的实际情况以及对读者的影响,争取逐年增加图书馆经费,以解决学校图书馆藏书结构不合理的问题。只有优化藏书结构,中小学图书馆才能满足读者日益丰富的需求,提高到馆率,增加业务量。

(1)争取改善办馆条件

预算要考虑目前学校图书馆馆舍拥挤、陈旧以及设施简陋等情况。虽然各地经济条件不均衡,各学校领导重视学校图书馆的程度不同,但作为中小学图书馆员,首先要尽心尽责地为广大师生读者做事情,树立中小学图书馆良好的外部形象,提高知名度,使中小学图书馆深入人心,成为学校的一个文化品牌,从而引起学校领导和主管部门的重视,使之愿意加大投入力度。中小学图书馆还要利用素质教育、课程发展纲要、多学科全面发展的大好时机,积极主动向上级有关部门争取各项资金,做好基础性建设工作。做好图书馆的设备预算:书架、阅览架、桌椅、低幼活动区设备、公共服务区设备、多媒体视听室、多功能报告厅、电子阅览室等自动化设备、安全监控系统等设备的预算,提升到馆率,为以后的业务发展奠定坚实的基础。

（2）多渠道争取经费及配套费用

为了开展各项业务,必须多渠道争取经费。首先,图书馆必须做好各类项目的经费预算工作,包括购书经费、送书下乡经费、信息资源共享经费、有关读书活动的费用等。其次,在积极向学校申报项目的同时,也要向上一级管理部门争取经费,尽可能保证资金的到位率。最后,在资金到位后,要保质保量地完成各项资金的使用任务。

二、建设经费的短缺及应对策略

1. 中小学图书馆经费短缺的成因及后果

中小学图书馆的经费难以保障,会造成中小学图书馆藏书不能及时补足。藏书结构不完善和更新速度不快,成为阻碍中小学图书馆发展的重要因素。虽然全国中小学都实行义务教育学费减免制度,而国家许多地方由于财政经费紧张,对教育经费的投入不到位或拖延发放,限制了教育经费的补充。使原来已不足的办公经费更是捉襟见肘,进而影响了学校对图书馆的投入。中小学图书馆的运作难以为继,难以适应师生的要求,在一定程度上影响和限制着中小学图书馆的进一步发展,也影响了教育教学改革的深入。要想改变这种状况,加强信息资源的建设,完善藏书结构和丰富藏书体系,没有经费投入是难以实现的。更有一些学校把图书馆作为开源节流的地方,从人力的减少到购书经费的压缩,使图书馆的生存和发展受到严重的制约。

学校投入力度不够,影响中小学图书馆业务的正常开展。学校每年虽然应当给予图书馆一定的经费,但学校行政办公费本来就比较紧张,如果碰到个不重视中小学图书馆的领导,图书馆经费就没有着落了,经常性业务费(包括修缮费、购书经费、新书推广费、读书活动费、设备更新费)的预算指标就会为零。就算有预算、有经费报告,也会因为各种原因造成图书馆固定经费被占用、被推后,被认为是学校行政经费中可有可无的部分,从而影响中小学图书馆正常业务开展。

购书经费不足,结构单一,难以满足读者的需求。目前,大多数中小学图书馆都存在购书经费不足的状况,经济发达地区的学校购书经费增幅较大,一般地区的学校增幅较小或仍是几年前的标准,甚至有许多学校的购书经费是下降的。受购书经费的限制,目前各中小学图书馆的藏书结构存在不合理现象:外借部现有的向读者开放的藏书基本上都是普通图书、工具书,有保存价值的文献因价格高、成本少一般不外借;阅览室每年购置报纸、期刊种类不足,因而造成文献藏量的结构单一,无法满足广大师生读者日益丰富的需求,从而影响读者的到馆率。

基础设施建设落后,影响正常的业务开展。大多数中小学图书馆馆舍拥挤,设施设备落后,达不到《中小学图书馆(室)规程》(2018年版)规定的标准,缺少信息文化、休闲等服务场所。由于受馆舍拥挤落后的影响,学校里的各种活动,如学生的阅读课、读书报告会、学科讲座、教师的教研活动等,都不能在图书馆里开展,影响了中小学图书馆正常的业务开展。

中小学图书馆经费管理混乱,也是造成经费不足的原因之一。编制的中小学图书馆年度预算不合理、不科学,年初预算不能完全到位。学校领导部门或者是学校图书馆负责人缺乏前瞻性考虑,导致经费预算不合理、不科学,如把最重要的设备项目给遗漏了,或者把当年准备开展的各种活动遗漏了,或者把必读书目的图书购书经费遗漏了,等等,这些都会使中小学图书馆的经费不够,也得不到追加。

专项经费监管力度不够,配套费用缺乏,固定资产缺乏管理。按财务制度规定,凡是使用经费后形成资产的,应相应增加固定资产记录,由于中小学图书馆的主要资产金额小、数量大,管理比较繁琐(如图书)的原因,许多中小学图书馆没按固定资产管理及时办理相关的验收、入库、记账等手续,存在资产闲置、流失等情况。

中小学图书馆的财务制度不健全,财务管理滞后,管理方法陈旧。多数中小学图书馆还是陈旧的财务管理方式,记账、入账等采用手工记录,财务管理信息化建设滞后,没有纳入学校的国库集中支付管理,跟不上信息化、网络化时代的步伐。

2. 中小学图书馆购书经费短缺的应对策略

善于挖掘和利用各种社会资源,广泛开展捐助活动。随着时代的不断进步和变化,社会力量对学校的建设和发展起着不可低估的作用,在全国乃至世界各地都有许多热心的社会人士、华侨、港澳台同胞为教育出钱出力。首先,设立由捐助者监督执行的"学校图书馆购书基金会",让学校不定期购买到不同时期的适合学校使用的图书资料,而不至于随意购书、突击花钱而又选购不到优质图书。或捐助者可以不定期直接给学校捐赠图书资料,充实学校图书馆的馆藏。其次,著名学校可利用学校的知名度宣传发动一些民营企业或书商为图书馆赠书,及时把内容新鲜的"血液"输送到教育教学第一线。最后,可以发挥本校教师和学生的有利资源,把他们闲放在家的图书捐给本校图书馆。这些有效的捐助活动,既节省了部分购书经费,又可以收集到许多珍贵的信息资料,改变和完善图书馆的藏书结构。

善于利用网络实现资源共享。建立学校与社区公共图书馆、少儿图书馆等联网,与它们密切合作,实现资源共享、协同发展;通过网络,实现中小学图书馆间互联,加强馆际合作,实行集约化管理,互通有无,合理使用现有的信息资源;加快数字图书馆的建设,数字图书馆里的资料新且数量多,涉及范围广,远远超出传统书架的承载量,同时可实现在线阅读,这等于扩充了图书馆的藏书量。

善于改变中小学图书馆传统结构和布局,实现集中统一管理。通过学生家长,建立区域性的"学校—社会式图书馆"。它可以改变原先的由图书馆统一藏书和借阅的传统结构和布局,采用藏书分散、统一管理的办法,将教师、学生、家长甚至朋友等闲置的图书进行统一登记,整理、分编、加工录入,建档。然后通过预约借书的方式,实现互借和资源共享。可设立班级图书角。根据各班学生实际情况,发动本班学生把放在家里的适用图书收集到班里,然后由中小学图书馆员做好分编、加工录入、建档工作,在各班建立小小"图书角"。这样既方便学生的借阅,又大大减少学校购书经费的投入,减轻图书馆的藏书压力。合理开发、充分利用网上图书馆及其他网络资源。在网络环境下,藏书的概念在发生变化,传统的纸质藏书媒介也相继出现了电子阅读形式,如电子图书、电子报纸和期刊、影像资料等。对于这些,中小学图书馆员可以有意识地收集必要的信息,用一定的方式进行整理、汇聚,然后辑录成册,作为图书馆的补充资料。

三、建设经费的使用及管理

1. 中小学图书馆建设经费的使用

中小学图书馆经费使用,要与深化课程改革、实施素质教育相适应,要与图书馆建设、管理和服务体系相配套。中小学图书馆要与教育教学全面深度融合,成为学校信息资源高地和师生智慧中心、成长中心、活动中心;致力于形成中小学图书馆与公共图书馆、高等学校图书馆馆藏资源共享格局,带动全民阅读,助推公共文化服务体系、学习型社会和书香社会建设。

建立协作机制,完善中小学图书馆馆藏资源招标采购方法及实施细则。逐步健全师生、家长和专家学者等多方参与的采购机制,共同把好中小学图书馆馆藏采购质量关;明确馆藏采购责任主体,加大验收检查力度,严禁盗版图书等非法出版物及不适合中小学生阅读、价格虚高的图书、音像制品和电子出版物进入中小学图书馆。

学校要结合实际,合理确定中小学图书馆藏书复本量标准及馆藏定向补充和剔旧原则。要制定增剔工作计划,严格操作,确保剔旧后每年至少生均新增一本纸质图书,确保实现生均纸质图书册数达标。妥善存续具有收藏保存价值的图书,基础藏书配备目录内的藏书,一般不进行剔旧。进一步整合实体和虚拟资源,形成相互补充、多元统一的馆藏资源体系。

要将中小学图书馆建设与应用纳入教育和公共文化服务体系事业发展总体规划,有效运用项目实施、政策引导和经费支持等手段,加强对中小学图书馆建设的统筹协调和分类指导。发挥各级基础教育主管部门、教育装备部门在中小学图书馆建设、配备、管理、应用各个环节的作用。

随着基础教育教学改革的不断深入,中小学图书馆在学校教学中的地位和作用也越来越重要。中小学图书馆要加强硬件环境和软件环境的建设,以提升图书馆的总体使用环境和教学服务能力。

中小学图书馆藏书建设经费的使用。要注重藏书的质量,要采购学术价值高、实用性强的书刊;还要保证藏书结构的合理,要保证学校重点学科的需要和特色藏书建设的需要,要根据学校学科的发展重点和师生们的实际需求确定藏书;中小学图书馆的藏书结构还需要根据《中小学图书馆(室)规程》(2018 年版)的要求,按照本校师生的比例来确定;要处理好图书复本与种数的关系,以节约资金,合理充分地利用有限的经费。

严格控制采购渠道,确保图书的质量。要制定严格的规章制度,规定中小学图书馆为学生采购和借阅的书籍必须是国家正式出版,具有思想内容健康、科学性强的特点。中小学图书馆可以专门成立采购专家团负责每次图书的选购工作,并通过板报或者校园网站设立相关推荐栏目,向学生介绍和推荐优秀读物,同时征求学生的意见和建议。对于一些农村落后的学校,可以向上级管理部门汇报相应实际情况,委托教育管理部门进行统一采购。这样可以很好地保障图书的质量,同时大大降低图书的采购成本,更有效地利用学校有限的建设经费。

必须坚持把好藏书的数量关、质量关、效益关。中小学图书馆一定要对藏书的学科比例、新旧书的比例、藏书利用效益的状况,以及有办学特色学校的特色馆藏进行调研。从而拟订科学的符合教育教学实际需要的购书计划。严格规定多品种、少复本的购书原则。这样,中小学图书馆为学生学习服务的效能才能真正地发挥出来。购书要坚持以学生为主、师生兼顾的原则,使中小学图书馆的藏书在品种和数量上日趋合理。当前要特别注重利用网络构建资源共享的虚拟图书馆。网上图书馆不仅要提供自己的所有藏书目录,甚至每一本书的内容或精华均有"简介"。这不仅方便了读者,提高了藏书的使用效益,而且充分展示了这些学校的文化底蕴。

中小学图书馆应使经费发挥最大效益。为了有效利用经费,中小学图书馆采购人员可以通过网上搜索当前热门的优秀图书;通过咨询各学科各年级的教师或者专家,确定学科发展所需要的图书;通过调查,了解读者需求的图书,以充分利用有限的图书购置经费,尽可能多地购买符合学校发展需要、符合读者需要的图书,使馆藏图书的结构更加合理,并最大限度地保证入藏图书的质量,提高图书的利用率,使有限的经费发挥最大效益。

中小学图书馆如何节约经费开支。中小学图书馆可以开展馆际合作,多个图书馆联合采购文献信息资源,特别是在方便资源共享的数字资源的建设上,可以联合一个地区的多个中小学图书馆,也可以在当地教育主管部门的领导下,共同和数据商洽谈,共同购买数据库资源,各个图书馆共享使用。这样能节约经费,也有利于实现资源共享,是中小学图书馆高效使用经费、增加经费效益的好方法。中小学图书馆还可以通过招标的方式与书商或图书公司合作,进行图书集中大量采购。采购规模比较小的中小学图书馆可以联合本地区域内的多所学校,同时集中采购,这样从一定程度上方便图书采购,方便图书加工,弥补馆藏的不足,而且还可以节省经费。

中小学图书馆要对经费的使用广泛听取各方意见,制定详细的计划,确定各种项目经费在使用上的恰当比例,使经费的分配更加科学合理,确定经费使用方式,使经费得到充分有效利用,并最大限度地避免经费的浪费和不合理使用。

中小学图书馆应该建立文献资源满意度评价体系,使图书馆购买的文献信息资源的质量得到真实、准确、客观的评价,为今后的馆藏资源建设和经费预算提供更多依据,使馆藏不断优化,更符合学校发展的需要和师生的实际需求,使经费的使用也更合理、更具有针对性、更好地提高使用效益。

2.中小学图书馆建设经费的管理

经费是图书馆生存和发展的基本条件。中小学图书馆的经费管理是指运用现代财务管理理论,依据国家的财经政策法规,对资金进行科学有效的管理。管理的目标不仅是管好、用好、监督好经费的使用,而且要科学有效地管理,发挥最大的社会效益和经济效益,促进图书馆整体实力的提高。

对于中小学图书馆的经费,首先,要健全财务程序,建立有效的审议、监管机制,规范财务手续,做好图书馆的经费预算。在年末,中小学图书馆要编制出财务预算,重点要编制好文献信息资源购置的预算,经学校财务处和主管领导批准后实施。其次,完善从采购、验收、加工、流通、归档的明细记录。再次,健全收入明细财务制度,定期清查和审计经费的使用情况,及时发现经费使用过程中存在的问题,以便及时纠正。

3.科学管理中小学图书馆经费的主要途径

加强制度建设和职能宣传，争取政府和学校加大经费投入。由于中小学图书馆的公益性和所提供服务的平等无偿原则，应立法明确政府和学校在中小学图书馆建设上的主体地位和义务，其中重要的一点就是要规定政府和学校需保证图书馆馆舍建设、设施设备、人员和运行经费。同时中小学图书馆员必须努力做好自身的各项工作，通过业绩来宣传图书馆在学校中的重要性。多渠道地做好经费的争取工作，如要积极地向学校领导成员和财务人员或者上级部门反映目前学校图书馆存在的实际困难，多跑腿、多磨嘴，争取政府和学校领导对图书馆事业的重视，加大经费投入。

努力提高预算的完整性，使计划性显著提高，争取资金的到位率。中小学图书馆经费的预算是图书馆经费管理工作的第一步，也是至关重要的一步。在一年一度的学校行政经费预算中，必须做到对图书馆支出预算的不重复、不遗漏，要按照节俭办事的要求，做到稳妥可靠、量入为出、收支平衡，不编赤字预算。每项图书馆的开支都要有学校预算管理部门审核批准的预算作为依据。一切开支都要控制在核定预算之内，按职能和工作计划编报预算，以增强预算的计划性和规范性。中小学图书馆预算一般应按比例每年有所递增，学校财会人员应对年度预算有充分的知底，如购书经费、开展活动支出、设备更新费，以及年度有哪些项目要立项等，能较完整地预测下年度的经费，从而提高资金的到位率。

建立健全固定资产管理制度，责任到人。加强固定资产规范管理，按照国有资产管理的有关规定，并结合中小学图书馆的实际情况和业务特点，保障固定资产的安全和完整。学校的财务部门负责固定资产的统一管理工作，负责建账、核算、清查、管理固定资产，避免资产闲置、流失。

健全中小学图书馆的财务制度，制定图书馆经费使用管理办法，来保证经费的使用效益。在这个信息化网络化时代，中小学图书馆要跟上财政信息化的步伐，使财务核算比以往更便捷、更准确、更透明，同时也能进一步规范学校对学校图书馆的资金管理，便于财政部门统一管理，使之更加规范化。

总之，经费是中小学图书馆最重要的基础条件，必须管好用好图书馆经费，使其发挥最大的社会效益和经济效益，以提高图书馆的整体实力，更好地促进中小学图书馆事业的发展。

第四节　中小学图书馆的机构管理

一、中小学图书馆管理的含义

中小学图书馆实行科学管理，是完成中小学图书馆的基本任务的需要。《中小学图书馆（室）规程》对图书馆提出了新的要求，不仅是学校的文献信息中心和教育教学的服务机构，同时担负着素质教育的重任，从过去的第二课堂转为第一课堂，承担了学生的阅读课、文学欣赏课、专题读书活动等教学任务。《基础教育课程改革纲要（试行）》明确规定，图书馆是重要的课程资源。把中小学图书馆纳入课程体系的视野来认识，定位于课程资源，这是对中小学图书馆的作用、地位认识的一次突破。在一般意义上，中小学图书馆被认为是"搜集、整理、收藏图书资料供人阅读的机构",而课程资源的观点则突破了这种认识,赋予了图书馆新的内涵。图书馆作为知识和信息收集、整理、存储、传播的集散地已成为新课程实施系统中的一个重要环节,随着主题性学习、研究性学习等活动课程的推广,学生具有了更多的自主学习的空间,这就要求图书馆在教学过程中承担更多的任务。中小学图书馆必须应用现代教育理论和信息技术促进管理创新,实现图书馆管理水平的提高,适应课程改革的需要。

中小学图书馆管理是指通过计划、决策、组织、领导、控制、协调等一系列过程,有效利用图书馆的文献信息、人力、经费、物质资源达成图书馆目标的活动。图书馆是一个系统,由人员、文献信息、建筑、设备、经费、技术方法等要素构成。中小学图书馆管理的对象十分明确,其文献信息资源建设、管理与服务,缺一不可,都是非常重要的。从某种意义上说,管理更为重要,因为文献信息资源建设要出成果、服务要出效益,都要靠良好的管理。

二、中小学图书馆管理的意义

多年来,由于各地大力实施中小学图书馆建设工程,中小学图书馆增添了大量文献资源、图书馆设备。如何通过加强中小学图书馆管理,提高这些资源和设备设施的使用效率,充分发挥其育人功能,也是当前摆在中小学图书馆面前的一项紧迫任务。在新形势下,进一步加强中小学图书馆常规管理、质量管理、自主管理、自动化管理、数字化管理、创新管理等,对充分发挥图书馆在优化育人环境,为素质教育和教育教学服务等方面都有着十分重要的意义。向管理要质量和效益,切实提高学校管理水平,已经成为中小学内涵式发展的内在要求。

中小学图书馆的管理价值是指图书馆员通过一系列的管理行为或创造性劳动,促使图书馆文献信息资源价值的增长与增值,即满足社会需要、实现社会价值。中小学图书馆的管理价值与读者价值是紧密相连的,管理价值必须通过读者价值的实现来体现。

中小学图书馆管理的实质,就是把管理作为一个系统工程来抓,坚持以科学发展观为指导,坚持实事求是,一切从实际出发,认真研究中小学图书馆管理工作中出现的新情况、新问题,积极进行管理创新的探索和尝试,形成一整套适合本馆情况的行之有效的管理模式和管理方法,保证图书馆的正常运行和可持续发展。

加强中小学图书馆科学管理具有特殊的现实意义:

第一,中小学图书馆管理是图书馆事业发展的客观要求。教育现代化包含了中小学图书馆管理的现代化。中小学图书馆引进现代技术、推行科学管理,可以使其在内容、方法、手段上发生质变,更好地完成信息时代赋予中小学图书馆的特殊使命。

第二,中小学图书馆各环节、各工序之间密切地协调,才能保证中小学图书馆的各项工作有条不紊地顺利开展。

第三,通过强化管理,中小学图书馆可以充分利用现有图书馆人力、物力、财力,最大限度地运用馆藏资源,为素质教育服务。强化科学管理就是向管理挖潜力、争效益、要财富。

第四,加强管理可以缓解因图书文献的急剧增长,给中小学图书馆带来的经费不足、人手不够、馆舍紧张以及文献供求矛盾等一系列状况,提高办馆效率和办馆效益。

三、中小学图书馆管理的原则

1. 系统性原则

系统管理原则是指必须把中小学图书馆事业、图书馆工作看作是由若干个组成部分相互关联、相互制约、只有协调运转才能取得最佳效果的有机整体，统筹兼顾方可取得最佳效益。相对于图书馆具体职能部门（如采编部、流通部）而言，中小学图书馆是一个系统整体；而相对于学校这个大的信息传播系统而言，图书馆是其中的一个子系统。中小学图书馆系统性原则同样具有整体性、动态性、层次性、开发性等特征。

2. 人本原则

人本原则是指在管理活动中始终把人放到管理的中心地位，既管理人又服务于人，并且在管理中充分调动所有人员的积极性和创造性，重视人的需要，促进人的全面发展。中小学图书馆的管理活动始终围绕师生，特别是学生开展。文献信息资源的收集、整理、加工、开发及服务依赖于图书馆员，服务对象是广大师生。坚持人本原则，不断满足读者需求以及图书馆员的物质和精神需求，是做好现代图书馆的管理工作的保证。

3. 效益原则

图书馆管理效益是指图书馆管理系统为达到一定目标，以一定的效益发挥其效能的结果或效果。中小学图书馆管理要做到投入最少的人力、物力、财力，汇集到满足读者最大需求的馆藏；用最少的经济支出，完成质量系数最高的知识资源的整序工作；花费读者最少的时间和精力，向读者提供最多的且最适合其需求的知识资源；馆内各种设施及馆舍发挥最大的效率，保证图书馆系统在运转过程中产生最大效果。

四、现代中小学图书馆的管理

1. 中小学图书馆的人本管理

人本管理是现代图书馆管理的重要模式。长期以来，在图书馆管理工作中"见物不见人"，对人的冷漠随处可见，强调物本管理和制度管理，管理工作是以物为中心。现代图书馆的管理要以人为中心，即人本管理。

（1）中小学图书馆人本管理的内涵

中小学图书馆人本管理就是在管理中以师生为中心，体现以人为本的理念。以人为本中的"本"有三层含义：一是以人为根本，在一切事物中把人凸显出来；二是以人为根本动力，充分发挥人的主人翁作用；三是以人为根本目的，切实维护人的切身需要和利益。

（2）中小学图书馆人本管理的意义

人本管理是中小学图书馆生存和发展的动力。人本管理的最终目的在于激活馆藏，让人力、设备等每一个个体细胞释放出巨大的能量。中小学图书馆事业要发展，服务水平要上升，必须依靠图书馆人员，充分调动他们的积极性，这是图书馆管理工作的重要内容，也是管理工作的首要任务。

根据中小学图书馆的实际情况，营造适合广大师生的文化环境，创造出具有本馆特色的管理体制和激励机制。中小学图书馆的科学管理必须以广大师生为中心,将人的科学管理放在事业管理中的首要位置,任何时候都不能忽略。

中小学图书馆的人本管理体现在"以图书馆人为本"和"以读者为本"两个方面。以图书馆人为本包括维护、实现图书馆人的利益,依靠、发挥图书馆人的主体作用,体现图书馆人主人翁地位和主力军作用。以读者为本则主要是指维护、实现、发展读者的利益和需要,突出读者在图书馆服务中的地位,着重体现图书馆服务至上的宗旨。

(3)中小学图书馆实行人本管理的主要途径

树立人本管理的思想。人本管理思想是实现人本管理的前提。因此,中小学图书馆管理核心要真正体现以人为本的管理思想,把人看作是图书馆中一切活动的主体、前提和动力,并确定人在管理中的主导地位。

建立科学的考核评价制度。科学的考核评价制度是人本管理的有力保障。工作业绩考核有利于发挥工作人员潜在的价值,使工作人员有机会发现和了解他人对其工作所作出的评价,以及他们应该以何种方法去改进工作。

健全激励机制。激励机制是实现人本管理的重要手段。对人员的培养是中小学图书馆人力资源开发的主要内容,是中小学图书馆智能资本积累中最重要的部分,是中小学图书馆坚持人本管理理念的生动体现。

实行民主管理。民主管理是实行人本管理的方法之一。中小学图书馆工作人员是图书馆实践活动的直接参与者,他们最有资格对图书馆工作提出合理化建议,为科学决策提供可靠的信息。

2.中小学图书馆的目标管理

(1)目标管理的含义

中小学图书馆的目标管理是指以重视成果的思想为指导,由学校领导与图书馆工作人员共同确定一定时期内图书馆工作的总目标,通过任务分解、自我控制、自我管理等手段来达到目标的一种管理方法。

(2)目标管理的特征

目标管理是一种系统。目标管理是将中小学图书馆组织总体目标转换为部门目标和个人目标的一种有效方式。中小学图书馆的总体目标建立在每个部门和个人的目标基础之上,各部分目标之间要相互配合,方向一致,形成目标锁链和目标体系,只有每个人员的目标完成,才能完成图书馆的总体目标。

目标管理注重以人为本。目标管理是建立在人性善的假设之上的,在管理行为上实行以人为中心的、宽容的、放权的管理原则,把个人的目标同组织的目标有机地结合,为人的智慧和能力发挥创造有利条件。

目标管理重视成果。目标管理重视的是管理预期达到的成果,而不是管理的过程。在目标体系确定后,学校充分放权给图书馆,让执行者发挥主观能动性和工作责任感,独立开展工作,学校领导给予指导,最后根据成果与预定的目标评价图书馆工作的绩效。

（3）目标管理的实施

1）目标的制定

中小学图书馆的目标管理是从制定目标开始的，它包括制定图书馆的总目标以及根据总目标自上而下各自制定个人目标，并借此统筹、协调各部门、各岗位人员之间的工作，形成围绕图书馆方针任务组成的逐层深入、具体展开的高效率的连锁体系。

管理目标编制完成后，还需在管理过程中依据工作发展变化及时做出适当的修改和调整，使中小学图书馆的目标管理真正成为有利于中小学图书馆事业发展的、科学的、行之有效的管理方式。

2）中小学图书馆目标的实现

各级目标实施结合使用自主管理、统计管理、定额管理的方法，在达标过程中由个人自主地去实现目标。当个人在工作中出现困难时，领导及时给予帮助，同时掌握各岗位目标实施进度，发现某工作岗位未达到计划进度，要与岗位责任人一起分析原因，及时采取措施，确保图书馆整个目标体系工作的正常运转。

3）中小学图书馆目标结果的检验

中小学图书馆目标结果的检验是目标管理的最后阶段。当各级目标按时间计划实施结束后，就要对取得的成果进行验收和评价，检查各岗位工作的量与质是否达到预定的目标管理要求。通过验收和评价，清楚各级目标实际情况，对于完成得好的，给予一定的精神和物质奖励；对于完成得不好的，要分析原因，帮助树立信心，改进工作。

3. 中小学图书馆的知识管理

中小学图书馆引入知识管理，使中小学图书馆在新的教育环境下，实现图书馆生存与发展的更大超越。中小学图书馆的知识管理是对中小学图书馆传统管理的拓展和深化，它是以知识为主要要素，以智力资源配置为特征，以信息技术为手段，以学习为动力的管理方式。知识管理的核心任务是对知识价值链的管理。

中小学图书馆知识管理包括图书馆知识的获取、整理、保存、更新、应用、测评、传递、分享和创新等基础环节，它通过图书馆的知识生成、积累、交流和应用管理，复合作用于图书馆的多个领域，实现图书馆知识的资本化和产品化，最终提高中小学图书馆的创新能力、竞争能力和可持续发展能力。人是知识管理的核心，是知识管理中最活跃和最主动的因素；信息技术是知识管理的工具。

（1）用知识管理思想指导中小学图书馆服务

知识服务是以内容为基础，以师生为中心，为师生提供问题解决方案的服务。在知识经济时代，信息资源和读者需求呈多样化、分散化之势，中小学图书馆只有以师生为中心，紧密地将读者、信息资源和信息技术结合起来，以读者需求决定服务方向，才能赢得读者。

（2）建立知识库，创建共享体系

中小学图书馆要致力于实现知识的数字化和知识活动的网络化，有条件的图书馆可自行建设特色知识库，知识库中的知识构成必须以能满足读者的学习和交流的需要，以能有效实现知识创新为前提。知识的时效性决定了知识库的动态性，而知识库的动态性特征要求其知识应经常更新,保证其有效性和精确性。

知识库中的知识构成应包括图书馆所储存的知识(指印刷型资料、电子资料和网络资料)、组织内部知识(指馆员的知识结构及工作经验)和外部知识(读者对图书馆的要求、看法等)三种类型。

(3)加快现代信息技术在中小学图书馆知识管理中的应用

现代信息处理技术是图书馆知识管理的有力工具,包括因特网、数字管理系统、数据收集加工技术、通信技术、共享技术以及联合分析和处理技术等。

(4)改善人力资源的知识结构,适应知识经济发展的要求

对中小学图书馆来说,开展崭新的面向内容的知识管理,最大的挑战可能来自人的因素。因为要真正实现对科学知识进行全面的面向内容的管理需要大量的专业复合型人才。

(5)适应中小学图书馆发展趋势,实行机构重组

随着电子计算机的普及和网络化的深入,中小学图书馆的业务结构发生了很大变化,与之相适应的组织机构必须进行重组,即减少纵向层次,增加横向联系,使任何一名图书馆工作人员提出的信息、意见或建议都可以通过简化了的组织结构直接传输出去,实现知识、信息的快速、准确传递,并由此达到支持与加强知识管理活动的目的。

五、中小学图书馆规章制度的制定

1. 中小学图书馆规章制度的意义

中小学图书馆一般规模较小,但五脏俱全,为了保证其正常运转,必须有一系列规章制度。中小学图书馆规章制度是指图书馆工作人员和读者都必须共同遵守并具有法规性质的工作条例、章程、规则、细则和办法。中小学图书馆规章制度是合理组织图书馆工作、充分发挥图书馆职能的保证,它是图书馆实行有效而科学的管理的准则和依据,是图书馆依法治馆的体现,也是图书馆工作客观规律的反映。

合理的规章制度是形成以服务为宗旨的科学管理的决定性因素,是读者充分利用图书馆、提高书刊资料利用率的前提。一个图书馆如果没有一整套与之相适应的、科学的、适用的、完整的规章制度运作于图书馆工作的各个环节,那么图书馆工作是很难开展的。因此,制定健全、完善的规章制度是中小学图书馆管理工作的一项重要内容。

2. 中小学图书馆规章制度的制定原则

制定中小学图书馆规章制度时,既要考虑图书馆的工作需要,也要考虑读者的权利;既要保护图书馆文献资源少受损失,又要方便读者使用;既要从实际出发,又要具有远见性。

(1)政策性原则

中小学图书馆的规章制度必须与党的路线、方针、政策相一致,和教育法规、条例相一致,这是最基本的原则,否则所制定的规章制度毫无意义。如《中华人民共和国未成年人保护法》《文献著录总则》《连续出版物著录规则》《中小学图书馆(室)规程》等有关方面的法规可作为制定中小学图书馆规章制度的依据。

（2）人本原则

人是中小学图书馆管理和服务的核心、关键和最重要的因素，人在图书馆管理中处于主导地位。在中小学图书馆制度化建设中应渗透以人为本的理念，即以读者为本、以图书馆人为本来建立和完善图书馆有关规章制度。

（3）科学性原则

中小学图书馆的规章制度，必须合乎图书馆工作人员的劳动特点，合乎读者的阅读规律，符合图书馆的服务宗旨及管理过程中的客观规律。因此，在制定每一项具体的规章制度时，都要进行广泛调查，认真研究，严肃对待。

（4）实用性原则

制定的规章制度一定要从本校、本馆的实际出发，认真研究本馆的任务、读者特点、文献典藏数量和设备等具体条件，才能制定出切实可行的、有针对性的、具有可操作性的规章制度，否则制定出的规章制度行不通，等于一纸空文，或许还会产生负面影响。

（5）简明性原则

规章制度在行文遣句等方面要简明扼要，用词要准确，不可模棱两可，要具有较强的逻辑性，还要通俗易懂、易记，否则容易产生歧义，发生扯皮现象。

六、中小学图书馆规章制度的内容

中小学图书馆的规章制度种类繁多、内容广泛，涉及图书馆工作的方方面面，一般来说，可以从行政和业务工作两个方面来设立各项制度。

1. 行政规章制度

中小学图书馆行政规章制度包括中小学图书馆岗位责任制度，以及人员、档案、经费、设备、安全等管理制度。一般来说，中小学图书馆至少应具备馆长以及采编、外借、阅览、典藏、流通部门人员的岗位工作职责、人员考核制度以及图书馆设备管理制度等。

（1）中小学图书馆岗位责任制度

岗位责任制度主要规定各部门的职责、岗位职责和工作要求。其核心内容为岗位、责任、制度。其中岗位设置是前提，明确责任是关键，规章制度是保证，通过以事设岗，以岗定人、定责、定权、定利，使在岗人员各司其职、各负其责、各行其权、各得其利。

（2）中小学图书馆人员管理制度

人员管理制度主要规定中小学图书馆人员管理的基本原则、人才的选择聘用、人员的考核等内容。对图书馆工作人员的考核就是为了实现目标责任制和全员聘任制，加强科学管理。充分调动全馆工作人员的积极性，发挥个人的工作主动性和创造性，提高服务质量和工作效率。

（3）中小学图书馆档案管理制度

建立中小学图书馆档案是规范图书馆管理的需求，是图书馆工作评估的依据。因此，建立中小学图书馆档案管理制度可以进一步促进中小学图书馆的科学管理。它主要对图书馆的计划、总结、会议记录、学习记录、统计报表等资料档案的收集、整理、装订等方面进行规定。图书馆档案是记录图书馆事务以及开展各项活动与服务的信息载体，这些档案有纸质的，也有录像、照片、光盘等信息载体。在制定管理制度时可从以下几个方面考虑：一是档案收集的要求；二是确定档案收集的内容；三是档案整理的要求。

（4）中小学图书馆经费管理制度

经费管理制度主要包括经费的来源、使用原则、使用计划等。加强资金的管理，是图书馆发展的有力保障。图书馆的经费要专款专用，不能将教育主管部门下拨的图书专项经费挪为他用。有条件的学校还应根据图书馆的具体发展规划，每年划拨固定资金。在经费管理中坚持效益原则，以人为本，根据读者的需求以及馆藏体系，用有限的经费选购到切合需要的文献资源，并使它们发挥最大功效。

（5）中小学图书馆设备管理制度

中小学图书馆设备管理包括设备的选购、验收、日常管理、使用管理和维修管理等。在制定制度时，对设备的管理分工、建立设备档案、使用维护等作出规定。规范管理图书馆设备，有利于提高工作效率和服务效率，延长设备的使用寿命。

（6）中小学图书馆安全管理制度

中小学图书馆安全管理制度包括对图书馆安全分工、消防、设备安全、防盗等方面作出的规定。在制定制度时，注意分工负责，责任到人，对领导、各个岗位、读者的要求明确。

（7）中小学图书馆统计

中小学图书馆统计就是用数字来定量反映图书馆工作的实际情况，以便对图书馆实行计量化管理。它是图书馆重要的管理制度之一；是一种调查研究，从图书馆活动的数字统计及分析认识图书馆活动规律；是开展图书馆业务工作的客观依据，也是图书馆科学有效管理的重要手段之一。

中小学图书馆统计必须制度化，定期进行统计分析，统计内容主要有馆藏文献统计、读者借阅统计、服务活动统计、读者统计等。图书馆统计分析，就是对统计数字根据要求进行比较和综合研究，从而掌握反映图书馆各项工作特点、联系与规律的统计比率，形成智力型统计产品，以总结经验、指导和改进工作的一种工作方法。这些比率，最基本的有六种，即文献利用率、文献流通率、读者到馆率、读者阅读率、文献拒借率和文献保障率。

2.业务规章制度

（1）文献采访制度

文献采访制度的主要内容是规定采购原则、入藏范围、复本标准、采购渠道、采购方式、审批手续及采访人员职责范围、教师与学生用书的入藏比例、书刊的登记制度等。例如，藏书的补充、验收、登记、盖章等工作，都应该在该工作细则中有明确要求。采购工作应从中小学图书馆的任务出发，要杜绝因学校验收而突击购书，片面追求文献数量，忽视文献质量的行为。

（2）文献分类编目制度

文献分类制度主要规定书刊、资料的分类原则和方法及《中国图书馆分类法》的使用说明和使用规则等。各中小学图书馆应根据本馆情况作具体规定。各馆由于服务对象不同，藏书建设情况不同，虽同样使用《中国图书馆分类法》，差别却很大。各馆重点藏书可细分，非重点藏书可根据情况定分类级别。一般中小学图书馆教育类图书和文学类图书比例较大，因此，教育类与文学类图书应分到五级以上。

文献编目制度主要是对著录和目录组织方面的总规定。它指出编目工作的整个流程、方法、依据、操作技术及质量要求等。著录规则是关于各种文献资源的著录标准、格式、项目、方法等所作出的一些具体规定。目录组织规则是关于目录体系、种类和目录组织办法的规定。

（3）文献管理制度

这里主要是书库和阅览室的管理规则，包括对书刊排架、装订修补、剔除、清点等工作作出的具体规定。一般来说，中小学图书馆至少应具备《书库、阅览室管理规则》和《图书清点、剔除办法》。中小学图书馆的书刊按照分类号排架还是按照特色管理方式组织藏书，都需明确注明。

（4）读者服务工作制度

读者服务工作制度是指与读者有关联的一系列规定或条例，主要包括借阅制度、阅览规则、读者须知等形式。图书馆制度中首先应体现出对读者的尊重、信任、关心和理解，从根本上树立"以读者为本"的理念，体现"读者至上，服务第一"的服务宗旨。

（5）信息数据管理制度

信息数据管理制度包括机房管理、数据保存、访问权限、数据安全、设备更新方面的规定。现代化的图书馆实行了计算机管理，建立了图书馆的网站、电子书库，其服务方式以及管理模式都有了很大的改变。

中小学图书馆计算机信息系统管理制度制定的原则。从读者使用计算机的行为规范和计算机病毒传播机理、寄生对象、传播途径等方面入手，一方面防止误操作，防止病毒传入计算机信息系统；另一方面及时发现、控制病毒，同时防止病毒对外扩散、传播。

管理内容主要包含设备的使用和安全性。就安全管理而言，可以从管理制度和技术两个方面入手，明确各类计算机的用途、使用对象，确定"谁使用谁负责"的原则，制定计算机使用操作规程，根据有关法律法规制定安全管理条款。

3. 规章制度的修订与完善

中小学图书馆规章制度来源于图书馆各项工作实践，是实践经验的总结和概括，反过来它又对图书馆的各项工作进行着指导和检验。它不是一朝建立的，也不是一成不变的，但是规章制度一经认可，在一段时间内必须保持相对不变。现行规章制度在运行一段时间后，遇有不妥之处，要作部分修改，使之更加完善。对实施的各项规章制度必须汇编成册、存档。

中小学图书馆的规章制度，既是图书馆管理工作中的重要环节，又是一种极为重要的管理手段，是整个图书馆工作正常而有序进行的保证。中小学图书馆在建立规章制度的时候，一定要严肃认真，力求新定的规章制度符合实际，科学严密。规章制度应简明扼要、通俗易懂，有明确的目的和内容要求，便于掌握和贯彻执行。

七、中小学图书馆管理策略

目前，我国中小学图书馆在各级地方政府的关心和支持下，馆舍条件得到很大改善，配置也得到显著提升。许多中小学图书馆充分利用图书馆的资源，营造浓郁的书香文化，为教育教学服务，提升了图书馆管理水平。

1. 中小学图书馆规章制度的实施

规章制度的实施是规章制度制定的最终落脚点,是图书馆管理的重要手段。凡所制定的各种规章制度,一旦批准生效,就应当坚决执行。为保证规章制度得到彻底地贯彻实施,中小学图书馆应注意以下几点。

(1)宣传教育

人是行为的主体,"知"是"行"的先导,应当重视规章制度的教育。首先,通过宣传教育,让图书馆的工作人员和读者认识到规章制度的必要性和重要性;其次,让他们了解规章制度的内容与实质,教育他们怎样做、如何做。这样才能使他们自觉自愿地贯彻执行各项规章制度,使规章制度真正成为工作人员和读者的行为规范和行动准则,成为图书馆管理的准绳和依据。

(2)有章必循

有了规章制度,就要严格执行,如果有法不依、执行不力,一项好的制度必定成为一项空的、无用的制度,也就失去了存在的价值和意义。因此一定要做到持之以恒,这样才能真正发挥规章制度的作用。凡制定的各种规章制度,一旦生效就应当坚决执行。同时在执行过程中既要掌握原则性,又要掌握灵活性。

(3)违章处理

中小学图书馆工作人员与读者都必须严格遵守规章制度。"制度面前,人人平等",在制度的执行过程中,一定要一视同仁,无论是谁,也不管他有何背景,只要是违反规章制度的,都要给予相应的处罚,不得有例外。如果不能做到这一点,制度的权威性就会大大降低。

(4)规程公示

规范中小学图书馆工作的操作流程和公示内容,确保图书馆的高效运行。①图书馆门外的醒目位置要有图书馆(室)的标志,在各个馆室的门口有铭牌;②图书馆的门禁处要有"开放时间表";③各库室的墙面要公示与本库室相关的规章制度和工作职责;④库室内书架上要有"大架标和小架标"(即架标签);⑤馆藏图书按照本馆的延续性编码规则,在藏书明确固定的位置盖有"馆藏章"和"条形码";⑥图书标签的位置要统一,结构要完整,形式要规范;⑦馆藏图书的分类级次要有延续性,做到统一、规范、明确;⑧图书馆的各类管理账册要清楚,整理要规范,要有延续性;⑨图书馆计算机应用软件的数据要定期异地备份;⑩图书馆网页内容要定期更新。

2. 管理策略的八个方面

策略一:构建图书馆幽雅的环境和浓厚的文化氛围

教育家陶行知先生说过:"一种生机勃勃、稳定和谐、健康向上的环境氛围,本身就具有广泛的教育功能。"构建图书馆幽雅的环境和浓厚的文化氛围,会给读者的学习带来方便,同时也能提升图书馆的管理品位。图书馆在建筑功能和内部环境建设中,要体现以人为本的理念,把读者的需求放在首位。

策略二:通过培训提高图书馆人员的管理水平

近年来各学校按标准配置了图书管理员,然而这些管理员不少是非图书馆学专业,对图书馆的管理比较陌生,由此影响了图书馆的管理水平。

策略三:基于新课标实施优化中小学图书馆资源管理

教育部制定的中小学各学科课程标准,要求培养学生自主学习的能力,鼓励他们开展探究活动,学会交流与合作,加强阅读自学。同时培养他们搜集和处理科学信息的能力、获取新知识的能力、批判性思维的能力、创新意识和实践能力,为终身学习和有个性的发展奠定基础。这就要求学科教师、学生更好地利用学校图书馆。中小学图书馆应根据图书馆的资源构造学习情境,设立学习研究区,整合书、刊、报、网等资源,为学生构建综合实践平台。

策略四:打造学校办学名片

中小学图书馆不仅是学校的文献信息中心,同时也是体现学校办学特色的展示窗口。中小学图书馆通过利用图书馆的资源开展特色活动,充分发挥图书馆的作用,成为学校的一张漂亮的名片。

策略五:学生参与管理

中小学图书馆人少,任务重,有必要建立一支学生图书管理员队伍,使其参与图书馆的管理。这不仅能够有效提高图书馆的管理效率,同时也能丰富学生的人生阅历,提高其自身的综合素质。

策略六:通过课题研究提升管理品位

图书馆管理是一门科学,为提高图书馆员在素质教育中的作用,提升管理品位,图书馆应积极开展科学研究。许多中小学图书馆不仅积极参与学校的教育教学方面的课题研究,还同时开展有关图书馆事业的课题研究,取得了显著成效。

策略七:业务机构重组,建立新型的管理模式

随着信息技术的广泛使用,阅读不再局限于纸质文献,网络阅读、视频阅读越来越普及,传统的图书馆管理模式已经不能适应新形势的需要。一些学校将图书馆与电教组合并成立信息资源中心,改变图书馆内部组织机构,建立以扁平化的业务部门与项目组相结合的灵活开放式组织结构,优化图书馆的业务工作流程。

策略八:实行中小学图书馆的优化管理

信息化改变了人类的学习方式和生活方式。中小学图书馆的计算机管理是实现信息化、数字化、管理人文化的有效手段。在网络环境下,文献信息结构发生了重大变化,如何对包括传统型文献在内的各种文献信息资源进行重组、评价、采集、收藏和利用,已成为中小学图书馆管理迫切需要解决的问题。

第五节　中小学图书馆行业管理规范
——《中小学图书馆(室)规程》(2018 年版)解读

管理出效率,管理出效益。中小学图书馆的发展,离不开科学有效的管理,需要制定行业规范的操作标准,便于各校图书馆的运作。《中小学图书馆(室)规程》(2018 版)是我国中小学图书馆管理工作的指导性文件,旨在加强科学管理,提高管理水平。

一、《中小学图书馆（室）规程》修订的意义

中小学图书馆是中小学的有机组成部分，是学校教育和教学必不可少的条件。为贯彻落实党的十九大精神，适应新时期中小学图书馆发展的需求，2018 年教育部修订印发了《中小学图书馆（室）规程》。此次修订，围绕育人导向，进一步明确了中小学图书馆的发展目标、主要任务，完善了体制机制，重点从图书配备、馆藏资源建设、应用服务、条件保障等方面提出了新要求。文件的颁布对中小学校落实立德树人根本任务，充分利用图书馆资源推进基础教育改革，培养中小学生自学能力，养成学生良好阅读习惯具有重要的指导意义。

近年来，国家高度重视中小学图书馆的建设和发展，2010 年印发的《国家中长期教育改革和发展规划纲要（2010—2020 年）》明确提出了推进义务教育学校标准化建设，均衡配置教师、设备、图书、校舍等资源的要求。为此，相继实施的"薄改""改薄""义务教育均衡发展"等惠民工程均对中小学图书馆建设提出了要求，为各地中小学图书馆发展带来了前所未有的机遇。中小学图书馆在硬件配置和图书配备方面取得了较大进步，但在充分发挥馆藏资源、服务教育教学方面的作用仍未充分体现。因此，《中小学图书馆（室）规程》（2018 年版）围绕育人导向，从宏观到微观，对中小学图书馆发展的目的、定位和主要任务提出了新的要求；明确了新时期中小学图书馆的发展定位，对充分发挥中小学图书馆保障教学、服务教学、改善教学功能，提高学生自主学习能力和终身学习能力，促进教师专业成长和学生全面发展具有重要作用；同时，对促进全民阅读，建设学习型社会和书香社会，丰富群众精神文化生活具有深远意义。

二、《中小学图书馆（室）规程》（2018 年版）修订的着眼点

中小学图书馆作为服务教育教学、教育科学研究的重要办学条件，是基本实现教育现代化的重要体现，是均衡合理配置教育资源的重要内容，是广大学生、教师获取信息资源不可或缺的重要途径，是落实立德树人根本任务、全面深化课程改革的重要阵地。中小学图书馆要与教育教学全面深度融合，成为学校信息资源高地和师生智慧中心、成长中心、活动中心。

《中小学图书馆（室）规程》（2018 年版）推进基础条件建设。该文件要求有条件地区要按照学校建设标准补充新建图书馆，改善不达标图书馆；不具备条件的农村中小学、教学点要建有图书柜、图书角。全国中小学要按照国家规定标准建有图书馆。该文件要求各地加快推进建设，逐步将中小学图书馆建设为设施齐全、功能完备、运转顺畅、服务便捷、使用高效的育人阵地和重要课堂。

《中小学图书馆（室）规程》（2018 年版）旨在确保馆藏资源质量，规范馆藏采购机制。该文件要求各级教育、文化和新闻出版部门建立协作机制，完善管理制度；健全多方参与的采购机制，共同把好中小学图书馆馆藏采购质量关；不断提高信息化水平，逐步实现管理信息化和服务形式网络化，探索动态实现区域内图书馆纸质图书、报刊的联合采编、公共检索、馆际互借等功能；充分发挥育人作用，推进图书馆与学科教学有效结合、深度融合；培养学生搜集、整理、分析和选择信息资源的能力，提高学生信息素养；带动书香社会建设，提倡小学生每天课外阅读半小

时、中学生每天课外阅读一小时;鼓励中小学图书馆向家长开放,提倡学生和家长共同读书、读同一本书,营造良好阅读氛围。该文件对落实经费保障、强化队伍建设、纳入督导评估、加强组织领导等保障措施提出了具体要求。

目前,全国的中小学图书馆还存在许多问题,最主要、最突出的问题有:图书馆建设整体发展不平衡;图书馆专业人员匮乏,专业素质亟待提高;图书馆馆藏图书数量与质量都亟待提高;图书馆经费缺乏保障机制;图书馆信息化建设相对滞后;等等。为了解决这些难题,《中小学图书馆(室)规程》(2018 版)在旧版规程的基础上进行调整和修改,有利于各地明确新时期中小学图书馆的重点工作,提升图书配备质量,加强规范化管理,促进图书的应用与阅读,以适应新时期中小学图书馆的新变化、新趋势。

总而言之,《中小学图书馆(室)规程》(2018 年版)修订的着眼点是:贯彻党的十九大精神,落实立德树人根本任务;适应基础教育改革发展,提高教育教学质量;促进中小学图书馆自身发展,推进图书馆规范化、科学化、现代化建设。

三、《中小学图书馆(室)规程》(2018 年版)的主要内容

《中小学图书馆(室)规程》2018 年版相较于 2003 年版主要在 8 个方面进行了修订①。

1. 体例结构方面的修订

《中小学图书馆(室)规程(修订)》(2003 年版)共 5 章、21 条、2 个附表,修订后调整为 7 章、39 条、2 个附表。新设"图书配备与馆藏文献信息建设""图书馆与文献信息管理""应用与服务"章节。新增馆藏质量要求等 18 条条款。

《中小学图书馆(室)规程》(2018 年版)第一章总则(4 条)主要有目的、适用范围、定位、主要任务;第二章体制与机构(3 条)主要有教育行政部门管理体制、学校管理体制、阅读指导机构;第三章图书配备与馆藏文献信息建设(7 条)主要有基本要求、藏书量、藏书结构、采购办法、馆藏建设、数字资源、校本资源;第四章图书馆与文献信息管理(11 条)主要有制度、建账、分类、排架、检索、借阅、信息化和网络化、信息安全、档案、资产、数据统计;第五章应用与服务(5 条)主要有开放时间、服务、馆际合作、社会资源共享、纸数一体化;第六章条件与保障(7 条)主要有馆舍、设施设备、图书质量、人员(编制、聘任、待遇、培训)、经费、风险防控与评估;第七章附则(2 条)主要有其他说明、颁布时间;附表一为中小学图书馆(室)藏书量;附表二为中小学图书馆(室)藏书分类比例表。

从逻辑上看,两个版本都保留了总则和附则,两个附表的内容也大致相同。《中小学图书馆规程》(2018 年版)中新设立"图书配备与馆藏文献信息建设"的核心目的是为了确保中小学图书馆能够提供丰富、高质量的图书资源,满足学生的学习和研究需求,促进学生的全面发展。设立"图书馆与文献信息管理"是为了确保图书馆的规范化、科学化和现代化建设,从而更好地为学校的教育教学工作服务。设立"应用与服务"的核心目的是为了提升图书馆的服务教育教

---

① 张文彦.2003 与 2018 年版《中小学图书馆(室)规程》比较研究[J].国家图书馆学刊,2019(1):37 – 45.

学能力,落实立德树人根本任务,促进学生德智体美全面发展。这些调整都让其在内容和结构较前一版显得更丰富和扎实。

2.重新定位图书馆发展目标及主要任务

发展目标就是加强中小学图书馆(室)规范化、科学化、现代化建设,落实立德树人根本任务,提升服务教育教学能力。中小学图书馆的定位就是中小学的文献信息中心,以及社会公共文化服务体系的有机组成部分。

《中小学图书馆(室)规程》(2018年版)将原2003年版第一条中的"为学校教育教学服务"修改为"落实立德树人根本任务,提升服务教育教学能力",第三条发展定位扩展为"四个重要",即"学校教育教学和教育科学研究的重要场所""学校文化建设和课程资源建设的重要载体""促进学生全面发展和推动教师专业成长的重要平台""基础教育现代化的重要体现"。这些修订更好地诠释了新时期中小学图书馆在教育教学、课程改革、人才培养中的重要地位和作用。这也表明图书馆不再局限于被动提供借阅服务,而应主动地服务学校的教科研活动及组织、指导学生阅读。因此,各中小学图书馆应根据新的要求,把握正确的办馆方向,充分挖掘和利用馆藏资源为广大师生服务,切实将学校图书馆打造成立德树人的重要阵地。

3.理顺管理体制,保障健康发展

《中小学图书馆(室)规程》(2018年版)将管理部门从省级调整为县级,提出县级以上教育行政部门负责行政区域内图书馆的规划和管理。这样的修改有利于发挥基层相关部门的作用。为充分利用图书馆资源,指导阅读活动,增设"阅读指导机构",这是此次修订的亮点之一,也是推动中小学图书馆应用的创新举措。这是1991年、2003年两个版本都未涉及的内容,此种做法更好地体现出中小学图书馆对师生的服务支撑和教育指导作用,对巩固和提升中小学图书馆在学校乃至全社会的地位具有重要的促进作用。

职责下放,使规划和管理更具地方针对性和特色。《中小学图书馆(室)规程》(2018年版)在管理体制上明确指出,教育行政部门应指导教育技术装备机构和学校做好图书馆的建设、配备、管理、应用、培训、评估等工作。在学校管理上进一步强调,图书馆实行校长领导下的馆长负责制,由一名校级领导分管图书馆工作。有关图书馆工作的重大事项应当听取图书馆馆长意见,最终由校长办公会决定。这样就从政策层面厘清了中小学图书馆理应享有的行政资源,重大事件的决策权虽仍在学校决策层,但开始顾及并重视馆长的意见建议,这是非常难能可贵的。在阅读指导机构方面提出,阅读指导机构由一名校领导担任负责人,成员由图书馆及相关职能部门负责人、教师和学生代表组成,鼓励家长代表参加。阅读指导机构应当定期召开会议,制定学校阅读计划,组织阅读活动的实施,反映师生意见和要求,向学校提出改进阅读活动的建议。文件中增添了对学校阅读指导机构的行政资源和较广泛的成员构成的规定,并规定了其活动内容和任务要求,形成了一个相对全面的阅读指导机构的规划与制度安排。

4.加强制度建设,提升图书配备与馆藏文献质量

《中小学图书馆(室)规程》(2018年版)第三章"图书配备与馆藏文献信息建设",对馆藏文献信息建设的基本要求、藏书种类、藏书量、馆藏结构、数字资源建设的相关规定进行了完善,新增图书配备质量要求、校本资源建设条款。馆藏文献资源是中小学图书馆服务教育教学的重要

基础。为提升馆配图书质量,分别从明确推荐书目、完善图书采购制度、统一藏书量要求、规范图书捐赠四个方面完善制度建设,确保馆藏图书质量。

同时明确要求"学校应根据发展目标,以师生需求为导向,统筹纸质资源、数字资源和其他载体资源,制定图书配备与其他馆藏文献信息建设发展规划"。此种表述不再纠结于师生各自需求的主次,以及馆藏资源的媒体形态,而是牢牢把握中小学图书馆馆藏建设的大局和原则,首次提出要制定有关文献信息建设的发展规划,这无疑是在中小学图书馆法规与制度建设上的显著进步。

在藏书结构方面,2018年版特别强调民族地区中小学图书馆应有相应语种的文献资源;有残疾学生随班就读的学校应配备适合特殊学生阅读的盲文图书、有声读物等。这体现出教育行政部门对特殊群体的政策倾斜,是赋予其平等发展机会的一种初步努力。在配备图书的主题方面,不再强制要求按《中小学图书馆(室)藏书分类比例表》进行,而是将其作为主要参考依据,尊重了不同地域特色、不同行政层级的中小学校图书馆的差异性和自主性,既具备了资源建设的统一规范性,又给予了基层管理者较大的灵活度。

在文献信息资源建设方面,增加了三个条款,即第十一、第十三和第十四条。第十一条要求图书馆建立完善的馆藏资源采购办法,定期公告资源更新目录,建立师生意见反馈机制,另外定期清理审查盗版等非法或不适宜的出版物。这说明教育行政部门注重提升中小学图书馆馆藏资源的质量、适宜度与透明度,也说明教育行政部门通过完善馆藏资源采购办法来进一步提升图书馆采购行为的规范性和科学性。第十三、第十四条从协作的角度对馆藏建设作出了规定,要求重视数字资源建设,注重区域内的合作共享,并要求地方教育行政部门推进区域信息资源中心建设,促进数字资源的共建共享;提出中小学图书馆可参与学校的校本资源开发和建设。

《中小学图书馆(室)规程》(2018年版)明确了推荐书目,把教育部指导编制的《全国中小学图书馆(室)推荐书目》作为中小学图书馆馆藏建设的主要参考依据之一,合理配置纸质书刊。完善图书采购制度,从制度层面保障采购图书的质量。统一藏书量要求,将藏书量统一为一档,取消原有的1类、2类要求,按学校类型统一规定最低的生均藏书量,一定程度上确保了教育和文化公平的实现。提出建立完善的增新剔旧制度,要求每年生均新增纸质图书不少于一本。规范图书捐赠,提出"依法组织捐赠,确保质量",规范捐赠程序,避免某些机构或个人将存在质量问题的、非法的、不适宜的图书假借捐助名义送进校园。

5. 加强图书馆信息化建设,提升应用服务水平,推进中小学生阅读

《中小学图书馆(室)规程》(2018年版)增加信息化、网络化管理条款,提出"图书馆应当纳入学校信息化建设整体规划、实行信息化、网络化管理"。第十三条要求图书馆应当重视数字资源建设,依托区域数字图书馆和信息资源中心获取数字图书和电子期刊等。地方教育行政部门要统筹推进区域数字图书馆和文献信息资源中心建设,促进优质数字资源共建共享。第三十条鼓励有条件的图书馆开展纸质图书和数字图书资源的一体化编目和服务。

中小学生是实现中华民族伟大复兴的新生代力量。图书质量决定着学生阅读的品质,而阅读的品质决定着学生的未来和民族的希望。中小学图书馆作为学校文献信息中心,为组织开展各类阅读活动提供了基础保障。据有关调查研究,由于学校对图书馆的认识和管理不足等原

因,图书馆利用率低,在开展阅读推广、培养学生阅读兴趣和阅读习惯方面并未充分发挥作用,开放时间普遍较短、访问次数和借阅量偏低。为此,《中小学图书馆(室)规程》(2018年版)以问题为导向,以推进学生阅读为目标,将图书馆的应用与服务相关内容独立设置,从借阅推进服务、阅读指导课、教学科研服务、组织阅读活动等多个方面提出新要求。

6.完善图书馆应用与服务

在图书馆的开放时间、借阅方式、服务内容、校际合作、馆际交流、资源共享等方面,《中小学图书馆(室)规程》(2018年版)提出:教学期间,图书馆每周开放时间原则上不少于40小时,鼓励课余时间、法定节假日和寒暑假期间对师生有效开放;图书馆应当做好阅览、外借、宣传推荐服务工作;开设新生入馆教育、文献信息检索与利用、阅读指导课等,鼓励纳入教学计划;为教育教学和科研活动提供有效的文献信息支撑;创新各类资源使用方式,积极创建书香校园,组织形式多样的阅读活动,促进全民阅读工作;鼓励开展图书借阅数据分析,有针对性地改进学生阅读。

第二十九条强调要互联互通:图书馆应当积极与本地公共图书馆,特别是少年儿童图书馆、高等学校图书馆开展馆际合作,实现资源共享。……在确保校园安全的前提下,有条件的学校可以探索向家长、社区有序开放。第二十条强调要创新借阅方式:图书馆应当以全开架借阅为主,以学校图书馆为中心,在确保安全的前提下,充分利用走廊、教室等空间,创新书刊借阅方式,优化借阅管理,创建泛在阅读环境。第二十二条强调要保护师生信息安全:图书馆应当建设文献信息管理和服务系统,建立数据长期保存机制,妥善保护师生个人信息、借阅信息及其他隐私信息,不得出售或以其他方式非法向他人提供,保障信息安全。

对于文献分类,2018年版规程统一规定所有类型文献均按《中国图书馆分类法》分类,并且明确要求所有中小学图书馆都"应当有明确的馆藏图书排架体系……应当对采集的文献信息进行科学分类编目,建立完善的书目检索系统,实现书名、著者、分类等多种途径的检索。"在馆藏开放利用方面,《中小学图书馆(室)规程》首次提出"泛在阅读"概念以体现教育行政部门对图书馆服务质量和水平的新要求。

关于管理的条款,则增加了五条,分别是"图书馆应当纳入学校信息化建设整体规划""图书馆应当建设文献信息管理和服务系统,建立数据长期保存机制""妥善保存档案资料""应当建立完善的资产账目和管理制度"以及"做好统计数据的分析和保存"。这些带有现代性和科学性的管理条款无疑会进一步完善中小学图书馆的管理制度,为中小学图书馆管理工作的开展提供基本遵循。

《中小学图书馆(室)规程》(2018年版)第一次明确规定教学期间中小学图书馆的周开馆时间一般最少应有40个小时,课余、寒暑假期间和法定节假日的开放时间无硬性规定,但政策仍鼓励图书馆有效开放;提出图书馆应加强馆际交流,推动各中小学校图书馆之间的资源共享与合作型阅读活动的开展;提出中小学图书馆要与其他机构合作并实现资源共享,包括本地公共图书馆(特别是少年儿童图书馆)和高校图书馆;鼓励有条件的图书馆开展纸质与数字图书资源的一体化编目和服务,这可能是对当前国内中小学图书馆较高的要求。

不再硬性要求学校开设阅读指导课并纳入教学计划,而是鼓励将阅读指导课纳入教学计划。鼓励图书馆分析图书借阅数据,以便有针对性地改进学生阅读。不再使用"鼓励"学校图书馆向社会开放,而是在添设多个前提("在确保校园安全的前提下,有条件的学校")的基础上使用"可以探索向家长、社区有序开放"的表述。这反映出教育行政部门对中小学图书馆面向社会开放难度的认知。另外,有关乡镇中心学校图书馆的建设内容不再局限于经济欠发达地区,而且强调了乡镇中心学校图书馆对周边小规模学校的责任。

7. 完善图书馆投入保障机制

《中小学图书馆(室)规程》(2018年版)提出"各地教育行政部门和学校应保障图书馆建设、配备、管理、应用、培训等所需经费,在经费预算和资金保障方面应当向农村学校和薄弱学校倾斜"。同时,将与现代图书馆不适应的设备设施删除,增加"设施、设备应符合年龄使用需要"内容;还提出"图书馆应当有采编、藏书、阅览、教学、读者活动等场所","应当重视馆内环境的绿化美化"。

《中小学图书馆(室)规程》(2018年版)将中小学图书馆的定位由服务型机构调整为教学、科研型机构,即通过提高其定位从而在理论上实现了与高校图书馆定位的平行。从更宏观的视角界定了中小学图书馆的地位,即它"是基础教育现代化的重要体现,也是社会主义公共文化服务体系的有机组成部分"。这是教育行政部门第一次把中小学图书馆的地位提升到整个基础教育层面,并将其与社会主义公共文化服务体系紧密联系在一起。可以说,此次修订已将中小学图书馆的定位提升到了前所未有的高度,当然也是其应有高度。这对各级教育行政部门与学校对中小学图书馆的建设、投入和改造都将产生重要的推动作用,并有利于提升中小学图书馆工作人员的信心和工作积极性、创造性。

《中小学图书馆(室)规程》(2018年版)规定图书馆馆舍的建设纳入学校建设总体规划。同时,该文件提出应当重视馆内环境的绿化、美化,而且接收残疾生源的中小学图书馆应设置无障碍设施与相关标识。在图书馆设备设施方面,提出应符合学生年龄使用需要。在经费预算方面,特别指出各级教育行政部门和学校在经费预算和资金保障上应当向农村学校和薄弱学校倾斜。另外,列举并确认了各级教育行政部门和学校对图书馆建设、配备、管理、应用和培训等领域的经费保障责任,并特别强调图书馆要积极配合社会力量支持、参与图书馆建设,依法组织捐赠并确保质量。

另外,《中小学图书馆(室)规程》(2018年版)增添了未曾出现过的工作督导与评估相关内容,指出了地方各级教育行政部门应"建立健全出版物采购廉政风险防控机制,定期组织开展中小学图书馆藏书质量和管理服务的督导评估,推动提高馆藏文献信息质量和服务效能。图书馆建设与管理工作纳入学校和校长考核体系"。这是为遏制并预防各地中小学图书馆建设中出现的现实问题所建立的督导、评估机制,同时它们也是管理和服务中不可或缺的一个环节,能够对中小学图书馆的建设发展起到一定的保驾护航的作用。

8. 加强图书馆队伍建设,提升管理人员专业化水平

图书馆管理人员是图书馆工作的组织和实施者,图书馆发挥作用的水平在很大程度上取决于图书馆管理人员的业务水平。有调查研究发现,中小学图书馆普遍存在着管理人员人数不足以及专业化水平低的问题。调查样本数据中,23%的学校没有配备专职图书馆管理人员,其中

专业且专职的图书馆员的比例仅占3%,大多数非图书馆管理专业人员承担图书馆工作。分析其原因,主要是中小学图书馆管理人员待遇、职称评定等问题一直没有得到有效解决,优秀的、专业的人才很难进入中小学图书馆。

《中小学图书馆(室)规程》(2018年版)规定:图书馆应当设专职管理人员并保持稳定性;图书馆管理人员编制在本校教职工编制总数内合理确定;图书馆管理人员应当具备基本的图书馆专业知识与专业技能;中学图书馆管理人员应当具备大学本科以上文化程度,小学图书馆管理人员应当具备大学专科以上文化程度。

同时,规程规定了中小学图书馆管理人员的要求和待遇,明确了对中小学图书馆人员的要求:不仅要求是专职管理人员,还要求保持稳定性,因为不断调换的图书馆员会影响甚至中断中小学图书馆的正常工作。在管理人员学历要求方面,规程对中学和小学图书馆员各自提高了一个档次,要求"中学图书馆管理人员应当具备大学本科以上文化程度,小学图书馆管理人员应当具备大学专科以上文化程度"。在管理人员待遇方面,专业技术职务聘任上鼓励某些地区和学校设立专门的中小学图书馆图书资料系列专业技术岗位,这种政策引导式条文为基层中小学图书馆管理人员进行职称评聘创造了更多、更好的机会,在调资晋级或评奖时进一步确认了图书馆管理人员与学科教师同等的地位。该规程的第三十五条明确支持此系列人员的专业培训及参与专业学术团队。由此,在法规的支持和保障下,参加专业活动不仅成为中小学图书馆管理人员的专业权利,而且是中小学图书馆专业技术人员必须履行的义务,这体现出人员管理的规范化、科学化与现代化。

此外,规程还对图书馆管理人员的岗位设置、学历、待遇等方面进行了修改,对职称评定、培训提出新要求。这样的修改,有利于提高现有管理人员专业技能,同时吸纳优秀人才进入图书馆专职管理队伍,逐步建设一支高素质的稳定的图书馆专业人员队伍。

四、认真贯彻落实《中小学图书馆(室)规程》(2018年版)

1.强化育人导向,推进中小学图书馆工作与教育教学深度融合

一是将图书馆工作与德育工作相结合。中小学校要将图书馆作为落实立德树人根本任务的重要阵地,在图书馆建设、配备、管理、应用、培训、督导中突出育人导向,发挥环境育人的重要作用。图书馆的场馆设置要凸显德育功能,在馆配图书方面要提高图书的适宜性,将弘扬社会主义核心价值观、中华优秀传统文化的图书优先推介给师生。二是将图书馆与课程相结合。中小学应将新生入馆教育纳入教学计划,鼓励教师、学生充分利用图书馆软硬件资源开展各类主题活动,将图书馆作为师生成长的重要场所。三是将图书馆建设与教育科研工作相结合。图书馆应加强教育科研资源建设,有条件的学校可探索学科馆员制度,为教育教学和科研活动提供有效的文献信息保障,使图书馆成为教师成长的重要平台。

2.完善馆藏资源采购和适宜性评价办法,确保图书质量

建立健全馆藏资源采购配备管理的长效机制,明确目标要求,规范管理机制和实施流程、标准。严格把好馆藏资源入口关、验收关和剔旧更新关,提高馆藏质量。中小学图书馆应当根据《全国中小学图书馆(室)藏书分类比例表》(附表二)和《全国中小学图书馆(室)推荐书目》合

理配置纸质书刊,并开展中小学图书馆馆藏图书适应性调研。健全工作机制,规范招标采购流程,提升捐赠图书质量。加强对捐赠图书质量监管,强化图书质量和适宜性审查,做好事中、事后监管和督导督查,从制度上杜绝不良图书进入中小学校。同时,及时清理不合格、不适宜图书。建议将图书配备的适宜性评价情况纳入校长考核体系,建立"谁采购、谁负责,谁管理、谁担责"的倒查机制。

3. 开展阅读交流活动,推进中小学生阅读

中小学图书馆充分发挥软硬件条件优势,以环境育人,以活动育人,以课程育人,发挥学校、教师和相关阅读指导机构的作用,开展阅读月、精品阅读书单推荐、优秀案例征集交流、阅读指导等活动,做到人人能参与、班班有活动、校校有特色,引导中小学生读好书、好读书,激发他们的阅读兴趣、培养良好阅读习惯、提升阅读质量。

开展阅读活动,推进书香校园建设。深入开展书香校园文化建设,大力倡导家庭阅读、亲子阅读、实施中外经典诵读工程。组织开展形式多样的读书活动,传承中华优秀传统文化。每年4月23日"世界读书日"和9月9日"国家图书馆日",教育部要求中小学要积极开展形式多样、丰富多彩的中小学生读书专题活动。提倡小学生每天课外阅读半小时、中学生每天课外阅读一小时。同时,鼓励中小学图书馆设立家长定期开放日,提倡学生和家长共同读书、读同一本书,营造良好阅读氛围。要充分认识到阅读对于一个国家、一个民族文明传承的重要意义,对学生培养独立思考能力的重要作用。在阅读活动方面,中小学图书馆应创新各类资源使用方式,积极创建书香校园,组织形式多样的阅读活动,促进全民阅读工作。

持续推进中小学书香校园建设。营造良好的阅读环境,加强优秀作品书目的研究,进行阅读课程的深度研发,开展丰富多彩的阅读活动。利用教室走廊、边角空间布置图书柜、图书角。设立阅读指导机构,指导和协调学校阅读活动的开展,广泛开展丰富多彩的读书专题活动,激发学生阅读兴趣,形成良好阅读习惯。

创新借阅方式,提高中小学图书馆借阅率。探索利用"互联网+"以及大数据、人工智能技术创新中小学图书馆借阅方式。在确保安全的前提下,中小学图书馆可以充分利用走廊、教室等空间,创新书刊借阅方式,优化借阅管理,创建泛在阅读环境。充分利用信息化手段,开展图书统计工作,实现纸质图书借阅率和数字资源阅读量的实时监测。

第六节　中小学图书馆效益与评估

《中小学图书馆(室)规程》(2018年版)的第二章第五条特别指出:"县级以上教育行政部门负责行政区域内图书馆的规划和管理,指导教育技术装备机构和学校做好图书馆的建设、配备、管理、应用、培训、评估等工作。"早在2003年的《教育部关于印发〈中小学图书馆(室)规程(修订)〉的通知》中就指出:"各地教育行政部门要加强对中小学图书管理工作和中小学图书馆(室)建设工作的检查指导,并将其列为对中小学校综合督导评估的一项内容。"可以说,《中小学图书馆(室)规程》的颁布在全面、大力地推动我国中小学图书馆建设发展的同时,更开启了重要的中小学图书馆评估工作。

据不完全统计,近半数省份和很多城市都纷纷制定了中小学图书馆"评估标准"或"评估细则",并已经认真地进行了一次或多次的中小学图书馆评估工作。此项工作以评促建、以评促改,确认了工作成绩、揭示了存在的问题、指明了发展方向。目前,我国各地区中小学图书馆评估主体有所差异,其选择范围包括主管教育部门人员、教育技术装备部门人员、受聘的公共图书馆或高校图书馆专家、中小学图书馆人员、中小学领导及教师。

评估坚持科学发展观"以人为本"的内涵要求,坚持以读者为中心,将上级主管部门评估、图书馆自我评估与读者评估结合起来,构建多元化评估主体体系。可以相信,以后的图书馆评估工作中评估主体范围一定会扩大,会加入读者和第三方评估机构,一定会是一个多元、公正、准确、有效的评估主体体系。

鉴于目前我国中小学图书馆的特点和现状,其评估工作只是起步阶段,我国很大部分的中小学图书馆进行的评估是内部评估。内部评估主要指上级主管部门和各级图书馆之间进行的上级评估、同级评估、下级评估。以后很大可能会引入外部评估,外部评估主要包括读者评估、专业评估机构评估和新闻媒体的评估。

图书馆自我评估是图书馆强化管理的有效措施,是图书馆为了掌握自身的运行情况,对本馆的软硬件建设、基础性工作及读者服务等进行的评估。对于中小学图书馆而言,由于其规模和人员的限制,其自评过程往往通过所在学校组织人员来完成,因此称为学校自我评估。

很多已经开展评估的省市都将学校自评作为省市评估的基础和前提条件,作为上级部门了解该校图书馆的一条途径。作为内部评估方式之一,学校自评不但有助于上级了解该馆,更重要的是它可以调动全校师生的积极性,充分发挥主人翁精神,从不同角度关注图书馆。中小学图书馆的自我审视和自我剖析,认识不足并改进提高,也会激发图书馆人员积极钻研业务的热情。学校自我评估功利色彩较少,宜长期坚持下去,不能只在省市评估之前进行,应形成一种自评制度,定期进行,及时反馈,积极解决,使自评真正成为促进中小学图书馆科学管理的一种途径。

中小学图书馆评估是中小学图书馆科学管理的主要方法之一,其评估结果是各级行政教育部门决策的重要依据。保证评估结果准确、公正,在实施评估行为的过程中多视角、深层次地发现问题,提出问题,真正有力地推动中小学图书馆事业迅速、科学地发展。

一、中小学图书馆的效益与评价

图书馆评估是以图书馆评估标准及其指标体系为依据,全面系统地收集图书馆的各种相关信息,对图书馆实现预期目标的条件、行为及其状态做出客观的价值判断的过程。图书馆评估,一方面可以判断图书馆的绩效水平,掌握图书馆的运行现状,发现其中存在的各种问题;另一方面可以根据绩效状况预测其变化方向是否与图书馆最终发展目标相一致,还可以根据当前的绩效状况和变化趋势及图书馆发展需要调整发展策略。

1. 中小学图书馆的效益

图书馆效益是指图书馆在社会活动和自身发展过程中所取得的效果与收益。它有两种类型:经济效益与社会效益。而中小学图书馆的效益主要体现在社会效益。中小学图书馆的效益是各项工作所产生的社会影响。图书馆文献信息资源价值的实现,归根到底就在于开发与利用,即充分发挥知识信息的效用。中小学图书馆的效用是通过提供有用的文献信息并作用于读者来实现,也就是通过读者的受益程度来体现。

2. 中小学图书馆的效益评价

衡量图书馆工作效益,就必须进行效益分析。所谓效益分析,就是对影响图书馆工作效益的诸因素进行分析比较,区别利弊,指导工作。效益是图书馆的生命。图书馆的发展离不开管理,评价是管理工作的重要环节,也是改进管理、优化决策的重要手段。图书馆效益的正确评价能对图书馆工作起指导作用,能使图书馆得到深入发展。中小学图书馆的效益评价是调控图书馆发展方向,使之符合中小学教育改革、发展方向。

中小学图书馆效益以它的社会效益为准,可以用流通率法进行评价,通过流通和服务来衡量社会效益。其中社会利用率与社会满足率是评价指标,社会利用率是指每年流通了多少文献,社会满足率是指吸引了多少读者。效益的评价有多种,也可以用时间—效果评价、效率比较法、综合评价法等。

评估和定级不仅是加强中小学图书馆管理、促进中小学图书馆事业发展的有效手段,而且通过评估,主管部门可以比较全面地、客观地、具体地了解中小学图书馆事业的具体情况,为制定政策、加强管理、改进工作提供可靠的依据。此外,评估和定级还可以促进各级政府重视和加强对图书馆的领导,促使图书馆改进工作、深化改革、提高服务质量。

二、中小学图书馆评估

图书馆的评估,是利用科学的方法,按照一定的要求,根据图书馆的工作范围,全面系统地收集材料和数据,经过分析研究,制定出评估指标体系,以评估指标对各个馆的办馆条件、工作水平与效益,给予考核、估价和评判。

为了加强中小学图书馆的宏观指导和管理工作,提高中小学图书馆的办馆水平和服务质量,必须开展各馆的评估活动。

1. 中小学图书馆评估是教育行政管理的需要

中小学图书馆评估是对图书馆全面、系统地进行定性或定量的考核和评价的过程,是中小学图书馆管理的重要组成部分。中小学图书馆评估,可以客观地反映中小学图书馆事业和图书馆工作的现状,以及各类学校贯彻落实《中小学图书馆(室)规程》的实际情况。评估中的情况收集、分析、评价、反馈过程,就是进行宏观指导和有效管理的过程。评估发现的一些带有普遍性的问题,是决策部门制定政策的依据。

2. 中小学图书馆评估有利于调动图书馆工作者的积极性

与教学工作相比,图书馆工作的效益是隐性的、漫长的,由于多种因素的影响,图书馆工作往往不被学校领导所重视,中小学图书馆工作人员的地位、待遇普遍不高。通过评估对图书馆工作做出的客观评价,有助于充分调动广大图书馆工作者的积极性和创造性,促使学校领导提高对图书馆工作的认识,加大投入、改善图书馆办馆条件,促进图书馆规范化、标准化、管理科学化建设。

3. 中小学图书馆评估是促进图书馆事业全面发展的有效措施

中小学图书馆评估既有利于发挥典型示范作用，又有利于促进各学校图书馆之间互相了解、互相学习，取长补短，共同提高，推动中小学图书馆事业的共同发展。同时也有利于促进中小学图书馆内部各项事业的全面发展。中小学图书馆评估标准涵盖了中小学图书馆建设、配备、管理、应用、培养等各个方面，各部分的评估权重也有所不同，评估标准的导向作用有利于纠正某些认识上的偏差，引导学校领导统筹安排图书馆工作，促进图书馆各项业务全面发展。

4. 中小学图书馆评估是促进图书馆工作标准化的有效手段

图书馆工作标准化，是现代图书馆的一项基础工作，是图书馆管理的重要组成部分，是实现图书馆现代化的必要条件。如果没有图书馆工作标准化，各馆自搞一套，自行其是，现代技术就不能充分发挥作用，馆际间协调、协作就会受到限制。在开展中小学图书馆评估以前，尽管有图书馆工作标准和规范，但由于缺少检查评估，加上各地图书馆事业发展水平的差异，中小学图书馆工作出现了随意性、不规范性，影响了中小学图书馆事业的整体发展。为提高中小学图书馆事业的整体水平，工作的标准化建设是很重要的一个方面，而评估是实现工作标准化的最有效手段。

三、中小学图书馆评估原则

1. 客观性原则

要评估就要有评估指标，评估指标要反映图书馆工作的客观规律，评估材料要正确地反映各个馆的实际情况。只有这样，我们才能真正地按客观规律办事。

2. 方向性原则

评估的作用是使各馆提高水平，更好地为学校教育服务。因此，评估指标要对图书馆各项工作具有指导作用，通过这种作用使各馆在争取达到指标的过程中，努力克服困难，改变落后状态，从而使中小学图书馆的整个系统发挥最佳功能。

3. 标准化原则

评估指标应力求标准化，这不仅符合管理的公平性原则，有利于调动各馆的积极性，促进竞争，而且能为将来中小学图书馆计算机管理下的资料存储、加工、处理和显示做好准备，同时为资源共享、馆际协作提供了方便。

4. 具体性原则

具体性原则与前者并不矛盾，它需要根据各个馆的实际情况，把各馆按职能、规模加以分类，列出等级，按评估标准具体地进行评估。

5. 定量和定性并容原则

图书馆工作的质量可通过一定数量表现出来。用量值来表示图书馆的主要工作和本质特征，使指标体系具有科学性，这是十分必要的。

四、中小学图书馆评估的种类、程序和方法

1. 中小学图书馆评估的种类

中小学图书馆评估一般分为工作评估和等级评估。图书馆工作评估也称之为图书馆工作检

查,其形式比较灵活,检查内容可以是综合的也可以是专题性的,检查结果以定性为主,检查工作一般以指导为主,常配合教育督导、学校常规检查、对学校工作综合考评以及申办民办学校审批等工作一起进行。中小学图书馆等级评估是教育主管部门对中小学图书馆工作开展的专题考核,具有组织严密、考核内容全面、考核指标系统、考核结果量化等特点,有较强的专业性和权威性。例如,江苏省中小学图书馆等级评定,各地开展的合格图书馆、优秀图书馆、示范图书馆评比。

2. 中小学图书馆评估的程序

凡属评估范围内的学校,应认真学习有关文件,明确参评目的,对照评估要求或评定细则,认真自评。申报等级评估的学校要根据自评情况,确定申报等级;达到相应等级条件的,应填写等级评定申报表向所属教育技术装备部门申请初评;不具备等级评定条件的暂不申报。各县(市、区)教育技术装备部门在接到学校申请后,应按照学校申报等级的有关指标要求,对学校图书馆进行初评,提出整改意见,指导学校评估工作,同时签署初评意见,并将初评合格的学校的评估申报表报市级教育技术装备部门进行复评。各市教育技术装备部门对通过等级复评的图书馆的材料进行收集、汇总,上报省教育技术装备部门。省教育技术装备部门将根据各市上报的材料,组织专家进行检查确认,对通过验收的图书馆,由省教育厅发文通报,对一级图书馆授予铜牌。

3. 中小学图书馆评估的方法

评估可采取自我评估和外部评估相结合的方法,被评估单位进行自我评估,做出评估报告,评估委员会审查评估报告,并根据需要派出专家小组,听取被评估单位各级有关领导的介绍,实地观测,形成评估委员会评估报告。评估指标一般包括办馆条件、读者服务水平、文献工作水平、现代技术水平、科学管理水平及成果附加(业务建设与改革成果、整体化建设)。中小学图书馆评估的方法具体包括:①查阅学校的自评表和申报材料;②听取分管校长、图书馆馆长的介绍和汇报;③查阅图书馆工作的各种资料、数据,检查和测定有关评定项目,特别要抽查、核对学生的借还记录;④个别了解或召开教师、学生座谈会,调查了解图书馆服务、育人的情况;⑤按评定细则,逐项核查,确定分值;⑥评定小组与学校领导、图书馆人员交换意见。

五、如何做好迎接评估的工作

1. 大力宣传,争取支持

中小学图书馆事业的发展有赖于各级政府和学校领导对图书馆事业的认同感与重视程度。长期以来,中小学图书馆的对外宣传始终处于封闭、被动、保守状态,很多学校师生对图书馆缺乏了解,这在某种程度上阻碍了中小学图书馆的发展。中小学图书馆应以评估为契机,强化宣传意识,加强宣传力度,外树形象,内练强功,主动参与学校工作。通过开展多种形式的读者活动,提升各级领导和广大师生的图书馆意识,让他们看到图书馆给他们带来的实实在在的收益,从而使他们在经费、人员、工作上关心、支持图书馆。

2. 端正思想,重在提高

评估的目的是加强对中小学图书馆的宏观管理和指导,促使各级教育主管部门和学校领导重视与支持中小学图书馆工作,促进图书馆规范化、科学化、现代化建设的手段。为克服一些中小学图书馆在评估工作中,片面追求上等级,忽视了图书馆内涵提高的现象,中小学图书馆应该把评估过程变成为认真总结、反思与提高的过程,把评估与中小学图书馆事业发展联系起来,与中小学图书馆的长远建设及自身工作水平的提高结合起来。中小学图书馆要把整改与提高事业水平作为迎接评估着眼点,并贯穿于评估工作的始终,淡化名次,重在效益。

3. 对照标准,规范工作

长期以来,中小学图书馆的工作一直缺乏统一的评估标准,这致使各地图书馆发展不平衡。评估标准的制定可以引导、规范各级中小学图书馆的日常工作。中小学图书馆应依据这个标准,找出自身的优势和薄弱环节,针对本馆实际,采取有力措施,使优势更强,使薄弱的地方得到改进,努力使评估过程真正成为图书馆的建设与发展过程,从而使全馆工作在评估的推动下得到发展和提高。

4. 统筹规划,科学安排

中小学图书馆评估是一项复杂的系统工程,统筹规划、科学安排是实现中小学图书馆评估有序、高效推进的保证。一是组织落实。学校要成立由校长牵头,图书馆、教务处、总务处、政教处、共青团等相关部门人员参加的图书馆评估工作领导小组,统筹协调各部门之间的工作。二是科学规划。学校校长应和图书馆工作人员一起根据申报等级对照评估标准进行自评,列出存在的问题。学校领导要根据学校的经费和其他具体情况确定实施项目,实施项目必须首先保证刚性指标达到规定要求,要突出重点,兼顾一般。三是实施有序。学校应根据项目要求测算经费、工作量,并制定项目实施序时进度表,进度表要明确项目名称、实施时间、序时进度、责任单位、责任人、配合部门等,对图书馆改造、添置新书、计算机管理等工作量大、周期较长的项目要早启动。四是措施有力。在项目实施过程中要注重过程管理,按照进度表定期检查,要加强部门间协调,防止出现推诿、扯皮现象,要明确责任制,制定落实考核措施。五是加强交流。要走出去学习其他地区和学校的经验,力争少花钱多办事、办好事。

5. 加强数据资料建设

资料建设是中小学图书馆管理工作的重要内容,是支持中小学图书馆评估的一项基础工作。它记载和反映了中小学图书馆的办馆历程和各项工作的开展情况,是中小学图书馆评估的重要佐证。中小学图书馆资料建设的原则是:真实、系统。

中小学图书馆资料目录包括:①图书馆基本情况,包括面积、设备、阅览座位数、文献资料、管理员队伍等。②数字图书馆建设及网络资源情况。③学校有关图书馆的工作(发展)计划、专题会议记录。④图书馆工作计划、总结及专题业务活动记录。⑤学校对图书馆工作及其人员的检查考核记录。⑥图书馆人员状况,包括年龄、学历、专业技术职称、业务培训情况、学生管理员名单等。⑦图书馆人员有关阅读指导和图书馆知识的教学、教研活动资料。⑧图书馆集体和工作人员个人获奖及论文发表情况,通过媒体或相关会议介绍图书馆的文章、录音、录像、照片和交流材料。⑨新书介绍、题录索引及其他为教育、教学服务的二、三次文献材料,或图书馆网页上推荐、介绍新书,发布相关信息的材料。⑩师生的办证记录、借阅记录,分时间段和读者群的流通统计,借阅明细表,读书活动推荐图书的统计表。⑪有关读书活动、报告会、讲座及师生通过查阅资料在各种竞赛中获奖的材料。⑫常规管理的账册。实行计算机管理的中小学图书馆应能随时打印出与财产登记和馆藏业务记录有关的数据。⑬近三年图书馆经费使用情况的会计资料。

本章小结：

图书馆是社会知识、信息、文化的记忆装置、扩散装置。图书馆由五项基本要素构成：文献信息资源、读者、工作人员、技术方法、建筑与设备，而决定性的要素是工作人员。

中小学图书馆是文献信息中心，是学校教育教学和教育科学研究的重要场所，是学校文化建设和课程资源建设的重要载体，是促进学生全面发展和推动教师专业成长的重要平台，是基础教育现代化的重要体现，也是社会主义公共文化服务体系的有机组成部分。

中小学图书馆的主要任务是：贯彻党的教育方针，培育社会主义核心价值观，弘扬中华优秀传统文化，促进学生德智体美全面发展；建立健全学校文献信息和服务体系，协助教师开展教学教研活动，指导学生掌握检索与利用文献信息的知识与技能；组织学生阅读活动，培养学生的阅读兴趣和阅读习惯。

图书馆的发展离不开科学有效的管理，在机构管理中要明确人本管理与目标管理是行之有效的管理方式。知识管理主要是对图书馆所包含的知识价值链的管理。中小学图书馆需要根据有关原则和法规结合本馆实际，建立健全规章制度，通过完善的制度规范促进图书馆的管理。《中小学图书馆（室）规程》（2018 年版）是中小学图书馆的法规性文件，正确理解该文件有利于规范中小学图书馆的建设和管理。

中小学图书馆的效益需要通过评估体现，通过评估可以调动图书馆工作者的积极性，促进图书馆事业的发展。中小学图书馆要重视评估工作，掌握评估的方法，根据评估要求加强资料建设，通过评估促进中小学图书馆的管理上一个新的台阶。

学习与思考：

1. 什么是图书馆？图书馆由几项要素组成？
2. 图书馆在其发展过程中大致经历了几个时期？
3. 古代图书馆的特点是什么？现代图书馆的特点有哪些？
4. 中小学图书馆的主要任务是什么？
5. 中小学图书馆的地位与职能是什么？
6. 如何贯彻落实《中小学图书馆（室）规程》？
7. 图书馆的规章制度可以分为几种类型？
8. 现代图书馆管理的方法及策略有哪些？
9. 中小学图书馆评估有哪几种？
10. 如何进行图书馆的评估？

推荐阅读书目：

1. 吴慰慈,董焱.图书馆学概论［M］.4 版.北京:国家图书馆出版社,2019.

2.黄少虹,李萍,等.中小学图书馆管理基础教程[M].北京:人民出版社,2006.

3.潘寅生.图书馆管理工作[M].北京:北京图书馆出版社,2001.

4.刘小琴.图书馆规章制度选编[M].北京:北京图书馆出版社,2001.

5.柯平.中小学图书馆概论[M].北京:国家图书馆出版社,2024.

6.韩永进.中国图书馆史(全四册)[M].北京:国家图书馆出版社,2017

7.谢灼华.中国图书和图书馆史[M].武汉:武汉大学出版社,2011.

8.柯平.图书馆知识管理研究[M].北京:北京图书馆出版社,2006.

9.王子舟.图书馆员手册[M].北京:国家图书馆出版社,2023.

参考文献:

1.黄少虹,李萍,等.中小学图书馆管理基础教材[M].北京:人民出版社,2006.

2.范并思,等.20世纪西方与中国的图书馆学——基于德尔斐测评的理论史纲[M].北京:北京图书馆出版社,2004.

3.付立宏,袁琳.图书馆管理教程[M].武汉:武汉大学出版社,2005.

4.徐建华.现代图书馆管理[M].天津:南开大学出版社,2003.

5.刘小琴.图书馆规章制度选编[M].北京:北京图书馆出版社,2001.

6.杨玉麟.论图书馆的科学管理原则[J].中国图书馆学报,2004(2):43-45.

7.潘寅生.图书馆管理工作[M].北京:北京图书馆出版社,2001.

8.张文彦.2003与2018年版《中小学图书馆(室)规程》比较研究[J].国家图书馆学刊,2019(1):37-45.

9.李昕.论知识管理与图书馆管理[J].图书馆学刊,2003(5):1-2.

10.吉士云,芮国金.我国中小学图书馆事业历史发展现状[J].中小学图书情报世界,2004(3):1-1.

11.王富.我国中小学图书馆发展新趋势[J].中国教育技术装备,2008(1):5-9.

12.钟伟.中小学图书馆评估主体研究[J].图书馆界,2012(5):80-83.

13.张海波.智慧图书馆技术及应用[M].石家庄:河北科学技术出版社,2020.

第二章　中小学图书馆队伍建设

本章导读:

　　中小学图书馆队伍建设是图书馆建设最关键的因素之一。提高图书馆的管理与服务质量,培养高素质的馆员队伍是中小学图书馆可持续发展的保证。

　　通过本章学习,您将了解到:

- 中小学图书馆员职业
- 中小学图书馆员基本素养
- 中小学图书馆馆长基本素养
- 中小学图书馆员队伍建设的保障
- 中小学图书馆员的继续教育
- 中小学图书馆学生管理员和教师志愿者队伍建设
- 中小学图书馆员队伍建设案例

第一节　中小学图书馆员职业

一、图书馆员职业认识

　　图书馆员职业是一个有尊严的职业,它不但有重要的社会价值,也包含了高深的学问。图书馆以知识承载文明,有效地管理着人类的智慧结晶;以开放承载民主,从知识、信息的角度维护着社会的公正。经过无数代人的不懈努力,现代图书馆的理念在最大程度上保障社会公众利用知识与信息的权利。图书馆员这份职业理应得到社会认可和尊重。

　　图书馆员通常指图书馆业务人员,或者获得图书馆学专业学位的人,是负责图书馆运营的专业人员。其工作内容包括对图书馆馆藏资源的采购、加工、描述、流通(借还)、分析报道,以及读者服务等一整套流程。中小学图书馆还承担着对读者的教育职能,指导读者查找和使用学术文献资源,辅导读者进行学习或研究。

相关链接:

　　IFLA 颁布的《学校图书馆指南(第二版)》对图书馆员定义是:“学校图书馆员负责学校的实体和数字学习空间,在这一空间里,阅读、调查、研究、思考、想象和创造是教与学的中心。关于这一角色,有众多的表述(例如,学校图书馆员,学校图书馆媒体专家,教师图书馆员,专业文献资料工作者),但‘学校图书馆员’最为常用。”

　　2015 年,教育部、文化部、国家新闻出版广电总局在《关于加强新时期中小学图书馆建设与应用工作的意见》中指出:“中小学图书馆作为服务教育教学、教育科学研究的重要办学条件,是基本实现教育现代化的重要体现,是均衡合理配置教育资源的重要内容,是广大学生、教师获取信息资源不可或缺的重要途径,是落实立德树人根本任务、全面深化课程改革的重要阵地,对于保障教学、服务教学、改善教学,提高学生自主学习能力和终身学习能力,促进教师专业成长和学生全面发展具有重要作用。中小学图书馆作为国家图书馆服务体系的重要组成部分,对于服务学习型社会和书香社会建设,完善公共文化服务体系,丰富群众精神文化生活具有深远意义。"在新时期,图书馆员职业在学校发展中凸显其重要性。中小学图书馆员作为图书馆的日常运营人员,是图书馆提供服务的关键人物。图书馆的服务质量和外在形象,都会通过图书馆员的个人行为表现出来,中小学图书馆员对全校师生提供的日常服务体现了图书馆的整体质量。馆员的服务效率和服务态度,也对校内知识的传播和师生的学术研究有着至关重要的影响。优秀的图书馆员是图书馆的首要财富和重要资源,也是图书馆可持续发展的关键。

二、图书馆员队伍建设的意义

图书馆员在信息服务实践中,建立了一套科学的图书馆工作方法。在网络时代,图书馆在弥合数字鸿沟方面具有不可替代的作用。在图书馆组成要素中,人是最关键的。宽敞的馆舍、在一定历史条件下的馆藏、先进的设备、现代化技术、科学的管理、舒适的环境等都是中小学图书馆办馆的重要条件,但最关键的要素是人才,即培养一支高素质的图书馆员专业队伍。

《中小学图书馆(室)规程》(2018年版)第三十三条规定:"图书馆管理人员应当具备基本的图书馆专业知识与专业技能。中学图书馆管理人员应当具备大学本科以上文化程度,小学图书馆管理人员应当具备大学专科以上文化程度。"国内外有关中小学图书馆的条例规定,对中小学图书馆工作人员都有十分明确的要求。目前,在我国中小学图书馆队伍中,就学历而言,城市中小学图书馆基本达到教育部的要求,大学本科生占一定比例,其中有些是图书馆学专业毕业生,他们已成为图书馆的业务骨干。但不可否认,在多数农村地区,中小学图书馆工作人员还达不到教育部的要求,老弱病残的多,照顾安置的多,不懂业务的多。建设一支思想稳定、素质优良、结构合理、数量充足的中小学图书馆员专业队伍是全面实施素质教育的需要,也是实现中小学图书馆现代化的关键。

三、图书馆员在学校的地位与作用

《中小学图书馆(室)规程》(2018年版)指出:"图书馆是中小学校的文献信息中心,是学校教育教学和教育科学研究的重要场所,是学校文化建设和课程资源建设的重要载体,是促进学生全面发展和推动教师专业成长的重要平台,是基础教育现代化的重要体现,也是社会主义公共文化服务体系的有机组成部分。"也就是说,在学校层面,图书馆对保障教学、服务教学、改善教学,提高学生自主学习能力和终身学习能力,促进学生全面发展和推动教师专业成长具有重要作用。在社会层面,中小学图书馆对服务学习型社会,建设书香社会,完善公共文化服务体系,丰富群众精神文化生活具有深远意义。

图书馆作为中小学整个基础教育教学体系中的重要组成部分,不仅可以作为学校文献信息资源的中心,体现出作为专门类型图书馆所能发挥出的图书馆功能,还可以作为中小学教师专业学习和学生文化课程学习的课堂,直接或间接介入学校教育与教学,发挥其基础教育功能。馆员除了要更好地发挥图书馆价值,做好图书馆文献信息服务工作外,还应该加强对中小学图书馆基础教育价值的认识,更多地参与中小学基础教育的全部过程,积极配合学校完成基础教育改革、提升教育教学质量的任务。馆员素质的提高直接关系到中小学图书馆的可持续发展。

相关链接:

2018 年,美国学校图书馆协会最新修订的《学校图书馆国家标准》,将中小学图书馆员界定为"教学伙伴、信息专家、教师、课程领导者和项目管理者"。这意味着未来中小学图书馆员既要有图书情报、信息技术等专业学科背景,也要有管理学、心理学、教育学等其他学科学习经历,同时要具备活动策划、组织、领导、协调等多方面的才能。

第二节　中小学图书馆员的基本素养

一、政治思想素养

1. 掌握政治理论知识

图书馆的首要任务是贯彻党的教育方针,培育社会主义核心价值观。党的十九大报告指出:"经过长期努力,中国特色社会主义进入了新时代,这是我国发展新的历史方位。"新时代党的教育方针,就是要坚持马克思主义指导地位,贯彻习近平新时代中国特色社会主义思想,坚持社会主义办学方向,落实立德树人的根本任务,坚持教育为人民服务、为中国共产党治国理政服务、为巩固和发展中国特色社会主义制度服务、为改革开放和社会主义现代化建设服务。扎根中国大地办教育,同生产劳动和社会实践相结合,加快推进教育现代化,建设教育强国,办好人民满意的教育。努力培养担当民族复兴大任的时代新人,培养德智体美劳全面发展的社会主义建设者和接班人。图书馆员必须认真理解和学习新时代党的教育方针,紧扣立德树人这个根本任务开展图书馆工作。

中小学图书馆员不同于一般的图书馆员,他们同时也是教师,是教育工作者,是先进文化的传播者。中小学图书馆员要有一定的政治理论水平,要用毛泽东思想、邓小平理论、"三个代表"重要思想、科学发展观和习近平新时代中国特色社会主义思想武装头脑,坚持中国特色社会主义核心价值观。要热爱共产党,热爱祖国,献身中小学图书馆事业。这是中小学图书馆员首要具备的基本素质。

2. 良好的职业道德修养和个人修养

良好的职业道德修养和个人修养是中小学图书馆员非常重要的素质,对于中小学图书馆的正常运转及其在学校中的影响具有重要作用。

热爱图书馆事业,爱岗、敬业和精业,全心全意为广大师生服务,这是对中小学图书馆员职业道德修养的基本要求。中小学图书馆员应该集教师与图书馆员道德于一身,忠诚于教育事业和图书馆事业。只有这样才能树立事业心、责任感,在图书馆的岗位中探索创新、热情服务,出色地完成本职工作,成为精神文明的传播者。

为了加强全国各系统图书馆的行业自律和图书馆员职业道德建设,培养良好的思想道德素质,强化社会角色意识,中国图书馆学会六届四次理事会于 2002 年 11 月 15 日通过了《中国图书馆员职业道德准则(试行)》(以下简称《准则》)。

　　《准则》是总结我国图书馆活动的实践经验,为履行图书馆承担的社会职责而制定的行业自律规范。

　　确立职业观念,履行社会职责。
　　适应时代需求,勇于开拓创新。
　　真诚服务读者,文明热情便捷。
　　维护读者权益,保守读者秘密。
　　尊重知识产权,促进信息传播。
　　爱护文献资源,规范职业行为。
　　努力钻研业务,提高专业素养。
　　发扬团队精神,树立职业形象。
　　实践馆际合作,推进资源共享。
　　拓展社会协作,共建社会文明。

　　《准则》涵盖了职业道德所包含的职业理想、职业态度、职业责任、职业技能、职业纪律、职业良心、职业荣誉、职业作风 8 个要素的所有内容。全心全意为人民服务就成为图书馆员职业道德的主线、灵魂和实质。

二、文化素养

　　文化素养是学好专业知识,掌握其他学科知识,做好本职工作的重要条件。没有较高的文化素养,就没有能力学习掌握多学科知识,就没有能力向读者传播科学文化知识。中小学图书馆作为学校的一种文化设施,是为了满足不同师生在知识、信息方面的需求而提供的服务。随着图书馆员对这一问题认识的不断深入,中小学图书馆工作逐渐由过去的以藏书建设为主,转变为以读者服务为主。以读者为宗旨的理念成为图书馆服务和管理的核心主题,而这一理念的实施和完善离不开对图书馆员文化素养的培养和提升。

　　文化素养包括三个方面:一是文化水平。一般以学历为衡量标准。《中小学图书馆(室)规程》(2018 年版)要求:"中学图书馆管理人员应当具备大学本科以上文化程度,小学图书馆管理人员应当具备大学专科以上文化程度。"这是最基本的要求。当然,学历只是一个人文化素养的标识,不是唯一依据,它只是人的知识不断提高更新的基础,因此不可唯文凭论。正确的态度应该是既讲文凭,又看水平;既讲学历,又看能力。二是知识面。知识是文化素养的基础。文化素质包含人文社会科学、自然科学、艺术、中外文化精华等方面的内容,是形成社会及人的价值取向的依据,是提升公民意识和社会责任感,塑造完善人格的基础。多学科广博的知识是创新能力的基础。历史和现实中,许多做出创造性贡献的科学家,大都知识渊博,爱好广泛。三是创新思维和创新能力。创新思维和创新能力必须要有广博的知识作基础。文化素养越高、知识面越广,文化品位与格调就越高。中小学图书馆工作涉及多门学科,其服务的内容和范围覆盖各个领域,尤其与教育学、社会学、儿童心理学和生理学、卫生学、伦理学、美学、自然科学等学科有密切关系。这就要求中小学图书馆员应有较为广博的知识,既要掌握图书馆的专业知识,又要掌握一定的人文学科知识和自然科学知识,还应懂得网络和计算机知识。

三、专业素养

1. 专业知识

图书馆工作是一门专业性很强的技术工作,从事这一工作的人必须掌握一定的图书馆学基础理论知识和图书馆专业技能,即中小学图书馆员应具备最基本的专业素质。随着现代信息技术在图书馆的应用,图书馆服务方式逐渐现代化,如馆藏的多元化、传输手段的网络化、服务手段的自动化、阅读方式的移动化。先进的技术需要靠图书馆员去掌握和应用,图书馆作用发挥得如何,取决于图书馆员的专业水平如何。

2. 相关学科知识

21 世纪,学科间交叉渗透日益加剧,边缘学科发展很快,科学技术的综合趋势越来越明显。基础教育为适应素质教育的要求,加紧进行课程教材的改革,新的综合理科、综合文科课程将逐步形成。中小学图书馆作为服务教育教学、教育科学研究的重要条件,促进教师专业成长和学生全面发展的重要平台,对中小学图书馆员的专业素质和知识结构提出了新的要求。中小学图书馆员要与时俱进,不断学习新知识,拓展知识面,掌握新技能。

3. 专业能力

中小学图书馆工作人员的专业能力包括信息获取与开发利用的能力、读者教育的能力、组织能力和策划能力、知识导航能力和知识的组织管理能力等。

教育部为提高中小学教师教育技术应用能力,促进现代技术在教学中的有效应用和教师专业能力的发展,于 2004 年下发了《教育部关于印发〈中小学教师教育技术能力标准(试行)〉的通知》,并启动实施全国中小学教师教育技术能力建设计划。这项计划的实施,有利于规范教育技术能力的培训与要求,提高教师教育技术应用能力,促进信息技术与学科教学的有效整合,从而推进教育信息化,促进基础教育课程改革进一步深化。中小学图书馆员也是教师的一员,提高图书馆员的教育技术应用能力显得更为迫切、更为重要,从某种意义上讲,图书馆员掌握教育技术能力的标准要高于一般教师。我们要紧紧抓住这一时机,大力提高中小学图书馆员的专业水平。

信息获取与开发利用的能力,是现代图书馆对图书馆员的一项基本要求。信息获取能力主要是指对信息进行有目的地选择,即通过多种途径获取信息、筛选信息和存储信息的能力。信息的开发能力主要体现在对获取的有用信息进行浓缩和提炼的能力、对信息的深度开发和有效利用的能力。这种能力是中小学图书馆员在信息技术教育课中为人师者的优势所在,也是为师生提供最佳服务的必备条件。

读者教育的能力,是培养读者的图书馆意识、信息意识,教育读者利用图书馆资源的工作能力。在信息社会,现代科技的发展,计算机应用的普及,以及电子读物、网上信息资源的大量涌现,要求中小学图书馆员必须掌握现代信息技术。不仅自己能熟练应用计算机和互联网处理图书馆工作业务,而且要指导中小学生学会使用机读目录查询图书,上网浏览、查找、下载信息资料。

组织能力和策划能力,是中小学图书馆员开展各项读者活动必须具备的工作能力。图书馆开展的每一项活动都需要精心策划、组织实施和检查总结,这样才能取得预期的效果。

知识导航能力,是当今网络时代图书馆员应具备的服务技能。在研究性学习和阅读指导等中,中小学图书馆员应成为文献信息资源和网络信息资源的导航员,引导师生利用图书馆的信息资源完成学习任务。

知识的组织管理能力,是现代图书馆员应具有的专业素养之一。20世纪80年代初的"信息爆炸",到21世纪初网络信息资源的大量涌现,带来了比印刷型资源更难管理的问题——知识的组织和管理。网络信息资源的无序化是对图书馆员工作的挑战。而图书馆员一向以善于组织和整理信息著称,他们曾经有效地完成印刷型文献资源的组织和整理工作,当然也有能力完成对数字化资源的组织和整理。

中小学图书馆是学校的文献信息中心,其中包括纸质资源、数字资源和其他载体资源。数字资源在中小学图书馆文献资源建设中已逐步占据了重要地位,并深刻影响着图书馆的馆藏体系结构。图书馆是否收集、整理并提供电子信息资源和网络信息资源访问和利用的途径,成为衡量图书馆现代化水平的重要标志。

第三节　中小学图书馆馆长的基本素质

图书馆馆长作为图书馆最重要最直接的管理者,其管理水平和素质决定着图书馆的服务理念和发展前景。一个称职的图书馆馆长,不仅要具备领导者最基本的行政领导素质,还应掌握图书馆学、情报学等专业知识,同时注重自身素质的培养。首先,要熟练掌握图书馆学、情报学等相关专业知识,这是作为一名图书馆馆长最基本的条件。馆长必须是本专业、本学科的领头人。其次,还要熟悉与之相关的其他专业学科领域的相关基础知识。在信息飞速发展的时代,缺乏相关专业领域知识,跟不上时代节奏,就难以指导前进中的图书馆和进步中的全体馆员,这对图书馆馆长提出了更高的要求。中小学图书馆馆长的职业资格、个人能力及其他素质在一定程度上决定着整个图书馆的服务质量,同时也影响着中小学的教育教学科研工作的开展。中小学教育教学是一种创造性的工作,图书馆工作同样也是一项创造性的工作。中小学图书馆馆长是管理者和决策者,是搞好图书馆工作的关键,馆长对一个馆的建设与发展有着举足轻重的作用。馆长不仅应具备上述图书馆员的素质,而且要达到更高的素质标准,这样才能适应新时期中小学教育的改革,更好地为实施素质教育服务。

一、有事业心

中小学图书馆工作比较平凡,不太能得到大家的关注,作为一馆之长要有所作为,的确面临许多实际困难,这就需要馆长要热爱图书馆事业,有强烈的事业心和责任感,以无私奉献和自我牺牲精神带领全体馆员去奋斗,去拼搏,去开创图书馆事业的新局面,用实际工作成绩赢得学校和社会的关注,促进中小学图书馆事业的发展。

作为一名优秀的图书馆馆长,要具有较强的科学管理能力和组织协调能力。既要协调外部,处理好学校内各职能部门和图书馆的关系,又要团结内部,维护好图书馆内部馆员之间的和谐关系。

二、业务领头人

馆长是图书馆的领头人,要做好领导和管理工作,首先应具备图书馆学相关知识,掌握图书馆发展的前沿理念和思想。其次是熟悉图书馆的每个工作环节,深入工作第一线,随时解决馆员工作中遇到的问题和读者提出的需求。再次,馆长必须不断加强自身专业技能和业务能力的学习。中小学图书馆的教育职能和信息职能将长期保持下去并不断增加新的内容,不同的是,我们面对的信息、读者以及技术手段等都将发生根本的变化,所以图书馆馆长也要在这种变化中不断完善自己。

三、人本管理

中小学图书馆馆长是知识型领导者,既要懂业务更要懂管理。要以人为本,特别是懂得人性化管理,尊重人、关心人,善于调动人的积极性和创造性。

在中小学图书馆,人本管理体现在"以图书馆员为本"和"以读者为本"两个方面。以图书馆员为本包括维护、实现图书馆员的利益,以及依靠、发挥图书馆人的主体作用两个方面,必须努力体现图书馆员主人翁地位和主力军作用。以读者为本则主要是指维护、实现、发展读者的利益和需要,突出读者在图书馆服务中的地位,着重体现图书馆服务至上的宗旨。

图书馆实行人本管理的主要途径:

1. 树立人本管理的思想

人本管理思想是实现人本管理的前提。因此,中小图书馆管理核心要真正体现以人为本的管理思想,把人看作是图书馆中一切活动的主体、前提和动力,并确定人在管理中的主导地位。

2. 完善评价机制

要建立图书馆人本化管理方式,就要求学校校长带领馆长(或馆员)、老师及学生共同商讨订立愿景,确立本校图书馆发展目标。在了解学生的兴趣和需求的基础上,制定科学合理的管理制度,合理规定开馆时长、时段,协调好教师、馆员的工作,使学生有时间去图书馆阅读,切实满足学生的阅读需要。同时,重视馆员的合理诉求,解决馆员的实际困难,如评优、晋升职称、改善办公条件,等等。此外,尽量完善评价机制,定期召开馆员、读者座谈会,开展问卷调查,了解读者对图书馆管理的满意度、文献资源的流通利用状况及图书馆员的工作感受,以便及时调整图书馆运行过程中出现的问题,妥善解决矛盾和冲突,使图书馆管理逐渐形成以人为本的良性循环发展。民主管理的实施,可畅通自下而上的沟通渠道,使学生的需要得到及时满足,学生的合理建议得到及时采纳,馆员的工作困难得到及时解决,有利于创设发挥馆员积极性的环境,提高图书馆的管理效益。总之,人本化的管理方式,能把学校图书馆建设成为师生共同的精神家园,可以有效提升图书馆的管理效益。

建立科学的考核评价制度。工作业绩考核是人本管理的有力保障,可以了解工作人员目前以及潜在的价值,加强对工作人员的管理,使他们有机会发现和了解自己的工作评价以及改进的办法。中小学图书馆应根据统一且尽可能客观的标准对工作人员的工作进行评价,将他们调整到他们最有能力承担、最感兴趣和最具工作动机的职位上;确保合理地分配完成工作目标所需要的人力资源,并且优化图书馆的业务工作流程,形成专业集成化服务模式,把工作重心放在发展以读者需求为中心的信息资源开发、信息咨询服务、知识领航、读者培训等工作项目上。

3. 健全激励机制

激励机制是实现人本管理的重要手段。中小学图书馆的人才培养是图书馆人力资源开发的主要内容,是图书馆智力资本中最重要的部分,是图书馆坚持人本管理理念的生动体现。中小学图书馆激励机制包括:第一,物质激励。学校应当根据图书馆岗位的不同和工作难度或强度的不同,制定不同的奖金和津贴标准,以起到奖勤罚懒的目的,充分调动工作人员的积极性。第二,精神激励。健全的激励机制应该是以精神激励为目的、以物质激励为手段完善的。学校领导应及时鼓励和表扬在工作中表现良好、成绩突出的图书馆员,并在全校进行通报表扬,评优、晋升等优先考虑。精神激励能使人产生荣誉感和成就感,从而使他们的潜能得到最大程度的发挥。第三,目标激励。学校应制定切实可行的近期、中期和长期目标,全体工作人员为实现这个目标而不懈努力。中小学图书馆可以实施以岗位责任制和双向选择机制为中心的目标管理体制,使工作人员正确定位,充分发挥个人主观能动性,为图书馆长远目标的实现提供保障。

四、民主管理

民主管理是实行人本管理的方法之一。中小学图书馆员是图书馆实践活动的直接参与者,既参与信息管理工作又参与读者服务工作,能够及时发现工作中的问题,反映读者的需求动态,他们最有资格对图书馆工作提出合理化建议,为科学决策提供可靠的信息。中小学图书馆应通过民主管理制度,发动员工参与管理,注意接受员工的建议和批评,给予员工适当的与工作相称的决策权。这样,全体图书馆员都能发挥创造性思维,形成双向、多向交流的自主工作秩序,实行参与管理、民主管理。全体图书馆员既成为管理的客体,也成为管理的主体。中小学图书馆馆长的工作重点是在组织结构重整之后,搞好授权与激励机制,让每位图书馆员都能享受动力、信息、知识和酬劳,以此来最大程度地调动图书馆员的主动性、积极性和创造性。

五、创新精神

图书馆作为高层次的科学文化信息的阵地,必须对师生的学习、教学和科研,对社会的进步和变革,对未来的发展进行一些深层次的思考,既要关注现实问题,同时也必须把目光投向远方,研究未来发展的问题。新的时代将产生新的问题,这对中小学图书馆馆长有更新、更高的要求。首先,要求图书馆馆长必须具有创新思想。其次,要求图书馆馆长进行知识更新,努力学习和掌握新观点、新知识。最后,要求图书馆馆长在管理上创新,不断地学习和运用现代管理知识,提高管理能力。图书馆馆长的创新意识表现为思维创新、知识创新、管理创新。观念的更新超前,是图书馆馆长创新意识实现的首要条件;提高学术素养是其创新意识实现的内在动力;办馆特色的不断完善,是其创新意识实现的关键;建立完善的制度是其创新意识实现的外在动力。

中小学图书馆馆长要有勇于探索、不断进取的创新精神。教育改革的深入和素质教育的实施,给中小学图书馆带来了很大的改观和发展。各级教育主管部门的有力领导和有效管理,已经形成了管理、装备、科研、培训一体化的工作网络,给中小学图书馆发展带来了十分美好的前景,也给中小学图书馆馆长提出了更高的要求。创新精神应成为中小学图书馆馆长的基本素质。随着教育的信息化和现代化,新技术在中小学图书馆的应用,馆长如何更好地发挥中小学图书馆在素质教育中的"育人"作用? 如何办好电子阅览室和网站,与社会上的网吧争夺青少年? 如何在网络环境下开展读者活动? 如何为教师的教学和科研提供个性化服务? 如何让图书馆的建设跟上时代发展的步伐? 这些都要求馆长要有开拓创新观念,一方面,要虚心学习和借鉴兄弟学校图书馆的先进经验,结合自己的资源特点开展馆藏宣传,让更多的老师和学生了解图书馆、利用图书馆;另一方面,要从本校的实际出发,对本馆的建设和发展做出科学的规划。

第四节　馆员队伍建设的保障

一、馆员学历要求

图书馆员是图书馆工作的组织和实施者,图书馆管理水平很大程度上取决于馆员的政治素养和专业素养。据有关调查,中小学图书馆员人数不足,专业水平低下,调查样本显示23%的学校没有配备专职图书馆员,其中专职且专业的馆员比例仅占3%,大多数非图书馆专业人员承担图书馆工作。对此,《中小学图书馆(室)规程》(2018年版)将中学图书馆员的学历由"大专以上"提高到"大学本科以上",小学图书馆员的学历由"中专(含高中)以上"提高到"大学专科以上"。

二、引进专业人才

目前,全国中小学图书馆的馆员无论在学历水平、专业教育、科研能力还是职称等诸多方面与《中小学图书馆(室)规程》(2018年版)要求相差甚远。在建设一流教育的同时也要关注和重视学校图书馆的建设,而关注和重视学校图书馆的建设就需要从加大培养和引进一流人才的做起。如果现在还不这样做,就将错失中小学图书馆与学校同步发展的最好时机,将会贻误中小学图书馆事业发展。要不断提高图书馆专业人员的比例,通过多种方式吸引优秀人才进入中小学图书馆管理人员队伍。引进图书馆专业人才,改变图书馆员结构,是提升中小学图书馆管理水平的有效途径。

相关链接:

江苏省扬州市市直中学重视图书馆建设,近几年特别关注引进图书馆专业人才,在15所市直中学里就招聘了5个图书馆学专业毕业生,其中3个是研究生毕业。专业人才引进,给扬州市市直中学图书馆增添了动力。他们用所学的专业知识管理图书馆,服务教育教学,积极开展读书活动,使图书馆工作开展得有声有色,也使这几所学校的图书馆管理水平得到明显提升。同时这几名老师也担负了市直中学图书馆业务教研活动,为推动扬州市直中学图书馆的共同发展发挥了作用。

三、提高待遇

中小学图书馆员队伍的不稳定性在很大程度上是由于待遇低,职称得不到解决,这极大影响了馆员工作的积极性。《中小学图书馆(室)规程》(2018年版)第三十四条:"图书馆专业人员实行专业技术职务聘任制。图书馆管理人员专业技术职务聘任参照国家相关规定执行,在有条件的地区和学校,可设立中小学图书馆图书资料系列专业技术岗位。图书馆管理人员调资晋级或评奖时,与学科教师同等对待,并按照国家相关规定享受相应的福利待遇。"

四、培训机制

《中小学图书馆(室)规程》(2018年版)第三十五条:"图书馆管理人员应当定期参加教育行政部门或专业学术团体组织的专业培训,并纳入继续教育学分管理。支持图书馆管理人员参加专业学术团体。"近年来,教育部教育装备研究与发展中心、北京师范大学共同举办了"书香校园建设"与教师阅读素养项目(中小学学科教师、中小学图书馆员)线上培训研修,其研修内容涵盖师德修养、政策解读、书香校园建设与阅读、图书馆概述、读者服务、信息技术基础等,来自高校以及中小学一线图书馆员与信息学方向的专家和阅读领域的专家为中小学图书馆员培训,通过理论联系实际、案例分享等方式,深入浅出地讲解阅读素养教育与中小学图书馆知识,切实帮助馆员运用现代化信息技术与科学方法提升阅读素养和阅读指导能力,提升图书馆员的专业能力。全国各省市也通过不同方式开展线上、线下图书馆员培训,形成完整的培训机制。

五、绩效考核

图书馆的绩效考核在不少中小学的绩效考核体系中缺少科学性和针对性,往往简单地归于教辅人员或后勤人员的考核,绩效通常与学科老师有着明显的差距,从而大大影响了馆员工作的积极性,导致馆员队伍的不稳定。中小学图书馆不同于大学图书馆和公共图书馆,人员少、事情多,工作分工不会那么精细,文献采购、加工、读者服务等工作都要去做,工作任务也有区别。中小学图书馆在制定绩效考核方案时,可以从以下几个方面着手:

1. 树立正确的绩效考核观念

馆长在落实绩效考核的过程中,必须让馆员清晰地认识到,绩效考核不只是提升馆员工作质量、工作素养、职业道德等方面能力的手段,最终的目的是提升图书馆整体管理水平,促进图书馆与馆员的共同发展。在制定馆员的绩效目标时,学校主管领导以及馆长应该和馆员进行充分的沟通,在双向交流的基础上确定每个馆员的绩效目标。这样由馆员参与的目标设定,能够获得每位馆员最大程度的理解和认同,进而激发馆员的主观能动性,使其更愿意投入能实现岗位目标的工作。

2. 确定评估标准

制定符合图书馆的绩效考核标准,必须要做到准确、清晰、严谨。制定的标准必须具备可行性和可操作性。制定标准时要以《中小学图书馆(室)规程》(2018年版)为依据,结合学校绩效考核方案,制定出图书馆的考核标准。评估标准可以从四个方面考虑:①立德育人,具有良好的职业道德。能够贯彻党的教育方针,培育社会主义核心价值观,敬业爱岗,热爱图书馆事业,全心全意为师生服务。②严把图书文献质量关,构建具有特色的馆藏文献信息资源。根据学校教育教学需求以及教育部指导编制的《2018年全国中小学图书馆(室)推荐目录》和《中小学图书馆(室)规程》(2018年版)附录比例表,制定相应采购计划,严禁采购有问题图书及非法出版物。③图书馆制度健全,图书馆管理规范。各个场馆都有规章制度,并能遵章执行。文献能够按照《中国图书馆分类法》加工,有完善的书目检索体系和图书排架体系。图书馆实行全开架借阅为主,有创新书刊借阅方式。图书馆档案齐全,各种统计数据完整,资产账目清楚。④注重图书馆应用与服务。应用与服务是图书馆工作的核心内容,也最能体现馆员的价值。《中小学图书馆(室)规程》(2018年版)中要求:"教学期间,图书馆每周开放时间原则上不少于40小时。鼓励课余时间、法定节假日和寒暑假期间对师生有效开放。图书馆应当做好阅览、外借、宣传推荐服务工作;开设新生入馆教育、文献信息检索与利用、阅读指导课等;为教育教学和科研活动提供文献信息服务;创新各类资源使用方式,积极创建书香校园,组织形式多样的阅读活动。"

3. 定性与定量考核

进行绩效考核,必须关注定性考核与量化考核两个方面,同时这两个方面的整合也是必要的。根据不同的工作目标,制定不同的考核指标。进行职责考核的时候,要将考核馆员年度工作内容、工作态度与考勤情况等方面作为重点。将定性考核作为考核的主要内容,工作目标考核是指馆员在该岗位完成年度工作目标的结果,重在考核实绩,特别是创新性成果,尽量以定量考核为主。图书馆目标结果的检验是目标管理的最后阶段。当各级目标按时间计划实施结束后,就要对取得的成果进行验收和评价,检查各岗位工作的量与质是否达到预定的目标管理要求。对于完成得好的馆员,给予一定的精神和物质奖励,在评选先进、评聘技术职务时优先考虑,在奖金分配方面体现差别。对于完成得不好的馆员,要分析原因,帮助树立信心,改进工作,为完成下一循环目标管理中的个人目标的完成创造条件。

4. 绩效考核评估

为了体现公平性,绩效考核可以采取多元化的评估。

(1)自我评价

对照绩效考核标准,馆员根据目标和本人在学期中的表现进行打分。馆员在参照打分过程中,应充分了解学校的绩效目标,并对自己的工作进行反思总结,总结自己的优点和缺点,这将有利于馆员绩效与学校绩效的双赢。

(2)读者评价

读者服务工作是图书馆工作的核心任务,因此读者评价是绩效考核不可忽略的一个环节。图书馆是否能成为教师专业成长和学生全面发展的重要平台,馆员工作是否得到师生的认可,师生评价尤为重要。

（3）教育行政部门检查

《中小学图书馆（室）规程》（2018年版）颁布以来，教育行政部门加强了图书馆检查。目前，教育行政部门的检查主要有两项：一是图书馆工作专项督导；二是根据教育部《关于开展全国中小学图书馆图书审查清理专项行动的通知》开展的检查。图书馆的督导评估是对中小学图书馆工作的全面考核，也是对馆员工作的评估。馆藏图书清查是对馆员有关馆藏文献信息质量工作的考评。在馆员绩效考核时，应该将这两个检查结果作为考核依据。

（4）考核小组考评

中小学图书馆员的最终考评离不开学校考核小组的评估。学校考核小组通常由学校领导、各部门负责人以及教师代表组成。学校考核小组会根据以上三点结合学校总的考核标准进行全面公平公正的评估。

相关链接：

根据2015年教育部教育装备研究与发展中心对全国6省（直辖市）169所中小学的调研，中小学校图书馆（室）普遍存在图书馆管理员人数不足、专业化水平低的问题。有23%的学校没有配备专职的图书馆管理人员。另外，图书馆管理员大多数是"半路出家"，由非图书管理专业的人员承担，科班出身的馆员在样本中所占比例不足3%。在参与调查的151名图书馆管理员中，仅有4人所学专业为图书管理或信息技术。此外，目前中小学图书馆管理员接受的在职培训也明显不足。图书馆管理员平均年培训次数为1.5次，有近30%的管理员反映他们接受培训的频率低于一年一次或几乎没有图书馆专业相关培训。在访谈中有不少管理员表示，他们因为所学专业不对口，又缺少在职培训，很难胜任文献分类、计算机编目、数据统计等专业技术要求较高的任务，在工作中感到很被动。

第五节　中小学图书馆员的继续教育

一、中小学图书馆员继续教育的必要性

当今世界，科学技术迅猛发展，知识量剧增，20世纪70年代，每5年增加一倍，而现在每3年就增加一倍。新学科、新理论、新知识、新技术如潮水般向人们涌来，传统的"最终教育"观念被"终身教育"观念所取代。越来越多的人认为，继续教育是解决人类自身发展与社会发展之间矛盾的重要手段和唯一出路。目前，世界上不少国家和地区，特别是发达国家，十分重视和大力发展继续教育。继续教育的迅速发展，已成为当今世界教育改革和发展的大潮流。

《国家教育委员会关于改革和发展成人教育的决定》指出："大学后继续教育，对于提高专业技术人员、管理人员的素质，提高我国新技术、高技术发展水平和现代化管理水平，具有极其重要的作用。"1987年国家教育委员会等部门联合颁发了《关于开展大学后继续教育的暂行规定》，明确把继续教育规定为成人教育的重要任务。1995年我国颁布了《中华人民共和国教育法》和《专业技术人员继续教育暂行规定》，对各行各业的专业技术人员的继续教育做了明确的

规定。1997年中国共产党第十五次全国代表大会上提出了跨世纪社会现代化建设的宏伟目标与任务,对落实科教兴国战略作出了全面部署。为了实现党的十五大所确定的目标与任务,落实科教兴国战略,全面推进教育的改革和发展,提高全民族的素质和创新能力,教育部于1998年特制定《面向21世纪教育振兴行动计划》,文件中提出"实施'跨世纪园丁工程',大力提高教师队伍素质",以不同形式对教师全员培训和继续教育。教育部在全国范围内实施"中小学教师继续教育工程"。中小学图书馆员作为学校教师的一部分,理应参加相应学科的继续教育以及专项培训。

社会主义现代化建设,科学技术是关键,基础在教育,而中小学教育是基础的基础,是提高中华民族素质和培养各级各类合格人才的奠基工程。加强对中小学图书馆员的继续教育,不断提高其政治、业务素质和管理水平,以适应图书馆发展的需要,是中小学图书馆面临的十分紧迫的战略任务。

1. 社会发展的需要

21世纪是一个以知识经济、信息技术为标志的高科技时代,一个国家、一个民族、一个地区经济的发展,将越来越取决于或依赖于知识生产的水平、知识进步的程度和知识创新的能力。如何培养适应时代发展的高素质创造型人才,是我国在世界竞争中能否取胜的关键。作为知识宝库、文化殿堂和信息中心的中小学图书馆,要适应新世纪社会发展的需要,成为造就高素质创造性人才的"终身学校",图书馆员发挥着越来越重要的作用。

2. 推动中小学图书馆事业发展的需要

随着计算机技术、网络技术在中小学图书馆的普及与应用,中小学图书馆正在向着网络化、电子化、数字化、智慧化图书馆发展。中小学图书馆的文献信息资源建设、工作程序、服务手段、管理方式、协作网的建设等都将发生重大变革。要推进中小学图书馆的持续发展,必须用科学发展观指导中小学图书馆建设,图书馆员只有适应这种变革,才能推动事业的发展。随着科学技术的发展,师生的需求也在不断变化,学生需要图书馆提供丰富多彩的精神食粮,教师需要图书馆提供更深层次的文献信息服务、知识服务。因此,现代图书馆对中小学图书馆员的素质提出了更高的要求。然而,目前中小学图书馆在自身的队伍建设上存在诸多问题。如图书馆员知识面较窄,知识结构不合理,知识更新不及时,专业知识欠缺等;很大一部分图书馆员对在网络环境下图书馆面临的新形势认识不足,不能熟练掌握电子信息资源和网络信息资源的存储、检索和处理等技术手段,不具备知识导航能力;少数人员文化水平较低,观念陈旧,缺乏主动服务意识等。这些问题影响和制约着图书馆的发展。中小学图书馆事业要发展,就必须通过有组织、有计划、有针对性地继续教育,更新其观念,强化其竞争意识,才能使之不断更新专业知识,拓宽自身知识面,完善知识结构,掌握现代化专业技能,具备获得多种信息的专业能力。

3. 馆员自身发展的需要

图书馆工作要与时俱进,意味着图书馆员的观念、思维模式和工作方法都得适应新的时代新的变化。随着教育事业的改革与发展和现代科学技术在图书馆的广泛应用,图书馆工作将会不断遇到新的问题,这对图书馆员的综合素质提出了更高更新的要求,只有不断补充和更新知识,才能适应日益发展的新形势的需要,提高管理水平和服务质量。有人称知识经济时代图书馆员是知识的组织者、管理者和知识导航员。导航就是将图书馆工作的重点从组织馆藏、被动服务,向提供信息、开放服务转移,这要求图书馆员应具备搜集、分析、加工、综合信息的能力,掌握使用现代信息技术的方法和技巧,具有网络环境下开展读者服务活动的技能。归根到底,就是要求图书馆员必须不断学习,提高文化素质和专业水平,使自己成为复合型人才。

二、继续教育的内容

1. 中小学图书馆政策解读

(1)《关于加强新时期中小学图书馆建设与应用工作的意见》

为贯彻党中央关于深化教育领域综合改革精神,指导中小学校全面贯彻教育方针、实施素质教育,提升学校内涵与品质,形成书香校园,带动全民阅读,助推学习型社会和书香社会建设,加强新时期中小学图书馆建设与应用工作,2015 年 5 月 20 日教育部、文化部、国家新闻出版广电总局印发了《关于加强新时期中小学图书馆建设与应用工作的意见》。

该文件明确中小学图书馆建设的意义和应用工作的意义,中小学图书馆作为服务教育教学、教育科学研究的重要办学条件,是基本实现教育现代化的重要体现,是均衡合理配置教育资源的重要内容,是广大学生、教师获取信息资源不可或缺的重要途径,是落实立德树人根本任务、全面深化课程改革的重要阵地,对于保障教学、服务教学、改善教学,提高学生自主学习能力和终身学习能力,促进教师专业成长和学生全面发展具有重要作用。中小学图书馆作为国家图书馆服务体系的重要组成,对于服务学习型社会和书香社会建设,完善公共文化服务体系,丰富群众精神文化生活具有深远意义。明确工作目标:基本建成与深化课程改革、实施素质教育相适应的现代化中小学图书馆建设、管理和服务体系。使图书馆与教育教学全面深度融合,成为学校信息资源高地和师生智慧中心、成长中心、活动中心。基本形成中小学图书馆与公共图书馆、高等学校图书馆馆藏资源共享格局,带动全民阅读,助推公共文化服务体系、学习型社会和书香社会建设。

该文件明确中小学图书馆的六大重点任务:推进图书馆基础条件建设,形成学校在"图书馆"中的良好氛围;整合实体与虚拟资源,确保馆藏资源质量;规范馆藏采购机制,杜绝不良资源及盗版等非法出版物进入校园;不断提升信息化水平,实现中小学图书馆管理信息化和服务形式网络化;充分发挥育人作用,与教育教学高度融合;开展丰富多彩读书活动,带动书香社会建设。

(2)《中小学图书馆(室)规程》(2018 年版)

为贯彻党的十九大精神,落实立德树人根本任务,加强中小学图书馆(室)工作的指导,2018 年教育部对 2003 年发布的《中小学图书馆(室)规程(修订)》进行了修订。新规程以育人为导向,适应新时期中小学图书馆发展需求,进一步明确了发展目标、任务,从馆藏资源建设、管理、应用与服务、条件与保障等方面提出新的要求。

通过学习,中小学图书馆要把握正确的办馆方向,充分挖掘和利用馆藏资源为广大师生服务,切实将学校图书馆打造成立德树人的重要阵地。明确图书馆定位及发展目标,服务教育教学。健全体制机制,明晰图书馆责任分工。加强制度建设,提升图书配备与馆藏质量。适应信息化时代要求,提升管理应用水平。加强条件保障,促进专业队伍建设。

(3)中小学图书馆(室)装备标准

为了尽快实现中小学教育现代化,满足新课程改革对教育装备的要求,全国不少省市根据教育事业发展状况和近几年来装备实践编制了中小学图书馆(室)装备标准。如江苏省教育厅于2006年从图书馆建设、配置、管理、应用四个方面制定了江苏省中小学图书馆装备标准,随着教育的发展,又于2011年对其标准进行了修改。这个标准如今已经成为江苏省教育主管部门对学校督导的依据之一。

中小学图书馆装备标准的制定有助于馆员全面了解图书馆工作的要求,了解图书馆建设的标准,也能更好地理解《中小学图书馆(室)规程》(2018年版)精神。因为装备标准细化了《中小学图书馆(室)规程》(2018年版)的要求,更利于馆员去开展图书馆工作以满足新课程改革对教育装备的要求。

2. 职业道德教育

图书馆职业道德教育是一个永恒的主题,中小学图书馆也不例外。职业道德教育旨在进一步增强图书馆员的事业心、责任感和使命感。强化服务意识,以人为本。因为服务性是中小学图书馆工作最为本质的特点,服务工作的关键在于图书馆员的素质,其中职业道德尤其重要。"以人为本"就是要将广大师生视为上帝,一切从师生的需要出发。职业道德教育要长期坚持。遵守图书馆各项规章制度是馆员应具备的品德,是图书馆员责任心的标志,是展现职业道德水准的一个重要方面。图书馆员要严于律己,自觉遵守馆里的各项规章制度,服从分配,听从指挥,廉洁奉公,反对以权谋私、以书谋私等不正之风,做执行规章制度的模范。

3. 图书馆学专业知识教育

由于中小学图书馆工作者普遍学历不高,大多未受过专业教育,还有相当一部分人未参加过任何专业培训。所以中小学图书馆应加强对图书馆专业人员的培训,特别是图书情报专业知识的在职培训,使其掌握图书馆的基本知识和基本技能。例如:了解和掌握文献信息收集、整理、加工的程序和方法;熟悉文献分类的规则和著录标准;掌握读者服务的基本技能,具备组织读者活动的能力;掌握阅读指导的方法;熟悉中小学生的阅读倾向和阅读心理;掌握各种检索工具的使用方法;等等。

4. 信息化教育

中小学图书馆要提高信息化水平,将图书馆信息化建设纳入区域和中小学信息化建设规划,积极推进中小学数字图书馆及配套阅览条件建设,确保师生便捷获取数字图书、电子期刊等数字资源,逐步实现中小学图书馆管理信息化和服务形式网络化。因此,馆员的信息化水平对实现这一目标至关重要。

随着智能时代的到来,智慧图书馆逐步发展,图书馆员职业能力的滞后严重阻碍了图书馆发展的进程。与时俱进,培养熟知各种形态的知识资源、掌握多种信息技术、能够提供智慧服务的智慧图书馆员,也是当前中小学图书馆面临的重大问题之一。

智慧图书馆是以一种更智慧的方法,通过利用新一代信息技术来改变读者和图书馆信息资源交互的方式,以便提高交互的明确性、灵活性和响应速度,从而实现智慧化服务和管理的图书馆模式。智慧图书馆要提供智慧服务,需要馆员的能力与之相适应,智慧图书馆对馆员的专业素养、服务能力提出了更高的要求。提升馆员能力成为智慧图书馆持续发展的必然选择。图书馆员所掌握的知识要从手工阶段的图书馆学知识结构转变为网络时代的由图书馆学知识、信息知识和网络知识等构成的新的知识结构。

5. 相关学科知识教育

相关学科知识是专业理论与实践的外围支撑,是提高图书馆员有效运用专业知识的动力。作为文献信息中心和文化建设、课程资源建设的重要载体,中小学图书馆要做好文献信息采集和信息指导服务工作,要具备将图书等信息资源与学科教学融合于一体的能力;作为教育教学和教育科研的重要场所,中小学图书馆要做好教育科研的情报服务,承担起学校教科研活动的组织协调、后勤保障等服务工作;作为促进学生全面发展和推动教师专业成长的重要平台,中小学图书馆要具有组织学校师资资源和图书、情报信息资源的组织机制和服务机制,为师生成长提供智力和信息支撑;作为基础教育现代化、社会主义公共文化服务体系的有机组成部分,中小学图书馆要强化图书、信息现代化管理,提升网络化、智能化管理水平,主动地将自己融入学校的文化建设,并以适当的方式融入社区文化服务。由此可以看到,中小学图书馆必须为信息指导、学科融合、组织协调、科研服务和管理现代化赋能。图书馆学是一门综合性学科,涉及文献学、信息学、教育学、社会学、心理学、管理学、计算机科学、网络科学,等等。绝大多数中小学图书馆工作者对外部学科知识的了解和掌握是有限的,补充一些外部学科的知识,是继续教育的内容之一。

6. 开展读书活动的教育

建设书香校园是中小学图书馆的基本任务之一。中小学图书馆要积极探索,开展形式多样、丰富多彩的中小学读书专题活动;与高校图书馆和公共图书馆开展合作,推进资源共享;利用本馆资源向社会开放,共建书香社会等。中小学图书馆可以通过继续教育活动,拓宽馆员的视野,为进一步开展书香校园活动打下基础。

中小学图书馆员的继续教育,不同于一般的学历教育,也不同于岗位培训,应注意以下的特点:一是内容要新。继续教育的内容,以图书馆学专业为主,要介绍新理论、新知识,兼顾介绍其他学科的最新成果。二是针对性要强。继续教育的目的在于进一步提高中小学图书馆员的专业理论水平和实际管理能力。三是实用性要强。中小学图书馆员参加继续教育,不单单是为了储存知识,更主要的是为了应用,为了有效地解决图书馆管理中的问题,提高管理效益和服务质量。四是学习的独立自主性。中小学图书馆员要有一定的工作实践能力和思维能力。除听讲课外,更应重视自学和研讨。

三、继续教育的方式

1. 岗位培训

组织馆内人员参加有关部门举办的各种长短期培训班,如图书馆基础知识培训班、图书馆现代化管理培训班、文献分类编目及标准著录格式培训班、网络知识与技能培训班等。图书馆领导应有计划、有目的地对馆内人员分批进行专业培训。

2. 学历教育

馆内工作人员可以根据图书馆的需要和个人的实际情况选择适合的专业参加高等教育学习。以在职学习为主，主要包括开放大学、网络远程学习、自学考试、在职研究生教育等，要提倡和鼓励学习图书馆专业、计算机专业。

3. 举办报告会和专题讲座

中小学图书馆可请图书馆学方面的专家或其他方面专家作学术报告或专题学术讲座，使中小学图书馆员能了解图书馆学或相关学科的前沿课题，开阔视野，增长新知识。

4. 参观、考察学习和参加学术研讨会

中小学图书馆可组织馆内人员分批到示范图书馆参观访问、实地考察，学习先进经验，开拓思路，改进工作。也可选派馆内人员到其他中小学图书馆或高校图书馆跟班学习，可选派代表参加全国或地区性的中小学图书馆学术研讨会。

5. 举办地区性或馆内理论研究和业务交流活动

由地区中小学图书馆协会或协作组织主持，每年组织几次地区性的理论研讨会和业务交流活动，结合中小学图书馆的工作实际开展工作研究和学术探讨，撰写学术论文和进行课题研究，总结推广成功经验。例如，江苏省许多城市的中小学图书馆学会常年坚持馆员的业务学习和课题研究，团结和带领广大中小学图书馆工作者服务于课程改革、服务于学校建设，开展了卓有成效的实践与探究活动，从而培养了一批中小学图书馆工作的业务骨干。

相关链接：

扬州市市直中学图书馆坚持每月图书馆活动制度。每次活动分别由各个中学图书馆馆长承担，馆长在策划活动主题、活动内容到活动的主持过程中，业务水平以及综合能力得到了提升。在活动中，中学图书馆员互相学习交流，每个学校的图书馆建设以及管理都有自身的特色和值得学习的做法，大家在现场参观通过切身体会，更能提高自己业务水平。

6. 开展图书馆业务技能大赛

开展图书馆业务技能大赛是提升图书馆员业务水平的有效措施。馆员通过参加比赛，加深对业务的钻研，同时也能与同行互相交流学习，促进自身成长。

7. 搭建图书馆员交流群

图书馆员业务水平不仅可以通过集中培训提升，同时还要注重平时的实践，通过具体解决问题提升业务水平。不少中小学图书馆员只有一人，工作中出现问题得不到及时解决，搭建图书馆交流群就很有必要了。图书馆交流群不仅有中小学图书馆员，装备部门的负责人也参与其中，还可邀请图书管理系统售后服务入群，随时为馆员解决在图书管理系统中出现的问题。

第六节　学生图书管理员及教师志愿者队伍建设

一、意义和作用

1. 提高图书馆的服务质量

中小学图书馆工作人员少,很多学校仅有一人,面对图书借阅、图书加工、咨询服务、阅读指导等众多工作往往顾此失彼,疲于应付。建立学生图书管理员及教师志愿者队伍将缓解图书馆人手不足状况,能够有效提高图书馆的管理效率。活跃于各班的学生图书管理员和教师志愿者,是联系师生和图书馆员的纽带。关于学生和老师有什么阅读需要、对图书馆有什么要求等问题,通过这些图书管理员和志愿者的及时反馈,图书馆员可以获得大量的第一手资料,从中直接掌握学生和老师的阅读倾向等信息,为每年的新书选配工作提供了最准确的依据。学生图书管理员及教师志愿者也会向学生和老师介绍图书馆资源,从而提高图书馆资源的有效利用率。

2. 有利于书香校园的推广

建设书香校园是图书馆任务之一。为了更好地开展校园读书活动,图书馆的借阅方式有了很大的变化,图书馆服务延伸到整个校园。图书进教室、进走廊、进办公室,数字资源随时可检索和获取。这个服务仅靠图书馆员是难以完成的,学生图书管理员与教师志愿者可以发挥重要作用,他们根据师生读书需求选择图书,更换图书角的图书,同时教师志愿者可以开展名著阅读欣赏讲座,推动学校读书活动的深入开展。

3. 拓展图书馆的服务

教师志愿者能够为图书馆拓展更多的服务项目。教师志愿者自身的专业背景和非图书馆专家的双重身份,为图书馆拓展服务提供更多的可能性。例如,经过相关培训后,教师志愿者可以参与图书馆的参考咨询服务工作,他们的学科背景能够为师生的专业文献需求提供更为精准的服务。因为不同于图书馆员常常重点关注信息检索技巧的传授,教师志愿者会更关注读者的需求。学生图书管理员以及教师志愿者能够在图书馆图书采购及数字资源采购中提供帮助,通过学生图书管理员可以了解学生的阅读需求,而教师志愿者可以直接参与图书馆现场采购,挑选一线教师急需文献,同时帮助图书馆员把好图书质量关。

4. 促进师生成长

对于学生图书管理员来说,图书馆就是综合实践的基地,学生图书管理员在为图书馆服务过程中,提升了服务意识,培养了信息检索能力。图书馆拥有的大量书刊、专业文献和网络数据库资源,在一定程度上可为学生图书管理员拓宽知识面,为其获取学科知识增加了便利性,促进其全面发展。

对于教师志愿者来说,走进图书馆承担某一项具体的志愿服务工作,能够让他们深入认识和了解图书馆的运作流程和馆员的工作要求,进而理解图书馆对于教学科研的重要意义,教师志愿者在参与图书馆志愿者服务工作中,实现了更多的自身价值。尤其是参与图书馆开展的学科咨询项目,能够更广泛、更深入地传播专业知识,促进跨学科交流与融合。教师志愿者参与培训、讲座等项目,能够分享学术经验和人生阅历,帮助他人的同时更是获得众人对自身价值的肯定。

二、学生图书管理员与教师志愿者队伍的培养

1.学生图书管理员的培养

(1)学生图书管理员的选拔

图书馆在学生自主报名的基础上进行选拔,考虑到每个班级的需要,各班都要有学生图书管理员产生。学生图书管理员应当热心为同学服务,做事认真踏实有责任心。最好在新生入馆教育时,由图书馆员考察选拔,这样能够选择素质更好的学生为图书馆服务。根据学生图书管理员的特点进行工作分工,如借阅服务、图书加工、期刊服务、阅读宣传等。

(2)学生图书管理员制度的制定

学生图书管理员制度是保障学生图书管理员工作质量的基础。制定制度时考虑学生图书管理员的特征,在图书馆服务时不与其上课时间冲突。根据不同的岗位制定工作细则,其中包含工作内容和工作要求。制定学生图书管理员管理条例,由图书馆专职老师负责统筹管理,成立学生图书管理员委员会。实现学生自我管理和老师监管双重模式更能发挥学生图书管理员的作用。

(3)学生图书管理员岗位培训

通过岗位培训可以使学生图书管理员快速熟悉图书馆的业务知识,提高工作效率和质量,还能培养学生的团队合作意识、个人工作能力和责任感。图书馆针对学生图书管理员开展的培训应分多阶段、多形式进行,岗前培训强调基本业务知识和服务能力,包括图书馆的馆藏分布、规章制度、图书分类、图书检索与排架、设备使用等基本情况,传达良好的服务思想和服务理念,保障学生图书管理员初期工作的顺利进行。培训可以采取多种形式开展,除集中培训学习外,可以将培训内容制作成视频或网页供学生图书管理员自习。

(4)学生图书管理员的管理

学生图书管理员要平衡好学业和馆内工作,为了保证图书馆正常的服务工作,可以对学生图书管理员实行动态弹性化管理,登记学生的空闲时间,根据空闲时间进行工作安排和任务分配,规定每周的最低工作时限,学生图书管理员到岗后准确记录姓名、工作时段、工作内容等信息。对于无法灵活安排的硬性排班应该尽量保证馆员数量充足,以便处理突发状况,防止空岗的情况出现。值班教师注意观察学生图书管理员的工作状态,进行及时的记录和评估,为学生图书管理员的最终评价提供依据。值班教师在工作中应给予学生图书管理员人性化管理,关心学生图书管理员的学习与生活,为其工作提供指导与建议,使其在工作中获得成长。

相关链接:

某中学为了进一步加强图书馆的管理,决定招聘一批学生图书馆员参与图书馆的管理。其具体做法为:

- 每个班学生自愿报名,通过竞聘选择热心服务、做事踏实且素质较高的学生为学生图书馆员;

● 经过一个月的培训,让学生图书馆员掌握图书的借阅、排架、图书贴条码和书标等图书馆管理基本技能;

● 建立学生图书馆员组织,成立学生图书馆员协会,下分图书外借部、宣传部、信息技术部、报刊部。图书外借部分管图书外借、新书加工、图书的修补等工作;宣传部主要负责图书馆的宣传橱窗、读书节活动;信息技术部负责图书馆网站,以及图书馆馆刊的出版工作;报刊部负责报刊的上架、杂志的装订以及中午阅览室值班等工作。

● 每学期评选优秀学生图书馆员,并给予奖励。

2. 教师志愿者队伍培养

(1)图书馆教师志愿者的作用

根据图书馆任务,教师志愿者在立德树人、建立学校信息资源体系、开展教科研活动、培养学生信息素养、指导学生开展阅读活动等方面都能发挥作用。教师志愿者可以弥补图书馆员学科知识不足,从而更加有效发挥图书馆的效率。

教师志愿者由学校学科教师组成,承担两方面志愿工作:一方面,参与图书馆的核心工作志愿服务,如图书采编、阅读指导等;另一方面,参与图书馆志愿者服务工作的指导、引导和工作内容的制定等。教师志愿者的工作起到了真正把图书馆的育人功能发挥出来的重要作用,有了教师志愿者的支持,图书馆才成了真正的教育基地。

(2)教师志愿者选聘

图书馆选聘教师志愿者必须在学校相关部门组织进行,通过图书馆设岗,教师自愿报名,再由学校与图书馆考核择优录用。为了更好地服务图书馆,最好各个学科教师都有。教师志愿者要热爱图书馆工作,遵守图书馆的规章制度,热心为读者服务,积极反馈读者意见和要求。

(3)教师志愿者培训

1)培训内容

对于教师志愿者,针对图书馆实际工作需要,结合教师学科背景和科研经验设置数据库检索、阅读写作指导、学科咨询、讲座培训等服务项目。一方面,教师拥有学科知识背景,这恰恰也是普通图书馆员所缺乏的;另一方面,围绕图书馆资源开展的深度读者服务项目是图书馆赢得读者的核心业务,迫切需要图书馆通过各种手段集合多方力量加强建设。根据具体的岗位要求,进行图书馆馆藏布局、排架规则、数据库检索、图书馆服务标准等方面的培训,并且经过考核合格后方能上岗服务。在这里还有必要强调,除技术培训外,志愿者精神和图书馆核心价值也应该作为重要的培训内容,以便于志愿者更好地投入后续的服务工作。

2)培训方式

培训方式可采用讲座、参访观摩、研讨会、网络教学、示范操作等。例如:馆藏布局、排架规则等培训可以通过现场观摩;图书管理系统以及数据库检索可以通过示范操作;学科咨询可以开展研讨培训。

(4)教师志愿者管理与激励

图书馆安排专门的工作人员负责志愿者的日常管理工作,根据馆内工作需要和教师志愿者的能力、时间表,协调具体的工作岗位和工作时间。管理人员需要拥有良好的沟通、协调和管理能力,充分发挥志愿者的特长,提高图书馆的服务水平,使图书馆真正成为课程资源、教科研中心和学生全面发展的基地。

图书馆需要建立公平公正的管理、考核机制和畅通的沟通渠道。同时,要建立较为长效的激励机制,调动志愿者的积极性。这里的激励措施建议与教学管理部门、人事部门合作拟定,根据服务时长,可以相应获得教务部门承认的课时。

第七节　图书馆员队伍建设案例

为了提高中小学图书馆员对图书馆工作的重视程度,学校管理者可以从队伍管理、文献信息建设与管理等方面入手。

一、队伍管理

1. 激发图书馆员的工作热情,提升图书馆的管理水平

学校应组织馆员认真学习《中小学图书馆(室)规程》(2018 年版)和配套文件精神,将中小学图书馆工作与学校教育教学工作紧密相连。另外,可从网上多了解目前管理优良、效益高、对学生发展起到良好作用的中小学图书馆的先进经验,有意识有目的地把中小学图书馆服务与学生阅读提高综合素质、学校全面实施素质教育和新课程改革结合起来,也可以学习国外中小学图书馆管理的好经验,打开思路,达到他山之石可以攻玉的效果。中小学图书馆员的工作,不只是借还看守这么单一,还应该开展图书馆知识教育、文献信息检索教育、图书选择、阅读指导教育、阅读主题活动等使这些成为中小学图书馆员的常态化工作。例如,四川省成都市第八中学校(以下简称"成都八中")图书室孟麟老师说:"现在没有多少人给我们太多要求,但如果足够敬业,足够为孩子们着想,这些东西就得认真地去琢磨、去干。如果图书室管理人员都去琢磨了,工作就多了,孩子们也就得益了。"成都八中的两位图书馆老师就是在两间旧教室里,利用并不丰富的藏书把图书馆办得有声有色,使其成为学生的精神家园。重庆市第一中学鲁校长说:"国外中小学的图书馆,原来也建在校园的角落里,现在则尽量建在中心、尽量方便师生,不少学校的开放式书架就设在走廊两边,课程内容和图书馆关系紧密,往往要求学生课前准备资料,课后进行研究。所以小学生普遍会检索资料,写小论文,从小就养成了利用图书馆进行学习、研究的习惯。而我们有的学生甚至中学毕业了也没有进过图书馆,获得知识的手段完全局限在课堂上,听老师传授知识和自己搜集资料,进一步拓展学习之间的有机联系被割裂了。"又如,宁波市鄞州高级中学"无门图书馆",全天开放,全开架借阅,进出图书馆没有防盗磁条检验,借书只需自己刷一下卡,留个记录即可,这种管理模式不仅吸引了学生阅读,还将图书馆打造成诚信教育的基地。自 2006 年 10 月开馆到 2013 年,近 7 年时间内,近 5000 名在校生和毕业生借阅了图书,但 7.8 万册图书,缺损率不到 10%,由此彰显了素质教育的价值。这样看来,中小学图书馆员的工作远远不止借还看守这样简单,而是大有学问。与对学生全面实施素质教育、学校新课程改革相联系,图书馆员重要作用的发挥、工作内容的丰富、工作的主动开展就都

有了着力点。馆员要敢想敢做,学校要提供必要的支持,图书馆的服务工作就会有新面貌,为师生提供的服务也会更加优质。

2.合理制定图书馆管理制度,完善评价机制

中小学图书馆开展工作大多是在课外活动时间进行,为了保障图书馆的正常运行,学校要重视课外活动时间的管理和使用,制定科学合理的开馆制度。课外活动时间学生干些什么,怎么合理安排时间才能保障学生能切实使用图书馆,是学校管理者需密切关注的问题。以人为本,在中小学图书馆的管理中,不仅要关怀学生的需要,也应体谅馆员的需要,合理安排图书馆的开馆时间,如图书馆员上午上班时间比师生上课晚两个小时,上午下班时间比师生放学时间晚两个小时,下午的上下班时间也同样往后错两个小时,这样图书馆员的上班时间较为集中在中午休时间和下午课外活动时间,既可以解决馆员的生活用时,也可解决学生的阅读时间需要。虽然为教师服务的时间相对少些,但可以切实方便学生。学校管理者不应拘泥于常规的管理套路,而是能够因地制宜、因时制宜地管理好图书馆开放时间,既方便馆员,让馆员感受到学校的人文制度关怀,也使学生真正有时间进馆,吸取知识,获得图书馆学习的实效,提高时间资源的利用效益。图书馆的开放时长是保障图书馆使用的基础,也是图书馆管理的重要环节。此外,利用节假日、寒暑假开放图书馆,也可以相对增加开放时长。

二、文献信息建设与管理

1.根据课程需求,构建文献体系

北京某中学图书馆根据新课程的需求,注重收集图书报刊资源的同时,加强数字资源的采集。具体做法为:

(1)依据需求,优化结构

传统图书馆藏书结构多以印刷型文献居多。随着信息技术的快速发展,读者获取信息的途径发生了变化,通过网络获取教学与科研情报已成为读者获取信息的重要途径。电子文献的作用日益显现,促使馆藏电子文献的比重不断加大。因此,图书馆必须依据读者的需求,在广泛调研的基础上,征求反馈意见,从而决定采集、订阅不同种类文献载体的比重大小和数量多少,不断优化馆藏文献信息资源的结构。将与教材配套的光盘收集整理建立教材资源数据库,供全校师生共享;将教师的教案、课件、试卷等资源收集整理建立学科网站,形成学校特色资源库;征订电子期刊和数据库;采集网络资源;等等。这些方法可以丰富、优化图书馆的资源结构。这些资源深受广大师生欢迎,既满足了读者需求,又节省了馆藏空间。

(2)合理配置,藏用并重

现代化图书馆的馆藏建设已由封闭型转向开放型;由重保存向重利用发展。这就要求我们恰如其分地处理好"藏"与"用"的关系,避免购置文献的重复浪费。比如"电子报纸"的光盘版,是回溯性的,这是印刷型报纸的最佳替代品。订购印刷型的现期报纸供读者阅览,减少专门收藏的份数;同时订购电子报纸供收藏和回溯检索。两者合理配置,既解决了传递信息的时效性问题,又保证了收藏方便和读者检索快捷的需求。

（3）各类文献，有机统一

图书馆采集的信息资源包括电子文献资料与印刷型文献两类，它们优势互补，长期共存。图书馆的采访服务，一方面要做好对印刷型文献的选择采购工作；另一方面要十分关注网络中传递的信息，搞好信息开发。利用图书馆的优势和独特地位参与信息的过滤、重组、优化和加工等工作，将各种信息资源有机地整合在一起，形成具有特色的馆藏资源。面对浩瀚的信息资源，采访工作首先要有序化，按照一定的目标和功能设计进行分工合作。从多方面入手，广辟信息源，逐步通过对信息资源的整理和加工，建立起各种信息资源数据库，满足广大读者的需求。

（4）依托网络，资源共享

随着校园网的普及，网络触及学校的每个角落，这给图书馆的服务带来更为广阔的空间。通过图书馆网页或学校网站，图书馆可实现信息资源共享，提高文献资源的使用效率。

2. 发挥图书馆在素质教育中的作用

浙江武义县实验小学开展"发挥小学图书馆在素质教育中的作用"的课题研究，在研究过程中采取的策略为：

（1）建立具有素质教育特色的馆藏文献体系

建立了教育论文、教育经验、推进素质教育的专题资料库。在入藏的图书中坚持目的性原则、实用性原则和系统性原则，根据学校素质教育的需要，征求师生意见，图书馆有目的、有计划地做好新书选购工作，收集有关信息技术、创新教育、生活劳动与技术教育等方面的资料与文献。同时，主动收集、整理、保存与本校实施素质教育、开展教育科研的各种文献资料，从而形成了具有特色的素质教育馆藏文献体系。

（2）充分发挥图书馆在加强学生思想品行教育方面的作用

配合学校整体德育，为学生的思想品德教育服务，比如，对学生进行爱国主义教育，根据不同年龄段的特点，确定不同年龄段的德育内容和要求。又如，进行法制教育，分班阅读《中小学普法教育画册》（上、下册），配合德育处请县司法局干部来校进行法律讲座，使全校师生进一步增强法律意识，对法律知识从"不知""不明""不懂"向"了解""明白""理解"转化，从而培养一批批遵纪守法的合格小公民。同时，充分利用学校红领巾电视台开办借书、爱书教育讲座。引导学生每学期开展"读一本好书""写一篇心得""参加一次演讲"等活动，对学生的道德、行为进行教育。

（3）充分发挥图书馆在研究型学习中的作用

小学生研究性学习的目标应放在重点培养学生的问题意识和问题的探究兴趣，培养用研究性学习的方法解决一些简单问题的能力上。图书馆的做法为：利用导读功能，培养学生的自学能力；指导课外阅读，为学生写作服务；教会学生获取信息方法。

（4）充分发挥情报功能，为教师服务

图书馆员坚持"一切为了师生，一切为教育教学服务"，积极为教师的师德修养和业务进修铺路搭桥。主动与教研组和备课组取得联系，了解最新需求，为他们传递教改动态，提供最新教学信息资料。

三、应用与服务

1. 构建基于"四位一体"的图书馆融合服务机制

基于"四位一体"的图书馆融合服务机制是指中小学图书馆员与学生志愿者、教师阅读指导员、家长志愿者交互融合、形成合力发挥图书馆功能的图书馆服务机制。近几年来，上海市静安区教育学院附属学校致力于构建基于"四位一体"的图书馆融合服务机制，有效提升中小学图书馆的服务能级，取得丰硕成果。

（1）图书馆员与学生志愿者的互动

学生志愿者团队由本校各班级志愿从事学校公益事业的学生组成，每班限定3名，团队服务宗旨是：努力践行"奉献、合作、互助、共进"的志愿服务精神，在团队互助、合作学习、共同提高的基础上，多层次、全方位、持久地开展志愿服务活动。学生志愿者在图书馆员的指导下，直接参与新书、好书推荐活动。他们图文并茂地将自己的感受及推荐理由表达出来，更能吸引同学们来阅读。同时，志愿者们的读后感交流活动也可带动班级同学积极参与阅读。学生志愿者每学期负责班级同学的书目征集和意见反馈，通过学生志愿者这一纽带，图书馆员能及时掌握学生阅读兴趣，改进图书馆工作。学生志愿者每两周为班级图书角挑选50本新书，志愿者根据不同阶段主题，如"古诗词大会""科技节""英语演讲赛"等活动选择图书放到班级图书角漂流，他们制作的图书漂流小提示形式多样，各有特色。新书漂流既能让读者第一时间知晓新书并阅读，又能在漂流知识的同时传递诚信的友谊。学生志愿者团队确确实实已成为图书馆员的小帮手。

（2）图书馆员与教师阅读指导员的交融

图书馆员和教师阅读指导员团队是文化校园的倡导者。学校教师阅读指导员团队由常务副校长亲自组团领导，成员包括语文、英语、音乐、数学、生物、历史、体育、信息科技、道德与法治各学科的教研组长、区学科带头人等教师精英。其主要任务是与图书馆员一起推动学生良好阅读习惯的养成和做好学校阅读推广活动，参与组织各类阅读活动。图书馆员每学期向教师提供各学科的相关馆藏书目，教师阅读指导员从中挑选出适合不同年级学生的阅读书目，分阶段推荐给学生。每学期向学生推荐馆藏书目，既让学生充分利用图书馆图书资源，又开阔了学生知识面，补充了课堂上、课本中所未涉及的知识领域。通过挖掘、利用馆藏图书资源，图书馆服务层次进一步得以提高。出于对老师的亲近感、信任感、崇拜感，由教师推荐的书目更能激发学生的阅读兴趣。在购买新书时，图书馆员请教师阅读指导员对学生志愿者团队提交上来的采购新书书目进行审核，并参与实地采购。报刊征订时，图书馆员及时征询各学科教师，定期将日常学生阅读率、借阅率数据反馈给教师阅读指导员，听取意见后调整下一年的征订目录，使得图书馆订阅的报刊更贴近读者的需求，真正为读者服务。

（3）图书馆员与家长志愿者的合作

每学期开学初，家长便可以登录学校管理平台，根据自己工作时间安排选择志愿服务时间。每天参与学校图书馆服务的名额只有4名，先到先得。图书馆员请家长参与"中小学图书馆（室）馆配图书适应性"评价工作，对全馆图书进行逐一检查，并填写检查结果。家长志愿者还参与图书现场采购、定期推荐书目、举办亲子阅读以及请作家家长做讲座等。

2. 珠海市王鸿飞名教师工作室团队引领珠海中小学图书馆教科研

珠海市重视中小学图书馆建设,为推动中小学图书馆事业的更好发展,2020 年成立了王鸿飞名教师工作室。珠海市第三中学图书馆王鸿飞馆长毕业于中山大学图书馆学专业,多年来致力于中小学图书馆建设实践与阅读推广研究,取得了丰硕成果,主持了 10 项省市级课题研究,发表论文 30 余篇,获奖论文 30 多篇次。

王鸿飞名教师工作室的 10 多名成员,努力打造珠海中小学图书馆员学习研究共同体,发挥工作室主持人的影响力及示范引领作用,通过课题研究、专家讲座、主题阅读、参观学习、专题研讨等,影响带动青年馆员、非专业馆员的成长。珠海市中小学图书馆在王鸿飞名教师工作室的带动下,积极开展中小学图书馆研究,在书香校园建设上取得显著成绩。王鸿飞主持的科研成果《中学书香校园创新发展的研究与实践》获 2017 年度广东教育教学成果奖(基础教育)一等奖,主持的科研成果《阅读的力量》获 2019 年珠海教育教学成果二等奖;主编(编著)著作 2 本;获得中国图书馆学会 2019 年青年人才国际化专项资助项目资助人选、全国中小学图书馆先进工作者、全国中小学图书馆榜样人物、广东省校园阅读推广人、广东省中小学"最美图书馆馆长"等多项荣誉。

3. 做"悦读"的引领者

上海市奉贤区古华小学图书馆开展读书活动的做法:

(1)做好学生的新书推荐

新书介绍是一项十分重要的图书馆工作。把新书介绍作为服务于广大师生读者的窗口,该馆认真仔细挑选好每一期的新书介绍内容,介绍的新书思想性强、知识性强、娱乐性强(即图文并茂),符合学生的年龄特点,具有时代感和现代意识。配合上海市中小学生读书活动指导办公室的布置,开展"悦读"目录优秀图书推荐活动;定期开展"书评园地"活动;做好新书目录和导读书目的推荐与指导工作,使学生阅读前有欲望,阅读时有兴趣,阅读后有感想。

(2)开展教师的读书活动

把开展读书活动与教育教学工作、教师的专业化成长紧密结合起来。图书馆是教师教育教学的加油站,让教师利用好图书馆,不断地提高、完善自己,逐步成为研究型的现代教师。图书馆根据学校工作要求,组织教师开展各种活动。一是明确提出阅读要求,即每周进馆阅读不少于 2 课时,每学期做文摘不少于 10000 字。二是开展"智慧讲坛"活动引导教师读好书,读名著,提高理论修养。评选"读书之星""优秀读书笔记""优秀读书心得",评选"组室读书小报""书香组室"等。三是根据学校教研专题、科研课题,规定每位教师每学期必须精读一本帮助教师成长的研修书籍,学校也向教师进行了《窗边的小豆豆》《第 56 号教室的奇迹》《周国平论教育》等一批优秀书籍的推荐。正是这一项项活动的扎实开展,学校教师理论水平和教学业务能力得到不断提高。

把开展读书活动与学校德育工作紧密结合。班级建立图书角,既加强了班风建设,又顺应了课改的需要,可谓一举多得。每年一届的读书节活动,组织开展各种有意义的读书活动,既能做好导读,又能激发他们的阅读兴趣,提高他们的阅读能力,如"文明美德伴我成长"导读活动、

"美丽中国,我的中国梦"征文活动、"我最喜爱的一本书"的读书推荐会、"美文雅言"经典古诗诵读会、"有智慧的故事"亲子绘本演绎等。

开设多层次的阅读指导课。在新课程的学习中,教师布置相关的研究性课题,鼓励学生到图书馆查阅资料。学生一到图书馆往往无从着手,学校要求必须本着"读者第一,服务至上"的工作态度,耐心细致地给学生做好指导工作,指导学生如何选择自己所需要的图书,如何正确阅读,如何利用图书解决学习、生活中的问题等。图书馆在学校领导的统一组织下,配合课改在各班开设每周一节的品读课,把图书馆的阅读与课程学习结合起来,一方面引导学生正确阅读;另一方面使学生将课外阅读与课堂学习相结合,巩固并拓展所学的知识,增长学习能力。

校园文学社以图书馆为依托,力争办出特色。充分发挥图书馆的教育功能,积极组织学生参加各类兴趣小组,每周定时开展活动,做到了活动有计划、有内容、有要求、有记录、有小结。培养了学生良好的阅读习惯,提高了学生文学鉴赏能力。结合时事、结合上级精神,在学生中开展了红读活动,在各项竞赛活动中取得了可喜的成绩。编辑校刊《华之彩》,校刊既是师生、家长读书交流的平台,也是展示学生佳作、交流读书心得的平台。从创刊开始,《华之彩》除展示学生的作文之外,还注意收集学生在课余时间的读书笔记、读书心得、班级读书经验、家长读书体会、老师读书感受等。校园刊物——《华之彩》自 2008 年 6 月创刊到现在,以作品的质量、独具匠心的编排,深得广大师生的喜爱。

4. 利用图书馆馆藏资源,开发建设二次文献

随着信息化和网络化时代的到来,中小学图书馆二次文献开发的重要性越来越凸显出来。依据各校不同年级和不同学科的教学内容,将大量的、无序的、散乱的与教育教学有关的一次文献整理、浓缩、提炼、加工成为教育教学直接可用的二次文献;通过建立馆藏书目数据库、定期推出推荐书目和编辑阅读材料、定期公布借阅情况、成立书虫会、组织读书比赛、读书交流会等措施,有力地推动了图书馆二次文献的开发和利用。

图书馆的服务宗旨是全心全意为师生服务,"如何服务"成为图书馆的一个大课题。然而实际情况是现在不少中小学图书馆员对于各自所在学校的学生近阶段学习的内容了解不够。因此,中小学图书馆员需要了解课程。

(1)了解课程标准

图书馆员不仅要学习图书馆业务知识,也要了解课程标准。课程标准精神,让图书馆员能够了解学生的学习目的和潜在意识。每一学期开学之前,图书馆员也需备课,阅读主要学科的教材,将有关联的名家进行整理,搜寻图书馆是否有这方面的图书。再是去各教师办公室走走,走访语文、历史、地理等老师,并把语文课的作家介绍送给班主任,用于张贴班级教室,让学生了解每一课的人物介绍及主要作品。

(2)关心教学进度

图书馆员要了解学生的学习内容及目标,积极参与教师的备课、上课、评价等各环节。对于学习内容、学习重难点,图书馆员应事先有所了解。教学目标的制订并不只是教师的任务,图书馆员也应积极主动参与进来。参与多种教学活动,以使学习活动达到最佳效果。这样可以为教学的开展提前做好相应的准备,也会极大地激发学生的热情,相应提升学生的智力,使其智商和

情商真正达到和谐共振的全新境界。此外,每次学生到图书馆上语文阅读课,馆员也应该抓住机会及时跟语文老师沟通,如目前课程学习进度,需要什么帮助等,根据课时整理相关作品及图书。

（3）提高学生的阅读兴趣

观察一下中小学阅读教学,我们不难发现,一般意义而言,教师更注重课堂教学过程中对学生阅读技能的训练和指导。而学生阅读兴趣和动机等阅读心理的引导,包括阅读训练的内容也可以由图书馆员来提供,激发学生阅读的积极性。久而久之,学生的阅读能力自然会有所提高。

图书馆员要在学生阅读中起到桥梁作用,大致要做好以下几点:为学生提供良好的阅读环境。根据同步课程内容,设立相关图书专架,方便学生查找图书。设立语文老师推荐图书专架并有相关推荐书目介绍。对于阅读时间少的学生,提供图表、二次文献资料、讲解形式,帮助学生阅读图书。提供同步的教材视频和课文著者的介绍。把所有的图书附件光盘和采购的音像光盘,建立一个音像库,可以供师生借阅。根据图书馆自有的资源,把资源通过 PPT 或影视形式编排串联,在阅览准备室,用电脑滚动播放,为学生阅读提供方便。指导学生浏览电子图书。通过建立图书馆网,进行宣传介绍。利用书目或电子书目为师生介绍图书馆资源。编制图书馆学生阅读书目,如分基础书目和推荐书目。用电子表格做书目介绍,只要在框中输入二三个字,就能查找所需图书。把这个表格发送给校内所有老师。

（4）通过编制二次文献获得成果

成立书虫读书会。书虫读书会是学生自己的组织,由图书馆、学生会、语文教研组作顾问,有利于加强与学生的沟通,更加深入地、更好地使图书馆服务水平提高和服务质量提升。书虫读书会拉近了图书馆与学生的距离,方便图书馆及时有效地为学生服务。书虫读书会定期召开的学生座谈会,是了解学生需求、探讨提高图书文献服务水平的新途径。同时,通过座谈会这种形式,图书馆也可很好地宣传馆藏文献资源和便捷的检索方法,提升学生信息意识和对文献的检索能力。

每天介绍名家与作品。通过书虫读书会"推荐一本好书"活动,每学期一次,收集学生推荐的好书倡议书,收集整理名家与作品,进行每日一书介绍。介绍的这些书,都是孩子们喜欢的名家作品。

二次文献工作是开发文献资料的重要途径。中小学图书馆员只有开展情报资料检索和参考咨询服务工作,才能为师生提供较高一级的服务,同时也体现出图书馆较高的服务水平。通过各学科的人物与作品,整理出一套中小学学科馆配图书目录。

5. 开展新生入馆教育

中国人民大学附属中学图书馆每年组织新生入馆教育培训活动,帮助学生更好地了解和使用图书馆的文献信息资源,充分利用图书馆丰富的馆藏资源,扩大自己的知识面,真正把图书馆作为自己的第二课堂和精神家园。

为确保新生入馆教育工作的有序开展,图书馆高度重视、全面筹划,认真准备课件,精心制作《图书馆使用指南》等。在培训中,老师们热情洋溢地介绍了学校图书馆的布局、图书馆规章制度等内容,并直观、生动地演示了图书借阅的整个流程,鼓励同学们充分利用图书馆,多读书、读好书。

培训之后,图书馆馆长带领同学们实地参观图书馆各楼层,使同学们对图书馆的资源检索方法、读者服务内容等有更深入的了解。

新生入馆教育是图书馆提升服务质量、树立服务新形象的一个窗口。图书馆积极探索,不断创新入馆教育内容和形式,通过现场讲解、编印图书馆使用指南、实地参观考察等方式,使入馆教育更富成效。

6.北京西城区五路通小学图书馆课程

模块一:认识图书馆

走进图书馆(3课时)。课程内容:图书、图书馆发展史及图书馆礼仪;讲授时不是枯燥地灌输,而是用插入大量世界著名图书馆的图片和影像的PPT,带给孩子们视觉上的冲击和惊喜;讲座结束后,由图书馆老师带领学生到北京教育学院图书馆实地参观。课程使学生对图书馆产生感性认识,对图书馆的空间布局、设施、工作人员及工作性质和特点等有初步了解,让学生直观地感受图书馆的魅力。

书海探宝(3课时)。课程内容:图书的结构、分类和排架规则以及如何找到需要的图书。实践部分是学生以小组为单位,在图书馆老师的引导下,进入书库,学会快速、准确查找出老师指定要求完成的任务。

通过"认识图书馆"的学习,学生对图书馆有了一定的兴趣和了解,初步掌握了图书馆的基础常识和礼仪。在图书馆书库内查找特定图书的任务,将学习与游戏有机结合,激励学生的合作与共赢意识,培养学生的争先意识和互助友爱精神,为下一阶段的教学做好知识储备并奠定兴趣基础。

模块二:如何利用图书馆资源

工具书的检索与利用(3课时)。课程内容:经典工具书及学生常用工具书的类型及使用方法;技能部分采取讲练结合,设定不同的检索题,学生分小组完成,由任课教师组织交流和点评。工具书是一种特殊的图书,它有查询文献和目录索引的作用,是学生探究性学习的工具。该课程教会学生辨别、了解多种工具书及使用方法,为学生以后利用工具书学习奠定基础,也可培养学生对其他学科的自主学习能力。

文献信息检索与利用(3课时)。课程内容:图书馆的书目检索系统、数字资源及互联网信息资源的检索方法与技巧;了解各种信息来源、掌握检索语言、熟练使用检索工具并能对检索效果进行判断和评价。该课程通过实操使学生掌握电子资源的特点和搜索技巧,培养学生对信息的敏感度,使其能分辨真实有用的信息,并掌握获取基本信息的方法和技能。该课程使学生了解网络检索的方法,学会制定检索策略和方法,能判断检索的结果,从而提高获取电子信息的能力,并学会解决实际生活中的一些问题,掌握解决问题的路径,提高生活质量和水平。

科学探究活动中的资料查阅与整理(3课时)。课程内容:可查阅与利用的资料来源相关类型(图书、报刊、网站等);各类资料的获取途径、鉴别与选择(书目检索、搜索引擎、公开课等);整理资料呈现探究结果的方法和形式(图片库、小视频、小论文、PPT等);学生分组检索实践,设计探究活动思路;交流、讨论。

"如何利用图书馆资源"的教学,是理论和实践相统一的教学模式,使学生掌握和学会信息检索的核心——信息获取技能,并与学科内容相结合。达到利用传统工具与网络检索相结合的查询方式,解决学习、生活中遇到的问题,进一步提高学习能力。

模块三:阅读养成教育

如何进行阅读(2课时)。课程内容:由语文学科专家讲解关于整本书的阅读;从如何选择书的版本、整本书阅读的意义到掌握阅读的角度、技巧和方法,使学生学会阅读。

制作读书卡(2课时)。课程内容:如何通过书的目录、前言、编后语及版权页等信息概括中心思想,抓住文中关键点进行摘录,学会概括一本图书的内容,养成积累优美词语等提取书籍重要信息的习惯。实践部分:分小组进行阅读交流,还设计了学生给同伴推荐图书的环节,培养学生学会分享阅读、集体阅读的团队合作精神;通过读书文摘卡的制作,学会读书做笔记的方法,为养成良好的阅读习惯打下牢固基础。

"阅读养成教育"的教学,通过引导学生认识阅读及制作读书卡的意义,使学生了解记忆、思考、学习、探究等读书好习惯,使阅读更高效、更有价值,以养成较好的读书习惯和提高学习效率。

四、馆员待遇与培训

1. 江苏省为全省图书馆员开展培训工作

江苏省于2006—2008年实施"农村四项配套工程",对全省农村近5000所中小学的图书馆添置图书以及设备,为了提高农村中小学图书馆员的素质,江苏省教育厅拨出专款对全省的8000多名中小学图书馆员进行培训,聘请具有扎实的理论基础和丰富经验的中小学图书馆馆长做讲师,统一教材,制作视频教学光盘,进行实践操作,到示范图书馆参观学习,统一考试,成绩合格颁发结业证书。培训工作有效促进了农村中小学图书馆员的素质,提高了农村中小学图书馆的管理水平。

2. 南京市举办"中小学图书馆管理与服务"高级研修班

2014年4月10至25日,南京市中小学图书馆开展了"图书馆管理与服务"高级研修班。此次研修班,通过专家讲座、专题研讨、5分钟演讲、实地考察,以及撰写论文、总结、教案等形式,有效提升了全市中小学图书馆的管理与服务水平,并为南京市中小学选拔了多名优秀的培训讲师。

此次研修班共有32名来自全市各中小学的图书馆管理人员参加,他们均是全市中小学图书馆管理与服务的骨干力量。专家报告或教师授课资料翔实、分析精辟、层层深入、绘声绘色。学员们听课聚精会神、一丝不苟、深受启发。每次专家报告后,学员们都分成3个小组结合授课内容进行专题讨论,并由每个小组推荐代表进行5分钟的演讲。学员们结合本学校的图书馆管理经验,提出问题和困惑,大家一起研讨解决。学员们还来到常州,实地参观学习了书香校园春江小学和兰陵中学,与学校领导、图书馆教师进行了交流研讨。在研修班结束后,每名学员们都撰写了学习心得、学习论文和培训教案等。学员们普遍反映收获很大,认为对图书馆管理工作有很大的帮助和启发。一方面拓宽了眼界,增长了视野;另一方面也增强了交流,锻炼了能力,提高了业务技能和教学水平。

3.广东省颁布《广东省中小学图书馆阅读空间建设与管理指南》

广东省教育厅为适应教育高质量发展的要求,进一步提升中小学图书馆水平,于2022年颁布了《广东省中小学图书馆阅读空间建设与管理指南》。在"组织机制与队伍建设"中,明确规定:阅读空间专职管理人员实行专业技术职务聘任制,参照国家有关规定执行,珠三角区域的学校,应设立中小学图书馆图书资料系列专业技术岗位;粤东、粤西、粤北等有条件的学校,可设立中小学图书馆图书资料系列专业技术岗位。在职务(称)评聘、晋升、评优评先等方面,阅读空间专职管理人员应与学科教师同等对待,并按国家相关规定享受相应的福利待遇。保证培训学时,参照广东省教育厅或广东省人力资源和社会保障厅等部门关于中小学教师、专业技术人员继续教育的相关要求,专职管理人员继续教育学习任务每年应累计不少于90学时。广东省教育厅这一举措对于稳定中小学图书馆员队伍提供了有力保障。

4.上海市金山区教育局颁发《关于加强中小学图书馆工作的指导意见》

上海市金山区教育局在2021年颁发的《关于加强中小学图书馆工作的指导意见》关于"加强组织管理,重视队伍建设"中要求各学校做到:

(1)切实落实馆长负责制

要切实落实校长领导下的馆长负责制,由1名校级领导分管图书馆工作,并设图书馆馆长1名,中小学图书馆工作的重大决策应听取图书馆馆长等的专业建议。馆长聘任要按照《上海市中小学图书馆建设和应用评估指标》的标准实施,馆长在校长领导下负责图书馆各项具体业务工作,做好阅读推广工作。馆长应享受学校教研组长或以上待遇。

(2)配足配优管理人员

学校应配足图书馆专职管理人员,并保持图书馆管理人员的稳定性。图书馆专职管理人员应配参照人数为:高中、完中4人及以上,初中3人及以上,小学2人及以上。学校要不断优化图书馆管理人员队伍,完善图书馆管理人员资格准入、岗位聘用和定期考核制度。图书馆管理人员应当具备基本的图书馆专业知识与专业技能,取得相应的培训合格证方能上岗。中学图书馆管理人员应当具备大学本科以上文化程度;小学图书馆管理人员应当具备大学专科以上文化程度。承担图书馆教育工作的人员应具备相应的教师资格证书和教育教学能力。兼职人员可由学科教师兼任或通过外聘、返聘等形式实现。

金山区教育局把图书馆长的待遇具体化,有利于吸引高素质人才进入中小学图书馆,从而提高中小学图书馆的水平。

本章小结:

图书馆是社会知识、信息、文化的记忆装置、扩散装置。图书馆由五项基本要素构成:文献信息资源、读者、工作人员、技术方法、建筑与设备,其中决定性的要素是工作人员。

优秀的图书馆员是当代图书馆的首要财富和重要资源。图书馆员是图书馆可持续发展的关键。

一名合格的图书馆员必须具备一定的政治素养,良好的职业道德,丰富的文化底蕴,扎实的业务水平。

图书馆馆长作为图书馆最重要、最直接的管理者，其管理水平和素质决定着图书馆的服务理念和发展前景。一个称职的图书馆馆长，不仅要具备领导者最基本的行政领导素质，还应具备图书馆学、情报学等专业知识，同时注重自身素质的培养。

提升图书馆员的学历水平，引进图书馆专业人才，提高馆员待遇，建立图书馆员培训机制，对图书馆员进行绩效考核等措施是图书馆员队伍建设的有效途径。

根据中小学图书馆的任务，开展形式多样的继续教育，全面提升图书馆员的理论及业务水平。

重视学生图书馆员及教师志愿者队伍建设，将会提升图书馆的服务质量，推广书香校园，拓展图书馆的业务。

各种案例来自各地教育行政部门和中小学图书馆在图书馆建设方面的措施和具体做法，为中小学图书馆队伍建设和图书馆培训提供了素材。

学习与思考：

1. 中小学图书馆员应该具备哪些素质？

2. 中小学图书馆馆长如何实施人本管理？

3. 结合学校实际情况，如何建立学生、家长、教师志愿者队伍？

4. 结合培训要求，思考中小学图书馆员如何在图书馆发挥自己的作用？

5. 根据案例，结合学校实际，思考如何把中小学图书馆办成学校的课程资源中心、学习研究中心？

参考文献：

1. 吴慰慈，董焱. 图书馆学概论[M]. 4 版. 北京：国家图书馆出版社，2019.

2. 江苏省教育装备与勤工俭学管理中心. 中小学图书馆管理与服务[M]. 修订版. 北京：国家图书馆出版社，2010.

3. 黄少虹，李萍，等. 中小学图书馆管理基础教材[M]. 北京：人民出版社，2006.

4. 教育部关于印发《中小学图书馆（室）规程（修订）》的通知[DB/OL]. [2024 - 09 - 16]. http://www. moe. gov. cn/srcsite/A06/jcys_jyzb/200303/t20030325_88596. html.

5. 关于加强新时期中小学图书馆建设与应用工作的意见[DB/OL]. [2024 - 09 - 16]. https://www. gov. cn/gongbao/content/2015/content_2916960. htm.

6. 关于开展全国中小学图书馆图书审查清理专项行动的通知[EB/OL]. [2024 - 09 - 16]. http://www. moe. gov. cn/s78/A06/tongzhi/201910/t20191021_404580. html.

7. 邢素丽，董焱，李歌. 全民教育中的中小学图书馆——国际图联/联合国教科文组织中小学图书馆宣言[J]. 中小学图书情报世界，2001(1)：7 - 8.

8. 侯明辉，孙惠. 加强新时期中小学图书馆建设——2018 年版《中小学图书馆（室）规程》学习思考[J]. 基础教育课程，2019(22)：20 - 24.

9. 王美仙.《发挥小学图书馆在素质教育中的作用》实验报告[J]. 中小学图书情报世界，2003(5)：38 - 40.

10. 德国明，陈德云. 智慧图书馆背景下图书馆员能力提升探索[J]. 黑龙江工程学院学报，2022(2)：84 - 88.

11. 刘强，陈晓晨，等. 中小学图书馆（室）建设与使用现状及改善策略——基于全国 169 所中小学校的调研[J].

中国教育学刊,2018(2):57 – 63.

12. 汪妍. 高校图书馆学生馆员队伍建设与模式探索[J]. 内蒙古科技与经济,2021(4):159 – 161.

13. 中小学图书馆管理对策及建议[EB/OL].[2024 – 09 – 16]. http://cangkan. net/qtlw/11294. html.

14. 广东省中小学阅读空间建设与管理指南[EB/OL].[2024 – 09 – 16]. http://edu. gd. gov. cn/zwgknew/gsgg/content/post_4040707. html.

15. 刘晓萍. 基于"四位一体"的图书馆融合服务机制的构建[J/OL]. 中小学图书馆工作简报,2021(1):52 – 54. [2024 – 09 – 16]. http://www. jatsjy. edu. sh. cn/UploadFiles/file/20210606/20210606160706_3250. pdf.

16. 仇艳. 做悦读的引领者,让图书馆散发迷人的书香魅力[J/OL]. 中小学图书馆工作简报,2019(5):19 – 21. [2024 – 09 – 16]. http://www. jatsjy. edu. sh. cn/UploadFiles/file/20190624/20190624085248_1450. pdf.

17. 闫蕾,杨艳萍. 开展图书馆课程教育培养小学生信息素养——以北京西城区五路通小学图书馆课程为例[J]. 中小学信息技术教育,2022(2):121 – 123.

18. 朱明,廖熙铸,彭婧. 新版美国《学校图书馆国家标准》解读及其启示[J]. 图书馆学研究,2020(7):86 – 92.

19. 上海市金山区教育局. 关于加强中小学图书馆工作的指导意见[EB/OL].[2024 – 09 – 18]. https://www. jinshan. gov. cn/upload/202104/0430_164115_650. pdf.

第三章 中小学图书馆馆舍及环境建设

本章导读：

中小学图书馆馆舍及周围环境的专业设计、规划和建设，可以有效提升图书馆使用效能和激发师生阅读兴趣，同时能为广大教师和学生提供良好的课外求知、交流、活动和体验的场所，对提升整个校园环境和文化内涵发挥重要作用。在社会、经济、文化、教育的大格局大视野下，要立足学校现实基础，依据学校发展目标与教育教学特色，整体规划，提前调研，科学化确立中小学图书馆馆舍和环境建设规划目标，更好地发挥图书馆的基本职能和功能拓展，适应数字时代智慧化的发展需求。

通过本章学习，您将了解到：

- 中小学图书馆馆舍建设的内涵及理念
- 中小学图书馆馆舍及环境建设的原则
- 中小学图书馆馆舍及环境建设
- 中小学智慧化图书馆建设的设施和环境要求

第一节 中小学图书馆馆舍建设的内涵及理念

一、中小学图书馆馆舍建设的内容及要素

在"双减"政策落地和全面推进素质教育的今天，中小学校培养模式不断推陈出新，图书馆作为信息素养教育的重要部分，在教育教学中的地位越来越显著。联合国教科文组织在《中小学图书馆宣言》中提到"中小学图书馆是保证学校对青少年和儿童进行卓有成效的教育的一项必不可少的事业"。

IFLA《学校图书馆指南（第二版）》指出，学生通过在学校图书馆内的阅读、查询、思考、研究和创造等活动，将信息转化成知识，从而获得个人层面、社会层面和文化层面的成长。教育部等部委《关于加强新时期中小学图书馆建设与应用工作的意见》，将中小学图书馆定义为服务教育教学、教育科学研究的重要办学条件，其目的是保障教学、服务教学、改善教学，提高学生自主学习能力以及终身学习能力，促进教师专业成长、学生全面发展。对每一个中小学校来说，合理规划和建设好一个中小学图书馆，提升图书馆服务水平和能力，为广大教师和学生提供良好的馆舍学习环境，都是至关重要的。

中小学图书馆馆舍该如何建设？《中小学图书馆（室）规程》（2018 年版）作出了明确规定：图书馆馆舍建设应当纳入学校建设总体规划；有条件的中小学校设立独立的图书馆舍；图书馆应有采编、藏书、阅览、教学、读者活动等场所；图书馆应重视馆内环境的绿化美化，具备良好的通风、换气、采光、照明、防火、防潮、防虫、保洁、安全等条件；接收残疾生源的学校图书馆应当设

置无障碍通道及相关标识。

中小学图书馆馆舍建设规划设计,必须从方便读者、便于管理、节省人力、环保节能和智慧化等方面考虑。中小学图书馆馆舍的规划、设计与实施需要考虑以下几个方面内容。

1. 选址与类型

中小学图书馆建筑往往是学校的标志性建筑,要体现学校的文化品位和内涵。选址时要考虑学校发展规划、与读者群的距离、地理位置、季风气候等影响因素,充分体现以人为本的思想。图书馆应选择在学校行政办公区、教学区等师生学习、生活路线的中心区域,以确保通行便利,使读者从各个区域到图书馆行走的距离都较短,方便师生利用图书馆。考虑到我国的地理位置,建筑方位宜坐北朝南,冬天通过门窗室内可射入较多的阳光,夏天通过有较好隔热效果的房顶可降低温度,这样不仅室内冬暖夏凉,而且采光好,令人心情愉悦。在规划选址时,还要注意建馆基地的大小、地形、方位和周围环境,较为理想的是,争取一块面积足够大、东西向足够长、地势偏高、环境安静、近旁有花园或大片绿地的建馆基地。

中小学图书馆主要有两种存在形式:一是独立的图书馆楼;二是置于综合教学楼群中的图书馆(室)。独立图书馆楼是展示校园文化的重要窗口,不仅要考虑它的便利可达性,还要考虑它与校园发展规划、校园建筑环境之间的协调关系,并能与周边建筑环境和谐统一,同时要能表达时代的更迭与文化的传承,成为学校历史沿革的见证。置于综合教学楼群中的中小学图书馆(室),这种形式普遍存在于国内外中小学整体建筑规划与设计中,综合教学楼群几乎涵盖了一切室内教学功能空间,包括通用型教室、集合型教室、专业教室、实验室、图书馆、艺术类教室、体育馆、教师用房、学校管理用房等多样化各类型使用空间。图书馆作为教学无可替代的功能空间,在选址上常常占据综合教学楼群的中心位置,或是主要枢纽通道等方便易达的空间。

2. 外形与构造

中小学图书馆建筑的外形设计要有标志性,更要突出适用性。图书馆建筑以其巨大的空间形象反映图书馆的主题,反映出图书馆空间环境的文化品位。中小学图书馆建筑应该具有沉稳、端庄、典雅、宁静又不失活泼的风格,体现书卷气,表达出历史的延续感。建筑的整体造型要体现在内部构造布局、细节装饰以及与周围环境的和谐统一上。中小学图书馆建筑要充分体现不同学校的办学思想、人文精神、区域文化特色,不能造成"百馆一面""似曾相识"的雷同尴尬。中小学图书馆建筑物的装修,应坚持简朴大方的原则,主要强调重点之处,来加强建筑的表现力。装修的总体要求是:表现出知识殿堂的震撼力,既体现中国的文化底蕴,又要有时代的气息;既要朴实高雅、简洁大方,又有个性和环保。

中小学图书馆建筑不宜过高,一般以3—5层为宜。有专家认为,图书馆建筑总高应在24米以下,采用同柱网、同层高、同荷载的结构形式,主体建筑层高4.2米为宜,南北开窗,有庭院绿化相配合,这样的构造对大小读者都有益,同时还能节省能源。

3. 功能与布局

中小学图书馆作为"信息的集散地",需要强调的是它的"学习中心"功能,除充分满足读者学习所需的文献信息外,图书馆还要合理布局使用空间、通信网络、设备设施等,充分顾及学生自学、互学、助学的便利性,满足不同类型、不同层次读者的学习需求,使读者在图书馆能享受一种和谐、宁静、关爱、自由、自助与互助并存的文化氛围和一站式体验。在合理规划功能分区方面,中小学图书馆是集学习思考、教学活动以及文化体验、展览讲座等功能于一体的建筑,在建筑总体规划布局时,要把不同使用对象、不同功能的空间有机组合,既要彼此紧密联系,又要避免相互干扰与影响。在具体操作上,主要将对外读者区和对内工作管理区分开,在此基础上,将要求相对安静环境的阅览区与高频率人流活动的文化体验区分开,做到相对独立。

在流线组织及出入口设置方面,中小学图书馆的流线组织主要需要区分读者人流、工作人员人流、书籍流三大流线,从安全性考虑应各自设置单独的出入口,且读者人流出入口应当具有较强的引导性,工作人员出入口则相对隐蔽。

4. 绿色与生态

中小学图书馆建筑规划设计的每一个细节都必须体现绿色生态与环保精神,在"以读者为中心"的基础上,尽可能地自然采光、自然通风、自然调温、节能、节水、节材,并有足够的绿植衬托,营造视觉清雅的馆内外环境,展现校园文化,利于儿童身心健康,最大程度地寻求建筑、自然、读者之间的和谐共处。

图书馆周围种植花草树木,以常绿植物环绕,不主张过于艳丽和浓郁香味的花卉,绿植可调节温度、湿度、减少噪声。充分考虑节能环保,适度配备供热系统、照明系统、空调制冷系统等四季恒温系统,让读者免受气候环境困扰,能专注有效阅读。有条件的地区可利用风能、地热资源,采用节能型照明灯具、节能型空调机组等;用光控灯,通过日光的强弱控制室内灯光的强弱,将日光与灯光相结合,达到舒适节能科学采光的目的。细致精确地划分各部门、各功能区的开放和使用时间,分区照明、分区制冷,从而减少能源的虚耗。采用节水型的卫生器具,降低日常用水量;绿化带和广场空地应合理使用渗透性能好的铺装材料,减少绿化用水,涵养地下水源,配套设施尽可能地布局完善。

5. 标识与指引

清晰的标识与指引可以让师生更好地了解熟悉图书馆的馆藏布局,找到自己想去的区域。设计合理的标识和指引需综合考虑图书馆的建筑风格、空间规模、照明设计、读者受众等诸多因素。图书馆标识主要包括:服务布局图、导向标识、区域标识及资源分类标识等。服务布局图,一般设置在图书馆的入口处及楼层拐角处,让师生能够快速了解图书馆的资源和服务布局。导向标识包括馆外的图书馆位置导引标识、馆内服务标识、资源导引标识等。区域标识是对各馆室区域的标识,如"数字资源体验区""图书借阅区""自习室"等。资源分类标识的合理设计,既能将资源本身的主题内容清晰、快速地展示给师生,又能主动吸引目标读者,提高资源利用率。一般包括主题标识、分类号标识,主题标识可以是文字标识,也可以是图案标识,可以根据内容和环境选择相适应的标识。图书馆按照分类号进行排架,能更利于读者找到目标图书。

二、中小学图书馆馆舍建设的设计理念及发展历程

1. 中小学图书馆馆舍建设的设计理念

中小学图书馆建设的设计理念应体现重用轻藏,其核心是"以人为本,以读者为中心",强调人文主义,其建筑的结构、功能、布局、设施设备及环境的营造,都要以人为中心,围绕"读者"来进行设计建造,室内外环境要处处体现安全、高效、舒适、节能和便利。要把功能的适用性放在设计首位;要为教工和学生高效学习、研究及后勤保障创造条件;建筑布局、分区和结构都要适应未来发展变化;要为读者营造舒适优美的空间环境;要充分保障进馆人员、馆藏、设备的安全性;要讲究各项指标的经济性,包括平面利用系数、投资、运营成本等;馆区内外环境及建筑的造型力求美观大方,充分体现地域特点、文化特色以及时代特征。

现代图书馆建筑设计要具备建筑设计智能化、建筑文化多元化、建筑空间多元化、建筑环境绿色化、设计理念人性化等特点。方便读者、便于管理、节省人力、节约成本是中小学图书馆建筑建设过程中的基本要求。

21世纪以来,中小学图书馆建设使用实现从"书本位"到"人本位"的转型。所以,当代中小学图书馆馆舍建设和室内设计,应围绕如何提升审美效果,提高文化品位,融合智能设计,建设健康环保的室内环境,以及构建"藏""借""阅""咨询""线上体验"一站式构架。"藏""借""阅""咨询""网络"一体化图书馆馆舍设计,将建筑技术、计算机技术、通信技术、控制技术及图书馆专业管理理念有机结合起来,为读者提供高效、便捷、精准、舒适适用的服务体验。

中小学图书馆除了提供丰富的馆藏、专业的信息服务外,还需提供温馨优雅的阅读区域、休闲座位,个性化的交互、社交空间和信息沟通渠道等来满足读者个性化服务需求,人性化、生态化、开放化、智能化已成为当代图书馆建筑的重要标志。

(1)图书馆建筑人性化设计元素

"人—建筑—自然"是构成建筑物的三个要素,其中人是第一位的。现代图书馆建筑应该贯彻"以人为本"的指导思想,区别于传统图书馆"以书为中心"的办馆理念。当今图书馆的建设与发展离不开读者,"一切为了读者,为了一切读者,为了读者一切",强调读者始终是第一位。"以人为本"建筑设计元素在图书馆建筑上要有充分的体现。图书馆馆舍的人性化设计包括外观设计和室内设计。人性化的建筑设计吸引着馆员和读者,馆员工作效率得到提高,读者利用率也能得到大幅提高。

(2)图书馆建筑生态化设计元素

我国的建筑节能理念始于20世纪初,党的十七大强调"生态文明观念在全社会牢固树立",党的十八大提出"把生态文明建设放在突出地位"。作为学校公共建筑和公共文化服务机构之一的中小学图书馆,肩负着传播党和政府的声音、弘扬社会正能量的职能。在打造资源节约型、环境友好型社会的大背景下,理应率先行动,携手应对全球气候变化等自然界的诸多变化因素,在当前和今后馆舍建筑等方面必须牢固树立"可持续发展""绿色建筑"的理念。

(3)图书馆建筑智能化设计元素

建筑物智能化一般包括楼宇自动控制技术、通信网络技术、中央空调安装运行系统、消防与安全防范技术、综合布线,等等。图书馆建筑的智能化程度,决定着其运行效率与安全等级。但需要有超前设计理念,要充分考虑信息化时代图书馆的智能化业务与服务需求,在网络设备、声像影像服务等布线上留有发展余地,以适应未来飞速发展的智能化需要。

2. 中小学图书馆馆舍建设的发展历程

图书馆是人类文明的宝库,随着人类社会的发展而发展。我国近代图书馆的概念是从西方引进,20世纪上半叶,我国完成从藏书楼到近代图书馆的变革,图书馆功能从最初以文献收藏为主,仅供少数人使用的封闭式管理模式发展成为文献保存与传播并存的"藏—阅—借"分开的闭架管理模式,图书馆馆舍建筑内部空间相应形成了藏、阅、借、文献整理四类空间和藏、阅、借三段式组合空间布局,内部空间功能固定,内部空间承重墙不可移动或不易移动。平面布局基本是阅览在前、书库在后、借书目录居中的形式。这种以藏为主闭架管理模式的近代图书馆具有功能单一、服务层次较低的特点。

早在20世纪初,清政府兴办中小学堂,1902年颁发的《钦定学堂章程》对藏书室就有了"中小学堂应配置图书室"的规定。民国时期也有中小学设立图书馆(室)向学生和社会开放的规定。1874年,上海格致书院图书馆建立,这是我国具有现代意义上的图书馆。1899年,浙江杭州第二中学图书馆成立,随后,湖南湘潭市第一中学图书馆、浙江嘉兴第一中学图书馆、广东私立明德图书馆、云南丽江地区中学图书馆、湖南周南中学图书馆等中学图书馆纷纷创建。在这一个多世纪里,我国中小学图书馆处于从藏书楼到现代图书馆的转折过程中,由于种种原因,中小学图书馆在这百多年来的发展过程中历经坎坷,甚至部分图书馆遭遇闭馆。

中华人民共和国成立后,国家在中小学图书馆建设方面出台了相应的政策与规定,在不断推行素质教育和培养模式变迁的背景下,对中小学图书馆建设提出了越来越高的要求,图书馆建设最低标准也在不断提高,以适应我国中小学图书馆的建设与发展。20世纪90年代,随着教育事业发展,中小学图书馆在教育教学中的职能和地位逐渐得到社会各界的关注与重视,中小学图书馆建设迎来了新的春天。1991年8月,国家教育委员会颁布《中小学图书馆(室)规程》旨在推动中小学图书馆建设,促进其服务于学校教学教育;2003年3月和2018年5月先后两次修订了该项规程,强调了图书馆的规范化、科学化和现代化,以全面推进素质教育培养复合型人才。同时,各种中小学图书馆建设标准和规范也相继出台,各地在此基础上也制定相应的法规,来规范中小学图书馆建设标准。

21世纪以来,在我国全面推行素质教育的背景下,尤其是2004年新课程改革后,中小学培养模式有了很大改变,一定程度引领着我国中小学图书馆逐步发展成为信息化、开放性、多功能的综合型信息资源服务中心。我国中小学图书馆从"藏—借—阅"封闭式传统图书馆走向"查—阅—借—藏—管"一体化现代化图书馆,改变以往"藏、借、阅、咨"分隔的格局,集阅览、藏书、外借、咨询、检索和各种体验于一体;包含不同载体形式的信息资源,以满足读者有关信息资源使用便捷性、信息内容广泛性以及信息载体多样性的需求。

中小学图书馆馆舍建设的发展和变化,重点体现在图书馆建筑造型和建筑功能布局上面。

(1)我国中小学图书馆建筑造型发展与变化

1)20世纪90年代以前以经济适用为原则的"简洁单一"刻板造型

20世纪90年代以前,面对强调对应考知识掌握的应试教育培养模式,中小学图书馆建筑设计以经济适用为基本原则,注重内部功能的适用性,建筑平面布局紧凑,模块较为固定,多是易于建设的砖混结构,讲究严谨对称,窗口排列整齐而单一,形态单调雷同。

2)20世纪90年代以功能空间主导的图书馆造型

20世纪90年代中小学图书馆建筑仍然注重经济实用性,因此,其造型的变化主要来自建筑功能的改变。培养模式的变迁对中小学图书馆功能空间提出了更多要求,不同大小空间体量的组合与处理形成了不同的建筑形态,体量组合方式灵活多变,形态趋于多样化,此时期新建的图书馆多具有通天天井式大厅或内庭,给学生提供活动休闲空间。建筑在注重功能适用性外,也开始关注建筑的形式美,注重建筑的层次性表达,通过比例与尺度的把握、细节的装饰、虚实的处理等手法达到建筑造型的现代化与丰富性。

3)21世纪以来注重文化传承与创新建筑造型特征并举

21世纪以来,随着中小学图书馆在学生教学互动中的作用越来越重要,因此得到了越来越多的关注与重视,中小学图书馆建设得到迅速发展。如今的中小学图书馆不仅仅承载着图书馆基本业务功能,更是传递信息的载体。很多学校将图书馆定义为反映文化发展的校园标志性建筑。中小学图书馆建筑在造型上越来越能折射出地区文化和校园文化,体现出学校的办学理念和办学精神。同时,当今中小学培养模式旨在培养创新型和实践型人才,提倡培养创新思维与能力。相应的,新建图书馆建筑时,在造型设计上,不能单纯使用"搬来主义"或仿古手法实现文化标志性,而应巧妙地运用现代造型手法来体现深邃的文化意境,象征文化的传承与创新,体现校园精神与风貌。此外,21世纪图书馆建筑的表现形式,通过表皮的通透性、形态的自由处理、空间的通透流动等处理手法呈现开放兼容时尚特征,吸引学生进入图书馆并使用图书馆,进而产生人与物、人与人以及人与空间的多维交流。

(2)21世纪以来我国中小学图书馆建筑功能布局的变化

1)建筑功能空间的变化

结合课程结构,新课改中最大的变化是将包含有信息技术教育、研究型学习、劳动技术教育等方面内容的综合实践活动课程规定为必修课,并提倡课程教学过程中培养学生利用信息技术分析和解决问题的能力。与此同时,我国中小学图书馆开始加强信息资源数字化建设,大多数中小学图书馆拥有电子阅览室、计算机教室、多媒体室、视听室等功能阅读空间,以保证学生利用信息技术自主学习和多维度体验。同时,很多省市在新课改后规定了选修课的学分要求与内容,丰富了校本课程。选修课涉及人文、科技、艺术、生活、时事等各个领域,学生可根据自身兴趣和起点加入丰富多彩的选修课程和学习小组。这些选修课程有些可以在课堂上完成,有些则需要图书馆提供更为合适的操作与实施空间。

2)建筑布局的变化与发展趋势

图书馆功能和空间的变化引发新的功能分区与建筑布局。21世纪以来中小学图书馆的功能分区,主要包括入口区、信息咨询服务区、读者区(咨询服务区、阅览区、信息资料查阅区)、藏书区、办公区、公共活动区(报告厅、展览区、活动室、休闲区等)。新培养模式下建筑功能布局最大的变化,首先在于空间跨度变大,更加灵活开放,平面布局更加集中紧凑;其次在于公共活动休闲区大幅度增加,布局更加灵活多变,各功能区相对独立却相互渗透关联,形成一个既开放又包容的整体空间。

第二节 中小学图书馆馆舍及环境建设的原则

一、目标性原则

中小学图书馆馆舍及环境建设的目标性原则,是指学校图书馆建设与发展过程中,对图书馆馆舍建筑及室内外环境布局与设置确立的期望目标与远景蓝图。奥立佛·温德尔·福尔摩斯说过"世界上最重要的事,不在于我们在何处,而在于我们朝着什么方向走"。中小学图书馆的建设发展与国家的社会、文化、经济、教育等方针政策相关联;受本地区经济发展水平、教育发展规划等影响;受学校在本地区的作用、学校的发展规划及学校对图书馆重视程度等制约。学校图书馆建设中对馆舍及环境建设要有目标性。在社会、经济、文化、教育大格局大视野下,立足学校现实基础,依据学校发展目标与教育教学要求,确立并规划学校图书馆馆舍和环境建设的阶段性目标与长远发展前景。

凡事预则立,不预则废。坚持目标性原则是做好每一件事的基础。明确目标对中小学图书馆馆舍及环境建设有着指明方向、激励与凝聚的作用。有了目标才能一步一步努力向目标靠近。只要路是对的,就不怕路远。中小学图书馆馆舍与环境建设任重道远,不可能一蹴而就。只有交替设置不同阶段目标,将阶段目标与实现它们的步骤相统一,既积极建设目标,又立足于现实情况,才能实现学校图书馆馆舍与环境建设的和谐发展与美好前景。

二、适应性原则

中小学图书馆馆舍及环境建设的适应性原则,是指在中小学图书馆建设与发展过程中,学校图书馆馆舍与环境建设应如何与学校整体发展相协调。这一原则包含两个方面:一是图书馆建设既要有前瞻性眼光和创造性思维,又要深深根植于本地区的教育层次与学校办学特色;二是学校图书馆馆舍与环境建设要适应读者不同层次和不同需求的变化。

能够展现本地区教育特色、学校教育品位及建筑韵味的中小学图书馆馆舍与环境,其外在设计与布局要和学校校园空间布局与环境相和谐,成为学校对外展示与宣传的一扇窗口;内在功能设计与布局要以服务学校教育教学为宗旨,最大程度满足读者的需求。室内环境的布局与设计,要遵循空间的规律性,正确处理好"动"与"静"的结合、处理好"个性化"与"普遍性"的关系。室内环境的营造要适应读者的心理特征与需求,注重阅读的愉悦性。环境与所表达的宣传性、教育性、文化性,则运用陈设、摆件、图片、色彩及音乐等实现。此外,运用设计的"体量""圈""弧"等元素,构成室内外独特、和谐、舒适的环境,展现出中小学图书馆内在的文化韵味与精神内涵。

三、功能性原则

中小学图书馆馆舍及环境建设的功能性原则,是指中小学图书馆馆舍与环境建设,力求适应并满足中小学图书馆事业发展及日常工作运行所需的各种功能需求。中小学图书馆馆舍与环境建设要以中小学图书馆的教育功能以及教学功效的发挥为中心,强化服务学校教育教学工作的基础服务功能,突出中小学图书馆以书育人的素质教育功能,彰显中小学图书馆独特服务特质。中小学图书馆馆舍及环境建设的空间功能与中小学图书馆服务与教育功能的发挥和谐统一，以中小学图书馆馆舍与环境建设的科学性、合理性、愉悦性促进中小学图书馆一体化功能达到最优化。

《中小学图书馆(室)规程》(2018年版)总则第三条指出，图书馆是中小学学校的文献信息中心，是学校教育教学和教育科学研究的重要场所，是学校文化建设和课程资源建设的重要载体，是促进学生全面发展以及推动教师专业成长的重要平台，是基础教育现代化的重要体现，也是社会主义公共文化服务体系的有机组成部分。该规程深入阐释了新时期中小学图书馆在信息提供、教育服务、文化传播方面所承担的核心功能与职责。这就对中小学图书馆馆舍与环境建设的功能体系提出了要求：一要适应纸质文献与数字文献入藏结构的调整；二要满足读者阅、视、听的服务需求；三要让中小学图书馆成为本地区文化传播的先驱者。中小学图书馆馆舍与环境建设要优化布局、科学配置、美化环境，成为真正意义上功能齐全的学校文献信息中心。

四、发展性原则

中小学图书馆馆舍及环境建设的发展性原则，是指中小学图书馆馆舍与环境建设要把握时代发展的脉搏，紧跟社会经济发展的步伐，适应新技术、新材料广泛应用的潮流，遵循绿色和谐发展的规律，面对现实基础条件以及不可抗力的因素，以发展的理念、创造性的思维发展夯实学校图书馆建设，未雨绸缪。

高质量发展是中小学图书馆馆舍与环境建设的主旋律：一是社会经济的飞速发展带动了基础教育经费的投入与保障；二是基础教育的素质化教育要求，正如《中小学图书馆(室)规程》(2018年版)所指，"落实立德树人根本任务，提升服务教育教学能力"，建设规范化、科学化、现代化的中小学图书馆是基础教育的内在需求；三是科学技术的不断进步与广泛应用，中小学图书馆管理水平、服务方式不断提升，进一步推动了中小学图书馆现代化管理与数字化资源的建设；四是传媒技术的进步，远距离传输以及可视化终端的多样性、便利性，促使中小学图书馆不断完善保障体系；五是地区教育资源的调整与优化，校际联合及集约化的发展，中小学办学规模日益扩大以及图书馆服务需求的增长，中小学图书馆馆舍与环境建设的层次发展和提高是大势所趋。

中小学图书馆馆舍与环境建设是中小学图书馆硬软件保障体系的有机组成部分，它处于一个不断补充与完善的发展过程。中小学图书馆馆舍与环境建设和中小学教育教学职能的协调相长，和中小学图书馆的功能设置、效用发挥的良性循环，都需贯彻落实发展性原则。以广阔的视野制定规划，以发展的眼光预留空间，以现实的态度完善功能，以绿色、和谐的理念实现建成后图书馆"静"与"雅"的完美融合。

第三节　中小学图书馆馆舍及环境建设

一、中小学图书馆馆舍的建设要求

中小学图书馆馆舍及环境建设自1991年8月第一部《中小学图书馆(室)规程》颁布以来有了长足发展，但全国各中小学图书馆馆舍建设仍参差不齐，主要有如下几种情况：一是利用学校原有教学设施或办公场所进行改造与升级的中小学图书馆,其馆舍特征主要表现为面积范围不大,馆藏、阅览空间不足,服务功能单一;二是早期依照学校规划所建造的独立图书馆馆舍,由于建设时间较早,图书馆馆舍空间不足以满足学校教育发展的需求;三是有着独立的图书馆馆舍,但因图书馆服务与管理理念的弱化,发展较慢,功能区域分布紊乱,空间智慧化程度不高;四是中小学新建的特色现代化图书馆,其馆舍建设从外观设计到内部空间,无不展现出学校的文化底蕴与特色。

中小学图书馆是学校的文献信息中心和文化心脏,建设好中小学图书馆同样是学校教育教学工作的一项重要任务。2018 年 6 月施行的新《中小学图书馆(室)规程》明确指出:"图书馆馆舍建设应当纳入学校建设总体规划。有条件的中小学校应当设立独立的图书馆馆舍。"因此,中小学图书馆馆舍建设应有如下要求。

1. 馆舍建设理念明确

中小学图书馆馆舍建设的首要点是要把握基础教育中的素质教育理念,以服务学校教育教学、学生的全面发展为要务的理念,实现现代化图书馆工作与环境相融合的理念。馆舍建设工作的出发点和着力点要紧紧围绕"教育""服务"两个主题,深入理解"为什么建设""为谁建设""如何建设好"几个命题。只有理念上的认识到位,并拥有强劲的执行力,在馆舍建设过程中才不会偏离主线和重心。

2. 馆舍建设的空间要求

中小学图书馆馆舍的空间规模往往体现着学校的办学规模与办学层次,是衡量中小学图书馆服务能力和服务水平的重要指标。在中小学图书馆馆舍面积方面,目前尚没有具体的统一标准,但 2018 年版《中小学图书馆(室)规程》明确了学校的生均藏书量及中小学图书馆基本功能部门的设置。多年来,一些省级教育部门对标准化中小学图书馆馆舍面积的最低标准进行了明确规定,如江苏省、河北省、福建省等。表 3 - 1 为图书馆建筑设计规范里有关阅览桌椅排列间距的规定。

表 3 - 1　阅览桌椅排列的最小间距(米)

条件		最小间距尺寸		备注
		开架	闭架	
单面阅览桌前后间隔净宽		0.65	0.65	适用于单人桌、双人桌
双面阅览桌前后间隔净宽		1.30—1.50	1.30—1.50	四人桌取下限,六人桌取上限
阅览桌左右间隔净宽		0.90	0.90	—
阅览桌之间的主通道净宽		1.50	1.20	—
阅览桌后侧与侧墙之间净距	靠墙无书架时	—	1.05	靠墙书架深度按0.25米计算
	靠墙有书架时	1.60	—	
阅览桌侧沿与侧墙之间净距	靠墙无书架时	—	0.60	靠墙书架深度按0.25米计算
	靠墙有书架时	1.30	—	

条件		最小间距尺寸		备注
		开架	闭架	
阅览桌与出纳台外沿净宽	单面桌前沿	1.85	1.85	—
	单面桌后沿	2.50	2.50	
	双面桌前沿	2.80	2.80	
	双面桌后沿	2.80	2.80	

注:来源于图书馆建筑设计规范 JGJ38—2015。

参照公共图书馆建筑设计规范,参考心理学社交安全距离 1.2 米,中小学图书馆馆舍基本用房应以生均 1 平方米至 1.5 平方米来规划设计。不管是原有建筑改建还是新建中小学图书馆,馆舍总量空间都需做到足够饱和并且兼顾未来发展。一方面要满足学校教育教学工作及图书馆工作的需要,另一方面突出中小学图书馆作为彰显学校文化的重要阵地及学校精神文明建设的宣传窗口的重要作用。

功能区域空间力求"宏"。开放式的图书馆管理与服务,图书馆读者群使用时间的集中性,读者阅读的自由性与舒适性,文献载体的多样性及服务方式与手段多样化,都要求区域功能空间宽敞、统一、舒适,辅助空间便利无障碍。一体化、大跨梁、大纵深的区域功能空间是现代中小学图书馆建设的要求。

主要功能区域的空间面积设计,要依据中小学教育事业的规模及发展趋势,依据中小学图书馆总体规划及蓝图,结合中小学图书馆工作实际,使空间设计既能充分满足学校的教育教学需求及图书馆工作开展需要,又能在区域空间宽敞、统一、舒适的前提下提高空间的利用率。如馆藏图书区域以每千册占用 4—6 平方米计量;阅览区域以人均占用 0.8 平方米计量;多功能电子阅览区域以人均 1.2 平方米计量等。

3.馆舍建设的特色化要求

特色是事物表现出来的独特色彩、风格等。馆舍建设的特色化要求是指中小学图书馆事业发展过程中,馆舍建设力求以开拓性视野和创造性思维,构建图书馆的空间特色。①注重馆舍外观设计、形象、色彩的自我个性。中小学图书馆是学校文化韵味最浓郁的地方,是学校精神文明建设最显著的窗口,也应该是学校建筑环境中最独特、最优美之地。中小学图书馆要以独特的风景线吸引学生走进图书馆、感知图书馆。②突出馆舍空间布局风格的智慧化特征。现阶段矩形空间布局为绝大多数中小学图书馆所沿用,但一些新的设计理念已体现在中小学图书馆馆舍建设中,如时光隧道型、阶梯网格型。智慧化的馆舍布局引领着时尚、彰显着雅致,以宁静而致远、诗和远方的意境愉悦读者的身心。

二、中小学图书馆服务空间功能布局

中小学图书馆服务空间功能布局要以"读者第一、服务至上"为理念,以满足读者基本需求为要务,以多样式信息资源及多渠道信息供给开展主动型服务,以自然和谐的环境空间,营造舒适温馨的学习社区。坚持集约、开放、有序原则,图书馆服务空间功能布局要做到人与空间、空间与空间的和谐之美。以极大的阅读舒适度和丰富多彩的文化集散力彰显学校的精神文明建设。

1. 管理与装备服务空间

管理与装备服务空间是中小学图书馆开展服务的基础工作区域。管理职能保障了中小学图书馆工作的流畅、有序与创新。装备职能保障了中小学图书馆的资源管理与服务。装备服务包括文献资源装备与图书馆运行所需设施、设备装备。文献资源装备是指图书馆依据中小学教育教学的目标与需求，系统地选择、收集、整理纸质文献、数字文献及特殊文献，有效保障流通体系的管理与运行。现代化设施、设备是现代化中小学图书馆的标志之一。随着物理空间、社会空间、网络空间的交汇融合，IT 系统管理的高级交互，智能化技术的不断进步与广泛应用，发展中的中小学图书馆必将迎来现代化的灿烂明天。图书馆的空间应该分为多个区域，如馆藏区、阅览区、自习区、研讨区、多媒体中心、数字资源体验区、阅读成果展示区、咨询服务区等。不同的区域应该有明显的分隔，以便于读者能够很快地找到需要的资源和服务。

2. 流通服务空间

流通与阅览服务空间是中小学图书馆开展业务工作的主要区域。国家社会经济不断发展，图书馆事业蓬勃发展，使得中小学图书馆实现全开架业务服务成为必然。宽敞、集约、有序的流通与阅览空间保障了馆藏文献资源的存放与展示。集约、有序的功能布局，让典藏服务空间、阅览服务空间、公共服务空间、休闲服务空间有机灵动起来，既便于读者就近阅读，又提高了馆藏文献资源利用率。同时，随着互联网的发展，VR、AI、5G 等技术和教育 APP 的应用，推动着图书馆数字化资源的建设步伐，加快了线上学习平台及数字资源个性化利用终端的空间环境建设。

3. 阅读推广服务空间

阅读推广服务空间是中小学图书馆宣传、教育、活动的空间。阅读推广服务涵括了以文献资源为中心的推荐、展览、品鉴类活动，以读者为中心的主题性的群体类活动（如阅读辅导），以信息技能培养为中心的图书馆网络知识教育类活动，以科研为中心的二次文献开发与应用类活动，等等。阅读推广服务的强度与水平是衡量中小学图书馆工作质量的标准之一，是体现中小学图书馆教育功效的一项重要指标。阅读推广服务空间既包括图书馆咨询服务空间、群体主题活动空间、有声平台服务空间、科研服务空间，也包括校园内宣传橱窗、LED 显示屏、图书馆公众号等。

4. 灵活组合空间

灵活性是现代图书馆建筑的重要特征，一个好的图书馆馆舍设计，不仅要满足当前的功能需要，还要适应今后发展变化的需要。灵活性是图书馆建筑发展的生命力，是现代图书馆建筑与传统图书馆建筑显著不同的标志。现代图书馆打破了传统图书馆藏与阅的严格界限。固定的集中式的藏书空间越来越小而阅览的空间则越来越灵活、可变、舒适和宽敞。一个空间往往是既具备藏书又有阅览功能甚至外借功能，达到藏、阅、借有机结合。

过去中小学图书馆的空间设计是相对比较固定的，随着信息时代的到来，数字化阅读模式的普及，中小学图书馆迫切需要改变以往的空间布局，合理规划书架摆放、桌椅之间的距离，灵活利用内部空间，给师生带来更好的阅读体验。当下中小学生的阅读实践活动日益增多，对于图书馆也有了更加多样化的需求。在图书馆空间的设计上必须注重图书馆空间的灵活组合,满足教师和学生们的不同需求。有的学生需要独立自习的空间、有的需要查阅资料的空间、有的则需要讨论合作的空间,因而在对图书馆进行空间设计时,要充分考虑学生们的不同需求,通过灵活组合空间的模式来满足学生们的多样需求,实现图书馆功能的全面化和服务的人性化。

三、中小学图书馆环境设计要求

1. 选址要求

随着社会经济文化的繁荣发展以及德智体美劳"五育融合"的教育要求,课堂课程体系的变革要求注重课程教学与学校图书馆的融合,增强中小学图书馆的作用并提高其地位是大势所趋。一座现代化的中小学图书馆是一所教育功能强大、教学水平先进的完备学校的标志之一。作为学校资源中心、文化集散中心、课程基地的中小学图书馆,就近方便读者的使用是图书馆选址的主要考虑因素。同时,中小学课堂教学模式变革也要求中小学图书馆的位置尽可能地靠近学校教学区域。

2. 历史文化要求

每所学校都有其一定的历史文化底蕴和教育理念,深厚的文化底蕴与先进的教育理念是学校教育大成的根本。现代化的中小学图书馆建筑创意与建筑形态都应体现出学校的历史文化、教育理念与教学特色。引领时尚、根植沃土的现代化中小学图书馆应融合校园环境,做到与校园环境和谐统一。中小学图书馆既是校园文化景观的一扇窗口,又是中小学学习环境的重要组成部分。独具匠心的中小学图书馆建筑设计必将激起师生的共鸣,进而走进图书馆,利用图书馆。

3. 人文氛围要求

图书馆公共空间的人文氛围是指以图书馆使用者的基本生理、心理、行为和文化特质为基点的空间建设,是对人和公共空间环境共生的学习、研究场景的再创造。中小学图书馆作为学生求知的载体,其内部空间设计应该体现人文氛围、体现个性差异并满足不同阅读需求。自然光照与内置灯光和谐映衬,建筑框架自身质感与空间设计和谐共生,利用颜色、材质、形体的碰撞构建出艺术之美。内部布局、设施摆放、摆件艺术、墙壁艺术相互交融,构建人与人、人与空间、空间与空间的和谐之美,营造一个温馨舒适的阅读家园。当师生暂时告别课业的压力来到图书馆,不仅能借阅一本图书,更能在这里使疲惫的身心得到解放。一个优雅、舒适的环境能使人产生美好的心情,随意浏览、阅读,没有任何的拘束和尴尬。舒适温馨人文氛围的营造需要充分考虑室内环境的色彩搭配、光线亮度、温度以及书架、桌椅的搭配与摆放等,同时还需要在室内布置一些绿色植物。

四、校园阅读环境建设要求

最是书香能致远,校园阅读环境建设是书香校园建设的重要环节之一,是书香校园建设的基础与保障。

1. 校园环境建设

美丽的校园环境是良好阅读环境的物质基础。校园环境中,楼宇的和谐布局,亭台榭阁的错落有致,绿地花草的精心点缀,怡然静雅的校园环境浸润、熏陶着师生的身心。片片景色能愉心,校园环境的优美烘托着良好的学习阅读氛围,激起师生阅读的兴趣,提高学生阅读的效果。

2. 校风与学风建设

严谨的校风与良好的学风是良好阅读环境的精神基础。务实、严谨的校风是学校在长期办学过程中所积淀的集中体现学校办学理念、育人方针及办学特色的精神概括与行为风尚。积极向上、奋发进取的学风是长期教育教学过程中师生共同创造并坚持的治学精神,是学习风格的精神概括。严谨校风与良好学风所共有的同化力、推动力是形成良好阅读环境的精神基础,是校园阅读环境不断优化的动力源。

3. 阅读指导工作体系建设

成熟的阅读指导工作体系是良好阅读环境的保障。阅读指导工作体系各环节的融合与运行,促进了校园阅读工作的开展,营造了良好的阅读环境。良好阅读环境的建设需要领导的重视、制度的落实与执行、科学的规划、丰富的活动、成果的推广及激励措施。只有不断强化阅读指导工作体系的建设,才能有力保障校园阅读工作的开展,进而营造出浓郁的阅读氛围。

4. 校园阅读文化的建设

校园阅读文化是指以阅读为中心所展现的形象特征、开展的活动及其运行规律的综合性概括,旨在增进与提升师生的阅读素养,推动校园文化建设,提升学校的品位与格调。让学校的每一块墙壁、绿地、景点都能"说话",圣贤的名言、伟人的警句、名人的妙语伴随左右,润物细无声。举办各类讲座、演讲、竞赛、知识沙龙等活动,增强阅读的主动性,让阅读成为师生的自觉行为。开设阅读课、增加班级图书馆、注重阅读导读工作,让阅读成为学校教育教学工作的组成部分。

第四节 中小学智慧图书馆建设的设施和环境要求

一、智慧图书馆在中小学智慧校园建设中的角色与作用

随着当今教育信息化水平的不断提升,各中小学持续探索并推进智慧校园建设。中小学图书馆是学校教育、教学、教研的信息服务中心,也是学校对外交流的窗口。随着现代教育理念的不断深化,中小学图书馆在学生信息素质教育中扮演着越来越重要的角色,在智慧校园的推动下,智慧图书馆建设迫在眉睫。有效的智慧图书馆建设能够在管理体制、服务效能、用户教育等方面进一步完善中小学图书馆各项功能,进而更好地为教育教学服务。

1. 智慧图书馆为智慧校园之中枢

传统的中小学图书馆将各类型馆藏资源输送给广大师生用户,这种传输过程更多的是单向的,即由图书馆输向用户。而在智慧图书馆情境下,用户的知识与智慧成为图书馆的重要资源,用户不仅是资源的接收者,也是知识的创造者。因此,智慧图书馆更似中枢,接收学校各类用户的信息,将其存储在智慧图书馆资源库内,经由智慧图书馆整合加工后再传至各类用户,这种传

输是多向的,即用户与图书馆、用户与用户、图书馆与图书馆之间的多向传输,形成循环网络。同时,智慧校园为智慧图书馆提供了信息共享、知识共享的环境与平台,使得智慧图书馆嵌入到智慧校园网络中,从而有效提升信息化水平,为智慧图书馆发挥中枢作用提供保障。

2.智慧图书馆为智慧校园之智慧中心

在中小学智慧校园建设中,"以人为本"是目标,因此,中小学智慧图书馆不应止步于利用技术手段获取更多的信息与知识去匹配用户的需要,实现人与资源的互联,而应该转向"以人为本",致力于创造有助于人的智慧产生的"孵化器",研发支持人的智慧汇聚的"接收器",实现人与人的智慧互联,推动智慧图书馆成为智慧校园的"智慧中心"。

3.智慧图书馆为智慧校园之文化记忆

由于传统中小学图书馆的文献信息资源主要依赖于外部供给,因此,馆藏资源具有外源性,且同质化程度较高。随着图书馆智慧化发展,图书馆的传统角色已经从下游向上游转变,即从书籍的选择和获取信息,变为信息资源的生产和传播。且随着信息资源开放共享水平的进一步提升,个体图书馆已经成为"全球知识库"的一部分,图书馆资源的"量"不再是衡量图书馆发展的主要指标,本地资源和专题资源的重要性凸显,图书馆真正价值反映在其馆藏资源的精、特、奇上。中小学图书馆的特色馆藏因为记录着学校的各种文化与记忆,凝结着广大师生共同的阅读价值与追求,应当成为智慧校园建设中的"文化地标"与"记忆内核"。

二、智慧图书馆核心要素

1.智慧化建筑

智慧化建筑是以建筑物为平台,利用系统集成方法,将智能型计算机技术、通信技术、控制技术、多媒体技术和现代建筑艺术有机结合,通过对设备的自动监控,对信息资源的管理,对使用者的信息服务及建筑环境的优化组合,所获得的投资合理,适合信息技术需要并且具有安全、高效、舒适、便利和灵活等特点的现代化建筑物。(详细内容在本节第四部分介绍)

2.智慧化设备

智慧化设备是图书馆业务与服务运作的核心要素,是提升服务效能和服务水平的关键所在。"智慧+"时代已来临,云计算、人工智能、物联网、5G等技术都不断整合至体系化的智慧图书馆中,新一代的图书馆智慧化设备具备集成化、网络协同等特点。新设备的引进,使得图书馆服务职能得到提升,服务边界得到拓展,服务效率得到提高。在各项服务平行连接、从线下走向线上的今天,智慧图书馆设备要充分预留出网络服务的发展空间与接口,并重视设备安全防护和容灾备份等功能。智慧化设备与智慧化建筑之间实现充分有效的联动:在数字化、模型化的建筑实体基础上,将物联网、移动互联网装配到馆内的相关建筑、设备、资源中,利用云计算平台提供算力,利用人工智能算法提供分析决策依据,利用5G提供无线数据传递,从而实现建筑、设备、资源和服务对象之间的互联互通。从项目实施层面看,智慧图书馆的智慧化设备实施工作分为物联网系统实施工程、云计算系统实施工程、图书馆业务系统实施工程三个方面。其中,物联网系统实施工程包括:基础平台实施、安全门禁实施、操作系统实施、定位识别实施、自助图书馆实施、标签转换实施;云计算系统实施工程包括:服务器系统实施、管理平台实施、网络安全实施、虚拟化桌面实施;图书馆业务系统实施工程包括：集成管理系统实施、古籍维护系统实施、门户平台系统实施、资源框架实施、移动服务系统实施等。

3. 智慧化服务

智慧建筑和智慧设备的交互融合,云计算、物联网、人工智能等技术的综合利用,都为图书馆的智慧服务体系打下了坚实基础。智慧服务系统更加强调馆员的智慧化,馆员努力提升自身的信息素养、信息服务技能,熟练掌握馆藏实体资源和虚拟资源的使用及推荐方法,为读者提供更加新颖、全面的服务。不同级别的图书馆可根据自身服务群体的特点,因地制宜地选择智慧化服务内容,做出有特色、有规划的部署。智慧图书馆的服务范畴在新技术的引领下,不断往纵深挖掘,在知识服务、资源共享、线上线下互动等方面呈现出更多亮点;同时,服务领域也要不断横向拓展,惠及更多的群体。例如,通过助视器、视障电脑、一键扫描阅读器等科技设备为视障读者带来更便捷的服务体验。综合来说,智慧建筑和智慧设备投入的最终目的是做好智慧服务,做好人与人、人与信息之间的连接,因此馆员也需要重新审视自身职责,向专业化方向发展,更好地发挥出建筑、设备和人员自身的服务价值。从项目实施层面看,主要是智慧服务系统工程的实施,具体包括多媒体阅读体系、特殊读者服务、少儿数字资源、录音非编系统、线下投递系统、消毒清洁系统等的实施。

三、智慧图书馆功能特点

1. 全方位、立体化

智慧图书馆具有全方位、立体化的特点,资源整合性强。智慧图书馆员借助信息处理技术及信息管理平台,实现信息资源的有效整合,为用户提供交互式、一站式的信息服务。通过全方位、立体化的图书信息资源管理,用户可以在众多信息数据中找到需要的信息资源,并且借助智能信息技术对图书资源进行保护。全方位、立体化的信息资源保护工作,可以有效降低图书馆员的工作难度,提高工作效率及管理质量,促进图书馆管理工作更加有效化、规范化。

2. 智能化、防护化

智慧图书馆具有智能化及防护化的特点,主要运用智能定位及侦测防护功能,即运用无线射频识别技术、红外感应技术和定位技术等,帮助图书馆员和用户及时找到需要的图书,明确所需文献资料的具体位置。借助智能定位及侦测防护技术,图书馆员可对图书进行实时定位及监控,增强对文献资源及设备设施等的保护,有效降低馆内文献资源失窃、设备物品损害等问题的出现率。智慧图书馆的行为侦测主要使用无线射频识别技术,针对馆内文献资源实施个性化、针对性的导读,以及计算借阅的统计率等,为用户提供更为高效的阅读导读服务。

3. 个性化、人性化

智慧图书馆的建立具有个性化、人性化特点,传统图书馆的信息资源服务存在众多局限,但智慧图书馆可以为用户提供丰富的图书资源,同时运用智能化的管理体系为阅读者提供个性化阅读服务,以及自主互动的平台。智慧图书馆的个性化服务主要包括信息定制服务、信息定向推送服务等,用户在平台中输入相关指令,后台系统即可根据收到的指令推送相关专题信息,满足用户在内容和服务形式上的个性化需求。人性化服务主要包含自助及人工两种形式,用户不再受时间与空间的限制,可以使用电脑及手机发送请求,智慧图书馆为用户提供灵活多样且定向的服务方式及手段。

四、智慧图书馆建筑

1. 智慧图书馆建筑概述

智慧图书馆建筑主要是以建筑物为基础平台,对各种信息进行合理利用,并做出正确的感知和判断,为建筑物可持续发展提供安全有效的管理与保障。智慧图书馆建设中引入建筑信息模型、智能建筑运营等技术,突出智慧建筑信息化运用,与人工智能、大数据、5G等先进技术结合,实现对图书馆建筑体的监测、管理、调控、巡检,进而提高图书馆公共服务水平。

从规划层面看,智慧图书馆的建筑具备集成化、信息化、精细化的特征,是图书馆服务智慧化、信息智慧化、环境智慧化的基础和保证;从建筑设计层面看,智慧图书馆的建筑体要从安全管理、空间管理、设施管理、能源管理、环境监测管理等方面加以考虑,这对建筑设施维护、智能控制、节能减排等多个方面都具有重要的意义;从项目实施层面看,智慧图书馆智慧化建筑实施工作分为楼宇系统实施工程及网络系统实施工程两个方面。其中,楼宇系统实施工程包括:节能设施实施、安全系统实施、多媒体控制实施、智能运维实施、广播系统实施、智能库房实施;网络系统实施工程包括:管道系统实施、网络系统实施、综合布线实施、中心机房实施、无线通信实施等。

2. 智慧图书馆建筑特征

(1)读者对文献需求的变化,导致馆舍结构发生变化

智慧图书馆建设和发展过程中,读者对不同载体文献的需求发生变化,从而导致馆舍利用结构的变化。由于纸质图书借阅次数减少,传统图书馆书库根据借阅率进行更加细微的多重分级,导致实体书库面积占比降低,网络机房及辅助面积不断增加。图书馆建筑将探索新的藏阅管理办法,在智慧图书馆建筑群体中,部分独立或者半独立的纸质版书库,通过自动化机械通道与各个阅览室联系。部分现代化图书馆已尝试使用独立的机械书库,图书馆的统一柱网、层高、荷载的特点获得进化,书库之外的空间可使用或更加灵活或更加经济的柱跨、层高与荷载。

(2)图书馆远程服务与现场工作并存,馆舍用房调整

智慧图书馆是信息传递的重要链接点,其功能还将进一步加强。信息传递链需要馆员更多地现场参与,纸质图书的继续存在,使得馆员仍有采编整理的工作需要,同时,部分纸质图书还需要电子化录入,馆员在工作中需频繁使用电子设备,将纸质图书电子化后录入图书馆数据库软件系统,这些操作需要有更多集中办公的空间,也对智慧图书馆建筑的机电系统提出了更高要求。部分馆员会采用远程服务,这虽然减少了常规办公室空间,但要求图书馆网络机房的面积占比增大,并对建筑物机电、智能化支持有着更高要求。实施网络支持工作的图书馆员数量将增加,分配给馆员的网络辅助办公室面积同样需要增加。

(3)图书馆主动创新服务,馆舍服务空间发生转变

图书馆为读者提供服务方式的变化,是智慧图书馆脱胎于当代开放图书馆的最大变化,也是影响智慧图书馆建筑无墙化的最重要因素。图书馆服务提供,广义上来说,可以划分为"获

得"和"展示"。获得就是被动服务,近年来,读者的信息服务方式发生了很大变化,网络带宽已经能支撑起世界范围内各种远程的双向阅读和工作,从技术与习惯来说,提供无墙化的信息服务已不存在障碍。展示就是主动服务,要求有更多的建筑空间。在现阶段的转变时期,展示类的主动服务迅速增加,展厅、新书推荐区是经典的展示服务空间。

综合以上因素,图书馆建筑空间将重新分配,部分功能的馆舍将消亡,部分功能的馆舍将得到加强。在书库方面,智慧图书馆建筑与电子图书紧密联系的部分,书库与阅览室无墙化的趋势明显,需要增加数据机房与附属建筑面积。智慧图书馆建筑与纸质图书紧密联系的部分,面积比重将比当代开放图书馆小,倾向于更加自动化、更加密集的独立书库。在服务方面,智慧图书馆建筑与被动服务紧密联系的部分,毫无疑问地最先趋向于无墙化;而与主动服务紧密联系的部分则恰恰相反,需要为不同的服务与交往提供更多的、更合理的建筑物实体空间,需要更细致的建筑柱网、层高、荷载分类,需要更有前瞻性的机电、智能化等专业设备的配合。

3. 智慧图书馆下的智能建筑系统设计内容

(1)绿色建筑与智能空气净化系统

智能建筑始终是环境友好型建筑,但绿色建筑并不总是智能的,智能架构更多的是绿色架构。在设计智慧图书馆外部时,应使用绿色概念来减少一氧化碳、烟雾等空气污染源。智慧图书馆将对室内空气质量实现智能监控,通过自动开窗送风净化与固定式空气监控净化,减少馆内局部区域的不良空气,降低其对人体健康的影响。净化系统包括移动式室内空气监控净化子系统、固定式空气监控净化子系统和出入口空气监控子系统等。

(2)智能能源监控系统

开发智能架构的基本概念是为了降低能耗,并在此过程中,应重视智能建筑环境的外部因素。图书馆供暖、空调和通风系统都可以利用太阳能、地热能及风力发电来降低电能的使用,达到节省能源和自然资源的目的。建筑物可以通过节能建筑设计,优化照明、空调系统等来减少能耗;图书馆应有足够的玻璃窗和天窗区域,白天能够提供充足的自然光线。除此之外,还需要使用有高级感应环的智能环保节能灯泡,通过这种方式,可以对自动感应系统进行最佳的电力总体控制,同时可以将夜间的耗电量降至最低,还可使用先进的电传感技术通过物联网来节省用电。

(3)智能节约用水与排水系统

在过去数十年中,地下水位急剧下降,影响了大多数国家,大部分地区存在水资源分布不平衡或短缺的问题。智能建筑可以通过多种方式来节水,其中正确的选址是最重要的因素之一。采用策略来收集雨水径流用于灌溉,并保留额外的水箱以收集雨水。同时还可以使用智能自动水龙头、水箱警报器、无水小便池和智能循环厕所水系统等多种节水技术和设备。

(4)智能安全协助系统

安全是智能建筑的基本前提。智慧图书馆的安全性不仅包括建筑物安全合理的物理布局,还包括对楼宇、安保、消防、通信自动化系统的有效监管。运用计算机数据处理,通过自动计量和控制技术对智能建筑内的能源、机电、消防、安保等设备利用通信网络进行信息互换与联动,形成最佳管理系统。这主要包含环境设备监控系统、消防自动化系统、能源设备监控系统和安全防范自动化系统等。

五、智慧图书馆空间

1.智慧图书馆空间概述

智慧图书馆系统依靠对空间、用户、环境的高度智能感知,实现以用户为中心的数据采集、大数据分析、个性化推荐及服务,打破传统图书馆空间服务的单一性和局限性。智慧空间是构成智慧图书馆服务体系的重要元素,其核心是提升用户体验,用户体验主要源于用户与智慧图书馆空间的互动、空间价值感知等方面。因此,提升感知能力是实现智慧图书馆空间服务功能的重要基础之一,具有感知能力的空间系统是空间大数据的来源,高度智能的感知能力也是空间智慧化的重要标志,而智慧图书馆空间功能的实现主要依赖于相应智能化的设施设备。智慧图书馆空间是物理空间、时间空间、网络空间、地理信息空间的有机结合。智慧图书馆空间的特点主要为互联、高效、便利,同时具有全面感知、节能低碳等特征,既是联通、共享、开放、协作的空间,也是绿色环保、节能友好的空间。智慧图书馆空间中人与书、人与馆、物与物、人与物、人与人之间的联系更加紧密,任何使用该空间的人都是用户,所以其面向的用户群体将更为庞大。

智慧图书馆空间大致可以分为实体空间和虚拟空间两大部分,实体空间是智慧图书馆的线下物理空间,是用户思考、学习、交流和创新的重要场所,既包括学习交流的学习室和讨论室,也包括创新研发的主题空间以及创客空间;虚拟空间是智慧图书馆的线上网络空间,是实体空间的延伸和拓展,更加注重用户体验和情境学习,其主要包括在线服务平台、社交网络系统以及AI技术空间。

2.智慧图书馆空间特性

(1)智慧共享

智慧图书馆空间首先要实现智慧化与共享化,也就是实现图书馆资源的智慧化,并搭建智慧环境,使得图书资源能通过物联网技术实现定位、导航、借阅、数据展示等功能,同时能及时更新动态;通过智慧环境搭建,实现图书资源共享、热门图书资源排行、远程座位预约等,用户也能通过平台获取图书馆新书推送、新闻公告等实时动态。其次,通过大数据分析,与其他数据关联打通并进行读者画像,通过分析用户的阅读轨迹、个人阅读报告等信息,实现为用户提供满足个性化需求、虚实结合、高精准的文献信息资源服务。

(2)绿色智能

通过建筑节能技术,主要采用 BIM 技术,实现图书馆空间绿色节能、节电、节水等目的;同时通过电子信息技术和网络通信技术等为广大读者提供优质、高效的信息服务,对图书馆进行自动监控,对图书资料进行自动管理;还可通过安装电话布线系统、广播或背景音乐布线系统等进一步改善读者的阅读环境。

(3)多元互通

首先,智慧图书馆空间应打破传统图书馆空间设计的局限,运用设计思维的方法,突出以学习者为中心的理念,对图书馆空间进行统筹规划,根据不同读者的不同需求,划分不同的功能空间,减少互相干扰;其次,由于图书馆空间风格一致,又能在整体上实现功能互通,可以实现"从提供资源到提供服务"的转变;最后,智慧图书馆空间依托信息技术和网络技术对资源进行有效整合,将电子资源进行展示推广,不断提升图书资源的使用便捷程度,优化读者的资源获取体验。

3. 智慧图书馆空间构建原则

（1）拓展性原则

在智慧图书馆空间构建上,保持空间拓展性是实现智慧图书馆空间可持续发展的重要方式。一是保证空间结构的综合适应性;二是保证空间联动性与可转换性;三是保证对技术应用的融合性;四是保证智慧图书馆空间的延伸性。

（2）包容性原则

智慧图书馆空间的构建本质是发展与蜕变而不是摒弃和割裂,即通过技术、设施、人文的融合为用户营造更加人性、灵活和愉悦的具有更强支持功能空间的过程。所以智慧图书馆空间一定要主动适应、应用人工智能、5G 等创新手段提升服务效能,保持图书馆空间的包容性。一是实现空间样貌交融共存;二是利用空间元素体现包容性;三是保持空间功能灵活互补。

（3）层次性原则

智慧图书馆空间功能虽然多样,但在构建过程中,也需要考虑智慧图书馆空间对不同用户的功能需求的适应性。如针对学习、阅读、展览展示、研讨、创新、拓展支持等不同功能在结构、设置、设施设备配置等方面应体现出明显的层次性,并通过以下方式进行展现:一是整体考虑空间功能层次;二是实现噪声分级与色彩搭配;三是创新空间主体结构与陈设;四是注重空间功能层次性区分。

（4）多样性原则

在智慧图书馆空间模式下,图书馆的空间内涵也更加丰富,空间类型、空间结构的设置也将更加适合用户功能需求与价值评判标准,符合用户需求不断发展所带来的对智慧图书馆空间细分与功能重构的需求。一是保障空间功能的有序演变;二是构建多样的虚拟空间服务;三是要多维度应用自然元素。

（5）协同性原则

从性质来看,智慧图书馆空间通过集成人工智能、物联网、智能感知设备等技术与设备,空间功能有了明显的提升,空间类型有所增加,但图书馆的物理空间面积总量并没有提升,其构建机理是通过对空间属性的整合与拓展,实现场景重构及功能提升,其本质上需要多种空间协同,才能实现智慧图书馆的空间优势。一是要构建物理与虚拟的协同;二是应保持空间与空间的协同;三是注重人与系统间的协同;四是实现馆员与用户的协同。

4. 智慧图书馆空间构建内容

（1）创造体验空间

创造体验空间是指可以进行实验、创造、展示和新技术体验的空间,它配备了先进的设备、工具、材料、资源和馆员,其将空间从馆内延伸至馆外,可以通过与学校、社会机构的合作为用户提供多元化的创客空间服务。

（2）文化创新空间

文化创新空间是指运用 VR、AR、3D 全息图像等虚拟情景呈现技术和设备,将文字、书画等平面信息以立体化、可交互的方式呈现出来，为用户提供沉浸式阅读服务，帮助用户加深理解，弥补了平面信息服务的不足，为用户提供了新的阅读方式。

（3）知识共享空间

知识共享空间主要包括承载知识载体的知识空间和履行知识共享职能的共享空间，同时包含实体和虚拟两种空间形态。因此，构建知识共享空间要对传统实体空间进行改造，例如，合理分类资源、完善设施配置，依据用户的不同需求开放用于交流、汇报和休闲的共享空间，最好能实现不同功能的融合。

5.智慧图书馆空间再造策略

（1）以用户需求为本

图书馆空间再造不能孤立地考虑管理因素，应该充分挖掘师生用户的真实需求，让空间和用户需求相匹配。一是可以通过调研走访的方式，认真听取收集用户需求并进行综合分析，梳理出图书馆空间的基本功能；二是通过调研学校教学部门的需求，将课堂教学与图书馆信息资源、空间资源结合起来，不断优化空间功能，让图书馆空间真正地发挥价值。

（2）与校内学习空间的融合

信息化时代学校教学空间智慧化改造不断升级，智慧教室等特色空间建设加速，图书馆空间已相对落后。智慧图书馆空间再造要打破壁垒，探索图书馆空间与教学空间、非教学空间的深度融合，突出特色，避免出现因重复建设或功能单一造成利用率低的现象。

（3）注重个性化与多元化

当前中小学教育正面临着在线教育、人工智能、大数据等新技术的冲击，中小学图书馆是学校的文献信息资源中心，是为培养学生和教学研究服务的机构，是学校信息化建设的重要组成部分，也是校园文化的重要基地。所以图书馆空间应该兼顾个性化与多元化需求，满足不同读者的需求。

本章小结：

中小学图书馆馆舍及环境建设规划设计，必须从方便读者、便于管理、节省人力、环保节能和智慧化等方面考虑。在中小学图书馆规划、设计与实施过程中，需要考虑选址与类型、外形与构造、功能与布局、绿色与生态四个方面内容及要素。

中小学图书馆服务空间功能布局要以"读者第一、服务至上"为理念，以满足读者基本阅读求知需求为要务，以多样式信息资源及多渠道信息供给开展主动型服务；以自然和谐的环境空间，营造舒适温馨的学习社区。坚持集约、开放、有序原则，图书馆服务空间功能布局应做到人与空间、空间与空间的和谐之美，以极大的阅读舒适度和丰富多彩的文化集散力彰显学校的精神文明建设。

在合理的功能分区方面，中小学图书馆是集学习思考、教学活动以及文化体验、展览讲座功能于一体的建筑，在建筑总体布局规划功能分区时，把不同使用对象、不同功能的空间有机组合于一体，既要彼此紧密联系，又要避免相互干扰与影响。

随着现代教育理念的不断深化，中小学图书馆在学生信息素质教育中扮演着越来越重要的角色,在智慧校园的推动下,智慧图书馆建设迫在眉睫。智慧图书馆系统依靠对空间、用户、环境的高度智能感知,实现以用户为中心的数据采集、大数据分析、个性化推荐及服务,打破传统图书馆空间服务的单一性和局限性。有效的智慧图书馆建设能够在管理体制、服务效能、用户教育等方面进一步完善中小学图书馆各项职能,最终实现为教育教学的智慧化服务。

学习与思考:

1. 中小学图书馆规划、设计与实施过程中,需要考虑哪些方面内容及要素?

2. 中小学图书馆建筑高度多少合适?

3. 中小学图书馆馆舍及环境建设的原则有哪些?

4.《中小学图书馆(室)规程》(2018 年版)规定中小学图书馆馆舍该如何建设?

5. 21 世纪以来,学校图书馆建设使用趋向,实现了怎样的转型?

6. 智慧图书馆核心要素有哪些?

7. 智慧图书馆空间构建原则是什么?

8. 中小学图书馆建设的设计核心是什么?

9. 中小学图书馆馆舍基本用房以生均多少为宜?

10. 现代图书馆建筑布局的变化与发展趋势?

推荐阅读书目:

1. 于良芝.图书馆情报学概论[M].北京:国家图书馆出版社,2016.

2. 王子舟.图书馆学是什么[M].北京:北京大学出版社,2019.

3. 吴建中.21 世纪图书馆新论[M].2 版.上海:上海科学技术文献出版社,2003.

4. 肖希明.图书馆学研究进展[M].武汉:武汉大学出版社,2007.

参考文献:

1. 叶继元,等.图书馆学学术规范与方法论研究[M].北京:科学出版社,2014.

2. 张树华,董焱,等.中小学图书馆工作导论[M].北京:北京图书馆出版社,1998.

3. 李国新,冯守仁,等.公共图书馆规划与建设标准解析[M].北京:国家图书馆出版社,2009.

4. 张树华,张久珍.20 世纪以来中国的图书馆事业[M].北京:北京大学出版社,2008.

5. 鲍家声.现代图书馆建筑设计[M].北京:中国建筑工业出版社,2002.

6. 王世伟.智慧图书馆引论[M].上海:上海大学出版社,2022.

7. 柯平.图书馆组织文化:CIS、设计形象与文化建设[M].北京:国家图书馆出版社,2017.

8. 陈红.高校图书馆员应知应会[M].北京:国家图书馆出版社,2021.

第四章 中小学图书馆的信息化建设

本章导读：

  信息化建设是中小学图书馆的一个现实课题,中小学图书馆信息化作为学校教育信息化的有机组成部分,已经越来越多地受到各方关注。作为中小学图书馆工作人员,应该及时转变观念,了解中小学图书馆信息化建设的现状与发展趋势,掌握相关的信息化的技术技能和基本操作,清楚地认识中小学图书馆信息化发展的责任和使命,从而把握机遇,接受挑战。

  通过本章学习,您将了解到：

- 中小学图书馆信息化建设
- 中小学图书馆自动化建设
- 中小学图书馆网络化建设
- 中小学图书馆数字化建设

第一节 中小学图书馆信息化建设概述

  "信息化"(Informatization)一词最早于 20 世纪 60 年代出现在日本的一些学术文献中,当时"信息化"这一概念主要是从产业角度进行阐述和界定的。20 世纪 70 年代,欧洲共同体和联合国教科文组织等国家及国际组织先后出台了一系列推动信息技术在社会中应用和发展的规划,这些规划都把信息基础设施作为重要一环。

  20 世纪 90 年代初,美国克林顿政府正式提出建设"国家信息基础设施"(National Information Infrastructure),俗称"信息高速公路"(Information Superhighway)计划,其核心是发展以互联网为核心的综合化信息服务体系和推进信息技术在社会各领域的广泛应用。在其带动之下,许多发达国家和发展中国家相继出台了一系列国家信息基础设施建设规划,从而带动了全球信息化建设的热潮。

  自 20 世纪 90 年代末开始,随着网络技术的迅速普及,整个社会的发展与信息技术的关系越来越密切,人们越来越关注信息技术对社会发展的影响,"社会信息化"的提法开始在中国出现,联系到教育改革和发展,"教育信息化"的提法也开始出现了。政府的各种文件已经正式使用"教育信息化"这一概念,并高度重视教育信息化的工作。教育信息化,是指在教育中普遍运用现代信息技术,开发教育资源,优化教育过程,以培养和提高学生的信息素养,促进教育现代化的过程。

  新时代赋予了教育信息化新的使命,也必然带动教育信息化从 1.0 时代进入 2.0 时代。为引领推动教育信息化升级,2018 年 4 月 18 日教育部印发了《教育信息化 2.0 行动计划》的通知,提出教育信息化 2.0 行动计划。2019 年中共中央、国务院印发了《中国教育现代化 2035》,

聚焦教育发展的突出问题和薄弱环节,立足当前,着眼长远,重点部署了面向教育现代化的十大战略任务,其中第八条是加快信息化时代教育变革。建设智能化校园,统筹建设一体化、智能化教学、管理与服务平台。利用现代技术加快推动人才培养模式改革,实现规模化教育与个性化培养的有机结合。创新教育服务业态,建立数字教育资源共建共享机制,完善利益分配机制、知识产权保护制度和新型教育服务监管制度。推进教育治理方式变革,加快形成现代化的教育管理与监测体系,推进管理精准化和决策科学化。

计算机技术、通信技术、网络技术和信息存储技术为核心的现代信息技术的发展,为图书馆信息化提供了物质基础。而互联网的发展又使得信息的传递技术得到了突破性的发展。作为专门的信息收集、加工、传递和服务的机构——图书馆,其管理理念、管理内容、工作模式、服务对象、业务涉及的社会层面均发生了深刻的变化。只有开创新的图书馆信息服务事业,才能在全球网络化、信息化的当今社会中,充分展示图书馆信息服务的良好作用。知识经济的来临对社会政治、经济、教育、文化及人的思维方式、行为方式都产生着重大影响。知识投资可以提高生产能力,并将生产能力转化为新产品和新工艺。技术变革通过对劳动者的教育和培训来实现,通过让劳动者获得知识信息来实现。数字化的文献信息,拓展了图书馆的功能,扩大了图书馆的服务面,使得劳动者有了获得知识信息的条件。在知识经济时代,人们对图书馆提出了更多和更高的要求,如何提供有效和多样化的服务,实现多元化的服务功能,是当今社会图书馆面临的一个艰巨的任务。

中小学图书馆信息化作为中小学教育信息化发展中的一个重要环节,作为图书馆信息化建设大家庭中的一员,也必然在中小学教育信息化和图书馆信息化建设的浪潮中,显现出自身的一些特点。教育信息化的基础建设已经为中小学图书馆提供了必要的物质基础,面对信息化建设中的巨额经费投入,如何使这些信息技术装备在中小学的教育教学科研中发挥其应有的作用,以及其所依赖的信息资源如何整合等问题值得深思。

《中小学图书馆(室)规程》(2018年版)第一条:"为加强中小学图书馆(室)规范化、科学化、现代化建设,落实立德树人根本任务,提升服务教育教学能力,特制定本规程"。第十三条:"图书馆应当重视数字资源建设,依托区域数字图书馆和信息资源中心获取数字图书和电子期刊等。地方教育行政部门要统筹推进区域数字图书馆和文献信息资源中心建设,促进优质数字资源共建共享"。第二十一条:"图书馆应当纳入学校信息化建设整体规划,实行信息化、网络化管理"。第三十条:"鼓励有条件的图书馆开展纸质图书和数字图书资源的一体化编目和服务"。

文件表明中小学图书馆作为学校文献信息资料的中心,学校教育现代化工程中的一个有机组成部分,为适应教育的发展,其必然面临一项无可选择的挑战,那就是走信息化发展之路。中小学图书馆的信息化建设,不可能形成固定的模式和标准,应该是一个动态的发展过程,是一个综合的概念。概括而言,中小学图书馆信息化就是中小学图书馆主动引入现代化的技术手段、管理方式、人力资源等,通过对信息存储数字化、传输手段网络化、管理控制智能化和人员素质信息化等方面的建设,更为便利地为中小学校师生提供全方位的服务,借助现代网络技术和资源共享理论,实现馆际、社区、资源的便捷交互。

一、中小学图书馆信息化的特征

尽管专家学者对学校图书馆信息化内涵和外延有着不尽相同的理解和认识,但概括而言,其具有如下特征。

1. 业务操作和管理自动化

图书馆工作一般可分为藏书的拟定和获取、分类编目、检索查阅、流通、业务档案的整理等几个方面。所谓自动化,就是利用计算机自动完成上述工作,由封闭的局域网向开放的互联网发展。

2. 信息资源存储数字化

信息资源存储数字化包括馆藏资源的数字化及网上数字资源的收藏,具体到学校就是以海量信息存储、多媒体技术应用、分布式管理为特征的数字图书馆建设。

3. 信息资源高度共享

图书馆在平等互惠的基础上,通过馆际、图书馆与其他机构之间的协作,利用各种技术、方法、途径,实现共同建设、共同利用信息资源,以最大程度满足师生读者信息资源需求。具体到学校就是电子阅览室的建立、网站建设、图书馆联合编目等。

4. 读者服务形式多样

随着现代技术的不断发展,学校信息化的不断推进,学校图书馆读者服务呈现出更为丰富的形式:以网络技术为核心的图书馆网站互联互动,包括在线参考咨询、在线流通续借、在线读者阅读调查、调整藏书征订、指导学生阅读等;以通信技术为核心的图书馆微信服务平台、图书自助借还柜、微博及博客服务平台;以多媒体技术为核心的图书馆视频点播系统,对时事热点新闻或事件进行剪辑加工,及时推送,引导学生树立正确的世界观、人生观和价值观。以智慧校园图书馆为依托建设的图书馆安防系统、朗读亭、公共阅读区等。

二、中小学图书馆信息化建设的原则

1. 标准化和规范化原则

标准化和规范化是学校图书馆信息化建设成败的关键,未来智慧图书馆的建立和其为读者提供相应的服务一定要有一个相对固定的参照标准,方能为其建设提供坚实的基础。要根据国家相关标准结合中小学图书馆行业实际,制定符合中小学图书馆信息化发展特点和特色的标准,规范信息化建设。学校图书馆自动化集成系统的选用、MARC 数据编制、数字资源系统建设、技术平台的设计和搭建、网络信息服务系统构造等,都应坚持通用的国家和行业标准、协议和规范;应用软件和硬件的选用要考虑兼容性,以利于系统间、馆际、不同流通设备间的互联互访。

2. 开放性和集成性原则

学校图书馆自动化管理和数字图书馆以及智慧图书馆的建设,都应选用扩展和整合功能强大的系统,以便有效将学校图书馆的各类信息资源、图书馆员的工作、师生读者的需求进行优化整合,实现资源的合理配置。采用开放的体系结构,建立具有良好兼容性和扩展性的管理服务体系。依靠大规模的集成式平台,使馆藏文献信息资源可以从每个点扩大到每一个线和面,在每个区域间自由流通,实现智能交互服务。

3.共建共享性原则

教育部《中小学图书馆(室)规程》(2018年版)提出图书馆应当依托区域数字图书馆和信息资源中心获取数字图书和电子期刊等。地方教育行政部门要统筹推进区域数字图书馆和文献信息资源中心建设,促进优质数字资源共建共享。要想收集围绕教育教学教研以及课外阅读"大而全"的文献信息资源,仅依靠个别图书馆是不够的,由于部分图书馆自身经费和专业技术力量上的不足,既不可能也完全没必要,更无法在短期内实现。学校图书馆信息化建设应积极参与基础教育信息化以及图书馆专业领域的理论和技术发展,在系统软硬件装备、特色数据库的引进,以及联机编目、馆际互借、业务管理员的培训等方面共建共享。资源共享是在不违反版权保护条例等相关国家法律法规的前提下,把学校图书馆建设的各类文献信息资源提供给更广范围的师生读者群体。

4.安全可靠性原则

学校图书馆馆藏文献信息资源在加工、存储、流通、管理等方面均涉及安全问题,如数据安全、网络安全、信息安全、环境安全等。在越来越强调流通服务重要性的今天,安全可靠性要求强化学校图书馆在文化安全与文化绿色健康方面的意识和措施。有关中小学馆藏图书适宜性评估和课外读物的内容审核等检查活动的开展,就是基于这一重要原则应运而生的。

第二节 中小学图书馆自动化建设

随着教育改革的不断深入,素质教育的全面推进,尤其是中小学信息化建设步伐的不断加快,中小学图书馆的自动化建设也与时俱进,迅速发展起来。计算机技术与网络技术的普及与应用,为中小学图书馆管理手段的现代化创造了条件。中小学图书馆服务的技术和手段有了很大进步,完全改变以往传统的以手工为主的简单重复的工作方式和被动的服务方式,取而代之的是计算机文献信息自动化管理、数字资源的网络共享、服务信息的实时交流等。

教育部《中小学图书馆(室)规程》(2018年版)第二十条:"图书馆应当以全开架借阅为主。以学校图书馆为中心,在确保安全的前提下,充分利用走廊、教室等空间,创新书刊借阅方式,优化借阅管理,创建泛在阅读环境。"第三十二条:"图书馆应当配备书架、阅览桌椅、借阅台、报刊架、书柜、计算机等必要的设施设备,并有计划地配置文件柜、陈列柜、办公桌椅、借还机、打印机、扫描仪、电子阅读设备、复印设备、文献保护设施设备、装订、安全监测等相关设备。设施、设备应当符合学生年龄使用需要。"有关中小学图书馆建设的硬件资源的配置要求,不仅较好地体现了现代教育对中小学图书馆信息化建设和发展的基本要求,也意味着中小学图书馆的建设必须实现管理手段的现代化。

一、中小学图书馆自动化的内涵和特征

中小学图书馆自动化主要是指以计算机为主体,利用通信技术和高密度存储技术,对中小

学图书馆工作的各个环节进行程序控制下的自动管理,以自动控制代替手工操作,在加速文献流通速度的同时,减少工作人员的劳动量,提高图书馆的工作效率。

中小学图书馆自动化系统是一门学科范围涉及较广的综合性技术,其特征包括以下几个方面。

1. 中小学图书馆业务管理的自动化

中小学图书馆业务管理的自动化涉及中小学图书馆的主要工作环节,包括了文献采访、分类编目、典藏、检索、流通、统计分析、读者管理和各种图书馆业务报表处理等。而且文献所涉及的载体形态,也大大超越了传统中小学图书馆所收藏的书、报、刊等纸质文献载体,而扩展为一切记录信息的载体,涵盖印刷型、视听型、缩微型、机读型资料以及多媒体、网络资料等。

2. 读者利用中小学图书馆的便捷化

通过对馆藏资源的科学整序,使之更加便利地为全校师生提供全方位的服务,并且在不断推进现代化的过程中,使其服务的范围不断扩展,服务的形式不断变化,服务的内容逐步丰富,进而借助现代网络技术,实现各校之间、社区之间、资源之间的便捷交互,一切以方便师生利用为宗旨,让中小学图书馆深入师生的学习、工作和生活。中小学图书馆利用校园网发送图书文献信息,从而使最新文献信息快捷地传递到读者手中。中小学图书馆的服务功能和服务方式发生明显变化,不再只是简单的书刊借阅和一般性咨询服务,而是借助网络提供图书馆与师生读者之间点对点的远程服务,提供多媒体的信息服务,提供实时查询和个性化咨询服务等。

3. 中小学图书馆数据处理、传递的标准化

要使中小学图书馆的馆藏图书、期刊、音像资料等各种载体文献的采编、入藏、流通、检索等一系列工作快捷而有效,并能够以区域或大范围的计算机联网来实现真正的资源共享,节省中小学图书馆建设和管理中的人力、财力,使馆藏图书及相关的信息发挥更大的效用,数据处理传递的标准化、规范化,在图书馆自动化实施过程中就显得尤为重要。

中小学自动化系统应遵守教育部 2002 年 12 月颁布的《教育管理信息化标准》规范中的"图书管理系统子集",系统应采用《中国图书馆分类法》,支持 Z39.50 协议,支持通用的 MARC 标准。系统能实现国家标准 CNMARC 数据格式与卡片式通用款目数据格式的双向高速转换,支持 GBK《汉字内码扩展规范》,支持大字符集汉字系统,能采用《中国分类主题词表》实现分类号与主题词对应检索。

二、中小学图书馆自动化系统的相关概念

随着计算机的普及,图书馆自动化系统已经广泛应用于中小学图书馆日常管理。图书馆自动化系统是一门学科范围涉及较广的综合性技术,围绕这一技术首先需要对以下几个方面的内容有所了解。

1. MARC 格式

MARC 是用于描述、存储、交换、控制和检索的一套机读书目数据标准,始于 20 世纪 60 年代末 70 年代初,以美国国会图书馆正式发行 MARC Ⅱ 型的机读目录,并在北美得到广泛应用为标志,书刊机读目录在世界上正式使用,使图书馆正式步入了自动化的阶段。利用 MARC 机读目录进行自动化编目作业,既节约了管理人员的编目时间,又提高了图书的编目质量。1977 年国际图联制定了国际机读目录格式(UNIMARC),1986 年中国也相应推出了中国机读目录(CNMARC)。

MARC 格式在中小学图书馆最主要的应用表现在以下四个方面:联机编目,形成本馆的馆藏数据库;采访人员查重、选书和订购;师生读者利用 MARC 通过网络浏览各种书目数据库和检索文献;不同中小学图书馆自动化系统间进行数据交换的中介,实现数据共享。

MARC 数据除了图书公司或图书管理员原始加工以外,还可以通过光盘套录、脱机数据获取、联机套录等多种方式获得。

2. 号码系统和条形码技术

由于在自动化管理系统中,号码系统具有节省存储空间、便于计算机处理、良好的识别功能、一定程度上可控制输入数据的有效性,从而提高工作效率,故而在中小学图书馆工作流程中,自动化系统中的号码系统使用较为广泛。主要涉及以下五个方面:①采访工作:订单号、登录号等;②编目工作:分类号、ISBN 号、种次号等;③连续性出版物工作:邮发号、ISSN 号、卷(期)号、期刊分类号等;④流通管理工作:师生读者号等;⑤文献管理工作:图书号等(根据不同的流通方式,对应不同典藏地点,设置不同的图书号,如中小学图书馆设置师生共享库、教师书库、外文书库、工具书库等)。

中小学图书馆自动化系统实现后,一般都会有自身独有的条形码规格,或定制外购或自行打印。然后根据本馆需求,购置采用 CCD 扫描仪或光电等类型的条形码扫描仪,通过与键盘并联或 USB 接口,与计算机进行连接。

3. RFID 技术

射频识别(RFID)技术,又称无线射频识别技术,是一种通信技术,可通过无线电信号识别特定目标并读写相关数据,无需识别系统与特定目标之间建立机械或光学接触,就可实现高速的数据采集,并且过程无需人工干预。RFID 系统由电子标签、阅读器和天线组成。

目前,RFID 技术被越来越多地应用于中小学图书馆的日常管理业务中,尤其是智慧图书馆的建设中,与传统磁条技术相比,RFID 系统更便捷高效、省时省力(见表 4-1)。中小学图书馆专业管理人员相对缺乏,该技术的运用会显著提高图书馆的服务质量和工作效率,必将成为现代中小学图书馆应用的一个趋势。

表 4-1 电磁 EM 技术和 RFID 技术各自的特征

名称	扫描速度	存储容量	安全性	重复使用	穿透性
EM 技术	一次扫描一个条形码	50 字节	简单防盗	一经使用,无法更改	近距离无阻碍物
RFID 技术	支持批量处理	数兆字节	承载电子式信息数据,内容可加密,不易伪造或篡改	芯片内存储数据可修改、删除、更新	能穿透非金属、非透明材质物体

三、中小学图书馆自动化系统的功能

一套完善优秀的中小学图书馆管理系统已经成为学校图书馆管理高效、实用的重要体现。

传统的中小学图书馆手工管理模式存在信息不畅、效率低下、操作不规范等一系列问题,而基于网络的校园图书馆管理系统很大程度上缓解了这方面的问题和压力,实现了真正的信息化管理。中小学图书馆自动化,主要是利用图书馆计算机集成管理系统,对图书馆的各个工作环节实行程序控制下的自动管理。对图书馆工作进行系统分析,一般可以划分为以下几个基本子系统:文献采访、文献编目、流通管理、期刊管理、联机书目查询等,这些模块涵盖了图书馆工作的各个环节。数据一次输入、多次使用、联机共享,进而提高中小学图书馆管理水平,减少图书馆员的工作量;通过使用先进、科学的条形码技术,减少人为失误,提高图书馆信息准确性和工作效率,提高学生对图书馆服务的满意度。

1. 文献采访子系统

建立图书采访子系统的目的在于为图书采访工作提供各种必要的数据,包括但不限于打印统计报表、处理各种书目订单、进行经费管理、及时与出版商联系以掌握出版发行动态,并最终实现图书采访工作的自动化。文献采访子系统的功能包括:订购管理、验收数据、经费管理、统计报表、书商管理、票据打印、系统维护等。近年来为适应网络环境的新需求,各中小学校可以根据本单位的软件特点,要求软件供应商针对原来的采访子系统进行必要的修改,如增加电子订单采购等功能。电子订单采购主要是建立以征订单为标志的简要书目。此功能操作时要注意:①录入量尽可能地少。在录入标准书号、书名、著者、征订号、价格和预订册数后,出版社及出版地由系统自动给出。②在人工录入标准书号处和书名处设查重功能。可以接收书商提供的 access 数据库、dbf 数据库、CNMARC 等外来数据。③可以输出 MARC 格式数据,便于与其他图书馆交换数据,实现资源共享。

2. 文献编目子系统

计算机编目就是对图书数据处理的过程,也就是把一本书、一部文献的内容特征和外部特征记录在计算机载体上,按条例进行规范著录,成为一组书目数据。图书馆的其他各项工作,如采购、流通等基本上就是以书目数据为基础而展开的。该系统是中小学图书馆自动化集成系统的核心组成部分。其功能包括:编目、规范控制、书目查询、统计报表、数据管理、系统维护、产品输出等。

文献编目子系统涉及各类文献的查重、编辑、录入、修改。编目是用人用时最多的图书馆业务,编目数据质量的好坏决定图书馆管理水平的高低。因此在软件设计上要特别注重将书目的编辑工作与书目的查重、复本的修改合理地联系起来,使录入人员在编辑书目时直接得到相关的目录资料,减少录入量。所有著录界面均应是填空式,只要会电脑打字,稍加培训,很快就能操作自如。编目过程,系统自动进行数据合法性检验,例如 ISBN 号、ISSN 号纠错、条形码重复纠正等。用户建立数据库时可以套录本地共享编目数据,通过网络 Z39.50 协议还可以套录其他图书馆提供的编目数据。为了提高录入效率和准确性,系统应将常用的、通用的数据如版次、版式、开本、出版社等建立代码库,在输入这些数据时,只需点击代码键或光标键即可选择输入,减少汉字录入操作。有的项目如出版社、出版地可以根据与其标准书号的对应关系自动填入。录入 ISBN 号、ISSN 号时,可以直接扫描印刷在书底的条形码,以大大减少击键次数,保证录入的准确性。在录入分类号时可以调用本馆的分类简表,计算机可自动给出种次号,同时自动标识出主题词,使得编制主题词的大部分工作也可由计算机自动完成。

3. 流通管理子系统

流通子系统是图书馆实现自动化效果较明显的一个子系统。它是一个直接与读者接触的子系统,它的运转情况直接反映出馆藏建设的质量、读者需求的满足程度、服务质量和效率。由于流通子系统巨大的数据流通量,要求流通子系统必须保持高度的稳定性和可靠性。其功能包括:流通管理、读者管理、统计报表、系统维护等。

流通管理的目标是用最少的时间为最多的读者提供各种文献的流通服务。主要功能有借书、还书、续借、预约等。流通子系统是利用率最高的程序之一,在程序设计上应尽量减少人工操作的环节,增加屏幕显示的信息,力图避免进行专门的查询操作。为达到这一设计要求应把借书、还书、续借、预约等功能显示在同一屏幕之中,在这个屏幕中基本可以不用键盘操作,只需扫描借阅书证或图书上的条形码就可以完成借书、还书、借书证合法性识别、续借、借书情况显示、过期罚款等功能的操作。可以扫描录入读者的照片,借还书时系统自动显示读者的照片,以方便书证识别。

读者管理功能,可以灵活设置师生读者借还参数,在录入某类新读者时,其借书量、借期、各种罚款基数设置等自动完成。对毕业班的借书证可以进行批量注销管理,批处理停止毕业前借书功能。在制作师生读者借阅证或追加新读者时,还可以通过第三方数据库成批导入。

在制作统计报表时,可通过多种统计项进行有意义组合,如某年级读者在某段时间内所借某类文献。包括借书总数量、还书总数量、借书总人次、各类书的借书数量以及各学期、各班级、各类读者的借书人次。统计结果应有多种输出形式,如报表、百分图、柱形图、曲线图等。可以随意统计打印(或在屏幕上预览)某段时间内被读者借阅最多的图书或借书最多的读者,形成图书借阅排行榜,为进一步分析流通情况、研究读者的阅读倾向和阅读规律提供原始资料,以便于开展阅读指导活动,突出中小学图书馆的德育功能。

4. 期刊管理子系统

期刊管理子系统与各图书资料处理系统相比,是在具体的操作过程中,多了一个过刊流通与管理的过程。由于期刊本身所具有的出版周期性、连续性、使用率高等特点,一般中小学图书馆自动化集成管理系统都将其单独作为一个子系统来进行设计。

期刊的采集过程是有规律的,订购基本是一年一次,相同种类的期刊每年的订购数据基本是不变的,其采集的信息可重复使用。因此,管理期刊的书目数据库一般主要由编目数据、馆藏数据和采集相关的一系列索引文件组成。编目的查询途径主要包括:分类号、主题词、ISSN 号、题名、关键字、编者以及这些检索项的逻辑组合。

一般中小学图书馆主要使用的是期刊合订本登录管理,和普通图书一样分类编入各类别,以利于流通管理。对于分类要求,采用《中国图书馆分类法》即可。

5. 联机书目查询子系统

联机书目查询子系统由读者或工作人员所使用的计算机终端与图书馆主机中的书目数据库相连,通过查询界面,提供查询方式多样、功能齐全、技术先进、操作简便的公共联机查询系统(OPAC),查询整个集成系统中的书目数据。

联机书目查询子系统包括:各类文献的综合目录查询、个人借阅情况的远程查询、新书通报浏览。读者可以在校园网及互联网上利用通用的 Web 浏览器,从索书号、书名、著者、主题词、标准书号、出版社等途径对图书、期刊、非书资料等多种文献进行统一的查询检索,也可以将以上各项进行组配复合检索,以提高查准率。还可以联网办理图书馆借书、预约借书、申请馆际互借等手续,同时在线浏览自己的借还文献记录,了解文献过期借阅、罚款、停借与违章的信息。

联机书目查询子系统提供的书目检索查询手段,取代了图书馆原有的笨重、检索不便、查检速度慢且不准确的卡片式目录或书本式目录。一次输入目录信息,可以提供多种检索途径,并且可同时满足图书馆员和读者检索目录的需要,检索查询方便、快捷、准确。

6. Z39.50 标准

Z39.50 标准的全称为信息检索应用服务定义和协议规范。它定义了基于客户/服务器模式的信息检索服务和协议,规范了客户端搜索服务端所提供的数据库、检索数据库记录以及执行相关信息检索功能的过程和格式,该协议是为了解决客户端和服务端上信息检索之间的通信问题,而不解决这两者间的交互问题。

Z39.50 是信息检索的国际标准(ISO 23950),以互联网为依托,实现各馆间的信息传递。通过 Z39.50 规定的基本的查询和检索功能,实现图书馆之间通过各种方式交换、共享数据信息。通过使用 Z39.50,许多图书馆的业务可以公开化、标准化。Z39.50 在图书馆界主要应用于公共目录查询、编目、联合目录、商业信息数据库应用、万维网检索和信息过滤、数据库更新。

根据 Z39.50 标准构成的文献检索系统,中小学图书馆自动化管理系统软件可以通过因特网检索文本图像和其他多媒体信息资源,还可以使图书馆的客户机对因特网上多个不同的数据库系统进行检索。一般来说,不同图书馆的自动化管理软件的数据库结构都各不相同,在计算机专业用语中叫作异构软件。如果两个异构软件中有一个不采用 Z39.50 标准做数据库接口,那么这两个异构软件间就不能共享书目数据及其他文献和多媒体信息。

不同的软件,只要各自的数据接口遵循 Z39.50 网络通信协议,就可以用自己的 Z39.50 的客户端到一个或多个有 Z39.50 的服务端服务器的编目中心,免费或有偿抽调编目数据。如果各中小学馆所用的不同型号版本的软件都实现了 Z39.50 的客户端和服务端功能,相互间既可抽调下载,又可上传或被人抽调编目数据,最终就能实现最广泛的联机编目。

目前,中小学图书馆购买的图书馆自动化管理软件中一般都具有 Z39.50 服务功能,尤其在编目模块中,Z39.50 的引入,极大地提高了图书馆采编人员的分编效率。

四、中小学图书馆自动化系统的选择

从 20 世纪 90 年代开始,市场上比较多使用的适合中小学图书馆的自动化系统有深圳的 ILAS(S)、大连的博菲特、常州的春晖等。

1. ILAS 小型版

ILAS(S)是根据小型图书馆的特点,在 Windows 平台上开发的新型、高效、实用型图书馆自动化系统,可以构造多台微机联网的小型图书馆网络,是与 ILAS 5.0、ILAS II 相互补充的 ILAS 系列产品之一,微型的结构蕴含着强大的功能。适合中小学图书馆,乡、镇、村、街道图书资料室,大学院系资料室,企业机关资料室等。主要功能包括采编、流通、期刊管理、公共查询、联机编目等。

2. 大连博菲特

大连博菲特是经大连市科学技术局批准认定的一家高新技术企业。2000年博菲特推出文献管理集成系统V6.0版,后来分化的公司之一是大连网信软件有限公司,以图书馆软件为核心业务。2005年推出妙思文献管理集成系统V6.5版,以Windows或Unix/Linux平台上的大型专业数据库作为后台数据存储,使用面向对象的开发技术,支持Z39.50通信协议,支持校园一卡通。主要用户包括一些普通规模的高等院校图书馆、中小学图书馆等。

3. 常州春晖

春晖图书馆集成系统中小型版(2002神驹版、2005金鸡版、2012专业版)是由常州市中小学图书馆协会1995年开始主持开发的一套小型图书馆自动化系统,其软件系统部署大体上有两种模式:一种是以小型机为主的主体终端模式;一种是以微机多用户为主的客户端/服务器模式。前者对主机性能要求较高,因此一次投入建设成本较大;后者部署较易,扩展性较好。20世纪90年代,这款软件是江苏省内及周边条件较好的中小学使用较多的一款图书馆计算机管理软件。

第三节　中小学图书馆网络化建设

信息技术的发展给中小学图书馆带来了巨大的变革。随着计算机技术在中小学图书馆的应用,中小学图书馆部分业务工作从传统手工操作发展为自动化。网络技术的发展,使中小学图书馆的管理和服务从单机模式发展到网络化模式。而因特网的发展又使中小学图书馆走上资源共建共享的数字化和互联网模式,使图书馆成为中小学各类信息资源的集散中心。

一、中小学图书馆网络化的建设与发展

图书馆网络化已成为一个国家的图书馆事业发展水平的重要标志,网络化是实现图书馆信息化的重要环节。图书馆事业的发展必须重视网络化建设,图书馆网络化可以实现文献资源的远程化传递,提高馆藏文献的利用率及存取水平,真正实现资源共享。

中小学图书馆网络化的发展包含了三个发展阶段:

一是中小学图书馆集成管理系统的局域网建设。就是图书馆实现从手工管理到计算机网络化管理的阶段;一般由自动化管理软件提供商依据各个中小学具体情况,综合各学校的意见和要求,将服务器及各终端通过网线连接,通过网络设备设置形成一个图书馆内部局域网。师生读者进入图书馆才能利用馆藏的各种文献信息资源。

二是中小学图书馆通过校园网对外发布广域网的建设。就是图书馆通过互联网可以实现联机编目、馆际互借,突破时空限制为本校师生读者提供各类服务,整合网络信息资源等,使中小学师生都能共享网上教育资源,提高中小学的教育教学质量;教师可以通过网络接受旨在提高实施素质教育水平和能力的继续教育。

三是所有中小学的图书馆联结成一体,构建一个完全共享资源的图书馆网络体系。就是通过实行分布式管理,在整个网络上,采用统一的数据标准和通信协议,把所有中小学的数字资源形成一个"大而全"的整体系统,为基础教育提供全面良好的资源服务。

这是中小学图书馆信息化宏观发展的三个方向。网络化是信息化和信息资源共享的物质基础,也是中小学图书馆信息化发展的必由之路。中小学图书馆应结合我国国情建设属于自己的图书馆网络,结合本地区的实情来发展协作网络,建立起层次性的资源管理协调系统,制定各类信息资源的开发重点、布局方式,按照地区和各学校的学科特点,规划不同级别信息节点的资源建设工作,减少重复、提高效率。各市、区教育主管部门应在宏观调控中扮演重要角色。

二、中小学图书馆网站建设

随着计算机技术和网络技术的迅猛发展,传统的信息传播与交流的方式发生了巨大变化,各种文化信息之间加快了融合与互通的速度,这一方面给传统的图书馆行业带来了严峻的挑战,另一方面也提供了很好的发展机遇,基于此图书馆网站应运而出。网站的建设和发展极大地丰富了人们的生活,开辟了信息传播的新途径,扩大了图书馆服务的范围,也为广大图书馆读者提供了一条便捷获取图书馆资源的重要渠道,因此建立和完善图书馆网站也就成为中小学图书馆发展的一种必然趋势。

1. 中小学图书馆网站建设的意义

(1)中小学图书馆网站是中小学图书馆对外宣传的"商标"

每一个图书馆都有自己的特色,每一个图书馆都有自己的个性。在这个高度信息化的社会里,建立图书馆网站是最直接的宣传手段。网站的超时空特性,不仅能让学校内的学生、教师更好地了解和使用中小学图书馆,也可让社会了解和使用中小学图书馆。

(2)中小学图书馆网站是实现教育资源分配的桥梁

网络上有巨大的教育资源库,它集合社会的力量,使教育资源无限增长。这使得发达地区和欠发达地区,高投入学校和物质条件较差的学校在获取教育资源的权利上达成平等,使每一位教师和学生都能均等地得到培训和受教育的机会,不再受到学校水平、图书资料、教师能力的限制。不仅能极大地提高教学效率,而且能实现教育公平的社会理想。

(3)中小学图书馆网站能提供互动交流的新模式

图书馆网站的建设使得教师与图书馆、学生与图书馆、社会与图书馆之间的交流有了全新的方式,它不再受到传统建筑区位的制约。可以使不同区位、不同层次、不同年龄的读者同处一室,共同讨论,共享资源。地理的界限在网站上被模糊了,中小学图书馆网站真正成为没有围墙的学校。

(4)中小学图书馆网站能够提供个性化的学习平台

不同的学生理解世界的方式各不相同,认知世界也有诸多方式。通过图书馆网站提供的丰富资源可以使学生寻觅不同的学习方式,各取所需。学生将有机会享受最佳的教育机会,充分发掘自己的内在潜力,培植独特的个性和人格。

（5）中小学图书馆网站是最佳的教学研究室

中小学图书馆网站与教育类专门网站的有效链接，给学校教学研究带来了一片新天地，各种教学素材、多媒体课件、学生作品、教师心得等内容为教师教研、学生学习、师生交流提供了极佳的便利。有效地降低了教育成本，提高了教学效率。

2. 中小学图书馆网站的主要功能

中小学图书馆网站是中小学图书馆在网上的具体表现形式，是网络环境下中小学图书馆揭示馆藏信息资源的重要窗口，在现代化图书馆工作中起着十分重要的作用。作为中小学图书馆网站，它具有以下特点和功能：

（1）教育功能

中小学图书馆网站的教育功能主要体现在对师生读者进行有关知识的介绍和技能的指导上。比较常见的是将本馆的规章制度、有关设施的使用方法等项目置于主页上，对师生进行图书馆利用的教育，针对师生提出的问题，在网上予以解答。利用 HTML 语言具有的超链接、动态性和交互性等特点，在网站上进行的读者教育便可以达到不同于普通说教式教育的效果。还可以利用多媒体创作软件或多媒体演示软件编制一些信息技术和信息检索方法等为内容的多媒体课件，对师生进行图书馆基础知识的教育。这种内容和形式的教育对师生来说应该更具吸引力。

（2）检索功能

这是中小学图书馆网站的主要功能之一。中小学图书馆从开始引入计算机管理，在检索自动化这一模块上就应该有相当的重视，但在网站上仅有馆藏书目数据库检索还远远不能适应中小学师生读者的检索需求，图书馆还应在网上提供各种文献数据库检索、联合目录检索、优秀教案和课件检索等，使师生读者在办公室或者家里就能检索到各种文献信息。

（3）交流功能

中小学图书馆在网站上及时发布有关的消息、公告、通知，对于重要的事项还可用邮件形式直接发送到校内各年级组或教科室等职能部门及校领导的电子邮箱中，这是将图书馆的有关信息及时传递给师生读者的有效手段之一。同时，图书馆在网站上设立留言板和 E-mail 地址，师生读者在网上可随时对图书馆的服务提出要求、建议或意见，使图书馆员与读者之间的单独交流易于实现。

（4）导航功能

这是中小学图书馆网站的又一主要功能。因特网上的信息资源内容质量参差不齐，而师生读者通过搜索引擎检索出来的结果往往数量庞大，相关性比较低，常令人无所适从。为此，中小学图书馆有必要对网络信息资源进行认真的收集、评价和选择，为读者提供有益的帮助。有条件的中小学图书馆还可以针对某一学科主题选择高质量的网络资源，建立"虚拟图书馆"，也可以选择一些内容丰富、对本校师生读者有较高价值的站点，组成相关链接，节省读者在获取信息时所用的时间和精力。

（5）参考功能

网络上拥有丰富的参考信息资料，如传记资料、词典、百科全书等，中小学图书馆网站也可建立与它们的链接以及与百度、搜狗等网络搜索引擎的链接,还包括与其他图书馆OPAC(联机公共查询目录)的链接,与各种各样数据库的链接。通过这些链接,中小学图书馆可以构筑起庞大的参考源,随时随地解答读者提出的各方面咨询问题,增加服务的深度和广度,提升中小学图书馆服务的水平。

(6)研究功能

中小学图书馆网站包括各学科网上资源的专题书目、本馆资源的获取路径、免费期刊库的链接、网上数据库的链接等。这些资源有助于满足学校师生的研究学习需要,提高服务的专指性。随着网络信息资源的不断丰富,图书馆网站为教育教研服务的能力也将越来越强。特别是由于网上信息资源的动态性和新颖性,中小学图书馆网站正逐步在支持教学研究方面占据重要地位。

3. 中小学图书馆网页的设计

有些中小学已经将信息组(或电教组)和图书馆整合成立图文信息中心或类似机构,有足够的人力、物力投入中小学图书馆网页的制作和设计。除此之外,专业图书馆员应该在建设图书馆网页时处理好下面几项工作:架构图书馆网页制作的目标和内容,对各相关栏目进行必要的整体规划,对相关原始资料进行必要收集和整理,并在网页制作完成后进行必要的维护和更新等。而其他具体网页制作过程则可以委托本校或其他软件公司设计人员完成。

从目前各中小学图书馆网页制作来看,一般都包含以下三个部分的内容:

(1)图书馆介绍部分

图书馆介绍部分,可以设置以下几个栏目:"本馆概况"介绍本馆的历史、管理、组织机构、人员、馆藏、馆舍布局、借阅规章制度等内容;"图书馆要闻"介绍本馆或本市区其他图书馆的要闻简讯,和一些图书发行情况等;"读者往来"设置读者留言簿,对于读者意见或建议及时反馈;"网络课堂"向读者介绍科学文化知识及本馆信息查询软件的使用方法等;"联系方式"介绍本馆的邮编、电话、电子邮箱等,便于读者与图书馆建立联系。

(2)馆藏查询部分

馆藏查询部分是网络化图书馆信息检索服务的主要内容,可以设置以下几个栏目:"馆藏查询",提供根据著者、题名、主题词、条码号、ISBN号等进行馆藏书目检索的途径,或根据借书证号查询读者所借图书及借还日期等信息,或对某些新书作预约借阅登记等;"光盘数据库检索",提供光盘期刊或电子出版物等资料的检索功能;"国内外网上图书馆链接",主要提供国内外在教育方面比较知名的Web站点链接,使读者可以通过本馆主页直接访问,获取各类数据库信息;"Internet检索引擎链接",主要提供国内外知名网络搜索引擎网站的链接;"书刊园地",提供有关图书、报刊等资料的书评文章,推荐书目或新书通报等;"数字图书馆",提供学校数字图书馆操作平台的链接。

(3)拓展部分

大中城市的中学可以设置以下栏目:"电子杂志",方便师生复制利用相关内容;"大学导航",介绍一些国内外重点大学的专业设置、师资情况等;"学科资源库",为教师提供多媒体课件、试题库、教研论文等内容;"娱乐休闲",提供一些在线小游戏或视频点播等。

对于小学图书馆而言,网页制作以简单生动为主。站点结构设计一般采取等级结构的组织方式,站点的层次最好不超过 5 层。

三、中小学图书馆网络信息资源建设

为了对网上信息资源更好地采集、保存、组织和传播利用,出现了众多的网络信息服务机构。一类是具有商业性质的综合性门户网站和各具特色的搜索引擎服务站点;另一类是社会公益性质的虚拟图书馆和各类信息服务中心。这两大类信息服务机构普遍采用的信息资源组织建设方法有以下三种:

1. 搜索引擎

是为解决网上用户不断增长的文献信息需求和网上信息无序状态之间的矛盾而产生的。它通过网页搜索程序搜索 Web 服务器信息并进行标引,加入网页数据库中,对信息进行分类、整理,建立搜索引擎数据库。服务器端软件在接收到用户查询请求后,将用户提问与数据库记录相匹配,根据相关程度将查询结果提供给用户。搜索引擎是最能够体现网络信息特点的全新信息搜集、整序、重组、报道、存储的检索工具,显示了网络导航的作用。目前最常用的搜索引擎有百度等。

2. 主题指南

是一种可供检索和查询的等级式主题目录,把因特网上与某一或某些主题相关的节点进行集中,对信息加以标引、分类,设计主题树结构,以超文本链接的方式将不同学科、专业、行业和地区的信息按照分类或主题目录方式组织起来,向用户提供这些网络信息资源的分布情况。用户可通过逐级浏览,查找有关信息。目前,一般大型的网站普遍采用上述两种方式。

3. 元数据编目

利用搜索引擎或主题指南检索出来的结果存在以下问题:检索结果太多,未按相关性、重要性排序,有时同一资源还会重复出现,用户要使用相当长的时间进行信息筛选。如果网络信息资源也能像传统文献资源一样进行编目,通过一套描述格式来有效地描述所收藏的信息,提供目录检索,那将极大地提高用户的利用效率。于是用于描述网络信息资源的"元数据"应运而生。

元数据是"关于数据的数据"或"描述数据的数据",主要用于对网络信息资源进行有效的书目控制。一般来说,网络信息资源的编目模式分为两种:一种是完全由编目人员提供的有关网络信息源的书目描述数据,以书目机读目录格式(MARC)为主;另一种是通过信息提供者和信息资源管理维护人员等多种途径提供的,被称为非完全书目控制法,以"都柏林核心元数据集"(Dublin Core Metadata Element Set,DC)为主。

DC 是针对网络信息资源的特性而创建的,由 15 个基本元素组成,资源内容描述性元素有题名、主题、描述、来源、语种、关联、覆盖范围;知识产权描述类元素有创建者、出版者、其他责任者、权限;外部属性描述类元素有日期、类型、格式、标识符。由于它的简单、灵活、扩展、兼容和通用性,能够与其他元数据进行连接,较好地解决了网络信息资源的控制管理问题。

对于中小学图书馆员而言,对网上信息资源的建设主要是为师生读者提供这些搜索引擎及

专业信息服务网站的链接,能够让师生读者在利用网上信息资源时有所指向,或者通过购买相关网站的网络数据库提供给师生读者阅读和下载使用。

第四节　中小学图书馆数字化建设

20世纪90年代以来,图书馆的数字化已成为图书情报学界一个国际性热点论题,成为美国、英国和日本等发达国家图书馆高新技术应用的一个新领域。西方国家陆续启动了一些试验性或具有示范性的数字图书馆项目。2000年4月,由我国21个部委单位参加的"中国数字图书馆工程建设联席会议"第一次会议在中国国家图书馆召开,从而拉开了中国数字图书馆建设的序幕。对于数字图书馆的概念,理论界的说法很多,其中一种概括性的观念认为:数字图书馆并非一个实体机构,而是体现着一种新的基础设施和知识环境,是网络信息资源的新型模式。它是以统一的标准和规范为基础,将有价值的文本、声音和图像等多媒体信息资源数字化,在实施知识信息增值加工后,存储于分布式海量资源库群中,并以智能检索技术为手段,以电子商务为管理方式,通过广域高速网络向全世界的用户提供信息服务。

一、数字图书馆的基本特征

1. 信息资源数字化

信息资源的数字化是数字图书馆的基础,数字图书馆应具有一定规模的数字化信息资源。这是数字图书馆与传统图书馆的最大区别,因为数字图书馆的本质特征就是信息资源存储与传递的数字化。数字化的信息资源一般有三个方面的来源:传统图书馆馆藏的数字化、电子出版物和网络数字资源。

2. 信息传递网络化

信息传递网络化指的是数字信息资源的网络化存取及信息资源的组织方式为网状结构。在信息资源数字化的基础上,数字图书馆需要通过以网络为主的信息基础设施来实现,通过计算机网络,把分散在各地的网络资源有效地连接起来,使用户随时随地以多种方式获取所需的信息资源。

3. 信息利用共享化

对馆藏的利用将不受时空限制。由于观念、体制、条件和环境等因素的制约,在传统图书馆条件下,不可能实现真正意义上的资源共享。而数字图书馆在实现信息资源数字化和信息传递网络化之后,资源共享的深度和广度是传统图书馆所无法比拟的。人们可以借助网络,实现共享存储在世界各地的数字资源,包括机读目录、电子出版物及其他各种数字化资源。

4. 信息提供的知识化

与传统图书馆不同,数字图书馆将实现由文献提供向知识提供的转变。具有智能化、多媒体的基于全文的信息检索技术,和强大的信息和知识的收集、传播和发布功能。数字图书馆将图书、期刊、照片声像资料、数据库、Web网页、多媒体资料等各种信息载体与信息来源在知识单位的基础上有机地组织并连接起来,以动态分布方式为用户提供服务。随着数字图书馆信息加工的深度逐渐加大,不断向知识化、智能化方向发展,数字图书馆将会为读者创造一个良好的有利于知识产生和知识创新的信息空间。

二、中小学数字图书馆建设的意义及作用

1. 建设中小学数字图书馆的意义

建设与推行中小学数字图书馆对广大中小学校、教师和学生读者而言具有重大意义。

(1)中小学数字图书馆的建立能够盘活各种类型的教育教学资源

中小学建立数字图书馆,不仅可以有效管理校园网上原有的资源,充分实现资源共享,而且还可以解决目前中小学图书馆由于购书资金、场地不足等限制所造成的图书资源严重短缺的问题。可以相信,随着互联网的不断扩大和发展,世界各国的信息资源纷纷上网,将极大地丰富中小学数字图书馆的虚拟馆藏。

(2)中小学数字图书馆信息资源传输具有交互性

读者与读者之间、读者与建设者之间都可以进行互动交流,这是传统中小学图书馆所不具备的。中小学数字图书馆作为一个互动的平台,不仅提供了大量的多媒体互动课件,而且能够提供智能答疑、智能导航、可视网络教研等互动平台。

(3)中小学数字图书馆具有强大的检索功能

一般较专业的中小学数字图书馆都具有专业的网上搜索引擎,能够实时采集并索引网上教育资源,通过一个检索平台、一种检索软件,同时检索到所有数据库,所需知识即查即得。该检索平台会提供标题、作者、关键词、摘要、全文等各种检索途径,检索方便快捷,只要输入所找内容的关键词,就可以在图书馆的所有数据库里查询,从而获得大量所需信息。中小学数字图书馆拥有的信息检索功能,为师生开展新课程教学的专题搜寻与学习提供了强大的支持,教师不必再千辛万苦收集备课资料,从而可以有更多的时间进行创造性教学。学生也可以快速搜集到与课程背景有关的资料,畅游于知识的海洋中,更加有效地实现学习目的。

(4)中小学数字图书馆的信息资源应用快速便捷

中小学数字图书馆的信息资源具有存储虚拟化、传递网络化、存取自由化等特点,不是在一个孤立的计算机内,而是融入网络并通过网络实时传递,读者的计算机只要与网络连接,就可以随时随地从网络上存取信息资源。对读者来讲,一年 365 天,一天 24 小时,通过计算机,都可享受数字图书馆提供的多种服务,而且没有借阅数量的限制,非常便捷。由于数字图书馆超越了空间限制,可以直接检索到读者所需要的信息,不需要读者奔波于各信息服务机构之间,会节约大量的人力、财力、物力。作为一名学生,尤其是高中生,平时学习繁忙、自由支配的时间很少,紧张的学习生活使他们没有过多的时间去图书馆阅读图书、查阅资料。但为了提升自己,又必须要看、要学、要懂得更多的前沿学科知识。而当学校有了数字图书馆,这样的问题就能迎刃而解了。

2. 建设中小学数字图书馆的作用

中小学数字图书馆主要作用是辅助中小学新课程教育教学活动。一般中小学数字图书馆都应该拥有新课程教学所需的各种多媒体资源和期刊、报纸、论文、图书等文献资源,并具备完善的教学和数字化学习等功能,能够很好地帮助中小学校按照新课程教学的理念,在设计学习目标、设计教学课程和创新学生的学习方式等方面开展新课程的教学和学习。其作用表现在下面几个方面:

(1)设计学习目标

应当如何设计学习目标和课程?对同样的知识内容,不同的学习理念、不同的学习资源、不同的学习方式和过程会导致不同的学习效果;不同的学习目标可以通过相应的学习理念、资源、手段和过程来实现。数字图书馆拥有新课程教学所需的各种多媒体资源和期刊、报纸、图书等文献资源,教师和学生可以对数字图书馆的资源进行全面系统的了解和分析,制定具体可行的学习计划。

(2)设计教学课程

在学习目标确定之后,课程设计可以在教师和学生的互动过程中产生。一方面,教师通过数字图书馆可以在最短的时间内获取符合相应教学目标的素材,不仅获取了优质完备的教学资源,而且通过网络直接进行备课,大大缩短课程设计的时间。另一方面,教师可以把自己和学生自行设计的课程内容与学习程序建成数据库,供学生讨论和分享,存放于数字图书馆的内容可以方便地共享,从而使学生能够将统一的课程安排与个性化的课程安排很好地结合起来,达到共同学习和独立钻研的有机结合。北京市第十二中学的一位语文老师,他的教学科研在当地已小有名气。他在《CNKI 我的智慧库》一文中分享了他成名的一个重要因素,就是他经常使用某针对中小学开发的数字图书馆,为自己积累了大量教学方面的信息资源,这些资源又为其教学科研提供了坚实的基础。

(3)创新学习方式

就教与学关系而言,教师教育观念、教学方式的转变最终都要落实到学生学习方式的转变上。学生学习方式的转变具有极其重要的意义,这是因为学习方式的转变将会牵引出思维方式、生活方式甚至生存方式的转变。数字图书馆为新课程教学的学习方式提供了完善的功能。

1)自主学习

新的社会必将是一个由学习型组织所组成的学习型社会,每个社会成员接受终身教育,进行终身学习,是这个社会的基本特征。在没有老师指导的情况下,人们怎样才能既有效又便捷地进行自主学习呢?数字图书馆就是一个自主性学习的好向导,它为每个求知者提供了一套强有力的自主学习的工具。

数字图书馆平台一般都会设置多种途径的知识导航和检索入口,学习者可以通过导航和检索,找到适合自己学习所需要的资料。由于在数字图书馆中一般都对资源做了深度的标引,加上数字图书馆本身就应形成知识网络架构,这样就可以使学习者越过知识门类、知识层次和载体的不同所构成的障碍,直接从知识点切入,方便地找到自己所需要的知识。

数字图书馆平台提供的阅读器可以让阅读者在电子文本上做笔记、设标签、加批注,也可以把电子图书或其他文献中有用的部分或感兴趣的部分摘录、下载下来,或传送到自己的本地机上,组成专用的"个人数字图书馆",供今后的学习和查询使用。

如果学习者在学习过程中遇到了不明白的地方,数字图书馆平台的知识网络功能将会引导读者去查找有关的工具书或参考资料,或者让读者用平台的互动功能向有关专家或其他学习者求教;如果学习者在学习过程中对书上或其他文献上所写的内容或观点有不同的见解,或有自己独到的领会,他也可以通过学习平台发表自己的评论或与他人进行讨论。

如果学习者要对某些课程进行系统地学习,可以通过数字图书馆平台调用针对中小学学生开发的习题库,从中抽取习题进行在线练习,以检验自己的学习效果,并通过自动答疑系统获得必要的指导。

2)研究性学习

研究性学习不同于一般的基础性学习,它往往有很强的目的性和针对性,期望通过学习来探讨、研究或解决某个特定的问题。中小学数字图书馆拥有研究性学习平台,为新课程研究性学习提供了大量的专题资源和强大的管理功能,同时读者可以根据自己的教学特色,增加或删除研究课题或资源。另外,数字图书馆提供十分强大的信息检索功能,可以让学习者一览有关学科或课题的已有成果,厘清它的发展脉络,跟踪它的最新动态,同时通过调用数字图书馆的定题服务、查新服务、评价服务等功能,使学习、研究和应用做到有机结合,真正达到"学以致用"的目的。

三、中小学数字图书馆建设

随着现代信息技术的发展,中小学图书馆须对信息资源进行数字化加工和整合,并通过网络最大程度地为师生服务,开辟不受地域、时空限制的文化传播渠道。《中小学图书馆(室)规程》(2018 年版)第八条:"学校应根据发展目标,以师生需求为导向,统筹纸质资源、数字资源和其他载体资源,制定图书配备与其他馆藏文献信息建设发展规划。"第十三条:"图书馆应当重视数字资源建设,依托区域数字图书馆和信息资源中心获取数字图书和电子期刊等。地方教育行政部门要统筹推进区域数字图书馆和文献信息资源中心建设,促进优质数字资源共建共享。"

利用数字技术、网络、计算机等现代信息工具,丰富和拓展传统中小学图书馆的功能和作用是中小学图书馆发展的必然趋势,其重要性被图书馆界乃至教育界人士所广泛关注、认可和支持。

随着基础教育信息化的发展,国内已有越来越多的中小学校建起了校园网。在硬件和软件的基础建设完毕以后,以数字图书馆为代表的教育信息资源建设,便成了中小学"数字化校园"和信息化建设所面临的首要任务。

国内教育领域的专家认为,从 2003 年开始,"中小学数字图书馆"已经成为教育信息化新的热点,将进一步发展成为中小学未来的"信息资源中心"和"知识中心"。

中小学数字图书馆是一种以中小学为服务对象,遵循一定的技术规范,将特定信息资源采用分布式组织管理的图书馆。中小学数字图书馆包含一些基本特征:它是建立在计算机网络技术上的数据库信息系统,它的组织方式是网状分布的;采用海量数据的存储和管理技术;在检索模式上是以全文检索、多种媒介、多种语言为特征的;它的服务模式是以中小学读者为主,它有一个读者界面和参考咨询系统,教育信息为其特色资源。

中小学图书馆,作为基础教育的信息服务机构,有着自身的服务群体和知识层次特点。那么,作为中小学图书馆的管理和工作人员,在建设中小学数字图书馆的时候,应该更多地考虑自身学校的实际情况,分阶段、按步骤进行。

1. 整合学校信息组(电教组)和图书馆的关系

目前,除上海等少数地区的一些学校,如华东师范大学第二附属中学、上海市育才中学等将信息组和图书馆有机整合归并,统一管理外,一般中小学校有关多媒体及校园网的建设和图书馆的日常工作,都是分立为两个相互独立的部门,彼此间较少有紧密的协作和协调。随着信息网络化的不断发展,这两个部门应建立统一的信息资源中心。尤其是在建设中小学数字图书馆的初级阶段,更需要这两个部门加强合作。

(1)加强电子阅览室的建设及对电子图书、多媒体视频等非纸质信息资源的采集、整理工作

随着电子图书、电子期刊、全文数据库和网络电子出版物的大量出现,中小学图书馆应加强电子阅览室的建设,收集并保存那些尚未公开上网的数字化资源,向师生提供电子化的阅览服务,尤其在中小学学生研究性学习不断深入开展的今天,提供视频等多媒体电子阅览方式,更大程度地激发了学生研究课题的兴趣。从而使他们的学习过程不再仅局限于单调的语言文字的说教。以往信息组和图书馆都对电子出版物有独立的采购权,现在应趋于统一管理,避免资源的重复建设。

(2)在校园网上建立中小学图书馆网页

据了解,现在多数实现计算机管理的中小学的图书馆操作系统都属于校园网内的另一局域网,如何使本单位读者,在任何能上互联网的地方都能随意检索查询现有的图书馆资源(如借阅信息、馆藏情况、推荐书目等内容),需要学校图书馆与信息组之间的相互配合,建设好校园网上的图书馆网页。毕竟现在中小学图书馆还缺乏应用计算机方面的专业人才。

(3)将有价值的部分馆藏文献资料数字化

每个中小学图书馆都会有一定的特色馆藏,如何让更多的读者同时使用馆藏资源或实现校校之间的资源共享,主要的途径就是将它们数字化后放在学校的图书馆网页上。目前,南京一般有条件的中小学图书馆都配备了扫描仪等设备,加上电教组相关的电子设备,再装载相关的汉字图形等识别软件,因此有条件、分阶段地开展馆内部分馆藏的数字化工作。尤其是将各中小学学校内的一些教育信息资源,如校本课程、学科教案、电子教材、各类素材、考试试题、教研论文、各类教育统计数据等进行数字化处理,为师生适应信息技术和教育信息化提供可靠的文献资源参考。

2. 建设好中小学数字图书馆平台系统和数字图书馆资源库

数字图书馆运用现代电脑网络通信技术,所实现的仍然是传统图书馆所应具备的"藏以所用"的目的。它应当体现一种新的、更高层次上的服务模式,为了能够在一个图书馆网页下检索到所有实体和虚拟的馆藏资源,在建立中小学图书馆自身网页的同时,应在该页面下建立一个"数字图书馆"的链接,它所指向的就是中小学数字图书馆平台系统。而不应将其再建立成一个独立的网页。

一般情况,这种平台系统可以通过学校购买或者与软件公司合作开发来完成。各地区中小学在购买这类平台系统软件时,应选择那些面向中小学校开发的平台软件。其应具备持续后期服务、产品持续更新升级、平台使用培训等服务以及软件管理界面的简单易操作性。各地区技术装备主管部门可以为中小学校在购买平台软件时提供有选择的参考意见。

中小学图书馆资源库的建设,应该是目前中小学数字图书馆建设最重要的内容,在购买和使用数字资源库时,我们应该注意下面三方面的内容:

内容要新。内容应有针对性,适合师生对基础教育各方面的需求。当前,基础教育正值课程改革与素质教育深入实施阶段,新的课程标准、新的教材等都需要最新的教育教学图书作为参考。数字化图书馆资源传播迅速,理应在时效性方面更快一步,以满足师生的学习、研究和阅读等需求。

质量要高。一般来源于网络的数字化资源,其格式基本上是文字和图形两种,考虑到以后资源共享、跨库查询及适应全文检索的需要,数字化资源库应采用符合国际和国家数字资源库建设的相关标准和规范。作为从事与著作权有关学校图书馆管理工作的人员,还应增强数字版权方面的法律意识,在选购时注意其是否申明资源库内所包含的数字图书有合法的数字版权。

持续更新。中小学数字图书馆不是一次性的服务购买,必须满足最新图书的定期更新补充要求,更新是资源建设的延续工程,是资源的"服务"和再建设。只有保证了资源的持续更新,才能确保资源的及时性,才能最充分发挥数字图书馆在教学中的引导和辅助作用,才能使数字图书馆始终成为学校师生的阅读乐园。有些中小学数字图书馆开发公司一开始就采取了与国内许多家出版单位签约合作开发 ebook 等措施,确保数字图书馆资源库提供的资源常增常新。

还可以引导学生注册登录中国国家图书馆。中国国家数字图书馆①、国家教育资源公共服务平台②,国家中小学智慧教育平台③等网站进行在线课堂教育和课外阅读。了解更为广泛的网络数字资源,开阔自己的视野,体验跨时空、跨区域的学习乐趣,以及与不同的老师在线上自学的乐趣。

3.完善中小学智慧图书馆建设

由于网络技术的发展,信息的传递变得越来越方便,计算机技术、高密度存储技术、数据库技术、多媒体技术、数字技术、人工智能技术等将使中小学图书馆从自动化走向网络化、数字化、虚拟化。中小学图书馆的馆藏也将扩展为现实馆藏(拥有的信息资源)和虚拟馆藏(可获取的信息资源)两大部分。其工作内容将把信息资源的开发和利用作为重心,馆藏文献的数字化、网络信息资源的鉴别与收集、知识单元的提供、网络导航等将更加激发中小学图书馆的活力。其服务对象也将不仅面向到馆的师生读者,还包括有条件利用网络的各个终端读者。

中小学图书馆的未来协作网络必然有赖于目前各自独立存在和运行的中小学智慧图书馆的建设。

---

① "中国家图书馆·中国数字图书馆"网址为:http://www.nlc.cn/web/。

② "国家教育资源公共服务平台"网址为:https://www.eduyun.cn。

③ "国家中小学智慧教育平台"网址为:https://www.zxx.edu.cn。

四、中小学数字图书馆的应用

数字图书馆以丰富的资源、低廉的价格、现代化的技术帮助学校解决了教育资源缺乏和财力紧张的难题。但教育最终必须落实到学生的主动学习之上。因此,在各种形式的阅读中获取信息资料,这是学生学习与发展的主要途径。数字图书馆以其丰富的图书资源和多媒体教育资源,在现代中小学教育中逐渐展现出越来越重要的地位,并具有广泛的应用范围。

1. 作为学校校园网上的教育资源核心

丰富的数字图书作为中小学图书馆藏书的补充,扩大了学校的藏书量,将大量图书以光盘或硬盘形式储存、节约空间、方便查询,大大提高了图书的利用率,而且检索方便,管理简单,不会破损、丢失,师生还可以对其中自己感兴趣的文献做个性化的批注、标识、圈画等,并保存在自己的收藏夹,以备随时翻阅。丰富的多媒体教育资源对教师的教学参考与自我进修提高都会有很大帮助。尤其值得一提的是,一般每个地区对示范性中小学图书馆的馆藏类工具书都有种类要求,而有些纸质工具书价格不菲,占用书架空间也大,检索不便,并且流通率非常低(如《牛津大辞典》等),如果数字图书包含这类工具书,将为学校节约大量的人力、财力、物力。

2. 作为学校电子阅览室的信息资源

中小学师生读者可以在电子阅览室里通过电脑终端访问数字图书馆,通过校园网络来查询、阅读数字化教育资源。数字图书馆为学校信息化建设和开展信息技术教育提供了丰富的文献资源保障。

3. 作为教师电子备课室的资料中心

中小学开展信息技术教育,教师传统的备课方式有所改变,教师也常以制作多媒体课件的方式进行备课。数字图书馆提供了可供下载复制的大量的电子素材。教师也可以直接应用数字图书馆提供的教学内容进行备课。

4. 作为中小学校教育信息化的助推器

随着中小学校校园网络建设的深入展开,其"路"的建设已经初具规模,目前学校普遍缺少丰富的数字化教育资源,也就是"车"的建设势在必行。结合校园网络开展信息技术教育,需要数字化图书来支持学校的电子阅览室,需要多媒体教育资源来满足教师的电子备课、学习、参考、教学,需要丰富的教育资源来满足学生的课外阅读和涉猎各个学科知识的需要,也需有优秀的教育软件,才能使学生在潜移默化中接受信息技术教育,理解信息技术教育。

五、中小学电子阅览室的建设与服务

我国的中小学图书馆自动化经过这几年的快速发展,一般图书馆都建立了本馆自动化系统,在东部沿海较为发达的地区,随着计算机、多媒体、现代通信等技术的迅猛发展,图书馆正面临着从自动化图书馆向数字化图书馆迈进的选择。而电子阅览室被认为是图书馆信息化一个重要组成部分。电子阅览室不仅将图书馆向读者提供的文献由印刷型改变成机读型(数字化),更重要的是它借助于日新月异的网络技术、多媒体、现代通信等技术,开拓了更为广阔的服务领域,革新了传统图书馆的服务手段。顺应时代和技术发展的要求,中小学图书馆电子阅览室建设已经成为21世纪中小学校的建设热点。

所谓电子阅览室,是指利用多媒体计算机、通信、网络设备为读者提供利用多媒体电子型文献的场所。这种多媒体文献包括光盘文献数据库、网络数据库等。因此多媒体电子阅览室是集电子型文献、印刷型文献及检索、阅览、服务于一体的,以光盘服务器、网络服务器和工作站为支持的,以远程网络检索系统为中心向外扩展的网络环境下的多功能、现代化的阅览室。

电子阅览室首先应是一个独立的局域网,同时也是校园网络中的一个重要组成部分,又是读者冲上国际互联网网络高速公路的一个起点。它不同于电子教室、多媒体教室等其他教育所用的计算机教室。一个好的电子阅览室应当使用方便、系统稳定可靠、投资合理。

1. 电子阅览室的自然环境建设

参照江苏省中小学教育技术装备标准的相关内容,计算机设备的运作对环境有一定的要求,因此在电子阅览室的设计上应注意以下几点:

电子阅览室宜设在楼房的中、上层,不宜设在地下或顶层。接地电阻≤4Ω,接入楼体接地系统的接地电阻≤1Ω,所有计算机联网,并与校园网相连。

尽量选择宽敞、通风条件好、灰尘少、安静的位置,室内的光线要充足,且不宜有强烈的阳光直射,室内光线要借助照明系统,保证阅览室的照明达标;保持电子阅览室的干燥,阴暗潮湿的地点对设备会产生腐蚀作用,室内要安装空调;保证电子阅览室远离强磁、辐射物,以免影响网络的正常通信;要加强整个阅览室的防盗。电子阅览室的合理布置可以提高工作效率和设备利用率,便于加强管理。

座位:每座使用面积不少于1.9平方米,有管理制度、供学生阅读的资料以及固定的开放时间。

环境:自然光及辅助照明,台面的平均照度不低于200lx,书写黑、白板宜设局部照明,垂直的平均照度不低于200lx,台面无阳光直射,宜安装窗帘,室内无眩光;室内环境噪声应低于50分贝;温度以不高于30℃为宜,电子阅览室须安装空调,温度适宜。

数字资源:要定期备份,计算机网络应具有良好的防雷设施,远离强电磁场辐射和强腐蚀性的物体,有防病毒措施。

2. 电子阅览室的硬件建设

电子阅览室的建设,在考虑它的功能实现的同时,更要考虑它的硬件设施,因为硬件设施是其功能得以实现的物理基础,硬件设施的好坏、过关与否,直接影响到今后电子阅览室作用的发挥。首先电子阅览室是图书馆自动化系统的一个组成部分,其设备需求主要包括服务器、学生用终端电脑及网络设备等。对于服务器,应根据图书馆的业务量选择足够支撑业务应用的服务器;电脑配置视具体情况而定,应能满足国家方面的标准配置要求,每台电脑需配备声卡、耳机、麦克风;网络设备主要包括交换机、防火墙、上网行为管理、机柜、配线架、网卡、网线、接头、投影仪等,其中网卡应与交换机相适应,机柜根据设备数量选择相应大小的服务器,最低配网线应采用六类非屏蔽双绞线。

江苏省中小学教育技术装备标准相关设备配置要求见表4-2。

表4-2 江苏省中小学教育技术装备标准相关设备配置

名称	规格与参考型号	单位	数量	备注
计算机	主流配置	台	根据需要	选一种方案
	按"一拖多"架构配置虚拟终端机	套	虚拟终端数根据需要	
空调	柜机,能够在环境温度为35℃时使室内温度不高于26℃,冷/热两用	台	根据面积自定	
稳压器	高可靠性	台	1	在电网电压不稳定的地区配用

目前,中小学图书馆电子阅览逐渐多样化,以使用较多的移动终端墨水屏阅读器为例,它是一款专门用于阅读数字化形式书籍的硬件设备,带有朗读录音以及聆听有声读物等功能,具备舒适的阅读体验、超长续航、海量储存、便捷性等优点。

3.电子阅览室的软件环境

电子阅览室的软件环境由电脑端的操作系统、读者常用软件以及服务器端的管理系统组成。电脑端的操作系统应选择主流操作系统,应用软件应根据用户需求的实际情况安装常用的学习、娱乐、资料阅览等相关软件,并且根据读者在使用过程中动态发展的需求,持续更新电脑终端的工具软件。电子阅览室的管理系统应以提供电子阅览室管理信息化解决方案为导向,解决上网学生管理、资源管理、网络监控等问题。动态、实时、高效地管理监控图书馆电子阅览室的人、财、物(数字资源、设备等)。

以移动终端墨水屏阅读器为例,其一般内置了完善的分级阅读软件,即一款可以服务国内K12阶段学生的分级阅读应用软件,致力于激发学生的阅读兴趣以及帮助老师管理学生的阅读情况,通过让阅读成为一种习惯,从而提高学生的阅读能力。

其学生端可以根据书籍的难易程度,紧密结合学生的真实阅读能力,为学生智能匹配合适的书籍,让学生科学阅读,提高学生阅读兴趣。突破传统阅读习惯,融入科学阅读方法,涉及作业、朗读、笔记、阅读测试、社区分享、发现、活动、排行榜等多场景运用,全面提升阅读体验。可以精准检测出学生自身的阅读能力和兴趣标签,激励学生阅读、助力阅读习惯养成。

其教师端可以让教师利用智能化终端,紧密结合中小学课程,对各学科的知识点进行详细的梳理,以知识点为主线、找到海量教学素材,使教学备课、管理学生阅读更加简捷方便。更能实时掌控学生阅读情况、随时发布作业、公告,还可以灵活调整教学手段,调取教学资源,接收学生的信息反馈等。

其后台管理端可以让学校通过云数据分析系统,随时查阅、有效掌握每个班级学生的阅读情况,老师的阅读教学情况,并可快捷发布阅读活动。大数据系统自动收集、分析阅读行为轨迹并生成多维度阅读报告推送至管理平台。通过科学的精准数据分析为之后教学管理方针的制定提供数据依据,全方位助力学校建构校本化、信息化的管理模式。

4.电子阅览室的服务

电子阅览室是学校图书馆的重要组成部分,是为学校教育、教学和科研服务的部门,结合电子阅览室服务特色及目前电子阅览室的使用情况看,现阶段中学图书馆电子阅览室的主要功能可以概括为以下几部分。

检索和阅览电子文献。大力开展光盘及网上数据库检索工作,为读者提供多种检索工具,帮助读者更好地利用文献信息资源。这些信息资源主要是指数字化光盘、多媒体软件、课件、机读数据库和网络信息资源,或是将传统图书馆中的图书资料数字化(通过扫描或存储为图片和文字),其中既有一次文献,也包括二次文献和三次文献等。例如《人民日报》(电子版)、清华大学《期刊光盘检索数据库》、《复印报刊资料专题全文数据光盘》、《北大附中远程教育网:系列课件》,或是各馆利用 ASP(动态、服务器页面)网页技术开发的馆内网络资源库等,这些均是为中学教育服务的优良而充实的数字化信息资源。

访问 Internet 网络。网络时代的到来,上网冲浪已成为人们不可或缺的选择。电子阅览室通过优质的网络服务,方便读者浏览网站、在线视听、收发电子邮件,并从中获取大量信息资料,使读者在短时间内获得更多的信息与知识,提高学习、教育、教学与科研的能力和效率。电子阅览室真正成为学生的第二课堂、教师科研的重要阵地。

开展多媒体的娱乐服务。电子阅览室为读者提供电子读物、CD、VCD 影视名片等在内的多媒体资料,通过在线阅读、视频点播等手段为读者提供多媒体的娱乐技术服务,读者通过计算机多媒体技术进行阅读和欣赏音乐、电影、动画等,获得多种感官享受,从而获得更多的乐趣和精神享受,促进中学生的健康成长。

为教师提供集体教学和实习基地。在教育网络环境下,可以最大程度地发挥学生的主动性、积极性,学生可以查询和访问分布在世界各地的多种信息源,对查找的信息资料进行分析、加工(排序、重组或变换)和存储;学生可以和教师或其他同学直接通信(进行咨询、辅导、讨论和交流);学生也可以和教师或其他同学共享或共同操纵某个软件或文档资料的内容等。电子阅览室能为读者提供图文音像并茂的、丰富多彩的人机交互式界面,可以激发学生浓厚的学习兴趣,而教师进行网络环境下教育、教学新模式的探索也成为可能。

六、中小学智慧图书馆建设

21 世纪,以智能化、数字化为先导的计算机、网络通信技术迅速发展,而网络作为一种工具已深深融入大众的日常工作和生活。伴随着智能化、数字化和网络化建设的推进,数字图书馆向智慧图书馆转型发展,应该成为当今中小学图书馆需要解决的一项重大应用研究课题。

关于智慧图书馆的概念,国内学者从不同研究方向,给出不同的定义。严栋是国内较早给智慧图书馆定义的学者,他认为智慧图书馆就是以一种更智慧的方法,通过利用新一代信息技术来改变读者和图书馆系统信息资源相互交互的方式,以便提高交互的明确性、灵活性和响应速度,从而实现智慧化服务和管理的图书馆模式。韩丽认为智慧图书馆是指通过物联网等智能感知技术,为读者提供智慧化服务和管理的一种数字图书馆的高级发展形态。

综合国内学者观点,智慧图书馆包含三个方面的特点。

1. 智慧图书馆具有便利性

便利性体现在基于全面立体感知构建的无线泛在环境,任何读者在任何地点都能通过任意方式获取所需要的知识信息,并进行相应的信息互联,使图书馆服务成为随身、随处、随时、随意的服务。从而真正实现了以人为本,以读者为中心,一切从读者的角度出发来提供服务。

据工信部统计,截至 2020 年 11 月末,3 家基础电信企业的移动电话读者总数达 16 亿户,其中 4G 用户数为 12.89 亿户。截至 2021 年底,我国已建成 142.5 万个 5G 基站,基站总量占全球 60% 以上,5G 用户数达到 3.55 亿户。全国超 300 个城市启动千兆光纤宽带网络建设,千兆光纤宽带网络用户规模达 3456 万户。农村和城市实现"同网同速"。移动互联网已深入包括图书馆服务在内的电子商务、媒体传播、信息服务、生活娱乐等几乎所有社会生活领域。通过无线城市的建设,读者通过手机和多媒体信息载体实现时时可读、处处可读、人人可读的学习休闲环境。通过信息技术整合,一些公共馆(如上海图书馆、南京图书馆、重庆图书馆等)的手机图书馆,以及一些大学图书馆都已实现同一阅览空间的数字阅读、电子传输、数字文本下载等一体化服务方案,实现读者更自由、方便、快捷以及更泛在地利用图书馆。

随着时代的发展,图书馆的服务理念正不断发生深刻变革,从以管理为中心到以服务为中心,从以前的被动服务到现在提倡主动服务,从重视资源建设和馆藏建设到服务与建设并重,从提供固化的、程式化的服务到提供专业的、个性化的服务。可以明显看到,智慧图书馆关于读者个性化服务的意识有了质的飞跃,而现代技术的发展为此提供了更可靠的支撑。

2. 智慧图书馆具有互联性

互联性是指通过全面感知、立体互联和深度协同,将智能技术渗透融入图书馆服务管理的各个领域、各个业务、各个流程和各个细节,实现图书馆科学发展的创新转型。

全面感知是信息感知的全覆盖,把单本文献的信息和读者、馆员的个体信息连成一片,将碎片化的信息串联成互联化的信息,从而实现智能联接。

立体互联包括图书馆物理空间的互联,以及网络与网络之间,馆与馆之间,图书馆员之间,读者之间,跨行业、跨部门、跨地区甚至跨国界之间的互联。这些主体的立体互联使得图书馆成为一个有机融合的整体,保证图书馆服务的深度和质量。

互联的图书馆需要有信息共享的基础和环境,突破体制和机制的障碍,实现信息互联共享基础上的深度协同。例如,在各图书馆之间可以建立个人诚信信息系统,各个图书馆读者的诚信记录可以实现同城联网,全省乃至全国联网,这就需要在信息技术的支持下创建图书馆诚信协同机制,并逐步建立起图书馆读者诚信网。

3. 智慧图书馆具有高效性

高效性是指将智慧管理融入图书馆的一线服务与二线保障,秉持节约资源、友好环境的可持续发展理念,在书书相联、书人相联、人人相联的基础上为读者节约时间,方便快捷地处理馆务,提升整合集群后的规模效应,实现图书馆发展中各项资源的效益最大化、效率最高化、效能最优化。

智慧图书馆就是要管理高效。如促进设备设施的高效使用,提高馆员的工作效率,提高图书馆整体的创新能力。高效的管理就是要提高图书馆反应的即时性和适时性,使图书馆在面临动态发展的情况下能够做到迅速判断并快速反应。在智能技术的帮助下做到图书馆应急管理中的第一时间发现、第一时间处置、第一时间解决、第一时间公布，提升图书馆管理效率。

智慧图书馆就是要服务高效。一方面体现在馆员根据读者的服务需求，通过现代化的技术手段，提供最符合要求的信息资源，必要时，还要根据读者深层次的需求提供更专业的服务。另一方面体现在图书馆要形成一个集群，利用整体的力量来满足读者个性化的服务需求。

智慧图书馆就是要优化资源配置。图书馆资源优化配置的核心就是图书馆的绿色发展，而节能低碳环保又是图书馆绿色发展的核心。这就需要读者与馆员转变阅读与工作方式，从身边点滴小事做起。比如，对读者倡导文献的数字网络保存与传递方式以减少复印用纸，使用感应电梯、感应用水、节能照明等方法来节约能源。

如今，在国家教育行业信息化的政策背景下，智慧校园图书馆的建设水平已成为衡量学校办学能力和教学水平的重要标准之一。中小学校图书馆在教育信息化中扮演着越来越重要的角色，是中小学阅读、教学的信息服务中心，同时也是学校对外交流的窗口。有效的智慧图书馆建设能够在馆舍条件、管理体制、服务能效、阅读教育等方面进一步完善，使中小学图书馆发挥应有的职能，更好地为教育提供服务。

智慧校园图书馆由三个层面构成：基础物质层面、技术层面、服务层面。基础物质层面是智慧馆舍建设，技术层面是图书馆信息化建设，服务层面是阅读能力建设。三个层面互为支持，共同支撑智慧图书馆这座大厦。

智慧馆舍是建设智慧图书馆的硬件基础，中小学图书馆在进行馆舍建设时，应充分考虑自身办馆理念，合理地进行规划，使之更好地融入校园建设，适应学校未来的发展。根据师生的不同需要设立不同的功能区，如读书交流区、讲座报告区、学习空间、视听空间、电子阅读空间等。

图书馆信息化建设是利用数字化、网络化、智能化技术建设网上图书馆，并与校园网相连，师生可通过网上图书馆在任何时间以各种挖掘分析和智能自助设备为核心，进行借阅数量的分析、时间分析、借阅流动分析、读者占比分析、馆藏分类分析、图书排行分析、到馆人数分析等。

阅读能力建设是通过阅读轨迹了解学生阅读需求，结合学校实际和个性化需求，定制精准服务，培养学生自主学习的习惯，提高学生的信息素养。同时促进校园阅读教研活动，改善阅读活动指导的现状，将阅读活动与教育紧密结合。

智慧校园图书馆的外在特征是"泛在阅读"，即在图书馆建设时打破封闭的空间局限，将走廊、过道等区域空间合理利用，配置一定设备设施，如电子阅读屏、图书自助借还柜等，使这些区域空间成为校园课外阅读体系中前端分支。实现"学校即一座图书馆，图书馆即一所学校"的校园文化形态。从图书馆的藏书方式与阅读场景建造上，打造"泛校园、分布式"模式，实现"校园处处有图书，校园处处可读书"的图书馆空间形态。

为学校打造阅读型综合场馆，先要基于学校现有场地和实际需求进行综合分析，探讨未来图书馆的发展方向，选择合理的功能模块进行整体规划。通过对学校图书馆建设实际情况的诊断分析，从图书馆空间规划、服务体系、学习场景规划、设计风格、学校特色等方面统筹实现阅读型综合场馆，让学生能在优雅、恬静、整洁的环境中，吸收浓郁的文化气息，陶冶心灵，汲取智慧，饱读诗书。

目前,针对中小学校常见的几款智慧图书馆管理云平台有:江苏南京的"斯丹美图书馆管理平台"、江苏常州的"春晖云图智慧图书馆中央管理平台"以及江苏南京的"共创中小学图书馆公共服务管理平台"等。这些智慧图书馆管理平台都有着类似的特点,它们打破传统中小学图书馆封闭且各自为政的管理模式,将一定区域范围内中小学校的纸质图书、纸质期刊、数字图书的管理集中在一个工作平台上,动态实现区域内纸质图书、纸质期刊、数字图书的联合采购、联机编目、查询检索、在线阅读、下载借阅、馆际互借等;通过专业的门户建设,创建了集通知公告、业内动态、图情世界、图书推介、读书活动、资源导航等栏目的一个开放、协作、互动、实时、高效"云"模式下的新型中小学图书馆公共服务管理网络。此类平台通过整合各馆的文献资源、智力资源和人力资源,充分发挥文献资源助教、助学、助研的优势,为广大师生提供专业、优质、高效的文献信息服务,提高中小学图书馆管理水平。此类平台最主要的功能是为辖区内各级教育主管部门和各中小学图书馆提供管理服务,包括工作布置、业务管理、信息交流、图书借阅管理与统计分析等;同时也为辖区内中小学师生提供阅读服务,包括电子资源阅读、个人数据统计分析、在线交流与共享等。

以在南京市较为普遍使用的斯丹美软件为例,其在提供上述功能之外,能够根据教育主管部门和学校读者的实际需要,在查询统计中增加了"图书清查"栏,对存量图书进行必要的筛查工作,将不适宜学生的部分图书,或转库入教师库,或剔旧,或删除。在导航菜单栏中增加了"图书征订"栏,为中小学图书馆装备图书进行分类管理,上传各装备图书中标企业经公示的图书目录清单,供中小学校老师及图书管理员进行在线统一目录采购。软件此类功能的扩展,充分体现智慧图书馆的"智慧"二字的含义。

这种云管理平台实现了区域学校图书馆间的共建、共享、共创。尤为突出的是,有些较为发达地区的中小学图书馆已经开始从图书馆资源创新、服务创新、技术创新等多方面尝试为师生提供更方便快捷的服务。

以广州大学附属中学图书馆(以下简称"广大附中图书馆")服务为例,梳理与剖析出其在构建新常态下的中学图书馆服务创新模型,对其他学校智慧图书馆的建设具有参考价值。

在资源创新方面,广大附中图书馆以"品质阅读活动"为途径提高馆藏采购质量,既"阅书"又"阅人","阅书"指在图书馆开设品质阅读专架,由学科教师与馆员遴选图书,并定期(每月两次)更新书架30%图书;"阅人"指将知名作家、学者引入校园,以讲座、读书会、报告会等形式与校内读者进行面对面的沟通交流。在阅读环境方面,将之前的旧桌木凳更换为较为舒适的沙发。添加内部装饰,摆放绿色植物,覆盖Wi-Fi,添加温馨提示等,营造良好的阅读环境,吸引读者前来阅读。同时把校本资源库建设成一个开放共享、动态更新、与课程改革同步,并面向全体师生的综合性资源库。

在服务创新方面,广大附中图书馆以"悦读·服务"为馆训。"悦读"指依托馆内及互联网资源开展阅读推广工作,倡导悦读,提升、成就自我;"服务"指为读者提供细心、周到的全方位信息资源服务。图书馆与学校工会合作,一起组建"悦读会",倡导不同学科教师跨界阅读,每月开展一至二次阅读活动。图书馆与学科备课组深度合作,在主管教学的校长领导下,开展基于"翻转课堂"模式的学科移动阅读指导课程建设。

在技术创新方面,广大附中图书馆深度发展掌上阅读,2020年"广附图书馆"认证"广大附中图书馆"微信公众号,运用平台开展阅读推送、互动交流、整合业务等服务。

学习与思考:

1. 中小学图书馆信息化包括哪几方面的内容?

2. 中小学图书馆自动化概念是什么?它有哪些功能?

3. 中小学图书馆网站的主要功能有哪些?

4. 数字图书馆概念和基本特征是什么?

5. 中小学数字图书馆的应用体现在哪几个方面?

6. 中小学智慧图书馆的特点有哪些?

7. 你对中小学图书馆信息化建设有什么创造性的建议和设想?

推荐书目:

1. 岳剑波.信息管理基础[M].北京:清华大学出版社,1999.

2. ARMS W Y.数字图书馆概论[M].施史伯乐,等译.北京:电子工业出版社,2001.

3. 毕强,杨文祥.网络信息资源开发与利用[M].北京:科学出版社,2002.

4. 沈固朝.网络信息检索:工具·方法·实践[M].北京:高等教育出版社,2004.

5. 李广建,黄永文.网络竞争情报源[M].北京:华夏出版社,2001.

6. 付立宏,袁琳.图书馆管理教程[M].武汉:武汉大学出版社,2005.

7. 陈森,叶升阳.如何使用大学图书馆[M].北京:北京图书馆出版社,2004.

8. 中国图书馆学会.21世纪图书馆:发展与变革[M].北京:北京图书馆出版社,2000.

参考文献:

1. 吴慰慈.图书馆学基础[M].北京:高等教育出版社,2004.

2. 秦建宁,苗喜德.图书馆现代技术应用教程[M].成都:西南交通大学出版社,2003.

3. 吴建中.21世纪图书馆新论[M].2版.上海:上海科学技术文献出版社,2003.

4. 徐建华.现代图书馆管理[M].天津:南开大学出版社,2003.

5. 徐克谦.网络环境下高校图书馆的建设与服务[M].北京:人民教育出版社,2002.

6. 朱江岭,等.虚拟图书馆与网上信息检索[M].北京:海洋出版社,2005.

7. 张怀涛,索传军.网络环境与图书馆信息资源[M].郑州:郑州大学出版社,2002.

8. 董焱.21世纪图书馆的主体形态——数字图书馆[J].图书馆杂志,2000(2):10-12.

9. 陈能华.图书馆信息化建设[M].北京:高等教育出版社,2004.

10. 李培.数字图书馆原理及应用[M].北京:高等教育出版社,2004.

11. 王富.学校图书馆导论[M].北京:现代教育出版社,2021.

12. 陶功美.智慧图书馆建设及新兴技术的应用研究[M].长春:吉林人民出版社,2021.

13. 高岩,景玉枝,等.智慧图书馆信息化建设理论与实践[M].北京:科学出版社,2020.

第五章　中小学图书馆文献资源建设

本章导读:

　　文献资源建设对于中小学图书馆事业的发展,就像血液对于生命一样重要。图书馆所收藏的文献资料数量庞大,载体多样,既有传统的印刷型文献,又有非印刷型文献;学科内容门类众多,既包括社会科学,又包括自然科学。但是,展现在读者面前的图书馆文献却不是杂乱无章的,而是一个整齐排列、有条理、有系统、有内在联系的知识体系。图书馆目录对于读者就像通往知识殿堂的桥梁,就像开启知识宝库的金钥匙。文献资源编目是中小学图书馆工作的重要内容,它可以帮助读者在浩如烟海的书籍中快速查找到自己所需要的图书。

　　通过本章的学习,您将了解到:

- 文献资源建设的相关知识
- 文献资源建设的原则与标准
- 文献资源分类的相关知识
- 文献资源分类标引的规则和方法
- 中小学图书馆在文献资源分类中的若干问题
- 文献资源编目的相关知识
- 普通图书的著录规则与方法
- 期刊、录音及影像资料、电子资源的著录规则与方法

第一节　文献资源建设概述

　　中小学图书馆的文献资源,是为学校教育、教学服务的物质基础,是学校办学的基本条件之一。中小学图书馆的文献资源建设,是中小学图书馆的基础工作,其基本任务是通过对文献资源的收集、整理、组织、保管、存取和传递工作,向广大师生提供其所需要的信息。文献资源建设工作的好坏,决定了中小学图书馆馆藏信息的质量,并直接影响到图书馆其他工作的开展。随着信息时代的到来,知识经济的崛起,尤其是互联网的迅速普及、数字化技术的管理应用和数字图书馆的迅猛发展,文献资源建设的实践发生了重大变化。

一、文献资源的概念与种类

1. 文献资源概念

（1）文献、资源

　　中小学图书馆的文献资源是图书馆所收集的一切出版物和相关知识载体的总和,它是中小学图书馆为教育教学服务的物质基础,是中小学图书馆开展各项工作的前提和条件。

文献的概念,中国国家标准《文献著录总则》(GB 3792.1—83)将其定义为"记录有知识的一切载体",《辞海》及《文献情报术语国际标准》所作的定义也大致相同。《文献情报术语国际标准》对文献的定义:"文献是在存贮、检索、利用或传递记录信息过程中,可作为一个单元处理的,在载体内、载体上或依附载体而存贮有信息或数据的载体"。

资源的概念,就其字面的含义,《辞海》(第六版)解释为"生产资料或生活资源的来源"。就其引申含义,可理解为对人类社会有价值的物质财富和精神财富的源泉。物质财富是自然的、天生的,不断地生长、开发、再生长、再开发;精神财富是社会的、人造的,不断地创造、利用,再创造、再利用。

综上所述,文献资源是相对于天然资源的一种社会智力资源,是物化了的知识财富,是人们迄今为止收集积累贮存下来的文献资料的总和。这种资源具有再生性、积累性、可建性、冗余性、共享性和价值潜在性等特点。

(2)中小学图书馆的文献资源

中小学图书馆的馆藏文献资源是一个集合概念,是指图书馆收集、整理、保存并为读者利用的所有信息资源。简言之,它是图书馆所收集的一切出版物和相关知识载体的总和,是经过人们选择、组织和加工处理的有序化的各种媒介信息的集合。它既包括图书、报刊等印刷型文献,也包括声、光、电、磁等非印刷型文献。也就是说,馆藏文献资源不但包括印刷型文献资源,还应该包括网络型、数据库型等非印刷型文献资源。

中小学图书馆的文献资源是由不同学科内容、层次水平和载体类型的文献构成的高度组织化的综合性信息资源体系。它主要由基础文献资源、重点文献资源和一般文献资源三部分构成。

基础文献资源是指中小学图书馆为配合学校完成教育部教学大纲要求的教育教学和科研任务,满足学校的主流读者群体的需要所必须配备的文献信息资源。它通常由学校所设置的各个学科领域的核心信息资源构成,是中小学图书馆馆藏信息资源的主体。

重点文献资源是指中小学图书馆为支持学校教育教学和科研所设置的重点任务和特色学科以及综合技术课程、研究性学习、社会实践等,而配置的专门文献信息。

一般文献资源是指中小学图书馆为满足学校全体师生中一般读者有关学习提高、文化娱乐等方面的需要而配置的各种文献信息资源,比如科普、文艺方面的文献等。图书馆对于这些文献资源也要注重收藏。

2. 文献资源种类

(1)现代文献资源的类型

文献资源种类繁多,根据不同的标准可将文献资源分为不同的类型。按载体类型可分为书写型、印刷型、缩微型、视听型、电子文献;按出版类型分可分为图书、期刊、会议文献、科技报告、政府出版物、专利文献、技术标准、产品资料、学位论文、技术档案;按文献内容的加工深度和内容性质可划分为一次文献、二次文献、三次文献。下面介绍一下中小学图书馆常见的文献资源类型。

1)印刷型文献资源

印刷型文献资源是指通过石印、油印、胶印、复印等印刷形式,将知识信息内容记录在纸质载体上的一种文献形式。它已有悠久的历史,目前仍然是占主导地位的知识信息载体形式。它的突出优点是便于阅读,可直接任意翻阅,可在任何场合下并且不需要借助任何设备进行阅读。缺点是相对其他信息载体来说,体积大,信息存贮密度低,收藏占用空间大;受自然条件和纸张自身限制,难以长期保存;难以实现信息自动化和高速度传递。

按照出版形式,中小学图书馆印刷型文献主要有以下类型。

A. 图书

狭义的图书,是指以纸张为载体材料,记录与传播知识、具有完整装帧形式的非连续出版物。图书的历史悠久,流传广泛,数量庞大,使用方便,是迄今为止最主要的文献资源。

按照使用的目的,可将图书划分为两类:一类是供阅读的著作,包括专著、译著、教材、资料汇编、少儿读物等;另一类是供参考的工具书,包括书目、索引、文摘、指南、百科全书、手册、年鉴、字典、词典等。按照出版方式,又可将图书划分为单本书、多卷书、丛书等类型。

B. 连续出版物

连续出版物是一种具有统一名称、固定版式、统一开本、连续编号,汇集多位著者的多篇著述,定期或不定期编辑发行的出版物。《国际标准书目著录(连续出版物用)》[ISBD(S)]将"杂志、报纸、年刊(年鉴、行名录等)、各种机构的报告丛刊和会志、会议录丛刊以及单行本的丛书"等归入连续出版物。其中,期刊(杂志)和报纸是连续出版物中的主要类型。

期刊的特点是:内容广泛,知识新颖;出版周期短,传递信息快。由于这些特点,期刊已成为当今传播信息、交流思想最重要的平面媒体之一。期刊按其内容性质和使用对象,可以划分为政论性期刊、学术性期刊、工艺技术性期刊、文学艺术期刊、通俗性期刊、检索性期刊、资料性期刊、报道性期刊等类型。

报纸是出版周期最短的定期连续出版物。它以最快的速度报道世界各地发生的最新事件和科学技术方面的最新成果。与期刊相比,它的内容更加广泛、时效性更强、出版量更大、发行更快、读者面更广,是各种信息的主要传播渠道之一。报纸具有报道、宣传、评论、教育、参考、咨询等多种社会职能。按照出版周期,可以将报纸划分为日报(包括早报、晚报)、双日报、三日报、周报、旬报等不同类型。按照内容范围,可划分为综合性报纸、专业性报纸,或者全国性报纸、地方性报纸等类型。

2)视听型文献资源

视听型文献资源主要指视听资料,又称声像文献。它是以电磁材料为载体,以电磁波为信息符号,将声音、文字及图像记录下来的一种动态型文献。它的特点是动静交替、声情并茂、形象逼真,可以提高人们对信息知识的理解、吸收和记忆能力。

3)电子文献资源

电子文献资源,是指以电子化的形式,将文字、图像、声音、动画等多种形式的信息存储在光、磁等非纸质载体中,以光信号、电信号的形式传输,并通过计算机和其他外部设备再现出来的信息资源。随着计算机网络的发展,电子化文献资源又可进一步区分为网络文献资源和单机文献资源。

除了按照上述方法划分文献资源的类型外,还可以按照文献资源加工的程度,将文献资源划分为一次文献资源、二次文献资源和三次文献资源。

一次文献资源是指著作者最初发表的原始文献,是作者根据自己的科研成果而发表的原始创作。一次文献资源包括专著、期刊论文、会议论文、专利文献、统计报表等,是文献资源的基本类型。判断一次信息资源的标准不是载体形态,而是内容。

二次文献资源是在对大量分散的原始文献信息进行收集整理、内容浓缩的基础上,按照一定体例组织而成的可供检索的一种信息资源,如书目、索引、文摘等,它是引导和使用一次文献资源时必不可少的工具。

三次文献资源是指通过利用二次文献资源对一次文献资源进行系统分析、综合研究、评述而加工生成的文献资源。三次文献资源具有系统性、综合性、知识性和概括性等特点。如综述、述评、专题研究报告、百科全书、年鉴、手册、指南等都是三次文献资源。

二、文献资源建设的概念

20 世纪 80 年代以前,图书馆把文献资源的收集、组织与管理过程称为"图书馆藏书建设"。20 世纪 90 年代以后,图书馆赖以提供的资源基础,已不局限于馆藏的物质形态文献,各种电子化或数字化的信息迅速涌入图书馆。文献资源建设所关注的不再局限于图书馆"拥有"的实体馆藏,这是因为在网络环境中,读者获取信息不一定依赖实体的馆藏。文献资源建设已经注意到文献保障体系的建设和资源共享问题,但只有在网络环境中,借助于先进的信息生产、存储与传递技术,才能最大程度地实现信息资源共建、共知和共享,建立一个无比丰富的文献资源保障体系。正是由于上述原因,人们认识到,文献资源建设势必要突破原来的概念和理论框架,加以丰富和发展,于是文献资源建设理论便应运而生。

所谓文献资源建设,就是人类对处于无序状态的各种媒介信息进行选择、采集、组织和开发,使之形成可被利用的文献资源体系的全过程。

第二节 文献资源建设的原则与标准

随着科学技术的飞速发展,各个知识领域的科学成果大量产生,记录这些科学成果的文献资源的数量越来越多,增长速度越来越快。中小学图书馆需要在浩如烟海的文献资源中,根据图书馆所面对的读者对象,有针对性地选取符合学校教育教学科研工作要求的文献资源;通过加工和整理,使原来混乱无序的文献资源,变成有组织、有系统、有特色的中小学图书馆文献资源体系,最大程度地发挥文献资源的使用价值。

一、文献资源建设的原则

中小学图书馆的文献资源建设原则,主要有以下几点。

1. 实用性原则

中小学图书馆,要从实际使用需要出发,规划、搜集、选择、整序、组织和管理文献资源,以最大程度地满足社会的信息需要,这是文献资源建设的基本原则。

2. 系统性原则

中小学图书馆在文献资源建设中要特别注意信息资源系统与环境(如读者需求系统、信息生产与供应系统)的联系。注重科学知识的系统性、信息资源自身的连续性、读者需求的系统性、保存和传递的系统性。

3. 特色化原则

中小学图书馆必须根据本馆的性质、任务和读者对象的需要,建设能满足特殊服务任务和特定读者需要的信息资源体系。在网络环境下,当中小学图书馆的馆藏转化为文献数据库并提供网上信息服务时,其他学校的图书馆再把相同的资源进行数字化加工是没有意义的,而只有各中小学图书馆拥有的信息资源各具特色,互不雷同,那么这时每个学校从网络获取的资源才是丰富的和真正有价值的。

4. 共建共享原则

中小学图书馆与其他信息机构之间,建立广泛的合作关系,通过科学规划、分工协作、共同建设、相互提供利用,从而建立相互联系、相互依存的文献资源保障体系。

二、文献资源建设的标准

文献资源的选择标准,主要是根据中小学图书馆的任务和读者类型,来确定信息资源选择的内容性质、水平程度、形式特征与复本标准。

1. 实用性标准

实用性标准的总体要求是选择的馆藏文献资源要适合中小学教育、教学和教学研究的需要。由于文献资源主要是为教师和学生所利用,所以还得适合他们的需求。①学生读物,主要用于学生课外阅读。读物内容要具有教育性、知识性、可读性、趣味性。②教师用书,主要用于教师的教学参考、教学研究和进修学习。其内容应具有科学性、知识性、专业性和资料性,有利于教师进行教学与研究工作,以及更新观念、充实与拓宽知识。

2. 普及性标准

中小学图书馆的读者是学生和教师,尤以学生为主,小学生读物以初级普及性基础入门读物为主,中学兼收中级水平程度的读物;教师用书,以中级水平程度的著作为主,兼收高级水平著作。也可以按适合读者对象划分,如学生读物:小学是儿童读物,初中是少年读物,高中是青年读物。这种按各学段划分读物对象,可以满足多数学生的需求。但是为满足各学段两头学生阅读需求和部分阅读理解水平较高学生的需求,还要适当选收下一学段可读的读物,兼顾部分学生的特殊需求。教师用书是属于成人用书。

3. 优秀性标准

优秀性标准是指学校图书馆在选择馆藏文献资源时要考虑文献的内容是否具有科学价值、现实价值和参考价值。文献的科学价值是指学术观点正确、内容新颖、见解独特、事实材料准确等。现实价值是指文献的知识内容与当前的实际情况、读者的学习和研究需要相适应的程度,与现实使用相结合的程度等,如优秀的、能反映现实的文艺作品、适合未成年人的思想道德教育读物等。参考价值是指文献对中小学教育、教学和教学研究是否有现实的、长远的使用价值。

从文献的内容来讲,要特别重视选择优秀读物。

图书馆的数字文献资源也可参照以上标准进行选购和下载,自制的馆藏虚拟资源的内容、字号也要符合不同层次读者的需求。

4.藏书分类比例

合理确定中小学图书馆(室)藏书分类比例,是馆藏建设的需要。

教育部在《中小学图书馆(室)规程》(2018 年版)中,对中小学图书馆的藏书分类比例作了以下的规定,见表 5-1。

表 5-1 中小学图书馆(室)藏书分类比例表

部　类			分类比例	
五大部类	22 个基本部类		小学	中学
第一大类	A 马克思主义、列宁主义、毛泽东思想、邓小平理论		1.50%	2%
第二大类	B 哲学、宗教		1.50%	2%
第三大类	C 社会科学总论		64%	54%
	D 政治、法律			
	E 军事			
	F 经济			
	G	文化、科学		
		教育		
		体育		
	H 语言文学			
	I 文学			
	J 艺术			
	K 历史、地理			
第四大类	N 自然科学总论		28%	38%
	O 数理科学和化学			
	P 天文学、地球科学			
	Q 生物科学			
	R 医药、卫生			
	S 农业科学			
	T 工业技术			
	U 交通运输			
	V 航空、航天			
	X 环境科学、劳动保护科学			
第五大类	Z 综合性图书		5%	4%

5. 复本标准

复本是泛指内容与形式完全相同的重复本。例如,同一种书,多于一本时,第一本称为正本,其余各册均称复本。

学生读物。一所学校不论在校学生有多少,其学生的阅读水平都属于一定学段和年级,所以要根据学段和年级分别确定复本量。首先,学段读物是适合某一学段学生阅读的读物。每一学段具有学生人数多、程度不一、需求多等方面的特点,故要种多册少,每种3—5册。其次,年级读物是适合某一年级学生的读物,针对性强,故要种多册少。年级读物又分为两种情况:①基本读物(配合新课程改革的课外读物),是根据学生的年级,选择的中外名著、公认的优秀著作和其他各类文献读物。年级基本读物作为学生必读或精读的读物应有50种左右。各年级都有指定的学生读物,随着学生年级递升而依次阅读,各学年不读重种书,使学生课外阅读系统化(基础读物一般放置于学生阅览室,供学生阅读课或开放时间阅读)。②一般读物作为学生选读或略读的图书,每种2—5本。

教师用书。教师人数少,但阅读范围广泛,故要种多册少。教学参考书,每种2—4册;研究与进修用书,每种1—3册。

工具书、文集、全集等类图书,如是教师用的,每种1—2册;如是师生共用的,每种2—3册。

三、文献资源的采访与登记

文献资源的采访包括印刷型文献和数字文献资源的采访。

1. 印刷型文献的采访

印刷型文献的采访是中小学图书馆文献资源建设中的重要组成部分,也是中小学图书馆最重要的基础性工作之一。中小学图书馆有关印刷型文献资源建设的主要类型是图书和期刊,这两类文献在采访中有不同的选择标准、采集方法。

(1)图书采访

图书著作按内容性质和使用对象又可分为政府文件汇编、科学专著与论文集、生产技术专著、科普与通俗读物、文学艺术著作、教材与教科书、参考工具书、少儿读物等。

图书的选择标准主要包括:图书的内容范围、图书的内容质量、图书的读者对象、图书的责任者、图书的出版者与出版记录、图书的价格、图书的印刷质量等。在采访过程中必须明确藏书复本的配置问题。它包括:确定复本量的主要依据,如在校学生数、图书借阅制度、图书的有效期、图书的类型与价格、图书馆的复制能力及其他因素等;确定藏书复本量的方法,如经验模式法、数学方法等。

图书采访工作的组织包括:采访工作计划的制定、聘请学科老师参与图书选择、组织包含各年级学生和图书管理员的采购队伍等。图书采访人员的素质要求包括:思想素质、知识结构、业务能力等。

(2)期刊采访

期刊采访是图书馆根据中小学的性质、任务及学生需求特点,通过调查、征求以及索取等手段,运用多种方法,有计划、有针对性地选择、收集期刊文献以补充馆藏的过程。期刊采访是文献采访的重要组成部分,但由于期刊从内容到形式都与图书有不同的特点,特别是社会信息化的发展,给期刊采访工作带来了更为深刻的影响。

新的信息环境对期刊采访的影响,如印刷型期刊价格持续上涨、电子期刊大量涌现、开放存取期刊异军突起、期刊信息需求发生变化,以及网络环境促进了期刊信息资源的共建共享,也大大增加了期刊采访的难度。

期刊采访的标准主要包括:学生的需求、期刊的使用频率和被引用率、期刊的价格及其竞品、其他途径的可获得性、期刊的可检索性等。

当然,印刷型文献的获取途径还包括文献的交换与赠送,这也是中小学图书馆文献信息扩充和丰富馆藏、节约经费和获取难得资料的有效途径。

2. 数字文献资源的采访

数字文献资源与印刷型文献资源共同构成了中小学图书馆文献资源体系。随着信息技术的迅速发展和网络环境的日臻完善,数字文献资源不仅在数量上所占的比重越来越大,而且在中小学图书馆所提供的服务中日益发挥着印刷型文献资源难以比拟的作用。

(1)电子出版物的采访

电子出版物是指以数字代码为存储方式,以电、磁、光介质为媒体形态,以多种符号形式(图文声像)记录信息内容,以数字代码方式将图文声像等信息编辑加工后存储在磁、光、电介质上,通过计算机或者具有类似功能的设备读取使用,用以表达思想、普及知识和积累文化,并可复制发行的大众传播媒体。电子出版物主要包括普通电子出版物和网络电子出版物两大类。

电子出版物的类型按照不同的标准主要包括:按电子出版物载体形态划分有软磁盘、只读光盘、交互式光盘、照片光盘、集成电路卡;按电子出版物的内容形式划分有全文型电子出版物、二次文献型电子出版物、多媒体电子出版物;按电子出版物的源文献类型划分有汇编型、原著型、检索型、电子型。采访过程中应注意对资源的选择和评估,如收录的信息源、时效性、检索功能与易用性、电子出版物的价格等。此外,应重视电子出版物的使用和推广以及组织机构和工作流程的设置等。

(2)数据库建设

数据库建设主要包括书目数据库建设和特色数据库建设。书目数据库是指根据主题存储各类文献资料的书目信息,以二次文献的形式报道文献的数据库。它以简略的形式向师生报道文献的信息,提供查找、获取文献的线索。书目数据库信息量大、信息密度高、文献范围广、数据的连续性和累积性强,是师生快速查找文献的有效工具。它的建库模式有自建数据库、套用标准源数据、套录与自建相结合、联机编目合作建库等。

特色数据库是指依托馆藏信息资源,针对师生的信息需求,对某一学科或某一专题有利用价值的信息进行收集、分析、评价、处理、存储,并按照一定标准和规范将其数字化,以满足师生个性化需求的信息资源库。主要的特点是独特性、全面性、标准化。

(3)网络资源建设

网络环境下的"馆藏",不仅包括以某种实体形式存在于图书馆内的现实馆藏,而且包括了数据存在于图书馆之外的其他地方的虚拟馆藏。

网络资源建设的主要内容包括:文献资源、辅助检索类信息、一般性信息。图书馆一是要对印刷型文献进行数字化处理,将其转化为网络资源,二是在互联网上搜寻、收集、分类、整理信息资源,建立虚拟信息库。网络资源建设的主要方法就是要加强各类型网络数据库建设,重视虚拟资源库建设。

网络信息资源的选择是指对大量的原始信息以及经过加工的信息材料进行筛选和判别,有效地排除其他不需要的信息,选取中小学教育教学教科研所需的信息。坚持特、精、全、省的资源搜集原则:"特"即要搜集具有特色的网络资源,"精"即要搜集来源可靠、内容先进、背景明确、发布规范的精品资源,"全"即要保证搜集目标的完整性,"省"即要尽可能地利用免费资源。网络信息资源的组织方式主要包括:搜索引擎信息组织方式、学科导航方式、分类法方式、主题法方式。

3. 文献资源的补充

(1)文献资源补充的维度

1)文献资源补充的数量与质量

中小学图书馆文献资源数量的统计,应当包括信息总量和信息增长量。它们的发展程度,取决于信息增长速度。文献资源的质量是就文献资料的内容、实用性、效益而言的。综合评价信息资源质量,必须从内容、构成、使用三个方面全面衡量,才具有完整的意义。

一般说来,在文献资源建设实践中,片面追求数量,忽视质量的现象比较普遍。在进行文献资源补充的过程中,未经严格筛选,好坏搭配、滥竽充数,入藏后又未进行复查和剔除,因而文献资源质量不高。为了改变重数量轻质量的倾向,首先要强调质量,在保证质量的基础上,控制数量的增长,满足学校教师和学生对馆藏文献资源质量和数量两方面的需求。通过建立最佳藏书结构,确定核心信息资源,控制信息资源数量,提高信息资源质量,建立科学的馆藏文献资源体系。

2)文献资源补充的重点对象与一般对象

重点文献资源就是指中小学图书馆根据各个学校的社会任务和服务对象的需要所选配的某些学科、专业或专题范围内系统完整的信息资源。重点文献资源是学校馆藏的核心部分和主题部分,反映信息资源的个性,代表学校文献资源的发展方向。

一般文献资源是指学校馆藏范围内重点文献资源以外的所有信息,它包括教师和学生中的一般读者学习提高所用的基础文献信息,普通参考文献信息,业余阅读欣赏的文艺文献信息和通俗科普读物类信息,综合性、边缘性文献资料信息,以及其他相关学科的文献资料信息,等等。它用于满足广大教师和学生多方面的需要。

重点文献资源与一般文献资源都是学校馆藏建设的必要构成部分。以教育教学理论和教学参考书籍、学生课外读物、各科工具书以及与学校办学特色和培养对象相适应的图书为收藏重点,应予以重点保证。总的来说,它们各自相对独立,向着一定的方向发展。但具体说来,许多信息资源具有双重作用。因此,重点文献资源与一般文献资源之间的关系,是相互依存、相互补充的关系,是基础和提高的关系,是主干和分支的关系,失去一方,就会影响另一方。所以,根据这些错综复杂的关系、变化发展的因素,在突出重点文献资源的同时,必须重视一般文献资源的建设发展。

3）文献资源补充的品种与复本

文献资源品种多指不同内容信息资源的种数，包括内容完全不同、基本不同、局部不同的文献资源。一种内容的书构成一个品种文献，不同内容的文献信息构成不同品种的文献。在这个意义上，文献资源品种是就内容而言的。

文献信息复本，泛指两本（盘）以上，内容和形式完全相同的重复文献。

品种和复本，都属于数量范畴，都是可数的因素，但两者的数量性质不同，前者表现不同内容的数量，后者表现相同内容的重复数量。品种数量称种数，复本数量称册数、本数或件数，它们都作为中小学图书馆馆藏文献的统计单位。教师用书和学生用书的比例宜在1∶4左右，应品种丰富，复本适量。重点藏书的复本数5册左右，一般藏书、工具书1—2册。

选择文献信息品种，确定复本数量，取决于学校教师和学生的具体需要和图书馆的经费条件。这反映了文献资源品种与复本数量多样化的特点，文献资源品种与复本的比重关系，即多与少的关系，同时存在着四种形式：种多册少、种少册多、种多册多、种少册少。图书馆有限的经费与教师和学生的多种需求之间，存在着一定的差距，处理和调整好品种与复本的关系，涉及许多方面的问题。如当前需求和长远需求，重点读者需要和一般读者需要，共同需要与特殊需要，满足读者需要与保证藏书质量，等等。这些都必须权衡轻重，分析利弊，全面合理解决。同样，印刷型文献资源与数字型文献资源的关系，应该在稳定印刷型文献资源数量的基础上，逐步增加数字资源。

4）印刷型文献与数字化文献

由于印刷型文献和数字化文献各有长短，因而在中小学馆藏文献资源的建设过程中，会出现印刷型与数字化文献的重复问题，如期刊文献、中外名著、中小学生的必读书目等。但是在中小学校数字化环境中，数字化文献除了小部分仅有数字化版本外，大多数都是数字化版本和印刷型版本同时存在，或者数字化版本是已有的印刷型文献经过数字化加工而来的，这种并存的情况是合理的。只是在文献的采访过程中要根据经费进行适度的采购。

5）合作馆藏与特色馆藏

在数字化、网络化的时代背景下，合作共享是中小学图书馆求得生存和发展的必然选择。通过协调合作和特色馆藏的建立，中小学图书馆在文献资源建设中可以达到三个目的：一是节省文献资源建设经费，各图书馆可以用有限的经费，集中建设以本校教学资料为中心的特色文献资源库，而不必"大而全""小而全"。二是提高文献资源的利用率和经济效益，通过各个中小学图书馆的信息资源协调采购，可使一馆的文献资源收藏更有重点，利用本区域内的校与校之间统筹规划，实现文献资源合理配置，充分发挥信息资源的作用。三是可以加强文献资源的特色化建设，只有将各自拥有特色资源的中小学图书馆连接起来，建立文献资源网络，才能形成完善的文献资源体系，为满足学生和教师的多层次、多形式、多方面的信息需求提供条件。

（2）制定文献资源补充计划

文献资源的补充计划分为三种。

长远规划。它是3年、5年或更长时间的远景规划。它规划在一定时间内中小学图书馆文献资源发展的总方向,分年分批,按照需要的主次缓急程度完成学校图书馆文献资源建设的总任务。

近期计划,也叫短期计划。它是为完成中小学图书馆在某一专题或者长远规划中某一补充规划或者是正常工作中补充各类信息资源而制定的补充计划。一般有一年、半年或一季(或按学年为单位)计划。它比长远规划更为具体,其中包括补充中小学图书馆各类文献资源的数量与所需金额等。

采集和编制计划。一般为一月或半月。它是综合读者所需文献资源和馆藏的变化而制定的。

(3)合理划分图书经费

怎样划分采集经费才算合理,得从师生用书的不同特点加以分析。建议一般新建学校或者藏书基础薄弱的图书馆,师生购书经费按1:2规划。当然,各校的文献资源收藏基础不同,其他方面条件也不一样,应从各校实际出发,合理划分本校的文献资源经费使用比例,将信息资源补充工作做好。

4.馆藏文献资源补充的基本方法

中小学图书馆是为提高中小学的教学质量而设置的,它是学校的重要组成部分。中小学图书馆的文献采集主要侧重于学习参考书、有益于青少年身心健康发展的科普读物、自学丛书以及适合青少年阅读的政治、文艺书刊等。中小学图书馆文献资源补充的方法是多种多样的,归纳起来基本上有两种:一种是购入方式补充,一种是非购入方式补充。

(1)购入方式补充

包括直接采购、预订、邮购、网上订购、复制等方法。

● 直接采购。即到书店、书市或售书单位直接去采购,这是目前中小学图书馆补充文献资源的主要方式。这种方法简单易行,可以直接见到文献,便于鉴别文献内容,决定取舍,也有利于多卷书的配套,急需文献或最新文献的采购。

● 预订。根据书目或学校发来的订单,向书店或有关单位预订。

● 邮购。就是通过函件购书。根据广告或者书目,向设有邮购部门的书店或售书单位付款购书。

● 网上订购。即通过网络为图书馆选订所需的文献资源。通过网络选择所需的文献资源,征订结束后去指定的结算中心付款。也可以下载订单,填好后发邮件到指定的邮箱或打电话通知对方。

● 复制。即采用复印等方法获得复制品。这是补充稀缺文献资源的一种方法,它能及时解决读者所需,尤其是教师在教学与科研中急需的文献资源。

(2)非购入方式补充

它是通过免费或少量经费获得文献资源的方式,主要包括接受捐赠与调拨、征集、交换与自制。其中,捐赠与调拨是藏书补充的辅助方式,应注意所接受文献资源的质量和适用性。

● 捐赠:接受单位或个人捐赠给图书馆的文献资源。

● 调拨:在有关单位的指导下,或在图书馆协作机构的组织下,有计划地将一些单位的文献资源无偿地调拨给图书馆。许多省市教育主管部门为了解决农村中小学文献资源短缺的问题,出资由省市教育行政主管部门统一给农村中小学配备教育教学资源。

- 征集:主要是对非正式出版单位出版的内部文献资源,采用主动发函或上门访求的办法进行收集。

- 交换:图书馆与有关单位之间,或图书馆之间,利用自己编辑的资料或多余信息资源,与其他单位进行交换的方式,如各学校之间进行的教学参考材料以及教学试卷的交换。

- 自制:图书馆根据学校的学科设置和教育教学科研的需要,由本馆、学科负责人及部门领导将网上的相关文献资源进行选择加工、分类编辑,作为图书馆虚拟馆藏资源的补充。

5. 文献资源的验收与登记

(1)验收

选购的文献资源入馆后,第一道工序就是验收工作。它的作用在于:①保证文献信息到馆后的数量和质量,②保证册数及内容、价格一致。通过验收,如发现数量不足与文献内容的质量不高等问题,应及时通知对方,给予弥补。

验收的方法分为两种情况:一种是自购、选购或上级调拨配备的图书。验收人员用发票或清单核对拆包书刊,查清单价、种数、册数、总金额,根据发票与调拨单上的金额和册数以及书名进行核对,判断是否相符;再检查印刷型资料和非印刷型资料的外形有无倒、残、缺页和污损,即损坏的情况。如果发现有上述情况,应及时填写在验收单的备注栏内,并通知供应方调整或更换(更换完成后在验收单的备注栏内说明处理结果);核对完毕后,在发票和清单上以及验收单上注明验收责任人,到财务报销,进行书款结算。另一种是有关单位和私人赠送的图书。如果没有赠书清单或函件,得另外出具证明文件,注明图书书名、作者、出版社、出版年、定价、册数、总金额等,作为验证凭证。

验收的过程,要将验收合格的文献在目录清单上做出相应的标记,如打钩进行确认,有问题或还没有验收的就不用做标记了,以示区别。

验收全部结束后,验收人需填写验收清单,验收单一式三份。一份验收人留存,一份交会计室登入固定财产账,一份交馆长留作图书馆档案资料。

(2)总括登记

总括登记工作,是中小学图书馆重要的基础性工作。搞好总括登记工作不仅能完整地保护学校信息资源和揭示馆藏,而且与图书馆其他业务工作,如清点、统计等工作有很大关系。

总括登记也叫"总登录"。包括收进、注销、总结三部分,将这三部分统一集中登记在总括登记簿或计算机管理软件的总括单编辑模块中去,具体登记办法如下:

1)收进总括登记

手工进行总括单登记的是根据入藏文献信息所附带的文据(即验收清单)进行一次性登记,按照批次的先后顺序每批一行。登记分作二步:第一步,先按验收凭证,将登记日期、批号、名称(即文献的材质)、文献来源、凭证号、总册数和总金额逐项登记;第二步,待这批文献分类完毕后,再将分入各类的数字填写在相应项目栏内。

- 日期:写实际登记文献的日期。

- 批号:按年起号,每年均从 1 号开始,每批一号,依次编号。
- 名称:即指文献的材质。有图书、音像制品、合订本期刊等。
- 文献来源:有自购、调拨、赠送、交换等情况。来源按实际情况填写。
- 凭证号:有发票和支票的一般填写发票号码;调拨的文献一般填写调拨单的号码;赠送或交换的文献一般填写学校自拟的自然顺序号。
- 总册数:按照验收清单的实际数字填写。
- 总价格:码洋和实洋都必须写清楚,书写的顺序是码洋在前、实洋在后。
- 各类总册数:根据分编后的册数填写。

使用计算机管理的学校图书馆,在采购模块中选择总括单编辑项进行逐项登记。

2)注销总登记

根据"图书注销登记簿"上的注销项目按册进行登记,于每年年终一次性按类统计注销的总册数和总价格,用红墨水笔一次登记在总括登记簿上的今年注销量栏目中。

使用计算机管理的学校图书馆,在编目模块中选择注销明细项按照指定时间段进行查核。

3)统计

以年为统计单位。每年年终作一次性汇总。

汇总的办法:馆藏本年实存 = 上年实存 + 本年收进 − 本年注销。从中反映出:本年收进藏书总种册数、总金额是多少;本年注销藏书总种册数、总金额是多少;图书馆的实际馆藏、总金额是多少。

手工操作的需要在"图书总括登记"的本年收进所在页的最末一行的馆藏总量栏目中填写(注销一项用红墨水笔标示)统计结果;使用计算机管理的学校图书馆,在馆藏分析模块中选择概况进行统计,并按年统计打印存档。

(3)加工

到馆的文献经过验收、总括登记后,就要对其进行加工。首先是盖馆藏章(即藏书章)。藏书章是一个图书馆所藏文献所有权的标识,一本书、一张光盘或图书馆的其他文献资源,有了藏书章就标示着它已是图书馆的专有财产。图章要盖得端正、鲜亮。馆藏章最好是长 5 厘米,宽 1.5 厘米的长方形图书章,或者是圆形、椭圆形图章。图书共盖三个章,图书的翻口一个章(骑缝章),另外还有明章和暗章。如果是纸质图书,明章盖在书名页,暗章盖在本馆规定的页数即可,一般盖在指定页的左上角;如果是纸质期刊,明章盖在封面右上角,暗章一般盖在目录页的右下角。对于非印刷型的文献资料,可以直接贴上有学校和图书馆名称的条形码予以确认。盖章完成以后,接下来就是要对这些文献进行贴条形码的加工。一般说来,条形码应贴在图书的书名页中下方处(即在出版社的上方),期刊的条形码贴在目录页的右下方处,光盘的条形码贴在盒子的右上角,条形码上不仅有条码标示符,还可以附加上学校名称。张贴时要端正、平整。总之,馆藏章和条形码应该在同一个页面上,形成二位一体。分类完成后进行书标的加工,书标的加工方式有横贴式和竖贴式,可以选择从书脊的底部往上贴,也可以距书脊底 3 厘米再贴,只要保持馆藏文献书标张贴前后一致就可以了,实行计算机打印书标的则是在文献分类编目完成以后再进行书标的打印和张贴。

（4）个别登记

文献在完成了验收、总括登记和加工以后，接着就要进行文献的个别登记工作。个别登记也叫"个别登录"。手工的个别登记是按总括登记的先后批次顺序，将每一批的文献按每册一行、逐项填写的方式一次性登入个别登记簿上，它可以清查每一种文献的进馆时间、价格及注销日期和原因等。

使用计算机管理的中小学图书馆，其文献个别登录则是在文献全部编目完成后，在总括单明细表中依据批次进行查询。

（5）注销登记

注销登记是指馆藏的某些信息资源，由于长期流通借阅，有的损坏，有的遗失，有的需要赔偿；或者因内容陈旧以及各种原因需要剔除。所需剔除的这些文献都要办理一定的手续并经领导审批。

手工注销是将需要赔偿的文献先进行赔偿申请登记，然后依据赔偿的文据按时间的先后顺序逐册逐项进行登记，按年汇总。并将已注销的文献分别根据文据的编号在总括登记单的馆藏总量栏目反映，以及在个别登记簿的对应栏目中注销。

（6）文献登记制度

中小学图书馆文献信息验收与登记是一项既细致又复杂的工作，目的是为保证文献信息收藏的完整，更好地发挥信息资源的作用，因此，要强调以下几点：①凡是必须验收和登记的信息资源，都应该及时进行验收和登记，不得拖延积压。②文献信息的验收和登记工作的统计和记载要全面完整。③验收信息资源的文据和注销的凭证要符合规定，并且妥善保管。④总括登记与个别登记要相互联系，相互反映，方便检查文献信息的动态。⑤记录信息资源的验收与登记工作的册簿和统计资料，应妥善保管。⑥图书馆信息资源的登记是财产登记，应受学校会计的监督，其所有馆藏信息资源的种册数与金额应与会计账上的固定财产一致。⑦文献资源的验收和登记要准确无误，书写工整，不得潦草，更不得有涂改的现象。⑧使用计算机管理的图书馆应每年或按学年统计相应的数据，并打印后装订成册，作为图书馆的文字档案长期保存。

四、馆藏文献资源的组织管理

1. 馆藏文献的布局与排列

馆藏文献的布局与排列是中小学图书馆文献组织整理的核心内容，关系到整个中小学图书馆文献资源体系的运行体制。随着图书馆规模的不断扩大，读者需求的日益复杂和深化，如何建立一个科学、合理的馆藏文献布局体系，已成为亟待解决的重要问题。

（1）馆藏文献布局

所谓馆藏文献布局，是指将图书馆入藏的全部文献，按照一定的标准，划分为相对独立的若干部分，建立各种功能的书库，为每一部分藏书确定合理的存放位置，以便保存和利用。根据不同的需要，按照不同的标准，中小学图书馆馆藏可以有多种文献布局的方法。

1）展开式水平布局

展开式水平布局主要应用于直接面向读者的开架流通书库。由于这种布局形式的书库、阅览室、借书处都在同一个水平面上,因而便于读者对图书馆藏书的查找和利用,提高藏书利用效率。但这种布局方式占据空间范围大,书刊传递路程长,限制了自动化传递装置的使用,书库的建筑造价高,同时不利于藏书保管。一般来说,藏书10万册以内的中小学图书馆通常采用这种布局,使图书馆验收、编目、典藏、流通形成一个直接的平面的工作流程。

2）塔式垂直布局

塔式垂直布局主要适用于闭架流通书库和保存书库。它的优点是使藏书在最小的空间范围内得到最大集中。塔式垂直布局书库一般作为图书馆的基本书库,与流通书库或阅览室保持垂直的短距离联系。但这种塔式的垂直布局也有它的缺点:所占空间大,降低了读者的使用效率。中小学图书馆不太适合使用。

3）立体交叉式混合布局

立体交叉式混合布局是对不同的藏书采用不同的布局形式。常用书尽可能放在和阅览室处于同一平面的书库,使其最接近读者。而将不常用图书放在书库中不与阅览室相连的垂直位置上,形成立体的交叉布局。

4）藏借阅一体化布局

所谓藏借阅一体化布局,是一种全开架布局,它利用计算机技术、通信技术、网络技术等信息技术,采用"统仓管理方式",即大开间、少间隔的建筑格局,各处设有桌椅,方便读者就近阅览,除特藏文献外,其他文献尽量不单设阅览室,文献资料尽量按学科、知识门类进行组织并集中起来,读者可以在图书馆内随意浏览和自由取书。它的优点是:提高馆藏文献的利用率;减少复本,节约购书经费;节约人力资源,提高服务质量。当然藏借阅一体化布局,有对建筑设计、更新管理模式、强化用户参与意识、提高馆员的参考咨询能力,以及对营造人性化环境等的要求。这是目前中小学图书馆在人员编制和场地面积缺乏的情况下的首推之举,有着极好的发展前景。

5）三线典藏制布局

所谓三线典藏制布局,就是按照馆藏文献的利用率高低及新旧程度,结合服务方式,将馆藏文献依次划分为三个层次,组成一、二、三线的布局体制。一线书库包括开架外借处、辅助书库和开架阅览室辅助书库。其馆藏文献布局的特征是:提供利用率最高、针对性最强、最新出版的馆藏文献,供读者开架借阅。一线书库藏书应能满足读者总借阅量的50%—60%。二线书库文献布局的特征是:提供利用率较高、参考性较强、近期出版的馆藏文献,可根据情况供读者开架借阅或查目借阅。二线书库应能满足读者20%—30%的借阅需求。三线书库文献布局的特征是:集中收藏利用率低的书刊、过期失效书刊、资料性书刊以及内部备查参考的馆藏文献。三线书库藏书的借阅量不能高于总借阅量的10%。

根据教育部《中小学图书馆(室)规程》(2018年版)规定:图书馆应当以全开架借阅为主。

开架书库是图书馆为克服闭架布局的缺点和局限而采用的一种新的布局模式,是目前中小学图书馆使用最广泛的一种方法。其特点是:馆藏所有类型的文献资源实行开架管理,可直接向读者全方位揭示馆藏,实现对读者的间接阅读辅导。为方便读者了解馆藏,开架书库通常都应有指导读者的宣传辅导手段,如设置藏书布局图、书架类目标引、制定开架借阅规则和读者须知等;对书库容量的要求相对较低,并为读者预留一定的活动空间。书架行间距一般在1米以上,书架高度以1.5—1.8米为宜。

中小学图书馆总的情况是:规模小、馆舍紧张、藏书量不大,且分散布局,影响使用,同时其他条件也都很有限,不可能过多地设置书库,多以基本书库为中心,以辅助书库为补充,从实际出发,因地制宜,合理布局。中小学图书馆的布局通常有三种模式。

一般规模小的中小学图书馆,只设置一个总书库,将全部文献信息集中在一个书库内,根据师生对象和用途,分片划点,分别布局。基本藏书以学生用书为中心,另选取内容部分或者全适应教师阅读的读物、期刊、音像资料,设置专柜(架)分别排放。一般的布局模式可以这样划分:学生读物和学生工具书在前(即基本藏书),其次是教师读物,再次是过刊。

规模较大、条件较好的图书馆,可设置基本书库,同时在学生阅览室、教师阅览室设置辅助书库。中小学图书馆在学生阅览室和教师阅览室还可以设置一些常用工具书专用柜,也可以增设一些特色文献专柜和电子阅读设备等。

规模大、条件更好或者有专门建筑的学校图书馆,可分别设置基本书库和各种辅助书库,如教师书库、学生书库、报刊库、音像资料库、电子阅览室等。

不论哪种类型书库,书架在书库的布局都是,从前到后、从左到右。每排书架之间的距离为70—80厘米,布局要适合中小学生的特点,比如身高、年级、心理等。

总之,文献的布局很重要,不要因为规模小、条件差,而忽视文献的合理布局。如果一个小小的图书馆室,能因地制宜布局合理,也会胜过条件好而忽视布局的大图书馆。

(2)馆藏文献的排列

馆藏文献排架的方法,按出版物的特征标志,可分为两大类型:第一种类型是内容排架法,以出版物的内容特征为标志,包括分类排架、专题排架。其中,分类排架是主要的。第二种类型是形式排架法,以出版物的形式特征为标志,包括字顺排架、固定排架、登记号排架、出版序号排架以及文别排架、年代排架、书型排架等。

内容排架法是以文献内容特征为排架标志而进行藏书排架的方法,又分为分类排架法和专题排架法。

1)分类排架法

这是目前中小学图书馆最为常用的排架法。馆藏文献在书架上排列先按分类号,再按书次号,最后再按照书次号中的各种辅助区分号排列。文献在排列时的顺序应以每一个书架为单位,从上到下、从左到右,周而复始,长远不变。

分类排架法的主要优点是能够使文献信息按学科属性集中,使内容相同的文献信息集中起来,内容相近的文献信息互相联系,内容不同的区分开来。馆员通过分类排架,可以了解和熟悉馆藏文献,便于向读者推荐和宣传馆藏文献,方便读者按类求书,充分利用馆藏。

分类排架法的主要缺点包括:书架上留有为补充同类文献的空位,浪费书库空间;在新到文献上架时,因留位不当而倒架,造成人力、物力和时间上的浪费;排架号长而繁杂,给取、归文献带来困难,易出差错。

2）专题排架法

这也是按出版物的内容特征排列文献信息的方法。它是将出版物在一定专题范围集中起来，带有专题性质，有很大灵活性。多用于配合形势教育等作宣传推荐，通常设置在外借处、阅览室及开架书库，用来宣传某一专题、某一体裁的新文献信息，它是一种辅助性内容排架法，不能按它排列所有的文献，只能用于排列部分文献。

（3）各类型文献的排架

纸质图书一般采用分类排架法。采用分类排架法的文献，为了醒目清楚，需制作大小不同的类目架标。大类架标固定在书架上；中小类的架标，放置在每类之前，随着类的移动而移动。另外，还要注意排列的美观整齐。

期刊排列的方法很多，一般来说，现刊宜采用分类排架，具体方法有两种：一种是分类＋刊名字顺排架法；另一种是分类＋种次号排架法。两种方法均先将现刊按知识门类分类，同类的现刊再按文种区分，然后，前者对同类、同文种的各种现刊按刊名字顺排列，后者则按种次号排列。过刊一般情况下按不同文种分开排架，合订本期刊可采用分类排架、刊名字顺排架、登录号排架和按年代排架等方法，如采取《中国图书馆分类法》的22大类进行分类编目，同一种的期刊再按种次号和年代号排列。

报纸的排架，由于各个学校所定的报纸种数有限，最好按种按年月排架，报纸可按月或双月用线装订成册并按册糊脊、写上报纸名及年月，这样方便查找。

资料一般用形式排架法。内部资料和零散资料，出版形式多种多样，篇幅也比较小，应装入资料盒或资料袋中，采用登记号顺序排架。缩微胶卷、磁带、磁盘、唱片等资料需存放在盒内，按顺序编号，实行固定排架。或按阅读形式进行区分，然后与纸制文献一样，按《中国图书馆分类法》分类及编制书目，有条件的按元数据格式组织目录，供计算机检索。

对存储于计算机磁盘或磁盘阵列中的数字信息资源，也要根据其音、视频的物理性能，依次排列。

总之，文献排架要讲究。文献排列得科学合理、整齐美观，不仅便于管理，而且与藏书布局的紧凑和谐相结合，创造一个舒适、雅致的环境，符合读者心理，给人一种美的精神享受，吸引众多的师生在书的海洋中汲取营养。

五、馆藏文献的保管与剔旧

馆藏文献是学校财产的一部分，是图书馆为读者服务的物质基础。如何完整地保管好这些文献，免受损失，使其延长寿命，是中小学图书馆的一项重要任务。

文献信息受损的原因，归纳起来主要有两点：一是社会原因，主要是规章制度不健全或工作人员的疏忽和某些读者的不良行为造成；二是自然原因，主要是图书内部受自然的影响发生变化和图书馆周围物体的侵袭。

1. 馆藏文献保管

重视文献保护，馆员要增强保护文献的责任感，加强对学生有关热爱文献的宣传教育，帮助学生养成文明使用文献资源的习惯；健全保护和使用文献的规章制度，严格执行各项规定，防止并处罚蓄意损坏和偷窃文献的行为;加强文献管理,改善馆内外环境,经常检查以确保文献的安全与完整,消除一切危害文献的污染源。

文献保护的内容与方法:

(1)防火

中小学图书馆应做好日常防火工作,如禁止在馆内吸烟,禁止携带易燃物入馆;馆内禁止放置易燃品,定期检查电路设备,防止电线老化或用电超负荷而引起的电路短路起火等。中小学图书馆的各个部门应安置消防设备(消防栓、灭火器等),防患于未然,条件好的学校可在书库顶部安装自动报警装置,以防火灾发生。

(2)防潮、防霉、防晒

图书馆文献资源的材质不尽相同,但都要防止文献的受潮。室内温度保持恒温,书库内要备有干湿器和温度计,最合适的温度是14℃—18℃,相对湿度是50%—65%。要注意自然通风,按照不同季度的温度,开闭窗户。在每年梅雨季节,馆藏文献容易受潮发霉生虫,图书馆应备有抽湿机和排风扇;馆舍如是平房或在低楼层,梅雨季节对于文献危害较大,要采取防霉措施。书库内不仅要防潮、防霉,还要防晒,防止自然阳光的照射,如给窗户制作窗帘,安装百叶窗、磨砂玻璃、遮阳板等,库内采光光源要安装在书架间隔的通道,书架布局也要避免阳光直射,防止文献受到暴晒,有条件的中小学图书馆可安装防紫外线玻璃或在玻璃窗上涂防紫外线涂料。

此外,对古籍图书的保管还应避免反复静电复印,因为复印机所用的光源都含有一定量的紫外线、可见光及红外线,这些光都会使纸张的物理机械强度降低,发黄变脆。在存放古籍的书柜和书架上放一些樟脑丸,这对防虫有一定的效果。

(3)防尘、消毒

灰尘能够玷污文献,同时也是昆虫和微生物借以藏身和繁衍的温床。所以,要防尘。防止灰尘的有效方法,是搞好图书馆内外卫生。在图书馆周围种植花草,有条件的再植草坪或铺石子路或水泥地等,以防止外部灰尘侵入。书库内部要经常打扫卫生,搞好室内整洁,防止室内灰尘侵入书内,应备有吸尘器、消毒柜,对馆藏的文献资料定期进行除尘消毒,设置紫外线消毒设备,对归还入库的文献资料进行消毒后再上架。

(4)防虫、防鼠

老鼠和各种有害的昆虫,对文献危害最大,应引起重视。以预防为主,除了投放鼠药以外,还要经常检查,堵塞漏洞,一旦发现问题及时采取措施,以免蔓延。

(5)修补、装订和备份

修补和装订破损文献,是延长图书馆馆藏文献寿命的一种方法。对一些流通中磨损的文献要及时修补,以延长其使用年限。如条件许可,对经常流通的文献,尤其是纸质的教学参考图书,选购精装本或自行改装加固,以延长使用寿命,方便外借。对于图书馆的声像资料、编目数据和虚拟的馆藏资源应做好定期的维护、备份和刻盘,以便保存。

(6)安全防卫

书库、阅览区应符合消防相关要求,具有消防给水系统。配备消毒、防火、防尘、防高温、防盗设备及防潮、防霉、防晒、防蛀等设备。对数字资源,要定期备份,尤其对电子文献的保管,应注意存放地点、存放橱柜、存放温度等的相关要求,配置防磁、防震、防热、防冻、防潮的设备。电子阅览室应具有良好的防雷设施,远离有强电磁场辐射和有强腐蚀性的物体,火灾报警装置设在楼房的中、上层,灭火装置摆放在各个室的相应角落。

（7）数字和网上信息资源的存贮与安全

教育的优质资源从各种渠道汹涌而来。利用计算机存贮和使用数字信息资源,成为学校师生主要的文献使用方式。但计算机和网络与外界接触的多元性,使其安全受到磁盘损坏和病毒攻击的威胁。因此,对于这些数字文献要定期备份,对计算机网络要有硬件和软件两方面的防病毒措施,更主要的是要有一套行之有效的计算机和网络安全的管理制度。

对电子文献的保管,还要做到:存放地点应空气流通,环境干净无尘,无振动,最佳存放温度为24℃左右,相对湿度为30%左右;存放柜应注意防热,冬季还要注意防冻;在使用和存放中要防止由于跌落和碰撞引起退磁、信号变差;存放柜最好是铁皮的,以达到磁屏蔽的作用;以磁盘为代表的磁介质电子文献怕磁场、怕挤压、怕高温、怕灰尘;以光盘为代表的光介质电子文献怕挤压和划伤,怕强光长时间照射,但不怕磁场。有载体的电子文献的排架和图书一样,摆放时应竖放,不能多层平放,这样可避免自然变形,查找取用也方便。

2.馆藏文献的清点

中小学图书馆馆藏文献清点是图书馆文献信息保管工作中的一个重要环节,也是检查文献信息是否完整的一项有力措施。通过清点,可以准确掌握馆藏情况,及时发现问题,改进工作。但是清点工作又是一项工作量大而又比较复杂的细致工作。为此,在清点工作进行前,应制定清点的原则和计划,包括清点的目的、范围、方法、要求、时间安排、人力组织和人员分工等。另外,清点前,要收回外借的各种文献资源(实行计算机管理的除外),整理好书架和清点好账册等准备工作。

常用的清点方法有以下几种:

（1）分类目录清点法

中小学图书馆的文献排架基本上都是按照分类号排架的。清点时是将文献加工时的分类登记册和书架上的文献进行核对。如果是按索书号排架的,这种方法可以很方便进行文献的清点。

（2）文献登记簿清点法

此方法是用财产登记簿或计算机管理软件中的分类目录清单与书架上的文献进行核对,它的优点是准确率高。这种方法适用按登记号(或按类)排列的文献。

（3）盘点机清点法

实行计算机管理后的文献清点可以用盘点机进行。中小学图书馆的馆藏量不大,但占用的空间大,所以可以选择便携式盘点机进行文献信息的清点。便携式盘点机是为适应现场数据采集和扫描物体的条形码而设计的。它由电池供电,与计算机之间的通信并不和扫描同时进行,它有自己的内部储存输出数据,并可在适当的时候将这些数据传输给计算机。解决了人工盘点速度慢、易出错的弊端。

由于中小学图书馆馆藏量多少不一,馆藏文献的清点工作可以根据实际选择清点的方法。

文献清点完毕后,应及时写出总结报告。总结报告的内容主要包括:这次清点以后馆藏实有文献量,丢失和破损量,并开列出清单,分析说明造成缺损的原因是什么,重点在于针对所造成的原因,提出今后改进意见和措施等,请学校校长审批。如果有些问题需要师生普遍重视,应向师生宣布。根据批示的文件,分别将清单所列出的文献先进行"图书注销登记簿"登记或在计算机管理软件的"注销登记"栏目进行记录,然后在"图书个别登记簿"登记或计算机管理软件的"图书注销"栏进行注销。

中小学图书馆定期文献清点工作,每隔3—5年进行一次,并可与文献剔旧工作同步进行。

3. 馆藏文献的剔除

中小学图书馆馆藏文献的剔除也是文献保管工作中的一个重要环节。它是图书馆根据一定的原则和标准,将长期滞留在库内、读者长期不用或失去保存价值的文献进行剔除的过程。因此文献剔除,又称"复选"。它与文献补充构成文献资源建设的两个方面。只有不断地补充新的文献信息,并从藏书体系中剔除陈旧过时的文献信息,优化馆藏结构,提高馆藏文献质量,活化馆藏文献资源体系,提高文献利用率和图书馆服务工作的效率,缓解书库紧张状况,有利于书库管理科学化,实现藏书的重新发现与重新利用,对整个图书馆业务工作系统有重要的调节作用,能保证高质量地建设馆藏体系。

文献剔除的标准主要有以下几个方面。①内容标准。主要是指内容陈旧过时、内容重复的文献。②外形标准。主要包括外观陈旧妨碍使用的、纸张质地十分低劣、印刷或装订很差的、内容污损缺页、多次修补无法继续使用的文献。③年限标准。即文献从出版以来在读者使用过程中经历的年限。根据文献半衰期理论,凡出版时间超过一定年限的文献,应从藏书中剔除。④使用标准。依据"趋势外推法"原理,藏书的使用情况可以通过检查藏书滞留书架的时间得知。如果一本书在过去若干年内一直滞留书架未被利用,那么可以推测这本书今后也不会被利用。⑤主观标准。即图书馆员根据对读者群及社会需求、文献内容及馆藏情况等的了解,从而做出剔除判断。这是在图书馆藏书剔除中最通常使用的标准,但这种纯主观的判断标准往往缺乏应有的可靠性。

中小学图书馆文献剔除工作主要是对文献内容与数量的复选,关系到每一个文献的生命,是一项学术性、知识性、业务性较强的工作,特别是长期以来,多数学校也未曾进行过此项工作,开始剔除时尤应慎重。

目前,中小学图书馆的馆藏量一般不大,特别是农村的中小学图书馆馆藏量都比较少,所以剔除时要结合各校的实际。已达到国家或当地教育行政部门规定的藏书量的图书馆,剔除范围可以适当放宽;藏书量尚未达到要求的剔除范围要从严。

要掌握"久"与"旧"的界线。"久"是指文献信息的出版时间长了,但不一定内容陈旧;"旧"主要是文献信息内容的陈旧。

要区别每一种文献内容的实用性、参考性和资料性的价值程度。有些文献虽然缺乏实用性,但仍有参考性和资料性,有些虽不具有实用性和参考性,却具有资料性。要具体问题具体分析,不能认为没有实用性就一概剔除。

剔除出来的文献,虽然在本校图书馆失去实用性,是多余的文献资料,但对兄弟学校图书馆可能是缺藏和实用的,可报请主管教育部门调拨到兄弟学校图书馆,或与他们交换,或者赠送给农村和边远山区的学校,以丰富他们的馆藏。对失去实用性,但仍有一定的参考性和资料性的文献信息,除本馆每种保存一两本外,多余的复本,可赠送或者交换。对破烂不堪和确实没有价值的剔除的文献,可以报废。

文献信息的剔除处理,涉及学校固定资产问题,因此,要有一定的审批程序。由图书馆专职人员按照清理剔除的范围,对馆藏书、报、刊及保存在馆内的其他形式的文献资源进行清理,制定清理剔除清单,按学校资产管理的有关规定和程序,上报学校领导和有关部门审批。清理剔除后的出版物,其残值按学校有关资产管理的规定处理,并在登记簿上或者计算机系统中进行相应的注销与删除。文献定期剔除时间与文献清点时间应相同。

第三节　文献资源分类的概述

图书馆所收藏的文献资料数量庞大,载体多样,既有传统的印刷型文献,又有非印刷型文献;学科内容门类众多,既包括社会科学,又包括自然科学。但是,展现在读者面前的却不是杂乱无章的文献堆积,而是一个整齐排列,有条理、有系统、有内在联系的知识体系。读者在浩如烟海的书籍中能够很快查找到自己所需要的图书,这是为什么呢? 这就是运用文献信息"分类知识"的结果。

文献资源分类有广义和狭义之分:广义的文献资源分类,应该指一切知识载体的分类,其中不但包括传统的印刷型文献,还包括非印刷型文献(缩微型、音像型、计算机阅读型等),同时网络资源也成为分类的对象,因此现代文献资源分类的对象已经突破了传统的范围,并不单纯地只对印刷型出版物进行分类,还要对其他类型的知识载体进行分类;狭义的文献资源分类是指图书馆所收藏的文献(包括书籍及其他文献资料)的分类。本章叙述的文献资源分类的对象主要是指馆藏文献,包括印刷型文献和非印刷型文献。

相关链接:

俗话说:"物以类聚,人以群分",这里所说的"类"和"群"是指一组具有相同属性的事物或人归属在一起。那么同样道理,一组具有某种相同属性的文献资料,也可以根据它们的共性归为一类,这个"类"在文献信息分类上称"类目",每一个类目给予一个相应的名称,叫作类名,为了区别于其他的类目,同时还规定了该类的内容和范围。如《中国图书馆分类法》中"J217 版画技法"这一类名,不仅区别于"油画技法",而且还包括木版画、石版画、玻璃版画、铜版画、麻胶版画等技法。

一、文献资源分类和文献资源分类法的概念

1. 文献资源分类

要知道什么是文献资源分类,首先要了解什么是类目和类名,什么是分类。

类是指具有某种共同属性的个别事物的集合,表明某些个别事物共有的同一种概念。具有相同属性的事物形成一类,具有不同属性的事物又分别地形成不同的类。类在文献资源分类体系中又称为类目,类目是构成文献资源分类体系的基本单元,同一个类目就表示具有某种共同属性的一组文献。表示类目概念的名称叫作类名。

分类是指以事物的本质属性或其他显著特征作为根据,把各种事物集合成类的过程。

文献资源分类的对象是图书馆与各种文献资源机构所收集与使用的古今中外各种文献;文献资源分类的根据是文献的学科内容属性与其他显著特征;文献资源分类的工具是文献信息分类法;文献资源分类的主要目的是按学科知识的系统性与其他显著属性,分门别类地组织与揭示文献资源。

2.文献资源分类法

文献资源分类法是指按照一定的思想观点,以科学分类和知识分类为基础,并结合文献的特点,对概括文献情报内容特征及某些外表特征的概念或术语,进行逻辑划分和系统排列而形成的类目一览表。分类法一般包括类目表和分类规则,它是类分文献、编制分类检索工具的工具。

二、常用文献信息分类法

在我国现行的综合性文献资源分类法中,除被广泛使用的《中国图书馆分类法》外,其他四部文献资源分类法也被一些图书情报部门所采用,它们分别是《中国人民大学图书馆图书分类法》《中国科学院图书馆图书分类法》《中国图书资料分类法》和《中国档案分类法》。

三、《中国图书馆分类法》

《中国图书馆图书分类法》是新中国成立以后编制出版的具有代表性的大型综合性文献资源分类法,简称《中图法》。从第四版开始,正式改名为《中国图书馆分类法》,其简称仍为《中图法》。《中图法》(第五版)于2010年9月由国家图书馆出版社正式出版。

1.《中图法》的基本序列

基本序列,也称基本部类或部类,是分类法编制中为建立知识分类体系,对知识门类所进行的最概括、最本质的划分与排列,是确立基本大类的基础。

《中图法》的基本序列为:

马克思主义、列宁主义、毛泽东思想、邓小平理论

哲学、宗教

社会科学

自然科学

综合性图书

2.《中图法》的框架结构

《中图法》使用的是等级列举式分类体系,即采用概念层层划分的方法,分别将基本大类划分成若干二级类目,再将二级类目划分为众多的三级类目……这样层层展开形成一个树状结构,显示知识分类的等级结构。

（1）编制说明

对分类法编制的理论、原则、结构体系、主题范畴和适用范围、标记制度以及编制经过等有关事项的总体说明。

（2）基本大类

揭示分类法的基本学科范畴和排列次序，是分类法第一级类目组成的一览表。它是在基本部类的基础上扩展而来的，共二十二个大类，用汉语拼音字母表示，见表5－2。

表5－2　《中图法》基本大类表

基本部类	基本大类
马克思主义、列宁主义、毛泽东思想、邓小平理论	A 马克思主义、列宁主义、毛泽东思想、邓小平理论
哲学、宗教	B 哲学、宗教
社会科学	C 社会科学总论
	D 政治、法律
	E 军事
	F 经济
	G 文化、科学、教育、体育
	H 语言、文字
	I 文学
	J 艺术
	K 历史、地理
自然科学	N 自然科学总论
	O 数理科学和化学
	P 天文学、地球科学
	Q 生物科学
	R 医药、卫生
	S 农业科学
	T 工业技术
	U 交通运输
	V 航空、航天
	X 环境科学、安全科学
综合性图书	Z 综合性图书

（3）基本类目表

基本类目表又称简表，是由基本大类与由其直接展开的一、二级类目所形成的类目表，是分类法的类目体系框架。

（4）详表

详表是由简表展开的各种不同等级的类目所组成的类目表。它是分类表的正文，是类分文献的真正依据。主表按功能分为术语(类名)系统、标记系统、注释系统。

（5）附表

附表又称辅助表或复分表。复分表是文献信息分类法的重要组成部分。它是将主表中按相同标准划分某些类所产生的一系列相同子目抽取出来，并配以特定号码，单独编制成表，供主表有关类目作进一步复分用的类目表。复分表按其使用范围分为通用复分表与专类复分表。

《中图法》的8张通用复分表包括"总论复分表""世界地区表""中国地区表""国际时代表""中国时代表""中国民族表""世界种族与民族表""通用时间、地点和环境、人员表"，是主表类目进行总论复分、地区复分、时代复分、民族和种族复分、通用时间地点和环境及人员复分的依据。

3.《中图法》的标记符号

（1）基本标记符号

《中图法》采用汉语拼音字母与阿拉伯数字相结合的混合号码编号，用一个拼音字母表示一个大类。只有"工业技术"所属的二级类，采用了双字母，以第二字母顺序反映类目的序列。在字母后，用数字来表示基本大类下类目的划分，采用小数制。《中图法》标记符号应具有的性能是容纳性、表达性、简短性、助记性。

（2）常用的辅助标记符号

中小学图书馆常用的辅助标记符号是："－总论复分号""·间隔符号"":组配符号"" ＝ 时代区分号"。

－总论复分号，读作"短横"。如:《唐诗鉴赏辞典》的分类号为 I207.22 －61。

·间隔符号，读作"点"。用在分类号数字部分的分隔，从左至右每三位数字之后加一小圆点，使号码清晰、醒目、易读，无实际意义，当最后一段刚好为三位时，就不需要再加小圆点。如:《克林顿传》的分类号为 K837.12,《美国旅游经济地理》的分类号为 F597.12。

:组配复分号，读作"冒号"。如:《孙子兵法一百则》(英汉对照) H319.4:E,《苔丝》(英汉对照)H319.4:I,《全国文学图书联合目录》Z88:I。

＝时代区分号，读作"等号"。如:《郁达夫传》的分类号为 K825.6 ＝6。

（3）《中图法》标记符号的排列

《中图法》标记符号的排列规则是如下所示。

• 类号由左至右逐位对比进行排列，先比较字母部分，再比较数字部分,字母部分按英文字母固有的次序排列，如:

B2、B3、E27、E512、I2、K712、N49、Z32。

• 类号中的阿拉伯数字依小数制排列，如:

B021、B022、B022.2、G633.41、G633.51、G634.41、G635、G64。

• 数字之后如果还有字母，则在前部类号相同的基础上，再按字母顺序排列，如:

TP312AL、TP312BA、TP312CO。

• 类号的末位标记有推荐符号"a"者，排在本类的最前面，如:

E －54、E0、E2a、E2。

- 类号中带有组配号"："的，在类号相同的基础上，按"："后面的学科顺序排。如：H319.4：B、H319.4：E、H319.4：I、H319.4：I、H319.4：N、Z3：B、Z3：D。

- 类号中有中小学图书馆常用的辅助标记符号时，在其前的各位符号（A－Z，0－9）相同的情况下，依下列次序进行排列：

－总论复分号

＝时代区分号

：组配符号

如：R711、R711－62、R711＝6、R711：R83。

4.《中图法》基本的编号制度

《中图法》基本的编号制度是层累标记制，根据类目的不同等级，配以相应不同位数号码，类目的等级与其号码位数是相对应的。层累制的号码可以无限纵深展开，可充分满足类目体系层层展开配号的需要，同时又有良好的表达性。其缺点是类目愈细，类号就愈长，影响号码的简短性。

如：K 历史、地理 ……………………… 一级类目

K2 中国史 ……………………… 二级类目

K20 通史 ……………………… 三级类目

K204 古代史籍 ……………………… 四级类目

K204.1 纪传体史书合刻 ………… 五级类目

四、《中国图书馆分类法》的组配技术及其应用

组配技术是指利用分类表中已有的表示简单主题概念的类号，按一定规则组合成一个复合类号，用以表达分类表中没有的复杂概念的一种技术。

《中图法》运用组配技术主要有4个方面：一是编制各种类型的通用复分表，作为全表各级类目组配复分的依据；二是有关类目编制专类复分表，作为某些类目组配细分的依据；三是部分类目采用仿照已列出的类目进行细分（即类目仿分）；四是主类号之间使用冒号直接组配，合成新的类号。

1. 通用复分表

通用复分表是供整个分类表各大类中有关类目作进一步区分时使用的复分表，《中图法》（第五版）的通用复分表包括"总论复分表""世界地区表""中国地区表""国际时代表""中国时代表""中国民族表""世界种族与民族表""通用时间、地点和环境、人员表"。这8个通用复分表附在分类法的后面供各类通用，是主表各级类目组配复分的依据，它只对主表类目起复分作用，不能单独使用。下面重点介绍中小学图书馆常用的前5个通用复分表。

（1）总论复分表

总论复分表编列出各学科门类均可遇到的共性区分内容，如理论、立法、机构、教学、参考工具书等。复分号用"－"表示。使用时要注意以下几点。

- 主表中任何一级类目（除个别者外），无论是否注明"依总论复分表分"，均可使用本表

复分,复分时将本表有关号码加在主类号之后即可。如:《物理学手册》入 O4 - 62。

● 总论复分表的类目,如果主表中已经列有专类,无论配号是否一致,均不再使用本表进行类目复分。如:《汉语词典》入 H164 ,而不是 H1 - 61。

● 具有总论复分表中两种以上区分标准的文献,只能选择其中主要的一种加以复分,不能重复使用。如:《大学物理教学手册》可分到"物理教学",分类号为 O4 - 4,不能重复细分为 O4 - 4 - 62。

● 凡本表中的某些区分内容可以通过专类复分表或类目仿分组号的,均不能再使用本表复分组号。如:《中国文学史》分类号为 I209,不能给号为 I209 - 09。

● 主表"C""N"中的 C0/[7]、N0/[7],由于其本身就是总论性类目,因而在该大类下依据本表重复列出了总论复分的类目和类号(省略了总论复分号" - "),当使用时,就无须再用本表复分。如 C61、N49。

(2)世界地区表

世界地区表分别依据自然区划、行政区划以及语种、人种、宗教、集团、古代地区等标准划分,对于某些跨洲、跨地域的国家或地区,均分别依据惯例用注释指明其归属于某个地域或地区,或编列总论性类目。使用时要注意以下几点。

● 凡类目中注明"依世界地区表"分者,均可使用本表,将有关号码加在主类号之后即可。如:《比尔·盖茨传》的分类号为 K837.12。

● 未注明而需要使用本表细分时,可将地区复分号用"( )"括起,加在主类号之后。如:《法国油画集》的分类号为 J233(565)。

● 主表中的某些类目,已具有国家地区特征,则不能再使用本表复分。如:《匈牙利近代史》分类号 K515.4,不能给号 K515.4(515)。

● 主表中用数字 3/7 连接的一组类目,已具有世界某洲含义,在使用"世界地区表"复分时,要去掉重复号码。如:《亲历历史:希拉里回忆录》入 K837.12,不能为 K837.712;《英国小说选》入 I561.4 ,不能为 I556.14。

● 凡使用本表中属于概括性地区号码(洲和洲以下的地区)复分后,还需再细分时,则必须先在地区号后加"0",再进行复分。(具体详见《中图法》中"0"的使用问题)

(3)中国地区表

中国地区表按行政区划划分,每个地区下再划分出所辖省、直辖市以及特别行政区。使用时要注意以下几点。

● 凡类目中注明"依中国地区表"分者,均可使用本表,将有关号码加在主类号之后即可。如《江苏老街与历史街区》分类号为 K925.3。

● 未注明而需要使用本表细分时,一律在中国地区子目号前加上中国代号"2",并用地区区分号"( )"括起,加上主类号之后。如:《世纪天路:青藏铁路巡礼》分类号为 U21(27)。

(4)国际时代表和中国时代表

国际时代表依世界历史分期编列,首先列出基本历史分期,再按世纪进行划分,其中"现代"细分到年代。中国时代表依中国历史分期编列,首先列出基本历史时期,再按朝代进行划分,属于跨历史时期的时代一般归并于前一个时代,其中,中华人民共和国成立后细分到年代。使用时要注意以下几点。

- 凡类目中注明"依××时代表"分者,均可使用相应的时代表,将有关号码加在主类号之后即可。如:《大唐盛事:最有争议的 30 个人》分类号为 K820.42。
- 未注明而需要使用时代表细分时或者分类法有特殊规定的,应在复分号前先加时代区分号" = "。如:《周恩来传》入 K827 = 7;《历史上的多尔衮》入 K827 = 49;《铁娘子撒切尔夫人》入 K835.61 = 5。
- 主表中某些类目,已具有时代特征,则不能再使用时代复分表重复反映该时代。如:《明朝那些事》分类号为 K248,不能分为 K248 = 48。

2. 专类复分表

专类复分表是供分类表中某大类或某大类中部分类目作进一步区分时使用的复分表。专类复分表是根据各类文献信息分类的需要而编制的,相对于通用复分表而言,它的使用范围比较狭窄,只供某大类或某大类中的有关类目复分时使用,其他类不能依此表复分。

专类复分表编列于主表有关类中或通用复分表中,专供特定类目细分使用。

专类复分表的标记符号采用单纯阿拉伯数字,N/X 各类的专类复分号前一律冠有"0"。专类复分表的两侧用竖线标记,以示醒目。如:

I24　　小说

中篇、长篇小说可根据需要采用下列题材复分表。

1　革命斗争小说

以近代各时期人民革命斗争为题材的小说入此。辛亥革命以前的入 3;以军事题材为主线的入 2。

2　军事小说

以战争和军队、民兵生活、国防建设为题材的小说入此。

以和平时期军人爱情、婚姻家庭生活为主线的小说入 7;涉及侦探推理的惊险小说入 6。

……

专类复分表使用时要注意以下问题。

(1)专类复分表只限在类目注释规定的类目范围内使用

专类复分号依附于主类号,不能单独使用。使用时将专类复分号按有关类目注释说明加在主类号之后。

如:《十面埋伏》(反腐败小说)分类号为 I247.54;《全日制普通高级中学物理教科书》分类号为 G634.71。

(2)根据规定的使用范围和使用次序来复分

本分类法中的专类复分表往往与有关通用复分表结合使用,复分时应依据类目规定的使用范围和使用次序来复分。如:

I212/217   各时代作品集

> 依中国时代表分,再依下表分。如《沫若文集》为I217.32。

1   总集

2   别集

《罗兰文集》分类号为I217.62;《徐志摩全集》分类号为I216.1(先按中国时代表分,再按专类复分表分)。

(3)部分专类复分表中的特殊复分方式

部分专类复分表中的子目还采用仿内部子目分、仿有关主表类目分、依照其他专类复分表或利用通用复分表分。如:

I3/7   各国文学

> 依世界地区表分,再依下表分。

> …………

09   文学史、文学思想史

092   占代

093   中世纪

094   近代

> …………

3   戏剧文学

> 仿09分。

4小说

> 仿09分。如有需要,可再依I24小说题材复分表分。

《美国现代小说集》入I712.45;《莎士比亚喜剧集》入I561.33;《日本当代侦探小说》入I313.456。

(4)注意复分中加"0"的问题(具体详见《中图法》中"0"的使用问题)

3.类目之间的仿分

利用相邻或相关类目的子目,作为有关类目复分依据的组配编号法,称之为仿分。《中图法》运用仿分有临近类目仿分和仿总论性类目分两种类型。

(1)临近类目仿分

指当一组相邻的类目以相同的分类标准展开时,一般将前面的一个类目详细展开,后面的类目不再列举,而是分别仿照前面已展开的子目细分,这样就缩减了类表的篇幅。仿临近类目的特点是,仿分类目与被仿分类目基本是性质相同的类目,某类目所仿分的一组子目,与该类目拟细分的分类标准是一致的。如:(见《中图法》(第五版)详本第140页)

G634　教材、课本、辅助教材

　　　　仿 G633 分,如有必要,再仿 G624 下专类复分表分。

（2）仿总论性类目分

《中图法》类目编列的基本模式是将一个类区分为两个部分,前面编列总论性类目,按事物或问题的方面横向展开;后面编列专论性类目,按事物或问题的方面纵向展开。这两部分的分类标准是不同的。表达事物或问题的专论性类目,仿照总论性类目细分,称之为仿总论性类目分。这是揭示事物及其方面的重要技术。《中图法》总论性类目一般用"一般性问题""理论""通论""世界"等方式编列,各类有所不同。如:

K21/27　中国各代史

　　　　均可仿 K20 分,仿分时一律冠"0"。

4.类目仿分组号要点

（1）按规定的范围使用

类目仿分应依据主表有关类目注释规定的范围进行仿分,凡不在限定范围之内的类目不得随意仿分,用户如有需要,应在本馆文献信息分类法使用本中明确规定,并确保类号不发生冲突。

（2）按规定的仿分次序使用

类目仿分必须严格根据注释规定的仿分次序进行。用户在制定本馆文献信息分类法使用本时,要根据文献收藏的实际来确定某类在本馆使用的类级,如果某类没有细分到底,那么该类规定的类目仿分(包括依据专类复分表分)也不得使用。例如,某学校图书馆规定"J2 绘画"分到四级类目,那么四级类目下的"仿××分"也就同时废止。如:

J213　油画技法

　　　　如有必要,可仿 J20 分。

《英国油画作品评论》根据该馆分类法使用本分类号为 J213。如果要再细分的话要先分到"油画的评论、欣赏",再按"国家"分,分类号为 J213.056.1。

（3）配号的转换

当被仿分的是用"/"号连接的一组类目,且采用了借同位类号码编号法,部分类目将涉及配号的转换。如:"K815 人物总传:按学科(世界)分,仿 K825/828(中国各科人物)分"。如:《当代世界著名医学家传》分类号为 K816.2 =5;《当代世界艺术家传》分类号为 K815.7 =5。

（4）越级仿分问题

在文献标引中,当跨越规定的某一仿分层次,再继续依其他标准复分或仿分时,应在该复分号或仿分号前加"0"。这个"0"就标志着一个分类标准,可以保证类目展开的逻辑次序,避免重号。(具体详见《中图法》中"0"的使用问题)

（5）复分依据的转换

某些类目,如凡"各国"仿"中国"分的类目,如同时涉及时代复分的,应将"依中国时代分"自行转换为"依世界时代表"分。

K82	中国人物传记
K825	人物传记:按学科分

> 如有必要,可依中国时代表分,并用" = "加以标识

K827	社会政治人物
K833/837	各国人物传记

> 依世界地区表分,再仿 K82 分。

上例中各国人物传先依世界地区表分,再仿 K82 分后,如果再依时代复分应按国际时代表分,而不能依中国时代表分。如:《布什传》分类号为"K837.127 = 53"。

5. 冒号组配技术与应用

(1)冒号组配法在《中图法》的应用

冒号组配是将概念相关的两个或多个类目(主类号)通过组配符号":"连接起来。以表达一个分类表中未列举的较专指或较复杂主题的标引技术。《中图法》在我国的分类法中首先引进冒号组配法,以提高体系分类法描述复杂主题的能力,从而在一定程度上加强体系分类法多途径检索的性能。

- 通过冒号组配,实现某些专论性问题的集中分类或分散分类,为用户提供一种选择。如:

B849	应用心理学

> 总论入此。
>
> 专论心理学在某一方面的应用的著作入有关各类。例:教育心理学入 G44。
>
> 如愿集中于此者,可用组配编号法。例:社会心理学为 B849:C912.6 − 0;管理心理学为 B849:C93 − 051;军事心理学为 B849:E0 − 051。

- 通过冒号组配法,对某些类目进行细分。如:

H319.4	读物

> 以提高阅读能力为目的的各科简易读物、对照读物、注释读物入此。
>
> 如愿细分,可用组配编号法。例:《解剖学(英汉对照)》为 H319.4:R322.

Z89	文摘、索引

> 综合性文摘、索引入此;专科、专题的文摘、索引也入此。
>
> 按本分类法体系,即将各科分类号码附加于本类号之后,用组配符号":"组合。
>
> 例:《化工文摘》为 Z89:TQ。

- 在类分资料时,可将若干个概念相关的类目,用组配法合成分类法未列举的新主题,或对事物进行不同属性的区分。如:

TM53/59	各种电器

> 如有必要按高压电器、低压电器区分时,可用组配方法。例:高压熔断器的设计为TM563.02:TM51。

（2）冒号组配法的使用要点

● 图书分类，一般按主表规定的范围使用组配编号，一般不再扩大组配编号的范围；资料分类，可根据标引的需要和概念组配的原则，较灵活地运用组配编号法标引复杂的主题或参照类目进行细分。

● 凡主表中已经列出的主题，均不得再用冒号组配法组配表达，如："G250.15 图书馆学与其他学科的关系"，主表类目经复分或仿分可以表达的主题，不得使用冒号组配法标引。

● 凡通过主类号的复分、仿分可以表达的主题，不得使用冒号组配标引，如："环境保护组织、机构、会议"可用 X–2 复分标引，不用 X:C932 组配标引。

● 主表类目经复分或仿分后组合的类号，也可以用于冒号组配，如：《中国科学院植物学研究所》，可用 G322:Q94 组配。

● 用于新主题合成时，要使用概念组配，使用最专指类号进行组配，如：《工程力学》入TB12，如将力学各方面的著作集中分类则组配给号为 O39:TB12。

● 用于类目细分时，组配类号的级位可根据用户单位该类文献的数量自选确定，并记录在本馆分类法使用本上，以保证该类文献组配标引的一致性，如《放射医学资料索引》可根据文献收藏数量分别标引为 Z89:R、Z89:R8、Z89:R81。

五、文献资源分类标引工作的管理

1. 中小学图书馆分类法的选择

文献信息分类工作是中小学图书馆一项基础工作，应该选用一种国内通用的、编制质量高的、有生命力的并适合本单位或检索系统的文献资源分类法作为分类标引的工具。

《中图法》是一部大型的综合性的文献资源分类法，是为了适应不同的图书情报机构，类分不同文献的共同需要而编制的。现在中小学图书馆根据《中小学图书馆（室）规程》（2018 年版）选用《中图法》（第五版）类分馆藏文献。（一般藏书规模较小的中小学图书馆也可选用《中图法（简本）》）。

2. 确定中小学图书馆文献信息分类法的使用本

（1）文献资源分类前的准备工作

● 选择文献资源分类法（《中图法》）。

● 熟悉分类法。熟悉和掌握分类法的编制原则、体系结构和使用方法，特别要掌握各级类目的含义、彼此的联系和区别、号码的组合、辅助表的用途以及各门类的分类规则。

● 确定分类法的详略程度，即本馆的分类法使用本。

● 制定文献资源分类工作的细则。

● 准备必要的参考工具书。

（2）确定文献资源分类法使用本的方法

制定本馆文献资源分类法使用本要遵循两个原则：一是实用，符合本馆的实际需要；二是不破坏《中图法》类目体系和标记符号。制定分类法使用本一般包括以下几个方面。

1）选择使用类目的详略程度

选择时应根据本馆的藏书现状与发展规划,具体问题具体分析,不要"一刀切",藏书多的类就细分,藏书少的类就粗分。

2）规定出类目仿分、复分的范围和办法

规定主表适用于复分、仿分的类目级别,包括哪一级类目需要复分、仿分,对于注释中所规定的连续仿分、复分,是全部采用,还是只仿分一个层次等做出明确规定。

3）对通用复分表和专类复分表的使用做出选择

可根据需要自行规定通用复分表应用到主表某一级类目,或有选择地只在主表某部分类目中采用,或有选择地只采用本表中部分区分内容,或规定使用本表的哪一级子目复分等。

4）对交替类目的使用做出选择

用户可以根据本馆实际需要,必要时可以将交替类目改为使用类目,分类时要删去交替符号"〔   〕"。

5）对文献"集中与分散"的处理做出规定

如工具书的集中与分散、教材的集中与分散、人物传记的集中与分散、丛书的集中与分散等的处理规定。

6）对一些特殊的分类方法、某类文献的分类方法等,做出必要的说明

如"××国概况"一类的文献,是依重点分,还是集中归入 D 类或是集中归入 K 类。

上述各方面的内容,都必须记录到一本《中图法》上,作为本馆分类人员必须遵守的底本,即本馆的分类使用本。对于日常工作中遇到的问题及处理方法,应注意积累,定期将它归纳整理,形成统一认识后,再记录到分类法使用本上,以便大家共同遵守,不断完善本馆的分类法使用本。

一些中小学图书馆虽然也采用了《中图法》进行分类,但没有确定适合本馆分类需要的文献资源分类法使用本,更没有制定必要的分类细则,因而造成分类混乱,大大影响了中小学校图书馆藏书的利用率。因此中小学图书馆一定要尽早制定出适合本馆需要的文献信息分类法使用本。

3. 分类标引工作程序

（1）文献资源分类查重

利用公务书名目录或计算机检索系统进行文献查重,目的是避免同书异号或异书同号,使同一种文献的分类标引前后一致。处理方法有如下几种。

● 新书:待分类。

● 和以前已有的书完全相同(书名、著者、内容、版本)的文献,只要将原分类索书号照抄,作为复本书处理。

● 同一种书的不同版本:以前有过,但这次来的是不同版本、译本、增订或修订本,处理方法是抄上原索书号,在其书次号后加上版本区分号,用"－"表示。

● 丛书、多卷书集中分类:只要抄上原索书号,在其书次号后加上册次或卷次区分号。如:上次来的上册,这次来的中册,只要将书次号后面":1"变成":2"即可。

（2）文献主题分析

其质量不仅直接影响标引的质量,而且从根本上影响检索系统的检索效率。文献主题分析的方法主要有如下几种。

- 详审书名。书名一般可以代表书的内容性质,特别是自然科学和工程技术的书名。但绝不能单凭书名分类,如:曹禺的剧本《雷雨》,看书名认为是自然科学方面的书就错了,正确的分类号为I234。

- 阅读内容提要。了解内容实质、写作目的、用途及读者对象。

- 检查目次、文内标题、图表、数据、参考文献目录等,它简明地反映了文献的主要内容、范围及参考价值。

- 阅读序跋。从前言、后记、序言、凡例等中了解作者的写作目的、编制过程、内容范围以及对该书的评价等。

- 浏览全书。

- 了解著者、出版社。例如王力是语言学家,他的著作多数属于语言学方面;老舍是文学家,他的著作多数属于文学方面。再如"人民教育出版社"出版的书基本上属于教育方面,"人民文学出版社"出版的书基本上是文学方面的书。

- 参考各种工具书或上网查询,如:《辞海》《百科全书》以及其他各种辞典、手册、年表等。

- 集体讨论或请教专家。

（3）确定文献主题

注意区分主要主题与次要主题,注意区分专业主题与相关主题,在确定和取舍主题时,还要注意参考分类法类目划分和使用次序。

（4）归类

根据文献主要主题的学科属性及其他特征,查阅分类法,找到与其相符的类目,归入到最切合文献内容的类目。最后根据本馆的分类法使用本,把书分到最恰当的类,其分类的深度以文献资源分类法使用本中的规定为准。必要时,给出互见分类号和分析分类号。

（5）编制分类索书号

馆藏文献如果采用分类排架,还必须进一步区分同类书。为实现同类书的个别化,就要编制书次号(同类书的排列次序号)。分类号和书次号构成分类索书号,将分类索书号用铅笔标在书名页上,待校核。

（6）分类审核

在确定文献资源分类号及索书号后,必须进行审核。审核是保证文献资源分类标引质量,减少标引误差的重要步骤。其内容包括:主题分析是否充分;主题概念的提炼是否正确;归入类目是否正确;检索标识是否符合要求等。

4.同类书的区分与书次号的编制

文献资源分类主要用于分类排架和目录检索。文献经过分类之后,做到"物以类聚",同一类文献集中在一处,内容相近的文献集中在一起了。但是,一个分类号代表一类内容、性质相同或特征相同的文献,同一分类号的文献可能有几种、几十种、几百种甚至成千上万种。那么怎样来区分同类书呢?

相关链接:

细心的读者到图书馆借书,一定会发现图书馆里的藏书与家里的图书或者是新华书店陈列的图书有着很大的区别。在图书馆的每册图书的书脊上均贴有一张标签,上面是一组由字母和数字组成的混合号码,如在某学校图书馆的书架上,人民文学出版社出版的《三国演义》(上册)的号码是 I242.4/35:1,而中州古籍出版社出版的《三国演义》(上册)的号码是 I242.4/35-2:1,《中华民国实录》第一卷(上册)的号码为 K258/3:1(1)。通过前面的学习,我们知道"/"前面的字母和数字代表的是该类书的分类号,那么"/"后面的这组数字和符号又代表着什么呢? 原来这些号码就是书次号,而该馆采用的是种次号。

(1)书次号的含义

书次号是为了使同类书个别化而编制的号码,它是分类索书号的组成部分之一,用以确定同一类中不同图书的排列次序。分类索书号由分类号和书次号组成。

(2)书次号的作用

从传统意义上说,书次号的作用体现在两个方面:①在组织分类目录时,使相同分类号的款目有序化,从而提供更为精确的检索途径;②在排架时同类图书排列有序,便于图书查找、归架和管理。

但随着图书馆自动化的逐步实现,书次号的作用逐渐转化为只作为排列同类图书的顺序号。

(3)书次号的种类

书次号种类繁多,归纳起来,大致有如下类型:①以图书的固有序号为书次号的,如专利文献的专利号、标准文献的标准号、技术报告的报告号等;②以图书的某些外部项目的编号为书次号的,如图书著者编号、书名编号、出版年编号、会议届次编号等;③以图书的某些内部项目的编号为书次号的,如涉及的人物编号、地名编号、机构编号等;④以图书馆处理图书的先后次序为书次号的,如种次号、登录号等;⑤几种书次号结合为书次号的,一种书次号不能完全实现个别化,往往需要另一种书次号补充。

据统计,目前在我国使用最普遍的主要是种次号和著者号。

(4)种次号

种次号是根据图书分类时的先后次序,对同类书按种依次给予不同的顺序号而形成的号码。种次号用流水号表示,每类书的种次号从"1"开始,按分编先后顺序给予1、2、3……,它简短易取,编号容易,排架简便。

种次号的缺点主要是不能将同一类中同著者的文献集中到一起。由于种次号的编号依据纯系偶然,无规律可循,因此无法在在版编目和集中编目中采用。如果更改分类法,那么分类号一旦变动,种次号也要相应改变。采用计算机编目,种次号会自动生成。

在给种次号时必须注意以下问题。

一是"种"的规定。即一书的各种版本,如原本、不同注释本、不同译本、改动较大的增订本或修改本,是合起来算作一种,给一个种次号,还是分别算作多种,给多个种次号? 两者必须加以选择。如:《红楼梦》的原著分入 I242.4/4;《红楼梦》的不同注释本为 I242.4/4 - 2;如果改动较大的修改本《红楼梦》(少儿版)分入 I287.4,种次号另外给号。

二是采用各种版本合用一个种次号时,应进一步附加版本区分号、版次号和卷册号等;采用各种版本分别给种次号时,也需进一步附加版次号与卷册号等。如:《义务教育课程标准实验教科书数学》初中一年级(上册)的分类号为 G634.601/24:1(1);《义务教育课程标准实验教科书数学》(修订本)初中一年级(上册)的分类号为 G634.601/24 - 2:1(1);《义务教育课程标准实验教科书数学》初中二年级(上册)的分类号为 G634.601/24:2(1)。

总之,种次号方法简单易学、简便易行,故在许多图书馆特别是中小学图书馆得到采用。

相关链接:"著者号"

在我国使用最普遍的书次号除了种次号外,还有就是著者号。著者号是根据图书责任者的姓名与字顺规律特点而形成的号码。

著者号归纳起来有拼号法与查号法两类:拼号法指无需编制著者号码表,而依据规则取号。如依据著者的姓名外文首字母或汉语拼音首字母取号,依据四角号码规则取号等。查号法指依据事先编制好的著者号码表取号,如美国的《克特著者号码表》、中国的《通用汉语著者号码表》等。这种方法具有较好的规范控制性,有利于集中编目和在版编目,有利于标准化和资源共享,故采用的图书馆也较多。

(5)书次号中的各种辅助区分号

为了区分同类同著者的各种著作(包括一书的分卷、分册、不同版本等)的集中问题,可设置辅助区分号,将相应的符号加在种次号之后。

版次号用"-"表示。如:人民文学出版社出版的《三国演义》(上册)的号码是 I242.4/35:1;而中州古籍出版社出版的《三国演义》(上册)的分类索书号是 I242.4/35 - 2:1,其中"35"是种次号,"-"是不同版本区分号,"2"不同版本号。

卷次号":"。用以区分多卷书的不同卷、册次。如果卷册次之后还有分册,则可用"( )"表示。如:《红楼梦》上册的分类索书号为 I242.4/5:1,《红楼梦》下册的分类索书号为 I242.4/5:2;《中华民国实录》第一卷上册的分类索书号是 K258/3:1(1),而《中华民国实录》第一卷下册的分类索书号则为 K258/3:1(2)。

分类索书号的编制工作是中小学图书馆业务工作中的一个重要环节。在确定使用某种文献信息分类法之后,就要选择一种书次号。一旦选用了某种书次号,就不宜轻易改动。并在本馆的分类细则中对书次号的使用和辅助区分号的使用等作出明确规定,以便使整个文献信息分类工作做得更加符合规范化、标准化的要求。

(6)馆藏文献在书架上的排列

在文献资源分类排架中,馆藏文献在书架上排列先按分类号,再按书次号,最后再按照书次号中的各种辅助区分号排列。文献在排列时的顺序应以每一个书架为单位,从上到下,从左到右,周而复始,长远不变。

文献按照分类号排架时要遵守《中图法》标记符号排列的规则,同类书再按照书次号和书次号中的各种辅助区分号的顺序排列(如采用种次号,就按照种次号和种次号中的各种辅助区分号的顺序排列)。

同类书具体该怎样排架呢? 我们现在以普通图书为例,下面是某学校图书馆收藏的图书的分类索书号,它们在书架上的排列顺序为:

例1:G634.411/8:1(1)、G634.411/8:1(2)、G634.411/8:2(1)、G634.411/8:2(2)、G634.411/8 - 2:1(1)、G634.411/8 - 2:1(2)、G634.411/8 - 2:2(1)、G634.411/8 - 2:2(2)。

例2:I242.4/4:1、I242.4/4:2、I242.4/4 - 2:1、I242.4/4 - 2:2、I242.4/4 - 3:1、I242.4/4 - 3:2、I242.4/4 - 4:1、I242.4/4 - 4:2。

例3:I267/1、I267/2、I267/3、I267/4、I267/4 - 2、I267/5、I267/6……

第四节　文献资源分类标引的规则和方法

一、文献资源分类标引的规则

1. 基本规则

文献分类的基本规则是指贯穿于整个分类标引过程中必须始终遵循的准则。包括以下规则。

(1)文献资源分类必须以文献内容所反映的学科或专业属性为主要标准,其他属性为辅助标准

如:《哲学辞典》首先应分入哲学类,然后再依辅助标准"辞典"复分,分类号为 B - 61;《中国文学年鉴 2008》首先应分入中国文学,然后再依辅助标准"年鉴"复分,分类号为 I2 - 54。

(2)文献资源分类要遵守所用分类法的规定,必须体现分类法的系统性、逻辑性

凡是能归入某一类的书一定能归入它的上位类。如:《西游记》的分类号为 I242.4,它也可以归入它的上位类 I242 中国古代或近代作品。

(3)文献资源分类必须符合专指性要求,归入最切合其内容的类

文献资源分类必须把文献分入恰如其分的类目。只有当分类表中无确切类目时,才能分入范围较大的类目(上位类目)或与文献内容最密切的相关类目。

如:"I2 中国文学"虽然有 4 处设置了"小说"这个类目,分类号分别为"I207.4 中国小说的评论和研究、I210.6 鲁迅小说、I24 中国小说、I286.4/I287.4 中国儿童小说"。但是《红楼梦》的原著只能分到"I24"的下位类,分类号是"I242.4"(古代章回小说);而如果是对《红楼梦》的评论和研究则只能分到"I207.4";鲁迅的小说只能分到"I210.6";中国儿童文学中的小说只能分到"I286.4"或"I287.4"。

(4)文献资源分类必须符合实用性要求,归入到用途最大的类

文献资源分类应根据文献的具体内容和实际用途,结合本馆的性质、任务,在检索系统中提

供必要数量的,切合实际需要的检索途径。中小学图书馆一般只选择一个主要的类目进行标引,如果一个文献主题在分类表中设有两个可选择用的类目(交替类目),可选择分类表推荐使用的类目,也可将文献归入本单位最适用的类目。

如:[J522.4] 图案字

宜入 J292.13。

我们分类这一主题的文献时,可以根据《中图法》推荐使用的类目分入 J292.13;但是如果本馆分类法使用本中为了集中"图案"这一主题的文献,规定将该主题文献分入交替类目[J522.4]图案字,使用时去掉交替符号"[ ]",分类号为 J522.4。

(5)文献资源分类必须遵守分类的一致性原则

文献资源分类的一致性原则,是指把内容相同的文献归入相同的类。各单位要通过分类法使用本规定把某类、某种难以确定类属的主题,人为地集中到某类,不要分散到各类。

如:本单位规定把自然科学普及读物集中归入 N49,那么就要在分类法使用本中做出规定,以后凡是类分自然科普读物都分入 N49,要做到前后一致。如果该类书是分散处理的,那么就要在本馆分类法使用本中规定按文献所属各学科分类,在主类号后加总论复分号"-49"。

(6)不能单凭书名的意义分类

如:《地震》《旋风》《克隆天下》等都是小说,不能单凭书名的意义归入到"地球科学""天文学""生物科学",而应根据作者的国别、时代、小说的体裁归入到相应的文学类中;《阿丽思中国游记》是沈丛文写的童话,应分入 I286.7,而不能根据书名分入游记类。

2.各种主题形式文献资源的分类规则

(1)单主题文献资源的分类

单主题文献资源是指论述一件事物或一个问题的文献资源,即一个主题内容。根据构成主题概念因素的数量,又可分为单元主题文献资源和复合主题文献资源,单元主题是指文献资源包含一个概念因素,复合主题则是指由两个以上概念因素组合而成的单主题。

1)单元主题文献资源的分类

对某一事物或问题的综合研究,应按事物或问题的学科属性归类。如:《古代汉语》分类号为 H109.2;《图书馆概论》入 G250。

分别从不同学科或角度来论述某主题的文献资源,应根据研究角度归入各有关学科。如:《水果让你更美丽》一书立足于水果美容,归入"R247.1 食养、食疗";《特色水果栽培技术》归入"S66 果树园艺";《水果切雕与拼摆》归入"TS972.1 烹饪法、食谱、菜谱";《水果制品加工工艺与配方》归入"TS255 水果、蔬菜、坚果加工工业"。

2)复合主题文献资源的分类

一个主题从几个学科方面来研究。如果论述的方面是属于同一学科的同一类列,则归其上位类,如:《有线广播与无线广播》归入其上位类"TN93 广播"。

一个主题从几门学科综合论述的,根据作者重点或写作目的归类;不能辨别其重点的,归入能概括两个方面的上位类,没有共同上位类的,则按在前的主题因素归类,并在另一个类作互见。如:《地震与地震考古》,重点是"考古",归入"K85 文物考古"。

（2）多主题文献资源的分类

多主题文献资源是指论述两个或两个以上主题的文献资源,即多个主题内容。就相互关系而言有并列关系主题、从属关系主题、因果关系主题、比较关系主题、影响关系主题、应用关系主题等。

1）并列关系主题文献资源的分类

并列关系的主题是指文献信息同时论述两个或两个以上各自独立的主题。文献资源标引时有以下几种情况:

• 如果属于同一上位类,归入其所属的上位类,如:《三角和代数》应入其共同的上位类"O12 初等数学"。

• 如有重点的按重点主题归类,无重点的按前面的主题归类。如:《健康长寿与成语典故》无重点按前面的主题归入 R161.7;《唐诗地图》主要是对唐诗中涉及的各地风景的介绍,按重点主题归入"K928.9 旅游地理、游记"。

• 同时涉及三个或三个以上的并列主题文献资源,一般可根据其涉及的范围,将其归入到共同的上位类或概括性类目。如:《气压、风和云》三者并列且共有同一上位概念"气象基本要素、大气现象",归入 P42。

2）从属关系主题文献资源的分类

从属关系的主题,是指文献资源各主题之间有包含关系、属种关系或整体与部分关系。具有从属关系的主题,一般依较大较全的主题归类,必要时可为小主题作分析分类。若论述的重点是小主题,则依小主题的学科属性归类。如:《太阳系、金星、火星、地球》一书入其上位类"P18 太阳系";《农业植物与花卉》,按重点小主题"花卉"归入"S68 观赏园艺（花卉和观赏树木）"。

3）因果关系主题文献资源的分类

因果关系的主题,是指文献资源内容涉及几个主题,其中一个主题是另一个主题或多个主题产生的原因,或者多个主题是另一个或多个主题产生的结果。

• 论述主题之间因果关系的文献资源,一般分入结果方面的主题所属的学科。如:《从猿到人》按结果的主题归入"Q98 人类学"。

• 如果一个原因产生多个结果,则按原因的主题归类。如《台风给人类和自然界带来的危害》,按原因的主题归入"P44 天气学"（台风入此）。

• 如果两个原因产生一个结果,则按结果的主题归类。如《地震、台风给人类带来的危害》,按结果的主题归入"Q98 人类学"。

4）影响关系主题文献资源的分类

影响关系的主题,是指文献资源涉及几个主题,其中一个主题对另一个主题或多个主题产生影响,或者多个主题对另一个或多个主题产生影响,或各主题之间相互影响。

• 论述一个主题或多个主题影响另一个主题的文献资源,分入受到影响的主题所属的类目。如:《帝国主义与中国近代历史》入"K25 近代史:1840～1919 年"。

- 论述一个主题对多个主题产生影响的文献资源,一般按发生影响的主题归类。如:《太阳黑子对人类生活、地球磁场、通信的影响》,按发生影响的主题归入"P182 太阳物理学"(太阳黑子)。

- 如某一受影响主题是论述的重点,则按重点受影响的主题归类。如:《月亮太阳的引力对人类生老病死的影响》,按重点受影响的主题归入"R33 人体生理学"。

5)应用关系主题文献资源的分类

应用关系的主题,是指一个主题应用到另一个或几个主题中,或者是指几个主题同时应用到另一个主题当中。

- 凡属一种(或多种)理论、方法、工艺、材料、设备、产品在某一主题方面应用的文献资源,分入应用到的主题所属的类目。如:《心理学与中小学教育》是心理学在教育中的应用,入"G44 教育心理学"而不入"B84 心理学";《多媒体在计算机教学中的应用》和《多媒体计算机的应用》前者入"G434 计算机化教学",后者入"TP3 计算技术、计算机技术"。

- 凡属一种理论、方法、材料等在多主题文献信息中应用的文献资源,则按该理论、方法本身的学科属性分类。如:《心理学在社会、教育、军事领域中的应用》入"B849 应用心理学";《统计学在经济、教育中的应用》入"C8 统计学"。

6)比较关系主题文献资源的分类

比较关系的主题,是指文献资源中多个主题之间具有相互比较优劣或异同的关系。

- 论述两个主题相互比较的文献资源,按著者重点论述的或所赞同的主题归类,必要时在另一个主题下作互见。如:《中美两国保险业的比较》,归入"F842 中国保险业",并在美国保险业下作互见。

- 如果多个主题之间的比较,则归入有关的上位类。如:《美国、英国、日本和中国素质教育的比较》,归入上位类"G40 -012 全面发展教育"(素质教育入此)。

二、各种类型文献资源的分类规则

1. 工具书的分类规则

工具书可分为参考工具书、检索工具书和语言工具书。

凡综合性的工具书归入"综合性图书"有关各类;凡专科性的工具书,则按其学科内容归入各类,再加参考工具书的复分号,也可以归入 Z 类,但应在有关学科下作互见。如:《中国大百科全书·物理学卷》入 Z227,在 O4 -61 作互见;《中国出版年鉴》入 G239.2 -54。

检索工具书包括目录、索引、文摘等,属于查找文献线索的检索工具书,均集中归入 Z8 有关各类;专书的索引应随原书归类,或按分类法的规定分;属于查找事物的检索工具书,均按其学科内容归入有关各类,再依总论复分表分。如:《〈史记〉人名索引》入 K204.2 -7;《全国自然科学图书联合目录》入 Z88:N;《〈毛泽东选集〉索引》入 A84 -7。

语言工具书中除专科性的词典入各有关学科外,其他语言工具书均集中归入 H 有关各类。如:《简明英汉计算机词典》入 TP3 -61;《古汉语常用字字典:最新版》入 H163。

2.印刷型报刊的分类规则

报纸合订本在中小学图书馆一般都采用单独排架不予分类。可先按年代,再按报纸名称字顺排列。期刊(期刊合订本)的分类规则如下。

（1）印刷型期刊分类的特点

印刷型期刊分类与图书分类相比,有以下几个特点。

1）分类宜粗不宜细

这是印刷型期刊分类的主要特点。由于印刷型期刊内容广泛、综合、概括,而且跨学科者又多,因而分类不宜过细。从收藏情况来看,中小学图书馆收藏种类有限,印刷型期刊分类宜粗不宜细,大部分印刷型期刊分类在二至三级类目内,而中小学图书馆收藏的教学参考类期刊应分类到学科,如小学语文期刊入 G623.2,中学语文期刊入 G633.3 等;而像《十月》《当代》《钟山》等中国文学杂志,分到 I2,《译林》等外国文学杂志分到 I1;《大众医学》分到 R1 等。

2）印刷型期刊分类应具有相对的稳定性

印刷型期刊分类应从整个刊物的内容性质和主旨确定其归类,印刷型期刊分类通常是以合订本为对象。

3）印刷型期刊的分类有时会有变化

印刷型期刊有时会出现改名、合并等情况,大多数印刷型期刊改名后内容无多大变化,总期号连续者,分类号不变,但有的印刷型期刊改名后,内容变化很大,变成了一种新的印刷型期刊,这就要根据改名后印刷型期刊的内容重新进行分类。如《读者》原名《读者文摘》,《考试与评价》原名为《英语通》,改名后内容没有变化,分类号不变;《中小学信息技术教育》原名《北京成人教育》,改名后内容发生了改变,应重新分类。

（2）印刷型期刊分类表

印刷型期刊分类表是印刷型期刊分类的工具。1987 年 2 月,书目文献出版社(后改名为国家图书馆出版社)正式出版了由中国图书馆图书分类法编委会编制的第二版和第四版的《期刊分类表》,为印刷型期刊分类提供了依据。

《中图法》从第四版开始全称去掉"图书"二字,正式改名为《中国图书馆分类法》,《中图法》(第五版)沿用,其外延扩大了许多,不仅可类分图书,而且对期刊和其他资料的分类也作了相应的说明和设置。因此分类期刊我们可以使用《中图法》(第五版)。

（3）印刷型期刊分类的方法

印刷型期刊分类与图书分类的原理基本相同,即主要是按其内容范围所属学科体系归类。

以下列举了印刷型期刊分类的一般原则及常遇到的一些分类问题的处理方法。

• 大多数印刷型期刊的刊名能反映它的内容范围,但也有些刊物并非如此,因此,印刷型期刊分类时不能单纯以刊名为依据,还需查看其内容或参照编辑者的性质归类。

• 多内容的刊物,要根据内容的重点进行归类。两个并列内容的期刊,一般按前者归类,后者作参见。内容超过三个以上的期刊,如属同一学科的,归入其上位类;不属同一学科的,归入综合类,或根据本馆的实际情况归入用途最大的类。

• 在总刊名下分辑出版的刊物,一般按分辑归类。

- 综合性的学报入综合类,专业性的学报入有关各类,大学学报可按"形式复分表"进行复分。

- 检索性期刊,宜入综合类的 Z88/89 类目,并按内容给予相应的组配复分号,以便将检索性期刊集中在一处。

总之,印刷型期刊的分类应从印刷型期刊的特点出发。印刷型期刊分类后,为了适应编制分类目录及印刷型期刊分类排架的需要,还需对同类印刷型期刊加以区分,即需配以刊次号。目前刊次号编制方法不少,如种次号、刊名字顺号、编者字顺号等等,在实现计算机管理后,期刊的刊次号还是参照图书的种次号再加年代和合订本号为宜。

如前面所举的大型综合性文学杂志《钟山》分在 I2,如果前面已有《十月》《当代》《长城》,那么它的分类种次号应是 I2/4。《钟山》是月刊,有一定厚度,如 2 本一装订,1 年就是 6 个合订本。如 2022 年的 6 个合订本依次是 I2/4:2022(1),I2/4:2022(2)……I2/4:2022(6)。各图书馆可根据自己的情况和习惯选用。

3. 丛书的分类规则

丛书的分类可采用集中处理或分散处理两种方法。

(1)丛书集中处理

- 一次刊行的丛书,或有总书名、总的编辑计划或总目次的丛书。如:"飞碟探索丛书"分类号为 N49。

- 学科专业面窄、读者对象明确的丛书。如:"图书馆学丛书"分类号为 G25 - 51。

- 围绕时代、地区、事件、人物编辑,并且内容密切相关的丛书。如:"毛泽东研究丛书"分类号 A84 - 51。

- 科普性、知识性的丛书。如:《我真想知道丛书》分类号为 N49。

丛书集中归类是按整套丛书的学科性质归类。一次性处理的丛书,如一次到馆也可集中归类。现在出版的一些装帧形式相同的丛书也可集中归类。如:"世界文学名著精品丛书"一套30 册,也可以整套分类,分到 I14,并在有关国家文学类下作互见。

(2)丛书分散处理

- 对于一部丛书,如果集中处理,反而不便于读者从学科系统来查找。

如:《五角丛书豪华本》其中包括《21 世纪世界大预测》(分入 G303)、《世界智力训练大全》(分入 G449)等等,因为本套丛书既有社会科学又有自然科学,如果集中分的话就要入 Z 大类了,这样不利于读者按学科系统查找。

- 内容广泛,各册图书之间无密切联系。

如:"青年自学丛书"数学分册(分入 O1)、物理分册(分入 O4)、化学分册(分入 O6)。

- 残缺不全、无法配套者。

丛书分散归类是按丛书各个分册内容分别归类,如:《社会科学十万个为什么》(法律分卷)入 D9,《社会科学十万个为什么》(教育分卷)入 G4,而整套分类时都入 C49。

4.多卷书的分类规则

多卷书均应集中分类,并依据全书整体内容的所属学科归类,采用相同的书次号,并加卷(册)次号加以区分。如:

《世界短篇小说精品》第一卷分类号为 I14/31:1

《世界短篇小说精品》第二卷(上册)分类号为 I14/31:2(1)

《世界短篇小说精品》第二卷(下册)分类号为 I14/31:2(2)

《世界短篇小说精品》第三卷(上册)分类号为 I14/31:3(1)

《世界短篇小说精品》第三卷(下册)分类号为 I14/31:3(2)

……

对于文集或论丛等著作集、连续分辑刊行且按专题汇编的文献,也按多卷书的分类标引方法处理。

5.录音、影像资源的分类规则

国内尚无统一的录音与影像资源分类标准,现在中小学图书馆普遍采用《中图法》或依据《中图法》制定分类标准进行分类。

对录音与影像资源的分类主要是根据其特征,参照《中图法》(第五版)及其"编制说明"为分类依据,按照其内容的学科属性及形式特征进行归类分编。

依据《中图法》(第五版),如果是总论社会科学方面的音像制品(影像资料)、电子文献、电子出版物入"C79 非书资料、视听资料"有关各类。

C79　　非书资料、视听资料

　　　　　　总论音像制品(声像资料)、电子文献、电子出版物等入此。

C791　　缩微制品

　　　　　　缩微胶卷、缩微平片等入此。

C792　　录音制品

　　　　　　唱片、录音带等非计算机可读资料入此。

　　　　　　唱盘(CD)入 C794。

C793　　感光制品、录像制品

　　　　　　电影片、幻灯片、录像带等非计算机可读资料入此。

　　　　　　VCD、DVD 等录像资料入 C794。

C794　　机读资料

　　　　　　计算机可读资料、光盘资料、多媒体资料等入此。

　　　　　　网络资源入 C795。

C795　　网络资源

　　　　　　网站、网页、网络数据库等入此。

如:《科学博士经典全集:社会科学篇》(CD-ROM)入 C794。

依据《中图法》(第五版),如果是总论自然科学方面的音像制品(影像资料)、电子文献、电子出版物入"N79 非书资料、视听资料"有关各类。

N79　非书资料、视听资料

总论音像制品(影像资料)、电子文献、电子出版物等入此。

N791　缩微制品

缩微胶卷、缩微平片等入此。

N792　录音制品

唱片、录音带等非计算机可读资料入此。

唱盘(CD)入 N794。

N793　感光制品、录像制品

电影片、幻灯片、录像带等非计算机可读资料入此。

VCD、DVD 等录像资料入 N794。

N794　机读资料

计算机可读资料、光盘资料、多媒体资料等入此。

网络资源入 N795。

N795　网络资源

网站、网页、网络数据库等入此。

如:《愤怒的地球灾难系列:自然科学篇》(VCD)入 N794。

依据《中图法》(第五版),如果是专论某一类的,先按照学科属性用分类法主表进行分类,再依据"总论复分表"进行复分,将复分号加在主表分类号之后,然后再加上种次号。

《中图法》(第五版)在"总论复分表"中对"－79 非书资料、视听资料"的划分进行调整,增补注释,明确下位类的外延。第五版规定唱盘(CD)、VCD、DVD 等计算机可读资料都入"－794 机读资料",各馆应按照规定逐步改正过来。

－79　非书资料、视听资料

总论音像制品(声像资料)、电子文献、电子出版物等入此。

－791　缩微制品

缩微胶卷、缩微平片等入此。

－792　录音制品

唱片、录音带等非计算机可读资料入此。

〈唱盘(CD),第 5 版改入总论复分表 －794〉

－793　感光制品、录像制品

电影片、幻灯片、录像带等非计算机可读资料入此。

〈VCD、DVD 等录像资料,第 5 版改入总论复分表 －794〉

－794　机读资料

计算机可读资料、光盘资料、多媒体资料等入此。

网络资源入总论复分表 －795。

－795　网络资源

网站、网页、网络数据库等入此。

如:《初二英语》(录像带)　　　　G634.41 －793

《初二英语》(DVD)	G634.41 – 794
《初三英语》(计算机光盘)	G634.41 – 794
《宋太祖赵匡胤》(VCD)	K827 = 44 – 794

三、各种学科文献的分类标引方法

各种学科文献的分类标引,不仅要依据分类标引的基本规则和一般规则,还应遵守反映各学科知识结构和相应体系特点的特殊规则,下面介绍各大类文献信息分类标引的要点:

1. "A 马克思主义、列宁主义、毛泽东思想、邓小平理论"的分类标引方法

这一类的收藏范围是:马列主义经典作家,即马克思、恩格斯、列宁、斯大林、毛泽东和邓小平同志的著作;这六位无产阶级革命家的生平和传记著作;对这六位无产阶级革命家的著作、思想的学习和研究的著作。本类每部分均采用依人列类方法,再依据著作形式进行区分。

● 单行本著作,按写作年代或专题汇编细分,多卷书以第一卷的写作完成时间为准;专题汇编按专类复分表分,有关某学科的单行著作或专题汇编应在有关学科类下作互见。如:《自然辩证法》恩格斯著,入 A124,互见 N031a。

● 六位无产阶级革命家主持编辑的著作,依内容的学科属性归入有关各类,不入 A 类。如:《中国农村的社会主义高潮》(毛泽东主持编辑),入 F321。

● 学习和运用马列主义、毛泽东思想及邓小平理论的立场、观点和方法改造世界观的心得、体会方面的著作入"D6/7"有关各类。用他们的观点解决社会科学、自然科学中实际问题的经验、体会方面的著作入有关各类。如:《马克思主义祖国观、民族观、宗教观、文化观教育通俗读本》入 D64,《邓小平理论与当代中国教育学》入 G52。

● 第五版修订:通过注释提供了集中与分散的处理方法,A 大类文献若不愿集中,可按文献性质及学科内容归入相关各类,综合性著作可分别归入 D 有关各类。如:马克思、恩格斯、列宁、斯大林的综合性著作及其研究可入 D33/37 的"–0";毛泽东、邓小平的综合性著作及其研究可入 D2 – 0;马列主义、毛泽东思想研究,专论、专题汇编及其研究入有关各类。如:马列主义研究入 D0 – 0,毛泽东思想研究入 D610.0,邓小平理论研究入 D610.1,邓小平论文艺入 I0,毛泽东传入 K827 = 73 等。如:

文献	分散归类	集中归类
《邓小平与香港回归》	D2 – 0	A849
《邓小平画传》	K827 = 75	A76
《列宁传》	K835.12	A73
《毛泽东诗词选》	I227	A44

● 有关六位无产阶级革命家的文艺作品入 I(文学、艺术)有关类目。如:《列宁》(诗歌)入 I512.2。

2. "B 哲学、宗教"的分类标引方法

本类收书范围:哲学理论,主要是辩证唯物主义和历史唯物主义,还有各哲学流派以及对这

些哲学流派的研究;世界各国各时代哲学著作;思维科学、逻辑学、道德哲学(伦理学)、美学、心理学以及无神论和宗教方面的图书。

- 有关自然哲学、自然辩证法的书宜入 N0,如:《自然辩证法讲义》入 N0。

- 各种专门学科中的哲学著作均依其内容分别入有关学科,如:《实证相对主义—— 一个崭新的教育哲学》入"G40 - 02 教育哲学";《科学哲学的历史》入 N0。

- 哲学家的思想评传入哲学的有关类目,专论某一哲学家及心理学家的生平入"K81 传记"(按学科分)的哲学家传记类目中。凡一个哲学家评论、注释另一个哲学家的哲学著作及哲学思想的著作,就分入被注释、研究的哲学家类。如:《孔子的评传》入 B222.2;《培根论文集》入 B561.21;《弘一大师》入 K825.1;《弗洛伊德自述》入 K835.21。

- "B82 伦理学(道德哲学)"包括伦理学哲学基础、伦理学与其他科学的关系、伦理学流派及其研究,以及关于人生观、人生哲学、国家道德、家庭婚姻道德、社会公德、个人修养等方面的文献。有关道德的社会问题、道德教育等方面的文献应分别归入 C、D、G 等类。如:《家庭伦理问题漫谈》入 B823;《青年人生哲学》《一念之转:四句话改变你的人生》入 B821;《论图书馆的职业道德》入 G25;《市场经济下我国的婚姻道德的变化》入 D669;《共产主义道德概论》入 D648。

- 美学总论性的著作入本类,专论美学与某一学科或专业的美学著作则入有关各类。如:《美学原理新编》入 B83 - 0;《语言美学》入 H0 - 0。

- 在"B844 发展心理学(人类心理学)"类下《中图法》(第五版)新增注释"不同人群的心理咨询与辅导入此"。新增"B849.1 心理咨询与心理辅导"类,并增注释:"总论入此。专论入有关各类。例:不同人群的心理咨询与辅导入 B844 有关各类,不同环境的心理咨询与辅导入 B845.6 有关各类,心理治疗与心理卫生入 R395 有关各类,学生心理咨询与辅导入 G444。"如:《环境心理学》入 B845.6;《心理咨询与心理治疗案例分析》入 R395;《花季档案:一位中学心理咨询师辅导手记》入 G444。

- "B849 应用心理学"只收总论性文献,专论心理学在某一方面的著作入有关各类。如:《读者心理学》入 G25;《教师心理学》入 G443。如愿集中于此,可用组配编号法,用":"表示,如《教育心理学》入 B849:G4。

- 关于无神论、宗教的著作。凡是宣传无神论,破除迷信等著作入"B91 对宗教的分析与研究",如:《什么是生命,什么是死亡》《中国无神论史话》入 B91。宗教家传记分散于各派宗教史下,如:《张三丰考略》入 B95;《历史上的玄奘》入 B94。

- "B93 神话与原始宗教"只收神话研究、各国神话的流传及发展的文献,凡用神话体裁写成的文学作品入"I 文学"类。如:《神话的历史》入 B93;《希腊神话故事新编》入 I545.7。

3. "C 社会科学总论"的分类标引方法

本类只收社会科学总论性的著作以及涉及各门学科具有普遍性意义的综合性学科著作(统计学、社会学、人口学、管理学、民族学、人才学等)。

- 根据《中图法》分类体系,D、E、F、G、H、I、J、K 等八类都是由 C 类展开而来,凡内容跨其中两大类的文献入此类 。如:《英汉法律政治经济词汇》入 C61。

- 凡归入本类的文献不必查总论复分表,而直接按本类内容给号即可。如:《费孝通学术文化随笔》入 C53。

- "C49 普及读物"这类图书有两种处理方法,一是集中,即将社会科学的通俗读物都集中于 C49;另一是分散,即根据图书内容所阐述的学科性质,分散于各学科大类里,然后加上总论复分号"-49"。但一个馆只能选定一种方法,将使用方法记录于本馆分类法使用本中,不得随意变动。如:《社会科学十万个为什么(法律卷)》分散分类入 D9-49,集中分类入 C49。

- "C8 统计学"收统计学原理、统计方法及世界各国统计工作与统计资料汇编等方面的文献,关于专类统计学的文献入有关各类,如愿集中专类统计学的文献,可采用冒号组配编号法。如:《统计学新编》入 C8;《教育统计学》分散分入 G40-051,集中分入 C8:G40。

- "C91 社会学"只收总论性著作,专论则入有关各类,各分科社会学如愿集中,可采用冒号组配编号法。如:《比较社会学》入 C91,《企业社会学》入 F27(分散),《教育社会学》入 C919:G40(集中)。

4."D 政治、法律"的分类标引方法

本类包括政治和法律两大部分。政治包括政治理论,共产主义运动和工、青、农、妇运动与组织及国际关系、外交等类目。

- 有关世界各国民族的起源、分布及现状的著作入 K 类中各国历史中;总论中国民族的起源、分布和现状的著作入"K28 民族史志",专论我国少数民族现状的著作入 D63。如:《当代中国的民族工作》入 D63;《世界民族史话》入 K18;《中国民族史》入 K28。

- 注意 D09 的政治思想史与哲学大类中的思想史的区别。政治思想史又称政治学史,主要收历代政治思想及其研究的著作。哲学中的思想史则研究包括政治、军事、哲学、法制、文艺思想等社会思想发展的历史,它的范围比政治思想史宽广得多。如:《论世界帝国》入 D09;《新编世界哲学思想史》入 B1。

- 党、团史入有关党团类;工、农、青(学)、妇女运动(斗争)史的总论性著作入 D41/44 有关类,专论某一具体的工、农、青(学)、妇女运动(斗争)的历史著作则入 K 历史类。如:《少先队工作指南》入 D43;《中国新民主主义时期工运史料》《五四运动简史》《"五卅"运动在上海》入 K261;《省港大罢工》入 K262。

- "D64 思想政治教育和精神文明建设"收总论思想政治教育的意义、方法及其有关论述的文献,专论,对党员、青年学生、军队等进行思想政治教育的方法、经验的著作入有关各类。如:《新时期思想政治工作》入 D64;《中小学思想政治教育》入 G631。

- "D5 世界政治"及"D73/77 各国政治"收论述第二次世界大战(1945 年)以后的有关文献,论述第二次世界大战以前的属于政治制度方面文献入"D5 世界政治"及"D73/77 各国政治";属于世界及各国政治历史发展方面的文献分别入"K1 世界史"及"K3/7"有关类目。如:《美国政府与政治》入 D771.2。

"D6 中国政治"主要收中华人民共和国成立以后的有关文献,其中包括关于台湾、香港、澳门的政治文献。凡 1949 年之前属于政治制度方面文献入"D69 政治制度史",属于政治历史发展方面的文献应入"K2 中国史"类。如:《中国改革开放三十年日志》入 D61;《中华人民共和国国史通鉴》入 K27;《台湾二〇〇九》入 D675.8;《中国香港:政治与文化的视野》入 D676.58;《澳门问题重要文献汇编》入 D676.59。

● 政治概况与地理的区分。①总论国家政治、经济概况、政治形势以及对国家的政治、社会进行综合性研究的著作入政治。如:《各国概况》入 D5。②总论国家的自然地理、历史概况、风土人情、政治经济发展及社会文化生活等方面的著作入地理类。如:《澳大利亚面面观》入 K961.1。

● 总论外交、国际关系理论及国际关系文献入 D80/81;凡属于某一国家与其他国家之间关系的文献入"D83/87 各国外交"有关类目;属中外关系的文献入"D82 中国外交";属中国以外的其他两国关系的文献,可依重点分,必要时在其他国家类下作互见。如:《外交商务礼仪》入 D80;《超越对抗:中美三次大冲突》入 D82;《中东和谈史》入 D81。

●《中图法》(第五版)D 类局部调整较大,增改类目数量仅次于 F 类。①增加部分新主题类目,增加注释或修改类名。如:新增"D610.2 '三个代表'重要思想""D610.3 科学发展观""D523.2 人事管理、公共部门人力资源管理"等,增补"D035 - 0 行政学""公共管理学""D035 -3 公共管理与政府管理方法""D035.29 公共安全管理"等,同时对世界各国政治类以及相关的"C91 社会学类体系"对应调整完善。如:《"三个代表"重要思想概论》入 D610.2;《科学发展观学习读本:学生版》入 D610.3。②调整法律类体系,增补新类。理顺"D90 法学理论"和"D91 应用法学"的体系,如增补"D904.6 英美法系、大陆法系""D910.1/.9 理论及法律汇编"等。为满足新型法归类问题,修改 D911/919 各部门法的类名并增补下位类,同时修改调整 D92/97 相对应的类目体系。

5."E 军事"的分类标引方法

除兵役法入 E1/E7 各国军事的"兵役制度、兵役法"类外,其他各种专门法律统一入 D9 有关各类。如愿意分散者,可入有关学科的"方针、政策"类。

● 弄清军事史里的战史同历史大类里战争史的区别。前者叙述具体战役战斗的经过,论述战略战术和军事技术等方面的问题;而战争是记载具体战争的整个过程及影响,并研究它所反映的阶级矛盾、社会矛盾和民族矛盾等。如:《世界战争大全》入 E1 -61;《震撼世界的 100 场战争》入 E1;《中日甲午战争全史》入 K256。

● "E9 军事技术"只收本表所列各种武器和军用器材的使用、维修以及技能训练等著作,关于武器的设计、制造测试、储运、销毁及兼论使用、维修等方面的文献入 TJ 武器工业类。古兵器入 K85 有关各类。如:《现代战车》入 E92;《火炮与自动武器》入 TJ3;《中国古兵器论丛》入 K87。

● 凡是军事对政治、经济影响的著作,按被影响的学科归类。如:《美国战争经济与危机》入 F171.2。

6."F 经济"的分类标引方法

本类主要包括经济学(包括马克思主义政治经济学、经济学基本理论、经济思想史)、世界各国经济、经济计划与管理及各部门经济等内容。

本类图书中小学图书馆一般藏书不多,可分得粗一点。如:《直面金融海啸:全球金融危机及中国应对》入 F83;《马克思主义经济理论若干问题创新研究》入 F0 - 0。

《中图法》(第五版)本类增删改类目数最多。

● 新增类目 230 多个。直接增加主题概念类目,如:"F0 - 08 西方经济学(总论)""F209 涉外经济管理""F26 产业经济""F719.52 博彩业、彩票业""F740.46 国际贸易代理"等。对某一类目扩充加细、增加下位类,如:"F271 企业体制""F49 信息产业经济""F590.7 各类型旅游""F840.6 各种类型保险"等。修改某一类目的类名,调整其下位类,并扩充其他类目,如:"F25 物流经济""F241 劳动力与人力资源""F272 企业管理(总论)""F293 城市土地经济、房地产经济""F713.36 电子商务"等。

● 修改类名、增补注释、明确使用方法等修改约有 500 个类。如:"F810.42 税收""F302 农业计划、规划与管理""F301.3 土地经营与土地市场""F272.1 企业战略管理""F6 邮电通信经济""F713.6 商品交易中介与经纪人""F743.1 国际贸易组织""F129 中国经济史"等。

● 对无文献保障或过时或重复或主题不明确的类目删除停用约 140 个类。如:｛F047.5｝生活方式,｛F047.2｝社会总产品和国民收入,｛F114.42｝社会主义国家间的经济关系,｛F252.23｝城乡交流,｛F252.21｝物资供应与需求,｛F321.21｝互助组,｛F401.3｝社会主义工业所有制等。

7."G 文化、科学、教育、体育"的分类标引方法

本类的文化,包括文化的一般理论和文化事业的文献;科学,是指科学研究理论和科学研究事业,新闻、博物馆、图书馆、情报、档案等事业,仍属于文化、科研事业的一部分;教育,包括教育学和教育事业两方面的文献;体育,包括体育理论、各项体育运动和体育事业等内容。

● 文化史归入"历史"类,但各项文化事业的专史仍入本类。如:《中国文化史》入 K203;《中国目录简史》入 G25 - 09。

● 广播、电视和出版事业中关于宣传、组织管理及播送业务等方面的文献入 G22/23,属于技术方面的文献则入 TN 和 TS 有关类目。如:《广播电视概论》入 G22;《酷影编导:DV 制作初步》入 TN94。

● 新闻通讯、报道、特写、评论等虽属记叙文、辩论文范畴。但它们是在新闻上的应用,所以,新闻写作方法不入 H 类而入 G21。如:《漫谈新闻写作》入 G21。

● 教育文献的分类

A.凡属于教育学、教育一般理论和方法的文献,入 G40/48 有关各类;总论世界及各国教育事业的文献入 G51/57 有关各类;属于各级和各类教育的文献分别入 G61/79 有关各类。如:《教育学新编》入 G40;《澳大利亚教育》入 G561.1;《普通高中新课程方案导读》入 G632。

B.总论学校思想政治及德育的文献入"G41 思想政治教育、德育",专论各级各类学校思想政治及德育的文献入 G61/79 有关各类。如:《中国教育家论德育》入 G41;《浅谈中小学品德能力的培养》入 G631。

C.教科书、教学大纲。凡大学或专科学校,即各类职业技术教育、师范教育、高等教育(包括成人教育、函授教育等)的各种教科书、教学大纲,一律按学科性质归类。中等学校以下的各种教科书、教学参考资料、教学大纲等入教育类,再按学科性质细分。教师用书分别入 G613、

G623、G633 的有关类目;学生用书分别入 G624、G634 的有关类目,《大学物理专业教学法》入 O4;《高中物理课本》入 G634.71;《职业中专学校电子技术教材》入 TN－43。

D. 各年级分册出版的教材、教学参考书等分类与多卷书的分类相同,如:《全日制普通高级中学数学教科书　第一册》的分类索书号为 G634.601/20:1;《全日制普通高级中学数学教科书　第二册》的分类索书号为 G634.601/20:2。

E. "G63 中等教育"规定中小学教育的著作入 G63 有关各类。如:《中小学教师课题研究指导》入 G63;《中小学地理教学实用手册》入 G633.55。

F. 中小学综合实践和新课程方面的文献,凡属于教学研究与改革、课程设置及标准、教学计划与大纲的研究及汇编、教学法与教学组织及命题改革、应试技能、试题汇编入 G622/G632;各科教育计划、教学大纲入 G623/G633;教科书、各科试题及题解入 G624/G634。如:《中小学综合实践活动教学中的问题与对策》《新课程改革的理念与创新》入 G632.3;《综合实践活动小课题研究》(小学)入 G622;《高中化学新课程教学设计与评价》入 G633.8;《生物新课程的评价与资源》入 G633.91;《新课程英语语法:学生用书》入 G634.41。

- 体育文献的分类

A. "G80 体育理论"收体育运动的一般理论、方法的文献,有关各项体育运动理论的文献分别入 G82/89 有关各类。如:《大众健身运动 200 答》入 G80;《田径规则问答》入 G82。

B. "G81 世界各国体育事业"收世界各国体育运动组织和活动、综合性运动会、体育制度、体育成绩等方面的文献。如:《科技奥运:解析北京奥运会的科技创意》入 G81;《世界体育运动竞赛规则大全》入 G81。

C. G82/89 各项体育运动,集中有关各项体育运动各方面的文献,包括理论、训练、规则、场地及器材、体育组织、运动会及成绩等。如:《专家教你打羽毛球》入 G84;《武术理论基础》入 G85。

- 《中图法》(第五版)对"G4 教育""G8 体育"等类局部调整,增补新主题。如调整"G65 师范教育、教师教育""G76 特殊教育"等类体系,增补教师教育、情绪与行为障碍、儿童教育等新主题,修改扩充类名;调整"G81 有关体育组织、体育制度"及 G82/89 各项体育运动的类目体系,增补残疾人体育组织、行业及群众性体育运动组织、极限运动、军事体育(总论)等,除此之外,对"G89 文娱性体育活动类"作了较大的调整,如增加了扑克、麻将、健身房活动等类;停用私人收藏类,改入"G268.8 私人博物馆"和"G262 藏品的采集、征集、鉴定"有关各类,并相应对 G262 增补下位类,如"G262.1 书画""G262.2 钱币、邮票、票证""G262.3 玉石、珠宝"等 8 个下位类。如:《魅力集邮》入 G262.2;《马未都说收藏:陶瓷篇》入 G262.4。

8. "H 语言、文字"的分类标引方法

本类包括研究学习语言文字的文献。用某种语言文字书写的各种文献应按其内容性质入有关各类。

- 凡不以某种特定语言为研究对象的语言著作入 H0 的有关各类,专论某种语言各方面的著作入有关语言类目。如:《语言学概要》入 H0;《中级英语词汇精萃》入 H313。

- 本类各种语言中所收的字典、词典只限于研究或学习语文使用的普通词典;三种及三种以上语言对照的入 H06;汉语和中国少数民族语言对照的均入有关少数民族语言类型;汉外对照均入有关外语;两种外语对照的入前一种外语。专科词典、专业术语等,不论是一种语言还是多种语言,均入有关学科。如:《英汉、汉英民族学术语》(肖家成编)入 C95 – 61;《法德词典》入 H326;《七国词典》入 H06。

• 从学习语文的目的出发而编辑的我国文言文作品,不入"I 文学",而入"H194.1 古代汉语读本";中小学生作文选入 H194.4/194.5。如:《古文观止》入 H194.1;《中国小学生想象新作文》入 H194.4;《第 10 届全国新概念作文大赛获奖作品选》入 H194.5。

• "H152 文体论"总论汉语各种文体写作方法的著作入此,指导中小学生如何写作文即作文技法的著作入 G624.24/G634.34;文学创作方法方面的著作入"I 文学"类。如:《实用写作基础理论》入 H152;《特级老师教小学生优秀作文》入 G624.24;《中学生作文全程导练金典》入 G634.34;《小说创作论》入 I054。

• 以提高外语阅读能力为目的而编撰的语文读物,如不同语种的对照读物、注释读物、精读读本等均依其语种入读物类。如:《气垫船》(英语科普注释读物)入 H319.4:N;《居里夫人传:英汉对照》入 H319.4:K(用组配编号法细分)。

• 《中图法》(第五版)对汉语、外语教材、课本、教学参考书等通过注释进行了明确规定、划分,包括中等学校以上汉语、外语,专业外语,中小学汉语、外语。例:"H31 英语",修改注释为:"中等学校以上(包括中等专业学校英语专业)的英语教学法、教材、课本、教学参考书等入 H319 有关各类。如:《英语》(许国璋编)分类号为 H319.39。专业英语入有关各类。如:《国际商务英语》(高等院校国际贸易类教材)为 F7 – 43。""H319 英语教学",修改注释为:"中小学英语教学改革、教学大纲、教学法、教材、教学参考书等入 G6 有关各类。""H319.3 教学法、教材、教学参考书",修改注释为"中等学校以上(包括中等专业学校英语专业)的英语教学法、教材、课本、教学参考书、英语学习方法等入此。"还增补 H319.31/.39、H193.7/.9、H195.6 等类。如:《朗文外研社新概念英语(新版):实践与进步　学生用书》入 H319.39。

9."I 文学"的分类标引方法

本类包括:文学理论(文学理论的基本问题、文学创作、文学评论、文学史)、文学作品。

• "I0 文学理论"收文学一般理论、创作方法和兼论艺术理论(文艺学)的著作入此,专论艺术理论的著作入 J0;关于具体文学作品评论、欣赏的著作入 I1/7 有关各类。如:《文学概论》入 I0;《艺术的历程》入 J0;《现代六十家散文札记》入 I207.6。

• 文学理论、文学评论、文学史等著作,均按被研究对象的国别和时代归类,不能依作者的国籍和时代区分。如:《中国文学史:二十世纪中国文学史》([德]顾彬著;范劲译)入 I209。

• 文学作品依作者的国籍分,再按体裁和作者所处的时代划分。各国神话、民歌、民间故事等民间文学作品,均按原创作者的国家分,而不能依编者的国籍分。如:《格林童话》(章中、林琳编著),按原著者格林的国别分入"I516.8 德国儿童文学",而不入"I28(中国儿童文学)";《天方夜谭》入"I371.7 阿拉伯民间文学"。

• 收录不同洲的两国以上的作品入"I1 世界文学";同一洲的两国以上的作品,入 I3/7 各国文学,只取洲或地区的号码即可。一般中小学图书馆,只有少数几个国家的文学作品比较多,这些国家的文学作品一般分至小数点后一位,一般为日、苏联(俄罗斯)、德、英、法、美,其他的国家分至本国文学即可。例:《欧美经典小说精选》入 I14,《亚洲小说选》I3,《三个火枪手》([法]大仲马著)入"I565.4 法国小说",《老人与海》([美]海明威著)入"I712.4 美国小说",《屠格涅夫爱情小说》([俄]屠格涅夫著)入"I512.4 俄罗斯小说",《泰戈尔文集》([印度]泰戈尔著)入"I351 印度文学"。

如果是整套出版的丛书,如:"世界文学名著普及丛书·小说卷"一套 32 册,也可以整套分类,分入 I14,并在该国小说作品中作互见分类。像丛书中的《童年》《我的大学》按集中分类,分入 I14,然后再按国别分到 I512.4 作互见分类,排架按照 I14 排放。如果不是丛书,那么就应该按照作者的国别分到该国文学作品中,而不能都分入 I14。

- 经过缩编改写的图书,如果仅是文字压缩、润色,主要内容不变或变更不大,而书名页上仍是原著者时,仍随同原书归类。如果内容变更很大,甚至改变原著作体裁,改换书名或编著者时,就当作另一种图书,依改写后的形式体裁分类。如:由田汉改编的《阿 Q 正传》(话剧)入 I234。

- 关于"I266.5/I267.5(中国)书信、日记"的分类。有关人物生平事迹的书信、日记入 K81/83 有关类目,涉及专门问题的书信、日记入有关各类。如:《丛文家书:丛文兆和书信选》入 K825.6;《雨花台革命烈士书信选》入 I266.5;《找爱:汶川 5.12 地震心灵日记》入 I267.5;《华尔街日记:风暴中的美利坚》(中国记者对美国金融风暴的研究)入 F837.12。

- 儿童文学作品的分类。外国儿童文学一般只要先按国家分,然后再以 I3/7 下的复分表分到"8 儿童文学"即可。如:《格林童话》(德国)入 I516.8;《绿野仙踪》(美国)入 I712.8;《爱丽丝漫游奇境记》(英国)入 I561.8。

因中小学图书馆的中国儿童文学藏书较多,一般要依《中图法》细分到底,特别是中华人民共和国成立后的儿童中长篇小说还可依小说体裁表细分。以文为主配以少量图画的,以儿童为对象的故事作品入 I286.5/I287.5(故事);图文并茂的故事作品入 I286.8/I287.8(图画故事);还有一种以图画为主,配以少量文字的作品,根据故事所叙述的情节,顺次排列成一系列有字有画的小册子叫连环画,连环画是绘画中的一种,它的读者对象老少皆宜,分类时入 J228/J23。如:《星际传说机器人暴动》(中国儿童科幻小说)入 I287.455;《少年悬疑探案小说:真真假假老侦探真真假假小侦探》(中国儿童探案小说)入 I287.456;《两分钟破案故事》入 I287.5;《彩图水浒传故事》入 I287.8;《水浒传》(连环画)入 J228;《加菲猫珍藏版》(外国连环画)入 J23。

- 散文与游记的划分。对生活事件或山川景物的描述,用以抒情、叙事或议论的文学作品入散文;有关自然、名胜、城乡、物产、习俗的见闻实录则入游记。如:《古代游记精华》(中国古典文学精华丛书)入 I262;《冬日漫游:美国山川风物四记》入 K971.2。

- 文学作品与历史传记的区分。凡评论文学作家的思想、风格、创作道路的著作,虽也涉及其生平事迹,但应归入文学类;凡以叙述人物的生平事迹为主的著作,虽也采用文学手法,应归入历史人物传记类。如:《茅盾评传》《作别张爱玲》入 I206.7;《忆父亲张恨水》《巴金传》入 K825.6。

- 凡用真实姓名并虚构故事情节写成的小说、诗歌、散文等则入文学类的小说、诗歌、散文。如:《圈龙溥仪》(李文达著)入 I247.53;《孙中山与宋庆龄》(诗)入 I227。

- 凡对现实生活中的真人真事,用文学笔法适当艺术加工,报道人物事迹的著作,入报告文学类。如:《领袖遗族:共和国新生代纪实》入 I253。

● 科普文艺作品与科普读物的区分。凡通过故事来说明一些科学道理的著作入文学类;用文学笔调生动地叙述普及科学知识的著作入有关学科。如:《火星奇遇记》(中国儿童科幻小说)入 I287.455;《海底两万里》([法]凡尔纳著)入 I565.4;《海底漫游》(科普读物)集中分类入 N49 或分散分类入 P7 – 49。

10.“J 艺术”的分类标引方法

本类以艺术形式为主要分类标准,分出了艺术理论、世界各国艺术概况、各种艺术形式(包括绘画、书法、音乐、舞蹈等等)。

● 艺术理论文献的分类。涉及多种艺术理论的综合性文献及总论造型艺术理论或美术理论的文献入“J0 艺术理论”有关各类;专论某种艺术理论的文献入 J2/9 有关各类。如:《西方美术史话》入 J0;《世界音乐史话》入 J6。

● 艺术作品的分类。多种艺术的综合集入 J11/17 各类。某种艺术作品集,入 J2/9 各类。如:《中国美术全集》入 J12;《MP3 歌霸超级流行大歌本》入 J642。

● 艺术理论与美学理论的区分。凡从哲学角度研究美的本质、起源以及美学基本问题的著作入“B83 美学”;凡侧重论述美学与艺术的关系,美学在艺术中的应用的著作入艺术类的有关类目。如:《美感与造型》入 J06;《音乐美学原理》入 J60;《虚实范畴的美学价值》入 B83。

● “[J18]美术考古”虽然隶属于美术,但它又是考古学的重要内容,因此正式类目在“K85 文物考古”,本类只是交替类目。

● “[J59]建筑艺术”是运用造型艺术手法(色彩、构图、透视等),通过建筑技术和建筑材料构成物质实体的一种工艺形式,它与建筑设计密切相关,它的正式类设置在“TU 建筑科学”本类为交替类目。

● 《中图法》(第五版)在“J625.9 其他打击乐”“J642.1 通俗歌曲”类下增镲、架子鼓(爵士鼓)、摇滚歌曲等主题的注释。增“J198 现代边缘艺术”类,容纳行为艺术、人体艺术、装置艺术、配置艺术、地景艺术(大地艺术)等主题。扩充“J51 图案设计”类,增设 J511/519 下位类以便容纳工艺图案的平面设计、立体设计、色彩设计等主题。如:《现代爵士鼓教程》入 J625.9;《新编流行歌曲》入 J642.1;《现代创意图案设计》入 J51。

11.“K 历史、地理”的分类标引方法

本类包括:史学理论著作;世界及各国、各民族历史著作;传记、考古学和风俗习惯方面的著作,各国各地区的人文地理著作。

● 一般历史著作入本类,各专史如科学史、经济史、党史等入有关各类,但文化史仍归入本类。如:《世界文化史》入 K10;《写给年轻人的简明科学史》入 N0。

● “K827 社会政治人物”收政党和国家领导人、社会活动家、社会知名人士、历代革命人物、历代政治阶层人物传记。如:《正说明朝十六臣》入 K827 = 48;《慈禧画传》入 K827 = 52;《外交才子乔冠华》入 K827 =7。

● “K828 社会各界人物”收 K825/827 未列出专类的人物传记。具有多学科特征的学科人物传记,按其主要学科属性分。如:《我是考生:二十位杰出青少年的成长实录》入 K828;《艰难的跋涉:现代文学史学家叶子铭》入 K825.6(按文学家传记分类)。

● 总论自然、经济、居民、国家制度、文化生活等各方面的综合性地理著作入本类,专门地理学人有关各类。如:《世界经济地理》入 F11;《广东自然地理》入 P9;《趣味地理》入 K9。

● 凡是对人物生平事迹的回忆入传记类;凡是对历史事件的回忆,入各国历史有关类目;凡是通过人物的回忆来叙述政治事件或政治活动的著作,入 D5/7 各国政治;凡是以文学体裁撰写的回忆录,则入文学类。如:《回忆罗荣桓》入 K825.2;《平津战役亲历记》入 K825.2;《在彭总身边》入 I251;《尼克松回忆录》讲述的是尼克松的政治生涯故归入"D771.2 美国政治"。

● "K833/837 各国人物传记"的前两个数字"83"是各国人物传记的分类号,第三个数字"3"或"7"才是洲代号。如:美国的人物传记《创造历史:奥巴马传》入 K837.12,其中"712"是美国的国家代号。

● "K928.9 旅游地理、游记"收有关记述旅游过程及所见风物的地理著作,凡属描写山川景物,并借以抒发作者情怀的著作入文学散文类。如:《我在澳洲的 300 天》入 I267.4;《宝岛台湾的民俗旅游》《徐霞客游记》入 K928.9。

● 《中图法》(第五版)K 类增补注释说明类目涵义或类目之间的关系,如:"K771 圭亚那""K638 萨摩亚""K543.6 南斯拉夫"等类注释说明了与 K772、K773、K555.3/.6 类间的关系。增补注释说明类目外延部分交叉问题,如:"K878.2 纪念地、故居"(增注释:纪念地、故居的考古入此。一般介绍和图集入 K928.72)。增新类,如:"K870.5 金石学""K851 考古学""K555.2 黑山共和国""K892.28 生产贸易民俗"等。如:《南京名人旧居:散落在大街小巷的流年碎影》《什刹海名人故居纪念馆》入 K928.72(纪念地、故居的一般介绍和图集);《海南丘濬故居修缮工程报告》入 K878.2(从考古方面入手)。

12."N 自然科学总论"的分类标引方法

本类包括两个范畴的内容,一是总论自然科学的共性区分问题;二是有关自然界的综合研究和综合性科学方面的文献。

● "N49 自然科学普及读物"这类图书有两种处理方法,一是集中,即将自然科学的普及读物都集中于 N49;另一是分散,即根据图书内容所阐述的学科性质,分散于各学科大类里,然后加上总论复分号"-49"。但一个馆只能选定一种方法,将使用方法记录于本馆分类法使用本中,不得随意变动。如:《地球上的水》(科学探索者丛书)分散分类入 P18-49,集中分类入 N49。

● 由于这个大类是后面 O/X 类的上位类,它的普及读物、词典已有专设分类号"N49""N6",所以在它们之前不必加总论复分号"-"。同理,C 类和 Z 类的这些分类号前也不必加总论复分号"-"。如:《新编英汉科技词汇手册》入 N6。

13."O 数理科学和化学"的分类标引方法

本类内容主要包括数学、力学、物理学、化学和晶体学。

● 本类所收的图书内容着重于物质性质、结构等方面理论问题的研究(理论性的著作),属于生产技术设备使用技术的著作等应归入应用科学有关各类。如:《稳定性理论》入 O317;《建筑结构的稳定性》入 TU311.2。

● 中等专业以上的教学法、教材、课本等，均分入本类中有关各学科，作普通书处理。如：《普通化学：高等工业专科讲义》入 O6。

14. "P 天文学、地球科学"的分类标引方法

本类以研究天体物质及运动和大地物质及运动为对象的学科类组。包括天文学、测绘学、地球物理学、大气科学、地质学、海洋学和自然地理学。

● 把地球作为一个天体来研究的著作入"P18 太阳系"，专论地球物理和地质地理方面的著作分别入"P3 地球物理学"和"P5 地质学"。如：《谈谈地球》入 P18；《地球学教程》入 P3；《大陆漂移浅说》入 P5。

● 有关地震学的著作入 P315，但从建筑角度论述地震的著作应入 TU3。如：《地震学引论》入 P135；《地震与建筑》入 TU3。

● "P9 自然地理学"它包括部门自然地理学和区域自然地理学。部门自然地理学除地貌学（地形学）外，均分入有关学科。如：《植物地理学》入 Q94；《中国动物地理区划》入 Q95。

15. "Q 生物科学"的分类标引方法

本类包括普通生物学和生物学基础学科，古生物学，以具体生物为研究对象的微生物学、植物学、动物学和昆虫学，人类学等。

● 总论生命的起源、生物演变、生物的形态和生理方面的著作入普通生物学；专论某一种生物的著作则各入其类。如：《物种起源》（达尔文著）入 Q11；《昆虫病理学》入 Q96。

● 论述生物学在各门学科的应用的著作，归入应用到的各专门学科。如：《生物与仿生》入 Q811；《生物医学工程学》入 R318。

16. "R 医学"的分类标引方法

本类分为三部分编列类目：预防医学、卫生学，医学，药学。

● 中西医的著作应加以区别，凡内容侧重中医的著作入 R2；中西医结合临床治疗的著作，则入 R4/78。如：《中医药知识进万家》入 R2；《不生病的智慧》入 R21；《你不可不知的 100 种疾病信号》入 R4。

● "R9 药物学"集中了中医药学方面的全部内容。如：《新编实用药物学》入 R9。

17. "S 农业科学"的分类标引方法

本类主要包括农、林、牧、副、渔的生产理论与技术的各方面内容，序列分别为"S1/6 农业""S7 林业""S8 畜牧、动物医学、狩猎、蚕、蜂""S9 水产、渔业"四部分。有关图书可以直接分入有关类目。如：《庭院美化植物》入 S6；《蜜蜂世界》入 S89。

18. "T 工业技术"的分类标引方法

这是工程技术的概括类，只收工业技术的总论性著作，序列的内容与总论复分表一致。本类依照工业技术部门的内容性质和它们之间的相互关系，编列了 16 个二级类目，用双字母表示。

TB 一般工业技术

TD 矿业工程

TE 石油、天然气工业

TF 冶金工业

TG 金属学与金属工艺

TH 机械、仪表工业

TJ 武器工业

TK 能源与动力工程

TL 原子能技术

TM 电工技术

TN 电子技术、通信技术

TP 自动化技术、计算机技术

TQ 化学工业

TS 轻工业、手工业、生活服务业

TU 建筑科学

TV 水利工程

T 类的二级类名采用双字母表示,这些类目中小学图书馆藏书较少可分得粗一些,对其中的 TS 类和 TP 类藏书较多的类目可根据需要分得细一点。如:《绒线编织 1000 例》入 TS935;《营养家常菜》入 TS972;《仿造人工智能:机器人与人工智能发展》入 TP242;《巧学巧用五笔字型》入 TP391。

19.“U 交通、运输”“V 航空、航天”“X 环境科学、安全科学”的分类标引方法

这三类图书中小学图书馆藏书一般不多,可分得粗一些。

● “V11 航空、航天的发展与空间探索”,关于“飞碟”的研究入此。如:《飞碟现象未解之谜》入 V11。

● “V27 各类型航空器”包括航空模型、模型飞机构造与设计,关于航空模型、模型飞机的飞行运动入 G875。如:《遥控航空模型制作》《模型飞机的构造原理与制作工艺》入 V27;《新世纪航空模型运动丛书》入 G875。

20.“Z 综合性图书”的分类标引方法

本类是按照文献内容综合性的特点和文献分类的需要而设置的。序列为“丛书”“百科全书、类书”“辞典”“论文集、选集、全集、杂著”“年鉴、年刊”“期刊、连续性出版物”“图书目录、文摘、索引”七个基本类目。

● Z 类前六个类收入内容包含哲学、社会科学和自然科学的综合性图书,凡属专科性内容的出版物,应按其内容的学科属性归入有关各类。最后一类“图书目录、文摘、索引”是采用集中列类的方法,专门学科的目录、文摘、索引,均集中在本类。如愿入有关各类,可在各学科的类号后加总论复号“-7”。如:《中国百科全书》入 Z22;《数学百科辞典》入 O1-61;《中国古代小说总目》入 Z88 或 I242-7。

● 凡类分综合性内容的出版物时,均依出版物编辑者的国家分。如:《简明不列颠百科全书》入 Z256.1;《辞海》入 Z32;《现代美国百科全书》入 Z271.2。

● “Z3 辞典”收综合性科学文化知识辞典、名词术语等。凡属于供学习语言文字用的字典、词典等应入“H 语言、文字”有关类目。如:《中国百科知识辞典》入 Z32;《牛津英汉全解词

典》入 H316。

    ● 有关综合性期刊和连续出版物可入 Z6 有关类目,专业性期刊宜入有关各类。如:《中国青年》入 Z62;《当代》入 I2;《英语画刊》(高一版)入 G633.41。

    ● 虽然《中图法》分五大部类,但"综合性图书"类的"级别"最高,因为有社会科学各类内容的书可放到"社会科学"类,有自然科学各类内容的书可放到"自然科学"类,而跨社会科学和自然科学的书只有放到"综合性图书"类,所以"综合性图书"类的分类应比"社会科学"和"自然科学"类细一点。如:《中国人一定要知道的科学常识:千余个与我们生活密切相关的科学知识》入 Z228。

相关链接:《××中学图书馆各大类图书分类标引的深度》

    下面是××中学图书馆各大类图书分类标引的深度,仅供各中小学图书馆在制定本馆分类法使用本时参考(不作为标准),各馆可根据本馆的馆藏重点和特色,决定各大类文献信息分类标引的深度,制定出适合本馆实际需要的分类法使用本。

    1."A 马克思主义、列宁主义、毛泽东思想、邓小平理论"类分到三级类目,如 A15、A75;

    2."B 哲学、宗教"类中各国哲学分到国家,如 B313、B512、B712 等;B82 伦理学、B84 心理学可分到四级类目,如 B821、B825、B842、B843 等;B848 分到五级类目,如 B848.2 能力与才能,B848.3 兴趣态度等;其他分到三级类目。

    3."C 社会科学总论"类中的 C0/C3、C8 分到二级类目;C4/C6、C92、C93、C97 分到三级类目;C91 分到五级类目,如 C913.1、C912.5。

    4."D 政治、法律"类中的 D0、D4、D5 分到三级类目;D6 有的分三级类目,如 D61,其他大多分到四级类目,如 D669;D73/D77 各国政治,其中美、英、法、日、德、俄详细归类分至国家,如 D731.3、D771.2,其他各国政治分到所在的洲;D8 只设 D81、D82;D9 设 D90 、D91,D92 应从 D921/929 之间分到四级或五级类目。

    5."E 军事"类分到三级类目,如 E12、E22、E92。

    6."F 经济"类分到三级类目,如 F27、F28、F71。

    7."G 文化、科学、教育、体育"类中 G0 到 G3 分到三级类目;G633、G634 不仅要以《中图法》(第五版)详表分到底,还要用专类复分表再往下分,如《中学语文学习参考书》应在 G634.3 后加 03 为 G634.303(不加"0",就会与 G634.33 阅读教学分类号重号),一直分到七级;其他类分到四级类目,如 G451、G471、G812、G891 等。

    8."H 语言、文字"类中一般分到四级类目,如 H061 词典、H159 翻译;藏书多的类目分到五级类目,如 H109.2、H109.4、H136.3、H136.4、H194.4、H319.4 等;英汉对照的图书很多,为了集中也可以用组配编号法细分到各大类,如 H319.4:E、H319.4:I、H319.4:N。

    9."I 文学"类占全馆藏书的三分之一。I0、I1 分到二级类目,整个 I2 中国文学,除 I29 为三级类目,I23 分到四级类目外,其余最好依详表细分。其中 I247 依《中图法》所列小说题材专类复分表再细分,如"I247.51 革命斗争小说""I247.55 科幻小说""I247.56 惊险推理小说"等。各国文学作品分到体裁,如"I313.4 日本小说""I516.8 德国儿童文学""I712.6 美国散文"等。

10. "J 艺术"类中 J3、J4、J5、J7、J8、J9 分到二级类目,J0、J1、J2、J6 分到四级类目。

11. "K 历史、地理"类中 K0 分到二级类目,K1、K2 分到四级类目,其中 K27、K28、K29 分到三级类目。K3/7 世界各国和地区历史,依世界地区表分,如亚洲史为 K3,美国史为 K712,加勒比史为 K73,除"日、俄、德、英、法、美"六国历史分到国家外,其他国家分到洲。K8 人物传记类中 K81 分到四级类目,K82 则应依《中图法》(第五版)详表细分。K833/837 各国人物传记依世界地区表分,"日、俄、德、英、法、美"六国人物传记分到国家,如"K833.13 日本人物传记""K837.12 美国人物传记";其他国家人物传记分到洲,如 K833、K834、K835、K836、K837。K86、K87 虽然与 K85 同是三级类目,但却是 K85 的下位类,所以只设一个 K85,K89 可分到三级类目。K9 地理分到四级类目,K99 地图只分到 K991 和 K992,K993/K997 各国地图也放在 K991。

12. "N 自然科学总论"类分到三级类目,如 N19、N39、N49。

13. "O 数理科学和化学"类分至三级类目,如 O12、O18、O35、O41。

14. "P 天文学、地球科学"类分到三级类目,如 P18、P22。

15. "Q 生物科学"类分到三级类目,如 Q13、Q78。

16. "R 医药、卫生"类分到三级类目,如 R11、R25。

17. "S 农业科学"类分到二级类目,如 S1、S4。

18. "T 工业技术"类的二级类名采用双字母,藏书较少的类分到三级类目,如 TG1、TH1 等。其中 TS 类、TP 类分到五级类目,如 TS914、TS976、TP368、TP391。

19. "U 交通、运输""V 航空、航天""X 环境科学、安全科学"三类分到二级类目,如 U1、V2、X4。

第五节　中小学图书馆在文献信息分类中的若干问题

一、区分国家地区的问题

文献分类应以文献内容的学科属性作为主要标准,但同时也存在着其他的辅助标准。其中按国家地区区分是一个重要的辅助标准,常见的有以下三种情况:

1. 哲学、社会科学的各学科门类中,有很多学科内容具有国家地区特点

如各国哲学,各国政治,各国法律,各国军事,各国经济,各国科学、文化、教育,各国文艺,各国历史、地理等,都先按国家地区分类,然后根据学科内容特点细分。如:"I565.4 法国小说",其中"565"是法国的代号,"4"表示小说。

《中图法》规定,I 类中的文学作品和 J 类中的艺术作品是按照作者的国别来区分的,而不是作品内容所涉及的国家来区分的。关于作者国别的确定,不管其在哪国居住和生活,一律以其得到某国承认,具有法律效力的国籍为准。我们可以通过书名页、版权页及前言、后记等了解作者国籍的有关信息,也可到《世界名作家传》或到网上去查找。

如有改变国籍者,则以改变后的国籍为作品分类依据;凡无从查考者,可参考作品内容,分入相应的国家文学类目中;国籍不明的华人文学作品,可归入中国文学类。如美籍华人萧逸的武侠小说入美国文学 I712.4,而不入中国武侠小说 I247.58;而我国著名作家林语堂,20 世纪 30

年代就定居美国,因此他的绝大多数作品是以英文写作的,但他没有正式加入美国籍,所以他的作品应分入中国文学。如:《京华烟云》分类号为 I246.5;《汽车城》(〔加〕黑利著)(黑利原为英籍,后入加拿大籍)入 I711.4;《刘墉作品集》(〔美〕刘墉著)入 I712.6;《无忧公主》(〔美〕萧逸著)入 I712.4。

各国神话、民歌、民间故事等民间文学作品,均按原创作者的国家分,而不能依编者的国籍分。如:人民文学出版社编的《希腊神话故事》应分入"I545 希腊文学"。

K 类中的人物传记是以被传主人公的国籍来分的,但有时人物国籍的确定也需要查找很多资料才能确定。如:《林语堂评传》入"K825.6 中国作家传记";《近距离看刘墉》入"K837.12 美国人物传记"。

2. 在按国家地区分类方法中,有关中国的内容几乎形成了一定的规律,一般冠以"2"

如 B2、D2、E2、I2、K2 等,有的类目二级类目以下,到三级、四级类目也以"2"代替,如 G52、K82、J22、J292 等。但也有少数类目不用"2"代表中国,如中国政治为 D6、汉语为 H1。一般来说,凡是用"2"表示中国的,后面就是"3/7",即"3"亚洲、"4"非洲、"5"欧洲、"6"大洋洲、"7"美洲各国。

3. 在自然科学的门类下,有些学科的类名也有国家地区的特点。如:"R2 中国医学"。

二、按时代区分的问题

科学的发展必然带有时代的特点,按时代区分也是一种必要的辅助标准。

1. 历史和现状时间界限

在政治领域内,各国其他国家以第二次世界大战为界限(1945 年),中国是以中华人民共和国成立为界限(1949 年),以前的是历史,以后的为现状,但在分类文献时还要注重从文献著述的角度进行分析。如果是对某问题进行具体的研究、评论,则归入现状;如果是对某问题的发展、过程进行系统、全面记叙,则归入历史。当"历史"与"现状"难以确定时,一般可归入"历史"。如:《中华人民共和国大事记(1949~1987)》归入 K27,不入 D6。

2. 根据学科及国家的特点,采用不同的时代划分标准

如"K 中国历史"的分期:"2"为奴隶社会,"3"为封建社会前半期,"4"为封建后半期,"5"为半封建半殖民地时期,"6"为民国时期,"7"为社会主义时期,所以有些类目的前面常有"2/7 依中国时代表分"的提示,这里的 2/7 指的就是中国时代的分期。

而"I2 中国文学"中的文学作品按时代划分只有三个时间段,即"2"为"古代作品","6"为"五四以后的作品","7"为"当代作品"。

I212/217 各时代文学作品集,跨时代的入 I211,一个时代的各类作品综合集入 I212/217,如:《中国文学作品集》入 I211;《巴金选集》入 I217.62。一种体裁的作品集入 I22/28 有关各类,如:《唐诗三百首》入 I222.7。

这里要注意的问题是中国各体文学(主要是诗歌、小说、散文)的时代分期与《中国时代表》的分期略有不同。其中"2"古代至近代作品是指从古代至 1919 年"五四运动"时期的作品;"6"现代作品是指从 1919 年至 1949 年中华人民共和国成立前的作品;"7"是指当代作品,从 1949

年中华人民共和国成立以来的作品。

中外各国文学作品按作者所处的时代区分，而不是按作品内容反映的文学现象所属的时代分，如长篇历史小说《红顶商人胡雪岩》（台湾当代作家高阳著），就应按作者所处的时代分入I247.53（当代新体长篇历史小说），而不按作品主人公"胡雪岩"所处的时代分。对于跨时代的作品，则按写作完成的时代分，包括两个时期的作品集则按后一个时代分。如《郁达夫文集》中的作品发表于二十世纪三四十年代，因此分入I216.2；《茅盾选集》包括中华人民共和国成立前后的作品，分入I217.2。

关于中国人物传记的时代划分和标记符号，《中图法》（第五版）在K825/828中有特殊分类规定，要加"＝"（时代区分号）来标识，如：《巴金传》分入K825.6＝7；《林青霞传》分入K825.7＝7；《蒋介石传》分入K827＝7（第三版时分类号为K827.7）。

3. 同时涉及两个时代的，入前一个时代；同时涉及三个或三个以上时代的，放在概括时期。如：《明清散文》入I264.8（入明朝）；《元明清散文选》入I264（入隋、唐至清前期）。

三、依人列类的问题

依人列类，是以人作为文献分类的标准，带有特藏性质。《中图法》有限地编列了依人列类的类目，使类表具有适应文献分类实际需要的灵活性。《中图法》依人列类的有三种情况。

"A马列主义、毛泽东思想、邓小平理论"大类；在"I2中国文学"类，编列了"I210鲁迅著作及研究"专类；在各国哲学类下，按哲学家列类。所有这类人物的著作、传记以及对这些著作的研究资料，统统都可归入各专类。如：《毛泽东传》A75；《鲁迅文选》I210.2；《于丹〈论语〉心得》B222。

四、学科之间的交叉关系

由于科学的发展，各学科间存在着互相交叉渗透的复杂关系，所以出现了边缘学科。文献分类法中为了加强学科、类目之间的横向联系，《中图法》编列了下列几种情况的处理方法。

1. 涉及边缘学科的分类

学科之间所产生的边缘科学，属于一门学科应用到另一门学科，《中图法》规定一般均分入被应用到的学科门类中去，如：《读三国悟人生智慧》入B821。

2. 涉及交叉学科的分类

在社会科学各类中涉及内容交叉关系，中小学图书馆遇到最多的主要集中在B哲学、C社会科学总论和D政治、法律类中。这些内容交叉的类目到底该如何区分呢？

从伦理学的高度来分析的著作入B82。"B823伦理学"中的"家庭、婚姻、道德"只收有关家庭和婚姻、恋爱两性关系等方面的伦理学文献，如：《恋爱与新道德》《论婚姻与道德》。

从世界整体角度来谈演变、进步和存在的问题的著作入C913。属于社会制度、社会方面的著作入C913.1，如：《家庭社会学》《婚姻与社会》。

以某一国的角度来谈演变、进步和存在的问题的著作入D5/7；有关某一国的社会生活和社会问题中的各方面著作，如：《中国之家庭问题》入D669；对中国公民进行家庭婚姻道德教育的著作，如：《和新职工们谈谈婚姻问题》《家庭美德学习读本》入D649。

3. 在自然科学部类中,自然科学的基础理论和应用技术是分开序列

《中图法》中,从"O 数理科学和化学"到"Q 生物科学"属于自然科学中的基础理论科学,从"R 医药、卫生"到"X 环境科学、安全科学"属于应用技术。而这些应用技术门类的科学也有专科的理论,因此在分类文献时要注意两者的联系与区别。如:"O57 原子核物理学、高能物理学",在"TL 原子能技术"下也列有"TL1 基础理论",而这种情况,分类法中都有参照注释。

O571　原子核物理学

　　　　原子能技术入 TL。

TL1　（原子能）基础理论

　　　　原子物理能入 O57。

五、文献的集中分类与分散分类

《中图法》在编制中,类目的划分主要是依据知识内容的学科属性,即按研究某事物的学科角度分别类聚有关文献。在类目的划分过程中,一般只能在某事物的诸多属性中选择一种属性与有关事物组成一类,这样就导致了事物在依某种属性集中的同时,又在其他标准下分散了。

1. 关于某学科应用的内容,规定了集中与分散分类的方法

设置总论应用的类目,规定可用组配标引法集中有关文献,如"B849 应用心理学""C939 应用管理学""P49 应用气象学"总论入此,专论入有关各类。若集中于此,可用组配编号方法。如:

文献	分散归类	集中归类
《教育心理学》	G44	B849:G44
《企业管理学》	F27	C939:F27
《农业气象学》	S16	P49:S16

2. 在某些总论性类目、学科分支的统率性类目或交替类目下,规定了集中分类的方法

如:

［C919］　　分科社会学

　　　　　宜入有关各类。

　　　　　如愿集中于此者,可用组配编号法。

3. 通过交替类目的选择,在相关类下集中有关文献

如:

［K206.4］　典章制度、政书

　　　　　宜入 D69。

［J520.9］　工艺美术史

　　　　　宜入 J509。

［I210.94］　生平事迹

　　　　　宜入 K825.6。

文献	分散归类	按选择方向集中
《九通》	D69	K206.4
《世界工艺美术史》	J509	J520.9
《鲁迅传》	K825.6	I210.94

4. 传记的集中分类与分散分类

对于各科人物传记,《中图法》是集中编列的,这样对于各学科史来说,文献就分散了。除采用分别在各学科史作互见外,也规定可以把各科人物直接分入各学科史。如:

文献	分散归类	集中归类
《李时珍传》	K826.2	R-092
《茅盾传》	K825.6	I209

5. 工具书的集中分类与分散分类

《中图法》关于工具书编列的总原则是:专科性工具书入各有关学科,综合性工具书及检索工具书集中编入"Z 综合性图书"。有些图书馆从管理或使用工具书的角度考虑,希望将工具书集中起来。如:

文献	分散归类	集中归类
《经济百科全书》	F-61	Z28:F
《数学辞典》	O1-61	Z38:O1
《教育年鉴》	G4-54	Z58:G4

6. 科普读物的集中分类与分散分类

关于科普读物,《中图法》是按其内容分散到有关学科的。某些单位如果需要把科普读物集中排列,以便宣传、推荐,可对照工具书集中分类的方法,把科普读物分别集中于 C49(社会科学)、N49(自然科学)两个综合性的类目下,使用组配编号法,按学科系统排列。如:

文献	分散归类	集中归类
《社会科学十万个为什么》(法律)	D9-49	C49:D9
《地球上的水》	P18-49	N49:P18

7. 教学参考书的集中分类与分散分类

属初等教育、中等教育范围(中小学教育)的教学参考书、教材,《中图法》集中编列在"G"大类里的各级教育中。中小学图书馆分类教材、教学参考书、教学用书等应集中分类在"G"大类,而某些不以该文献作系统收藏的单位(如中等专业以上的学校图书馆、科研图书馆、企业图书馆等)如愿按内容分散也可入各学科,用总论复分号"-4"复分。如:《解析几何教学参考书》分类为 O18-4。

在处理文献的集中分类和分散分类时,一般情况下都应按《中图法》现有的类目体系类分和组织文献;如需作变通处理时,应全面慎重地考虑后,决定集中分类或分散分类的范围和方法,并记录在本馆分类法使用本上,一贯遵守。同时还要对相关的类目作必要的调整和注释说明,避免混乱。

六、文学类中体裁、题材划分先后问题

《中图法》文学作品分类在先按作者的国别分类的前提下,再依次按体裁和时代区分,最后再按题材区分。如 I247.57 是先按作者的国别分到中国,依体裁分到小说,时代分到中华人民共和国成立后,再分到中长篇,最后再依题材复分表分到社会、言情小说。

在分类"I247 当代作品(1949～)"时要注意,章回小说并不是指有"第一章"或"第一回"标题的就是章回小说,而要看每章或每回的小标题的字句是否对偶,即上下要有五字以上的两个句子,并要对偶。对于中华人民共和国成立后的中长篇小说,先判断是否是章回小说,如果是章回小说,就要分入 I247.4,如不是的话,就先分到 I247.5,然后再依题材复分表复分下去。

由于"I247.5 新体长篇、中篇小说"类藏书,一般中小学图书馆较多,因此要按照题材复分表再细分。分类该类书时要注意以下几点。

● 如果以叙述历史和人物故事为主,以武打为衬托的小说则应分入"I247.53 史传小说",反之则分入"I247.58 武侠小说"。如:《精武门之霍元甲》入 I247.53《倚天屠龙记》入 I247.58。

● "I247.54 经济、政治小说"是以经济建设、经济改革,政治斗争、政治生活、国际关系为题材的小说,以文化教育为题材的小说也入此。小说如果是围绕上述这些题材因素来展开人物的悲欢离合,有时也会叙述到主人公的爱情生活,如《上海的早晨》《故土》《新星》等,这些题材易与"I247.57 言情小说"相混,分类时要注意侧重哪方面内容就分入哪一类,上述几本书都应分入 I247.54。

● 如果是以社会生活、社会问题、人际关系、伦理道德和爱情、婚姻、家庭生活为题材的小说入 I247.57,如琼瑶、亦舒等港台作家的言情小说均入此。

● "I247.59 其他题材小说"主要包括小说题材表前 8 种没有包括的题材,如纪实小说、感伤小说、流浪汉小说、说教小说、书信体小说、系列小说、心境小说、新体小说、讽刺小说等入此。如:《魔幻手机》入 I247.59。中长篇小说集因书中篇目多、题材广也可归入此类。如:《中国 2007 年中篇小说精选》入 I247.59;但如果是《当代中篇爱情小说选》则应入 I247.57。

七、《中图法》中"0"的使用问题

1. 类目复分组号加"0"的原因

《中图法》基本上采用层累制编号,类号的级位基本表达类目的等级。一个有下位类的类目(称之为"概括性上位类"),如果该上位类又同时允许仿××类分,那么该上位类通过另外的标准划分形成新类目体系的情况,称之为"转换分类标准"。

在文献标引过程中,某些类"转换分类标准"后,为保证新产生的子目系列排列的逻辑性和避免重号,采用了加"0"的基本策略。

2. 类目复分组号加"0"的规则

(1)社会科学各类(A/K)的基本规则

● 凡属临近类目仿分,因使用的分类标准是一致的,组号时不需要加"0"。如:《日语语法》入 H364。

相关链接：

平时我们图书馆员见面时，谈的最多的是分类问题，特别在谈到分类难点时，总觉得加"0"问题最不容易把握。其实，在我们实际工作中运用最多的加"0"的规则，是社会科学各类，关于自然科学中的加"0"规则，我们只要了解就可以了。因为根据中小学图书馆的藏书特点，这些类的藏书一般不多，根据本馆的分类法使用本的规定，一般只要分到二级或三级类目，那么就不存在加"0"的问题了。

- 凡概括性地区（或时代）类下，如依其他标准细分时，组号时均需在主类号后先要加"0"再复分。如：《西欧当代小说选》入 I560.45（如不加"0"，I564.5 与比利时的报告文学同号）；《唐宋八大家作品选集》入 I214.02（如不加"0"，I214.2 与唐朝文学作品同号）。

- 各级上位类概念如再依其他标准复分（仿分或依复分表分），组号时均需在主类号后先加"0"再复分。如：《高中数学题解》入 G634.605（要加"0"），如不加"0"变成与《高中解析几何题解》G634.65 同号；当然如果类目没有下位类的话，则不需要加"0"，如：《高中物理题解》入 G634.75。

（2）社会科学各类（A/K）的特例

- D911 的下位类采取 01/09 冠"0"双位数字编号，故当 D912.1/915.4 中的上位类仿 D911 分时，无需在仿分号前再加"0"。如：《各国诉讼法汇编》入 D915.09，不能给号为 D915.009。

- K21/27 各级类目仿 K20 分时，均应在仿分号前加"0"。如：《秦汉农民起义》入 K232.01，不能给号为 K232.1。

- 凡上下位类采用同级类号编号的（即非层累制编号），该上位类依其他标准仿分、复分时无需在复分号前加"0"。如：《中国金石文调查与发掘报告》入 K877.25，不能给号 K877.205。

- 凡属越级复分，应在最后复分依据的复分子目号前加"0"。如：《美国推理小说选》入 I712.406（跨越仿专类复分表中的 09 分）。

（3）自然科学各类（N/X）基本规律（中小学图书馆一般不常用）

- N/X 各类目中的专类复分表，已经统一在复分号前加"0"，各类目依照专类复分表复分时无需加"0"。

- N/X 各类目如果仿"一般性问题"分时一律加"0"。如：《生活废水处理》X799.303。

（4）自然科学各类（N/X）特例（中小学图书馆一般不常用）

以下几种情况虽类目注释中有仿"一般性问题"分的说明，但其实质都是属临近类目的仿照复分，即利用"一般性问题"的子目作为本类展开的依据，不存在转换分类标准问题，因此都无需加"0"。判断的方法是，只是规定某一个类目（不是一组类目）仿"一般性问题"分的，都属于该类情况。如：

- 主表中的类目按规定只允许仿"一般性问题"中的部分子目时（相当于仿照复分），无需在仿分号前加"0"。如：《丝织物的染色》入 TS193.844。

- 一个"一般性问题"仿另一个"一般性问题"展开时，无需在仿分号前加"0"。如《钢件铸造理论》入 TG260.1,不能给号 TG260.01。

- ●"一般性问题"中的个别子目按规定只允许仿"一般性问题"中的个别子目分时,无需在仿分号前加"0"。如《有机化工厂的毒物贮存》入 TQ208.65。
- ●"一般性问题"中的个别子目仿另一个"一般性问题"整体分时,则应在仿分号前加"0"。如《无机化工设备的使用与维修》入 TQ110.507。

八、中小学图书馆如何选用图书在版编目(CIP)数据中的分类号

随着图书出版量的急剧增长,为了快速、及时地进行编目加工和报道,避免各馆单独编目所造成的重复性劳动与人力浪费,弥补现行集中编目卡片供应不及时的缺陷,在版编目便应运而生。

什么是图书在版编目呢? 图书在版编目的英文是 Cataloguing In Publication,它的缩写是 CIP,指依据一定的标准,为在出版过程中的图书编制书目数据,并印刷在图书主书名页背面(或版权页)上。此类书目数据称为在版编目数据(CIP data)。

国家标准《图书在版编目数据》(GB 12451—1990)已于 1990 年 7 月 31 日发布,要求自 1991 年 3 月 1 日起实施。1996 年起,国家版本图书馆向全国 500 多家出版社发出通知,要求它们每出版一本书前,需递交这本书的《中图法》分类号和编目数据,以卡片形式刊印在书的主书名页背面。如一书的主书名页背面印有以下数据:

图书在版编目(CIP)数据
超重:重塑元素周期表/(英)基特·查普曼(Kit Chapmam)著;龚瑞译. -- 北京:人民邮电出版社,2020.10
ISBN 978 - 7 - 115 - 54830 - 6
Ⅰ.①超… Ⅱ.①基…②龚… Ⅲ.①化学元素周期表—普及读物 Ⅳ.①O6 - 64
中国版本图书馆 CIP 数据核字(2020)第 171019 号

像上面的就是在版编目数据,其中的"O6 - 64"就是该书的分类号。

目前在版编目数据中的《中图法》分类号正确率从最初的 40% 上升到如今的 80%。在版编目从业人员业务素质的高低直接影响着 CIP 数据的质量。该项工作对业务人员有较高的要求,他们必须全面掌握图书馆专业的各项业务技能,同时要有广博的知识和丰富的经验。

有人认为现在有了在版编目数据,我们用不着学习分类法了,只要照抄不就行了吗? 这当然不行。我们认为不能盲目照抄,毕竟不是 100% 正确。要对照《中图法》(第五版)确保分类号正确,才能参考使用在版编目数据中的分类号。因此我们图书馆分类标引人员要认真学习《中图法》(第五版),熟悉分类体系、分类的基本规则、各大类分类标引的方法等,这样才能判断出在版编目数据中的分类号是否正确。而对于分编有困难的中小学图书馆工作人员,特别是新进图书馆的同志,也可以先从引用 CIP 数据中的分类号入手,逐步学会分类。

根据图书馆利用 CIP 数据的情况看,该数据中确实存在着不少的错误。如分类标引技术错

误,主要表现为:主题相似的丛书分类不一致;主题标引与分类标引不一致;分类标引中总论、专论混淆;分类级别过粗,该仿分的未仿分,该复分的未复分,该细分的未细分以及多卷书分类标引不一致;等等。

那么中小学图书馆到底该如何来选用在版编目数据中的分类号呢? 根据经验主要有以下几种方式供参考。

1. 在版编目数据中的分类号完全正确,有以下几种处理方法

(1)分类的详简级次与本馆的分类法使用本中规定的完全相同,直接照抄,然后加上本馆的书次号。如:《三国演义》的在版编目数据中的分类号为I242.4,分类号正确,照抄。

(2)比本馆分类法使用本规定的级次要细,分到本馆分类法使用本规定的级次(即取前几位类号)。如:《中小学图书馆管理与服务(修订版)》的在版编目数据中的分类号为G258.69,本馆的分类法使用本中规定本类书分至三级类目,则本馆的分类号为G25。

(3)与本馆分类法使用本规定的不相符,则按照本馆规定办。如:丛书"科学探索者"包括《地球上的水》《地表的演变》等共 15 册,它是美国最权威的研究性教材,它的在版编目数据中的分类号大部分为 G634.73(初中课外读物),有少数几本为 N49(善及读物),它的分类号虽然是正确的,但是根据本馆分类法使用,本规定这种科普读物应集中分入 N49,之所以这样分有如下理由:

● 中小学图书馆 G 大类(特别是 G633、G634)的书都很多,为方便读者查找,一律将课外读物按照所属学科分入各类;

● 按照读者的检索习惯,查找这类图书一般会到科普读物中去找;

● 中小学图书馆的藏书结构中自然科学藏书和社会科学藏书的比例常常达不到规定的要求,自然科学类(N—X)的藏书有时不到全馆藏书的 10%。(按照规定,中学图书馆要求自然科学类藏书达到 38%,小学图书馆要求达到 28%)。

(4)在版编目数据中的分类号有两个或两个以上的,主要有以下几种:

● 丛书的分散与集中分类,如:《实用自然图鉴》的在版编目数据中的分类号为 Z228.2 和 N49 - 64。本馆的分类法使用本中的规定是,丛书如果是集中分类的就取 Z228.2,如果是分散分类就取 N49 - 64。

● 多主题文献信息分类号的选用,如《牛津食品与营养词典》的在版编目数据中的分类号为 TS2 - 61 和 R151 - 61。根据本馆的分类法使用本规定,前后任何一个都可以,只要本馆统一就可以。

2. 在版编目数据中的分类号的错误,有以下几种处理方法

(1)完全错误,应重新分类,归入正确的类中。如《UFO 现象全记录》在版编目分类号为I287(儿童文学),这显然不对,这本书主要内容是关于 UFO 现象的科普读物,应集中分入科普读物 N49 或入 V11 -49。(主要取决于本馆的分类法使用本中的规定)。

(2)部分错误,如《西文绘画艺术史》和《中国绘画艺术史》两本书的在版编目数据中的分类号都是 J209.5,这显然不是十分准确,根据《中图法》重新分类《西文绘画艺术史》为 J209.1,而《中国绘画艺术史》则为 J209.2。但是如果本馆分类法使用本中规定该类书只分到四级类目,

那么就不存在问题了,两本图书都有分到 J209(绘画艺术史)。

上面我们谈了在版编目数据中的分类号的选用,其实在实行计算机管理时,馆藏书进行回溯建库,将数据录入电脑时,我们会碰到共享数据库中分类号的选用。利用各编目机构及图书发行公司制作的成品或半成品的书目数据时,分类号的选用、通过联机注册套录、网上免费套录和脱机数据的方式,或者通过 Z39.50 网络通信协议进行联机查询时获取的 CNMARC 数据中分类号的选用时,其实也可以参照处理。如完全正确,照抄;分类过细,取前几位分类号;完全错误或不符合本馆分类法使用本的规定,则重新分类。

总之,我们要利用好通过各种渠道获得的书目数据,对于获得的数据中分类号的选取要批判地吸收,既不要不论对错全盘照抄,也不要因为这些数据中存在一定的错误,而对它们全盘否定。科学地利用好这些共享数据,可以减轻图书馆分类编目人员的工作负担。

本教材所举的文献分类号均根据《中图法》(第五版)(详表)分类,大家实际分类时以本馆的分类法使用本中的规定为准,不必分得这么细。教材中所列的细分到底的分类号是为了说明问题和教会大家分类的方法,分类标引的深度不作为标准。

第六节　文献资源编目概述

文献资源目录是运用编目方法组织文献的成果。对图书馆而言,称为"图书馆目录",它是图书馆对馆藏文献的内容和形式特征进行客观描述,并按照一定的规则和方法组织而成的鉴别、选择和利用文献的工具。文献资源目录具有揭示文献、识别文献、检索文献的作用。

一、文献资源目录的概念

图书馆根据读者对所需图书、资料的不同角度和检索习惯,以及馆内开展业务工作的需要,编制多种目录。各种目录具有不同的功能,各种目录之间相互区别、相互联系、相互补充,构成一个完整的图书馆目录体系。

随着社会的发展,目录的含义延伸为记载任何物品或信息的清册,这表明任何物品信息都可以采用编制目录这种方法来组织和检索。

国家标准《文献著录总则》对文献目录下的定义是:文献目录是指将一批款目按照一定次序编排而成的一种文献报道和检索的工具。当编目的对象由传统的文献扩展到各类文献信息时,所编的目录也相应成为文献信息目录。文献信息目录可简称为"目录"或"书目"。

二、文献资源目录的种类与作用

1. 按使用对象划分目录

按照使用对象划分,可以分为公务目录、读者目录。

(1)公务目录

公务目录又称工作目录,是图书馆员在对文献资料进行补充查重、分类编目、参考咨询、典藏保管时使用的目录。它是图书馆全部馆藏文献的总目录,它详尽无遗地反映着全部馆藏,记载着文献的登录号、索书号、在库室中的位置等信息,是图书馆开展业务工作必不可少的工具。

（2）读者目录

读者目录是供读者使用的目录,也称公共目录或公用目录。它反映的是读者使用的馆藏,一般放在外借处、阅览区。读者能够通过目录对文献内容和形式特征的揭示,从而了解文献的内容和用途,方便读者选择自己所需要的文献资料。读者找不到可以直接利用的文献时,能够通过目录间接找到需要的文献。

2. 按文献类型划分目录

按文献类型划分目录,可以分为图书目录、报纸目录、期刊目录、地图目录、古籍目录、工具书目录、教材教参目录、录音资料目录、影像资料目录、电子资源目录等。

3. 按编制时间划分目录

按编制时间划分目录,可以分为回溯性目录、现行目录;按使用目的划分,可以分为导读目录、专题目录、报道性目录;按资料来源可以划分为受赠文献专藏目录、交换资料目录、本校教师创作书目等。

4. 按揭示文献特征划分目录

按揭示文献特征划分,可分为题名目录、分类目录、责任者目录、主题目录。

（1）题名目录

题名目录是根据文献题名的字顺编制的目录。它是按文献多种多样的不同题名,为读者提供文献信息,回答读者从题名角度检索文献的各种问题的目录。

（2）分类目录

分类目录是按照文献内容的学科体系和图书馆所采用的分类法编制的目录。它可以满足读者"因类求书"的需要,这种目录把学科内容相同的文献集中在一起,内容相近的联系在一起,回答读者有关某一知识门类都有什么文献的问题,还可以指示读者由此及彼地查找所需文献。

（3）责任者目录

责任者目录就是人们常说的著者目录,它是按个人或团体的名称字顺组织起来的目录。这种目录能够满足读者从责任者这一特征查询文献的需要,如:是否有某一责任者的著作? 某责任者都有些什么著作? 还有哪些不同版本? 怎样通过笔名、别名等找到同一著者的全部文献? 某一外国责任者的文献有哪些不同译本? 等等。

（4）主题目录

主题目录又叫标题目录,它是按照文献所研究内容的主题词字顺编制的目录。它能从内容方面揭示文献中包含的各个主题,反映每个主题都有哪些文献,满足读者从某个主题角度搜集文献的需要。

三、文献资源著录信息源

文献著录信息源是文献本身,或根据情况有时需要参考文献提供的信息。信息源分为主要信息源、规定信息源。

主要信息源是优先选用的信息源,规定信息源是指各个著录项目及其单元著录信息的特定来源。为保持著录信息选取的一致性,在文献不同部位出现差异时,应按照规定顺序选取。

四、文献资源著录项目

著录项目是用来揭示文献内容和形式特征的记录事项,《中国文献编目规则》(第二版)规定文献信息有8个著录项目,每一个大项目中包含一个或若干个小项目,小项目称为著录单元。

由于图书馆类型和规模不同,所以著录项目设置为主要项目和选择项目,以下打了"＊"者为主要著录项目,其余为选择著录项目。

中小学图书馆使用计算机管理后,为了给读者提供更多的检索途径,选择项目中除"一般文献类型标识""印刷地、印刷者、印刷年"不著录以外,其余要全部著录。

1. 题名与责任说明项

题名与责任说明项包括正题名＊、一般文献类型标识、其他题名信息(副题名及说明题名文字)、并列题名、责任说明＊(责任者以及责任方式)等。

2. 版本项

版本项包括版本说明＊、与本版有关的责任说明、并列版本说明、附加版本说明、附加版本的责任说明。

3. 文献特殊细节项

本项图书不著录,是用于著录连续性资源的卷期(年月)标识和测绘制图资料、乐谱电子资源等特定文献类型的特殊记载事项。

4. 出版、发行项

出版、发行项包括出版发行地＊、印刷地,出版发行者＊、印刷者,出版发行年＊、印刷年。

5. 载体形态项

载体形态项包括页数＊、卷(册)数＊、图＊、尺寸＊、附件＊。

6. 丛编项

丛编项包括正丛编名＊、并列丛编名、丛编其他题名信息(副丛编名及丛编说明文字)、丛编责任说明、丛编国际标准连续出版物号、附属丛编名、附属丛编号。

7. 附注项

附注项是补充著录项目,著录的是正文中没有被反映的材料。

8. 国际标准编号与获得方式项

国际标准编号与获得方式项包括标准书号(ISBN)、装订、获得方式、价格＊。

五、文献资源著录项目标识符

著录项目标识符是指著录中用以识别著录项目和著录单元的特定符号。《国际标准书目著录》为了使一种语言的书目信息能够为其他语言的书目使用者所识别和理解,规定了国际通用的著录项目标识符号系统。我国《文献著录总则》和《中国文献编目规则》也都走与国际接轨的道路,尤其是为了便于将传统目录转换成机读目录,规定了统一的著录项目标识符号,用以标识各著录项目和著录单元。

著录项目标识符是用在各著录项目和著录单元之前,所以这种符号被称为前置符号。

1.".－－"项目标识符

用于每个项目之前(题名与责任说明项除外)。

2."＝"等号

用于并列题名、并列责任说明、并列版本说明、丛编并列题名之前。

3.":"冒号

用于其他题名信息(原称副题名与题名说明文字)、出版发行者、图、丛编其他题名信息(副丛书名与书名说明文字)、获得方式之前。

4."/"斜线

用于第一责任说明、本版第一责任说明、丛编第一责任说明之前。

5.";"分号

用于其他责任说明(不同责任方式的责任者)、其他出版发行地、尺寸、丛编或分丛编编号、属于同一责任者的第二个或第三个无总题名文献的题名(同一责任者的第二合订题名)之前。

6.","逗号

用于相同责任方式的分担责任者(原称其他责任者)、具有从属标识(分卷号)的从属题名(分卷题名)、附加版本说明、出版发行年、印刷年、国际标准连续出版物号、交替题名、分段页码的第二段和第三段页码之前。

7."＋"加号

用于载体形态项的附件之前。

8."(　)"圆括号

用于外国责任者的国别及姓名原文,中国古代责任者的时代,责任者所属机构,丛编项,印刷事项,载体形态项的补充说明,国际标准编号与获得方式的附加说明,连续出版物的卷、期、年、月等,加在这些项目和单元的外部。

9."[　]"方括号

用于一般文献标识和自拟内容标识。如:[等]。

10."…"省略号

用于省略著录内容。

11"？"问号

用于附注项不能推测的地点或年代,一般与"[　]"结合使用。如:

[北京？]

[1836？]

12."."圆点

用于项目末尾、正题名与卷次之间(原用空格表示)、无总题名文献(合订题名)的第二或第三题名前,属于不同责任者的第二或第三个无总题名文献(原称合订题名)的题名、分丛编题名之前。

13."－"连字符

用于年代或卷期的起讫连接。

14. "×"乘号

用于载体形态项的文献高度和宽度之前。

15. "//"双斜线

用于分析著录中析出文献与原文献之间。

注意:计算机编目时如果有相应的著录条目,则直接编目,如没有则要加上面的前置标识符。

六、文献资源著录格式与著录级次

1. 著录格式

著录格式是各个著录项目在载体上的排列顺序和表述方式,也就是目录款目或记录的表现方式。著录格式有多种,通过段落和标识符号来体现。

(1)按目录载体划分

著录格式分为书本式著录格式、卡片式著录格式、机读目录格式、DC 新型元数据著录格式。

(2)按款目上的标目划分

著录格式分为通用款目格式、排检款目格式。

款目是依据一定的方法对文献内容、形式特征进行分析选择后所做的记录。在传统著录法中一张款目表现为一张卡片;在计算机著录时,只要按照所使用的图书馆计算机管理软件提供的编目界面逐项填写,即可在系统中产生一条对应的机读目录,存储在计算机系统中。

通用款目是在编目程序上首先编制起来的、著录项目最全、最详细的,且还没有设置标目(检索入口)的款目,它是制作其他款目的基础。通用款目有卡片式和书本式。通用款目在格式上分为两部分,著录正文规定的 8 个项目为第一部分,排检项为第二部分,卡片式通用款目的著录项目共有 6 个段落,依次按顺序排列。各个著录项目都要冠以相应的著录项目标识符。

> 正题名[一般文献类型标识]=并列题名:其他题名信息/第一责任说明;其他责任说明. -- 版本说明/与本版有关的责任说明. -- 出版发行地:出版发行者,出版年(印刷地:印刷者,印刷年)
>
> 页数或卷(册)数:图;尺寸 + 附件. -- (丛编题名/丛编责任说明,丛编国际标准连续出版物编号;丛编编号)
>
> 附注项
> 国际标准书号(装订):获得方式
>
> Ⅰ.题名　Ⅱ.责任者　Ⅲ.主题　Ⅳ.分类号
>
> O

卡片式通用款目的格式

排检款目是在通用款目的基础上,将规范化的语言或词、代码(也就是标目),加载在款目上方,使其成为具有检索功能的款目。排检款目是组成各种检索目录的单元和基础。按款目所提供排检依据的不同,分为题名款目、责任者款目、分类款目。

1)题名款目

题名款目是将规范的题名加载在制作好的通用款目开头第一行,供工作人员从题名排列款目、读者以题名作为检索入口检索图书。

如果一书有两个或两个以上的题名,就要选择读者熟悉的题名作标目。如:《孤女飘零记》这本书还有另外一个译名《简·爱》,《简·爱》是大多数读者熟悉的,就将"简·爱"写在款目的第一行作为标目,读者从《简·爱》这个书名也可以找到这本书。

2)责任者款目

责任者款目是将规范的责任者名称加载在制作好的款目开头第一行,供工作人员按责任者姓名排检款目、读者以责任者姓名作为检索入口检索文献。

3)分类款目

分类款目是将图书馆所采用的分类法中的分类号加载在编制好的款目左上方或左边中间。

(3)按著录对象的编辑特点分

著录格式分为单独著录格式、综合著录格式、分析著录格式。

2.著录级次

著录级次是著录详简程度的规定,著录详简程度分为三个级次:简要级次、基本级次、详细级次。

- 简要级次:又叫第一级次,只著录主要项目。
- 基本级次:又叫第二级次,除著录主要项目外还要著录部分选择项目。
- 详细级次:又叫第三级次,著录全部项目,包括主要项目和选择项目。

七、文献资源著录用文字

著录用文字要用国家文字改革委员会正式公布的简化字,凡现代版的图书著录项目中出现繁体字的一律改为规范简化字,如:"唐宋詞鑒賞辭典"应该改为"唐宋词鉴赏辞典"。古籍著录项目中如有繁体字,著录时可以照录。

题名与责任说明项、版本项、出版发行项和丛编项按文献本身的文字著录。无法照录的图形,可改用相应内容的文字,用"〔 〕"括起。如:书名页上"心"为一个桃形图案,可改为爱〔心〕。

版次、出版发行年、卷册数、尺寸、价格等数字一律用阿拉伯数字著录。

图书本身文字出现错误照录,同时将考证所得正确的文字在附注项说明,用"〔 〕"括起。如:《说月文》照录,在附注项里说明"月"为"明"的误字。

各少数民族文字的文献,按其文字书写规则进行著录。

八、文献资源类型标识符

将各种不同类型文献的目录混合编制时文献资源类型标识符起内容标识作用,需用

"[　]"括起。例如：

胡雪岩［录像制品］

红楼梦［图书］

求是［期刊］

世界景观全图［地图］

少林小子［电影制品］

快乐童谣大家唱［录音制品］

豪杰超级解霸［电子资源］

第七节　普通图书的著录规则与方法

在我国,普通图书是指1911年以后以单行本形式刊印的出版物。包括汇编本、丛书、多卷书和以古典装帧形式刊印的现代著作与以平装形式刊印的古代著作。

著录是在编制文献目录时,按照一定的规则对文献的形式特征和内容特征进行分析、选择和记录的方法与过程。著录规则是根据文献本身的客观情况,结合读者检索要求和习惯而制定的一整套系统记录文献信息特征的原则和方法。

一、认识图书

中小学图书馆最常见的文献类型是图书,图书也具有较为完整的结构形式,人们了解文献知识一般也是从图书开始的,因此我们主要以普通图书为例(见图5-1),学习文献的结构。图书的结构分为外形结构和内部结构。

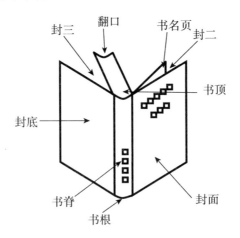

图 5-1　图书结构简图

1. 图书的外形结构

拿到一本书,我们还没打开时首先看到的有护封、封面、封底、书顶、书根、翻口等。

护封:是在书籍的外面另加上的一层用以保护图书和装饰的硬纸,前后向里翻折,将封面包住,用来保护封面,而且用纸讲究,并多有彩色印刷,很精美。护封又叫书衣、包封、外封等。

封面:也称封一、封皮或前封等,印有书名(丛书名)、责任者、出版者等。

封底:就是图书的最后一页的反面,也称封四,右下角常有书号和定价。

书脊:连接着封面和封底的那部分,就是书的脊背,也叫书背。书脊上往往印着书名、作者、出版者。

书顶:就是图书的上切口,因为在书的最上边,所以又叫书首、书脑。

书根:就是图书的下切口,因为在书的最下边,所以又叫书脚、书足。

翻口:就是图书的外切口,又叫书口。文字竖着排版的图书翻口在左边,读书时从左向右翻;文字横着排版的书,翻口在右边,读书时从右往左翻。

2.图书的内部结构

打开图书我们还会看到封二、书名页、扉页、版面、版权页、封三等。

封二:就是封面的反面,又叫封里或里封,也叫前封里。

封三:就是封底的反面,又叫封底里。

书名页:就是在封面和扉页的后面的那一页,上面有书名,卷册次,责任说明,版本,出版时间、地点等事项。

附书名页:也称半书名页、附加书名页、对照书名页,一般位于书名页相对的双页码一面,上面载有简单书名信息或附加书名信息等。

正文:就是图书的主题内容。

版面:就是图书印刷的正文页,一页为一个版面,版面内正文居中的部分叫版心,版心上方空白的地方叫天头,版心下方空白的地方叫地脚,靠装订一侧的地方叫订口。有的图书将书名或章节名印在天头处,叫书眉。双页码的书眉印书名,单页码的书眉印篇名或小节名。

页码:多为阿拉伯数字标识,在书的下角或上角,奇数页码在右边,偶数页码在左边。

版权页:记录着一书出版事项的那一页,有时出现在封二,有时出现在封三或封底。版权页上常有在版编目数据、书名、责任说明、版本说明、出版发行的有关事项、国际标准书号、装订形式、价格等。版权页提供一书的出版情况,包括以下内容。

- 在版编目数据:简称 CIP 数据,由中国版本图书馆数据中心统一发放的数据,规定了图书在版编目数据的内容和选取规则及印刷格式,包括书名、作者、出版社、版本等。供图书馆、出版发行者和读者在拿到图书的同时得到书目信息。

- 题名:书、刊、艺术作品、文章等的名称。图书有正书名、副书名、并列书名、丛书名等。绘画有画名,歌曲有歌名,文章有篇名,现各种类型文献的名称统一称为题名。

- 责任说明:包括责任者和责任方式。责任者是对文献内容或艺术形式进行创造、整理、加工并负有直接责任的个人或团体。图书有著者、编者、译者等,歌曲有演唱者、指挥者、配乐者等。普通图书最常见的责任方式有著、编、译、改编、执笔、口述、搜集、整理、修订、编撰、纂修、编解、编注等。

- 版本说明:图书制版的次数和版本形式,如:2 版、3 版、修订版、新 1 版等。

- 出版发行地:图书出版发行的地方,一般为某城市。

- 出版发行者:一般指出版社。

- 出版发行日期:图书出版发行的年月。另外还有印刷地、印刷者、印刷日期、开本尺寸等。

开本是指一张印刷纸裁切了多少块,就叫多少开。参照中华人民共和国国家标准《图书和杂志开本及其幅面尺寸》(GB/T 788—87),常见的纸张规格、开本与图书尺寸,见表 5 – 3。

表 5 – 3　图书用纸规格与常见开本、尺寸对照表

印张规格/mm	开本	尺寸(书脊高度)/cm
880×1230	大 16 开	29
880×1230	16 开	30
880×1230	32 开	21
880×1230	64 开	15
787×1092	8 开	38
787×1092	16 开	26
787×1092	32 开	19
787×1092	小 32 开	19
787×1092	64 开	13
787×1092	44 开	17
787×1092	60 开	16
787×960	小 16 开	23
787×960	32 开	19
787×960	小 32 开	19
787×880	16 开	21
850×1168	大 32 开	21
850×1168	32 开	21
850×1168	48 开	14×15
850×1168	64 开	14
850×1168	小 16 开	26
889×1194	8 开	39
889×1194	12 开	29
889×1194	大 16 开	29
889×1194	24 开	22
889×1194	64 开	14

印张规格/mm	开本	尺寸（书脊高度）/cm
900×1280	16 开	30
900×1280	32 开	21
900×1280	64 开	15
1000×1400	32 开	24

● 印张：表示印刷一本图书用了多少张印刷纸。

● 印次：一本图书印刷总次数的统计。从第一版第一次印刷计算起，每重印一次都在版权页累计标明，如一书印了三次，即标为第 1 版第 3 次印刷。修订后再印，即标为第 2 版第 4 次印刷。

● 字数：一本书共有多少字数。一般以千字为计量单位。如 499 千字，就是 49.9 万字。

● 国际标准书号：有时印刷在版权页上，有时印刷在封底，是国际通用的图书编号形式。

ISBN 编号是国际标准书号（International Standard Book Number）的简称，是专门为识别图书等文献而设计的国际编号。ISO 于 1972 年颁布了 ISBN 国际标准，并在西柏林普鲁士图书馆设立了实施该标准的管理机构——国际 ISBN 中心。现在，采用 ISBN 编码系统的出版物有：图书、小册子、缩微出版物、盲文印刷品等。2007 年 1 月 1 日前，ISBN 由 10 位数字组成，分 4 个部分：组号（国家、地区、语言的代号），出版者号，书序号和检验码。2007 年 1 月 1 日起，实行新版ISBN，新版 ISBN 由 13 位数字组成，分为 5 段。

A. 第一段为 3 位 EAN 数字，一般为 978 或 979，是图书产品的代码。

B. 第二段为国家、语言代码，由 1—5 位数字组成，兼顾了所属国家、书籍的语言，例如美国所出版的书国家代码为 0,1 代表英语,7 为中国大陆出版物使用的代码。

C. 第三段为出版社代码。是由书籍隶属的国家或地区的 ISBN 分配中心分配给各个不同的出版社的，出版社规模越大，出书越多，号码相应的会越短，可以为 2—5 位数字。

D. 第四段为书序码，是由所属的出版社自己拟定的书序号，可分为 1—6 位数字。原则上出版社的规模越大，出书越多，书序码越长。

E. 第五段为校验码，只有 1 位数字（从 0 到 9 的数字中选择），校验码是通过一定的计算方式进行验算而得出来的。

另外，在我国公开发行的期刊上也可以看到国际连续出版物号和标准刊号，如：《读者》的标准刊号是：

$$\frac{\text{ISSN } 1005-1805}{\text{CN } 62-1118/Z}$$

它是由国际连续出版物号（ISSN）和国内统一刊号（CN）组成。

A. "ISSN"：国际连续出版物号的英文缩写。

B. "1005-1805"：前 7 位是序号，后 1 位是计算机校验号，这是国际标准书号中心在给该系统登记的连续出版物分配的号码。

C. "CN 62 - 1118/ Z"：国内统一刊号,由两部分组成,斜线之前为期刊登记号,是我国新闻出版主管部门向正式批准登记的连续出版物分配的号码。CN 取自《世界各国和地区名称代码》,是中国的代码,62 是甘肃的地区代号,1118 是甘肃的期刊顺序号,斜线后面是《中国图书馆分类法》的分类号,《读者》内容是综合性的,所以用"Z"标识。

在我国正版发行的录音录像资料上有国际标准音像制品编号(ISRC),中国标准音像制品编号由两部分组成,斜线前的部分为国际标准音像制品代码,斜线后的部分是音像制品的类别代码。如:VCD《中国民乐曲二胡》的标准音像制品编号 ISRC CN - G15 - 08 - 358 - 00/V. J6。

A. "ISRC"：国际标准音像制品编号的英文缩写。

B. "CN"：国家编码,表示中国。

C. "G15"：云南民族文化音像出版社的代码。

D. "08"：录制出版年份,2008 年。

E. "358"：该出版社视频资料的记录顺序号码。

F. "00"：记录项码。

G. "V"：记录类型码,表示是视频记录。

H. "J6"：《中国图书馆分类法》中"音乐"的分类号。

● 装订：文献的装订形式。图书的装订形式有平装、精装、套装、盒装、函装等,古籍还有线装、卷轴装、蝴蝶装、经折装、梵夹装、旋风装、包背装等。

● 价格：图书购进时的原价。

另外还有一部分记载,不是每种书都有,如:

献词页：一般在书名页之后,载有责任者向某人表达敬意或谢意的简短话语。

前言：又叫序或序言。阐述著作编著和出版过程,说明著书意图和原因,指明读者对象,向对图书写作和出版提供帮助者表示谢意,说明图书编排体例和缩略语等有关内容的记录。因为放在正文前,所以叫前言、序言。

后记：又叫跋,前言的内容放在正文后,就叫后记。

目次：是各章节名目、页码的一览表,是一书的大纲,一般在书名页后正文前,是读者阅读一本书的向导。

绪论、导论：阐述全书所涉及的主题内容,可以引起读者对本书的关注。导论可作为正文内容的一部分列在正文前;绪论在目次后,有时作为正文第一章。

图表：在正文前的叫冠图,在正文中间的叫插图,在正文后的叫附图。

附录：附在正文后边,与正文有关的文字或参考资料。

索引：按照一定的编排方法组织起来的,用以检索正文中的有关文献信息或知识单元的工具。

有的图书还会有附件、注释、补遗等组成部分。

文献著录必须依据一定的著录法。一部著录法包括著录项目、著录信息源、著录用标识符号、著录详简级次、著录用文字、著录格式规定以及著录款目的结构形式等几部分,另外还有著录细则的说明等。

二、著录信息源

1. 主要信息源。

普通图书的主要信息源在图书本身。

2. 规定信息源

普通图书的规定信息源,见表5-4。

表5-4　普通图书的规定信息源

著录项目序号	著录项目	规定信息源及其选取顺序
1	题名与责任说明项	题名页、版权页、封面。当图书题名页上的题名与版权页或封面、书脊上的不同时,以题名页为准,没有题名页再参考其他
2	版本项	版权页、题名页、封面、出版说明等处
3	出版发行项	版权页、题名页、出版说明等处
4	载体形态项	整部图书及附件
5	丛书项	题名页、版权页、封面、书脊、封底
6	附注项	任何信息源
7	标准书号与获得方式项	版权页

三、各著录项目的描述著录

1. 题名与责任说明项

本项包括图书的各种题名和责任说明两部分,责任说明又包括责任者以及责任方式。题名与责任说明项所用的符号及常见结构形式:

正题名/第一责任者及责任方式

正题名/第一责任者及责任方式,同一著作方式的责任者及责任方式

正题名/第一责任者及责任方式;不同著作方式的责任者及责任方式

正题名:其他题名信息/责任者及责任方式

正题名:其他题名信息 = 并列正题名:并列其他题名信息/责任者及责任方式

正题名.卷数、章回数或卷(册)次 /责任者及责任方式

正题名 = 并列题名/责任者及责任方式

合订题名;合订题名/责任者及责任方式

合订题名/责任者及责任方式·合订题名/责任者及责任方式

交替题名,又名,交替题名/责任者及责任方式

(1)题名部分的著录

1)正题名

正题名是图书的主要题名。包括交替题名、共同题名和从属题名、无总题名图书。在多语

种图书里,一种书具有两个或两个以上不同文字的题名,排在最前面的为正题名;其中有汉语言的题名,以汉语言题名为正题名。正题名中有的是单纯题名,如《青春之歌》,有的是由两部分或两个以上的部分组成,如《影响孩子一生的故事·盲人摸象》。

A. 单纯题名

a. 单纯题名的前后都没有任何附加文字。题名中出现的标点、汉语拼音、外文字母、数字、符号、空格等照录。

b. 题名前冠有"钦定""签注""新编""图解""笔注""重订""袖珍"等冠词时照录。

c. 题名中包含个人或团体名称的,要区分是题名组成部分,还是责任者冠于专著之前的姓名。前者照录,后者不予著录。

d. 当题名中出现年代时,要区分是否为连续性出版物,如是连续性出版物就将年代号作为分卷(辑)号或其他题名信息(副题名)处理,如不是连续性出版物则照录。

年代号是对正题名的补充,作为副题名处理,将破折号去掉,用":"标识。

e. 一种图书题名、责任者、出版者完全相同,由于印刷时间不同,价格不同,作为新书重新著录。

B. 交替题名

交替题名是在题名页上出现的,在正题名后面用"一名""又名""原名""或"等相连的题名。如:《红星照耀中国》曾用名《西行漫记》,这里的"西行漫记"就是交替题名;《北行漫记》的又一译名为《红色中国报道》,这里的"红色中国报道"也是交替题名。

例1

例2

著录为:

例1:红星照耀中国,原名,西行漫记

　　　如软件有交替题名位置,则著录成:

　　　正题名: 红星照耀中国

　　　交替题名:西行漫记

例2:北行漫记,或,红色中国报道

　　　如软件有交替题名位置,则著录成:

　　　正题名: 北行漫记

　　　交替题名:红色中国报道

一种书由于译者不同而有三个或三个以上不同题名时,第三个著录于附注项。如:《三个火枪手》又名《三剑客》《侠隐记》。

例3

著录为:

例3:正题名:三个火枪手

交替题名:三剑客

附注项:本书另一题名:《侠隐记》

C. 无总题名图书(原称合订题名)

一本书在题名页上有两个或两个以上的题名,它们是各自独立的著作,没有共同题名。要分清是几个责任者,责任者数量不同处理方法也不同。

a. 同一责任者的,依次著录,在第二、第三个题名前用";"标识。

例:为人民服务;纪念白求恩;愚公移山/毛泽东著

b. 不同责任者的按题名/责任者依次著录,并在第二、第三个题名前用"."标识。

例:百川书志 /(明)高儒著 . 古今书刻 /(明)周宏祖著

c. 无总题名图书的题名超过三个,取第一个题名责任者著录,未予著录的在附注项说明。

例:漫游随录 /(清)王涛著;陈尚凡等校点. -- 长沙:岳麓书社,1985

788 页;19cm

附注: 此书与环游地球新录 /(清)李圭撰 . 西洋杂记/(清)黎庶昌撰 . 欧游杂录(清)/ 徐建寅撰合订

D. 共同题名与从属题名(原称总题名与分卷题名)

a. 先著录共同题名,再著录从属题名,从属题名前用"."标识。

例:新十万个为什么. 地球大气篇/马舒建著

b. 共同题名下既有从属题名标识(分卷号),又有从属题名(分卷名),分别用"."和","标识。如共同题名下只有从属题名或只有从属题名标识,其前用"."标识。

例:中国近代启蒙思潮. 上卷,启蒙运动的发端:1840—1914

c. 教材、包含有原教材题名的教学参考书、教学大纲、复习指导书等,无论原题名信息如何排列,均作为完整的正题名依次照录。

例1:正题名:5年高考3年模拟高考语文2024A版

例2:正题名:义务教育教科书数学三年级上册

2）并列题名

并列题名是指题名页上同时出现的与正题名语言文字不相同的对照题名,汉语拼音不是并列题名。并列题名前用"＝"标识。

例1

例2

例1:正题名:奥林匹克

　　并列题名：The Olympics

例2:正题名:老人与海

　　并列题名：The Old Man and the Sea

3）其他题名信息（副题名及说明题名文字）

其他题名信息是对正题名作解释或补充的题名,其前用"："标识。

著录其他题名信息时要注意以下问题。

A.宣传广告用语不需著录。

B.副题名中经常会出现"——"或"（　）",著录时应将这些标点去掉,改为"："标识。

（2）责任说明部分的著录

责任说明包括责任者和责任方式,这一部分的著录规则除了包括责任者和责任方式外,还按责任方式不同分为第一责任者、其他责任者、与本版有关的责任者。

第一责任者是一种文献同时有几种责任方式时,列为第一责任方式的责任者。相同责任方式同时有几个责任者,称为分担责任者（原称相同责任方式的不同责任者）。一种文献同时有几种不同的责任方式称为混合责任方式(原称不同责任方式),混合责任方式的责任者,除第一责任方式以外的责任者,其余都称为其他责任者。

- 按信息源记载的先后顺序,将责任者连同责任方式一起著录,其前用"/"标识。一种著作的不同责任方式之间用";"标识,相同责任方式的不同责任者之间用","标识。
- 经过改编、注释、校点、修订的著作,先著录原责任者,再著录其他责任者;改编后体裁已经完全改变,按改编者为第一责任者。
- 题名页没有标明原责任者时,以译者为第一责任者;编译或辑佚的著作,以编译者或辑佚者为第一责任者,如能考证出原责任者,将原责任者在附注项里说明。
- 中国古代责任者,姓名前要加上所处朝代(以卒年为断限年代),并用"(   )"括起来。
- 外国责任者著录时,加上国别,用"(   )"括起来,姓名有原文著录于译名之后,用"(   )"括起来。
- 外籍华人的国别要用加入后的国家简称著录。改变国籍前的著作,责任者国籍还按题名页所题著录。
- 著录责任者国别时要用简称,如:日本(日)、缅甸(缅)、匈牙利(匈);不同历史时期的著作要用当时的国别简称,如:苏与俄 、德与联邦德国和民主德国等。
- 如果相同责任方式的责任者超过三个,只著录第一个,其他用"[等]"标识;不同的责任方式最多只著录四种。
- 同一责任者的汇编本,先著录原责任者,再著录汇编者;不同责任者的汇编本,以汇编者为第一责任者;汇编者超过三个,只著录第一个,其余的用"[等]"标识。
- 题名页中没有载明汇编著作的汇编者,以第一篇著作的责任者著录,其余不著,用"[等]"标识。
- 单行著作有主编,又有编著者,以主编为第一责任者著录,再著录编著者;有主编、副主编,还有编委,或者有主编还有编者,只著录主编。
- 一书有集体创作,又有具体执笔,以集体创作为第一责任者。
- 分卷的图书,既有总编者,又有分卷责任者,先著录总编者,再著录分卷责任者。
- 责任者名称属于题名的组成部分,题名页中没有载明责任者,以选编者为第一责任者;题名页中既没有载明责任者也没有载明选编者,以原作者为责任者;题名页中既有原作者又有选编者,应以原作者为第一责任者,选编者为其他责任者。
- 僧人著作的姓名前要著录"(释)"字,如是古代人还要著录朝代。
- 以出版社名义编辑的图书,题为"本社编辑",应著录其全名。
- 法律、法规、标准等一般以编写者、制定者、提出者为第一责任者,审查者、批准者著录于附注项;如规定信息源中无制定者,以提出者、起草者、批准者等为第一责任者。
- 规定信息源中只有并列题名,而无并列责任说明,将责任说明著录于并列题名后。
- 机关团体集体编写的著作,一般以机关团体名称为责任者;在机关团体名称下有个人责任者的,以个人责任者为第一责任者。
- 音乐作品以词作者为第一责任者,曲作者为其他责任者。

2. 版本项

本项包括版本说明、其他版本形式、与本版有关的责任者、并列版本说明和附加版本说明。版本项的著录信息源是版权页。

版本项著录的标识符及结构形式是：

. —— 版本说明

. —— 版次/与本版有关的责任者

. —— 版次/与本版有关的第一责任者；与本版有关的其他责任者

. —— 版本说明＝并列版本说明

. —— 版次/与本版有关的第一责任者；与本版有关的其他责任者，附加版本说明

（1）版本说明

版本说明含版次，版次是统计内容重要变更的次数，凡图书第 1 次出版的称第 1 版或初版，内容经过较大增删后出版的称第 2 版，以下类推。图书重印时，内容如无改动或仅有少量改动的不作为再版，即不作版次的变更。同一种图书改换书名开本、版式、装订、封面、出版者，亦不作版次的变更。

版次有几种形式：一种是以序数词表示的版本，1 版、2 版…；一种是以文字表示的版本；一种是内容做了修改，重新制版，又出现新一版、增订版、修订版等表述方式；还有的以年代作为版次。不同的表示形式要区别对待。

● 凡是用序数词表示的，第 1 版不需著录，其他版次均要著录，去掉"第"字，直接著录 2 版、3 版，如版权页上出现多种版次，著录最后一次。

● "新 1 版"不能视为第 1 版，应照录。

● 凡是用年代表示版次的，照录。

● 凡说明著作内容特征、体裁特征和适用范围的说明文字，如：通俗本、节编本、插图本、少年版、绘画本、英汉对照本、科学版等，一般不能著录于版本项。

A. 作为其他题名信息（副题名或题名说明文字）著录，用"："标识。

B. 直接作为正题名组成部分按原样照录。

● 图书的铅印本、胶印本、油印本、影印本、晒印本、缩印本等，除铅印本、胶印本不著录外，其余的制版类型都要著录；复制图书，除了在版本项著录制版类型外，还要在附注项注明复制来源。

（2）与本版有关的责任说明

与本版有关的责任说明是指著作内容或形式有变化的版本的责任者和责任方式，是新版本的审定者、插图者、修订者等。不是对原版负有责任的人，而是参与新版再创作的说明。

例：《中国书史简编》，刘国均著，郑如斯订补。这里的"郑如斯"就是与本版有关的责任者。将其著录在新版本后，用"/"标识。

（3）附加版本说明

附加版本说明是指在版权页上记载的对版本的补充说明。

凡是用文字表示的，如"修订""增订"等，单独出现时照录；在版权页上与其他版次同时出

现时,应作为附加版本说明著录在版次之后,用",",标识。

3. 出版、发行项

出版发行项包括出版发行地、出版发行者、出版发行年。

出版发行项的标识符及结构形式是:

. -- 出版地:出版者, 出版年(印刷地:印刷者,印刷年)

. -- 出版地;出版地:出版者, 出版年

. -- 出版地:出版者:出版者, 出版年

. -- 出版地:出版者;出版地:出版者, 出版年

(1)出版发行地

出版发行地是指出版发行者所在地点的名称,一般为城市名称。

● 只著录出版地,其前用". -- "标识,如同时出现两个出版地,照录,第二个前用";"标识;同时出现三个或三个以上出版地,只著录第一个,然后加"等"字用"[　]"括起来,其余著录在附注项。

● 出版发行者名称已带有出版地地址,出版地照录,防止混淆。

(2)出版发行者

出版者一般是指出版社,发行者一般指新华书店,也有既是出版者又是发行者的,非正式出版物的发行者就是出版者。

● 一般以出版机构为准,不著录出版机构代表人,如果没有出版者,就著录发行者或经销商。

● 易于识别的国内知名出版者可以用简称,其余一律用全称。

● 如出版者就是责任者,出版者可以用"编者"或"著者"著录。

● 版权页有两个出版者时照录,在第二个前用":"标识。

● 版权页上同时出现两个出版地、两个出版者,先著录第一个出版地和出版者,再著录第二个出版地和出版者,其前用";"标识;同时出现三个或三个以上出版地和出版者,只著录第一个,其余的用"[等]"。

(3)出版发行年

出版发行年就是出版发行的年份,本项只需著录出版发行年份,月份省略。

● 出版发行年采用公元纪年的用阿拉伯数字著录,原题不是公元纪年,依样照录,应在其后著录公元纪年,并用"[　]"括起来。

● 一个出版社出版另一个出版社曾经出版过的图书,将印刷地、印刷者、印刷年也著录。

● 同一出版社对同一种著作多次印刷时,也要对其著录。印刷年一般不著录,除非以上情况才著录。

4. 载体形态项

载体形态项包括:数量及特定文献标识、其他形态细节(图和尺寸)、附件。数量及特定文献标识包括页数、卷(册)数及单位标识。

载体形态项的符号与结构形式是:

页数;尺寸

页数:图;尺寸

页数:图;尺寸＋附件

（1）页数和卷册

页数一般包括正文页数、正文前后的其他页数，著录时一律以阿拉伯数字著录。

- 如果图书正文前后的页数单独编码，可以只著录正文页码；如果正文前后的内容比较重要，而且页数较多，超过 10 页，就按正文前、正文、正文后著录，中间用“,”标识。

- 页数按单面编码计算，双面编为同一页码，应加倍计算页码，用“[　　]”括起来；单面印刷，一面空白的图书，不需加倍计算页码。

- 有的图书是多册合订为 1 册，但编码是单独的，可直接著录单独页码；各分册页码较为复杂时，可只著录原订册数。

（2）其他形态细节

其他形态细节主要为图表，是指文献的文字部分以外的冠图、插图、附图等。

- 图的著录顺序为冠图（正文前）、插图（正文中）、附图（正文后），根据不同情况可以著录为图片、照片、肖像、折图、彩图等，如一书的图较多，且繁杂，可以直接著录为:图，其前用“:”标识。以图为主的散页或照片、挂图，页数以“张”“帧”“幅”计算。

- 图书中的插图不一定都要著录，文艺小说中的图也可以不著录，有的图很重要，脱离图就会影响到对正文的理解，就必须著录，如:文物插图、动物图、植物图等，一般情况下有编号的图都要著录。

- 如果一书主要由图组成。而且在题名中已明确为图，如:图解、画册等，就不需重复著录。

（3）尺寸

尺寸是对文献大小的记载，用厘米来计量（原用开本）。

- 根据书脊的高度以 cm 为单位计算，不足 1cm，按 1cm 计算;有些特殊的异型版图书，如画册（9 开、25 开、48 开）等，用书脊的高度乘以整本书的宽度，中间用“×”连接。竖型开本，只著录书脊高度，横型开本，著录书脊高度乘以书的宽度。

- 散页未装订或分册出版另加函套的图书，除著录页数之外，需在页数或册数之后注明函数。

（4）附件

附件就是与图书内容相关但又分离于图书主体的附属材料。

如材料和图书一起使用作为附件著录，其前用“＋”标识，著录于尺寸之后，也可著录于附注项。如单独使用就作为另一种文献类型著录。

5. 丛书项

这一项是当整套丛书分散著录时，用来说明整套丛书的名称和责任者情况的项目。这一项著录在载体形态项后面，并用“（）”括起来。丛书项的符号及结构形式是:

. --（丛书正题名）

.--（丛书正题名＝并列丛书名）

.--（丛书正题名，丛书中的 ISBN 号码）

.--（丛书正题名；丛书编号）

.--（丛书正题名：丛书其他题名信息＝丛书并列题名）

.--（丛书正题名.附属丛书题名）

.--（丛书正题名.附属丛书题名；附属丛书编号）

.--（丛书正题名.附属丛书题名＝并列附属丛书题名）

.--（丛书正题名.附属丛书题名，附属丛书中的 ISSN 号码）

.--（丛书正题名/丛书编者）

（1）丛书正题名

丛书正题名是丛书的主要题名。

（2）丛书并列题名

在图书题名页上出现的两种或两种以上的语言文字对照的丛书名，著录时应将并列丛书题名著录于丛书题名后，其前用"＝"标识。

（3）丛书其他题名信息

丛书其他题名信息，就是丛书副题名或说明丛书题名文字，是对丛书题名的解释或补充。著录于整套丛书题名后，用"："标识。

（4）丛书责任说明

丛书责任说明是一整套丛书的总编者，包括丛书责任者和丛书责任方式。著录于丛书题名后，其前用"/"标识。

（5）丛书编号

丛书编号就是附属于丛书名后的编号，按照题名页所载，著录于丛书题名后，其前用"；"标识。

（6）附属丛书名

附属丛书名是附属于一套丛书的分丛书名，著录于主丛书题名后，其前用"．"标识。

（7）并列附属丛书名

并列附属丛书名是附属丛书名的另外一种语言对照的题名。著录于附属丛书名后，其前用"＝"标识。

6.附注项

附注项是对全文的补充说明，可以著录的地方很多，根据情况予以选择著录。著录信息源是整部图书，常见的情况有以下几种：

● 封面、书脊、题名页、版权页等地方的题名不同时，以题名页为著录依据，其他题名在附注项说明。

● 没有在题名页上反映的图书别名的附注。

● 一书有不同译名的附注。

● 与其他书合订的附注。

- 改编的著作对原书的题名、责任者、体裁等情况的附注。
- 翻译著作书名原文附注。
- 一书责任者有常用笔名的附注。
- 一书责任者不同译名的附注。
- 转印、复制复印本,注明依据原书。
- 对与图书内容有密切关系的附录或索引、参考资料、责任者小传等情况的著录,并根据位置注明"书末附""书前冠"等字样。

7. 标准书号与获得方式项

本项包括中国标准书号、获得方式、装订、价格 4 项。

中国标准书号与获得方式项的符号与结构形式是:

. —— ISBN(装订):获得方式

. —— ISBN:获得方式

. ——(装订):获得方式

- 中国标准书号是在国际标准书号的基础上增加了《中图法》的分类号和书次号。手工著录不著录此项,计算机著录时按照原题著录。
- 获得方式是指图书是怎样获得的,购买还是非卖品。如:购买、捐赠、交换、征集等。
- 装订是图书装订成册的形式。有平装、精装、线装、盒装、套装等。除平装以外的装订形式都要如实著录,著录在标准书号后用"( )"括起来。
- 不管是购买还是其他方式获得的,一般都具有价格,价格是指图书的售价,有的图书是非卖品,如:捐赠、交换的或内部读物等没有价格,如是非卖品应著录"交换""捐赠""手稿""复制"等。

定价以标准货币代码和阿拉伯数字著录于标准书号和装订形式之后,其前以":"标识;以人民币为价格单位著录,并冠以人民币的币制符号"CNY",小数点后保留两位。

如果用其他货币购买的图书,应折算成人民币著录。如不好折算,按其他货币著录,应在价格前标明某种货币的标准币制符号,如港币:HKD22.50。

不管是以什么方式获得的,只要有价格就都要著录价格,便于进行资产统计。

第八节　期刊、录音及影像资料、电子资源的著录规则与方法

一、期刊的著录

期刊,又称"杂志"。它是指名称相对统一,版式、篇幅和内容范围相对固定,定期或不定期按一定的卷期号或年月顺序号连续出版的出版物。期刊有印刷型和电子型等,这里只介绍印刷型期刊。

1. 期刊著录信息源及著录项目

(1)主要信息源

期刊的主要信息源是第一期的题名页。无题名页的以封面、刊头、目次页、编辑页、版权页

为题名页。

（2）规定信息源

期刊的著录项目和规定信息源，见表5－5。

表5－5　期刊的著录项目和规定信息源

著录项目序号	著录项目	规定信息源以及选取顺序
1	题名与责任说明项	第一期或手边最早的一期或部分
2	版本项	第一期或手边最早的一期或部分
3	卷、期、年、月或其他标识项	每一种标识系统最早的一期或最后的一期
4	出版发行项	第一期或手边最早的一期
5	载体形态项	所有卷期或部分
6	丛编项	所有卷期或部分
7	附注项	任何信息来源
8	标准编号与获得方式项	任何信息来源
9	馆藏记录项	

2.著录方法

（1）题名与责任说明项

● 按照信息源中的题名著录，其中文字、标点符号等的处理与普通图书著录相同。

● 正题名发生变化，应作为新刊著录。更改前的题名著录于附注项。

● 期刊的责任者一般都是多人，按照信息源中的顺序依次著录。分担责任者的著录一般不超过三个，之间用"，"号标识。或四个以上只著录第一个，用"［等］"标识。

（2）版本项

常见的版本形式主要有地区版、语种版等，如：农村版等。著录于题名与责任说明项后。一般情况下本项都不需著录。

（3）卷、期、年、月或其他标识项

本项是期刊等连续出版物独有的著录项目。卷、期号按照原题形式和顺序著录，数字一律用阿拉伯数字著录，非阿拉伯数字和繁体数字一律改为阿拉伯数字著录。卷集用"V."标识，期用"no."标识。如："V.1"，"no.1－"。著录时以本馆收藏的卷、期开始著录。

期刊除了有一个统一的题名外，一般还有连贯的逐年、逐期的标识，卷期著录于题名与责任者后。如既有卷期号，又有总期号的，应著录于卷期后，其前用"＝"标识。如："2003，no.1－7＝总1－"。

（4）出版发行项

期刊如果继续出版，在著录图书馆所收藏的第一期的年份后，加连字符"－"，如果已经停刊，则应著录起讫年。出版者前用"："标识，出版发行年前用"，"标识。

（5）载体形态项

本项著录期刊的物质形态，如：图表、尺寸、附件等。当每期或者大部分期刊都有插图时应予以著录；尺寸著录期刊的高度，其前用"；"标识；当宽度大于高度时，用高度×宽度著录；有脱离期刊本体的附加材料著录于尺寸后，其前用"＋"标识。

（6）丛编项

一般期刊没有本项，如有，参照图书著录。

（7）附注项

期刊的附注一般有以下几种：

1）出版频率附注

常见的出版频率有：月刊、半月刊、双月刊、季刊、旬刊或不定期等。

2）题名沿革附注

继承与改名附注。一种改名后的期刊继承另一种先前出版的期刊，在改名后的期刊附注项里用固定导语"继承：《×××》著录"；一种期刊被后出版的另一种期刊所继承，用固定导语"改名：《×××》著录"。

吸收与并入附注。一种期刊吸收另一种期刊，题名不变，在附注项用固定导语"××年吸收《×××》"著录；一种期刊并入另一种期刊，在附注项固定导语"本刊并入《×××》"著录。

（8）标准编号与获得方式项

本项著录期刊的国际标准连续出版物号 ISSN、识别题名、获得方式、价格。①国际标准连续出版物号照录。②识别题名是国际标准连续出版物数据系统制定的各种连续出版物专有题名，著录于 ISSN 后面，用"＝"标识。③获得方式有公开发行、赠送、交换等，著录于识别题名后，用"："标识。价格为期刊的原价。

（9）馆藏记录项

本项记录某图书馆对某一期刊的收藏情况。

中小学图书馆还应对期刊中有价值的单篇论文进行著录，即我们常提到的题录索引。以形成可供读者查检特定学科或主题、特定责任者或时间的期刊单篇文献目录。

二、录音资料的著录

录音资料又称录音制品，是指记录在各种物质载体上的不含图像的声音文献，包括各种录音带、唱片、录音光盘等。

1. 录音资料的主要特点

①以声音作为记录与传播知识的主要手段。②载体形态多样，有盒式录音带、开盘式录音带、唱片、光盘等。③使用时必须依赖于配套的录音机、电唱机等专用的放音设备和附带的文字资料。

2. 著录项目及著录信息源

（1）主要信息源

录音资料著录的主要信息源是录音资料本身。

（2）规定信息源

录音资料的著录项目及规定信息源,见表5-6。

表5-6　录音资料的著录项目及规定信息源

著录项目序号	著录项目	规定信息源及其选取顺序
1	题名与责任说明项	资料本身、载体标签、盒封、封套、说明书
2	版本项	资料本身、载体标签、盒封、封套、说明书
3	出版发行项	资料本身、载体标签、盒封、封套、说明书
4	载体形态项	资料本身、载体标签、盒封、封套
5	系列项	资料本身、载体标签、盒封、封套、说明书
6	附注项	任何信息源
7	标准编号与获得方式项	任何信息源

3. 录音资料常用的计量单位及单位符号

录音资料常用的计量单位及单位符号,见表5-7。

表5-7　录音资料常用的计量单位及单位符号

计量名称	计量单位名称	计量单位符号
时间	秒	s
	分	min
	时	h
长度	厘米	cm
速度	厘米每秒	cm/s
	米每秒	m/s
转速	转每分	r/min

4. 著录方法

（1）题名与责任说明项

1）题名

题名包括正题名、并列题名、其他题名信息,按照录音资料本身所提供的信息参照普通图书的题名著录方法著录。

2）一般文献类型标识

录音资料的文献类型标识是"录音制品",著录于正题名后,用"[　　]"括起。

3）责任说明

录音资料的责任说明范围包括:作品的直接作者及其责任方式、作品的间接作者及其责任方式、作品的搜集者及其责任方式、作品的改编者及其责任方式、作品的表演者及其责任方式、作品的团体表演者及其责任方式、演出导演及其责任方式、录音资料的制作者及其责任方式等。

录音资料的责任范围较多，且有时信息源复杂，可以参照以下顺序选择著录：

曲作者、词作者、编辑者、表演者（独唱、独奏、演讲者、朗诵者、演出者等）、合唱团体、合唱指挥、演奏团体、演奏指挥、演出导演、录音制品的制作者及其责任方式（录音、拟音、编辑）等。

（2）版本项

版本项与普通图书一样包括版本说明和与本版有关的责任者。

同样的素材经过不同的编辑，应视为新版本。与本版有关的责任者是指新版录音制品的修订者、改编者、组织者等。著录时按照信息源中所记载的顺序著录。

（3）出版发行项

正式出版的录音资料按照信息源所载的顺序著录，非正式出版的录音资料只要著录录制时间。

（4）载体形态项

录音资料的载体形态项包括数量及特定文献类型标识、其他形态细节、尺寸、附件。

1）数量及特定文献类型标识

录音带的数量著录载体的盒、盘数，唱片的数量著录载体的张数，一般不使用量词，以阿拉伯数字著录于特定文献类型标识之前。特定文献类型标识是指录音制品的具体名称，如：循环录音带、盒式录音带、开盘录音带、唱片等。定时播放的录音资料，还需要在"（ ）"内著录实际播放的时间。

2）其他形态细节

其他形态细节是指录音资料的材质、速度、录制方法、磁迹数、声道数等。

● 材质是指制作录音资料的物质材料对设备选用和保管有特殊要求的记录，一般常规材质不需著录。

● 速度是指录音带在每秒钟单位时间内传送的速度，唱片的速度是指唱片在每秒钟单位时间内旋转的转速。

● 录制方法

录制方法包括单声道、立体声。

3）尺寸

圆形的唱片或开盘录音资料的尺寸著录直径；盒式录音带、循环录音带著录磁带的宽度。

4）附件

附件是指录音资料以外的附加材料。

（5）系列项

录音资料的系列项相当于普通图书的丛书项，如有，可以参照普通图书著录。

（6）附注项

本项著录与普通图书相同，是录音资料需要进一步说明的题名、责任说明或版本说明、播放设备、依据原作品的版本说明等。

（7）标准编号与获得方式项

标准编号包括国际标准书号 ISBN、国际标准音像制品编码 ISRC，以及其他国际公认的标准号。既有国际标准编号又有中国标准编号的，先著录前者，再著录后者；既有 ISBN 又有 ISRC 的，先著录前者，再著录后者。

获得方式与图书相同，有购买、赠送等。按照规定信息源中提供的信息著录在标准编号后面，其前用"："标识。

录音制品所含的内容要详尽揭示，便于检索到每一具体内容。如一盘歌曲集包含多名歌手的歌曲，要著录歌曲名称及其演唱者；如一盘个人歌曲专辑，要著录每首歌曲的名称。

（8）索取号和馆藏信息

索取号由《中图法》（五版）分类的分类号加种次号后组成，馆藏信息就是本馆登录号。

三、影像资料的著录

影像资料是录像制品与电影制品的统称，又称为视听资料、声像资料，是一种以磁性感光和塑胶材料为存储介质的记录声音信息和图像信息的文献，包括各种录像带、视盘、电影片等。

1. 影像资料的主要特点

①直感性强。人们能直接听其声、观其形，给人以动态直观感觉。影像生动、丰富、逼真、印象深刻。②存储密度高、传播速度快。③必须借助一定的设备才能获取信息。

2. 著录项目及著录信息源

（1）主要信息源

影像资料的主要信息源为影像资料本身的内部信息源。

（2）规定信息源

影像资料的著录项及规定信息源，见表 5－8。

表 5－8　影像资料的著录项及规定信息源

著录项目序号	著录项目	规定信息源及其选取顺序
1	题名与责任说明项	内部信息源、标签、盒封、封套、说明书
2	版本项	内部信息源、标签、盒封、封套
3	出版发行项	内部信息源、标签、盒封、封套、
4	载体形态项	任何信息源
5	系列项	内部信息源、标签、盒封、资料说明书
6	附注项	任何信息源
7	标准编号与获得方式项	任何信息源

3. 影像资料常用的计量单位及单位符号

影像资料常用的计量单位及单位符号，见表 5－9。

表 5-9 影像资料常用的计量单位及单位符号

计量名称	计量单位名称	计量单位符号
时间	秒	s
	分	min
	时	h
长度	厘米	cm
宽度	毫米	mm
速度	米/每秒	m/s

4.著录方法

(1)题名与责任说明项

1)题名

影像资料的题名著录同录音资料。

2)一般文献类型标识

影像资料中的录像带和视盘的一般文献类型标识是"录像制品",电影片的一般文献类型标识是"电影制品"。

3)责任说明

影像资料的责任说明和著录方法与录音资料相同。

(2)版本项

影像资料的版本项著录方法与录音资料相同。

(3)出版发行项

影像资料的出版发行项按信息源所载信息著录。

(4)载体形态项

影像资料的载体形态项包括数量与文献类型标识、其他形态细节、尺寸、附件。

1)数量与文献类型标识

录像带和电影片的数量著录载体的盒(盘)数,视盘的数量著录载体的张数。载体数量用阿拉伯数字著录于特定文献类型标识前,一般不使用量词。特定文献类型的标识是指影像资料的具体名称,如:"录像制品"和"电影制品"。录像制品包括循环录像带、盒式录像带、开盘录像带等。电影制品包括盒式循环片、盒式电影片、开盘电影片、环视电影片。

在特定文献类型标识不足以识别影像资料时,必须在其后的"[ ]"内著录其商标名称和其他技术标志。常见的技术标识有:

录像带 U-matic,VHS 等;视盘 LD(影碟)、VHD、VCD(视频光盘)、CD-ROM(多媒体只读光盘);制式有 PAL、NTSC、SECAM。

定时播放的影像资料还要著录实际播放时间。

2）其他形态细节

其他形态细节依次著录影像资料的材质、色彩、配声及其他技术特征。

其他技术特征是指影像资料的速度、录制方法、磁迹数、声道数等。电影制品的速度、录音电影胶片在每秒钟单位时间内通过放映机的画面幅数，用"格/秒"标识。用立体声录制的影像资料必须著录"立体声"。

3）尺寸

- 以圆形载体为特征的开盘录像带和视盘著录其载体的直径尺寸，可以通过测量获得。
- 循环录像带、盒式录像带著录磁带宽度。
- 电影制品著录电影胶片的宽度。

4）附件

附件是指影像资料以外的附加材料。

（5）系列项

本项相当于普通图书的丛编项，著录方法可以参照普通图书。

（6）附注项

本项同于普通图书的著录，是影像资料需要进一步说明的题名、责任说明或版本说明、播放设备、依据原作品的版本说明等。

（7）标准编号与获得方式项

（8）索取号和馆藏信息

索取号由《中图法》（第五版）的分类号加种次号后组成，馆藏信息就是本馆登录号。

四、电子资源的著录

电子资源是指用计算机设备编码处理、存储，并通过计算机设备或计算机网络连接阅读的资源。电子资源分为非网络电子资源和网络电子资源。非网络电子资源是指电子图书、电子期刊、软件出版物、数据库等存储在磁盘、光盘等介质上的文献信息。这种电子资源可以直接存取，检索时需要将载体插入计算机或其他外部设备。网络电子资源是指通过网络与通信手段，用计算机或信息终端等再现信息的电子资源，这种电子资源远程存取，检索时通过输出输入设备与计算机网络系统连接获取。包括从网络上搜集的无序资源，进行分类整序后成为有用的、便于查找的资源，或购买的网络出版物，存储在磁盘上，通过计算机或类似阅读器阅读的文献。

总之，电子资源可以归结为两大类：实体电子资源和网络电子资源。

1. 电子资源的主要特点

（1）载体体积小，类型复杂多样，信息量大；内容丰富，传播生动形象

电子资源的内容涉及各个专业领域，包罗万象，且不仅有文本信息，还有图表、声音、动画、软件、数据库等音频和视频资料，电子资源的载体有盒式卷轴磁带、盒式计算机光盘、磁盘、磁光盘等，节约存储空间，且利于长期保存和反复利用，也便于携带。体积虽小，但存储信息量却非常大，且信息表现更直观、形象、生动。

（2）版本繁多，更新频繁；记录方便，检索使用迅速快捷

电子资源经常修订、升级，出现新的版本，如：升级版、等级版、测试版、全文检索版、单机版和网络版等，且时效性强、更新速度快，使电子资源使用起来方便快捷。利用网络以超文本、超媒体技术链接，文献的检全率和检准率高，速度快捷，实现世界范围内的资源信息共享。

（3）资源利用需要借助一定设施设备和技术手段

获取资源信息需要借助计算机终端等设备，网上信息的检索阅读需要网络技术支持。

2. 著录项目及著录信息源

（1）主要信息源

电子资源著录的主要信息源是电子资源本身，主要取自于电子资源内正式出现的信息。

（2）规定信息源

电子资源的著录项及规定信息源，见表 5 - 10。

表 5 - 10　电子资源的著录项及规定信息源

著录项目序号	著录项目	规定信息源及其选取顺序
1	题名与责任说明项	内部信息源、物理载体上的标签、说明性资料、容器或其他附件
2	版本项	记载有版权信息的内部信息或外部载体
3	资源类型与数量项	任何信息源
4	出版发行项	内部信息源、物理载体上的标签、说明性资料、容器或其他附件
5	载体形态项	任何信息源
6	丛书项	内部信息源、物理载体上的标签、说明性资料、容器或其他附件
7	附注项	任何信息源
8	标准编号与获得方式项	任何信息源

3. 著录方法

（1）题名与责任说明项

题名与责任说明项包括题名、文献类型标识、责任说明。

1）题名

正题名是电子资源的主要题名，其中的各种数字、缩写词、符号、字母等，一律照录。其他各种题名与普通图书著录的方法基本相同。

2）文献类型标识

电子资源的文献类型标识用"电子资源"。

3）责任说明

本著录单元包括责任者和责任方式。

电子资源的责任者有直接责任者和间接责任者，如：作家、程序员、画家、软件制作者、编著

者、翻译者、改编者、原作者等,按照信息源提供的信息著录。

（2）版本项

电子资源的版本说明包括以版次信息与"版"字相结合的术语,如:等级、更新、发行等,版次有的是数字,有的是字母,有的是文字。著录时除数字使用阿拉伯数字外,其余的照录;有些对正题名做进一步补充和说明的文字不能作为版本项著录,而是作为题名说明文字著录。

（3）资源类型与数量项

1）资源类型标识

资源类型标识是识别电子资源特定类型的名称术语。电子资源的类型从编目的角度可以分为三种:

● 由数据组成的是电子数据,如:电子字形数据、电子图像数据、电子音频数据、电子文本数据等。

● 由程序组成的是程序数据,如:电子应用程序、电子系统程序等。

● 由数据和程序组成的是电子数据程序,如:电子图像数据和检索程序、电子交互式多媒体游戏、电子联机服务等。

2）资源类型数量

资源类型的数量著录于资源类型后面,并用"［　　］"括起来。

● 数据资源著录记录数和/或字节数。

● 程序资源著录程序语句数和/或字节数。

● 电子资源为压缩形式,不著录数量。

（4）出版发行项

本项包括资源的出版地、出版者、出版年。按照规定信息源提供的出版信息著录,与图书著录方法相同。

（5）载体形态项

本项包括电子资源的物理载体数量及特定资料标识、其他形态细节、尺寸、附件。

1）数量及特定资料标识

电子资源的数量用阿拉伯数字著录,一般不用量词。

2）其他形态细节

电子资源的其他形态细节包括声响、颜色等。

3）尺寸

电子资源的尺寸著录物质载体本身的尺寸,如:光盘、磁盘著录其直径,单位用"cm"标识;非标准尺寸的磁带盒,著录其长和宽。

4）附件

电子资源载体以外的资料。

（6）丛书项

本项与图书的著录方法相同。

（7）附注项

本项包括正题名来源附注，责任说明附注，电子资源的性质、范围、艺术形式或目的说明，版本与书目沿革的附注，系统要求附注，远程资源信息源或方法附注，使用对象附注等。

- 正题名来源附注。正题名来源在任何情况下都必须著录。
- 责任说明附注。
- 电子资源的性质、范围、艺术形式或目的说明。
- 版本与书目沿革的附注。
- 系统要求附注。
- 远程资源信息源或方法附注，如：依据的版本、发表日期、访问方式等。
- 使用对象附注。

（8）标准编号与获得方式项以及索取号和馆藏信息

索取号由《中图法》（五版）的分类号加种次号组成，馆藏信息就是本馆登录号。

各种文献信息著录完成以后，应该编制可供检索的目录，手工编目一般可分为卡片式目录、书本式或表格式目录等形式。实行计算机自动化管理后，文献信息著录一旦完成，机读目录格式便自动生成。

学习与思考：

1. 中小学图书馆的文献资源包括哪些内容？
2. 文献资源建设的原则与标准是什么？
3. 新到馆的文献资源的验收程序主要有哪些？
4. 文献资源分类的基本规则是什么？
5. 类目仿分组号的要点是什么？
6. 著录级次按照详简程度的规定，可分为哪三个级次？著录用什么文字？
7. 著录普通图书时的主要信息源是什么？著录期刊时的主要信息源是什么？

参考文献：

1. 《图书馆之城建设指标体系研究》课题组. 图书馆之城建设指标体系研究［M］. 北京：国家图书馆出版社，2010.
2. 中国图书馆学会专业图书馆分会. 专业图书情报机构的知识服务创新［M］. 北京：国家图书馆出版社，2010.
3. 王松林. 从文献编目到信息资源组织［M］. 北京：国家图书馆出版社，2010.
4. 李广建. 图书馆信息系统：技术、实现与应用［M］. 北京：国家图书馆出版社，2010.
5. 顾犇. 信息资源建设的实践与思考［M］. 北京：国家图书馆出版社，2010.
6. 肖希明. 信息资源建设的变革与发展［M］. 北京：国家图书馆出版社，2010.
7. 常书智. 文献资源建设工作［M］. 北京：北京图书馆出版社，2000.
8. 杜克. 文献信息开发工作［M］. 北京：北京图书馆出版社，2001.
9. 吴慰慈，黄焱. 图书馆学概论［M］. 北京：北京图书馆出版社，2002.
10. 徐引篪，霍国庆. 现代图书馆学理论［M］. 北京：北京图书馆出版社，1999.

11. 谭祥金.图书馆管理综论[M].北京:北京图书馆出版社,1997.

12. 杜克.中国图书馆发展战略研讨会论文集[C].北京:书目文献出版社,1996.

13. 文化部图书馆司,等.特色图书馆论[M].北京:北京图书馆出版社,1998.

14. 孙继亮.资料室工作概论[M].东营:石油大学出版社,1996.

15. 杜克,等.当代中国的图书馆事业[M].北京:当代中国出版社,1995.

16. 倪波,黄俊贵.图书馆工作概论[M].马先阵,等,执笔.北京:书目文献出版社,1989.

17. 中国图书馆分类法编辑委员会.中国图书馆分类法[M].5版.北京:国家图书馆出版社,2010.

18. 宋学清,王双.文献分类标引[M].西安:西安地图出版社,2007.

19. 俞君立,陈树年.文献分类学[M].武汉:武汉大学出版社,2001.

20. 中国图书馆分类法编辑委员会.中国图书馆分类法简本[M].4版.北京:北京图书馆出版社,2000.

21. 中国图书馆分类法编辑委员会.中国图书馆分类法[M].4版.北京:北京图书馆出版社,1999.

22. 中国图书馆分类法编辑委员会.中国图书馆分类法 第4版 使用手册[M].北京:北京图书馆出版社,1999.

23. 马张华,巩雪芹.中小学图书馆文献分类与主题标引[M].北京:北京图书馆出版社,1998.

24. 刘延章.文献信息分类学[M].北京:中国科学技术出版社,1996.

25. 田晓娜.中国学校图书馆(室)工作实用全书[M].北京:国际文化出版公司,1994.

26. 富平,黄俊贵.中国文献编目规则[M].2版.北京:北京图书馆出版社,2005.

27. 任宝祯.中小型图书馆实用小百科[M].深圳:海天出版社,2004.

28. 孙更新.文献信息编目[M].武汉:武汉大学出版社,2006.

29. 王松林.信息资源编目[M].北京:北京图书馆出版社,2005.

30. 黄俊贵.文献编目工作[M].北京:北京图书馆出版社,2000.

31. 李晓新.新编文献编目[M].天津:南开大学出版社,2006.

32. 段明莲.文献信息资源编目[M].北京:北京大学出版社,2000.

33. 张立肖,李莉.网络环境下我国图书编目工作的发展趋势[J].河北煤炭,2004(1):11,60.

34. 孙更新.文献信息编目实习教程[M].武汉:武汉大学出版社,2008.

35. 郑瑞萍.浅谈音像资料在MARC编目中不同于图书的几个方面[J].跨世纪,2009(4):30-32.

第六章　中小学图书馆学科服务

本章导读：

　　教师在教学过程中如何查找最新资料？如何在图书馆员的协助下进行教科研课题研究和论文撰写，包括选题、文献筛选与保存以及数据分析？如何及时掌握学术动态并获得跟踪服务？在新课程标准的背景下，如何通过创新图书馆管理和服务紧跟时代步伐？随着教学改革的不断深化，中小学师生对图书馆学科服务建设的需求日益突出。学科服务以学科建设为基础，以学科馆员为核心，旨在为学校师生提供更专业、更精准的信息、资源和服务。只有中小学图书馆逐步建立和完善学科服务工作，才能更好地推进深度教学，这也是中小学图书馆建设发展和努力的重要方向之一。

　　通过本章的学习，你将了解到：

- 中小学图书馆学科服务的内涵和特点
- 中小学图书馆开展学科服务的必要性
- 中小学图书馆学科服务特色案例
- 中小学图书馆学科服务的内容和模式
- 中小学图书馆学科服务的困境及对策
- 新课程标准背景下中小学图书馆的服务创新

第一节　中小学图书馆学科服务概述

一、学科服务概述

1. 学科服务的内涵

　　学科服务，有学者称之为学科化服务或学科化知识服务，是伴随着学科馆员制度的产生而兴起的一种信息服务。图书馆学科服务，是指图书馆面向特定学科，以学科专职或兼职馆员为核心，以读者的知识需求为导向，通过学科信息存取和学科情报分析来满足读者在学科活动中的信息需求，并帮助读者提升信息获取和利用能力的一种专业化服务。学科服务是图书馆从"以书为主体"转向"以人为主体"，从被动式服务转向主动式服务，集学科化、知识化、个性化于一体的服务模式。

　　2. 学科服务的特点[①]

　　（1）信息服务学科化

　　传统图书馆的服务工作通常按照文献工作流程进行组织，从文献的收集到被读者采纳，每

---

① 蔡莉静. 大学图书馆学科服务理论与实践［M］. 北京：海洋出版社，2015：22－23.

个环节都有相应的服务。而学科服务是按照学科、专业或项目来组织信息服务工作,它提供从信息收集到信息分析的一整套服务流程。学科馆员借助网络的便捷性和学科专业背景,提供读者所需的信息,并将信息服务融入学科教学与科研中。通过提供最新的专业知识内容、主题书单、学科导航和课题咨询等方式,为师生提供更专业、更优质的服务。

（2）服务内容知识化

学科服务不仅是简单的文献传递或信息交换,而是运用情报学和文献学的方法,对获得的信息进行二次加工,并按照学科体系对信息进行整合。学科服务是以知识为载体的信息服务,它以读者的知识需求为引导,开发知识资源,重组学科专业知识产品,为学科提供再加工的知识内容服务。它跨越传统图书馆文献服务的边界,参与文献、信息、知识的生产、分析、传播和使用过程,为知识资源提供了一种新的增值服务模式。

（3）读者服务个性化

学科服务体现以人为中心的理念,根据实际需求为读者提供个性化服务。例如:学科课题组的主持人和核心成员需要及时获取学科前沿信息、研究动态指南;中小学生需要了解阅读资讯或选择自己喜欢的书籍:图书馆需要制定图书和数据库使用指南,根据读者的需求或兴趣提供有效信息,并为他们提供相关培训。学科服务要求图书馆根据不同的服务对象确定不同的服务内容、方式和策略。学科馆员可以通过个性化定制服务系统为读者创建专属的个性化信息定制服务,因人而异地满足他们的需求。此外,学科馆员还可以利用现代网络技术,在图书馆网站上建立个人学科信息门户,类似于"我的图书馆"（My Library）,定期跟踪读者的课题研究方向,建立与学科课题及相关科研人员密切相关的"课题图书馆"。另外,学科博客、课题团队资源平台和学科电子期刊都是图书馆个性化服务的模式。

3. 中小学图书馆开展学科服务的必要性

（1）学科服务是新课改的需要

新课改的目的是推进素质教育,注重学生的全面发展和核心素养的培养。教师需要将学生从应试教育的束缚中解放出来,这就要求教师注重教学资源的开发利用,改变学生现有的学习方式,并培养学生的自主学习能力、信息搜集与处理能力、获取新知识的能力、分析与解决问题的能力以及交流合作的能力。新课程改革方案的实施对中小学图书馆提出了更高的要求,因为图书馆逐渐成为学生自主学习的重要场所和第二课堂,所以图书馆必须提供相应的服务,发挥主体性教育功能,因此学科服务在新课改中具有独特的现实意义。

（2）学科服务是学校师生的需要

教师在开展教学科研时,经常需要在短时间内找到所需的教学资料,课题研究也需要掌握相关的全面资源和国内外的最新动态。然而,老师们往往面临着信息获取困难和耗时过多的问题,迫切渴望能获得学科资源方面的支援。学生在学习中遇到难题或需要查询学习资料时,也面临着相同的问题和需求。随着网络和信息技术的发展,师生的需求变得更加深层次化和个性化。他们已不仅仅满足于图书馆提供的文献资源,更希望获得相关的知识和解决方案。因此,图书馆的学科服务需要从"以文献服务为中心"转变为"以读者服务为中心",为教师的教学研究、学生的研究性学习和学校的决策提供完善的学科服务。图书馆要充分发挥资源优势,向师生准确、全面、及时、持续地传递所需的信息和知识,坚持"以人为本",满足师生的需求,才能更好地发挥其在教育教学中的应有作用。

（3）学科服务是传统图书馆转型的需要

随着信息资源的数字化和网络化的普及,信息获取变得越来越方便、快捷。传统图书馆收集、保存和提供文献信息服务的基本功能已不再是衡量中小学图书馆水平的主要标准。积极为学校决策、教师教研和学生学习提供优质的知识服务已成为图书馆未来发展的必然趋势。这就要求图书馆更新服务理念,改变传统的服务模式,实现跨越式发展。同时,图书馆员也需要确立全新的服务理念,立足于新的服务方法和内容,不断提升自身的综合素质,丰富自己的知识储备,使自己不仅成为文献资料的管理者,而且成为知识的创造者和师生的引领者。学科服务是对传统图书馆文献信息服务的深化与拓展。无论是服务形式还是内容,学科服务与传统的服务模式都存在着显著差异。它不仅深入开发和利用信息资源,而且根据读者不同的信息需求,积极提供实用的信息服务,并融入读者问题解决的全过程,有效支持读者的知识应用和创新,满足读者的信息需求。因此,学科服务可以有效弥补图书馆信息服务水平的不足,提高图书馆的服务质量,重建读者对图书馆的信心,为未来图书馆的发展指明方向,促进图书馆服务水平的提升。

二、中外中小学图书馆学科服务

1. 国外中小学图书馆学科服务

国外的学科馆员制度起源可追溯至文艺复兴时期。20世纪初,英国的一些大学陆续引入了学科馆员制度,且该制度在二十世纪六七十年代达到了非常流行的水平。在美国的研究型大学图书馆中,最初的模式是提供各个领域的服务,随后逐渐发展为提供特定学科和专业的有针对性的服务。例如,1950年,内布拉斯加大学图书馆成立了分馆并配备了学科馆员,随后加拿大等国家的大学图书馆也实行了学科馆员制度。尽管中小学图书馆很少建立专门的学科馆员制度,但国外中小学图书馆的地位和受重视程度相当高,并有类似学科服务的工作项目,具有以下几种类型和特点:

（1）以学生学习为中心的中小学图书馆

美国的一则报道或许能更好地说明美国中小学图书馆的实施情况:"……不知不觉一年过去了,儿子的英语长进不小,放学之后也不直接回家了,而是常去图书馆,不时背回一大书包的书来。问他一次背回这么多的书干什么,他一边看着那些借来的书一边敲着计算机键盘,头也不抬地说,作业。……儿子小学毕业的时候已经能熟练地在图书馆利用计算机和缩微胶片系统查找他所需要的各种文字和图像资料了。有一天,我们俩为了狮子和豹子的觅食习惯争论起来。第二天,他就从图书馆借来了美国国家地理协会拍摄的介绍这些动物的录像带,拉着我一边看一边讨论。孩子面对他不懂的东西,已经知道到哪里去寻找答案了。"这则报道显示出美国中小学图书馆以学生学习为中心发挥的作用。正如著名美国作家达特罗所说:"一个文明社会给予人三种最重要的证件是出生证明、护照和图书馆借阅证。"①

相关链接：

在美国，公立学校图书馆虽然位于社会图书馆系统的末端，但具有全面的功能，发挥着极其重要的作用，培养了一批批具有浓厚学习意识的公民。以 Scarsdale（斯卡斯代尔）中小学图书馆为例，可以说明美国学校图书馆的功能。Scarsdale 学区包括五所小学、一所初中和一所高中，每所学校都设有图书馆。小学图书馆主要培养学生的阅读习惯；初中图书馆规模更大，功能更加丰富；而到了高中，学校图书馆成为学校的学术中心和学习中心，是整个学校最热闹的地方。由于高中实行选课走班制，从第一节课开始，图书馆就成为没有课程的学生们最好的学习场所。每天早上七点半后，图书馆已经充满了紧张的学习氛围，一直持续到下午三点放学。②

除了个别学生独自学习外，许多学生也参与团队合作的项目。团队合作是美国中学教学的一个重要特色，许多项目都由团队完成。为了满足这一需求，图书馆配备了专门的工作室或工作台。工作室是独立的房间，内设有各种设施，包括网络设施、电子白板、圆桌和显示器等，学生需要提前预约使用。工作台则是开放的圆桌，小组成员可以坐在桌旁进行小声讨论。此时，图书馆员的主要工作是维持秩序，保持图书馆的安静。

Scarsdale 高中图书馆不仅提供图书借阅服务，还在最好的区域提供网络平台供学生自由查阅资料。这不仅方便学生使用，也方便图书馆员管理。图书馆还向一些专业数据公司支付费用，让每个学生拥有账号，可以登录一些著名的专业信息网站以查阅资料，完成老师布置的专业性较强的作业。这项费用占据了每年预算的很大一部分。

此外，图书馆还提供自助复印机，学生只需投入 5 美分即可复印资料。图书馆是学习中心、信息中心和教学服务中心，使师生的教与学更加便利。因此，图书馆员备受师生尊重，工作成就感很高。如 Scarsdale 高中图书馆馆长所说："一旦学校图书馆关闭一天，学生就会感到失落；关闭两天，他们会感到不适应；如果关闭三天，他们肯定会去校长那里抗议。"③可见，在学生心目中，图书馆的重要性不言而喻。

综上所述，国外中小学图书馆注重以学生学习为中心的服务。美国的中小学图书馆在培养学生阅读习惯、提供学术支持和促进团队合作方面发挥着关键作用。它们不仅提供丰富的图书资源，还提供先进的技术设施和网络平台，使学生能够自由获取各种资料。此外，图书馆还作为学校的学习中心，为学生提供安静的学习环境和合作工作空间。在这些图书馆中，图书馆员的工作至关重要，他们维护秩序、提供指导和支持，深受师生们的尊重和感激。

相关链接：

澳大利亚悉尼女子中学历史悠久，始建于 1883 年。学校图书馆以优质的资源而闻名，这些

---

① 张明霞.中小学素质教育与图书馆[J].晋中师范高等专科学校学报,2000(4):71.
②③ 黄涛.美国学校图书馆见闻[J].广东教育(综合版),2011(12):58 – 59.

资源主要是由先进的创新技术和庞大的网络系统支撑的各种电子资源。

澳大利亚悉尼女子中学图书馆在信息技术的应用上非常先进：

● 图书馆作为学校重要的学习中心，为师生提供重要的信息以及课程和休闲需要的各种资源与服务。

● 图书馆的活动区域按功能分为小组讨论区、安静的个人学习区、电脑使用学习区、多媒体教室等。学生在不同的活动区域中可以独立自主学习或者小组协助学习。

● 学校图书馆员具有图书馆学和教育学双重资格，由专门的图书馆学校为他们提供学习教育。

● 图书馆可以接入澳大利亚为全国学校图书馆设计的国家编目数据库和全国课程信息索引与在线教育网，确保学生具备21世纪所需要的终身学习的信息素养。

● 图书馆邀请学生参与制定图书馆的电子日报。

● 图书馆提供文献扫描、打印、复印服务，为学生提供文件、图像、演示文稿等文献传送服务。方便学生收集、使用各种有用的资料文献。

由此可见，澳大利亚中学图书馆员是信息资源建设的主导因素，图书馆按不同需求提供不同功能室给读者，方便读者进行不同类型的学习活动。[①]

（2）教学资料中心

在20世纪60年代末，美国、加拿大等国的中小学图书馆开始改名为"知识传播媒体中心"（也称为教材中心或知识资源中心）。这些中心的馆藏和服务范围比传统学校图书馆更广泛。除了收集印刷书籍和报纸外，它们还收集了电影、胶片、幻灯片、透明胶片、录音磁带等各种材料和相关设备，供教师在教室进行集体教学或供学生个人使用。知识传播媒体中心方便了教师根据不同材料进行因材施教，为学生创造了良好的自主学习条件，在现代教育中发挥着重要作用。在美国，中小学图书馆员也会上课，向学生讲授如何使用图书馆和各种资源。

相关链接：

1969年，美国的教育协会（NEA）和学校图书馆协会（AASL）颁布了"学校教学手段标准"。随着现代化技术的应用和理念的更新，美国的85063所中学中，90%已将中学图书馆改名为教学资源中心。有些还被称为资源中心或媒介中心。然而，问题并不仅仅在于名称，而是在于实质。为什么中学必须设立教学资源中心呢？这主要是由现代美国的教学方法所决定的。美国的中学生除了学习课堂知识外，还必须自己前往教学资源中心查阅资料，从中获取许多教科书上没有的信息。如果中学拥有一个优秀的教学资源中心，对学生的学习将起到至关重要的作用。因此，教学资源中心与中学的教学计划及其课程设置密切相关。

教学资源的管理是必要的。教学资源中心通常位于学校的中心位置，每天阅览室都挤满了学生，里面的藏书都是开架式的。在美国的中学三四年级，教师要求学生独立撰写文章和报告，

---

① 谢英华.信息技术提高南宁市中学图书馆服务功能的策略研究[D].长春:东北师范大学,2012.

因此教师需要向学生介绍更多的图书或资料供其阅读。

在教学资源中心,图书馆员的工作不仅仅是采购、分类、编目、出借和流通,他们还必须具备良好的"公关"能力。除了日常的管理工作外,图书馆员还必须处理各方面的关系,建立良好的联系渠道,以确保教学资源中心在全校师生和员工面前树立良好的形象,并争取他们的理解和合作。通过不断努力的"公关"工作,一方面让公众了解教学资源中心所提供的服务,另一方面也赢得他们的支持。通常,学校行政领导的承诺至关重要,这能确保各项工作顺利进行。图书馆员还可能参与编写教学资料、撰写论文和出版图书等任务。因此,除非表现不佳,教学资源中心的图书馆员往往备受尊敬和喜爱。[①]

——以上内容整理自美国麻省文献中心主任教授访华讲学的录音资料

(3)图书馆员日益专业化

图书馆员的日益专业化是全球范围内的趋势。在许多国家,对学校图书馆员的专业要求越来越高。除了具备图书馆学专业资格,他们还需要获得教育学专业的资格,以便更好地为师生的教学和学习提供个性化的专业服务。

相关链接:

美国中学图书馆一般都与电教中心在一起,所以各州对图书馆员的任职资格都有明确规定:馆员必须具备教师的任职条件,同时要掌握一定的图书、电教知识。为此许多图书馆员都在教育学院进修过有关课程或取得专业学位,素质都比较高。美国中学教学资料中心的图书馆员通常起码具有图书情报学和教育学两个学士学位,拥有较高的文化水平。其待遇与高校图书馆员基本相似。在美国 Scarsdale 高中图书馆,图书馆员是最好的信息向导。无论学生提出什么样的检索要求,图书馆员都可以告诉学生去找哪个书架或哪个专业网站。如果图书馆提供不了信息,图书馆员会向更大的图书馆咨询,直到找到学生要的资料。

图书馆直接为教学服务。Scarsdale 高中图书馆有两间在线教室,在学期开始的时候,这两间教室会被不同科目的老师预订,预订时间有一两天的,也有一两周的。例如,化学老师 Tom 要求学生完成研究性学习"人摄入微量元素的研究"。在申请教室时,他告诉了图书馆员具体的学习要求,图书馆员根据研究目标制定了以下指南:14 种参考书,提供付费的网上资料库的地址;提供相关的免费网站。图书馆员应提前准备好所有设备,包括网络、电子白板等。在第一节课中,图书馆员首先介绍不同书目(网站)的重点内容,并回答学生的问题。在此之后,图书馆员应随时根据新的需求提供图书或网络信息。再比如,音乐老师 Cuk 给作曲优秀班的学生们讲授有关作曲的知识。他认为自己对某些内容不够权威,想请大学老师来上一节课。然而,另一个州的大学教师的往返费用太高了。所以,Cuk 找到了图书馆员,他们设计了一个视频链接课程。在约定的时间,图书馆员调试了视频软件,大学老师出现在屏幕上,学生们还在教室里。他们不用离开学校就能享受到高质量的课堂,学校支付的费用也降到了最低。此外,美国图书

---

① 陈曙.美国中学的教学资料中心[J].外国中小学教育,1992(2):31-31.

馆员还得编纂教学资料,撰写论文和出版图书等。

如此重要的职能和繁忙的工作,Scarsdale 高中图书馆只有 3 个正式工作人员:两个图书馆员和一个秘书。根据工作的繁忙程度,图书馆会临时聘请几名工作人员,更多的时候,是几名学生的家长志愿帮忙。这 3 位正式图书馆员的平均年龄在 55 岁,但他们精通业务,保持着年轻人的好奇心和活力。最重要的是,他们热爱这份工作,并为自己的工作感到自豪。

通过图书馆员的专业化和努力,学校图书馆能够为师生提供个性化的专业服务,满足他们的教育需求,并促进学生的学习和成长。

(4)与公共图书馆关联

与公共图书馆关联是丹麦、瑞士、英国、德国等国家的中小学图书馆的一种常见做法。以丹麦为例,根据 1964 年的丹麦《公共图书馆法》,每所小学都需要建立一个图书馆,并与公共图书馆的儿童部门合作。在英国,根据 1964 年的《公共图书馆与博物馆法》,中小学图书馆可以通过公共图书馆购买图书,这些图书经过公共图书馆的整理和处理后送到学校图书馆。在美国,根据 1965 年美国国会通过的《中小学教育法》第二部分(关于学校图书馆),政府应根据每个州入学儿童的数量提供资金支持。

在美国,所有的中小学图书馆都采用商业化的图书馆自动化管理系统,提供完善的书目信息检索和网络检索功能。这些系统具有以下突出特点:多样的检索途径、大量的数据,自带资料库提供的 7000 余条网络信息。此外,各图书馆的软件选择集中在少数几家公司,著录格式统一,方便各图书馆之间资源的共享。同时,所有学校都参与了地区或公共数字图书馆联盟,在数字资源采购上进行统一购买和使用,既节约了经费,又大大丰富了馆藏。一个著名的例子是美国佐治亚州政府资助的伽利略信息资源库(GALILEO),全称为佐治亚图书馆在线学习(Georjia Library Learning Online),该资源库为该州的学校图书馆提供了全文数据库的检索系统[①]。

通过与公共图书馆的紧密关联,中小学图书馆能够充分利用公共图书馆的资源和服务,为师生提供更丰富的图书馆资源,并促进阅读和学习的发展。这种合作模式不仅实现了资源共享和经费节约,还为学校图书馆提供了更广泛的网络检索和信息服务,提升了图书馆的功能和效能。

2.国内中小学图书馆学科服务

在中国,关于学科馆员的论文最早出现于 1987 年。1998 年,清华大学图书馆引入了学科馆员制度,这标志着学科馆员作为一种新的服务模式在国内得到认可和接受。随后,西安交通大学、北京大学、武汉大学、中国科学院国家科学图书馆等国内高校和科研图书馆相继开展了学科服务工作。与国外情况相比,学科馆员主要在高校图书馆的学科服务中发挥作用,而中小学图书馆很少建立专门的学科馆员制度,因此真正针对性开展学科服务的中小学很少。然而,越来越多的中小学图书馆面向师生提供教学教研服务,并开设中小学图书馆课程服务,这可以看作是中小学学科服务的初步尝试。目前,国内中小学图书馆学科服务建设的一些萌芽和探索主

① 何利平.美国中学图书馆网站建设与启示[J].新世纪图书馆,2009(3):84 – 87.

要包括以下方面：

（1）提供多元学习机会，促进教育资源融合

随着教育综合改革的推进，学校图书馆不再局限于提供阅览和收藏功能，而是转变为集藏书、借书、阅读、研究和休闲功能于一体，打造满足学生多元化学习需求的新型学习空间。学校图书馆成为融合各种阅读活动和课程的立体流动的生态课堂，更好地为学科服务，也成为师生成长的集聚地。

相关链接：

西南大学附属中学的图书馆设计具有如下特点：①提供多元服务，创造多元学习机会。学校图书馆通过提供资源、活动与服务，建立多元学习的机会，促进教育资源融合。智慧环境下的全新的图书馆实现从空间舒适性到建筑节能性的综合变化；阅读大数据分析，与区域互联的资源交换互借，同时和全球海量信息实现无缝式对接。技术带来的是一种更加自然而富有创造力的学习方式，以鼓励和支持学生、教师与社群的学习，让学习的延伸超出图书馆的围墙，让全世界就在我们的眼前。②满足多元学习方式，助力教育整体变革。西南大学附属中学图书馆的设计兼顾自主学习、合作学习、项目化学习、探究式学习、混合学习等多元化学习方式，这将成为推动教育变革的有利因素。③构建图书馆培养体系，助力核心素养发展。学校图书馆有效运用人、空间、技术和内容打造学习场景，让"五育并举"在学校落地生根，全面推动素质教育发展，提升学生的核心素养。未来中小学图书馆素养体系的构建不仅要以课程建设为核心，将图书资源与学科教学有效结合，促进图书馆与教育教学的深度融合，使图书馆成为支持教与学的资源中心、学习中心，还要发挥技术和人的魅力，扩大图书馆在教育教学中的影响力。从西南大学附属中学图书馆设计方案中可以窥见未来图书馆的模样。

（2）联合学科教研，指导教学研究

由于国内中小学图书馆学科馆员制度尚未建立，学科服务工作中一部分本应由学科馆员承担的职责往往由学校的各教研组长和备课组长承担。然而，教研组长和备课组长本身的工作已经很繁重，需要负责本学科的常规教学、集体备课、教研活动、教学质量等许多工作，再加上在图书资料的查阅和使用等专业能力方面的参差不齐，因此，中小学图书馆建立学科馆员制度是推动学科服务更好开展的必然趋势。当前许多中小学图书馆通过借助教研组的力量来开展学科服务，可以说是一种权宜之计。

相关链接：

中国人民大学附属中学（以下简称"人大附中"）的图书馆创建于1950年，前身是北京实验工农速成中学图书馆，馆藏的重点以社会科学文献为主，文理兼顾。其中收藏的《二十四史》《万有文库》，以及民国时期及中华人民共和国成立初期的一些书籍，尤为珍贵，人大附中极其重视收藏各个时代的经典文献资源。

人大附中的图书馆实力是非常强的，它对学科的服务体现在图书馆和各科教研组联合，指

导学生查找资料、进行课题讨论、编写结题报告，并且还通过新书推介、书目导读、书评、讲座等各种方式，指导人大附中的学生读书。

图书馆的老师们都是一群阅读专家。图书馆也要申报学校课题项目，专门研究图书馆现状及发展趋势，老师们必须及时了解国内外图书馆发展情况，将图书馆实际工作经验上升到理论研究。

（3）联结课程建设，促成深度学习

深度学习是实现学生核心素养和提高教学质量的重要途径，而"深度学习"理论正是当前研究领域的热点话题。课程改革有助于促进学生深度学习，因此图书馆在这方面也积极探索特色课程建设，既为学科课后服务提供支持，也为深度教学发挥助力。

相关链接：

上海市实验小学图书馆在 2020 年与中文在线合作，共同研发了上海市实验小学分级阅读平台。通过利用互联网和人工智能技术，学校成功建立了一个信息化平台，该平台以课程标准和市教研室的《上海市中小学生汉语分级阅读标准》为指导，以教育部统编语文教材为基础，并将分级阅读推荐内容与能力分级阅读评价相结合。学校借助该平台进行课程教学和活动组织。

对于这样一个虚实结合的平台，如何促进深度学习呢？上海市实验小学于 2019 年成立了分级阅读工作室，并于 2020 年参与了"实验小学分级阅读平台"的研究。通过线上和线下相结合的方式，学校开启了对整本书的阅读指导，涵盖了"导读课""推进课""阅读分享课"三种课型的课堂教学研究。这一深度实践不仅重新构建了儿童阅读环境，还实施了特色课程，从而使学生深入参与其中。

图书馆的知识服务不仅是时代发展的要求，也顺应了网络化和数字化的发展趋势。图书馆应积极探索具有核心竞争力的知识服务模式，以服务驱动需求，以需求驱动创新，不断提高知识服务效率，实现图书馆的可持续发展。图书馆的知识服务应走上一条"无处不在"的路，随时随地将最有用的信息传送给最需要的读者，同时满足不同读者群体的需求。只有将知识管理的理念和策略应用到服务中，以知识和信息作为桥梁，以创新服务作为手段，充分发挥知识的动态作用，图书馆才能最终实现知识创新、知识传播和知识利用的目标。

第二节 中小学图书馆学科服务的内容

一、教学支撑服务

1. 学科文献资源建设

考虑到中小学图书馆的经费往往有限，图书馆需要充分考虑采购成本和效益，投入有限的经费，构建符合学科服务要求的文献资源体系。为此，馆员必须对学科教学所需的资源有充分了解。为了更好地加深了解，必须在馆员与教学工作的直接参与者——教师和学生之间，建立起长效、畅通的沟通机制。

首先,应该完善师生荐购机制。现阶段,虽然大多数中小学图书馆都存在荐购机制,但教师和学生对这一渠道的使用率不高。究其原因,一是中小学教师和学生整体对图书馆的使用率偏低,二是图书馆对荐购流程的宣传力度不够。馆员可以加强对教师和学生这方面的宣传教育。比如,在学年初开展学生参观图书馆等活动的时候,可以着重强调图书馆作为学科参考资源的重要角色,以及荐购的流程。对于教师,可以定期主动派发荐购单,并说明可以通过荐购扩充馆藏资源,起到支持和补充课堂教学的作用,以提高教师的参与度。同时,这也要求馆员加强处理荐购的能力,积极响应并缩短从荐购到决定购买再到图书到位的流程时长。

其次,在馆藏资源的管理上,应当有意识地以学科服务为导向组织相关资源。传统的图书分类虽然与中小学学科划分有相通之处,但终归有所不同。在馆内,可以在传统图书分类的基础上,以学科服务内容对馆藏资源进行优化安排,以方便教师与学生的取阅。例如,在数学相关分类下,开辟学科服务专门书架,将可以用于学科服务的图书集中摆放,以方便师生查阅。但是,必须注意,这一点要实现必须得到相关学科教师的深度参与,因为图书馆员不可能具备中小学各学科的专业知识,更不可能具体而微地掌握为这些学科选配资源的标准。所以,这方面的建设仍然需要得到学校方面的支持,邀请各学科中的优秀教师直接对接图书馆员,帮助馆员遴选重要书目,组建相应的学科服务专门书架。

再次,必须注重馆藏互联网资源的配置。互联网资源因其便捷的特点,如今已成为馆藏资源不可或缺的组成部分。在学科服务中,互联网资源也扮演着非常重要的角色。为了方便教师和学生对学科相关互联网资源的取用,提高资源利用率,可以在图书馆电子主页上划出学科服务专区,并在页面设计上对其进行适当突出,以便师生使用。可以设置"学科服务"专页,将相关链接集成,并辅以相应介绍。同时,在对师生进行电子馆藏资源使用的培训时,也可以将学科服务资源进行着重介绍,细致地介绍各项资源的特点、用途,以及如何从图书馆主页进行登录等。

最后,对于确实非常重要的重点书目,中小学图书馆可以学习一些高校图书馆的做法,进行较多册数的采购,以满足教师和学生的借阅需求。这也是教学互动的性质决定的。举例来说,如果某教师在自己的课堂上着重推荐了某一本书,其所教学生可能在一段时间内都会产生借阅需求,如果只有少量馆藏,显然无法满足需求。这种情况,需要教师提前与图书馆进行沟通,图书馆研究后进行足量的采购,满足辅助教学的需要。有的图书馆对于这些书目可能会规定不予出借,但是考虑到中小学学生在图书馆开放时间基本都需要上课的事实,要求学生上学时在图书馆完成阅读过程并不现实。参考国内外一些高校图书馆的做法,另一种保障重要书目流通性的办法,是对这些书目规定较短的借阅期限(视情况定,这一规定的期限可能是1—7天),以确保读者在查阅完成后及时归还,供他人取阅。在图书馆没有足够的资源配置更多书目的情况下,这也是一种解决的方法,但需要图书馆和教师充分沟通,事先准备并充分知会学生相关安排,以免影响借阅的秩序和教学的进度。

2.全方位学科咨询

咨询是图书馆的重要职能,而针对学科服务的咨询是学科服务的重要组成部分。

馆员要能提供咨询服务并非易事,这要求馆员本身对相关学科有一定的了解。由于中小学的学科都是基础通识教育,馆员通过一定的学习,可以了解相关学科内容。咨询并不只是单向的沟通,主动多与教师、学生进行交流可以让馆员掌握学科最新动向。对于有咨询需求的教师和学生,馆员应当积极主动服务。

在一些发展良好、服务先进的图书馆,馆员已经可以基于读者的借阅记录主动推荐图书,辅助读者进行主题阅读。在实际运行中,馆员通过追踪读者的借阅记录,往往稍加时日即可发现各个学科中受到读者关注的热点、难点,以及被读者高频借阅的图书。这种实践中的认识再结合馆员本身对馆藏书目和电子资源的了解,使得馆员可以在力所能及的范围内向读者进行一定的咨询服务。

学科咨询的"全方位",体现在对学科内容多元性、发散性的了解、把握。由于教辅市场的繁荣发展和教辅资料的大量存在,课内资料的补充事实上较少依赖图书馆资源。但是,对学科内容在深度和广度上的发散延展,图书馆可以起到极大的帮助作用。对于任何一个学科,其相邻、交叉的学科都不会只有一个。所以,全方位咨询服务不但要求馆员对各学科本身的内容有一定了解,更要求馆员自身构建有规模的、有效的知识网络,才能将各学科内容在知识网络中进行定位,对教师和学生可能的延展方向具有一定的认知。

3. 学科服务平台建设

学科服务平台是集成了学科服务的多种功能入口的使用平台。因应当下信息化社会的发展需求,符合读者使用需求和使用习惯的学科服务平台成为中小学图书馆发展好学科服务的必需。

首先,需要研究决定的是在哪些平台上部署学科服务平台。传统上,图书馆官方网站应该是最全面的学科服务平台的阵地,读者只要登录本校图书馆的官方网站主页,就应该可以全面地看到图书馆所提供的各种服务的入口,其中当然也包括学科服务。同时,考虑到现实中我国互联网已经发展到移动互联网时代,微信已经成为最广泛覆盖各类人群的移动互联网服务平台,为了方便教师与学生在移动设备上使用图书馆(包括学科服务在内)的各项服务,应当重视利用微信公众平台搭建又一个网上图书馆入口的必要性。这需要学校方面给予一定的人力和资源支持,从其收益来说也是完全值得的,因为可以让广大读者随时随地便捷地使用图书馆的各类资源,提高图书馆的利用率,增进图书馆对于各学科教学的支持、补充作用。

其次,要考虑的是平台上的功能配置。比较基本的功能模块包括以下几种:第一,信息发布功能,即将图书馆最新的公告、学科服务的内容、使用方法、常见问题和联系方式等发布在平台上供读者随时随地查阅;第二,咨询联系功能,即允许读者在平台上直接填写提交与学科服务相关的服务申请或者咨询事项;第三,馆藏资源查询功能,即允许读者在平台上直接查阅与学科服务相关的可用的馆藏资源,可以定位到具体的索书号等以便直接前往借阅,对于电子资源可以直接提供入口让读者随时使用。除此之外,基于学科服务本身的性质和需求,还有一些可以开发的功能,能够很好地裨益学生的学习生活。如:提供线上学习资源,比如网课录像等;提供留言、站内信等功能,供读者相互交流;如果参与度比较高,还可以邀请相关学科教师入驻,开辟与学生交流、答疑解惑的又一渠道。学科服务平台的功能定位还在不断探索发展演进之中,随着教学目标的不断更新、科学技术的不断进步,图书馆学科服务平台功能配置必将进一步扩充和完善。

再次,学科服务平台的日常维护非常重要。图书馆学科服务平台的日常维护,不仅是馆员的工作,还需要学科教师和信息技术部门的配合参与,所以要做好维护工作并非易事。学科服务平台的维护工作主要包括以下几个方面:第一,日常服务请求的处理和故障排除,这要求馆员要及时处理读者提出的各类咨询问题和服务申请,排除在软件和硬件上可能出现的各类问题;第二,信息发布和资源更新,即及时更新、补充馆藏资源,并通过合适的渠道将学科服务平台最新的发展情况、使用方法等告知读者;第三,学科服务平台本身设计、架构、底层技术的更新升级换代,即网页设计与架构、数据库管理及其他相关信息技术,因应当今信息技术飞速发展、需求日新月异的情势所作的更新,这主要需要信息技术专业人员的支持。只有做好了这些不同层次、不同方面的维护,才能保持学科服务平台的适用性和易用性,更好地服务教师和学生。

二、科研支撑服务

1. 科研资源管理

传统上,科研并非中小学教师与学生的主要任务。然而,随着教育改革的不断深化和素质教育、科学教学的要求不断提高,无论是中小学教师还是学生,都或多或少有了科研的需求,而能够比较系统地提供给他们科研支撑的,莫过于配备了专业管理信息的馆员的图书馆。

科研资源的管理,除了上述一般中小学师生常用的馆藏资源的管理之外,还包括常用的论文数据库等在内的资源的管理。对于本校师生产出的科研成果,有条件者也应单独建立数据库予以储存。

考虑到中小学图书馆的经费常常较为有限的事实,馆员在采购科研资源时应当谨慎,优先配置使用者最需要的资源。举例来说,由于相当一部分进行科研任务的使用者是本校教师,与中小学教学研究相关的期刊就非常重要,包含这些期刊的数据库就应当优先配置,以保证本校教师在进行研究时可以得到充分的参考资料。

在现实运作中,因为科研数据库本身的技术特点,其与图书馆信息系统和学科服务平台的对接需要信息技术专业人士的支持和维护。

2. 科研全程服务

与高等院校的教师、学生相比,中小学教师和学生并非专业的科研人员,科研也非其核心或主要任务,所以,中小学教师和学生在对科研的熟悉程度上,也就不可避免地不像高等院校的教师和学生那么高。当然,这是就整体而言,不排除中小学中有一些特别擅长科研的教师甚至学生。

这一情况决定了图书馆在提供科研支撑服务时,不能只提供资料,而要尽量提供从布局规划到搜集资料、实践写作再到发表成果整个流程的辅助。

首先,在起始阶段,图书馆可以一般性地介绍科研工作的一些基础知识,比如科研方法论、学术道德准则等。在有条件的情况下,图书馆当然可以自行进行相关资料的编写或者编纂。在人力、财力较为有限的情况下,图书馆也完全可以通过指引师生阅读外部资料达到这一目的。现在市面上介绍科研基本方法的书目不在少数,中小学图书馆也可以通过推荐其中的优秀书目,让有兴趣的师生自行去学习。

其次,在搜集资料阶段,除了提供给研究者充分的资料获取渠道,对于研究者需要但图书馆尚不具备的资料,也应该开放咨询渠道,让研究者可以向馆员求助。对于此类资料请求,中小学图书馆可以采取灵活方式予以处理。其中确有必要购置的,经过评估后可以直接购置。考虑经费等问题不方便购置的,馆员也可以根据具体情况给予建议,例如去往本市更大更全面的公立图书馆检索等。也就是说,图书馆不仅是被动地提供资料供研究者取用,更是他们在研究路上资料搜寻的伙伴和指路人。对于需要进行田野调查、统计研究等的科研项目,市面上关于这类研究方法也有较为系统介绍的书目,中小学图书馆可以根据实际情况选择配置,供研究者取阅参考。

再次,在实践写作阶段,图书馆可以一般性地在网站上介绍学术写作规范,包括常用的论文架构、格式要求、引注要求等。对于有向特定刊物投稿要求的研究者,如果研究者不熟悉写作规范,馆员可以适当指引其查阅及遵照该特定刊物的写作规范。

最后,在发表前的准备上,图书馆也可以给研究者提供多种支持。如果研究者不知道自己的成果应该在何种出版物上发表,图书馆凭借自身对国内外学术刊物的了解,可以在投稿上给予适当建议。为合乎学术规范,在查重等步骤上,图书馆也可以为缺乏经验的研究者提供指引和建议。

总而言之,对于中小学中有能力展开科研活动的教师和学生来说,中小学图书馆是非常重要的资料获取场所。随着中小学阶段教师和学生的科研活动受到越来越多的重视,中小学图书馆也应当以更积极的态度,提供更全面的科研支撑服务。较好的做法是将这一块服务单独划分出来,以进行专门的准备。有能力的图书馆可以组织人员编写专门的手册或指南,或者组织专项的讲座,指导有科研需求的教师或学生如何有效利用图书馆资源帮助其完成科研任务。在学科服务平台上,可以开辟科研专区,系统指导师生利用馆藏资源进行科研活动。

需要注意的是,中小学中的科研活动与高校中的科研活动存在一些差异,因而相关的指南和材料有时不能生搬硬套,而要进行一些适当的修改以符合中小学的具体状况。举例来说,高校学生的科研活动,往往包括严格的开题答辩、最终答辩等流程,而在中小学,开展这样的活动相对较少,那么一些针对高校学生的材料和书目,如果要推荐给中小学的教师和学生作为参考,就有必要特别说明由于中小学情况的不同,实际应用中需要灵活应变。

3.学科评估调研

学科评估调研是另一块比较专业、可能需要学科馆员协助的内容。学科评估调研是采用权威的数据库,对科研工作的成果通过多种指标进行分析,以多角度了解学术产出的数量、学术影响力和发展趋势的工作。这类工作往往需要研究者对专业的学术数据库有一定了解,能够正确操作来获得分析结果,但这并非中小学一般的研究者所掌握的技能,所以,更需要学科馆员进行学习,在有需要时协助研究者进行。通过学科评估调研,研究者可以更好地了解本学科的研究水平,明确科研方向。

三、课程支撑服务

中小学中各个科目的课程设置是一所学校各门学科建设的具体体现,当然也是中小学图书馆开展课程支撑服务的基础。因而,中小学图书馆开展课程支撑服务的基础也应当是基于对本校学科建设方略和具体课程设置的细致研究与理解。所以,学科馆员需要及时跟进每学期学科教师的授课安排,以把握和预判将出现的学科服务需求。在课程中,授课教师可以在学科馆员的协助下,通过引用、借阅、参考等方式将图书馆提供的文献资料直接用于辅助教学,以扩充课堂教学的深度和广度,增强趣味性,提升教学效果。

四、个性支撑服务

虽然中小学的教学有相对统一的教纲,但在教学活动中,因个人的特质,也会产生个性化的需求。对教师来说,这可能是教学方式的个性化,通过自由地发挥,采用更具趣味性、效果更好的方式达成教学目标。对学生来说,这可能是学习过程中自己进行的发散,通过自己的兴趣,从课堂内容出发去寻求更多的知识,自我构建知识体系。无论是哪一种情况,作为掌握广泛资源的图书馆,都独具满足这种个性需求的能力。所以在收集、编排学科文献资源时,与课程内容有关,同时趣味性、文化属性较强的资源,也应当收录其中。中小学图书馆的个性支撑服务是素质教育的重要抓手。

第三节 中小学图书馆学科服务的模式

一、学科服务的构成要素

学科服务系统的构成要素,主要包括学科馆员、学科读者、学科服务平台以及文献资源。其中,学科馆员是服务主体,他们具有特定学科的一定知识,并持续关注所负责学科,因而可以进行与该学科相关的馆藏资源的选购及评鉴,并组织编排相关信息服务。学科馆员也要具备比较好的沟通能力,从而可以与教师和学生进行有效的沟通,解答他们的问题并提供他们所需要的服务。

教师和学生是服务对象。教师根据其教学和科研工作情况,需要学科馆员提供专业化的图书、资料信息。学生主要参与学习活动,有少数学有余力的学生也会进行科研探索。他们都需要熟稔相关学科知识和馆藏资源的学科馆员为其提供资料获取方面的指引,同时,他们的相关需求也是学科馆员完善服务能力、图书馆改进学科服务建设的重要依据。

学科服务系统是服务手段。学科服务系统并非单指互联网上的图书馆学科服务平台,而是指馆员借以向读者提供学科服务的一整套系统,既包括硬件也包括软件,既包括后台的内部管理系统,也包括面向读者的交互系统。即便馆员直接与读者面对面交流,除了最简单的口头咨询之外,要提供的大多数服务也需要依托学科服务系统。所以,学科服务系统事实上是中小学图书馆学科服务运转的中枢,学科服务系统的建设也是学科服务建设的核心工作之一。

学科文献资源是学科服务的依托。学科服务归根到底是将有用的学科文献资源呈现给教师和学生,反过来说,是帮助教师和学生便捷、准确地找到他们需要使用的学科文献资源。无论学科馆员还是学科服务系统,归根到底都是读者与文献之间的中介。所以,学科服务建设的基础是丰富的学科文献资源,这包括纸质的馆藏资源,也包括电子资源和各类数据库。

二、学科服务模式的构建原则

中小学图书馆学科服务模式的构建,主要遵循以下几个原则:

整体性原则。所谓整体性原则,在中小学图书馆学科服务建设中,有两个层面的意涵。第一,学科服务建设是图书馆整体发展的一部分。学科服务建设的着力方向,如智能化、人性化、便捷化等,同时也是图书馆整体服务建设的发展方向,所以学科服务的建设往往是作为图书馆整体发展完善的一部分进行的,而非局限于学科服务本身。第二,图书馆的学科服务建设也是学校整体发展的一部分。学科服务建设是为了更好地服务和支持学校的教学、科研等活动,因而,学科服务作为需要学校多部门通力合作的项目,需要的不只是图书馆本身的投入和参与,它离不开学校的整体规划。

服务性原则。学科服务的提供者虽然是图书馆,但最终需要满足的是教师和学生等读者的需求,所以图书馆必须始终把读者的真实需求放在最重要的地位。花费过多人力物力去服务并不存在的需求是一种浪费,必须把有限的资源用在效益最高的地方。

发展性原则。在当今科技飞速发展的背景下,学科服务作为新兴的、尚在发展中的服务理念,其服务的方式、模式、所依托的物质基础也必然是不断更新发展的。同时,作为对上述服务性原则的补充,教师和学生等读者的需求也是随着教育改革的不断深化而不断改变的。所以,学科服务的建设要有前瞻性,要在把握中小学教育发展大方向的基础上规划学科服务建设,为日后的长期发展预留空间,打好基础。

三、中小学图书馆学科服务模式

1.嵌入式学科服务模式

嵌入式学科服务模式,是以学科平台为基础展开的一种学科服务形态。所谓"嵌入式",在学科服务语境下有多重含义,主要包括在课堂教学中的嵌入、师生日常使用环境中的嵌入以及在科研支撑服务中的嵌入。

（1）在课堂教学中的嵌入

中小学图书馆可以在课堂教学中扮演角色,主要方式是学科馆员通过调研教师授课所用的教材与教学资料,再结合教师布置的相关课程作业,凭借自己对学科资料的了解,收集整合相关材料提供给教师和学生使用。

如前所述,要完成这一工作,馆员必须与教师深度合作,及时获取教师上课所需的材料、预备布置的作业等教学材料。一般来说,这可以通过给予馆员权限查看各备课组的教案等材料实现。同时,更重要的是,教师可以通过这一机制与图书馆沟通,告诉馆员自己教学中所需的资料有哪些。一方面发挥了图书馆在获取、管理资源方面的专长,另一方面也一定程度上减轻了教师备课的工作量,更让学生在学习中可以获得更全面、更丰富的学习资料,是一举多得的做法。

（2）师生日常使用环境中的嵌入

对于教师,在教学研究和教学准备中,中小学图书馆可以提供基础性的信息素养培训,帮助教师提升获取信息的能力以辅助其工作。在教学资料的搜集、整理和整合中,教师也应与馆员形成紧密的合作,将教师的专业素养与馆员的信息管理能力有机结合起来。

对于学生,图书馆可以在学科服务平台分别开辟各门功课的学科服务主页,并分年级进行学科资料的导航。图书馆除了为学生提供丰富的学习资源,还要侧重对学生信息素养的培养,让学生通过不断学习,可以针对自己各科课程内容,自主寻找资料查找的方向,并掌握较强的资料查找能力。久而久之,学生获得了熟练的信息检索技能,同时也锻炼了综合的有关信息获取的思维能力。

(3)科研支撑服务中的嵌入

如前文所述,中小学图书馆对于教师和学生的科研活动的支持应当是全流程的。也就是说,学科服务的嵌入应当体现在科研活动的各个阶段。科研前期,馆员可以提供有关科研一般常识、一般方法的培训,以及研究选题上的辅助;研究中期,馆员可以提供资料搜集与筛选上的辅导和帮助,以及论文或研究报告写作方法和规范上的指导;研究后期,馆员可以提供学术规范、查重、投稿等问题上的建议。

2. 主题式学科服务模式

主题式学科服务,是对有针对性的跨学科主题,组织筛选相关文献资源,将其通过组织汇编,供图书馆读者使用的模式。

主题式学科服务的起点是主题的确定。现实层面,主题的来源可能多种多样,它可以来源于学生的推荐,可以来源于教师的推荐,也可以来源于馆员的调研,不拘一格。但是,在确定主题时,图书馆方面应当首先进行充分的研究,并与相关学科(可能不止一门)的教研组取得充分沟通。

在主题确定后,重要的工作即是对相关学科信息资源进行搜集、筛选、整合与汇编。需要注意的是,并不是将图书馆中所有能找到的与该主题相关的内容都要编入其中,而是应当以学科服务为出发点,考虑各类资料对学科服务的实际作用,撷取其中精华作重点推荐。否则,推荐的内容多而无当,也就失去了主题式学科服务本来的意义。

汇编完成后的主题式学科服务资源,应当配备易于使用的资源导航,为教师与学生提供参阅和检索的方向。读者即便是在进行同一主题的阅读,其视角和背景也可能有许多差异。比如同一个科普主题,学生可能更多是带着吸收新知的好奇心来进行泛读,而教师则可能是要在当中寻找可以辅助教学的材料。因而,在主题式学科服务模式当中,除了要考虑教师和学生的普遍性需求,也要考虑不同受众群体的差异性需求。在主题下的资源导航中,这种差异性需求也应得到体现。例如:对于同一话题,之前完全不曾有接触的读者,图书馆应当推荐入门书籍;之前已经有一定知识基础,希望深化自己理解的读者,图书馆则应当推荐更高阶的读物。也就是说,主题式学科服务不是简单地选择一个主题,然后堆砌材料,而是在对馆藏资源精心挑选的基础上,通过了解不同受众群体的特质与阅读需求,进行多层级、多角度的呈现。

3. 学科分馆—学科馆员服务模式

学科分馆—学科馆员服务模式常见于高校。学科分馆的建设目的主要是为了充分发挥学科特色文献资源和文献管理的专业化优势。学科分馆中的馆员,往往具有本学科一定的专业知识,具备管理本学科分馆文献资料的特长能力。学科分馆—学科馆员服务模式,即是充分结合与发挥学科分馆的馆藏资料和管理上的特色,以及学科馆员知识与技能的优势。学科分馆尽管有一定的自主性,但最终仍由总馆统一进行各类资源的调配和管理,以保证整个校内图书馆系统的统筹一致。

对于大多数中小学图书馆,可能无论在人力、财力,还是空间上,都没有条件另立学科分馆,也没有这种需求。但是,学科分馆—学科馆员服务模式依然可以用来借鉴。中小学图书馆可以在馆内建立学科分区,专门存放与特定科目课程内容相关的书目。在人员上,馆员可以自行分配,各自承担各个科目学科馆员的角色,深耕该科目的课程内容与资料需求。在教师和学生有针对某学科内容的咨询或服务需求时,就可以由该学科馆员进行专门的服务,凭借其长期的经验和知识积累给予专业的服务。

4. 多分馆联合服务模式

多分馆联合服务模式是另一些高校采取的学科服务模式。与学科分馆—学科馆员模式相比,多分馆联合模式更加"去中心化",淡化主馆作为综合馆的中心地位,多个分馆分别承担各自的职能,管理特定学科的资源。

多分馆联合服务模式有利于进一步提高学科服务的专精水平。对于中小学图书馆来说,如果条件允许,也可以考虑将学科分区以类似"文科/理科"的方式进行划分,再在学科分区内进行进一步划分。这样做的好处之一是分区更为统一,方便读者直观进入。在人力资源的调配上也可以按学科的大类分配负责馆员,有利于馆员对学科分区的统筹管理。

5. 智慧服务模式

智慧服务模式,顾名思义,即发挥新的科学技术的作用来提升图书馆服务水平和服务效率。由于新技术广泛应用的特性,智慧服务的意涵在今天已经得到了极大扩充,甚至可以说,在现在图书馆的服务环节中,没有哪个环节是与智慧服务完全无关的。

图书馆中的智慧服务并不局限于任何一条业务线,而是整体性、全局性的智慧服务。从内部管理上,图书馆要实现对人力资源、信息资源、用户数据的数字化和智能化管理;从对外窗口上,要实现服务平台的人性化、智能化建设。从目前的发展情况看,大多数中小学图书馆馆藏资源管理、基础检索服务和借阅服务的数字化转变已经完成或者即将完成。而具体到学科服务领域,图书馆的智慧服务除了一般的检索、借阅服务的智能化,还包括基于学科性质的定制化智慧推送、智慧推荐等。举例来说,对于正在密集检索某一主题的读者,后台信息系统应当可以基于大数据推荐更多相关书籍,这就在一定程度上替代了传统的馆员推荐,减轻了馆员的工作量,也方便读者更快更及时地获取推荐。

6. 移动服务模式

移动服务模式,在一定程度上可以说是智慧服务模式在移动互联网时代背景下的进一步延伸。其最主要的特点是在智慧服务场景中,服务终端由个人计算机等固定终端变成了移动互联网终端,即智能手机。当前移动服务模式的建设方向主要有以下几种:

最传统的是短信图书馆平台,即直接利用电信运营商提供的短信息服务将信息传达给读者。这种手段最大的好处是前期投入相对较低,架构简单,维护方便,信息传递及时,运营成本较低;而缺点则是发送的内容形式单一,基本只能传送文本信息和超链接,字数也有一定限制,无法传送较长的文章、图片、文档等,同时可以允许的交互方式也比较简单,基本上只能通过回复关键字等与读者进行交互。这一形式在学科服务中适用于推送一些通知等较短的、具有即时性的信息,比如提醒师生何种资料已经就位等。

其次是手机网页端平台,即利用基于 HTTP 协议建立的图书馆网站提供服务。这一服务模式现已比较成熟,可以提供图书馆馆藏资源导览、新书介绍、文献查找、在线查阅等多种服务。读者可以方便地登录账户,进行馆内资源检索、图书预约、图书续借等操作。学科服务的各项功能都可以通过链接、网页的形式整合进图书馆网站中,只要将图书馆网站设计进行移动设备的适配即可。

再次是移动设备应用程序,即开发智能手机上的应用,与图书馆后台系统直接对接。这种平台的功能和稳定性比网页端服务平台更加完善,但是因为需要读者安装相关应用,使用成本较高,前期开发成本也比较高。

最后是微信公众平台。鉴于当前微信在国内的广泛应用和极高的渗透率,它已经在事实上成为大多数读者经常使用的多功能平台。同时,由于公众号、小程序等功能的加持,现在的微信已经完全可以承载图书馆网站所需要具备的绝大多数功能,例如可以发布图书馆通知、推送馆藏资源、近期活动的咨询、推送针对读者个人的定制化信息、允许馆员通过平台与读者直接沟通等。微信公众平台所具有的便捷性和时效性不容小觑,因而在图书馆网站之外,在微信上开设"第二门户"已经成为许多图书馆的选择。微信公众平台的开发成本总体上低于应用程序,读者的使用成本也低于应用程序,所以对于很多中小学图书馆来说都是更经济也更实用的选择,值得推荐。

图书馆转变为移动服务模式,不只是读者所掌握的终端出现了微型化、移动化的变化,同时服务的效率和响应速度也面临新的要求。移动服务模式的即时性要求图书馆通过人员安排更快地对读者的需求作出回应,因而在选择需要建设的平台时,也必须考虑馆员的工作负载。另外,当前大多数中小学仍禁止学生携带手机或禁止学生在校内使用手机,所以如果学科服务的内容相当部分是针对学生的,必须考虑到学生能不能在上学时间(一般也是馆员上班时间)使用移动端来利用这部分服务。在这一点上中小学的实际情况与高校有较大差别。

7. 个性化服务模式或定制服务模式

图书馆的个性化服务是指在结合读者的信息使用行为、习惯、偏好的基础上为其服务。在实现方式的层面上,可分为两方面,即读者根据自己需求主动定制服务和图书馆通过了解读者的需求为其定制服务。其中,前者相对容易实现,只需针对读者的常见需求,设置适当的自定义选项供读者选择即可;后者则需要图书馆投入更多的人力,利用更多的技术手段,主动寻找、定位读者的真实需求,再通过恰当的呈现方式实现主动定制。在信息爆炸的背景下,读者难以从海量信息中轻松地筛选和找出自己所需要的信息,而个性化服务就是通过提供者的初步筛选和排序,帮助读者将其最可能需要的信息筛选并呈现出来。在学科服务中,较为突出的应用即是根据老师所教科目,或是学生所在班级、年级,以及他们的近期检索、借阅记录等,定制化检索和推送内容。

在大数据技术广泛应用的今天,个性化服务模式迎来了新的发展。通过收集和分析读者数据,图书馆可以在不投入过多人力成本的前提下将个性化服务提高到一个新的高度。具体来说,实现的方式包括以下几步。首先要对读者进行比较精准的识别。基础的分类是教师与学生,进而通过读者数据库中存储的教师所教科目、学生入学年份(用以识别所在年级)、学生所选科目(针对高中阶段的学生)等数据字段,来实现读者的画像。通过读者数据的收集和发掘,图书馆后台系统就可以对特定读者的检索结果和推送内容进行精准的优化。比如说:对于一名正在检索特定关键词的数学教师,检索结果中其他数学教师经常查看和借阅的条目,就可以优先排列,因为有很大的可能这位数学教师正在找寻的是同样的文献;对于一名正在浏览馆藏目录的六年级学生,页面上也可以划出特定区域,推荐"六年级学生最常借阅"的书目,供该名读者参考。

如此一来,个性化服务可以让中小学图书馆的学科服务更加有针对性,使用起来更加方便、快捷,使用者也会因为所得到的优化结果,无形中感受到学科服务系统的人性化。

不难看出,上述多种服务模式,并非相互排斥的关系,而是各有层次,相互补充。在具体开展建设学科服务时,也应当注重各种服务模式的有机结合,才能达到最佳效果。

第四节　中小学图书馆学科服务的困境及对策

一、中小学图书馆学科服务现实困境

1. 中小学图书馆基本没有专门的学科服务和学科馆员

学科服务是随着学科馆员制度的发展而兴起的一种信息服务。在国外,学科馆员的概念较早出现,而国内的学科馆员制度则是在 20 世纪 90 年代才开始试行和确立的。然而,目前中小学图书馆中基本没有形成学科馆员制度,学校图书馆一般只配备 1—2 名图书馆员。学科服务处于零星的起步摸索阶段,基本上是一些零散的服务。

图书馆员的素质也参差不齐,学校对图书馆员的任职资格没有明确的标准和硬性要求。其中既有专职又有兼职,既有专业人士又有非专业人士。很多人是从教学第一线转到图书馆工作岗位,或是即将退休的老教师,甚至是临时工。一般来说,这些人并非图书馆学专业出身,因此缺乏图书馆专业知识,并且无法接受系统的专业培训。缺乏进修和深造的机会导致他们无法及时学习新的知识和技能。图书馆员往往处于学校中的弱势群体,得不到应有的承认和尊重,这又导致他们的工作热情减退,工作能动性降低,工作能力和绩效下降。图书馆的地位难以提高,也制约了学科服务的发展。

2. 学校管理者缺乏图书馆学科服务意识

学校领导普遍对图书馆的建设缺乏足够的重视,不愿意投入足够的经费来保障图书馆的发展。虽然《中小学图书馆(室)规程》(2018 年版)规定了图书馆建设应以政府投入为主,并要求各级教育行政部门按照每年教育经费的一定比例设立图书专项经费,同时鼓励学校通过各种渠道筹集图书资金,但是对于图书馆经费的分摊标准并没有明确规定。这使得大多数中小学图书馆始终面临经费不足的困境,图书馆也无法制订采购计划,导致馆内图书内容过于陈旧,藏书结

构不合理,文献类型单一。为了达到图书数量的要求,注重的是图书的数量而忽视了质量和时效,无法定期更新和补充文献资源,难以满足新课程改革的需求。

3.师生及家长对图书馆的价值认同低

中小学师生对图书馆的意识相对淡薄。在应试教育理念的支配下,他们认为图书馆对学生的学习成绩没有帮助,甚至可能会挤压学习时间,影响学业。这种错误认识在许多家长中尤为突出。因此,对学生去图书馆阅读课外书籍持反对态度的老师和家长并不少见,部分师生将图书馆仅视为消遣放松的场所。

学校开设的阅读教学课程主要由语文教师承担,图书馆只是被动地提供场地和资料,阅读课的形式单一,内容狭窄,层次浅显。学生借阅图书的目的并非出于终身学习的需要和对阅读的热爱,更多的是源自个人的短暂兴趣,存在盲目性。师生未能形成正确的图书馆意识,没有养成终身利用图书馆的习惯,这导致很多中小学图书馆门庭冷落,形同虚设,图书借阅量少,利用率低。

4.中小学图书馆信息化管理程度较低,学科服务缺乏共享机制

学科服务的一切工作离不开图书馆资源,传统的纸质文献已无法满足学科服务的高质量发展需求,因此学校图书馆不仅需要丰富的馆藏,还需要现代化的网络设备来支持更丰富、动态的电子资源。然而,由于经费等原因,许多中小学图书馆的信息化建设存在一些问题,例如电子阅览室设备陈旧、网络速度缓慢、信息资源匮乏、利用率不高,计算机自动化管理水平有待提高。

虽然一些地方的学校图书馆已经实现了信息化管理,但各校使用自己的管理软件,通用标准和运作方式不一,无法实现资源的共享。每个图书馆都独立建有服务器,数据存储独立,缺乏全国范围的图书馆计算机联网和国家信息联盟,难以满足学科馆员的需求。

5.图书馆学科服务评价机制不健全

尽管大多数中小学图书馆制定了图书馆员的工作职责、工作内容和服务目标,并要求图书馆员努力提高业务素质,不断拓宽知识水平,更好地提供教学相关服务和培养人的服务,但并没有明确的管理目标和考核标准。经过一学期或一年的工作,学校没有制定具体的框架来对图书馆员的工作进行考核。缺乏对图书馆员工作质量的要求和明确的考核标准不利于图书馆员专业能力的提高和新业务的拓展。随着时间的推移,图书馆可能成为老年人的聚集地和工作调动的跳板,不利于图书馆的发展。

学校图书馆主要服务的读者是师生,学校应建立师生读者评价机制,倾听他们的声音。这有助于改进图书馆的服务质量,吸引师生到图书馆阅读,从而提高图书馆的利用率。

二、提高中小学图书馆学科服务质量的对策

中小学图书馆学科服务的普及和服务体系的建立需要一个漫长的过程。但是,未来的图书馆将继续向教学教研方向提供更深层次的服务。除了通过增加经费、更新馆藏资源、提升馆员素质等方式提高服务质量外,还可以通过以下对策将学科服务嵌入图书馆,推动学科服务工作。

1.以观念更新推动学科服务

(1)领导观念转变:领导对图书馆工作的重视程度是关键。只有领导转变观念,真正认识

到图书馆对学校发展的重要性,才能将图书馆工作纳入学校领导工作议事日程,将图书馆建设纳入学校现代化建设的日程。同时,应加大图书馆的投入,解决图书馆人力资源、图书经费、设备购置和馆舍环境等问题,从而更有效地为学科提供服务。

首先,要转变用人观念。为了搞好图书馆工作,为教学、科研提供有效服务,必须拥有一支思想过硬、业务能力强的专业图书馆员队伍。目前中小学图书馆专业人员短缺,图书馆员只能从事一些管理文献、管理阅览室和图书借还的工作,无法开展学科专题服务和跟踪服务等工作,也无法满足图书馆各个环节的需求。因此,引进素质高、能力强的图书馆专业人才成为当务之急。学校一方面在招聘新员工时要加强筛选,另一方面要对现有图书馆员进行专业技能培训。学校可以安排馆员参与学科教师的教学和科研活动,使其能够掌握最新的一线教学改革信息。此外,学校还可以聘请优秀的学科教师兼任临时图书馆员,以弥补图书馆员在学科知识结构方面的不足。

其次,要转变传统的管理观念。中小学图书馆应采取馆长负责制,将图书馆员视为专业人员,并建立图书馆员的职称认定和晋升制度。图书馆员应有机会申报本专业类别的职称,改变过去中小学图书馆员只能参加其他教师系列职称评定的情况。同时,引入考核激励机制和奖惩机制,使馆员自觉学习、规范行为、提高专业技能和服务水平,实现中小学图书馆服务的优化。

(2)教师观念转变:教师也需要转变教育观念,重视中小学图书馆的教育教学辅助功能。教师应充分意识到图书馆在学生核心素养培养中的地位,将图书馆视为师生最向往的地方,成为师生成长的精神家园。随着时代的发展,中小学图书馆的角色已经发生了变化,不再局限于传统的阅览室和自习室,而是扮演着教学交流中心、知识资源中心和媒体信息中心的角色。教师应充分利用图书馆为教学教研提供帮助。

2.以师生需求推动学科服务

为了更好地进行学科服务工作,图书馆可以借鉴马斯洛的需求层次理论,了解教师和学生作为学科教学主体的需求,并根据他们的需求采购文献,满足他们在教育教学、学习和研究方面的需要,从而促进他们对图书馆的使用。

一是了解教师教学需求。中小学图书馆应定期开展针对特定群体的读者调研,以了解教师的教学需求。根据调研结果更新和充实馆藏资源。在采购图书时,不仅要考虑可行性和选择性,还要考虑针对性和实用性。例如,南京市南化第二中学图书馆在计划采购文献资料之前,与学校教务处、德育处、教科室等部门负责人进行沟通,让各部门根据教师需求列出购书清单,等图书采购回来后及时通知各部门,让教师随时到图书馆借阅,大大提高了图书的利用率。

二是了解学生的学习需求。图书馆不仅应选择一定数量的教师用书和教学参考书,还可以购买和补充与学生有关的学习资料。根据学生的生理心理特点、价值倾向和兴趣爱好,购买一些政治性和思想性较强的课外阅读资料。具有科学性、前瞻性和时代性的图书以及一些文学经典有助于学生的健康成长。同时,应注重采购电子资源,确保整个藏书体系处于最优状态,为促进学生素质的提升提供优质资源。建议中小学图书馆管理机构拓展与学生之间的常态化沟通渠道,及时了解和补充学生所需的资料。利用图书馆实现教材的循环利用,及时更新馆藏的教学辅助资料。将学生需要的教材纳入馆藏,每年学生通过借阅或租借使用,使用后归还。教材的循环利用也符合节约型社会的理念。

3. 以课程建设推动学科服务

在素质教育背景下,构建图书馆课程是深化课程改革的新举措。目前,图书馆课程在学校中还很少见,尚未真正成为学校课程的有机组成部分,因此,图书馆课程建设任重道远。

《中小学图书馆(室)规程》(2018年版)明确规定,"开设新生入馆教育、文献信息检索与利用、阅读指导课等,鼓励纳入教学计划"。然而,目前学校开设的阅读导读课程大多由语文教师承担,图书馆只是被动地提供场地和资料。因此,建议学校在课程设置中安排图书馆开设阅读导读课程、图书馆与信息课程、图书馆服务课程等,逐步构建图书馆课程体系。通过这些课程的学习,学生可以提高获取和利用信息的能力,培养正确的图书馆意识,并养成终身使用图书馆的习惯。

为了顺应时代的发展需求,图书馆应充分利用自身优势,开发出适应国家21世纪中小学生的图书馆核心素养课程。在我国学生发展的六大核心素养中,图书馆相关的语言素养、阅读素养、信息素养以及创新能力等是人文底蕴和科学精神素养的重要基础。因此,未来中小学图书馆应以课程建设为重心,将图书资源与学科教学相结合,促进图书馆与教育教学的深度融合。这样,图书馆可以成为支持教与学的资源中心和学习中心,在基础教育领域真正发挥影响力,实现教育使命,并提高图书馆的地位。

4. 以学科活动推动学科服务

基于新课程改革的大背景,图书馆还可以融合教学开展活动,关注图书馆服务与学科建设的融合。师生可以利用图书馆的幽雅阅读空间,开展教研组研修、跨学科研讨、项目组课题组活动、读书会分享交流等,同时,可以即时利用馆藏资源。中小学图书馆不仅要提供借阅服务,还要与中小学教师进行交流与合作,包括馆藏新书推介、教学数据库维护、教学资料推荐、文献传递等。加强与中小学学科教学的融合,发挥学科组长的积极作用,并定期邀请重点教师到图书馆为中小学生和家长答疑解惑。

积极开展有利于提高学生核心素养的课程活动,可以提升中小学生的综合信息能力,实现基于不同知识视角和学科视角的自主创新发展。通过引导中小学生在图书馆与学科建设相结合的过程中进行自主学习和自主思考,可以养成适合自身发展的性格和能力,以适应现代社会的发展。这样的活动将有助于中小学图书馆在推动学科服务方面发挥更大的作用。

相关链接:

北京史家小学的"史家书院",为了促进"人与知识"的和谐,让孩子们有优雅的读书环境,培养孩子们良好的读书习惯,努力将学校打造成书香校园。史家书院除了为同学们提供丰富的藏书、优雅的阅读环境,还开展了丰富多彩的学生自主活动。书院有一支中英文讲解员队伍,他们把史家书院的内涵文化进行传播。史家书院"小主讲",是中国传统文化的小使者,先后为几千名师生讲授古琴文化、文房四宝、古典建筑、中华茶文化等相关课程。史家书院定期开展"兰亭笔会""中秋笔会"等活动,该书院已经将活动课程化,建立了"史家书院课程群"。中国图书馆学会中小学图书馆委员会授予史家教育集团史家书院"2015年全国最美校园书屋"的荣誉称号。

5. 以科学布局推动学科服务

澳大利亚南澳洲中小学在建设书香校园方面采取了一项有趣的措施,将书籍摆放在校园各处,方便学生阅读,这引发了我们的思考。中小学图书馆可以利用资源和信息优势,探索新的管理模式以实现教育职能。

中小学图书馆应该合理布局馆藏空间,包括图书库、阅览室、电子阅览室、学习区、活动区、休闲区等,以方便师生使用馆藏资源。同时,可以开辟专门的区域用于组织文化展览、知识竞赛、学习沙龙等活动,形成多功能分区、主题分区和活动分区,使图书馆由简单的资源借阅转变为提供动态服务的场所,增加其新的内涵。

相关链接:

江苏省锡山高级中学的学校图书馆为江苏省中学一级图书馆,图书馆建有浅阅读区、演讲厅、辩论厅、实验剧场。学校创办"匡园书屋",新增"咖吧"休闲阅读室,图书馆浅阅读区、常规借阅室、国学馆、西学馆、典藏馆里随处可见高品位的书籍。

为了提高资源利用率并服务学科,学校积极构建"开放式"图书馆服务布局。开放包括时间开放和空间开放。时间开放指的是图书馆在满足师生借阅需求的基础上,合理安排图书馆工作时间,以解决师生借阅与正常教学之间的时间冲突。空间开放指的是借鉴国外的"图书漂流活动"理念,将图书馆的图书和联网计算机移动到校园的不同角落,如办公室、教室、走廊,采用开架借阅的超市管理模式,促进学校内的"图书和电子资源漂流"。为了实现这一举措,学校需要树立诚信文化和"书香校园"文化作为支撑。

6. 以平台建设推动学科服务

随着现代数字图书馆的兴起,学科服务也应采用新的服务模式和机制,在信息环境中建立相应的学科服务平台,以适应读者需求的变化。学科服务平台是展示学科服务系统各组成部分、各种工具和资源的平台,是连接学科馆员、读者和学科资源的重要媒介。学校应不断完善平台的建设、运营、功能开发和维护。馆员们应深入了解、检索、分析、评价和选择有价值的信息资源,并进行统一的分类、标引和建库,分析、组织、整合和定制各种信息系统和服务。通过这个平台,图书馆员们可以提供学科资源、工具和服务,而读者则可以通过平台获取所需信息来支持他们的教学和科研工作[①]。

针对教师读者群体,学校图书馆应建立学科信息导航数据库、书目数据库、专题数据库和数据库导航系统,对馆藏的电子资源和网络信息进行深度增值开发,将海量信息转化为方便读者使用的信息资源。例如,引入 Libguides 系统,利用学科博客、微信等新媒体开展学科服务。

针对学生读者群体,学校图书馆应通过资源导航、学习辅助、活动提示等方式与学生积极互动,并根据学生的需求实时提供有针对性的服务和资源。充分利用先进的信息技术,满足中学生的阅读需求,通过数字化和网络化的服务模式为学生提供更多资源,建立网络互动平台,真正

---

① 蔡莉静.大学图书馆学科服务理论与实践[M].北京:海洋出版社,2015:133.

做到以读者需求为导向,提供有针对性的信息产品,赢得读者的认可,提升图书馆的整体服务能力。

为了降低学校图书馆建设成本,提高资源利用效率,学校图书馆应努力推动数字图书馆的建设,并加强基于资源共享的馆际合作,实现馆藏资源的多样化、数字化的存储和网络化的服务。中小学图书馆必须充分利用现代网络技术,通过高速安全的互联网连接中小学图书馆与公共图书馆、地方图书馆和远程图书馆,满足广大师生的知识需求和浏览需求,全面拓展师生的知识深度和广度,打造具有竞争力的教学与学习的信息资源支持,提供全面的信息资源服务。随着馆际互借的发展,图书馆可以与其他图书馆建立共享书目,使师生能够登录图书馆页面,检索共享目录,提出阅读需求,通过馆际互借和资源置换等方式有效弥补现有资源建设的不足,真正实现资源的合理利用。因此,我国各地中小学图书馆的信息化建设和管理应建立统一标准和统一的管理平台,为馆际资源共享打下基础,并在区域范围内实施系统化的管理。若不在区域整体考虑中小学图书馆的信息化建设和管理,将会导致资源浪费和封闭的管理局面。

7.以评价机制推动学科服务

学科服务评价是利用定性或定量的方法,通过科学、合理的评价指标体系和适当的评价手段,对学科服务工作的成效进行考核和评价的过程。其目的是使学科服务符合现代图书馆的发展和读者的要求,实现学科信息服务高效优质的目标[1]。

根据评价的基本原理和学科服务的特点,评价过程可以分为准备、实施和总结三个阶段。重视图书馆学科服务评价对于构建全面发展和标准化的图书馆具有重要意义。建立科学合理的质量评价体系是评估图书馆学科服务效果和质量的有效手段,也是判断、指导和预测图书馆资源建设和服务效果的重要途径。通过建立科学合理的评价指标体系和完善绩效评价机制,可以促进图书馆的健康可持续发展。如果没有相应的反馈评估机制,就无法评估图书馆员是否完成了任务,以及学校图书馆员是否履行了责任,从而导致图书馆低效运行。为了有效调动中小学教师参与学校图书馆学科服务的积极性,需要对参与学科服务的教师进行评价和激励,通过参考教师参与学科服务的评价结果,给予相应的荣誉和奖励,以鼓励教师积极参与学科服务工作。

另外,学校图书馆应定期进行用户满意度调查,以了解师生对学科服务的评价和反馈,进一步改进和提升服务质量。评价结果应该成为图书馆学科服务的重要参考,通过持续的评估和反馈,不断改进和优化学科服务的内容和方式,以满足师生的需求。

总之,提高中小学校图书馆学科服务质量是一项长期的、需要不断加深和强化的系统工程,需要馆员、读者、领导乃至全社会持久的共同努力,不断改善图书馆读者服务,充分发挥图书馆的教育职能,为教育教学和教学科研服务,使图书馆真正成为学校教育教学不可或缺的一部分。

相关链接:

为了更好地服务教育教学,扬州市梅岭中学集团运河中学图书馆打造"行走的"学科资源

---

① 赵洪林.图书馆学科化服务评价与反馈机制[J].图书馆学刊,2013(3):84-87.

库。他们根据各学科特点,选择相关图书、杂志分别送到班级图书角、教师办公室、实验室与功能教室等,遍及校园每个角落。让老师及时阅读到最新杂志,让学生在教室随时翻阅图书资源,成为"行走的"学科资源库,大大提高了图书馆文献资料使用率。

北京致知学校图书馆以信息素养课程为重点,结合 IB 课程(International Baccalaureate Diploma Program,简称 IB 课程)体系中知识理论课(TOK)的理念,使学生在信息爆炸时代有效地对信息进行搜索、阅读、思考、分析、筛选、获取,并正确使用、传播和反馈信息。图书馆与学科紧密合作,深度参与 IB 课程探究式教学,着力培养跨学科五大学习技能,特别是研究技能,使之自然融入学生日常的学习和生活中。

北京致知学校的信息素养课程设计为"螺旋式上升"的结构,并根据研发结果制定课纲范围与顺序,从横向(年级)到纵向(学科)对学生进行培养。北京致知学校的每一位老师都具备信息媒介素养能力。例如,北京致知学校的生态阅读项目就是由该校语文组老师主导的,由图书馆进行协助和支持的特色教学课程。

第五节　新课程标准背景下中小学图书馆的服务创新

2022 年 4 月,教育部颁布了《义务教育课程方案和课程标准(2022 年版)》,该文件作为义务教育的纲领性文件,新方案和课程标准体现了党的教育方针,符合时代特征和时代要求,为我国未来义务教育阶段落实立德树人根本任务绘制了育人蓝图,为中小学教育实践提供了明确的方向和实施路径。

面对新课程改革,中小学图书馆应进一步提高自身的服务水平和服务质量,积极适应、自觉融入新课程改革,为其提供支持。中小学图书馆的发展要紧紧抓住新课程方案实施的契机,通过勇于改革和创新的行动,积极建设中小学图书馆,全面提升学校图书馆的育人能力,以满足新课程改革的需求和学生课外阅读的需求,为中华民族伟大复兴的人才培养贡献自己的力量。

一、图书馆服务与新课标的关系

1. 新课标的四大突破

(1)强调育人为先

新的课程方案和课程标准在育人目标上强调了"有理想、有本领、有担当",明确了义务教育的育人任务。图书馆作为学校的重要组成部分,应当深刻理解育人目标,提升教师的育人能力,通过课程内容的设计和评价方式的调整,实现立德树人的任务,为培养德智体美劳全面发展的社会主义建设者和接班人作出贡献。

(2)强化素养导向

新课标强调培养学生终身发展所需的核心素养,这对图书馆的服务提出了新的要求。图书馆应注重培养学生在真实情境中解决问题的能力,引导学生形成关键能力、必备品格和正确的价值观念,以适应社会发展的需要。

（3）内容纵横联动

新课标倡导以结构化的方式组织课程内容,特别关注综合学习和跨学科学习。图书馆应积极配合,建设综合性课程资源,将核心素养作为课程设计的主轴,构建以大任务、大项目、大主题为目标的课程单元内容结构和教学单元组织形式,以横向关联和纵向衔接的方式设计课程内容,实现一体化的教学理念。这样的设计有助于将学科知识转化为核心素养,通过主题活动让学生在实践、探索、反思、合作和交流中进行深度学习,逐步培养核心素养。

（4）重视学科实践

新的课程方案和课程标准强调以学科实践为核心,确立学科实践在学科学习中的核心地位,推动育人方式的转变。图书馆应积极配合学科实践的要求,提供相关的实践活动和资源支持,让学生通过观察、调查、实验、操作、设计、策划、制作、观看、阅读等实践活动来深入学习和探索学科知识。学科实践的引入打破了传统育人方式,构建了以实践为中心的新型育人方式,提供了学科探索的途径,促进学生对学科的深入理解和应用能力的培养。

总结起来,图书馆作为学校教育的重要支持机构,在新课标背景下应紧密结合教育改革的要求,积极提供创新服务。它可以通过提供多样化的资源和活动,支持学生的综合素养培养,促进学生的自主学习和实践能力的培养。同时,图书馆还可以与教师密切合作,为教师提供专业支持和培训,帮助教师更好地应对新课标的要求,提升教学质量。

因此,在新课标背景下,中小学图书馆需要不断创新和改进自身的服务模式,以适应教育改革的需要,为学生的全面发展和素质提升提供有力支持。

2.新课标与图书馆服务工作的关系

新课标看似是课程的改革,与图书馆似乎没有直接的关系,然而实际上,图书馆与新课标密切相关。作为中小学图书馆的工作人员,我们不能独善其身,而是要紧密关注教育教学改革的潮流,才能更好地发挥图书馆应有的功能。

首先,新课标的实施离不开图书馆的支持。图书馆拥有丰富的书籍、报纸、音像等资料,为师生提供全方位的知识支持,有利于学生核心素养的全面培养。作为学校教育的重要组成部分,图书馆是学校信息资源最丰富、最集中的场所,是课程改革实施的重要保障。在新课程改革中,无论是教师角色的重新定位,还是学生学习方式的变革,都离不开图书馆的文献支持和参与。

其次,新课标倡导的大主题、大项目、大任务和跨学科学习,除了将课堂教学作为主要场景外,也需要在其他渠道上进行拓展,其中中小学图书馆作为学生的"第二课堂",是开展跨学科学习活动和学术研究的重要场所,也是师生利用各种文献进行规范化研究的起点。因此,中小学图书馆应科学开展图书馆建设,以满足学校开展跨学科综合学习活动的需求。图书馆员应主动为课程改革提供服务和支持,以促进学生的全面发展和图书馆的全面建设。

同时,图书馆的建设需要融入新课标的要求。只有与时俱进地完善服务,中小学图书馆才能更好地发挥作用,体现图书馆是一个不断发展的有机体。在课程改革过程中,图书馆作为中小学图书资料收藏的中心,在激发学生主动学习和提升学生素质方面发挥着重要作用。特别是新课程标准强调培养学生收集和处理信息的能力、获取新知识的能力、阅读能力等,图书馆承担着其他教学环节无法替代的育人功能。中小学图书馆应充分发挥自身优势,为教育教学和教科研提供服务。图书馆工作者要抓住这个难得的机遇,通过专业的服务,让师生和家长们认识到图书馆是新课程实施不可或缺的物质和文化载体,改变图书馆及馆员在基础教育中地位尴尬的局面,充分发挥图书馆作为学校文献信息中心的功能,体现图书馆独特的育人作用。

因此,在新课标背景下,中小学图书馆需要达到新课标的要求,不断创新和改进自身的服务模式。图书馆在学校素质教育中有着巨大的潜力,但必须更新办馆理念,加快改革步伐,提供多样化的资源和活动,以支持学生综合素养的培养,促进学生的自主学习和实践能力的培养。同时,图书馆还应与教师密切合作,为教师提供专业支持和培训,帮助教师更好地应对新课标的要求,提升教学质量。只有这样,中小学图书馆才能真正发挥其在新课程改革中的关键作用,为学生的全面发展和素质提升作出积极贡献。

二、基于新课程标准的图书馆创新服务

新课程标准聚焦核心素养,凸显育人价值,重视学科实践,倡导大主题、大单元、大任务、大项目和跨学科学习。在图书馆建设中,我们应该以新课程标准引领图书馆服务工作,推进以素养为纲的图书馆育人创新服务。

1. 基于育人视角的图书馆创新服务

中小学图书馆的育人功能是其主要职能——"文献信息服务"的延伸。其育人功能具有间接性、隐藏性和多样性等特点。图书馆可以通过资源育人、环境育人、活动育人和服务育人等途径来实现其育人宗旨。

(1)做好资源服务,发挥图书益德育人功能

育人先育德,只有具有良好思想品德的学生才能真正成为对社会和国家有用的人才。书籍是人类进步和文明的标志之一,丰富的图书文献是几千年来人类智慧的结晶,它们不仅具有很强的知识性、文学性和趣味性,而且蕴含启迪性和教育性,书籍本身就是修身养性的重要载体,对陶冶学生情操、培养良好的审美情趣具有引导作用。中小学生因接触新事物的渠道多,获取信息多,自我意识愈来愈强,不喜欢老师传统的"说教",而是喜欢自己去探索、体验、发现和感悟。因此,学生通过阅读可以形成正确的世界观、人生观和价值观,成为德智体美劳全面发展的人。图书馆是一个很好的德育渗透渠道,其育人功能主要表现在:

图书馆可以引导学生把握正确的人生方向。在图书馆中,丰富的图书文献资源是培养学生道德品质的重要途径。图书馆员应该严格把关图书采购,确保图书的质量,精心挑选具有思想深度和内涵的优秀图书。要根据中小学生的特点,选择更多涉及中华优秀传统文化的书籍以及富有教育意义的中外经典著作,引导学生进行课外阅读。同时,坚决抵制和杜绝低档、低俗的图书,避免对中小学生产生负面影响。

图书馆可以帮助教师做好转化后进生的工作。后进生通常因为家庭、社会等生活环境的不利因素而产生自卑、焦虑、抑郁等心理问题。图书馆可以通过引导后进生频繁光顾图书馆,与书籍中歌颂真善美、批判邪恶丑陋的主题思想产生共鸣,为他们提供情感上的支持和认同,帮助他们提高分辨是非、美丑的能力。积极的情感体验可以释放内心的焦虑、自卑和悲伤等消极情感,阅读对后进生具有明显的治疗效果。正如西汉刘向所说:"书犹药也,善读之可以治愚。"

图书馆还可以引导学生进行自我教育。苏霍姆林斯基曾指出:"少年的自我教育是从读一本好书开始的。"中小学生正处于身体和知识发展的黄金时期,他们具有强烈的好奇心,一句话、一个事件或一本书都有可能引发他们的兴趣,甚至影响他们的一生。在这个阶段,如果能够及时吸引他们到图书馆,让他们在知识的海洋中探索,在阅读优秀图书的过程中培养美好愿望,甚至树立远大理想,那么他们将来对人类的贡献将是无法估量的。

(2)营造书香氛围,发挥图书馆环境熏陶功能

学校图书馆的环境是校园文化的重要组成部分,也是学校独特精神风貌的体现。一个舒适宜人的馆舍环境,作为隐性课堂对学生的思想道德具有潜移默化的影响,良好的环境熏陶有助于培养学生的素质。因此,学校图书馆应积极营造浓厚的人文氛围,努力打造墙壁文化和走廊文化。馆内外的设计应彰显学校的办学理念和特色,遵循以育人为本的原则。图书馆可以利用名人名言、诗词古训、师生作品、知名校友图片等方式,让读者沉浸在如诗如画的阅读环境中,不仅身心愉悦,消除疲劳,还激发读者不断提升自我思想境界和人格修养。馆内的环境应该保持清洁雅致,标语应鼓励读者奋进,书架和刊物应排列整齐,发挥隐性教育的功能,让环境潜移默化地影响学生。另外,可以通过招募志愿者的形式动员学生参与,让他们在主动参与中理解责任,培养学生的参与意识、公民意识、劳动意识和主人翁精神。

相关链接:

上海协和双语学校的"图书馆",正式的名字其实叫"学习资源中心"(Learning Resource Centre,LRC),是一个集图书馆、资源中心、师生活动中心于一体的学习平台。

该学习资源中心的设计极具现代感和震撼力,整个中心是片环状的区域,拥有先进的设备,结合采光性能极好的玻璃天花板,给学习资源中心提供充足的自然光线,使它成为阅读和学术研究的理想场所。

有300多年历史的徽派古建筑"国湘书院"古色古香,为学生营造了浸入式学习环境,使他们在校园中就可以亲身体验中国历史文化之博大精深,明德尚行,学兼中西。

(3)开展读书活动,发挥图书馆活动育人功能

通过活动教育学生、感染学生、培养学生的德性,以及在活动中使学生健康成长,是学校育人的生动而有效的方法。学生形成良好品德需要一个过程,在这个过程中,学生经历的有意义的活动对于培养学生良好品德起到潜移默化的作用。没有活动就没有教育,活动育人的价值正在于此。

学校图书馆应主动配合学科教师或德育部门,组织多样化的读书活动丰富学生的课外生活。可以定期举办读书心得交流会、读书比赛、图书展览、读书演讲比赛、文学鉴赏讲座、知识竞赛、师生共读、亲子阅读等丰富多彩的读书活动,加强学生与图书馆的联系,培养学生的阅读积极性,促进学生多读好书。学校还可以建立活动奖励机制,开展评选活动,如评选"优秀读者""阅读之星",以表彰那些喜欢读书并频繁借阅图书的同学,激发学生对图书馆的兴趣,推动全校形成阅读光荣的良好氛围。

此外,学校图书馆还可以建立读者协会,吸纳学生利用空闲时间参与图书馆的管理与服务。这样不仅有利于提高学生自身综合素质,还加深学生与图书馆的沟通,通过他们的影响力,使更多的学生了解图书馆,走进图书馆,喜欢图书馆。

相关链接:

立德树人,"德"字为先,育人为本。而阅读无疑是一种有效的育人手段。针对学生的道德情感现状,南京市南化第二中学图书馆和德育处联手,以阅读为手段,开展阅读活动,强化阅读育人功能,注重在阅读中激发学生的情感体验,在体验中内化学生的情感感悟,发挥了阅读独特的育人价值,也走出了一条具有学校特色的阅读育人创新之路。

学生道德情感的培养,离不开教师的引导,更离不开家长的熏陶。为此,学校积极构建从"读书共同体"走向"育人共同体"的三位一体的阅读育人模式,即以阅读为纽带,建立教师、学生、家长共同参与的读书共同体,共同营造良好的校园阅读、家庭阅读氛围。这种模式有利于优化学生的成长环境,在教师、学生、家长三方的合作、对话、互动中,打通协同育人的通道,促进学生道德情感的提升,推动学生健康成长。

(4)提供优质服务,发挥图书馆服务育人功能

"服务育人"意味着图书馆员提供优质服务,以积极态度、团结协作、敬业奉献、任劳任怨等榜样言行影响学生,潜移默化地培养学生良好品德。服务是图书馆存在和发展的首要价值,而育人是其义不容辞的神圣职责。服务是其育人的手段,而育人则是其服务的宗旨①。

然而,目前许多中小学图书馆的服务观念仍未及时更新,仍停留在陈旧僵化的传统服务方式上,存在着单一式、封闭式和被动式的服务,将流通图书的借还服务作为工作的重点,没有真正将"服务"和"育人"相关联并纳入日常工作中,这种现状严重影响了服务育人工作的创新和进步。因此,提升图书馆员的服务育人水平势在必行。

一方面,图书馆员要通过提升知识服务水平、责任精神、服务态度和服务方式来影响、感染、教育学生,以"润物细无声"的隐性方式对学生起到榜样影响的作用。这种非强制性、间接渗透的方式比显性的单向灌输更有效,更具长久性和持续性。图书馆应完善图书馆员服务工作的考核机制,以提升他们的服务素养。

另一方面,图书馆应该关注课程改革的动态,为教师提供新课程改革方面的支持。新课程改革要求教师面对新的课程标准、教材内容和知识结构体系,需要更新观念,转变教学方法并开发课程资源。因此,图书馆可以根据各学科的新教学大纲,购买最新的、与课程改革相关的书刊并进行分类编目。同时,可以通过微信、QQ 群、校园网以及设置"师生读者所需书刊登记本"等方式了解教师对书刊资料的需求,定期整理、筛选并尽快采购入库。对于庞大且内容复杂的电子文献资料,应进行科学地筛选、整合、归类和划分,以便教师能够方便地在校园网平台上获取资源。此外,还可以让学校各学科的教研活动走进图书馆,使教师能够及时了解各学科的新研

---

① 穆桂苹,王鸿博,等.图书馆管理与阅读服务研究[M].沈阳:辽海出版社,2020:84.

究动向和最新进展资料。

2. 基于素养培育的图书馆创新服务

课程方案明确指出,要聚焦中国学生发展核心素养,培养学生适应未来发展所需的正确价值观、必备品格和关键能力,引导学生明确人生发展方向,成长为德智体美劳全面发展的社会主义建设者和接班人。在这个背景下,图书馆建设应该紧跟新形势、新要求和新标准,积极进行创新服务。

(1)阅读素养的培育

中小学生的阅读素养不仅是他们现阶段学习能力的关键,也是未来学习能力的基础,是学生终身学习的必备能力。作为学生的第二课堂,图书馆是提升学生阅读素养的主要场所,不能仅限于被动地提供资源和场所,还应充分利用图书馆独有的阅读优势,为学生提供更有利的学习条件。

为了提升学生的阅读素养,中小学图书馆可以从以下几个方面开展创新服务。

打造"图书馆式"学校:完善学校图书馆、阅览室、走廊书架、班级图书馆、个人书橱、校园书店等各种阅读设施的建设,将创设优越的阅读环境作为学校文化环境建设的重要组成部分。营造出让人沉浸于阅读之中的氛围,形成"学校建在图书馆"的阅读氛围。

开发图书馆阅读课程:建立不同类型的阅读课程,包括语文意义上的阅读课程、跨学科大阅读课程和图书馆自由阅读课程。这些课程的目标应以培养阅读素养为导向,通过培养阅读素养实现图书馆的育人目的。

开展阅读指导,培养阅读兴趣:图书馆员可以带领学生了解图书馆,掌握利用图书馆的技能和技巧,提高学生识别信息的能力,培养良好的学习和阅读习惯。通过有计划、有目的、有实效的课外导读,引导学生多读书、读好书,提高他们的思想认识水平和阅读技巧。

相关链接:

对大部分学生来说,每天的时间被上课、作业、考试、辅导等侵占,根本无暇阅读。对此,南京市南化第二中学积极探索阅读课程化,定时、定点、定人开设系列阅读课程,全方位满足不同类型学生的阅读需求,保证学生的阅读时间和阅读质量。依据课程开设的时间周期,阅读课程分为三类:日课程、周课程、月课程。课程遵循由浅入深、循序渐进、价值引领、重在育人的原则,架构起科学合理的阅读课程体系,改变"重知识,轻育人"的倾向,挖掘阅读课程的育人功能,寓德于阅,寓德于教。

(2)信息素养的培育

在科学技术迅速发展的时代,图书馆作为中小学生获取全面、准确、有用知识信息的最佳场所,扮演着重要角色。图书馆拥有丰富的馆藏资源,这些馆藏资源包括适合学生阅读、开阔学生视野、具有启迪性和教育性的图书、电子资源和视听资料等。因此,中小学图书馆是培养学生信息素养的重要基地。

为了培养学生的信息素养,中小学图书馆可以从以下两个方面开展创新服务。

提供文献搜索课程:图书馆可以提供文献搜索课程,帮助学生学习如何有效地利用图书馆资源进行文献检索和信息搜索。通过教授学生搜索技巧和方法,引导他们获取准确、可靠的信息,并培养他们的信息鉴别能力和批判思维能力。

推广信息素养教育:图书馆可以积极推广信息素养教育,组织培训活动和讲座,让学生了解信息素养的重要性和必要性。通过教授学生如何评估信息的可信度、如何合理使用信息、如何保护个人信息等知识,提高学生的信息素养水平,使他们成为信息时代的合格信息使用者。

通过以上创新服务,中小学图书馆能够促进学生的阅读素养和信息素养的培养,为他们全面发展和未来学习能力的提升提供有力支持。

（3）综合素养的培育

新课程标准强调跨学科、大主题、大任务、大单元的学习,旨在通过整合相关课程内容、结构、设计和教学策略,完善和统一知识体系,培养学生的跨学科综合素养。在这一背景下,图书馆作为学校的重要组成部分,可以为综合素养的培养提供支持和场所。

中小学图书馆可以通过以下方式积极发挥作用,推动学生综合素养的培养。

提供多样化的图书资源:图书馆应当收集和提供各类别的图书资源,涵盖各学科领域,并注重整合跨学科知识。这样的多样化图书资源能够满足学生的综合学习需求,促进跨学科知识的对接和融合。图书馆员可以通过定期更新图书馆的馆藏,确保馆内的图书资源与学校教学内容的紧密衔接。

创建综合实践活动基地:图书馆可以成为学生进行综合实践活动的场所。图书馆通过举办综合实践活动,如课外读书活动、综合性学习项目、研究性学习等,使学生能够在图书馆中进行跨学科的学习和探究,提高他们的综合素养。图书馆员可以组织相关活动,引导学生参与综合实践,同时提供必要的指导和资源支持。

提供跨学科学习资源:图书馆可以整合跨学科的学习资源,如多媒体资料、电子文献、学术期刊等,为学生提供广泛而深入的学习材料。通过提供跨学科学习资源,图书馆可以促进学生对不同学科之间关联性的理解和应用,培养他们的综合思维和解决问题的能力。

协助教师开展综合素养教育:图书馆可以与教师紧密合作,协助他们开展综合素养教育。图书馆员可以与教师共同策划与综合素养相关的教学活动,提供相关的图书资源和学习支持,同时为教师提供专业的指导和培训,以提升他们在综合素养教育中的能力和水平。

总之,中小学图书馆作为学校综合素养培育的重要场所,应当积极发挥作用,提供多样化的图书资源、创新的服务模式和支持综合素养发展的活动。通过与教师、学生和社区的合作,图书馆可以成为学校综合素养教育的重要支撑,为学生的全面发展和学校的教育改革做出积极贡献。

本章小结:

图书馆学科服务,是图书馆面向特定学科,集学科化、知识化、个性化于一体的专业化服务。中小学图书馆开展学科服务工作是新课改的需要,是学校师生的需要,是传统图书馆转型的需要。

中小学图书馆学科服务的内容主要包括教学支撑服务、科研支撑服务、课程支撑服务和个性支撑服务。中小学图书馆学科服务模式有嵌入式学科服务模式、主题式学科服务模式、学科分馆—学科馆员服务模式、多分馆联合服务模式、智慧服务模式、移动服务模式、个性化服务模式或定制服务模式等多种服务模式，它们各有层次，相互补充，共同推动中小学图书馆学科服务工作的开展。

当然，当前中小学图书馆学科服务还面临着许多现实困境，各校要努力汇聚多方力量，通过观念更新、了解师生需求、课程建设、学科活动、科学布局、平台建设、评价机制等多种方法推动学科服务。

随着新一轮课程标准的出台，中小学图书馆建设要把新课标理念运用到图书馆服务工作中去，推进素养为纲的图书馆育人创新服务，不断创新基于育人视角和基于素养培育的图书馆服务。

学习与思考：

1. 什么是学科服务？它有哪些特点？

2. 为什么要在中小学图书馆开展学科服务？

3. 中小学图书馆学科服务的内容和模式有哪些？

4. 中小学图书馆学科服务面临的主要困境有哪些？可以采取什么对策？

5. 新课程标准背景下中小学图书馆怎样实施服务创新？

推荐阅读书目：

1. 蔡莉静.大学图书馆学科服务理论与实践[M].北京:海洋出版社,2015.

2. 农艳春.大数据时代高校图书馆服务工作研究[M].长春:吉林大学出版社,2018.

3. 穆桂苹,王鸿博,等.图书馆管理与阅读服务研究[M].沈阳:辽海出版社,2020.

4. 中国大百科全书总编辑委员会.中国大百科全书　图书馆学·情报学·档案学[M].北京:中国大百科全书出版社,2002.

参考文献：

1. 蔡莉静.大学图书馆学科服务理论与实践[M].北京:海洋出版社,2015.

2. 张明霞.中小学素质教育与图书馆[J].晋中师范高等专科学校学报,2000(4):71-72.

3. 农艳春.大数据时代高校图书馆服务工作研究[M].长春:吉林大学出版社,2018.

4. 吕星宇,占盛丽.上海市中小学图书馆建设的问题与对策[J].上海教育科研,2010(1):39-42

5. 张楠.面向大数据思维的中学图书馆学科服务研究[J].中国现代教育装备,2019(16):23-25.

6. 周金莉.面向用户需求的专业图书馆嵌入式服务策略研究——以人民教育出版社图书馆为例[J].四川图书馆学报,2019(1):75-79.

7. 邱赟."深度融合"中小学图书馆转型发展的几点思考[J].上海教育,2018(34):62-63.

8. 于国艳.大数据下的高中图书馆学科服务 SWOT 分析与服务[J].河南图书馆学刊,2018(6):101-103.

9. 王敏.学科服务平台用户参与机制研究[D].南京:南京农业大学,2018.

10. 王朝晖.信息时代背景下中学图书馆读者服务创新策略[J].科技与创新,2017(15):119-120.

11. 符晓林. 民国时期中学图书馆建设思想研究[D]. 南昌:江西师范大学,2017.

12. 成尚荣. 图书馆何以"亲爱"——初论中小学图书馆课程体系的构建[J]. 福建教育, 2022(2):23－26.

13. 黄涛. 美国学校图书馆见闻[J]. 广东教育(综合版),2011(12):58－59.

14. 谢英华. 信息技术提高南宁市中学图书馆服务功能的策略研究[D]. 长春:东北师范大学,2012.

15. 符晶晶,傅文奇. 中小学图书馆开展学科服务的必要性和策略探讨[J]. 中国教育技术装备,2017(10):65－66.

16. 何利平. 美国中学图书馆网站建设与启示[J]. 新世纪图书馆,2009(3):84－87.

17. 赵洪林. 图书馆学科化服务评价与反馈机制[J]. 图书馆学刊,2013(3):84－87.

18. Jade. 中国10所国际学校图书馆大盘点,Pick 你的最爱![EB/OL]. [2024－09－17]. https://www.sohu.com/a/417408012_691021.

19. 苏霍姆林斯基. 苏霍姆林斯基选集[M]. 北京:教育科学出版社,2001.

第七章　中小学图书馆读者服务

本章导读：

　　读者服务就是通过开发利用图书馆的各种资源,最大程度地满足读者的各种文献信息需求,实质是向读者传播知识,传递信息。读者服务是现代图书馆实现其价值的总体现。因此,要树立读者工作中心论,全心全意为读者服务。随着图书馆工作重心的转移,读者服务工作方法、手段发生了变化,使读者服务工作不断深化,工作内容日益丰富和完善。

　　通过本章的学习,你将了解到：

- 中小学图书馆读者服务工作概念、意义、原则、特点
- 中小学图书馆文献流通服务
- 中小学图书馆读书活动和阅读指导
- 中小学图书馆读者教育与管理

　　众所周知,无论什么类型、什么规模的图书馆,其业务大致可以分为藏和用两大类。"藏"即文献资源建设工作,"用"即读者服务工作。这两者是互为基础,密不可分的,而且藏的最终目的是为了用。可以说"用"是图书馆的生命线,如果不能用好馆藏资源,也就不能做好读者服务工作,那么"藏"就没有任何意义。印度图书馆学家阮冈纳赞"图书馆学五定律",即"书是为了用的""每个读者有其书""每本书有其读者""节省读者时间""图书馆是个成长发展着的有机体"。"图书馆学五定律"的中心思想体现在第一点上,书是为了用的。读者工作是图书馆工作的核心内容,也是图书馆能否实现社会价值的决定性因素。随着社会的发展,特别是信息技术在图书馆的广泛应用,中小学图书馆要坚持以读者为本的办馆理念,始终把读者作为一切工作的出发点,紧贴读者实际,科学筹划和有效组织读者服务工作,才能发挥其应有的作用。

第一节　中小学图书馆读者服务概述

一、中小学图书馆读者服务的概念

1.中小学图书馆的读者群

　　读者是一个很宽泛的概念。广义地说,凡是具有阅读能力并从事阅读活动的社会成员,都可称之为读者。对图书馆而言,是专指利用图书馆资源进行活动的社会成员。中小学图书馆的读者当然就是具有阅读能力并利用中小学图书馆馆藏资源从事阅读活动的广大学生和教职员工。由于中小学图书馆特定的读者群和特殊的服务对象,学校的全体学生和教师就是中小学图书馆服务的主体,也就是说,学校的全体学生和教师是中小学图书馆的重点读者。

2. 中小学图书馆的读者服务

读者服务是现代图书馆实现其价值的总体现,满足读者对文献信息的要求,促进读者个体全面发展,是现代图书馆的中心任务,也是图书馆存在的根本价值。现代社会,随着科学技术突飞猛进的发展,图书馆面临着时代的挑战:一是知识爆炸带来的文献激增,对图书馆传统观念和服务意识的挑战;二是信息环境的变化造成数字化文献的激增,数字化文献日益成为主流文献,带来图书馆文献的结构性转移;三是信息市场和读者需求的变化,对图书馆的服务方式与价值评估的挑战。因此,要树立读者工作中心论,全心全意为读者服务。

中小学图书馆的读者服务工作是学校图书馆工作的重要组成部分,是联系图书馆与读者的纽带,也是展示图书馆工作质量和提升学校校园文化氛围的一个重要窗口。特别是在文献信息交流系统中,读者服务工作为广大师生提供针对性的服务,最大程度地满足了他们不同层次的文献需求,对学生的学习和教师的教育教学以及他们的成长起到了不可估量的作用,越来越显示出读者服务工作在整个文献系统中的重要地位。随着图书馆工作重心的转移,读者服务工作方法、手段也发生了变化,使读者服务工作不断深化,工作内容日益丰富和完善。

由此,可以对中小学图书馆读者服务进行定义:所谓中小学图书馆读者服务,是指根据中小学师生阅读规律和阅读需要,运用特定的服务方式与方法,组织师生利用图书馆资源,使师生从中获取知识、信息,并接受教育的图书馆服务活动。

3. 中小学图书馆读者服务的内容

中小学图书馆读者服务与其他类型图书馆的读者服务工作并无本质的区别,只是在开展服务工作的深度和广度上有所不同而已。中小学图书馆读者服务应包括以下三个方面内容:

(1)读者研究

读者是图书馆服务工作的对象。要建立一整套高效、实用的服务体系,首先要对服务对象——广大师生进行深入研究。同时为了把读者服务工作与文献信息资源建设工作有机地结合起来,也必须了解和研究不同类型读者信息需求的特点,掌握他们的阅读规律,这是做好读者服务工作的前提。

(2)服务形式

读者服务工作是图书馆的中心工作,是图书馆存在的价值体现。中小学图书馆读者服务工作形式多种多样,概括起来主要包括外借服务、阅览服务、文献复制服务、文献宣传推荐服务、展览服务、阅读推广、信息素养教育、视听服务、参考咨询服务、读书活动与阅览指导以及读者的教育与培训服务等。

(3)服务管理

读者服务管理就是图书馆在读者服务过程中要统筹合理调剂人财物等各种资源,使图书馆功能能得到充分发挥的动态过程。包括服务的优化、设施的升级、人员的培训、规章制度的完善、资源的合理配置以及读者的适当参与管理等。只有这样,图书馆的服务管理工作才可能得到读者最大程度的满意和认同,图书馆资源才能得到充分发挥。

二、中小学图书馆读者服务的意义及作用

1.联系读者的桥梁,是图书馆一切工作的核心和外在表现

图书馆收藏文献信息资源的目的是供读者使用。离开了读者的使用,便失去了保存的意义。所以图书馆一方面要把收藏的大量文献信息资源推荐给需要它们的读者,使藏书充分发挥作用;另一方面要为各种读者准确地提供文献信息资源,满足读者多种多样的阅读需要。这就要通过读者服务工作起到"为书找人""为人找书"的作用,把图书馆的藏书与读者联系起来。如果忽视了读者服务工作,或者服务工作做得不够深入细致,即使藏书很充足,目录很完备,也还是达不到预期的目的。与此同时,图书馆的文献收集与加工整理等工作的最终目的是方便读者的使用,如果馆藏资源没有得到充分利用,图书馆只能是一座"藏书楼",从现代社会文明来看,图书馆也就失去了存在的意义和价值。从实际工作来看,读者评价一个图书馆工作的好坏,最主要的是看图书馆服务质量的高低。即使一个图书馆内部工作做得再好,文献整理得井井有条,但服务工作搞得很差,也得不到读者的认可。因此读者服务还是图书馆一切工作的核心和外在表现。

2.直接体现图书馆功能、办馆方针和任务

图书馆是中小学校的文献信息中心,是学校教育教学和教育科学研究的重要场所,是学校文化建设和课程资源建设的重要载体,是促进学生全面发展和推动教师专业成长的重要平台,是基础教育现代化的重要体现,也是社会主义公共文化服务体系的有机组成部分。图书馆的主要任务是:贯彻党的教育方针,培育社会主义核心价值观,弘扬中华优秀传统文化,促进学生德智体美劳全面发展;建立健全学校文献信息和服务体系,协助教师开展教学教研活动,指导学生掌握检索和利用文献信息的知识与技能;组织学生阅读活动,培养学生的阅读兴趣和阅读习惯。中小学图书馆的办馆方向和任务,都将在为读者服务的工作中体现出来。如何组织读者,怎样给读者提供必要的条件,如何使读者方便地获得他所需要的文献信息,都是读者服务工作中要注意解决的问题。读者服务工作做得怎么样,直接关系到文献信息在读者中被利用的程度,图书馆满足读者需要的程度,图书馆为学校教育教学和科研以及学生的全面发展服务的水平,标志着图书馆工作质量的高低。所以读者服务工作是图书馆工作的中心环节,是完成图书馆任务的关键所在。

3.直接反映中小学图书馆的社会效益,衡量图书馆工作的质量

中小学图书馆的办馆效益,是直接通过读者服务的成效反映出来的。中小学图书馆通过文献信息的传递,开展形式多样的阅读活动,对学生进行信息素质教育等,向学生传输思想道德知识、科学文化知识,向老师提供课程改革、教学参考、教学研究等方面的文献信息,来实现自身的社会效益。

中小学图书馆的读者服务工作,是衡量图书馆工作质量的重要途径。藏书的数量、质量如何,是否系统完整,科学价值和实用价值怎样,文献资源的加工整理、组织管理及其他工作的质量如何等问题,最终都要通过读者服务工作以及读者利用图书馆的效果而得到全面的检验。反过来,这种检验又将促进中小学图书馆各项业务工作的发展。例如藏书的补充是否切合读者的

需要,藏书数量能否满足读者的要求,图书目录能否充分揭示馆藏,等等,都要以是否有利于读者服务工作的开展,是否提高了图书流通率,以及是否充分满足读者的需要来衡量。而读者利用图书馆,使用馆藏资源的效果和意见、要求等,又是做好和改进这些工作的依据。所以,读者服务工作是在图书馆其他工作的基础上开展起来的,反过来又可以检验和促进其他各项业务工作。

4. 体现图书馆在学校教育教学中的地位和重要作用

中小学图书馆作为学校教育教学的一个有机组成部分,一直被称为学生的第二课堂。中小学图书馆通过各种不同的服务,区别于课堂教学,使学生接受更为开放的教育,弥补课堂教育的不足。特别是在政治思想品德和科学文化知识方面的教育更为突出,中小学图书馆是学生德育的基地和传播科学文化知识的重要场所。图书馆开阔学生的视野,丰富其课余文化生活,有效地辅助课堂学习,激发学生的好奇心和求知欲;培养学生收集、整理资料,利用信息的能力和终身学习的能力;强化其探索学习、自主学习的精神,促进学生德、智、体、美等全面发展。读者服务工作辅助教师的教育教学研究,图书馆员也理应成为教师的好帮手,只有通过馆员积极主动的服务,为教师提供及时有效的信息帮助,图书馆工作才能得到大家的认可。图书馆只有积极主动地配合学校教育教学的中心工作,为广大师生服务,同时起到“无声园丁”的作用,才能充分发挥图书馆在学校教育教学中心工作中不可或缺、无法替代的作用。

三、中小学图书馆读者服务的原则

中小学图书馆要做好读者服务工作,必须遵循一些基本原则。中小学图书馆具有双重属性:其一,由于中小学图书馆地处中小学校之内,是中小学校的书刊资料中心,是为学校教育教学和教育科研服务的机构,因此它自身应具有教育的职能,具备教育机构的基本属性。其二,中小学图书馆作为图书馆,它是整个社会图书馆事业的一个有机组成部分,必然具有图书馆工作的一般属性和特征,当然在读者服务工作上也体现出公共图书馆读者服务工作的一般原则。

1. 教育性原则

中小学教育是基础教育,以德育为先,中小学图书馆作为学校的重要组成部分,要紧密配合学校教育。在读者服务工作过程中,要自始至终贯彻和坚持教育性的原则,并将其放在首位。之所以要贯彻和坚持教育性原则,是由于中小学图书馆在基础教育中所处的地位和所要发挥的职能决定的。首先,中小学图书馆是对中小学生进行教育的重要基地,是中小学生接受课外教育的第二课堂,图书馆要通过自己的服务对中小学生进行政治理论教育、思想品德教育、科学技术知识教育、文化知识教育等。在为学生读者服务的过程中,要始终注意通过自己的服务达到相关教育的目的。其次,中小学图书馆要通过辛勤的服务工作,为教师提供有价值、时效性强的教育教学参考资料,为其教育教学和教研服务,从而达到为基础教育服务的目的,同时也是在服务过程中贯彻和体现了教育性的原则。

2. “以人为本”的原则

“读者第一,服务至上”是读者服务的精髓,是读者服务工作活力之所在,是“以人为本”原则的具体体现。图书馆读者服务工作必须坚持“以人为本”的原则,只有这样,中小学图书馆的工作才能得到学校的认可,才能得到广大师生的认同,图书馆的地位和作用才能得以充分体现。"以人为本"的原则,就是要充分尊重读者,爱护读者,调动读者的积极性和创造性。中小学图书馆以丰富的馆藏资源,整洁舒适的环境,丰富多彩的读书活动,形式多样的服务吸引学生走进图书馆,利用图书馆。服务方式要灵活多样,图书馆服务方式改变了学生在课堂教学中的被动学习状态。在尊重个性和创造性的基础上,通过个别指导的方式,不同学生读者可以根据自己的需求,在自愿、自主的情况下,在图书馆"引导式"教育方式下,自由选择自己所喜爱的读者服务方式,独立地利用各种馆藏资源,汲取自己所需要的知识。这有利于激发学生利用图书馆的积极性和主动性,使学生处于一种自主、主动的学习状态,这对于培养学生的自立、自主和自学能力有很大帮助。对老师要开展个性化服务,根据其教学和科研的需要,主动提供所需文献信息资源。

3. 开放服务的原则

开放服务不是坐等读者自己找上门,你来我借,你问我答,你需我供。而是主动服务、主动咨询、主动推荐、主动代查复印等。随着教育教学改革的不断深入,中小学图书馆应主动参与新课程改革,服务新课程改革。将以图书馆为中心转化为以读者需求为中心,改变重藏轻用的观念,"为书找人,为人找书"应成为衡量工作质量的标准之一。资源的多样性和无限性带来服务的多样性和无限性。当代图书馆的发展在其原有的文献典藏、知识交流、文化教育及智力开发等功能的基础上,由物的传递转化为信息的传递。从原来的印本到网络,从文献服务到信息服务再到知识服务,已经由单一性的物化服务转化为综合性知识服务,因此图书馆的终身学校、文化中心及信息枢纽的功能越来越明显。虽然这些服务功能与原有的功能在某些方面有重合,但在实际工作中得到充分体现,使图书馆读者服务工作得到不断延伸,服务空间不断扩展,服务平台得到扩大,服务时间在信息技术条件的支持下实现了"全天候"服务。这些都是开放服务原则的体现。

4. 创新服务的原则

创新是中小学图书馆生存与发展的灵魂,是中小学图书馆事业蓬勃发展的永恒动力。中小学图书馆创新的目的是发展,它可以给图书馆带来更科学、更广泛的发展前景和更为人性化的发展战略。图书馆服务创新是一项复杂的系统工程,是现代图书馆发展趋势。其主要包括:服务观念创新、服务内容创新和服务方式创新等方面。不管是传统图书馆还是数字图书馆,服务是不变的宗旨,也是图书馆永恒的主题。而搞好服务的根本是创新。新技术的应用是创新,管理的改革是创新,服务方式的改变是创新。而中小学图书馆各种服务的最终目的,也在于以创新的服务满足读者的需求。因此,在中小学图书馆"全开架、全方位、全天候"的"三全式"服务的实践工作中要不断体现创新服务的原则。

四、中小学图书馆读者服务的特点

由于中小学校规模大小不一,学生多少不一,在校学生少的只有几百人,多的已达几千人。而且中小学教育有固定的课堂教学限制,即采取"大一统"的集体化教学方式,学生必须按照教学计划要求在规定时间内完成有关教学内容。中小学图书馆读者服务工作不像其他类型图书馆那样,每天按正常作息时间为读者提供服务,而要受到中小学教育的特殊性的限制。加之各个中小学图书馆人员配备较少,因此中小学图书馆读者服务工作的特点就集中体现在读者数量多、服务时间相对集中、管理员人数少。很多中小学图书馆只能利用学生课外休息时间为学生读者提供服务。在有限的时间内满足几千名学生的需求,这是中小学图书馆服务工作上的供求矛盾。要解决这一矛盾,就要采取与之相适应和配套的服务方式,方便广大学生利用图书馆,充分利用馆藏资源,最大程度地满足读者的需求。另外,由于中小学图书馆特殊的服务对象和服务环境,读者服务还具有以下特点。

普及性:对于学生而言,读者服务就是要普及图书馆知识,增强学生的图书馆意识,教会学生利用图书馆并获得终身学习的能力。

实用性:实用性就是图书馆服务要贴合读者实际,要对其学习、工作和生活有帮助作用。

阶段性:由于中小学生每一个阶段的阅读兴趣和文献需求不同,图书馆就要根据不同阶段读者的不同需求提供阶段性的服务。

五、读者研究

读者是服务工作的对象。要建立一整套高效、实用的服务体系,首先要对服务对象进行深入研究,研究读者队伍结构的基本要素,其次为了把读者服务工作与文献信息资源建设有机地结合起来,必须了解和研究不同类型读者的信息需求特点,掌握他们的阅读规律,这是做好读者服务工作的前提。研究读者包括:分析研究读者身份、读者的类型、读者的阅读特征等。

1. 读者身份

中小学图书馆的读者身份相对比较单一,主要是不同年级的学生、从事一线教育教学工作的教师,他们是中小学图书馆的重点读者。根据职业特征,可划分学生、教师、教辅人员、后勤人员等;根据年龄特征,可划分为少儿、青年、中年、老年等;根据文化特征,可划分为小学低年级文化程度、小学高年级文化程度、初中文化程度、高中文化程度、大学文化程度等;根据性别特征,可划分为男性读者、女性读者。

2. 读者类型

划分读者类型是为了深入研究读者的阅读心理、阅读需求、阅读内容、阅读兴趣、阅读方式等方面的特征,以便采取适当的服务方式和方法,提高读者服务的质量与水平。根据读者与图书馆的关系,可划分为正式、非正式、长期、临时等类型读者;根据借阅方式,可划分为个人读者、集体读者等;根据借阅目的,还可划分为研究性、学习性、消遣性、娱乐性等。

3. 阅读特征

由于身份的不同,读者文化特征、年龄特点、性别特征也不尽相同,这就决定了读者不同的阅读需求、阅读方式和阅读特点。中小学图书馆员要研究本校学生的心理素质特征和文献信息需求特征,也要研究不同年级教师以及学校教辅等其他人员的信息需求特征,根据不同身份读者的特点,有针对性和目的性地开展相关服务工作。

例如小学生读者的阅读特征:一二年级的小读者,在文化知识上,均属启蒙时期,丰富的想象力和对未来的幻想,使他们对神话、童话故事书里新颖奇异的事物特别感兴趣;三四年级的读者,开始具有辨别能力,因此对神话的爱好逐渐减弱,许多学生喜欢看一些民间故事、儿童文学读物;五六年级的读者,除文艺读物外,他们对科学知识、自然常识等都很感兴趣。针对小学生读者的特点,图书馆应做到:①对小学生进行爱学习、爱科学的教育;②培养学生学习习惯,增强阅读能力;③培养学生对各方面知识的广泛兴趣;④热情支持和发展儿童的特长爱好;⑤注意介绍生动有趣的图书。

初中生的阅读需求特征表现在:阅读需求的广泛性、深刻性、选择性、自觉性。针对初中少年读者特点,图书馆应做到:①培养与激发少年读者的学习动机;②帮助初中学生读者正确对待课堂学习与课外阅读的关系;③指导阅读方法,培养学习能力。

高中生的阅读需求特征:逻辑性思维能力加强,体现在阅读范围的扩大和理解的深入;高中学生已开始关心国内外大事,对政治方面的书籍较为感兴趣,同时对修养读物、自助读物表现出浓厚的兴趣;高中生课外读物的范围扩大了,表现出对各种读物的广泛兴趣,并具有较强的针对性;高中生善于根据课程要求进行课外阅读,注重扩大自己的知识面;对文艺作品有普遍兴趣。针对高中生读者特点,图书馆应做到:①正确引导高中生读者,维护青年读者的心理健康;②充分发挥图书馆作为"第二课堂"的功能,为高中和今后的学习打下坚实的基础;③对高中生读者的服务,应掌握以咨询工作为主、阅读指导为辅的原则。

六、读者组织

中小学图书馆的性质、任务决定了其服务范围和重点。因此,中小学图书馆将本校师生组织起来,并进行读者登记、统计和管理,使广大师生成为本馆读者,享受图书馆服务。

1. 读者登记工作

读者登记制度是开展文献流通服务的重要环节,也是了解读者、研究读者的有力措施。对于中小学图书馆而言,全校师生都是图书馆服务的对象,教师和学生应分别进行登记。教师可以按其所在教研组,采取个别登记的办法进行登记。新生在入学后,由学校教务处提供学生个人信息,图书馆按班级进行登记。对于学校临时人员,经学校有关部门或处室领导同意,可以进行登记并办理临时借阅证。登记时尽可能记录得准确细致,并进行相应类型的划分与读者分析,以便掌握读者情况。

2. 借阅证的发放

读者进行登记后,图书馆要制作和发放借阅证,有的学校还分为借书证和阅览证,这是读者利用图书馆的凭证。一般情况下,借阅证应包括证号、姓名、性别、班级(或教研组)、有效期、使用范围和注意事项等内容。借阅证的样式一般分为册式和卡式。册式适用于手工借阅时记录使用,卡式一般需贴上条形码,在利用计算机借阅时扫描使用,简单方便。在实行校园一卡通的学校,学生通过一张校园卡实现了图书借阅、食堂就餐、门禁管理等功能。随着智慧化校园建设的快速发展,有更多的技术逐渐用于学生的身份识别,如人脸识别技术等。

3. 借阅证的管理

中小学图书馆的读者——教师和学生始终处于不断变化之中。教师有调入和调出,学生有入校和毕业。教师调入和学生入校后,图书馆要及时为其办理借阅证,教师调出和学生毕业后,也要及时清理有关记录,收回借阅证。每学期初还应进行验证,借阅证丢失后还有挂失和补办等问题。因此,中小学图书馆借阅证应实行动态管理,图书馆要及时掌握读者情况,便于根据读者现状开展相应的服务。

七、读者的权利

1. 服务中的不平等现象

读者利用图书馆是自己的基本权利,图书馆为读者服务是其基本义务。读者权利应当受到尊重,义务应当认真履行,这是读者服务工作现代化的重要标志。然而,很多中小学图书馆人为地存在不同程度的"区分服务"。例如,大多数学校都设有教师书库、学生书库或教师阅览室、学生阅览室,规定教师书库和教师阅览室学生不得进入。在借书量、借书期限、图书馆开放时间等方面人为地进行区别对待。当然,这种"区分服务"固然有它积极的一面,但也存在着消极的影响。这就是它并未体现平等服务,这种对服务对象的"区分服务"与图书馆的服务精神背道而驰,不适应创建书香校园的形势,更不能体现图书馆服务的人文关怀理念。

2. 尊重读者的权利

由于中小学图书馆是学校的教辅机构,没有为学校创造"直接效益",加之受图书馆员数量、整体素质、待遇等方面因素的影响,致使图书馆员工作积极性不强。有些馆员跟学生读者交流语言生硬,数落或者训斥学生的现象屡见不鲜,有伤害读者的行为,更谈不上热情服务和微笑服务;在管理与防范上,普遍表现出对读者的不信任,对读者尊严的轻视,习惯用禁止性、限制性的种种规章制度来管理读者。图书馆员对学生读者应有耐心和爱心,以平等的态度对待学生的询问,给予平等的服务。新课程标准强调要变教师单方面的传授知识为师生互动,强调师生平等交流,尊重学生人格。图书馆员和读者平等交流对双方都有益,因为学生也会带给馆员更多新知识、新信息。图书馆制定规章制度时,应该从人文关怀的角度出发。图书馆规章制度中所有的禁止、不允许、不准等要求,如果都用婉转的话语来表达,图书馆的管理就可以事半功倍,更可以让读者对图书馆产生亲切感。图书馆的规章制度是为了保证所有的读者获得平等权益,在执行时,要变单向制约为双方合作、监督。要在图书馆的服务过程中,充分尊重读者的权利,使学校任何读者都能充分地利用图书馆资源,享受图书馆服务。

第二节　中小学图书馆文献流通服务

一、文献流通服务的组织模式

文献流通服务的组织模式对于馆藏资源能否得到充分利用,能否使广大读者在最短时间内得到自己需要的文献信息,都起着举足轻重的作用,而且文献流通服务的组织模式也直接体现着图书馆员的工作效率。

一般情况下,文献流通服务的组织模式可分为全开架借阅、半开架借阅和闭架借阅。

1. 全开架借阅

全开架借阅是相对于闭架借阅而言的,在这种文献流通组织模式下,图书馆藏书完全对读者开放,读者可以自由进入书库,根据自己的爱好和兴趣,在书架上直接找书。

图书馆藏书都是按一定的分类方式排架的,全开架借阅情况下,读者进入书库后,可以根据书架上的标识,按类别进行查找。读者能够接触到大量的图书,从中挑选自己需要的,减少了查找目录、填写索书单、等候图书馆员为其找书等手续,扩大了读者选择图书的范围,不但节约了读者借书的时间,而且开阔了读者的视野,增强了读者的阅读兴趣和求知欲望,从而使图书馆一些"死书"变活,降低了拒借率,同时还大大减轻了图书馆员为读者找书的劳动强度,使其有更多的时间和精力从事图书宣传、参考咨询等工作。但是全开架借阅容易造成乱架、图书破损或丢失等现象,不利于图书保护。这就需要图书馆员加强管理,提高责任心,采取积极可行的措施,加强在书库内的巡查力度,及时纠正读者的不良行为,最大程度地减少乱架等现象的发生。这种借阅方式适应了时代发展的要求,已广泛应用于中小学图书馆的外借服务中,也是现在普遍的一种文献流通组织模式。

2. 半开架借阅

半开架借阅是介于闭架借阅和全开架借阅方式之间的一种文献流通组织模式。半开架借阅通常是将图书陈列在一种专用的带有玻璃的书架之内,书背面向读者,在玻璃中间还留有一条空隙。读者通过玻璃可以看到书名和书的大致外貌,但无法自己取出。借书时需要读者通过玻璃空隙用手指明要借的图书,再由图书馆员取出,并给读者办理借书手续的一种借阅方式。半开架借阅相对于闭架借阅,已经给读者提供了一定的开放空间,读者可以大致浏览书架上的图书,在一定程度上方便了读者直观地选择图书,而且不用再填写索书单,减少了借书的工作环节,相对提高了工作效率。但半开架借阅还是限制了读者的部分权利,还是不能自己取书,必须通过图书馆员取书。半开架借阅也不能适应时代发展的要求,只能作为弥补闭架借阅方式下的一种辅助方式,大多数图书馆已经不采用这种方式为读者提供服务了。

3. 闭架借阅

闭架借阅,指图书馆馆藏资源采取封闭式管理,读者不能直接接触到馆藏图书,由图书馆员根据读者填写的索书单在书架上取书,然后办理借书手续,读者归还时直接将所借图书交由图书馆员归架。

闭架借阅最大的好处是有利于图书保护。在过去以收藏为主的情况下,大多数图书馆都采用闭架借阅。但随着时代的进步,在文献信息量骤增的情况下,闭架借阅的缺陷越来越明显。读者不能直接到书架上找书,只能通过图书馆读者目录查找自己所需要的图书,或者通过图书馆员的介绍,才能借到图书。而且借到的图书存在一定的盲目性,实际工作中也会出现读者所借图书与自己需要的图书之间有一定的差距。加之闭架借阅手续比较烦琐,读者等候时间较长,不能及时满足读者的需求。还有闭架借阅给图书馆员工作上增加了大量的进库取书、归架等事务性工作,因此图书馆员很难有时间和精力顾及其他诸如导读、咨询等工作。所以现在闭架借阅的方式已基本没有图书馆采用。

二、外借服务

外借服务,是图书馆为了满足读者将部分藏书借出馆外自由阅读的需求的一种服务方法。

读者根据需要借出自己挑选的书刊,在规定的期限内,享受使用权利,承担保管任务,自由安排阅读时间,充分利用所借书刊,不受开馆时间和空间的限制。

图书馆藏书,目的是利用。而读者利用图书馆的基本渠道是文献的外借服务,因此,文献外借服务作为图书馆文献传播的主要窗口,进行着最经常、最大量的服务工作。它是图书馆工作的基本方法和基本手段,是图书馆服务功能的直接体现。其服务状况和效果,是检验图书馆各项工作的尺度及评价一个图书馆服务质量的重要标志之一。

外借服务形式各种各样,根据不同的划分标准分为不同的形式。

1. 根据外借服务工作手段的不同,可分为:手工外借、自动化外借和自助外借

（1）手工外借

手工外借是基于传统图书馆服务概念意义上的一种以手工操作、馆员和读者面对面的方式进行的外借服务。目前只有少数没有实现计算机管理的中小学图书馆还在沿用这种方式。

（2）自动化外借

随着中小学图书馆计算机管理系统的普遍使用,图书流通工作主要采用计算机管理,外借服务的方法和手续都大大得到简化。读者到书库选取自己所需的图书,然后利用本人借阅证到外借出纳台办理借书手续。图书馆员只需利用光电扫描仪将读者借阅证输入计算机,然后再将图书上的条形码扫描入计算机,就完成了一本书的外借手续,就如同顾客到超市购物一样方便。读者还书时,图书馆员只需检查一下图书有无污损,然后再扫描一下图书上的条形码,就完成了还书手续。至于读者所借图书是否超期,自动化管理系统会自动提示,图书馆员根据提示操作即可。

（3）自助外借

随着智慧校园的建设,有部分学校已建设智慧图书馆,或在校园建设智慧书屋,读者不必亲临图书馆,不受图书馆开、闭馆时间的限制,在校园一台图书馆自助服务机上就能借还书,采取自助服务方式,图书馆实现 24 小时自助外借。

2. 根据外借服务对象的数量不同和需要程度不同,可分为:个人外借和集体外借、馆际互借、预约外借

（1）个人外借

个人外借就是以读者个人为主体的一种外借服务形式,这是图书馆最基本的外借形式。也就是读者利用中小学图书馆为个人办理的借阅证,借阅自己需要的图书,是一种最主要、最基本的外借形式。

由于各个图书馆管理的要求和方法不同,因此每个图书馆个人外借的方法和步骤也不尽相同,但基本上都是读者持图书馆为其办理的借阅证,由本人亲自到图书馆办理借书手续。借书手续力求简便易操作,既要方便读者,缩短借书时间,也要便于图书馆员管理,手工借阅时借阅记录要详细全面,便于开展外借统计和催还等工作。

（2）集体外借

集体外借就是以集体的名义向图书馆借书的一种外借服务形式。在实际工作中,学校有些部门和班级或一些学生社团、群团组织与图书馆建立集体借书关系,由这些部门或组织指定的

负责人,到图书馆办理集体借书手续。根据他们的借书需求和中小学图书馆藏书情况和条件,确定借书数量和期限。比如,班级建立的图书箱、图书角,可以以班级为一个单位通过集体外借的形式,满足学生的阅读需求。集体外借在一定程度上缓解了由于学生个人外借给图书馆员工作上造成劳动量大的矛盾,减少了借还图书的实际工作量,保证了图书馆外借工作的有序运行。但集体外借是一人借书,众人享用,一次性外借的数量较大、周期长,不能满足集体中每个个体的个性化需求。

（3）馆际互借

馆际互借是指中小学图书馆之间、中小学图书馆与其他类型图书馆之间,彼此互相利用对方的馆藏满足本馆特殊读者对特殊文献信息需求的一种外借服务形式。提供馆际互借服务的主要原因是受中小学图书馆性质、任务以及经费的限制,以及本馆馆藏受藏书规模和品种的限制,无法满足读者各种各样的文献信息需求。当读者特别是教师读者需要的文献本馆没有收藏,而读者又急需使用时,图书馆可以通过馆际互借的形式解决读者的困难。但是要提供馆际互借服务,中小学图书馆要与有关图书馆建立协作关系,相互之间要遵守互借协议和规则。馆际互借有利于打破图书馆之间各自为政的局面和读者利用馆藏的空间限制,图书馆之间互通有无,提高资源利用率,也是实现资源共享的重要途径。但馆际互借受到中小学图书馆所处地理环境和社会环境的影响,只能作为读者服务的一种辅助服务形式,用来满足学校特殊读者对特殊文献的需求,比如为教师提供在教育科研中急需的文献,为学校领导提供某种决策急需的文献等,一般读者的阅读需求不宜采用这种服务形式。

（4）预约外借

预约外借是指读者急需某种文献,而本馆收藏的这种文献已经借出时,为了满足读者的这种需求,可以先为读者办理预约手续,当这种文献还回时,图书馆第一时间通知读者到馆办理外借手续,或者是图书馆通过外借记录查询这种文献的去向后及时发出催还通知书,加快文献流通,以此来满足读者需求的一种服务形式。这种形式可以极大降低拒借率,提高文献流通速度,满足读者特定的需求,在实际外借服务中常常会采用。

三、阅览服务

阅览服务是指图书馆组织师生在一定的阅览空间和环境下利用馆藏书报刊等文献资源的一种服务形式。阅览服务和外借服务都是图书馆流通服务中最基本形式之一,是图书馆的基础性服务工作,也是图书馆读者服务的重要组成部分。

1. 传统阅览服务

传统阅览服务是指传统的阅览室服务工作,是图书馆利用在馆内设立的各种阅览室,组织师生利用阅览室各种资源的一种服务方式。阅览服务目前很受读者欢迎,是中小学图书馆读者服务方式中的一项基本服务方式。阅览室内一般放置读者利用率比较高的书报刊,如工具书、常用教学参考资料、各种期刊和报纸等。根据学校实际情况以及中小学图书馆设备、空间、人员及读者需求,可以分设阅览室,也可以设立综合性阅览室。比如有的学校设有学生阅览室、教师阅览室,有的设立文科阅览室、理科阅览室,有的设有现刊阅览室、过刊阅览室等。有条件的学校可按学科分类设置相应阅览室。

2.电子阅览服务

电子阅览是与数字图书馆紧密联系在一起的。电子阅览服务是指图书馆通过提供大量的门类齐全的电子图书、随书光盘和丰富全面的教学资源、多媒体素材与资源库供师生查阅和利用的一种新型阅览服务方式。读者查阅书刊方式不再是在普通阅览室的书架上找,然后放在书桌上看,而是在电子阅览室的电脑上进行。与传统阅览室相比,电子阅览室不提供纸质的书籍和报刊,只提供电子版的图书、报刊、随书光盘和丰富全面的多媒体素材、课件与资源库资料,另外还提供多媒体音视频资料等。

四、文献复制服务

1.文献复制服务的概念

文献复制服务是图书馆以文献复制为手段为读者提供文献资料的一种服务形式。它是外借、阅览等传统服务的延伸、补充和扩展。文献复制服务也是中小学图书馆常用的一种服务方式。

复制服务是快速传递信息的重要手段。通过文献的复制,可以将文献信息以最快的速度提供给读者,也可以将最新的信息及时传递给读者,提高了文献利用率,节约了读者获取文献的时间和精力。对于一些无法外借的珍贵文献,通过复制的方法提供给读者利用,妥善解决了保存与利用的矛盾。复制服务也随着科学技术的发展和文献载体形态的多样化,从原来的印本复制发展到多载体复制。

2.文献复制服务的形式

随着学校办学条件的不断改善,许多中小学图书馆都配备有复印机和扫描仪,为读者提供静电复印和计算机扫描复制服务,这也是目前中小学图书馆最常用的两种文献复制服务方式。

静电复制服务就是利用集静电成像技术、光学技术、电子技术和机械技术于一体的静电复印机,迅速、方便地把图书、报刊等纸质文献复印下来,提供给读者利用的一种文献复制方法,也就是我们平常所说的复印服务。

计算机扫描复制服务就是利用计算机扫描技术,通过扫描仪将文献扫描到计算机内,保存在磁盘、U盘等存储设备上,或通过网络提供给读者利用的一种文献复制服务方式。读者可以利用计算机进行阅读和利用。

五、文献宣传推荐服务

1.文献宣传推荐服务的意义和作用

文献宣传推荐服务就是中小学图书馆要主动向广大师生介绍各种馆藏资源,采取各种方式,传播文献信息,积极推荐内容新颖、科学价值高的书刊资料,帮助读者正确地理解书刊资料的内容价值,使读者科学、有效、有针对性地利用馆藏资源。文献宣传推荐服务是读者服务的重要组成部分,其主要作用是:能及时配合教育教学形势和任务,配合中小学的素质教育,有利于素质教育的实施和学生创新能力的培养;有利于扩大中小学图书馆的影响,吸引众多的读者来馆;有利于馆藏文献的流通和利用;有利于改变中小学图书馆被动服务的局面。

2.宣传推荐服务的形式

中小学图书馆宣传工作常用的形式有以下几种:

(1)新书陈列。就是将新到的图书资料按一定次序分门别类地陈列在图书馆相应位置,供读者在馆内阅览,然后再分批加工编目,增强图书到馆后与读者见面的时效性。这种方式的特点是及时、新颖、简单,易于操作,在中小学图书馆中广泛使用。

(2)专题展览。配合学校的大型教育活动,如纪念日、节日等,选择和推荐与活动有关的书刊等资料,按活动主题的要求,系统地陈列出来予以展览,这也是提示馆藏最直接的方式之一。图书馆可以利用馆藏将有关图书、报刊、挂图、音像资料及网络资源等进行专题展览,目的明确,主题突出,内容完整系统,因而也就全面地提示了图书馆这一方面主题的馆藏资源。

(3)宣传栏、黑板报。这是宣传馆藏最经济、最简便易行的一种宣传方式,适合办馆条件一般的中小学图书馆。宣传栏、黑板报可以定期或不定期给读者推荐宣传优秀书刊、宣传报道图书馆各种活动、反映读者的心声等,它简便易行,操作简单,也很受读者喜欢。中小学图书馆当然要利用好宣传栏、黑板报这一阵地,大力宣传图书馆,同时也对改进和推动中小学图书馆工作起到帮助作用。

(4)校园网、图书馆网、图书馆微信公众号。随着网络技术的迅猛发展和中小学智慧校园的建设,绝大多数中小学已具备网络条件,很多学校都建有自己的校园网,也有不少中小学图书馆建立了自己的图书馆网和微信公众号。中小学图书馆要充分发挥网络优势,利用校园网、图书馆网、图书馆微信公众号积极主动地向广大师生宣传推荐新书、好书。

另外,宣传工作方式灵活多样,中小学图书馆可以根据自己的实际,采取不同的方式。例如创办图书馆自己的馆报馆刊、宣传手册,利用现代信息技术等形式开展丰富多彩、内容新颖、形式各异的宣传工作,营造图书馆服务的良好环境和氛围,推动中小学图书馆工作的全面开展。

六、馆外流通服务

中小学图书馆充分利用学校场所建设馆外流通服务点,如班级图书角、教学楼连廊等公共区域,通过定期配送、更新图书等形式,使馆外图书流通服务工作稳步推进,满足师生文化生活需求,深受广大师生欢迎。通过不断提升图书馆服务能力和水平,创建泛在阅读环境,积极营造浓厚的书香校园氛围。

第三节 中小学图书馆读书活动与阅读指导

一、读书活动

《中小学图书馆(室)规程》(2018年版)第二十七条规定:"图书馆应当做好阅览、外借、宣传推荐服务工作;开设新生入馆教育、文献信息检索与利用、阅读指导课等,鼓励纳入教学计划;为教育教学和科研活动提供有效的文献信息支撑;创新各类资源使用方式,积极创建书香校园,组织形式多样的阅读活动,促进全民阅读工作;鼓励开展图书借阅数据分析,有针对性地改进学生阅读。"这对中小学开展读书活动和阅读指导提出了明确的要求。读书活动是指中小学图书馆有组织地开展以读书为主要内容的活动,其目的是:大力宣传和倡导学生好读书、读好书,推动创建书香校园。大力组织和开展校园读书活动,是丰富图书馆服务内容,丰富校园文化生活的最佳途径。

1. 读书活动的意义和作用

中小学图书馆组织和开展读书活动,其服务功能有着巨大的优势,是学校其他部门所无法替代的。开展读书活动也是中小学图书馆的天职,通过读书活动,可以聚集人气,吸引更多的读者参与图书馆,利用图书馆,享受图书馆,从而提高学生素质,形成良好的校园文化,促进书香校园的建设。读书活动为读者提供了一个利用图书馆资源的窗口和途径,不仅方便读者利用图书馆,也使图书馆相关资源得到充分利用。

2. 读书活动的形式

要吸引更多的学生参与中小学图书馆组织和开展的各类读书活动,活动的形式必须丰富多彩、喜闻乐见,便于学生参与和积极配合,并对广大读者有吸引力和凝聚力。

(1)读书节、读书月活动

读书改变命运,读书丰富人生。为了培养学生良好的读书习惯,营造书香校园的氛围,提高校园文化品位,很多中小学图书馆都开展了读书节、读书月等活动。通过举行隆重的开幕式、读书心得交流会、跳蚤书市、读书沙龙、亲子共读、读后感征文、师生共读、中华经典诵读等活动,在一定的相对集中的时间段内,充分利用馆藏资源,形成浓厚的读书氛围。

(2)组织开展读书知识竞赛

通过竞赛活动的开展,用激励的手段来调动学生走进图书馆,利用图书馆,积极参与读书活动。

(3)举办读书征文活动

图书馆可以每年围绕一个主题,或结合读一本好书,组织读者征文活动,让学生把自己的读书感受和心得体会写下来进行评选,把一些优秀的征文推荐到图书馆简报、校报、图书馆网或校园网,甚至一些报刊媒体上发表,积极宣传读书的意义。

(4)举办专题知识讲座

讲座可以邀请校内名师、校外名家,就学生学习生活中的现实问题、社会热点焦点或其他社会问题进行剖析,将讲座办成专家学者与读者、读者与读者之间进行交流的桥梁,以此来活跃校园文化生活。

(5)班级图书角、图书箱

搞好班级图书角、图书箱的建设工作,扩大和延伸阅读阵地,方便学生阅读。图书角、图书箱的书籍来源除少量由学校配置外,提倡班级集体购置和学生私人藏书的交换传阅。

(6)评选"读书状元"等活动

图书馆可以每学期或每学年根据图书馆流通统计的结果,对一些读书多、爱护图书、读书有方、读书有成果的读者进行表彰,授予"读书状元"的称号,以此来引导广大学生好读书、读好书,激励更多的学生来享用图书馆资源。

（7）举办读书知识和读书成果展示活动

通过举办展示、展览，一方面对图书馆起到了宣传作用，另一方面可以帮助读者借鉴别人的经验和方法。

（8）网络读书活动

网络给我们的学习和生活带来了极大的冲击，越来越多的图书馆已具备了网络条件，更多的读者也会利用网络。图书馆就可以利用现代网络技术和条件，开展网上书评、好书推荐、读书征文、读书心得交流等交互式读书活动。

此外，还可以开展辩论会、朗诵会、读者沙龙、读者联谊等内容新颖、形式多样的读书活动，目的只有一个，就是充分发挥图书馆的作用，增强读书活动的趣味性和实效性。

3. 读书活动的基本做法和经验

（1）学校领导重视，奠定读书活动顺利实施的坚实基础

中小学开展读书活动单靠图书馆是无法顺利实施的，图书馆必须将精心策划的读书活动实施方案及时向学校领导汇报，必须得到学校领导的强有力的支持。现在很多中小学在开展读书活动过程中都成立了校领导挂帅的组织领导机构，学校教务处、政教处、学生处、团委、少先队等部门密切配合，齐抓共管，齐心协力开展好读书活动。

（2）读书活动纳入学校全年工作计划，增强读书活动的目的性和计划性

每年在制订全年工作计划时，很多学校都将图书馆组织的读书活动纳入学校工作的整体规划，纳入学校德育整体工作之中，增强了读书活动的目的性和计划性，确保读书活动计划顺利有效实施。

（3）积极参与社会读书活动，扩大读书活动的范围和层次

目前在全社会倡导全民阅读、终身学习的大好形势下，各地文化部门、教育行政部门等每年都会组织不同层次的读书活动或当地中小学生专题读书活动，学校图书馆要积极宣传，提倡和组织中小学生积极参与其中，扩大读书活动的范围和层次。

（4）读书活动与学科教学紧密配合

学校能够把读书活动与大阅读教学有机结合，把读书活动内容有机渗透于思想品德、政治、历史、语文以及物理、化学、生活等学科的教育教学中。为使此项工作落到实处，不少学校要求有关学科的任课老师熟知读书活动的内容，积极参与读书活动，并结合本学科教学实际，将书本中有关内容渗透到教学目标中去。有的学校还定期组织专门人员对相关学科教师进行随堂听课，随时收集有关信息，做到及时反馈、及时整改、不断提高，让读书活动见实效。

（5）读书活动与校园文化建设有机结合，全面促进读书活动的开展

学校现在都非常重视校园文化建设，结合建设绿色校园、人文校园、学习型校园、书香校园等，积极营造良好的校园文化氛围。校园文化建设中，引导学生有针对性地阅读主题图书的内容，让学生说体会、谈感受，组织学生写阅读感想，利用广播、电台、电视台、宣传栏、国旗下讲话、主题班会等形式，大力宣传读书活动，极大地丰富学生的校园文化生活。同时，很多学校都开展了丰富多彩的诸如校园科技节、文化艺术节、体育节等活动，要抓住这些机会，使读书活动与之有机结合，全面促进读书活动的开展。

（6）与家长学校紧密配合,使读书活动向纵深延伸

在中小学教育中,很多学校都非常重视学校教育与家庭教育的有机结合,开设了家长学校。在开展读书活动的过程中,他们充分利用家长学校这一平台,积极宣传读书活动的意义和作用,同时还开展了教师、学生、家长同读一本书活动,实行学校评、小组评、家长评,激发了学生的读书兴趣。随着读书活动的广泛开展和家长学校的不断完善,不仅使学生从中汲取了丰富的营养,还在全社会发挥了良好的示范带动作用,极大地推动了全民阅读、终身学习良好风气的形成。许多家长在孩子们的感染下,也投入读书活动中去,使读书活动不断向纵深延伸。

（7）积极开展网络读书活动

现代信息技术和网络技术在中小学教育教学中广泛运用,广大中小学校都积极利用网络开展丰富多彩的网络读书活动,并积极参与各级教育行政部门组织的各项网络读书活动,极大地激发了学生参与读书活动的热情和积极性。

（8）倡导激励机制,开展读书活动总结表彰活动

为了使广大青少年学习有榜样,超越有目标,着眼于读书活动良性运转机制的建立,很多学校在开展读书活动中都非常重视活动的评价、检查、表彰、激励机制。比如对读书活动中的先进班级、优秀团队进行表彰奖励。同时,通过各班级团组织认真推荐、广大青少年积极自荐,对涌现出的一大批读书活动先进个人,利用学校各种渠道广为宣传,既充分展示当代青少年勤奋好学的精神风貌,又为广大青年学生树立了看得见、学得了、比得上的优秀阅读标兵,激发了他们见贤思齐、发愤学习的积极性,增强了对读书活动的正确引导。

中小学图书馆在组织开展读书活动中,还要注意以下三个方面的问题:

①确立一个好主题

读书活动要结合形势发展和时代需要,精心设计读书活动主题。主题要鲜明,内容要充实,要富有时代感,体现与时俱进、不断创新的精神。如1993年起,中华全国妇女联合会(以下简称"全国妇联")发起并组织了全国青少年爱国主义读书教育活动,该活动每年确定的主题有:"爱我中华,爱我家乡""热爱祖国,做四有新人""热爱祖国,立志成才""爱祖国,爱科学""爱祖国,讲文明""光辉的五十年""走向新世纪""讲公德,守法纪""崇尚科学,传播文明""走向世界的中国""奋发有为建小康""心系祖国、健康成长""红色之旅""知荣辱、树新风""迎奥运、促和谐""改革开放30年""走复兴路　圆中国梦""奋发向上　崇德向善""传承中华文化　共筑精神家园""百年追梦　全面小康""时刻听党话,永远跟党走""进入新时代　改革开新篇""辉煌七十年　奋进新时代""百年光辉历程,全面建成小康""永远跟党走,奋斗新征程"等,这些主题无不体现爱国主义精神,并紧扣特定时期党和国家的中心任务。

②探索一种好形式

好的主题确定下来了,如何激发起青少年的学习兴趣,而不至于陷入枯燥的说教? 要坚持读书与活动融为一体,寓教育于各种活动之中,寓教于读。组织演讲比赛、征文比赛、知识竞赛、参观、社会调查、义务劳动、主题夏令营等各具特色、丰富多彩的活动,另外还可以根据不同主题,设计组织绘画比赛、摄影比赛、小品比赛、歌咏大赛、科技小发明制作比赛等,以丰富的知识性、趣味性和娱乐性,极大地调动广大青少年参与的积极性。

③取得一个好效果

为了让更多的孩子能够多读书、读好书,全国青少年爱国主义读书教育活动始终把社会效益放在第一位,坚持面向基层、面向农村的方针。现在,每届读书活动平均有3000多万名青少年参加,已有450多万名学生在读书活动中获奖。亿万青少年在读书活动中,增强了为中华民族伟大复兴发愤读书、立志成才的责任感和使命感。

二、阅读指导

1.阅读指导概述

阅读指导,也称阅读辅导或导读工作。就是图书馆主动宣传馆藏资源,在了解和研究读者需要的基础上,对其阅读目的、内容和方法给予积极影响的教育活动。阅读指导对广大中小学生的意义和作用不言而喻。对于中小学图书馆,最主要的是对学生读者进行有关阅读方面的指导和帮助,引导他们选择文献的范围,培养学生高尚的阅读情趣、阅读的技巧和方法,从而养成良好的阅读习惯。这是图书馆读者服务的基本内容之一。其作用是提高读者的阅读能力,即选择文献、利用文献、理解读物和消化知识的能力。阅读指导的任务包括提高阅读认识、扩大文献视野、普及检索方法、培养阅读技巧和提倡系统阅读等几个方面。在实践中往往根据图书馆的任务和读者的具体情况而有所侧重。阅读指导,是特殊形式的教育、教学活动,它有特殊的规律和要求,应遵循基本原则,即科学性原则、针对性原则和主动性原则。

2.阅读指导的内容

(1)阅读内容的辅导

根据不同的阅读目的,针对不同的阅读材料,灵活运用精读、略读、浏览、速读等阅读方法,在"推荐书目"的指引下,培养学生学会正确、自主地选择阅读材料,提倡读好书,读整本书。引导学生阅读名著、阅读"推荐书目"、学会辨别畅销小说的文学性和健康性,通过文学评论、美文欣赏、电影和专题讲座等多种方式,让学生对名著、对哲学、对推荐图书产生兴趣,变被动为主动,逐步完成阅读计划。不同年级学生阅读内容的辅导也不尽相同。

小学低年级。这一学段是小学一二年级的学生。他们才由家庭进入学校,对周围环境比较陌生,一般没有持久的阅读习惯。好动,坐不住,经常在老师监督下才能读下去。然而图书馆对他们却是一个新奇的世界,走进图书馆,他们像一群刚出窝的小鸟,感到新鲜、有趣,图书馆又那样迷人。他们热切地搜索着、浏览着,希望了解它、熟悉它。他们的兴趣被看图识字之类的图片、画册、卡通读物深深地吸引了。通过阅读,一则适应新的生活,培养良好的行为规范;二则可以扩大识字量。一年级学生已认600多个字,掌握了汉语拼音,到了二年级又认了800多个字。这样二年级的学生就可以看图画故事、童话、儿歌、绕口令和笑话一类的图书了。

小学中年级。指小学三四年级的学生,他们开始具有一定的控制力,能坐得住了。这时的课程,增加了自然课。语文课上增加了作文。语文课文的文体范围也扩大了,有古诗、寓言、日记、短诗、成语故事、人物故事等。学生的识字量到四年级已有2600余字。学会了查字典,初步具备了独立阅读能力。在这一学段,他们开始喜欢阅读连环画、革命故事、名人故事、民间故事、童话、寓言和科学启蒙读物等。

小学高年级。指五六年级的学生。从五年级开始,课程上新增了历史、地理。语文课文已有我国古典文学改编的故事、国内现代优秀作家的儿童文学作品、外国的儿童文学名著。随着年龄的增长,知识面的扩大,理解力的增强,他们的阅读兴趣也逐渐向知识性较强的领域扩展。这一学段他们喜欢读神话传说、民间文学、儿童文学、报告文学、古典名著改写的文学读物、科普常识、科学幻想和小发明与小制作等。

初中阶段是儿童期向青春期过渡的阶段。他们在心理上表现出半幼稚、半成熟的状态,具有半成人、半儿童的特点。他们求知欲旺盛,好奇心强,富于幻想,兴趣广泛。不少学生用课外阅读的形式来满足求知欲。特别是初中一年级的学生,刚入中学,就被图书馆的文山书海所吸引,于是脚步迈向了图书馆。他们什么都想读,往往是不加选择,见书就啃,带有一定的盲目性。他们缺乏社会生活经验,正处于生理学上的青春危险期,世界观处于萌芽时期。对自然、社会和人生的看法还很肤浅、片面、不稳定,辨别是非的能力不强,书刊对他们的影响极大。如果图书馆对他们缺乏正确的指导,往往会产生不良后果。随着年级的升高,心理的变化,认识能力的增强,这种倾向也会发生变化。到了初三,由盲目性转向了有目的地选择图书,中考资料、文学名著、古典作品、名人传记等成了他们涉猎的对象。

高中阶段是青春早期阶段,学生的身心发展都接近成熟,其智力发育接近成人。这一时期,他们的抽象逻辑思维和形象思维能力有了进一步的发展,独立思考能力大大提高,具备了联系实际的阅读能力、分析能力和掌握各种科学概念及其规律的能力。刚入高一的学生有一种轻松感,相对其他年级而言,他们的阅读时间比较充足,阅读范围也较广。除了阅读数、理、化、文、史、地及其参考书外,在理科方面还能阅读科学技术书。在文科方面,阅读中外著名文学家的作品,关心文学评论,有时也阅读有关政治思想教育和一些说理透彻、语句精辟的道德修养方面的书刊。文理选科后,其阅读范围逐渐缩小。阅读各科参考书的同学明显增加,偏向文科的学生看名著、文学评论、哲学、政治理论等社会科学方面图书的人数增多,偏向理科的学生则对一些与所学课程有关的知识性读物和自然科学方面的读物感兴趣。高三学生面临毕业、升学,大部分同学借课内参考书、思考题,很少顾及其他图书。只有少数同学偶尔借阅文艺小说或娱乐性书刊,用以调剂紧张的学习生活。他们的阅读动机明确,指向固定,带有一定的针对性。

(2)介绍阅读方法、培养阅读技巧

"读书不知要领,劳而无功。"在阅读指导中,图书馆员通过具体的阅读实践,介绍浏览与速读、精读的方法,读书计划的制定,教会学生写读书笔记、读后感及文摘与索引的方法等。古往今来,人们在长期的读书实践中摸索出了很多行之有效的读书方法。读书方法虽多,但如果予以归纳概括,大致可分为四个类别:一是精读法,二是泛读法,三是综合读法,四是笔记读书法。现对这四种类型的读书方法简要介绍如下:

①精读法

精读法是一种精研读物知识内容,深究作者思路用意的读书方法。这种方法一般用于阅读经典作品、基本教材及学派代表作等。这种方法,可以帮助读者消化读物的基本内容,穷尽读物的深层底蕴。精读的方法一般有熟读深思法、分析阅读法、问题导引法等几种。

熟读深思法是我国传统的精读法之一。它有两个方面的要求：一方面要"熟读"，即通读、细读、反复读（如苏东坡所说"旧书不厌百回读"），最后达到熟练程度，甚至能够背诵；另一方面要"深思"，即多思、反复思，最后达到精通程度甚至能够探幽索隐、高瞻远瞩。熟读深思法与"死记硬背"有根本的不同。"死记硬背"是旧教育传统的一大弊端，它只是鹦鹉学舌似的死背，而不管是否理解，能否活用。但熟读精思法也并不排斥记忆背诵，它只是更强调理解和思考。朱熹说："读书之法，有循序而渐进，熟读而精思。先须熟读，使其言皆若出于吾之口，继以精思，使其意皆若出于吾之心。"可见熟读深思法主张记忆和理解的统一，它要达到的目的是把书本知识变成"为我所有"的知识。

分析阅读法要求读者从系统观点出发，把一本书的内容视为一个总系统（整体），再将它分解为若干子系统（部分），进而分析出它的组成要素，然后找出各要素之间的有机联系和层次结构。具体地说，就是把全书的内容按其章、节标题的揭示分解为若干部分，进而从各部分找出要点或论点，然后找出各要点或论点之间的逻辑联系或论证进程。经过这样的分析，获得了两个结果：一是认识了构成本书的基本论点，二是弄清了要点或论点之间的关联和系统性。这样就把整本书作为一个系统掌握住了。这种读书方法可以把内容繁多的图书简明化，把头绪复杂的图书条理化，达到"厚书读薄"的效果。这种读书法要求读者具有较强的综合分析思维能力和较丰富的读书经验。

问题导引法是以问题作为注意力的焦点，并以此作为贯穿始终的思路。这些问题，有的是阅读一本书之初时设置的问题，或者是读者选择此书时带着的问题，或者是浏览书名、序言、章节标题时萌生的预期性问题。这些问题可以强化求知欲，形成阅读悬念，引发"定向探究反射"，使阅读充满激情和主动性。运用问题导引法的关键在善于提出问题。读书所提的问题可分为逻辑问题和学术问题两大类。逻辑问题就是一般地对每件事多问几个为什么。陶行知把这种提问比喻为"八位顾问"，"我有八位好朋友，肯把万事指给我。你若想问真名姓，名字不同都姓何：何事、何故、何人、何如、何时、何地、何去，好像弟弟与哥哥。还有一个西洋派，姓名颠倒叫几何。若向八贤常请教，虽是笨人不会错"。逻辑问题可以从正面提出，也可以从反面设问，还可以用极端法，即把问题推向极端，设想可能会出现的问题。学术提问是对现有理论质疑或提出学科发展面临的新问题。这类问题要比较不同书本、不同理论，特别要校对理论与实践差异才能提出，提问的难度较大。但是，这类问题对于以研究探索为目的的读者具有特别重要的意义。科学史表明，许多科学发现都是从疑问开始的，质疑是创新的起点。

②泛读法

泛读法是指以较快的速度，选读部分文本，以获得对读物的大体印象或找到所需知识信息的阅读方法。泛读的方法主要有浏览法、跳读法、飞读法等。

浏览法是迅速翻阅图书，获得对图书大概内容初步印象的读书方法。浏览法主要翻阅的是卷首的作者介绍、内容提要、序言、目录和卷末的后记、参考文献及索引等。通过这样的浏览，可以了解一本书的全貌，判断有无进一步精读的必要。在博览群书的过程中，浏览法是大有用处的。

跳读法是在阅读进行中,快速选择需要阅读的内容,舍去不必阅读的内容的读书方法。用这种方法读书,就不是逐字逐句地读,而是"跳跃式"地前进。一本书中哪些内容该读? 哪些该舍? 一般说来:其一,重要的部分该读,无关宏旨的部分可舍。其二,已知的知识可以不读,专读未知或粗知的内容;其三,遇到难以读懂的地方可暂时避而不读。

飞读法,又称查读法或掠读法。它是快速"扫描"文本,找出特定知识信息的一种略读方法。比起浏览法来,速度更快,目标更集中。这种方法也就是古人所说的"一目十行"。飞读法的用途很多。第一,最主要的用途是在汗牛充栋的读物中,迅速找到自己迫切需要的知识信息。第二,用于开拓阅读范围,尽快读完本专业领域内的主要文献,为学习、研究打下宏观方面的初步基础。第三,用于及时了解本学科的研究动态,跟踪研究进展。第四,用于精读重要著作之前的预读环节,或用于精读之后的复读环节。

③综合读法

综合读法旨在调动人的全部认识器官,并运用多种读书方法,以收到最大阅读效益。例如:"三到""四到""五到"读书法,就是我国著名的综合读法。这类读法源远流长,远可追溯到朱熹。他说,"读书有三到:心到、眼到、口到"。"心不在此,则眼不看仔细,心眼既不专一,却只漫浪诵读,决不能记,记亦不能久也"。"三到之中,心到最急"。曾国藩则换成另一种说法,他说:"读书之法,看、读、写、作,四者每日不可缺一。"后来,胡适又在"三到"说上加"手到",他说,"读书要四到:一是眼到,二是口到,三是心到,四是手到"。鲁迅也曾主张"五到"法,即心到、口到、眼到、手到、脑到。这里所说的"心",即指注意力、意志等心理素质。

综合读法的优点在于:其一,把读书看作需要全神贯注,全身心以赴之事,可以动员人身体的主要感觉器官和思维器官;其二,可以培养多方面的能力,包括阅读能力、口头表达能力、写作能力、思维能力。

当然,古人的综合读法只是对读书的主体提出了一般的要求,并没有揭示具体的途径和方法,未免失之笼统,这是它的不足之处。"口到"一法,也多异议。古人读书,十分强调口诵。曾国藩说:"非高声朗诵则不能得其雄伟之概,非密咏恬吟,则不能探其深远之韵。"从现代观点来看,如果为艺术和教育的某种需要而朗诵是必要的;但凡看书必口中念念有词,不仅不必要,而且有碍思考并减慢读速。

④笔记读书法

笔记读书法是把写读书笔记纳入阅读过程的一种读书方法。它的特点是读与写结合,在"心到"的基础上,眼手并用。这种方法能使读者在阅读过程中集中注意力,较为透彻地理解文献内容,比较清晰、确切地掌握所获知识。

读书笔记的写法有很多,归纳起来大致有以下几种:

索引式笔记。这种笔记是读者所精读书或泛读书的目录总汇,它便于读者日后查找原始文献,制订今后读书计划。

符号式笔记。这种笔记是用各种符号在书上标出内容的要点、疑点、难点等。这类笔记可促进阅读过程中的思考,也有助于读者日后迅速复读书中有关内容。

摘抄式笔记。这种笔记是指读者在阅读之后,有意识、有选择地抄录书中的某些原文所形成的一种笔记。如摘录某些名言、警句、公式、范例等。这类笔记可帮助读者巩固记忆,加深理解,也便于日后引用。

提要式笔记。这种笔记是读者用自己的语言将书中的主要思想和论点简要地表述出来而形成的。这种笔记有助于读者以简驭繁地掌握书的主要内容。

批注式笔记。这种笔记是指读者在原书的空白处加注有关注释和评语,它包含着读者对文献内容的评价。写这种笔记可以培养独立思考的习惯和能力。

心得式笔记。这种笔记是读者把阅读、思考、写作三者有机结合起来的产物,可以巩固和发展阅读成果。

专题综合式笔记。这种笔记是指读者在阅读同一主题的多本书后,把各书对同一主题所发表的观点予以归纳、总结而写成的短文。

比较式笔记。这种笔记是指读者在阅读同一主题的多本书后,把各本书对同一问题的不同观点予以比较、评判而写成的短文。这类笔记与上述专题综合式笔记的根本不同之点是,前者主要是"求异",后者主要是"趋同"。

(3)读书卫生知识辅导

读书卫生知识包括阅读光线、姿势、距离、翻书习惯、图书保护以及图书馆公共区域环境卫生、个人道德等相关知识,教育学生讲究用眼卫生,养成保护眼睛的习惯。阅读时间不宜过长,一般看上 30 分钟就要让眼睛休息一下,或做一下眼保健操。不要在光线太强、太暗的地方看书。坐车、行走、躺着不要看书等,逐步养成良好的阅读习惯。

(4)阅读方式的辅导

信息时代的日益深化和网络科技的日益普及,引发阅读方式的深刻变革,从"深阅读"到"浅阅读",从"书本阅读"到"数字阅读",从"整本书阅读"到"碎片化阅读",从"读书"到"读图",从"熟读"到"遍览"……人们读书的习惯在改变,读书的方式日趋多元化。这对中小学生的阅读产生很大的影响,需要中小学图书馆认真研究和引导。

阅读方式按不同的分类标准可以划分为不同类型。按传播方式可分为在线阅读和无线阅读,按阅读动机和性质可分为探测性阅读、理解性阅读、评价性阅读、消遣性阅读和创造性阅读,按不同媒介可分为网络阅读、荧屏阅读和手机阅读等。归纳起来,现时流行的阅读方式主要可分为以下几种:传统方式——买书、借书或租书,读图文——看报纸、看杂志,网络阅读——浏览网页、电子书、博客,多媒体阅读——看电视,听书——听有声书、听讲座。

目前最流行的新媒体阅读形态有两种:一种是数字阅读。相对于传统阅读而言,网络阅读、电子书、电子杂志和手机阅读是目前最为流行的数字阅读方式。另一种是荧屏阅读。荧屏阅读包括电视读书节目和电视读报节目。电视读书节目如中央电视台的《读书时间》、上海电视台纪实频道的《文化中国》等。

阅读方式呈现多元化,超文本阅读吸引力强大,改变着人们的书写和学习方式,多媒体阅读、数字阅读等新型阅读形态对阅读文化产生深远的影响。年轻人群体更习惯于新阅读形态,习惯于通过互联网查找和利用信息。同时,阅读的性质也朝着享乐化和实用化的方向发展。再者,网络文本词汇和符号化语言对语言规范也产生严重的冲击。不仅如此,"浅阅读"潮流还让越来越多的图书不得不卸下"精英文化"的光环,改走通俗路线:在形式上精简化、微缩化,以满足现代社会快速和零星阅读的需求;在内容上趣味化、青春化。这些都为广大青少年的阅读带来了不少负面效应。因此需要广大中小学图书馆工作者不断加强学习,积极引导广大青少年在利用多媒体阅读、网络阅读和其他数字阅读带来便利的同时,还应冷静分析其产生的副作用。从阅读习惯、文本可靠性、地域覆盖面、大众普及、阅读条件、少儿启蒙、人体健康等方面综合判断,传统阅读是一种最普及、最基本的阅读方式,在今后相当长历史阶段内,传统阅读仍然是社会最主要的阅读方式。伴随着传统阅读而形成的符号体系、书写方式和阅读思维是其他阅读方式的基础,这种基础地位也是其他阅读方式无法替代的。

3.阅读指导的形式和方法

图书馆阅读指导的方式有口头方式、书面方式和直观方式等。口头方式包括个别交谈、各种形式的读者集会或文献讲座。书面方式主要是运用书评、书目等文字材料或张贴宣传品。图书馆通过组织读者书评小组,侧重对社会科学和文学书籍开展各种书面或口头的书评活动,帮助读者选择优秀图书。直观方式则包括文献展览和运用各种声像技术手段开展阅读指导。一些大型图书馆往往综合运用各种方法开展阅读指导活动。

阅读指导的具体方法一般有对话式、授课式、集合式、观摩式、结社式、文字式、竞赛式、展览式和网络辅导等。

4.阅读指导课的开设

阅读指导课就是以中小学图书馆为依托,以图书馆员为主导,以培养学生阅读兴趣和阅读能力为目标,参照课程管理的相关标准,将阅读作为一门正规的选修课程来运作的一种教学模式。一些省市教育主管部门为推进阅读指导课的实施和提高,举办中小学图书馆教师阅读指导课评比,征集优秀阅读指导课的教学案例。河北省已连续多年举办全省中小学阅读指导课优秀教学案例评选活动。

(1)树立课程化阅读的理念

①阅读是一种权利。阅读是学生成长中的精神游戏,是实施素质教育的重要内容,是不可或缺的文化权利。要创造条件,切实保障学生阅读。

②阅读是快乐的。阅读起点是追求快乐,阅读的过程伴随着快乐,阅读效果中要充满快乐。要让学生充分享受到自主阅读带来的快乐,从而培养一种牢不可摧的阅读习惯与动力,并让这种习惯与动力伴随学生一生。

③提倡无功利阅读。阅读是一种精神活动,是心灵的翱翔。课程化阅读要尽可能与单纯某个学科知识体系的传授知识的目的分离开来,减少实用性和功利性,使之成为构建学生价值观念、精神世界的一种行为和手段,实现人格的提升,达到素质教育的最高境界,即人的心智的全面发展。

(2)开设阅读指导课的几个环节

在中小学开设阅读指导课,并不是一件非常乐观的事。很多学校都可能有过开课的机会,但是因为没有将它像信息技术课程一样作为一个固定的课程,往往因领导的重视程度的不同、阅读指导课教师授课水平等因素影响而变动。所以要让图书馆阅读指导课真正成为一个受重视的活动课程,必须将它以正规课程的方式纳入教学体系中。

①教学行政保证:领导重视,并从教学的角度肯定以图书馆为中心的课程化阅读模式,将其纳入全校的教学系列之中,制定教学大纲,实施课堂教学管理,确保课程化教育正常有序开展。

②教学环节保证:要使课程化阅读收到理想效果,就要确立必要的教学形式,通过教学形式保证教学效果。课程化教学形式主要包括以下几点。

其一,保证阅读时间。课程化阅读需要达到一定的阅读量,为此,阅读时间需要得到保证。这个时间要求为每周固定一个学时集中阅读,以个人自由安排精读一本200页图书的时长为基准。

其二,辅导教师到位。老师不仅要教给学生阅读的门径——图书馆的利用,还要传授学生基本的阅读技巧,帮助学生提高阅读水平。为此,课程化阅读需要既熟悉图书馆管理又懂阅读理论的老师来讲授。传统的图书馆员必须实现身份转变,在体现教育功能,实现阅读目标的计划中,要从一个单纯的图书馆员变成一个阅读指导者。辅导教师不到位,课程化阅读就难以达到预想效果。

其三,教学原则到位。追求新的课堂模式,放弃“精读细讲”的阅读模式,变为不讲、多读的阅读模式,图书馆的阅读指导课应该有别于语文课的教学,要更能体现新课程观念下的教学理念。通过引领的方式,学生在图书馆可根据自己的兴趣及需要,自由地选择书籍、杂志、报纸。对学生的阅读,教师不作硬性的死要求,采取“放羊式”的模式。

其四,建立科学的阅读测评体系。阅读效果得到有效测评是课程化阅读的重要一环。测评的要点应该包括:阅读范围,不仅包括中小学各学科内容,还要突破课本的要求,在更加广阔的人文知识层面上来考察;阅读技巧,阅读的速度、对原著的理解程度、联想与对比能力、分析评判能力、逻辑表达能力;运用能力,能够运用阅读作品中的知识、观点分析问题、解决问题,对现实行为产生影响。

目前很多中小学图书馆都开设阅读指导课。阅读指导课是中小学图书馆指导课外阅读的基本形式。上好阅读指导课要从中小学图书馆的任务和学校的实际出发,扎扎实实地进行。首先要明确任务,要全面贯彻确定的任务。其次要把握特点,主要表现在:一是文献情报教育的启蒙性,二是自学辅导性,三是新颖、实践性。再次要探索规律,主要表现在:阅读指导课要以阅读方法和技巧辅导教育为主,与各科教学活动紧密结合;要以图书馆员讲解为主,并与其他教师讲课紧密结合;要以辅导学生主动阅读、科学阅读、提高自学能力为主,与思想教育、其他教育紧密结合;要以“激趣”“导向”“导法”为主,与“导思”“导写”“导行”紧密结合。

第四节　中小学图书馆读者教育与培训

一、读者教育的概念与意义

李希孔在《图书馆读者学概论》中指出:“读者教育,即图书馆和其他信息机构开展的培养、提高读者(包括潜在读者)利用文献信息能力的教育。”具体说来,读者教育是指通过有针对性地策划多种形式的宣传推广和专题培训等活动,介绍不同类型及载体的信息资源的获取方式或检索策略,以及图书馆提供服务的方式,培养和提高读者的信息意识和利用图书馆的能力等。积极培养读者对图书馆的感情也是读者教育的任务之一。

读者教育能使大量潜在读者成为现实读者,激发并强化他们的信息意识,提高他们的信息素养,进而促进图书馆文献信息的开发和服务。读者教育还能促进文献信息资源的有效利用,众所周知,图书馆读者水平的高低,尤其是查找利用图书馆文献信息资源水平的高低,在很大程度上影响着馆藏文献信息的利用率。

二、读者教育的内容

1. 图书馆意识教育

强化图书馆意识教育是读者教育的启蒙阶段。图书馆意识的形成,是人的观念不断更新、完善、发展的运动过程。图书馆的生机与活力直接来源于人的自觉的图书馆意识,读者图书馆意识增强,就会产生对图书馆的自觉追求,就会积极主动地关心图书馆、利用图书馆。图书馆意识作为现代人文化意识的重要组成部分,具有文化意识的基本特征,其形态取决于它所赖以形成的现代人所处的客观存在。现在中小学生的图书馆意识淡薄,主要是由于缺乏图书馆意识教育。

2. 图书馆知识教育

图书馆知识教育是图书馆读者教育的初级阶段。读者要利用图书馆,首先要了解图书馆能提供哪些服务,他们怎样才能够查找、借阅到所需的文献。因此,图书馆应通过各种方式将其性质、职能、任务、服务部门、服务设施、规章制度以及藏书体系、检索系统、信息化管理等各方面的情况一一向读者介绍,使读者对图书馆有个基本认识。

3. 信息素养教育

信息素养教育是一种以培养广大师生信息意识和信息处理能力为目标的教育。它不仅包含传统意义上的图书馆教育,还包含信息意识、信息技术、信息技能、信息心理和信息法制教育。它并不是一种纯粹的技能教育,而是培养读者具有适应信息社会的知识结构,开发读者可持续学习能力、创新能力和批判思维能力的一种素质教育。

4. 图书情报知识教育

图书情报知识教育主要包括图书的基础知识,包括书籍的结构、编排等知识,非书资料的类型、作用和使用方法等,图书馆分类、目录及其藏书排架的相关知识等,工具书的类型及其使用方法等。

5. 文献检索知识教育

文献检索知识主要是指文献检索基本原理、文献检索语言、文献检索方法。通过教育,读者能够懂得更多文献资料检索的知识和方法,以帮助他们方便地获取知识信息,进而提高文献的利用率。

三、读者教育与培训

当读者没有接受图书馆的教育与培训,不了解图书馆的时候,就会有两种情况产生:一是图书馆的资源或者没有被使用;二是即使投入使用,也没有得到充分的利用。可以说,所有人在使用图书馆提供的工具和环境进行检索的时候,都是需要一些帮助的。开展读者培训的目的除了是向读者宣传和介绍图书馆的资源和服务,更为重要的是解除读者利用图书馆的顾虑,起到帮助读者提高文献获取能力的作用,使读者学会利用图书馆成为其终身学习的基本技能。

读者教育与培训是中小学图书馆的一项重要工作,图书馆应重视和加强这方面的工作。随着图书馆工作现代化的进程对读者培训服务工作,无论从内容的深度、广度上,还是从教学方法、教学手段的改进和变化方面,都应开展大胆的探索和有益的尝试。读者培训服务不同于传统的宣传辅导和参考咨询服务,而是对宣传辅导和参考咨询服务的扩充和提高,形成一整套系统的读者利用图书馆的教育和培训体系。

读者教育和培训的方式与途径多种多样,可以利用讲座、开设图书馆利用教育课、文献检索与利用课等选修课的形式,也可以定期或不定期地编写有关文献基础知识、网络资源利用、数据库检索方面的资料,通过图书馆馆报或馆刊、本馆主页、印刷手册或单页的形式向全校通报或发送。

目前中小学图书馆在读者教育与培训方面开展的工作主要包括:

1. 新生入馆教育

新生入馆教育应固定于每年秋季新生入学后举行,入校新生由学校教务处统一安排、分期分批地到图书馆接受关于图书馆布局、资源分布、图书借阅规程、图书馆服务及规章制度等各方面的教育培训,其目标在于帮助新入校同学尽快了解图书馆,并尽快学会使用图书馆。

形式:参观图书馆,穿插讲解图书分类及检索的基础知识和图书馆的社会知识。

目的:让学生了解图书馆各功能室的作用,了解图书分类的体系结构及图书的排架方法、中文工具书与报刊资料的利用方法,了解图书馆的网址及馆藏资料的查询途径,图书馆公共秩序的维护、公共财产的保护、环境清洁的保持等。

2. 图书情报知识教育

为了帮助读者充分利用图书馆资源,应加强图书情报知识培训。图书情报知识包含的内容也十分广泛,一般情况下应包括以下内容:

一是图书馆的一般知识,包括什么是图书馆,图书馆在我们的学习和生活中有什么样的地位和作用,图书馆的发展历程、未来发展趋势,图书馆事业的现状,图书馆的类型及本地区图书馆分布及开展服务的情况,图书馆能够帮助我们解决什么问题,等等。

二是图书的基础知识,包括书籍的结构、编排等的知识。

三是非书资料的类型、作用和使用方法等。

四是图书馆分类、目录及其藏书排架的相关知识等。

五是工具书的类型及其使用方法等。

六是文献的检索与利用,包括网络资源的检索与利用等。

第五节 中小学图书馆读者服务管理

一、读者服务管理的概念

读者服务管理就是图书馆在读者服务过程中要统筹合理调配人财物等各种资源,使图书馆功能得到充分发挥的动态过程。图书馆读者服务工作是一项复杂的系统工作,它需要图书馆在软件硬件各个方面都充分得到加强,包括服务的优化、设施的升级、人员的培训、规章制度的完善、资源的合理配置以及读者的适当参与管理等。只有这样,图书馆的服务管理工作才可能得到读者最大程度的满意和认同。

二、读者服务的弹性管理

1. 工作人员的弹性管理

一般中小学图书馆只配备几名工作人员,而直接从事流通服务的也只有两三人,在每天机械的借借还还以及大量的上架、整理、补书等琐碎的工作中,容易产生心理和生理上的疲劳,加之随着目前学校教育教学改革的不断深入,学生利用图书馆的机会越来越多,给图书馆流通工作增加不小的压力。图书馆要根据读者流量的时间分布,合理安排图书馆员的配置。比如,有的中小学图书馆每天下午课外时间全面开放,原来流通岗位上的人员可能忙不过来,这就需要图书馆统筹协调,及时安排采编等其他岗位上的人员补充到流通一线,缓解流通工作的压力。在每学期开学后、期中考试后、节假日放假前后、新生刚报到后等时间段内都会是读者流量的高峰,也需要及时安排其他岗位人员协助流通人员做好服务工作。这样还有利于增进图书馆员之间的相互了解,形成团结协作的精神,增强图书馆的凝聚力。

2. 服务时间的弹性管理

由于中小学图书馆的主要读者是学生和教师,而学生受到课堂教学时间的限制,不可能在正常上班时间到馆,因此中小学图书馆在对于学生的服务时间上要实行弹性管理。对于教师的服务时间可以按学校正常作息时间进行。对于学生,只能利用中午休息时间或下午课外活动到晚自习前这段时间。因此,相应服务岗位上的工作人员的上下班时间也要随着开放时间的调整做相应的调整,实行弹性工作制,不用像学校其他部门一样实行坐班制。根据学校的实际和工作的需要,可以考虑上午休息,中午到晚自习前上班,或者采取调休的方式,给特殊时段上班的人员给予适当补贴等。

3. 服务规则的弹性管理

在一般情况下,图书馆是按原有的服务规则为读者提供服务,但是为了满足不同时段不同读者的特殊需求,对读者服务的相关规则也可以实行弹性管理。通常情况下,读者借书期限和借书数量各个学校规定不一,一般在一个月左右,三五本之内,但在寒暑假期间,读者的借书期限和借书数量就可以实行弹性管理。因为中小学图书馆在寒暑假期间不可能天天开放,即便是规定相应的开放日,读者在一两个月长的时间内不可能都按规定时间到馆借还。因此,可以适当延长读者还书日期,或明确在放假前借的书,收假后一定时期内还书,超期不计。借书数量也可以以馆藏为依据实行可行的弹性管理,比如增加借书量等。这样既有利于减轻图书馆员相应的工作压力,也有利于充分发挥馆藏资源的作用。

三、学生管理员队伍的建立

现在一般中小学班级多、学生总数多,要为这么多读者服务,学校在图书馆人员配备上有一定的难度,可以通过面向全校招募图书馆志愿服务者,或者经过有关年级推荐,建立一支结构合理、综合素质高、服务意识强的学生管理员队伍。这对于推动中小学图书馆科学化管理、深化读者服务工作、增强学生图书馆意识以及弥补图书馆员配备不足的问题都能起到积极的作用。

学生管理员平时与同学们一起学习、生活,接触其他学生的时间长,最了解学生们的阅读兴趣和爱好,他们可以将这些信息及时反馈给图书馆,图书馆可以根据同学们的需求有针对性地进行采购。与此同时,学生管理员在为同学们服务中,帮助学生读者查找资料、推荐介绍新书给同学们,提高了书刊利用率,也可以吸引更多的学生走进图书馆,利用图书馆。

现在学校图书馆大多实行全开架服务,学生到馆率高,流通量大,单靠图书馆员很难维持正常有序的流通秩序。学生管理员可以帮助图书馆员进行流通服务,在书库内督促学生读者不要乱放、乱丢。学生管理员还可以协助图书馆员办理借还手续、整理书架、修补图书等工作,一方面可以减轻图书馆员的工作压力,弥补图书馆员配备不足的问题;另一方面还可以培养学生管理员的图书馆意识和爱护图书的意识。

学生管理员要准时到岗,服务到位;要熟悉业务,按《中图法》规定排架,严格操作程序;要做到三个“心”:工作要有信心,服务要有热心,讲解要有耐心;要严格管理学生读者,确保排架有序,书库整洁。

四、读者服务工作的统计

读者服务工作的统计是读者服务工作组织与管理的一个重要组成部分,是评价图书馆读者服务效率和效益,实现科学管理的依据。如果没有统计与分析,就无法对图书馆实施科学有效的管理。通过对读者服务工作的统计分析,可以了解读者阅读需求的变化和馆藏文献的利用情况,及时有效地获取读者对图书馆服务工作的质量的反馈,衡量图书馆工作的优劣,便于及时调整馆藏结构,改进服务方式,提高服务质量。

中小学图书馆服务工作统计的内容要根据读者服务工作开展情况和实际需要决定。一般情况下中小学图书馆读者服务工作的统计主要包括读者统计和流通统计。

读者统计包括:全馆读者总人数,学生、教师、职员等不同类型读者人数及比例,一段时期内读者到馆总人数及各种类型读者到馆数量及比例等综合统计与分类统计。

流通统计包括:一定时期内读者借阅馆藏的总数量,各类读者借阅书刊资料的数量及比例,读者所借阅图书的分类统计,以及按文献分类、流通方式等分别统计的流通数量和比例等。通过对流通原始数据的统计分析,可以充分反映流通工作的实际状况和服务质量与水平,为改进服务方式,提高服务质量提供第一手的参考数据。

读者服务工作的统计指标有多种,中小学图书馆经常会用到的有以下几种:

(1)各类读者的比率。是指图书馆中各类型读者人数所占全馆读者总数的比率,是用一定时期内某类读者人数除以全馆读者的总人数,即:

$$某类型读者的比率 = \frac{某类型读者人数}{全馆读者总人数} \times 100\%$$

(2)读者到馆率。是指某一段时期内读者到馆的总人次除以全馆读者总数,即:

$$读者到馆率 = \frac{某一时期读者到馆的总人次}{全馆读者总数} \times 100\%$$

(3)藏书保障率。是指图书馆读者平均占有馆藏图书数量的比率,用一定时期内图书馆藏书总量除以全馆读者总人数,即:

$$藏书保障率 = \frac{全馆藏书总册数}{全馆读者总人数} \times 100\%$$

(4)图书流通率。是指某一特定时期内读者借阅藏书的总册数与全馆藏书总册数的比率,即:

$$图书流通率 = \frac{某一时期读者借阅总册数}{全馆藏书总册数} \times 100\%$$

(5)读者借阅率。是指一定时期内到馆读者平均每人借阅书刊册次的比率,用一定时期内总的借阅册数除以到馆借阅书刊的读者人数,即:

$$读者借阅率 = \frac{某一时期读者借阅总册数}{到馆借阅读者人数} \times 100\%$$

相关链接:

沈阳市沈河区朝阳街第一小学(以下简称"朝阳一校")兴建于清光绪三十一年,即1905年的"中央两等模范小学校",为沈阳市最早的官办初等学校之一。朝阳一校一直致力于"读书"教育特色研究,力求将"校园里的图书馆"变为"图书馆里的校园",放大阅读空间,最大程度满足师生的阅读需求,形成了以"读书立人"为总目标,以"读书怡情""读书博采""读书长才"为分目标的读书教育理念。学校认为:只有每位教师和学生都觉得读书像呼吸一样自然的时候,才会在真正意义上实现书香校园的建设。

朝阳一校萃升书院全天面向所有师生开放,周六周日学生也可以在家长的带领下到图书广场进行亲子共读。家长作为图书馆志愿者帮忙整理书籍,为小读者们提供了良好的读书环境。教学楼过道也变成了阅读的大教室,走廊变成了阅读的展示台。朝阳一校还打造班级图书角,给每个班配置了漂亮的书架,同时把校图书馆的部分图书按每班100本的数量配发到各班,各班级也发动同学捐赠,不断给班级添置新书,进行图书漂流等。朝阳一校同时设计读书宣传语、读书宣传画,在校园里、楼道内、班级一角、大树下、长廊外、座椅旁等处都设计了阅读园地,让师生享受随时随地自然阅读的过程。

朝阳一校借助萃升书院通借通还的功能让学生阅读量呈现最大化,但是学生面对那么多的书读什么,怎样读,需要学校加以引导。为此朝阳一校构建以"课程导引""行动带动""评价助推"为三大行动策略,课程建设为主线,班本、校本活动为网线,环境创设为基线的特色读书操作体系。实现四线合一,线动成面。

其中"课程引导"是以"阅读课"和"国学课"为主要抓手,为读书夯实基础;"行动带动"以"班本建设"和"校本设置"为动力系统,为读书精耕细作;"评价助推"从教师和学生两个角度为切入口,为读书把关定向。

本章小结:

图书馆在实际的服务工作中,会遇到各种各样的问题。如怎样才能提供较为全面的文献信息服务?对于读者急需而本馆没有收藏的资料,如何为读者服务?如何充分利用网络免费资源等?中小学图书馆工作人员要不断加强学习,努力提高自身业务素质,充分利用馆藏资源和网络资源,利用现代信息技术和网络技术,积极探索服务形式,为学校读者提供优质服务。

学习与思考:

1. 中小学图书馆如何充分发挥馆藏资源开展读者服务工作?

2. 如何开展流通服务才能提高馆藏流通率?

3. 随着智慧图书馆的建设,如何利用现代信息技术改变读者服务方式?

4. 如何开展读者信息素养教育?

5. 结合学校实际,谈谈如何加强读者服务管理,丰富图书馆服务内涵?

6. 如何利用学校现有资源开展校园读书节活动?

推荐阅读书目:

1. 王景明.中小学图书馆建设与管理[M].北京:北京师范大学出版社,2000.

2. 鲁黎明.图书馆服务理论与实践[M].北京:北京图书馆出版社,2005.

3. 林运卓.图书馆导读方法与策略[M].广州:暨南大学出版社,2005.

4. 李东来.书香社会[M].北京:北京图书馆出版社,2008.

5. 高芹,刘子骥.图书馆读者服务工作指南[M].长春:吉林科学技术出版社,2014.

6. 李爱红.图书馆读者服务工作研究[M].哈尔滨:北方文艺出版社,2022.

参考文献:

1. 王景明.中小学图书馆建设与管理[M].北京:北京师范大学出版社,2000.

2. 陈钧,等.教师获取信息技能[M].长沙:湖南师范大学出版社,1996.

3. 郭太敏.信息资源检索与利用[M].徐州:中国矿业大学出版社,2002.

4. 刘亚斌.图书馆人本服务与规范管理[J].图书馆学刊,2005(6):20,26.

5. 胡昌斗.网络导航——信息服务的新举措[J].图书馆学刊,2005(6):77-78.

6. 熊鹰.国际视野下的图书馆服务探析[J].图书馆,2005(3):16-18,21.

7. 牟素芹.谈谈中学生的阅读指导[J].山东图书馆季刊,2005(2):93-94.

8. 彭萍媛. 对网络环境下图书馆服务创新工作的思考[J]. 江西图书馆学刊, 2003(3):38-40.

9. 柯平. 新世纪图书馆需要知识管理和知识服务[J]. 新世纪图书馆, 2005(6):13-15.

10. 李东来. 书香社会[M]. 北京:北京图书馆出版社, 2008.

11. 王文平. 网络环境下图书馆读者服务工作方法探索[J]. 办公室业务, 2021(20):166-167.

12. 李小千. 把握融媒体特征, 促进读者服务工作[J]. 出版广角, 2022(10):81-83.

第八章 中小学图书馆阅读推广

本章导读:

优质的读者服务可以更好地满足读者的需求,优化读者的阅读体验。阅读推广工作作为图书馆拓展读者群体、培养学生阅读习惯的重要创新实践,日渐成为现代图书馆的核心业务。中小学图书馆的读者服务工作以满足学生的个性化需求为主,关注在馆内的读书体验;而阅读推广工作更多的是为了培养学生的阅读兴趣,扩大阅读群体。要提高图书馆服务质量,充分发挥图书馆的功能和价值,我们不能局限于"被动地"等待着读者使用图书馆服务,而应该"主动地"走向读者,推广阅读。在中小学开展阅读推广,是中小学图书馆义不容辞的职责所在,在培养具有阅读素养的公民、打造全民阅读社会中具有重要的战略意义。

通过本章的学习,你将了解到:

- 中小学图书馆阅读推广的定义、现状、基本要素及实践操作
- 中小学图书馆开展阅读推广活动的基本形式
- 中小学图书馆开展阅读疗愈服务的理念与方法
- 中外中小学图书馆阅读推广优秀案例

第一节 中小学图书馆阅读推广概述

阅读推广已逐渐从现代图书馆的新型业务,转变成一项重要的常态化服务,对于中小学图书馆也不例外。在校学生是全民阅读推广的重要对象之一,学校图书馆不仅承担着促进校园阅读推广、建设书香校园的重要职责,更是响应了国家、社会和读者对促进全民阅读的号召。本小节将介绍中小学图书馆阅读推广的基础理论知识,旨在加深读者对阅读推广的认识,以科学的理论知识助力阅读推广实践的开展。

一、基本概念

1. 阅读推广

"阅读推广"一词来源于英文"reading promotion",也可译作"阅读促进",目前国内普遍采用"阅读推广"的说法。20世纪90年代以来,阅读推广逐渐引起人们的关注,要正确认识"阅读推广"这一概念,可从"阅读"和"推广"两个子概念入手。

阅读,指一种从书面语言和其他书面符号中获得信息和意义的行为过程。人类在阅读时,把印刷文字、图解、图表等书面符号的视觉信息与头脑中已有的知识经验进行比较、预测、判断、推理和整合,从而理解文字等符号所表达的意义。"推广"意为扩大事物使用的范围或起作用的范围,正如同"推广普通话""推广新技术"的说法一样,"阅读推广"实际上就是"推广阅读"。

因此,我们将阅读推广定义为:阅读推广是指个人、组织或机构部门为激发读者阅读兴趣、培养读者阅读习惯、提升读者阅读水平,进而促进全民阅读的各种理论和社会实践活动。

2. 中小学图书馆阅读推广

儿童时期是激发阅读兴趣、培养阅读习惯和提升阅读水平的"黄金期",作为图书馆体系的重要组成部分,中小学图书馆是少儿阅读推广的中坚力量。由中小学图书馆主导的,在中小学开展的阅读推广与全民阅读推广是一脉相承的,但由于学校里的管理制度、中小学图书馆的运作方式及服务对象相较于其他图书馆有所不同,中小学阅读推广有一定的特殊性。如在服务对象上,中小学图书馆的主要受众除了学生以外,还有教师和家长,因为只有爱阅读的老师和家长,才能培育出爱阅读的青少年。给少儿打造良好的书香氛围,需要联合学校、家庭、图书馆"三位一体"的共同努力。因此,基于上述阅读推广的定义,需进一步明确中小学图书馆阅读推广的概念:以中小学图书馆为推广责任主体,以学生、老师及家长等读者为服务对象,利用校内外文献资源、设备设施、专业团队、空间环境和制度规范等各种条件,实施利于激发读者阅读兴趣、培养读者阅读习惯、提升读者阅读水平,进而营造书香校园氛围、促进全民阅读推广的各种理论和社会实践活动。

二、中小学图书馆阅读推广的现状

1. 制度环境与服务意识

自 2014 年首次受到关注以来,截至 2024 年"全民阅读"已经连续 11 次被写入《政府工作报告》,在全民阅读的呼声愈发高涨的同时,中小学阅读推广作为全民阅读推广的重要组成部分,也受到了越来越多的关注。2015 年,教育部、文化部和国家新闻出版广电总局三部门联合印发了《关于加强新时期中小学图书馆建设与应用工作的意见》,明确提出中小学图书馆建设中小学书香校园氛围的要求。2018 年 5 月,教育部颁布新版《中小学图书馆(室)规程》,指出学校可根据需要设立阅读指导机构,指导和协调全校阅读活动的开展。2019 年 6 月 23 日出台的《中共中央　国务院关于深化教育教学改革全面提高义务教育质量的意见》,第 4 条"提升智育水平"中指出"加强科学教育和实验教学,广泛开展多种形式的读书活动"。2021 年 7 月中共中央办公厅、国务院办公厅颁布的《关于进一步减轻义务教育阶段学生作业负担和校外培训负担的意见》要求减轻学生作业负担和校外培训负担,科学利用课余时间,鼓励开展阅读活动。

近年来陆续颁布的政策显示,国家愈加重视少儿阅读推广工作,为中小学图书馆开展阅读推广工作提供了更加完善的制度环境。在政策推动下,不少中小学图书馆已经敏锐地意识到开展阅读推广工作是顺应全民阅读时代的要求,并快速把握住新的机遇,将阅读推广视为图书馆工作核心内容,主动积极地开展阅读推广实践。但在全国范围看,区域、城乡、学校之间存在着较大程度的不均衡,部分中西部、贫困地区的中小学图书馆的阅读推广意识相对薄弱,相关工作亟待开展。

2. 管理组织与人力资源

就我国整体情况来看,中小学图书馆基本从属于教务处(教学处),由学校教务处管理,副校长分管全面业务,部分图书馆归属校长直接领导,图书馆一般被视为学校的边缘部门,因此学校领导的个人主观因素对图书馆工作有很大的影响。如果校领导对阅读、对图书馆不重视,图书馆维持基础业务的服务水平都很吃力,更别提要主动开展优质的阅读推广。

除了学校层面的组织管理,中小学图书馆内部的人力资源也深刻地影响着阅读推广的效果。中小学图书馆员中女性的数量占绝对优势,大多数图书馆没有专职馆员,由校内教师兼职负责。设专人负责图书馆工作的,一般也仅1—2名馆员,少数较大规模的图书馆能设置3名以上的专职馆员。只有少数馆员为图书馆学专业出身,大多数馆员不具备图书馆系列的职称。中小学图书馆人力资源的现状反映了以下问题:首先,人力不足是目前中小学图书馆开展阅读推广普遍面临的困难之一。因为学校编制有限,分配给图书馆的编制数量尤为紧张,一所学校师生少则几百人,多则上千人,紧缺的人手与艰巨繁重的阅读推广任务之间形成了巨大的矛盾。由此还带来另一方面的问题,因人力不足导致图书馆工作分工较为粗放简单,绝大部分中小学图书馆没有专门的阅读推广馆员,只是现有馆员在原来的业务基础之上,边实践边学习边成长起来的,近年来伴随着中小学教师专业化发展与培训,中小学图书馆员也积极参加各级各类的专业化培训课程,正在逐渐提升自身的馆员职业专业素养,可谓任重而道远。

3. 内容形式

我国目前的中小学图书馆阅读推广实践,在内容、形式和时间分布上呈现出以下特点:首先,相比起电子文献资源,传统的纸质文献仍是中小学图书馆阅读推广的主要资源,原因是中小学图书馆的馆藏结构依然以纸质资源为主;在形式上,常见的活动形式包括阅读指导课、讲座、读书征文、书评、读书会、故事会、图书捐赠、图书漂流、知识竞赛、图书展览、书目推荐、评选优秀读者、视频展播、信息素养教育等。中小学图书馆会把每种形式的推广活动单独作为一个日常开展的常规活动,也会在特定的节庆日(如"4·23世界读书日"、校庆纪念日等)中将多种形式的活动组合成系列推广活动。理论上可供选择形式比较多样,但对于个体图书馆而言,往往缺乏资金、人力的条件保障阅读推广活动的多样性,因此实操层面中小学阅读推广活动形式则比较单一,且尚未形成阅读活动品牌。

4. 服务对象

在2015年颁布的《关于加强新时期中小学图书馆建设与应用工作的意见》中,明确中小学图书馆对"促进教师专业成长和学生全面发展具有重要作用",鼓励定期对家长开放,"提倡学生和家长共同读书、读同一本书"。但目前我国中小学图书馆绝大多数的阅读推广活动是面向学生开展的,而忽视了教师和家长也是重要的推广对象。在一项面向西安市83所中小学图书馆阅读推广现状的调研中,发现除了1所学校成立有教师读书会,其余阅读推广活动的对象都是学生。可见中小学图书馆对面向教师和家长的阅读推广不够充分。

另外,若对中小学图书馆服务对象作更细致的分类,可将学生读者按年级段划分为不同的读者群体,并使用分级阅读的理念和方法对不同阅读能力、阅读需求、阅读习惯、阅读偏好的读者开展更为精确的分级阅读推广服务。但目前我国在分级阅读推广上仍有较大的提升空间,大多数中小学图书馆对分级阅读推广的理论、工具和方法不了解、不熟悉,鲜有中小学图书馆开展分级阅读推广的优秀案例。

5. 监督与评估

当前阅读推广侧重点在于活动开展,而完整的阅读推广流程还应包括活动评估,这一环节无论在学界还是业界都存在很大的缺口,这是我国中小学图书馆阅读推广亟待重视的。完善合理的考核评价标准,对阅读推广的开展具有强有力的指导、约束和监督作用,能大大提升阅读推广工作的规范性和服务质量。正是因为评价指标体系的缺失,当前中小学图书馆阅读推广工作几乎是自发行为,由上级领导的监督指示和馆员的个人职业道德修养驱动,开展流程缺少规范和专业指导,活动结束后无法评估效果,难以复盘,不利于中小学图书馆阅读推广的良性发展。

三、阅读推广工作的基本要素

为了正确全面地认识和理解阅读推广,有必要对阅读推广工作进行解析和界定。清晰把握阅读推广工作的构成要素,有助于为图书馆阅读推广的工作规划、活动的组织策划、阅读推广体系构建提供有效的理论支撑。结合现有研究成果及上文的概念界定,我们认为阅读推广作为实践活动,其构成要素可包括目的、主体、客体、对象、形式、方法、保障要素和效果。

1. 推广目的

推广目的是阅读推广实践的指导方针,可分为最高战略性目的、中长期计划性目的和执行性目的。书香校园是书香社会的重要组成部分,中小学阅读推广的最高战略目的应与全民阅读推广一脉相承,中小学图书馆应以建设书香校园为己任,全面服务,立德树人,为学校课程建设和师生阅读素养可持续发展提供条件,满足人才德智体美劳全面培养的需求,夯实书香校园品牌、推进学校教育高质量和均衡发展,并从带动校园阅读开始,助推学习型社会和书香社会建设。中长期计划(包括年度、季度计划)是图书馆根据实际情况制定、完善、实施较为长远阅读推广目标的过程,作用在于因地制宜地明确科学可行且富有个性化特色的阅读推广工作方向。执行性目的是针对每次活动、每项工作制定的更为细化的目的,如荐读类的活动旨在指引读者挑选读物,阅读课旨在教导读者采用科学有效的阅读方法等。中小学图书馆开展阅读推广工作前,应明确各层级的推广目的,方能把握住使命和方向,促进校园阅读推广步入正轨。

2. 推广主体

中小学图书馆作为中小学阅读推广的主体,它可以为师生提供课内教学的辅助,更是师生课外阅读的关键引导者。在建设校园书香氛围的问题上,图书馆的资源、环境、人力及专业性等各方面的条件是学校的其他职能部门、社团组织及任何个人无法比拟的。因此,图书馆尽管常常处于被边缘化的位置上,但中小学图书馆的工作者不可妄自菲薄,而应清晰认识到图书馆的使命和价值,建立起对图书馆员职业的自我认同和信心,提高校方、师生和家长对图书馆的重视程度。在条件允许的范围内积极发挥图书馆对于中小学阅读推广的主体作用。

此外,图书馆还可以充分调动校内外的志愿力量,扩充阅读推广主体队伍,吸纳以学生、家长、班主任、任课老师等为阅读推广人的志愿群体:学生志愿者本身就是学生读者的一员,在一定程度上反映了学生读者真实的阅读态度、阅读现状、阅读爱好、阅读需求和阅读行为;班主任是学生直接的管理者和教学者,学生参与阅读推广的机会、时间、水准,都离不开班主任的鼓励和引导;阅读本身是语文、英语学科的教学内容,语文、英语教师是最直接与学生谈论阅读的阅读推广者;家长群体也是校园阅读推广活动的重要力量,家长支持学生阅读,陪伴学生阅读,可以促使家庭更好地实施亲子阅读,更好地配合学校,教育孩子成长。

3. 推广客体

馆藏资源是图书馆功能发挥的核心指标和物质依托,高质量的文献信息资源建设是中小学图书馆阅读推广的物质支撑。在馆藏资源建设方面,中小学图书馆结合课程安排、教学计划、教学内容等,以学生需求为主,兼顾老师、家长的需求,以纸质资源为主,其他资源为补充进行馆藏建设。在条件允许的情况下,可考虑增加科普类图书的比例,适量添置课外习题集,采购与学生学习、生活成长联系密切以及有利于学生身心健康发展的知识类图书和疗愈性图书等。还有的中小学图书馆围绕学生阅读重点、优势学科、地域文化等方面建设特色馆藏,在资源上凸显学校办学特色和文化品牌,如童话库、地方文化文献、足球文化资源、优秀学生错题作业本、名家文库等。

文献信息资源不仅包括传统纸质资源,还包含数字化资源和全媒体文献资源,对中小学图书馆馆藏而言,加强电子书刊、数据库、音视频等优质数字、多媒体资源的采购,加强平板电脑、电子阅读器的整合、流通,可以大大丰富馆藏的品种与服务方式。还可以建立"云阅读"平台,实现图书馆即读即取、互动交流、智能可见的数字阅读体验。

4. 推广对象

阅读推广的对象指的是广大读者,在中小学阅读推广的语境下特指校内各年级学生,同时还包括教职工和学生家长。要实现好的推广效果,必须深入、充分地了解推广对象。学生读者因年龄差异导致阅读能力、阅读习惯、阅读偏好等差别较大,中小学图书馆员应以分级阅读理论作为指导,掌握分级阅读推广的知识,针对特定阅读群体开展精准的阅读推广服务。

5. 推广形式

要使学生在图书馆获得有意义的阅读,活动形式是关键因素。活动实施可依托教师、班级展开,如部分学校通过发放手册、设置走廊书架、设计文创产品、建立奖励机制、定期开展主题活动,实现阅读推广活动的多元化、常态化和品牌化。除了线下的推广工作,中小学图书馆还应充分利用互联网的优势,以多媒体等创新推广形式激发学生的阅读兴趣,通过微信公众号、微博、智慧云平台、学校网站或者 APP 等平台提供线上宣传和个性化推送服务。

6. 推广方法

中小学图书馆阅读推广的方法包括阅读活动的开展、阅读类课程开发、与社会各界建立合作关系,此外还包括提供导读服务、分级阅读模式和提供良好的阅读空间。图书馆阅读推广较为可行的路径是将其纳入学校工作,形成常态机制,根据学校具体实际开展活动。比如有的学校以"校长荐读"为引领;有的学校将图书馆阅读统筹纳入学校课程建设和文化活动管理中;有的学校图书馆借助德育处,推动学生日常借阅常态化与学生好习惯好品质的培养;还有的中小学联手家长委员会推进家庭阅读、亲子阅读。图书馆还可以倡导"大阅读观",带领学生走进美术馆、博物馆、非遗文化馆、少年宫、科技馆、广播电台与报社等,开展阅读游学活动。

7. 推广的保障要素

阅读推广的保障要素包括组织保障、经费保障、制度保障、设备保障、网络技术保障等。在人员组织方面,有条件的学校图书馆应成立阅读推广工作小组,保障有专职人员对活动全面负责。在经费方面,图书馆应制定合理的年度预算,保障固定、充足的阅读推广工作经费。在制度保障方面,班级可建立和完善规范的服务制度,还可参与协助制定《集体学习制度》《班级图书管理与使用制度》《读书之星评比办法》等。在设备保障方面,可依托图书馆创建泛阅读环境,利用桌椅、走廊书架、漂流书车、电子屏等设备,使阅读无处不在;还可以在校园内添置自助借还机、24 小时图书漂流柜,通过借还机的语音或文字提示,指导学生自主完成书籍借还流程,使学生可以就近自主借阅图书馆的书籍,从而减少跑图书馆的距离和时间。在网络技术保障方面,学校图书馆可通过网络技术尝试打造智慧型学校图书馆的推广服务活动,利用大空间、全开放式的空间布局,功能上实现"藏、借、阅、教、研、休"集成式一体化,使馆员管理与师生利用更加便捷。阅读推广的保障要素应因地制宜,因馆制宜,因校制宜,以提升阅读推广服务效率,规范阅读推广流程,降低读者阅读成本等。

8. 推广效果

推广效果是开展阅读推广活动带来的影响和结果,最终反映在读者身上,具有检验性、客观性、辐射性。阅读推广目的、中小学图书馆员、读者、文献资源、活动形式等都是影响推广效果的因素。图书馆应建立适当的评价反馈机制和规则,通过建立学生"读书成长册",联合任课老师进行定期检查反馈,或是问卷调查、访谈等方式检验是否达到推广的预期效果,学生对阅读是否更加了解,是否对阅读产生了一定的兴趣,收集学生对于阅读推广活动的意见及建议等。效果反馈至关重要,有利于图书馆在反思中不断创新阅读推广的内容和形式。

学校图书馆阅读推广的这些要素构成了阅读推广工作发展的有机体,具有不可分割性。中小学图书馆员在开展阅读推广工作时,应完整、充分、清晰地将各个构成要素纳入考虑,完善每一环节、每一方面的工作,从而推动阅读推广的发展和服务。

四、阅读推广活动的实践操作

自 2014 年"全民阅读"被写入《政府工作报告》,阅读推广活动在全国各地如火如荼地进行,对活动系统化、专业化的需求更加迫切。根据中小学图书馆阅读推广活动的性质特点和实际情况,从规划、策划到落实和反馈,分为制定阅读推广年度计划、活动策划、活动实施前宣传、组织实施、活动回顾、总结评估等操作步骤,以促进阅读推广活动高效顺利开展。

1. 提前一年制定阅读推广计划

阅读推广计划是指图书馆根据自身情况,运用科学、系统、专业、合理的方法从全局把握,制定可落实和修正的计划。学校应将阅读活动纳入学校工作计划之中,建立常态化管理机制。学校图书馆可通过总结以往阅读推广的经验,也可外出考察学习其他图书馆的环境、馆藏资源、活动形式等,提前为来年作出规划。如"4·23 世界读书日"、六一儿童节、寒暑假等特定节假日,如何开展具有学校特色的主题阅读活动;是否需要办读书节、读书周、读书月、读书季;与其他机构单位的合作如何开展;开展活动的规模、场地、宣传如何安排,等等。年度规划可根据实际情况作出维护和调整。

2.阅读推广活动的实践流程

根据中小学图书馆阅读推广活动特点设计方案,通过提出问题、分析问题、解决问题进行一系列构思,最终形成书面文案。各个活动环节联系紧密,应从整体统筹把控,深谋远虑。

(1)活动策划

根据不同年级学生的年龄、知识结构、爱好等确定需求的差异,确定活动主题,明确活动要达到的目标,并精心策划富有吸引力的活动方式,策划活动的具体内容及流程等。学校每次开展活动需要提前确定活动场地、活动时间、设备器材、邀请的专家、活动宣传以及各阶段经费的估算,做好报名登记工作和时间安排的方案策划等。根据客观情况,调整活动策划方案,可制定应急方案。

(2)活动前期宣传

活动前的宣传形式可分为线下和线上。如通过易拉宝、条幅、LED 显示屏、传单、教室图书角、年级走廊书架,以及在图书馆入口处张贴海报等方式进行宣传。随着自媒体的迅速发展,也可以利用学校官网、微信公众号、学校官方微博、新闻媒体、校讯通、短视频等渠道宣传。此外,还可利用合作的社会机构平台。前期宣传需要根据活动主题和服务对象特点确定宣传范围,根据学校特色加大宣传力度,增加品牌影响力。

(3)组织实施

阅读推广活动的组织实施即具体工作的执行,包括团队的组建、人员分工、时间进度安排、突发情况应对等。以学校领导层、图书馆专业管理人员、教师、学生、家长或志愿者等共同构成项目团队,充分发挥骨干教师的示范带头作用,依托教研组、年级组等组建多样化的读书团队。班级也要有阅读组织,班主任、语文老师负主要责任,设置学生读书组织委员,小组内再设读书小组长。明确人员任务,各司其职。若干个小团队之间相互联系,按照安排有序开展活动。

(4)活动后期回顾

活动实施后的回顾主要是再现活动场景,将活动照片、读者采访、专家点评等现场形成文字。学校可通过报刊、新闻媒体、官方微信和微博、学校网站、合作机构平台等渠道传播,或将优秀的作品展览在校内或参加校外评选,以生动形象的可视化宣传提高学校影响力与核心竞争力,这不失为一种推广宣传方式。同时借此收集更多的反馈,为学校阅读推广工作总结和评估工作提供参考。

(5)总结与评估

最后对活动进行总结和评价,意义在于提高阅读推广质量,但是这一环节往往是最易被忽视的。总结评估重点审视的有:第一,将教师或图书馆员的参与度,纳入绩效考核办法,激励有突出贡献和成绩的工作者;第二,每次活动主题是否明确、宣传是否到位、方法策略是否科学、目标是否达成,追踪阅读推广在学生、老师或家长之间的反馈效果,进而深入分析优势与不足,总结经验教训。

阅读推广工作的总结评估工作在活动中举足轻重,应遵循客观、科学的原则,倡导每一位活动参与者根据自身工作特点提交评估报告,学生可提交阅读或活动感悟,开通建言献策通道,以更好地把握活动效果,为未来开展活动作借鉴和展望。

第二节 中小学图书馆阅读推广的活动形式

随着我国经济的快速发展与科技水平的逐步提升,中小学生和教师的阅读方法与习惯均发生了较大的改变。现阶段,中小学新课程改革不断实施推进,教育理念也将不断更新。在此背景下,中小学图书馆要紧随基础教育发展,充分发挥自身的教育与职能优势,针对中小学师生群体的阅读需求,开设形式多样、内涵丰富的阅读推广活动,提升师生阅读素养,满足其学习进步和精神成长的需要。

一、个人到馆借阅

个人到馆借阅,即图书馆外借中的"个人外借"服务,是图书馆的传统服务方式之一。对中小学图书馆而言,个人到馆借阅是指读者利用中小学图书馆为个人办理的借阅证,借阅自己需要的图书,并在规定期限内归还的服务。

1. 个人到馆借阅的意义

个人到馆借阅的意义主要包括六个方面:①提高学生到馆借还书的亲身体验率,引导学生利用图书馆资源进行阅读和学习,帮助其了解学校图书馆的布局、馆舍与资源,充分发挥图书馆阅读、教育的价值与效能。②通过常态化的"到馆借阅",引导学生阅读各类书籍,逐步提升阅读兴趣和能力。③学生通过自主选择图书,了解图书馆基本馆藏,拓宽学生视野,使之认识多种书籍类型。④通过到馆借书与阅读,帮助学生学习精装书、平装书以及其他图书版本之间的关系和区别,提高图书鉴赏和评价能力。⑤通过对馆藏文献的浏览查询,引导学生学习和掌握文献检索技能,赋能学习。⑥通过个人到馆借阅,加强学生与校外图书馆、书店等文化机构的沟通,增加学生与文化服务机构的接触频率。

2. 个人到馆借阅的开展

中小学图书馆在开展个人到馆借阅工作时须注意,每年9月应做好新生及新入职教师的图书馆借书证办理工作,人手一张,确保发放到每个人手中,并附图书馆使用指南、规章制度、服务理念等。同时,积极开展新生"图书馆入馆教育"活动。通过入馆教育,夯实学生走进图书馆、利用图书馆阅读的基础。依据2011年发布的《江苏省小学图书馆装备标准》《江苏省初级中学图书馆装备准备》《江苏省高级中学图书馆装备标准》等文件中的要求,每人在图书馆的年均借阅量须达到16—20册,平均至每月,学生需借阅2—3册。学校教务处、图书馆和德育处作为组织部门,需制定每学期的学生借书安排计划,开展学期班级和个人借书优胜和达标竞赛,鼓励学生课间或午间进行个人或班级集体到馆借阅。个人到馆借阅要注重"质"与"量"的均衡,馆员要呵护、珍惜学生的阅读热情,引导学生注重图书质量,帮助其养成良好的阅读习惯。

二、集体外借

作为图书馆阅读服务的基本形式之一,"集体外借"是以集体的名义向图书馆借书的一种外借服务形式。在实际工作中,学校有些部门和班级或一些学生社团、群团组织与中小学图馆建立集体借书关系,由这些部门或组织指定的负责人,到图书馆集体办理借书手续。

1. 集体外借的意义

中小学图书馆集体外借的意义:①在学生人数多(超过 2000 名)、馆内人力资源不足以及一些城郊、县镇中小学图书馆中实施集体外借,在满足学生阅读需求的同时,提升图书馆文献资源利用率。当读者无法到馆借书时,集体外借就是一种很好的阅读推广方式。②集体外借方便了班级或群体之间的图书交换,减少了单个读者到馆借阅的成本,缓解了图书供求不足的状况。③在一些县镇学校图书馆,班级的"集体借阅"通过"图书运转箱"实现,体现出馆员尽心尽力发挥馆藏作用,推动学生阅读,全心全意用书育人的职业操守。

2. 集体外借的开展

班级开展集体外借,需注意以下几点:①在管理上,集体外借的每一册图书登记要具体落实到学生管理员和每一位借阅学生上,做到图书与借阅学生一一对应,降低图书运转中的遗失率和人力消耗。②班级集体借阅的书目,阅读周期不应过长,至少一月更换一次。③集体借阅的书目要与学生需求相匹配,馆员选书要有的放矢,学生管理员可提前了解学生的需求书目,保障所借图书能满足大多数学生的阅读需求,以免出现拒读现象。④图书馆若能提供个人到馆借阅服务,尽量不实施班级集体借阅,集体借阅无法满足全体学生到馆浏览馆藏的学习需要。

三、开设图书馆阅读课

阅读课作为图书馆阅读指导活动的具体形式之一,是指以中小学图书馆为依托,以图书馆员为主导,以培养学生阅读兴趣和阅读能力为目标,参照课程管理的相关标准,将阅读作为一门正规的选修课程来运作的一种教学模式。在阅读课中,要尊重学生的自主性与独立性,教师则应尽量避免"满堂课"的讲授模式,通过适当地引导、点拨学生,使其自主阅读,感受、思考、理解、领悟语言文字的魅力,同时陶冶情操,丰富精神世界,教师不可以自己的分析替代学生的阅读实践。

1. 从"语文课"到"阅读课"的转变

阅读推广活动的重要目标是回归阅读,回归文本本身。阅读课有别于传统的语文课,其作为图书馆服务的基本内容之一,可以很好地协助语文学科实现其教学目标。阅读课的内容需要从"语文能力"向"学习能力"跨越,从"知识导向"向"兴趣导向"转变。阅读课的主要任务在于提高学生的阅读能力、扩大学生的文献阅读视野、培养学生的阅读技巧及指导学生系统地进行阅读这四个方面。其目标在于对学生的阅读活动予以指导和帮助,在引导选择优质阅读材料的同时,注重培养其阅读情趣、技巧与方法,提升各学科学习能力和阅读理解能力,帮助学生逐步养成终身阅读和终身学习的习惯。

(1)从"语文能力"向"学习能力"转型,"通过阅读来学习"

国际学生评估项目(Programme for International Student Assessment, PISA)提出:"阅读素养是为实现个人目标、形成个人知识和潜能及参与社会活动,理解、使用和反思纸质文本的能力。"传统意义上的语文课,培养的是学生基本的语文能力,即"听、说、读、写",往往聚焦于明确而具体的语文学科教学,完成学科要求内的阅读任务。而"通过阅读来学习"的阅读课不仅关注语文学科教学中学生所应掌握的能力,而且切实考虑到了贯穿学生生活与学习始终的知识、技能与策略,突破了语文课"理解、构建"文本信息的内涵。阅读课中,学生通过阅读行为来获取文本信息,进而运用获取到的文本信息与知识进一步促进学习。学生在阅读课上自主获取知识,而非传统语文课上的技能与策略训练,其重点在于对文本信息的接受、理解并转化为真实情境下的"运用",这便是阅读课与传统语文课教学的不同之处。

为从小培养学生良好的阅读素养,让阅读成为促进学生终身学习的代名词,图书馆需结合不同年龄段的学生特点,有针对性地进行探索、制定出一套适合不同年龄儿童及青少年的阅读课程体系。在此过程中,需充分考虑读者的年龄阶段、受教育程度、阅读心理特征、信息素养等各方面特点,对其阅读行为从形式、种类等方面进行分类细化。同时,在确定阅读课形式的过程中,应注重学生阅读的趣味性、衔接性与可行性,有针对性地设计出各类主题鲜明、形式丰富的阅读课类型。通过阅读课指导学生选择书籍,将阅读置于获取学科知识技能的重要地位,并重视阅读能力在促进学科学习方面的重要作用。

(2)从"知识导向"到"兴趣导向"

目前我国中小学语文课存在一定的局限,主要体现在将"阅读"作为语文学习的辅助性活动,其最终目标均明确地指向语言、写作等方面能力的提升,而未能将其作为一种能促进学生自身发展的"专门性能力"进行培养。"阅读"在初始定位上便附属于有明确授课目标的语文学科,未能将其定位为超越传统语文课的一种"学习能力"。这种认识上的局限,缩小了中小学阅读实践的可能空间,也不利于学生高级阅读能力的培养。因此,开展规范的阅读课需要坚持以下原则:

首先,充分考虑阅读主体多样性,注意不同年级之间阅读能力的差异。①小学低年级。可选择以图片为主、不配或少量配以文字的绘本或画册。②小学中年级。可推荐连环画、民间故事、童话、寓言和科学启蒙读物等。③小学高年级。可推荐神话传说、民间文学、儿童文学、报告文学、古典名著改写的文学读物、科普常识、科幻类等书籍。④初高中年级。可推荐古今中外经典文学、文化经典著作、红色革命文学、人文科学、自然科学、历史艺术、哲学社科等。

其次,与学科教学相结合,打破学科壁垒,开展跨学科阅读课。教育部印发的《义务教育课程标准》(2022年版)和《普通高中语文课程标准》(2017年版2020年修订)中,除了语文、英语学科直接将"阅读"设置成课程内容外,历史、生物、化学、物理、美术等学科的"课程资源开发与利用、地方与学校实施课程标准的建议"中几乎都涉及"学科阅读"的课程实施。"阅读"作为一种能力,可以帮助学生掌握不同的学习内容,图书馆可以将阅读课与相关学科进行联系,与学生生活紧密结合,使阅读课融入学校教学,引导学生全面发展。

最后,以活动为导向,丰富课堂形式,开展个性化授课模式。阅读课在前期的准备过程中,首先要考虑到其授课群体的独特性。应充分关注学生群体好奇心强、活泼好动的共同性格特点,通过各类丰富的活动形式,充分调动学生感官,提升其积极性与课堂参与度。可针对不同年龄段或不同性格特点的学生群体,丰富阅读载体与活动形式,并通过不同方式加以引导,使学生积极主动投入阅读活动。在授课过程中,授课者与听课者角色可灵活转换,以各类活动为抓手,不断扩大"阅读"的内涵与外延。

2. 阅读课的开设

《中小学图书馆(室)规程》(2018年版)明确指出:"图书馆应开设阅读指导课并纳入教学计划。"阅读课的开展,应以中小学图书馆为依托,以图书馆员为主导,以培养学生的阅读兴趣与阅读能力为目标。在开设阅读课时,应主动参照有关课程管理标准,切实做到将阅读作为一门正规的选修课程进行有序开展。

目前,在中小学开设阅读课的环境并不乐观。部分学校曾经有过开设阅读课及相关课程的机会,但因未能将阅读课作为像其他的信息技术等课程一般的固定课程,常常因为相关负责人的重视程度与开课教师的授课水平而影响开设质量。因此,要使阅读课真正受到重视,学校应首先明确该课程的重要性,同时,图书馆应满足开设阅读课的硬件设施基础与馆员能力要求,并注重课程形式的创新与服务模式的不断优化,最大限度地保障其在中小学生阅读推广方面的作用。

(1)创造舒适的阅读环境

图书馆的阅读环境直接影响着读者的阅读行为与阅读效率,在图书馆的整体环境中具有十分重要的地位。故图书馆应以方便课程开展、方便学生阅读为前提,注重空间设计的细节,努力创建舒适的阅读环境。如书桌书架的高度、图书的摆放位置、图书的分类与分区等。同时,应适当配以宣传画、相关标志及阅读须知、导读宣传、书目推荐等,营造一个宁静、舒适、健康的阅读环境,提升读者阅读的兴趣与效率。

(2)阅读课教材的编制

中小学图书馆开展阅读课程,一般没有现成的阅读课文本教材,需要自行编制教材,并进行书目采购。就内容而言,阅读课程目前主要包括两种类型:一种是以图书馆阅读为主,内容包含图书馆利用、读书方法指导、名著导读、工具书使用、信息检索学习等;另一种是图书馆辅助教师开设语文阅读课和教授研究性学习课程,图书馆与语文教师联合编制教材和采购书目,以供学生阅读课上阅读、交流、记录,提升语文学习能力。

(3)注重教学效果

确立必要的教学形式有利于使阅读课达到理想的教学效果。阅读课由教务处安排在学校日常课务中,可以保障阅读课的执教时间和周期。图书馆的阅读课需要区别于传统语文课的阅读教学,注重培养学生的自主性与主动性。

(4)加强阅读引导

图书馆员要在积极引导的基础上,了解不同读者群体的阅读心理,掌握其阅读特点,满足读者需求;以现场介绍和书面荐读等方式,加强对书刊的宣传、推荐,有目的、有计划地引导读者进行阅读,帮助学生养成好的阅读习惯,提高其阅读质量。

(5)提高馆员素养

一个图书馆员应具备良好的职业道德与专业素养,具备高度的责任感及事业心,对待工作须认真负责。馆员与教师在教会学生利用图书馆的同时,还应传授学生相关的阅读技巧,帮助其提高阅读水平。

相关链接:阅读推广课教案示例——《鲁滨孙漂流记》导读课教学设计

1.设计意图

《鲁滨孙漂流记》讲述的是一个叫鲁滨孙的英国人,由于遭遇沉船,漂流到一个荒岛上,他凭借着自己勤劳的双手和坚韧的毅力,与各种困难斗争,在荒岛上顽强地生存了28年2个月零19天后,最终得以返回故乡的故事。

通过阅读《鲁滨孙漂流记》,感受主人翁鲁滨孙勇于冒险、百折不挠的精神,学习他积极面对困难的豁达态度和非凡的创造力。

2.教学目标

(1)知识与技能:阅读图书,梳理故事情节,感受故事中的主要人物形象,提升分析总结能力。了解不同国家的历史和文化,关心人物命运,提高体会作品中人物思想感情的能力。

(2)过程与方法:以《鲁滨孙漂流记》为例,引导学生"看、想、品",初步学习阅读方法,提升整体感知能力和信息提取能力。

(3)情感与价值:结合具体内容,引导学生感受人物的性格特征,体会主人公的冒险精神和顽强毅力,培养学生积极乐观的心态、独立自主的意识和克服困难的勇气。

3.教学过程

(1)问题导入,激发兴趣

同学们,你们看过《鲁滨孙漂流记》吗? 谁能告诉老师这部小说的作者和主人公是谁? 你能用一句话来试着说一说这本书讲了什么故事吗?

在阅读这本书之前,老师有两个温馨提示:

提示一:有些名著读起来有些难,不像流行读物那样通俗易懂,但想到能成为经典的书都不简单,是人类智慧的结晶,你就会让自己沉下心来读,越读越有味。

提示二:读名著首先要大致了解它的写作背景,能帮助理解作品的内容和价值。读的时候如果能做一些读书笔记,收获就更多了。

读名著,我们要做到两点,一是沉下心来读,戒骄戒躁;二是了解写作背景。接下来我们就来了解这本书的写作背景吧!

(2)整体感知故事环节

写作背景介绍:《鲁滨孙漂流记》是英国作家笛福在1719年创作出版的小说,当时英国正处在资本主义改革时期,资产阶级逐步成为社会的主导力量。这部书同时也是18世纪欧洲文学的代表,它上承塞万提斯、莎士比亚等人的古典主义作品,下启凡尔纳、大仲马等人的现实主义和浪漫主义作品,具有很多开创性的意义。

作者介绍:丹尼尔·笛福(1660—1731)出生在伦敦一个信奉新教的家庭,父亲在屠宰业靠贩肉为生。笛福在早年受过一些中等教育,在王朝复辟时期因追随不肯宣誓效忠国教的牧师而举家迁徙。按照父母的安排,他本应成为一名教士,但是他在二十一岁时选择经商。此后,他投身工商业,参与政治活动,还写文章、办刊物,也曾周游欧洲列国。他屡败屡战,事业大起大落,忽而发财,忽而破产,一时受国王赏识,一时被捕入狱。笛福在他年近60岁之际,开始提笔写作小说,1719年《鲁滨孙漂流记》出版,竟然大获成功。这部小说是以当时报载的一个真实事件为蓝本而创作的。

文学价值总结:18世纪以前,欧洲的长篇叙事大抵或是演绎帝王将相的丰功伟业,或是讲述骑士美女的浪漫传奇。《鲁滨孙漂流记》在某种意义上,可以说是新兴的社会主导阶级及其语言在文学领域中引人注目的亮相。此后,被我们称之为"小说"的那种用日常语言书写普通人生活的虚构作品开始大行其道。

(3)激发阅读欲望

介绍内容梗概:这部书居然获得如此殊荣,它到底讲了一个什么故事?让我们从内容梗概中先来了解一下吧!

《鲁滨孙漂流记》主要讲述了主人公鲁滨孙·克鲁索出生于一个中产阶级家庭,一生志在遨游四海。一次在去非洲航海的途中遇到风暴,只身漂流到一个无人的荒岛上,开始了一段与世隔绝的生活。他凭着强韧的意志与不懈的努力,在荒岛上顽强地生存下来,经过28年2个月零19天后得以返回故乡。

4.交流讨论

① 假如你是鲁滨孙,想在荒无人烟的荒岛上活下去,只允许带三样物品,你会怎样选?首选什么?为什么?

② 鲁滨孙从搁浅的大船上得到了哪些东西?请对这些物品进行分类。

③ 请同学们再次认真思考:鲁滨孙在荒岛上克服了重重困难,他的心态发生了怎样的变化?你觉得鲁滨孙是一个什么样的人呢?

④ 请简要介绍一下鲁滨孙在荒岛上衣食住行等方面的基本情况。

四、图书馆书目推荐

推荐书目是指针对某一特定读者群体或特定目的,围绕某一专门主题,对文献进行选择性的推荐,以指导自学或普及知识为目的而编制的书目。在中小学图书馆阅读推广活动中,书目推荐无疑占据着举足轻重的地位。《中小学图书馆(室)规程》(2018年版)指出"图书馆应当做好阅览、外借、宣传推荐服务工作"。书目推荐旨在指导中小学生广泛而深入地阅读,从而提高其文化素养和阅读技能。

1.书目推荐的功能价值

书目推荐的正确学术定位是引导学习、指示门径,为未来学术发展奠定知识和文化基础。中小学时期,课外阅读对一个人世界观、人生观、价值观、文化意识和知识结构的形成都具有不可估量的影响。书目推荐可以为中小学生读者指明正确的阅读方向,避免他们在阅读过程中误入歧途。随着中小学生课业负担越来越重,阅读时间变得珍贵且有限,通过书目推荐可以帮助他们发现并集中精力阅读好书。新书推荐、主题书目推荐、好书荐读都是深受学生和教师读者喜爱的阅读推广形式。

在明确这一观点的基础上,中小学图书馆应单独设立义务教育、普通高中统编版语文名著必读书目书架,有效协助语文学科的阅读教学,实现图书馆文献资源与学科教学的融合。如初中图书馆,可设立《西游记》《海底两万里》《红星照耀中国》等36种统编版初中语文名著必读书目和相关主题文献专架,供学生深度阅读与学习。

2. 书目推荐的原则

科学的推荐标准是书目推荐的前提。书目推荐需要从教育目标、课程定位、社会和时代发展需要等方面综合考虑,并且需要开展系统的教育政策研究和社会文化研究。

（1）经典性原则

经典性是指推荐的书目是经历过时间淘洗后公认的好书,包括举世公认的经典名著,能代表古今中外各个文学领域的最高水平的作品,享有着不朽声誉的作者的作品。只有这样的著作,才能让学生们开卷有益。

（2）教育性原则

教育性是指推荐的书目要符合我国的教育目标,具有较高的教育意义和价值。推荐的书目一定是积极健康且富有正能量的作品,引导学生追求真善美,形成健康的世界观、人生观、价值观。

（3）针对性原则

针对性是指推荐的书目要适合中小学生阅读,符合学生们的认知程度和心理发展水平,可以根据学生的认知程度、读物的复杂程度进行科学恰当的分级,满足不同级别的学生提升自身能力的需求。

（4）学科性原则

学科性是指推荐的书目要适合中小学教育体系的发展特性、符合语文教育的整体目标,包括文化的传承、文学素养的提升以及人文精神的培养,应适合现实教育和未来人才的培养要求。

（5）多样性原则

多样性是指推荐的书目要丰富多样,尽可能包含多种文类的作品。文学阅读只是阅读的一个领域,阅读内容除了文学,还可以包括哲学、历史、思维、美学、科学等。

五、读书会

读书会具有阅读和社交两大功能,在中小学阅读推广中发挥着重要作用。目前在中小学中较为常见的读书会主要有学生读书会和教师读书会两种。学生读书会一般以促进阅读为目标,定期举行共读、互动讨论、心得感悟分享等一系列活动。教师读书会则是教师们围绕读物及自己的生活感悟,进行探究性的讨论和对话,分享自己的经验、诠释自己的观点,更深入地理解自己的生活以及教学工作。教师读书会的设立,对推动教师的知识共享和专业成长具有重要意义。

1. 读书会的类型

读书会可以促进学生之间的交流沟通,激发阅读兴趣、鼓励青少年持续阅读。按照读书会的内容性质,可划分为通识性读书会与专题性读书会两种类型。

通识性读书会是指阅读题材广泛、活动主题多样的读书会。这种类型的读书会每期活动会有特定主题或指定读物,活动主题富于变化,不限定具体的学科范围。读书会的活动主题和读物选择根据参会者的兴趣爱好而定。

专题性读书会是指围绕相对固定的学科主题展开阅读活动的读书会。活动主题限定于具体的学科范围,在导读人的指引下阅读特定主题的读物。专题性读书会可以用主题把不同书、文章中的知识串联起来,形成一个系统、连贯的认知。

2. 读书会的开展

(1)参会人数与角色

研究发现,人们参与各种类型读书会的动机主要有:①社会交往的需要,②对特定主题的兴趣,③对自身学习和工作的重要性。读书会的组建要采取自愿原则,志同道合的教师或同学可针对自己感兴趣的读物和主题参与读书会。读书会成员以5—20人为佳,人数过少,讨论气氛不够热烈;人数过多,则难以深度讨论和互动。

读书会中存在着两种基本的角色分工:分享人和主持人。在读书会中,所有参会人员都是分享者。主持人需要营造一个良好的读书氛围,确保读书方案能够顺利推进。主持人的具体工作包括:拟定活动方案、选择时间场地、准备阅读材料、通过归纳小结等方式活跃气氛等。

(2)参会规则

读书会的规则不需要太多,重点是界定成员的角色和责任,读书会的核心价值就是要维持一种亲密、和谐的对话环境,平等与民主在构建这种环境中尤为重要。①参会者应在会议前充分做好准备,认真阅读规定的读物,每个成员都有平等表达自己观点的机会;②参会者应尊重他人观点,不得垄断发言权利;③参会者发言时需聚焦主题,不能离题太远,不得强迫他人接受自己的观点;④参会者需及时给予发言者足够的关注和回应,避免发言者产生被忽视的感受。

六、图书馆讲座

图书馆讲座是图书馆工作者通过策划组织演讲,邀请校内名师、校外名家传播知识,进行读者教育的一项图书馆业务工作。讲座活动是阅读推广活动的重要形式。各种各样的讲座活动在丰富校园文化、提升学习氛围的同时,对培育创新思维也具有一定的促进作用。

1. 讲座的开展

(1)讲座的策划与实施

图书馆讲座应结合实际,根据各个图书馆自身特点和实际情况,充分利用有利条件,不断创新讲座内容和形式。针对讲座的具体举办,其宣传应在讲座开讲日的前一个月组织实施,通过各种方式将讲座的时间、地点、内容、主讲人等信息传递给读者。图书馆可利用公告栏、展板及图书馆网站、公众号、短信、宣传单等方式开展馆内外同步宣传。选题方面则应当从读者的现实需求出发,按照"读者本位"来选择资源。

(2)讲座的组织方式

图书馆讲座按照其组织方式可分为独立举办讲座、合作举办讲座、播放讲座视频、流动式讲座四种类型。独立举办讲座,即利用图书馆的场地、设施、资源,组织读者到图书馆来听讲座,讲座的筹划、组织、总结等整个过程由图书馆独立承担;合作举办讲座,即图书馆与其他具有宣传教育职能的机构合作开展讲座活动,图书馆只部分参与讲座活动的组织,或是利用图书馆的场地、设施,或是利用图书馆的文献信息、读者等;播放讲座视频,即针对读者的现实需求,播放已有的讲座视频资源,讲座的组织者应安排好现场读者的观看和交流;流动式讲座,即图书馆结合读者的需要,选择已开展讲座中读者反映强烈、社会效果好的题材,以流动的形式在学校及其他社群中开展讲座等。

（3）讲座举办的原则

①针对性原则。针对不同年龄段的中小学生群体,图书馆讲座的组织与开展应当充分考虑学生在年龄、文化程度、兴趣爱好及知识需求方面存在的差异,有针对性地开展不同主题与形式的讲座活动,从而获得良好的讲座效果和较高的满意度。

②大众化原则。图书馆开展讲座活动必须坚持大众化的原则。讲座的内容应适合大多数学生的需求,并充分考虑到学生群体的理解能力。讲座主题要贴近日常生活与学习,内容要通俗易懂。

③互动性原则。讲座活动是一种面对面的知识传递和信息交流活动。活动组织者、讲座人、读者三者间的互动性交流有助于提高讲座活动的效果。在讲座的过程中,主讲人应跳出传统授课模式的窠臼,更多地采用对话、演示、提问、讨论等形式,加强与听众的互动交流。在活动结束后,组织者要及时关注活动的反馈状况,总结经验并评估活动效果。

2. 讲座的意义

（1）活跃图书馆的学习氛围

开展讲座活动对于培养中小学生的人文精神具有潜移默化的影响。作为资源的集合场所,图书馆无论在管理人员、场地、资源还是技术方面均具有一定的优势。图书馆讲座活动的开展,在活跃学习氛围、提升服务功能的基础上,能够吸引更多的学生通过图书馆获取知识,享受图书馆服务。

（2）提高学生的学习热情

各种各样的讲座活动始终是丰富校园文化、满足学生知识渴求的重要手段。其作为课堂知识的延伸,无疑可以开阔学生的思路、培养学生进行独立思考。开展讲座活动不仅有利于激发学生学习兴趣、提高学生思维能力,同时能够促进学生全面发展,提高综合素质。

七、图书馆专题展览

图书馆专题展览活动是通过结合图书馆宣传和推广任务,组织某一主题的实物或艺术品陈列,供读者观看或欣赏的活动。专题展览正在逐步成为新时期中小学图书馆读者服务的一项重要业务。

1. 专题展览内容

专题展览活动需要不断探索中小学生的兴趣点,通过新颖的形式、丰富的内容开阔中小学生的视野,提升其鉴赏能力,启迪未成年人的心智,助力他们健康快乐成长。展览内容可以包括以下几种类型。

（1）主题书展

可将图书以各类主题进行展出,给予读者更有针对性的选择,可以结合生活、时事、热点新闻等,带给中小学生不一样的阅读体验。

（2）绘画作品展

可借助图书馆平台征集优秀绘画作品，展示中小学生的艺术才华，展示学生风采，使图书馆成为文化艺术交流的聚集地。

（3）传统文化知识展

每逢传统节日可以推出相应的知识展览，可以包括节日的来历、风俗、诗歌、趣事等，让中小学生了解节日习俗，从而传承传统文化，丰富中小学生的文化记忆。

2.专题展览形式

丰富多样的展览形式可以更好地吸引中小学生参与展览活动，增强展览效果。随着新技术、新元素被不断引入图书馆服务之中，展览形式将不再局限于传统的陈列展览，可以通过多种感官冲击，帮助学生更好地理解展览内容。

（1）嵌入图书推荐

在展览中嵌入图书推荐，设计与展览主题相关的配套图书，推进阅读。

（2）与讲座活动联动

将展览与讲座活动联动，通过看展览、听讲座带给读者更具说服力和感染力的视听效果，发挥图书馆服务资源的整体效益与互动作用。

（3）融合多媒体技术

在展览中融合多媒体技术。让观展读者能够身临其境，增强展览效果。

八、图书读后感

读和写是学生们获取知识的基本途径。读后感主要是指读者在阅读文章后，被文章中的内容和情感打动，产生的一系列想法，这些想法可以是对文章内容的感悟，也可以是产生的一些新思考。通过读后感的写作，可以帮助中小学生更好地将书本联系于实际生活，从而更好地获得启发、拓展想象思维、实现阅读积累。

每种文体都有其基本写法，读后感也不例外。读后感的写作方法可归纳为"引—议—联—点—结"五个步骤。

（1）引：引用原文，引出"感点"。引用原文有三种形式，可通过直接引述、间接引述与引用名言来引出阅读的书籍和内容。引出"感点"要力求简洁明了。

（2）议：议其观点，论其事理。聚焦"感点"讲事实，摆道理，回答"是什么"与"为什么"这两个核心问题。

（3）联：联系实际生活。"联"的部分要从正面或反面印证或深化"感点"。把个人感悟和现实生活联系起来，深化阅读体验。

（4）点：点评材料，评论"感点"。即在联系现实材料后，紧扣"感点"进一步做适当的点评议论。这是写读后感的第四个重要步骤，也是评价感受是否深入深刻的重要依据。

（5）结：总结全文，突出主题。应力求照应开头与主标题，或发号召，或寄希望，或提警策。

九、校园读书节

校园读书节是指由图书馆主导、策划、组织的大型综合性校园读书活动。其活动形式包括读书沙龙、亲子共读、读后感征文、师生共读、中华经典诵读等,通过各式各样的读书活动,培养学生良好的读书习惯,营造书香校园的氛围,提高校园文化品位。校园读书节可以给予学生切身的阅读体验和全新的阅读感受,增强学生和教师的阅读愉悦感和知识获得感,极大地激发其阅读内驱力,让师生读得更多、更深、更广。同时,校园读书节在活动组织和安排上要贯穿全体学生参与原则,做好"人人参与"的宣传工作,鼓励学生重在参与和体验,不能只把活动名额给予少数成绩优良的学生,而忽略其他渴望参与的学生。

第三节　中小学图书馆阅读推广及阅读疗愈服务

"阅读疗愈"或"阅读疗法",英文为"bibliotherapy"或"reading therapy",是指一种通过系统地使用书籍来帮助个人或团体应对心理、情感、身体或社会问题的有效方法。以阅读推广视角考察,"阅读疗愈"也是阅读推广的一种方式。在全民阅读已成为我国文化战略的重要部分的大背景下,"阅读疗愈"既能体现阅读推广的宗旨,又能够兼顾国民健康关怀问题,为促进阅读推广服务对象和服务内容深化提供了新思路,成为阅读推广事业中值得重点关注的一个研究领域。就现实而言,中小学图书馆的服务对象既具有阅读需求,又存在心理健康方面的需求,在中小学图书馆的阅读推广中开展阅读疗愈服务兼具可能性与必要性。

一、阅读疗愈的概念与原理

"bibliotherapy"在西方已有近百年的历史,早在18—19世纪的英法两国,就有医生向患者开列对康复有利的书籍清单。20世纪后,"bibliotherapy"在美国精神病学界越来越受到关注,图书治疗也逐渐走出精神病学领域,走入了图书馆学、社会学、心理学、教育学等学科领域的理论与实践当中。尤其是在图书馆学领域,图书疗法成为一项重点内容,1939年美国图书馆协会(American Library Association,ALA)即已成立了图书治疗委员会,美国图书馆学界有关图书治疗的研究成果以及图书馆在读者服务方面的实践在20世纪也取得了诸多成果。国际也对图书疗法普遍重视,1984年,国际图书馆协会和机构联合会(International Federation of Library Associations and Institutions,IFLA)发布了《图书馆为医院病人和残疾人服务纲要》,图书馆在患者康复过程中的重要作用在其中得到了强调。此外,英国、俄罗斯等许多欧洲国家图书馆均曾对此话题展开过讨论,或开展过实践。

在国外,"bibliotherapy"是收入《美国医学主题词表》(MeSH)中的正式医学治疗方法,是一种"向患者提供精心选择的读物,以辅助心理治疗的方式",隶属于康复学与心理治疗医学门类之下。此概念于20世纪90年代传入中国后,中文对应名词有"阅读疗愈""阅读疗法",亦有"书目疗法""阅读治疗""图书治疗"等。目前,国内使用较多的名词是"阅读疗法",接受度较高的概念界定是北京大学图书馆员王波博士在《阅读疗法》一书中作出的:"阅读疗法就是以文献为媒介,将阅读作为保健、养生以及辅助治疗疾病的手段,使自己或指导他人通过对文献内容的学习、讨论和领悟,养护或恢复身心健康的一种方法。"

概念层面上,"阅读疗愈"与"阅读疗法""书目疗法"可以等同。"疗愈"一词能够表达出

"疗"这一过程以及"愈"这一目的,相对于"阅读疗法"强调的过程和程序,"阅读疗愈"一词强调了结果和功能,因此在国内"阅读疗法"领域中,"阅读疗愈"一词也受到了学术界的认可。2013年,杭州图书馆与杭州团市委、12355青少年服务台合作,推出了"阅读疗愈"公益项目,读者可免费参与,与心理学专家交流。此后,"阅读疗愈"在国内图书馆学研究与图书馆服务中推及开来。

无论是使用"图书治疗""书目疗法",抑或是"阅读疗法""阅读疗愈"等概念名词,都依托于同一共识,即认为人们的心理受到阅读的影响,阅读恰当的读物能够产生心理健康方面的促进作用。这些概念也都遵循共同的作用原理,其原理则可从不同的学科角度来考察。

一是从发生学来看,一个事物的功能受这个事物最初发生原因的影响,而据文化人类学的理论,宗教是人类为了解答生命意义和世界道理而创造,文学艺术是人类为了压制自身侵略、性渴求、破坏等欲念以维持社群关系而创造,因而宗教、文学艺术等人文科学的发生本身具有解决人类精神或心灵问题的功效,由此证明阅读从发生学原理出发,具备"疗愈"的功效。

二是从心理学来看,一般认为阅读发生"疗效"是通过影响人们的心理,也就是说"阅读疗法"真正直接作用的是人类的心理系统,而非生理系统。因此,"阅读疗法"的原理以心理学原理为基础,具体牵涉的心理学原理或理论包括共鸣、净化、领悟等心理学学说。共鸣,被认为是"阅读疗法"的第一步,原理在于人们在阅读时会将作品中蕴含的感情或人物经历等与自身相对照,如从中发现共通之处,则读者将会产生对阅读材料的认同,发生精神和心灵上的共振。净化,是指读者在体验作品中设定的情境时,自身的心理或精神问题即被导向外部,因此读者得到心灵净化。领悟,一般认为发生于共鸣、净化的基础上,一般认为是读者阅读后的追问与思索,或者说是感悟,读者通过这种"悟"而有所得,获得豁然开朗、大彻大悟的喜悦感受。

三是从生理学来看,医学领域有研究表明多读书、勤用脑对人的大脑有积极的刺激作用,有助于保持大脑血液畅通,减缓大脑的衰老速度,"人老心不老"实质上说的是"脑不老"。这一原理不仅适用于老年人,任何人在阅读时都是多种器官的调动与协调,甚至除了脑、眼、口、耳、手这些明显与阅读相关的器官外,阅读还可能牵涉内脏等其他器官和组织。因此,阅读既是强心健脑的良药,也是训练人类智力的重要途径。

二、阅读疗愈的意义与作用

中小学开展阅读疗愈服务具有必要性,因为当前中小学生心理健康问题日益显著,亟须科学合理的引导和干预。2020年,我国《心理健康蓝皮书:中国国民心理健康发展报告(2019—2020)》发布,其中显示,24.6%的青少年患有抑郁症,其中重度抑郁的比例达7.4%,从数据上明确地显示出,心理健康已成为影响青少年健康生活与成长的重要因素。此外,新冠疫情爆发期间,人们的生活受到了极大的影响,中小学生的学校生活也发生了极大的变化,在线课程成了学校授课的常用方式,居家接受教育的方式一定程度上也模糊了学校教育与家庭教育的界限,中小学生面临更多的心理健康问题。目前,在我国中小学中,阅读疗愈可以作为中小学阶段心理健康服务的补充。阅读疗愈具备灵活性、宽泛性、保密性及无偿性等特点,其本质活动是阅读,所以不受时空的限制,能够在任何时候通过传统或多媒体的手段开展。阅读疗愈还具有经济、简便、易于接受和易于推行的特点，即使是经费不足的图书馆或图书室，只要有相应的资源以及专业的指导，都能够开展阅读疗愈服务。但开展的难点在于读者心理问题的发觉，以及适当的读物与心理问题相适配。

阅读疗愈于学校教育活动的开展及学校教育效果的呈现也具有积极的意义。有研究者调查显示，考前心态与考场心态分别位居影响高考生的主要因素的前两位，考试焦虑症是很多学生考前的常见状况，严重的考试焦虑症甚至会引发学生生理上的健康问题，如胃痛、腹泻、感冒、发热等，而有调查发现经常读书的人心胸更加开阔，生活中也较少受到心理症结的困扰，因此阅读疗愈也可用于考前学生的心理调整。中小学生的心理焦虑极大部分来源于学习与竞争的压力，压力本身可以成为学生学习的动力，也可以成为压垮"骆驼"的"稻草"，关键在于适度与恰当的价值引导。因此不仅是在考试当中，在日常的学习生活中，中小学生因学习及竞争压力而产生的焦虑情绪也应当得到恰当的疏解与引导，使压力发挥积极的作用，而非带来消极的影响。这也是阅读疗愈应当在中小学中受到重视的原因之一，是阅读疗愈对于中小学生学业提升的意义体现。

阅读疗愈对中小学生心理健康的作用可分为治疗性、预防性与发展性。其一，从治疗性来看，依据共鸣、净化、领悟的原理，对面临巨大学业压力的中小学生来说，阅读疗愈能够引发其情感上的共鸣，进而净化思想，缓解焦虑，消解学生的不良情绪。其次，中小学生焦虑、孤独、自卑、沮丧等消极情绪，也来源于在学业、交际中的挫折。这些消极情绪需要及时地疏导，阅读能够满足学生探索未知世界的需要，帮助他们从中寻找现实世界问题的成因和解决的办法，借此排遣烦恼，恢复信心，开阔眼界，提高心理免疫能力。其二，从预防性来看，中小学生成长成才的经验和处理问题的方法，可在阅读疗愈中获得。中小学生在成长过程中难免遇到各种各样的心理问题，即使当前没有，在日益激烈的竞争环境下，或是面临升学等巨大的环境变化时，都易出现心理健康的问题。因此阅读疗愈可谓是"授人以渔"，是为学生的心理成长作长久计，根本目标是帮助学生们丰富成长的经验，培养他们面对问题、解决问题的能力，让他们学会调整心理和行为、保持心理健康的方式方法。其三，从发展性来看，阅读疗愈的作用也在于通过适宜的阅读，隐性地树立中小学生的价值观念，合理地影响他们的认知，达成教育的目的，在学生价值观、人生观成型时期做出正面的引导。

三、中小学生心理发展特点及常见问题

儿童（根据联合国《儿童权利公约》的定义，此处的儿童指18岁以下的未成年人）是一个独立的个体，在身心发展的各个阶段皆有其特殊的需求，倘若未能获得充分满足，则极易产生情绪困扰问题。小学、中学是人生发展的两个重要时间段。在我国的国民教育体系之中，小学教育是基础，中学教育是关键。从小学阶段开始，儿童就在校园环境下接受系统的教育，期间儿童的心理在不断发生变化。中小学生如何在学校和教师的正确引导以及自身努力下，努力提升全方位综合素养，实现全身心健康发展，为将来的成长建立良好的基础，是当今基础教育的核心任务。为此，中小学图书馆员应该遵循中小学生的心理发展规律，掌握中小学生心理发展特点，对中小学生常见的心理问题有基本了解，以便针对中小学生开展阅读疗愈服务或提供相关的图书

馆服务。

1. 小学生群体

小学是儿童正式进入学校生活的第一阶段,也是儿童学习各项基本技能,初步获得人类科学文化知识和个性发展与塑造的重要阶段。小学生年龄一般在 6 岁至 12 岁之间。整体来看,首先,小学生心理发展速度较快,特别是智力水平和思维能力。进入小学后,因学业和人际交往活动较之前更为复杂,他们将面临诸多新问题,在应对这些问题的过程中,儿童的智力与思维会得到初步的训练。其次,其心理发展还表现出协调性。在品德发展方面,动机与行为、"言"与"行"较为一致。另外,因人生经历有限,小学生的内心世界也比较简单,所以其心理活动表现得率直、单纯,能够比较真切地暴露自己的内心世界。在这一时期,他们很容易与教师、家长、同伴建立良好的互动关系,成人也能较容易地了解到他们真实的心理世界。同时,小学生的心理发展呈现出较强的可塑性,无论是思维能力、个性、社会性及品德等方面,都较易于培养。可以说,小学时期正是对儿童进行心灵教育、培养其良好心理品质与行为习惯的大好时机。

小学生的心理状况与其校园生活和学习活动有着很大的关联,学习压力、集体关系、师生关系、同伴亲疏都会使小学生出现各种情绪体验和社会适应水平不一的问题。小学生的心理健康状况严重影响着学业成就与个体幸福感。国内学者对 2010—2020 年国内小学生心理健康问题进行了整体分析,发现小学生面临着不同程度的心理健康问题,其中睡眠问题、抑郁和焦虑排在前三位。而睡眠问题与儿童所面临的压力、焦虑和抑郁情绪有着密切的关系。可见,小学生心理发展中最为常见的两类困扰问题正是焦虑和抑郁。

小学生的抑郁主要表现为乐趣缺乏和无望感,在他们的日常学习生活中,体现在对一些不良事件或情景的不愉快、悲伤或精神痛苦的反应上。这种反应可能是暂时的,也可能是相对稳定或持久的,可从心境、行为、思维等多维度影响其健康成长、自我认同、人际关系以及学业表现等。儿童刚从幼儿园进入小学时,其主导活动逐渐由游戏向学习转变,假设其没有良好的适应能力,并且得不到父母或教师的支持与帮助,就有产生抑郁情绪的可能。

在小学生中常见的焦虑表现为分离焦虑、学业焦虑及社交焦虑。分离焦虑主要是指学生与家庭或主要依恋人分离,与小学之前的生活告别时产生的焦虑,这种焦虑可能表现为对环境的不适应、厌学情绪等;学业焦虑则是学生在平时的课堂学习、课后作业或考试中对自己学业产生的一种焦虑心理,主要有学科焦虑、考试焦虑、作业焦虑等;社交焦虑就是小学生在社会交往过程中产生的适应困难、孤僻、压抑等焦虑状态,如跟老师、同学相处过程中的紧张感,对校园欺凌行为的恐惧与担忧等。

2. 中学生群体

中学生年龄普遍在 12 岁至 18 岁之间,又分为初中生和高中生。初中生的年龄多在 12 岁至 15 岁之间,高中生的年龄多在 15 岁至 18 岁之间。

首先,中学生正处在从未成年人过渡至成年人的阶段,是个体急剧发展、变化与成熟的时期,其心理发展呈现出明显的过渡性。除了生理上出现明显转变之外,在认知发展、心理适应等方面出现独特的困扰,他们的个性倾向仍不稳定,需要家长、教师和社会上的成年人给予其充分的关怀和指导,帮助他们提升自我修养,逐渐走向成熟,独立地走向社会生活。其次,步入中学后,儿童的内心世界趋于复杂,开始不轻易将内心的活动向外表露,情感波动也往往能被控制,且年龄递增,这一特点更加明显。另外,中学生的心理带有明显的社会性,认知方面,他们开始对社会生活中的种种现象与问题进行独立的观察、思考和判断。同时,他们开始逐步形成相对固定的处世态度和行为方式,社会性情感越来越丰富和稳定。但要注意,中学生的情感较为敏感、细腻,研究显示,心理疾病的发生率从中学阶段开始增高。中学生的自尊心和自信心逐渐增强,但思维也具有较大的片面性,情绪表现出明显波动,性格并未最终定型,是心理成熟前动荡不稳的时期。

中学生的心理问题集中在以下三种情形:①负面情绪,包括孤单、困惑、失落等。由于中学时期的学业压力与日俱增,因学习而产生的心理困扰是中学生心理问题的主要组成部分,具体表现为精神上的萎靡不振、思维迟缓等,厌学情绪的出现,以及考试焦虑;②自我认同的缺失,包括对自我价值的困惑、自我定位的混乱等,因生理、心理的变化,进入青春期后的中学生会有一个重新认识自我的过程,其间较易出现情绪不稳定、自制力较差等心理问题;③人际交往,包括群体生活、父母关系、同伴关系,主要行为表现是与父母、教师发生冲突,校园霸凌以及异性交往困惑等。目前的中学教育中,多偏重认知层面的能力培养,而对学生的情绪健康层面较少关注。

在激烈的社会竞争背景下,如何与中小学生共同面对情绪、心理问题,去寻找造成心理困境的真实原因,以积极、成长性的眼光看待、帮助他们度过心理危机,是一个任重而道远的课题。

四、阅读疗愈服务实践

中小学图书馆是新时代学校教育信息资源高地,是广大师生的智慧中心、成长中心与活动中心,理应响应健康中国战略的要求,加入提升中小学生健康素养的服务队伍中去。中小学图书馆可以结合中小学生的心理发展特点,科学开展阅读疗愈服务,为学生心理健康的改善贡献力量,帮助他们顺利度过心理挑战。具体而言,可以从资源配置、空间设计、人员组建和服务模式四个方面开展实践工作。

1. 配备专题服务资源

针对不同需求的读者,在适当的时间、地点,提供具有疗愈效用的恰当素材,是阅读疗愈服务发挥作用的关键。形式上,阅读疗愈服务适用的素材应该包括图书资料与各类视听资源。教育部办公厅在 2015 年 7 月印发的《中小学心理辅导室建设指南》明确指出,应"加强和规范中小学心理辅导室建设,提供心理辅导和心理健康服务",其中基本设置部分建议:接待区域基本设施配有期刊架、心理书籍等。根据中小学生的身心发展特点,适合该群体的图书资料包括图画书(绘本)、诗歌、神话、童话、寓言故事、少儿小说、传记等文学作品,以及恰当的心理自助书、心理类期刊,如《中小学心理健康教育》《心理与健康》等。在开展阅读疗愈服务时,图书馆员应考虑到中小学生读者的年龄阶段和心理情况,为其推荐、选择合适的作品。

目前,已有一些较为成熟的绘本推荐书目可供馆员参考选用。比如,国家图书馆少年儿童馆于 2013 年 7 月份编制并推出了一份《温暖童心绘本书目》,该推荐书目对家庭阅读及儿童心理辅导具有重要的指导借鉴意义。其中收录了 2007 年以来出版的 45 种(86 册)优良绘本,内容涉及生命认知、自我认知、逆境认知、情绪管理、环境变化、接纳差异、亲情、友情等孩子成长过程中需要面对的人生课题。此外,由台湾大学教授陈书梅执笔撰著的《儿童情绪疗愈绘本解题书目》(台大出版中心 2009 年版)和《从迷惘到坚定:中学生情绪疗愈绘本解题书目》(台北旺文社股份有限公司 2018 年版)两书,分别针对儿童和中学生读者群体推荐相应的"疗愈系"绘本作品。在陈教授的积极影响和正确引导下,东莞图书馆以此为参照,精选并推介了一批大陆出版的优良绘本作品,于 2010 年推出了《儿童绘本导读书目——心理成长系列》,而后又推陈出新,扩充体例,正式出版了《心灵成长图画书导读》(中国人民大学出版社 2012 年版)一书。这些书目,对中小学生家长、教师、心理辅导人员以及学校图书馆来说,都是选择阅读疗愈服务相关读物的优质参考。另外,馆员还可以结合语文教学中的必读书目或假期推荐书目,深入挖掘、选取具有疗愈作用的经典名著,以此作为"疗愈系"读物的重要来源。

2. 打造主题阅读空间

空间构建主要是指图书馆可以在馆内或校内打造适宜的阅读疗愈主题空间。这不仅是为了打造一个惬意的阅读空间,更重要的是通过专题的疗愈读物和专业的阅读指导,为中小学生开辟一片心灵的栖息地,完成从"空间"到"空间服务"的实质性转变。对于目前不定期举办情绪疗愈主题书展或读书会等活动的图书馆而言,可将活动中搜集到的"疗愈系"馆藏集于一处,形成常态化的疗愈专区或专柜,方便读者寻找所需资源。

在我国台湾地区,已有部分学校图书馆通过设立书目疗法专区或专柜,来提供发展性书目疗法服务。台湾基隆市立铭传中学设立了"解忧图书馆",典藏多元的情绪疗愈素材,并在书目专区中设计了"情绪阅读扭蛋机",每一枚扭蛋中附有"疗愈系"图书的书目信息,以及配备摘录自书目疗法素材专题书目中的情绪疗愈效用说明,或其他读者撰写的阅读心得。新竹市立建功高级中学于 2014 年在图书馆内设置书目疗法阅读专区,并在学生经常聚集的走廊、电梯口等地设立了"疗愈阅读角"。学校图书馆可以结合自身情况,创意性地设立"暖心室""解忧台""心灵驿站""幸福书吧"及"春暖书房"一类的阅读疗愈空间,包括但不限于阅读疗愈书目专架、专柜,阅读疗愈专题阅览室、讨论室等。2022 年,江苏省无锡市广丰中学图书馆推出"沐心向阳"荐读书籍专柜(见图 8-1),目前该专柜已发掘、展出百余种"疗愈系"读物,吸引了众多师生借阅。这一创新实践,可以说是国内中学图书馆设立阅读疗愈专题书架的最新尝试,书架每层皆设有提示牌,为读者提示本层"疗愈系"图书主要针对的情绪或心理问题。

图 8-1　无锡广丰中学图书馆
"沐心向阳"荐读书籍专柜

此外,馆员还可以根据园艺疗法的理念和方法,采用在室内空间摆放绿植或室内装饰与校园景观相结合的方式完善阅读疗愈空间设计,促进自然环境与人文环境的融合,充分发挥自然的身心疗愈作用。例如河北省图书馆针对低幼儿童群体,在馆内设置了专门的景观花园,并根据室内空间与儿童服务区的绘画、装饰对景观绿植进行搭配放置，保证整体画面的和谐与美感。在空间打造时引入园艺疗法的理念，一方面可以吸引学生读者，促使他们产生阅读兴趣；另一方面更能为进入该空间的读者提供安全、舒适、美好的身心疗愈环境。

3.组建稳定的人员队伍

近年来，阅读疗愈的理念和方法已在一定范围内为图书馆业界所认知并接受，但是大多数馆员仍较少有机会接受相关的培训，而专业能力无疑是服务开展的重要影响因素。对此，中小学图书馆员应努力提升自身综合素养，积极接受专业指导与训练，以增强专业的工作能力。具体而言，坚持贯彻落实终身学习的理念，能够帮助馆员持续进修有关知识技能，馆员自身应该涉猎并熟悉的专业知识读本，可参考已出版的相关书目、其他图书馆的阅读疗愈主题书目清单、相关作品书评等；或者主动参加到其他图书馆或专业机构举办的讲座、论坛、培训课程中去。此外，图书馆也应当促进馆员队伍与专业队伍的联合，加强与心理辅导中心、心理类社团合作，建立起以学校图书馆为中心，多主体共同参与的阅读疗愈服务生态体系。努力吸收优秀教师参与到图书馆的活动中来，尤其是具有语文、阅读学、心理学等学科背景，且具有人文关怀精神的教师。他们就是具有无限潜力的"阅读疗愈师"人力资源，正好可以弥补中小学图书馆员不足的现实问题。中小学生的心理发展特点显示出，同年龄的个体之间通常更能了解彼此的心理困扰问题，因此可以善用与服务对象年龄层次相近的学生志愿者，运用"朋辈咨询"的思路提供相关服务。还可以创新中小学家校合作模式，在中小学生健康成长的过程中，父母起着至关重要的作用，馆员可以考虑与家长群体形成联动。例如台北市万兴小学因学校图书馆人员缺少，搭配了多位学生家长志愿者协助选书活动的开展，不仅解决了人员短缺的问题，还以生动的方式让社会大众深入了解、接触阅读疗愈服务。

4.创新阅读服务内容与形式

一般而言，中小学图书馆通常会组织策划主题书展、读书会、知识讲座等阅读推广活动，而在此类活动中融入具有疗愈作用的素材，即为阅读疗愈的服务范畴。可以说，阅读疗愈服务是阅读推广活动中的一环。

中小学图书馆依托本馆常规的阅读推广活动来开展阅读疗愈服务，主要有两种思路：其一是提供以阅读为主轴的阅读式书目疗愈服务，其二是以互动为主轴的娱乐和创造性活动。阅读式书目疗愈服务，是指由读者自行阅读具有疗愈作用的图书资源，此思路下，图书馆的服务重点是帮助读者作出合适的书目选择，获取所需的馆藏资源。服务形式包括举办主题书展、举办专家知识讲座、提供可及时获取的推荐书单（包括实体书和电子书）、举办"疗愈系"读物书评写作等。互动式的阅读疗愈服务，通常由多位参与者一起进行，或者由实施者带领多位参与者共同进行，此类活动的重点在于对疗愈素材的探讨和延伸拓展。图书馆的服务重点则在于保证互动讨论的过程和效果，服务形式一般包括组织线上和线下的读书会、阅读疗愈课程、真人图书馆、工作坊等。在具体实施的过程中，图书馆应依照参与的对象、参与人数等，采用针对性的施行方式。例如，针对小学生群体，可以运用大声朗读、讲故事、艺术创作、角色扮演、写感想、积木手工、游戏等多样化方式；针对中学生群体，则可以有选择地重点开展知识讲座、读书会、真人图书馆等。

中小学图书馆可依据上述两种思路设置常态化的阅读疗愈服务,另外亦可在特殊节日、学期、寒暑假等不同时间,或者是发生重大社会性事件后,针对中小学生读者可能衍生的心理需求提供相应的阅读疗愈服务。例如,中小学生可能会有环境适应、人际关系、学业压力、考试焦虑等困扰,开展阅读疗愈主题活动的时间可以挑选新学期开始、期中或期末考后、毕业季等不同时期,以使他们在出现心理困扰问题之初,就能获取有效的缓解方法。

第四节　中小学图书馆中外阅读推广案例评析

国际图书馆协会与机构联合会和联合国教科文组织共同批准发表的《中小学图书馆宣言(1999)》指出:"中小学图书馆是教育过程的组成部分。"中小学图书馆是服务教育教学和教育科学研究的重要机构场所,是保障未成年人阅读,提高他们自主学习能力和终身学习能力的重要途径,在提升学生阅读能力及阅读素养水平方面发挥着重要作用。近年来世界范围内少年儿童阅读推广力度逐步加大,中小学图书馆阅读推广工作蓬勃开展,本节分别选取了中国南京、常州、无锡、天津、香港、台湾以及日本东京等七地的中小学图书馆阅读推广案例进行分析,以从案例中借鉴优秀经验,为中小学图书馆阅读推广工作提供思路。

一、小学阅读推广案例评析

小学是培养儿童阅读兴趣的重要时期,小学图书馆通过满足学生的阅读需求,培养其阅读习惯,提高其识字能力、语言能力、学习能力,促进其未来发展。世界各国越来越重视儿童阅读,小学图书馆在加快建设与发展的同时,不断鼓励学生走入图书馆、爱上图书馆,并开展了丰富的活动,取得了较好的推广效果。

案例一:阅读疗愈——南京市钓鱼台小学

南京市钓鱼台小学是一所实行小班化教育的公立小学,贯彻"关注每一个人"的理念。学校坚持以课程建设促学校文化建设的原则,对学生心理健康加以重视,培养学生形成自主、合作、探究的学习品质。南京师范大学文学院万宇老师团队在南京市秦淮区钓鱼台小学开展了三年阅读疗愈实践,提出了"游戏＋阅读＋反馈"的阅读疗愈模式,具有一定的创新意义与范本价值。

1. 项目设计

南京市钓鱼台小学的阅读疗愈活动围绕"认识同伴及团体的形成""认识自我""友谊最珍贵""信任与接纳""学会战胜困难""在集体中成长"等主题展开,主要包括游戏、阅读、反馈三个环节。万宇团队在开展阅读疗愈实践之前,进行了大量的调研准备工作,不仅与教师多次讨论沟通,而且深入学校仔细观察学生。最后经班主任老师推荐,选取了二年级和三年级的 10 名在人际交往上存在问题的学生。阅读疗愈全程以绘本作为阅读材料,根据不同成员在人际交往上的问题进行针对性的选择,并据此设计对应活动为学生开展阅读疗愈。

2. 项目内容

（1）游戏环节

活动中设计了相关的游戏环节，以促进疗愈师和成员之间良好关系的建立。游戏主要分两种类型。一种是团体建立之初的"破冰"活动，其目的是加快彼此熟悉，促进良好互动，包括"叠罗汉"等加快亲近的活动。另一种是配合阅读内容而展开的活动，阅读材料在活动中自然地引出，从而加深成员对其主旨的理解。例如，为帮助成员理解"信任与接纳"，团队设计的游戏为：成员两两结合为一组，一名被蒙上双眼的成员在另一名成员的搀扶下，在规定的路线上行走，之后两者互换，彼此分享各自的心情，最终导出"信任"的概念。

（2）阅读环节

阅读是疗愈活动的中心环节。疗愈师会在本环节中充分调动成员的情绪，帮助他们了解自己的情感、价值观、思想和行为。疗愈师引领他们经历并体会认同、宣泄和领悟等心理过程，鼓励他们表达出自己的想法，从而认识自己。本环节重视成员的感受，旨在引导他们在阅读中自己完成理解和表达。

（3）反馈环节

反馈可以反映活动的效果，是检测活动效果的重要环节。每位成员可以获得团队为其准备的"团体成员心得记录表"，以此记录他们的收获、感受和情绪，并可以指出活动的不足之处。"团体成员心得记录表"中以"这次活动中，你学会了……""你觉得这次活动很……"等问题来考察成员对活动的感受、接受程度及活动的效果；用"你觉得……（谁）在这次活动中表现得最棒？"来考察成员在活动中对于其他成员的关注。填写记录表是希望活动可以增加他们的自信心，使他们能够填写"自己"或"我"。此外，低年龄成员每次填写相同的反馈表可能会有厌倦感，为避免这样的情况，团队在每次活动中均会根据活动的内容调整反馈类型，如采用图画代替文字书写的方式，激发低年龄成员的兴趣。

3. 成效与影响

（1）南京市钓鱼台小学在与专业团队的合作中，探索出"游戏＋阅读＋反馈"的阅读疗愈模式。为促进疗愈师和成员之间建立关系，团队利用游戏引入主题；阅读是活动的中心环节，通过引领孩子积极参与阅读，带领他们经历认同、宣泄和领悟等心理过程，引导他们在反馈中充分表达自己；反馈环节对活动效果进行检测，为活动的完善提供参考。

（2）成员在参与活动之后，收获了一定的阅读疗愈效果，具体表现为：首先是成员的社交能力有所提高，可以及时和老师沟通，并主动与同学交流。其次是注意力变得集中，在学习中更加专注，呈现出学业进步的趋势。此外，成员在增强自信的同时还提高了参与活动的积极性，在课堂上积极踊跃发言，积极融入班级集体，这些均利于其身心健康发展。

（3）该活动通过指导性阅读，鼓励儿童用自己的认知能力去提高自我意识，用口语表达能力增强自我理解，帮助儿童认清和理解他们自己的情感、思想和行为。同时让儿童自主地接受有建设性的观点，树立成长中的支撑，打开他们了解自我和认识世界的窗户。

案例二:儿童阅读"五个一"——常州市怀德苑小学

常州市怀德苑小学始创于1999年,是一所公办民办相结合的全日制小学。学校以"一切为了孩子"为办学宗旨,确立了"怀德"的办学理念和"将怀德学子培养成为有健康体魄、独立人格、友善态度、探索精神、艺术涵养的人"的育人目标。校长彭志祥推动建设的儿童阅读"五个一"工程,对促进学校阅读推广工作发展,具有一定的借鉴意义。

1. 项目设计

为了营造良好的阅读生态,校长彭志祥带领怀德苑小学图书馆开展了多项阅读推广活动,采取多种形式开展阅读宣传推荐,引导学生爱看书,看好书,保障学生平均阅读量。学校图书馆充分利用阅览室、班级图书角、读书吧等空间,丰富学生的课外阅读资源,协同学科教师组织形式多样的读书活动,形成阅读引导合力,推动儿童阅读"五个一"工程顺利开展。

2. 项目内容

(1)校园一个读书日

学校图书馆每年都在4月23日"世界读书日"策划活动,当日所有课程安排均围绕阅读而展开,在全校营造爱读书、读好书的良好氛围。并开展名家进校园、阅读人物颁奖、读书讲座、书香班级展示等系列主题活动,激发学生的阅读兴趣,让他们体会阅读的乐趣。

(2)班级一个读书圈

每个班级建立专属的文化墙,以供学生读书交流,主要包括读书漂流单、图书角、读书评比栏、读书展示吧等。以亲近母语研究所编写的"日有所诵"丛书为阅读材料,学校每周组织学生进行一次主题早读。班级每个月会组织一次读书会,营造积极的阅读氛围,鼓励学生多读书,以引导学生爱上阅读。

(3)教师一个读书袋

在学校的要求下,语文老师每学期会带领学生共读一本书,鉴赏一篇儿童文学作品并讲述一次故事。其他学科的老师也会至少参与一次班级读书会,组织一次与本学科教学有关的阅读指导活动,将学习和阅读进行巧妙结合,相互促进。以上所有活动内容都要求留有过程性资料,并需整理成袋,作为教师专业发展的过程性资料进行保存。

(4)学生一个读书册

中、高年级学生会在学校图书馆的协助下,制作读书成长手册。手册由学生自行设计封面与封底,将读书自勉语作为前言。读书成长手册的内容包括读书目录、读书笔记、班级阅读情况、"日有所诵"背诵情况等内容,是对学生阅读情况的记录。

(5)家长一个读书台

学校还倡导家长与孩子每学期都在家中共读一本书并写下读后感言,营造家庭阅读氛围。家长通过自我推荐和教师选拔,走上讲台为孩子所在班级上读书课,与孩子共同体验读书的美妙。同时家长应每学期参与一次对学生读书册的审阅,观察并了解孩子阅读的情况。

3. 成效与影响

(1)通过参与学校图书馆设计的各项活动,学生可以在阅读中汲取文化营养,在书香中体会阅读乐趣,逐渐培养阅读兴趣。这些活动在促进学生爱上阅读方面发挥作用,促使学生在阅读中健康成长。

（2）儿童阅读"五个一"工程努力建设书香校园，营造阅读氛围，激发学生阅读热情，在校园内为学生准备充足的阅读条件。同时寻求家长帮助，和家长合作，共同打造适宜学生阅读的环境，丰富孩子的精神世界，助力其学习成长。

案例三：以学校为本位，从阅读中学习——香港蓝田循道卫理小学

蓝田循道卫理小学于1996年9月创立，是香港循道卫理联合教会主办的一所标准三十班全日制小学。蓝田循道卫理小学图书馆对学生阅读很是重视，致力于为学生提供有利的阅读学习条件，建设丰富而多元化的图书馆馆藏，营造良好的校园阅读氛围。学校图书馆落实"以学校为本位"的图书馆服务理念，举办了多项阅读活动，让阅读不仅成为学生学习的一部分，也成为家长及教师生活的一部分。

1. 项目设计

蓝田循道卫理小学具备完善的图书馆设备，馆藏以各学习领域教师精选图书为主，包括学生及家长推荐的优质图书，支持"从阅读中学习"的目标。历年来，蓝田循道卫理小学图书馆进行协作的科组涵盖"教与学""学生表现层面""管理与组织""校风及学生支持"等，从多方面、多层次推动着学生阅读与学习。

2. 项目内容

（1）亲子阅读奖励计划

亲子阅读奖励计划以学校与家庭合作的方式，鼓励学生自发地阅读课外书籍及浏览网站，养成良好的阅读习惯，以奠定学生终身学习的基础。这项全年性活动面向全校学生，为每位学生发放一本《亲子阅读奖励计划阅读记录册》。学生可与家长一同阅读，或在阅读一本图书后与家长分享，并将有关数据记录在记录册内，由家长签名证实。此外，该项计划还设有各种奖项，以鼓励学生借阅图书。

（2）点字图书工作坊

为了让学生了解《残疾歧视条例》，学校图书馆向香港特别行政区政府平等机会委员会申请资助，在通过香港盲人辅导会和社会知名人士庄陈友先生（亦为失明人士）的鼎力支持及家长义工的协助下，编印了一千本印版字及点字并排的创意小学故事图书《等腰三角形在哪儿？》。并在家长教师会义工团的家长小组协助下，带领学生到香港心光盲人学校进行阅读推广，利用编印的《等腰三角形在哪儿？》一书为失明儿童讲故事，分享阅读心得，进行阅读学习游戏。

（3）"英语大哥哥大姐姐伴读伴学"计划

学校图书馆参与教育局的"英语大哥哥大姐姐伴读伴学"计划，主要由五六年级的学生指导二年级英语阅读能力稍逊的学生进行识字、讲故事、伴读等活动。该计划以跨科组协作形式（包括图书组、辅导组、英文科和外籍教师及家长教师会），利用按能力分级的英文图书进行阅读奖励，并通过"搓泥胶识英文"及"唱歌做伴读"等趣味盎然的学习技巧，提升受助学生的英文学习兴趣及阅读能力。

（4）跨国界书签设计活动

自2007年起，图书馆每年9月均为全校学生报名参加"国际学校图书馆协会"的书签交换计划，并与视艺科及英文科老师合作在校内举办"跨国界书签设计活动"，在选书、写感想、设计书签等方面给予学生课堂指导。学校图书馆每年均会为学生介绍活动涉及的国家的风土人情，加深学生对这些国家的了解。学生可以收到不同地方寄来的书签，而且学生们所设计的书签也能到达各个国家。

（5）"亲一亲、文言文"阅读活动

蓝田循道卫理小学注重学生传承经典。为帮助小学生学习文言文，学校图书馆与中文科老师合办"亲一亲、文言文"阅读活动。中文科老师根据教育局课程发展处中国语文教育组派发全港小学的《积累与感兴：小学古诗文诵读材料选编》，自编校本阅读教材，解说每首古诗文的意境。学校图书馆带领家长义工在休息时与学生进行有奖励的背诵活动，激发学生亲近文言文的兴趣，帮助学生克服学习文言文的困难。

（6）"午间乐悠悠计划"

推动阅读，不只是学校图书馆的任务，也需要学校管理团队的积极参与。因此，蓝田循道卫理小学促进学校中层管理领导一同参与阅读活动，学校图书馆引领学校中层管理领导进行了"午间乐悠悠计划"。学校图书馆为学校中层管理人员举办工作坊，讲解一些重要阅读策略，包括导读、轮读及伴读等技巧，之后由学校主任级中层管理人员开班教导家长义工相关阅读技巧。活动在午餐后进行，学生留在教室内阅读图书，家长义工则通过观察，帮助阅读能力稍弱的学生改变阅读态度，掌握合适的阅读姿势及方法。

3. 成效与影响

（1）学校图书馆重视与各科组老师合作，利用校内及校外资源，举办多元且生动活泼的活动，并不断推陈出新，与时俱进，使学生在阅读中获得乐趣，通过阅读打造终身学习的根基。

（2）学校图书馆统筹管理阅读材料和与课程相关的资源，并灵活运用实体图书馆、数字图书馆及学校网页上"从阅读中学习"的自学数据，举行丰富的阅读学习活动，支持学生阅读并"从阅读中学习"，提升学生阅读兴趣，培养学生良好的阅读习惯，孕育校园阅读文化。

（3）学校图书馆通过学科协作活动，将阅读和信息素养培养元素融入课程，帮助学生利用所阅读的图书及网络信息进行深入且有意义的学习，提升学生对学科内容的掌握，帮助学生培养自主学习能力，为其终身学习建立良好基础。

案例四：图书时间——日本东京学艺大学附属世田谷小学

在日本，学校图书馆被誉为"学校的心脏"。1953年，日本制定《学校图书馆法》，为中小学图书馆专门立法，并以国家立法的形式将中小学图书馆的专业职务制度确定下来。东京学艺大学附属世田谷小学创建于明治九年（1876年），是日本知名的师范类国立大学——东京学艺大学的附属小学，其阅读推广工作取得的效果较好，具有一定的典型性和代表性。

1. 项目设计

东京学艺大学附属世田谷小学重视培养儿童的阅读兴趣，图书馆在其中发挥着重要作用，利用开馆时间及各班每周一次的"图书时间",进行阅读指导、图书推荐、讲述故事、开设展览、开展讲座和探究性学习指导等,促进孩子健康成长。

2. 项目内容

(1)阅读记录

"阅读记录"是学校常年开展的阅读推广活动。低年级的阅读记录包括了书名、作者、阅读起止日期、阅读感想和图书分类栏,以便让学生在阅读的同时学习、巩固分类法知识。阅读记录以记录书目信息的形式,鼓励学生坚持读完整本书,并以简短的文字表达自己的感想。一年级的学生在遇到不会写的字时,可以用图画表示。通过阅读记录,教师和图书馆员能更好地了解学生的阅读倾向和需求,以便为学生推荐适合的读物。

(2)盖章游戏

"盖章游戏"是学校图书馆为激励学生阅读而设计的一款游戏。图书馆员和任课老师商量后,制作了名为"推荐给六年级学生的纪实文学50册"的小册子,编印了每本书的摘要并会每年修订。同时设计"阅读挑战10本书!(六年级版)",书单中列出稍高于六年级阅读水平的三十几本书名,包括纪实文学、科幻小说等,并留出盖章处。学生每读完1本书后,向馆员简要复述图书内容即可换得1个章,集齐10个章后可换取1枚特制书签。

(3)《图书报(特刊·六年级某班限定版)》

学校图书馆十分重视学生毕业典礼前的最后一次"图书时间",为此专门设计了两项工作。一是制作"借书一览表",作为《图书报(特刊·六年级某班限定版)》发给毕业生,表中罗列出每位学生从入学至毕业的阅读经历。二是打印出每位学生小学期间的借阅记录,并装入印有学校图书馆照片的信封内,送给学生作为毕业留念。

(4)结合教材开展活动

馆员利用"图书时间",结合课堂教材,策划开展阅读活动。例如,结合所学教材中的"图书腰封"这一内容,针对四年级学生举办腰封制作活动。活动包括腰封展示、阅读图书、馆员指导、绘制腰封等环节,制作好的成品可在馆内展示。针对部分六年级学生阅读说明文比较吃力的情况,馆员会借助图文并茂的科普类杂志,指导学生进行阅读。

(5)新生教育

图书馆每年都会开展新生教育,希望通过六年的学习锻炼,帮助学生培养灵活使用图书馆资料的能力。对于一年级新生,图书馆教育会循序渐进地展开。开学初,馆员会到各班给学生读故事,通过有趣的故事拉近学生和馆员的距离,之后再逐步教会一年级学生图鉴的使用方法,并指导学生培养信息收集能力。

3. 成效与影响

(1)学校图书馆结合课堂教材,通过开展相关阅读活动培养学生的思考力、判断力和表达能力,帮助学生更好理解课堂知识。活动中,图书馆的魅力得以彰显,学生和图书馆的距离得以拉近,无形地引导着学生亲近图书馆、亲近图书。

(2)学校图书馆充分利用馆内资源开展探究性学习,引导学生在学习过程中进行探究和创新,培养学生的问题意识,提升学生的思考能力。同时对学生开展分级指导,考虑到不同年级的学生各有特性,针对不同年级的学生分别开展活动。在活动中注重培养学生信息检索能力,提高学生的信息素养。

(3)学校图书馆注重宣传,强调学校与家庭合作,提高教师和家长的指导能力,不仅在校园营造浓厚的阅读氛围,也促进温馨的家庭阅读环境的打造,为孩子阅读创造良好的条件。

通过分析以上四个小学图书馆的阅读推广案例,可以总结出四点共性,供其他小学图书馆借鉴:

(1)学校图书馆在设计阅读推广活动时,考虑到读者年龄小的特点,为增加活动的吸引力,多数采取游戏和阅读激励的形式,使小读者们在游戏的过程中加深对图书馆的认识,逐渐拉近学生和图书馆的距离。小学生保有孩童贪玩、好奇的本性,游戏可以增加活动的趣味性,提高学生参与的积极性,便于阅读推广活动的顺利开展。

(2)早期阅读是阅读的关键阶段,推动早期阅读不仅需要学校的努力,家庭的作用也十分重要。学校图书馆积极和家长合作,鼓励、指导亲子阅读的开展。图书馆以丰富的阅读资源和专业服务为亲子阅读提供支持与保障,努力建设学校和家庭共同推动阅读推广的合作模式。一方面,家长的积极配合可以推动学校图书馆的阅读推广活动顺利开展;另一方面,学校图书馆的活动可以助推家庭文化氛围的建设,为孩子营造阅读环境。

(3)小学为6—12岁的孩子提供教育平台,学生年龄跨度大。学校图书馆考虑到不同年级的学生有不同的认知能力、识字水平、理解能力、阅读需求等,在设计阅读推广活动时会进行分级指导,灵活调整活动细节,并参考分级阅读指导书目向学生推荐合适的读物。学校图书馆的馆员充分发挥专业素养,制定分级阅读策略,采用分级激励手段,开展面向全校学生的阅读推广活动。

(4)小学图书馆重视培养学生的阅读习惯,指导学生寻找合适的阅读方法。馆员以科学的方法引导学生自主阅读,引导学生体会阅读的乐趣,提升学生阅读兴趣。同时学校图书馆在开展阅读推广活动时鼓励学生进行阅读记录,引导其记下阅读的书目、日期、页数等,有时还会需要家长签名,帮助学生形成良好的阅读习惯。

二、中学阅读推广案例评析

中学时代是人生理、心理发育成长的关键时期,是世界观、人生观、价值观及人格形成的重要时期,阅读对此有重要作用。近年来,多地中学图书馆积极吸收图书馆阅读推广先进理念、经验,结合中学特点,探索全方位、多元化的书香校园建设,营造浓郁的校园阅读推广氛围,提升中学生阅读推广质量,引导中学生热爱阅读、养成阅读习惯。

案例一:"紫藤苑"阅读共享空间——无锡市广丰中学图书馆

无锡市广丰中学始创于1977年,2016年11月23日学校创新建设图书馆,开设了"紫藤苑学习共享空间"。在中国图书馆学会阅读推广委员会2018年主办的"发现图书馆阅读推广特色人文空间"活动中,无锡市广丰中学图书馆从参赛的公共、高校图书馆中脱颖而出,成为唯一获奖的中学图书馆。"紫藤苑"阅读共享空间的实践可以为中小学图书馆开展合理科学的空间再造提供一定的指导。

1. 项目设计

"紫藤苑"阅读共享空间面积 230 平方米,既是书刊浏览、借阅的场所,也是进行课程学习、课外活动的空间。学校图书馆通过服务创新活化图书馆空间,并引入"人"这一关键要素,在阅读指导、课程基地建设和全民阅读推广方面做出新的贡献。

2. 项目内容

(1)便捷服务,自由阅读

"紫藤苑"是学校文献资源中心通过空间再造后的阅读共享空间,其内部能够自由重组空间和变换场景,极富灵动性与可变性。空间由藏书万册的书墙、相邻的特藏室"爸爸的书房"、阅读休闲区的涂鸦黑板及大厅过道名人文化墙共同构成。

(2)阅读指导

学校图书馆会定期开展新书推荐活动,同时鼓励教师、馆员以及学生互荐好书。图书馆会定期开展图书选择技巧的课程,以帮助学生更高效地寻找到所需书籍,并获取更为合适的书籍版本。图书馆还在墙上张贴读书方法,以引导学生规范阅读,同时精心编辑了《阅读写真集》,教导学生阅读贵在坚持,并引导学生循序渐进开展阅读,在阅读中需耐心理解文字内涵,读懂书中深意。

(3)开展特色阅读活动

"紫藤苑"阅读共享空间组织开展了多项各具特色的阅读活动,吸引学生进入阅读世界,探寻知识海洋。"紫藤苑"常年开展广受好评的"你选书,我买单"活动,并会举办"名人传记"阅读月与读书演讲大赛。图书馆发布"借书达人榜单"与"个人悦读单",主动发挥榜样模范带头作用,从阅读书目、读书榜样、量化指标等方面帮助学生及时梳理个人阅读的质量,逐步提升阅读成效,着力培养学生的基础阅读能力和素养。

(4)探索语文学科阅读

"紫藤苑"阅读共享空间搭建了教育部统编初中语文教材名著阅读书目(必读与自主阅读)要求的 36 种图书的专架,以支持语文课程阅读教学与学生自主学习活动;并根据学生实际阅读状况配以视频影像、连环画、作品评论集等,创设适宜的学科必读资源库,方便学生结合课程内容获取阅读资源。

(5)引入创意社团课程阅读

在"紫藤苑"阅读共享空间,图书馆还为各类学生课余社团提供系列化、课程化专题阅读的指引。广丰中学先后在"紫藤苑"阅读共享空间引入"灯谜"非物质文化传承社团活动和"追寻历史内幕的旅行"红色革命系列讲座。除了提供社团的活动和学习场所,还针对课程设置"灯谜"和"红色阅读角"专题书架,供社团学生阅读与研讨,深化学生对文化和历史的理解。

3. 成效与影响

(1)据统计,2018—2019 学年第一学期借书最多的学生,个人借阅量达 108 册,"紫藤苑"阅读共享空间作为学生学习成长的重要伙伴,与学生阅读和成长紧密相连,相伴同行。该阅读共享空间利用率达到100%,已成为学生心中最美的知识栖息地,学生能够在课间或是午休等时间自由进出、自由借阅、自由交流。

(2)"多元空间＋资源整合＋课堂教学"的组成模式,不仅为学生带来全新的阅读体验与学习方式,还可以满足学生不断变化的阅读需求,将较大的自主性赋予学生。在2020年的调查中,86.69%的学生对阅读共享空间表示肯定。多元学习和师生协同交互教学,在一定程度上提升了学生的学习能力,有效提高了教学质量。

(3)"紫藤苑"阅读共享空间的馆员认真倾听各社团教师和学生的阅读需求,包括社团学生的个性化阅读需求。在认真考虑社团师生的阅读需求的基础上,提供阅读书目的"私人定制"和"学习共同体"的共享服务,满足不同读者的教育教学需求,提高了学校图书馆读者服务的质量。

案例二:中华优秀传统文化教育——天津市南开中学图书馆

天津市南开中学于1904年由著名爱国教育家严修和张伯苓共同创办。学校注重对学生进行爱国主义教育,学校图书馆经常开展阅读活动,进行中华优秀传统文化教育,激发师生参与弘扬中华优秀传统文化活动的热情,营造校园文化氛围,使"书香南开"概念赋能南开中学阅读推广,取得了较好的推广效果。

1. 项目设计

自2019年起,天津市南开中学图书馆以"弘扬中华优秀传统文化"作为阅读推广主题,整合原有零散的阅读推广活动,成功打造了"书香南开"阅读推广品牌,并取得了良好的社会效益。

2. 项目内容

(1)"相约海棠树,共读一本书"校园读书节

在南开中学,海棠树是重要的校园文化标志,世界读书日前后,恰逢校园中海棠花竞放之时;图书馆结合读书、海棠等元素,开展了"相约海棠树,共读一本书"校园读书节活动。在校园读书节期间,图书馆举办系列活动,如"海棠与读书"摄影、"海棠花忆"原创诗词诵读比赛等,充分挖掘校园文化特色,形成在学生中具有广泛影响力的特色校园读书节。

(2)邀请名家参与

南开中学图书馆注意发挥"名人效应",抓住讲座、真人图书馆等活动契机,邀请国内知名学者为读书品牌题字。在2019年读书节期间,南开中学图书馆邀请央视著名主持人白岩松为读书节题字"相约海棠树,共读一本书",并邀请著名历史学家蒙曼题字"南开中学校园读书节",扩大了南开中学校园读书节的品牌影响力,增强了对学生的吸引力。

(3)中华优秀传统文化阅读指导课

南开中学图书馆将中华优秀传统文化教育嵌入校园文化建设,充分利用南开中学的校史馆等校园场所,挖掘校史资料,营造爱国、爱校的校园文化氛围。图书馆通过开设中华优秀传统文化阅读指导课,整合教学资源,充分发挥课堂教学的主渠道作用,精心设计教学内容,挖掘课程思想和文化内涵。图书馆在阅读指导课中融入语文、历史、政治等课程涉及的传统文化、历史地

理常识与思想道德教育因素,对中学生开展家国情怀教育、人格修养教育和社会关爱教育。

（4）中华优秀传统文化读书会

南开中学图书馆依托海棠书艺社等学生社团,创办中华优秀传统文化读书会,依托读书会开展丰富多彩的阅读、书写、演讲、朗诵、创作等阅读推广活动,引导学生自发开展对中华优秀传统文化的学习、传承及创新传播活动,加深中学生对中华优秀传统文化的认知和理解。

（5）结合特定时间点开展活动

南开中学图书馆结合重要时间节点,以重大节日、纪念日为契机,组织举办阅读推广活动,带动校园阅读文化建设。例如,南开中学在寒暑假期间通过"书香南开"这一校园阅读推广品牌,举办中学生原创诗词大赛和"中华优秀传统文化"摄影、海报征集等活动,开学后由图书馆评选出优秀作品在馆舍内部及校园公众号、微博、校园刊物上专项展出。

3. 成效与影响

（1）学校图书馆在文献资源建设方面,侧重于中华优秀传统文化主题。通过文献资源建设,为师生创造适宜中华优秀传统文化传播的阅读推广氛围,助力校园文化建设,为开展中华优秀传统文化教育提供资源基础。

（2）学校图书馆整合各类资源,建设本校特色读书品牌,扩大图书馆影响力,激发学生阅读经典的兴趣。在阅读中学习中华优秀传统文化,传承中华传统美德。

（3）学校图书馆积极探索与社会力量合作,邀请名家参与阅读活动,在创新活动形式的同时,提升阅读活动影响力,促进阅读推广新发展。

案例三:"杏福阅读"——台中市大墩中学图书馆

大墩中学是台中市的一所初中,2010 年 9 月 9 日其学校图书馆正式开放。学校结合校树银杏,提出了"杏福阅读"的口号。全校师生为将学校打造成为一所"阅读典范学校"而不断努力,推出了一系列具有突破性的阅读推广活动,取得了斐然成果。从 2012 年到 2014 年,大墩中学接连摘得"亲子天下'优质中学 100 选'之阅读优质学校"、"台中市阅读绩优学校"、亲子天下与天下杂质教育基金会评选的"乐读学校"以及"台中市教学卓越奖特优"等多种与阅读相关的奖项。

1. 项目设计

大墩中学图书馆全馆面积仅两三间教室大小,但馆内布置生动活泼,书架采用彩虹色系,并设置较隐藏性的阅览座位,满足初中学生喜欢冒险的心理。大墩中学还建设了图书信息查询系统,系统具有新书荐购、馆藏查询、网络互动读书会、在线留言板等功能,还包括"大墩中学""杏福阅读 Facebook""杏福阅读部落格"及数位阅读、电子期刊等链接,旨在推动"杏福阅读"顺利开展。

2. 项目内容

（1）"爱上晨读"

为了响应台湾地区关于晨读的政策,学校图书馆开展了长期的"爱上晨读"活动。该活动尊重学生的主导权,老师不干涉阅读内容的选择,由学生自主选择喜欢的书刊。老师协助学生进入阅读情境,并和学生一起阅读,为学生营造轻松的阅读环境,引领学生享受阅读带来的愉悦。阅读时间虽然不长,但可以作为一天学习的热身,带领学生进入学习状态,增进学习效果,并帮助学生养成良好的阅读习惯。

(2)"书箱宅急便"

"书箱宅急便"是学校配合"爱上晨读"开展的一项阅读推广活动。"宅急便"一词来源于日本,指日本独创的一种运输方式,后也引申为特快专递之意。"书箱宅急便"这一活动名,将图书馆为学生提供书籍的行为艺术化,增加了活动的吸引力。活动的参与方式为:以班级为单位,各班向教务处的阅读推动教师提出"书箱宅急便"申请,每次最多可借100册图书,借期为一个月,可以续借一次。各班老师指定班级的图书借用与管理人员,由这些人员对该活动进行负责,班级内借阅办法则由各班自定,若借阅的图书出现污损或遗失等情况,则由班级购置相同图书或照价赔偿。

(3)"共读书箱"

"共读书箱"是学校图书馆推出的一项共读活动。每个班级从160本"中小学生优良课外读物"中,讨论选出一本书作为共读书目,以班级为单位进行深入阅读。在三个月内,同学们须整合书籍大意,在理解、分析文本内容的基础上写下推荐理由,并编写演出剧本,不断提出问题与想法,最终以自己的语言对书籍的内容和主旨加以表达与诠释。

(4)"一日图书馆长"

为延长学校图书馆的开放时间,让阅读融入学生的生活,馆员决定周六早上8点至12点开放图书馆并交由学生全权打理,因而产生了"一日图书馆长"活动。学校图书馆以"(让)图书馆成为你的秘密基地""为别人介绍一本你最喜欢的书"为口号吸引学生参与。"馆长"需要负责当天图书馆中的图书分类、管理、借还书、环境卫生等事务性工作,礼貌接待到馆阅读的学生与社区人士,并提供咨询及解说服务,最后需要填写"一日图书馆长"服务学习记录表。此外,"馆长"还需要明确自己想要达成的目标,提前设计"馆长日"的特色阅读推广活动。"馆长"们还会在学校图书馆"杏福悦读"的Facebook中,讨论与分享彼此担任"一日图书馆长"的历程与心得,学校可据此了解学生获得的学习经验与成长情况,对该活动进行完善。

(5)"我的个性小书"

2012年4月5日到6月11日,大墩中学面向全校学生征集原创作品,开展"我的个性小书"制作和评比活动。活动中获奖的优秀作品在图书馆进行展出后,经过特殊编目收入学校图书馆的特色馆藏,供全校师生借阅。"个性小书"由学生自选主题,形式不限,漫画、绘本、小说、诗歌、散文、摄影等均可。参与活动的学生充分发挥自己的想象和创意,用心制作,产生了很多优秀作品。这些作品不仅被永久保留在学校图书馆,还被台中市公共资讯图书馆征用并电子化,收录于"圆梦绘本"资料库中,作为亲子共读的资料供给所有读者借阅。

3.成效与影响

(1)学校图书馆积极寻找方法促进学生阅读,将阅读教育和各领域课程进行结合,帮助学生善用学校图书馆的各项资源,走入图书馆并爱上阅读;同时提供给学生相互观摩、学习的机会,培养其创造力,发掘学生的多元文化潜力,促进学生未来发展。

（2）学校图书馆通过开展丰富的阅读活动，激发学生阅读兴趣，培养校园阅读风气。增强学生阅读理解能力的同时，营造优良的学习氛围，进而健全学生品格，丰富学生学识，使学生的学习能力有所增强。

（3）学校图书馆创新活动形式，为学生提供当"馆长"的机会。学生在承担馆长职务的过程中，不仅能深入了解图书馆的功能及价值，还能培养自主阅读、分享阅读的习惯，锻炼其协调、组织及实践能力，激发领导才能，健全人格发展。

本节选取的三个中学图书馆的阅读推广案例各具特色，但有其成功的共性，可供其他中学图书馆学习借鉴：①中学生处于心智、学识成长的重要时期，中学图书馆充分考虑青少年的成长特性，注重培养学生的思想品德，采用学生喜闻乐见的形式加强学生精神文明建设。同时，将学校图书馆和课堂内容结合，充分利用丰富的馆藏资源，辅助学校教学工作开展，帮助学生更好理解课堂知识，促进其学业进步。②中学图书馆注重发挥馆员的专业性，为学生提供专业的阅读指导，帮助学生形成良好的阅读习惯。中学的学业任务相对较重，学校图书馆尽量不占用课堂时间，而更多在课余时间开展阅读推广活动，使同学们可以在空闲时间通过阅读放松身心。③中学图书馆追求在阅读中学习，注重培养学生的综合能力，在策划阅读推广活动时会综合考虑表达能力、交流能力、学习能力等的锻炼与提升，设计的活动会更加多元化。中学图书馆不仅是一个提供书籍借阅的场所，还是一个培养学生终身学习能力的平台，开展的阅读推广活动会更多考虑教育性。

本章小结：

中小学阅读推广工作的开展，需要校方、馆方、家庭等多方面共同推进。在明确阅读推广工作现状的基础上，需对其工作理念、实践步骤、构成要素等有充分的认识。这样才能更好地依托学校、课堂平台，将阅读推广工作活化为中小学教学日常，从而潜移默化地发挥其作用。从自身角度来看，中小学图书馆应保证活动形式的丰富性，调动读者群体的积极性。除依托课堂的阅读课形式外，应尽可能地开展特色推广活动，针对不同群体的读者提供个性化服务。此外，应积极关注阅读疗愈服务在图书馆阅读推广工作中的地位与作用，努力为目标读者提供支持心理健康的阅读服务。最后，通过学习中小学优秀阅读推广案例可知，图书馆在开展工作时应关注读者的独特性、发挥馆员的专业性、注重活动的教育性等，为推动中小学生精神文明建设提供助力。

学习与思考：

1. 什么是阅读推广？阅读推广工作的基本要素有哪些？

2. 中小学图书馆的阅读推广工作具体是指什么？

3. 中小学图书馆的阅读推广活动服务对象包括哪些？

4. 阅读推广活动的实践流程是什么？活动形式有哪些？

5. 书目推荐的原则是什么？

6. 什么是阅读疗愈服务？它有什么样的作用？

7. 小学生和中学生的心理发展特点分别是什么？

8. 小学生和中学生分别有哪些心理困扰问题？

9. 中小学图书馆可以从哪些方面开展阅读疗愈服务实践？

10. 中小学图书馆的阅读推广活动可以怎么样创新？

推荐阅读书目：

1. 徐雁,李海燕. 全民阅读知识导航[M]. 南京:南京大学出版社,2016.

2. 徐雁. 阅读的人文与人文的阅读[M]. 北京:科学出版社,2014.

3. 宫昌俊. 中小学图书馆建设与阅读推广[M]. 北京:朝华出版社,2020.

4. 王波. 阅读疗法[M]. 北京:海洋出版社,2014.

参考文献：

1. 王军,张艳,屈长谊,等. 新时期中小学图书馆阅读推广缺失与对策——以西安市中小学图书馆为例[J]. 图书馆学刊,2017(12):71－76.

2. 杨富军. 中学图书馆阅读推广方法探究[J]. 教育与装备研究. 2021(12):19－23.

3. 丛全滋,李春利,王师爽. 图书馆阅读推广构成要素及其主要作用关系研究[J]. 图书馆,2022(4):21－27.

4. 吴玥. 全民阅读视域下中小学阅读推广研究[J]. 图书馆工作与研究,2018(2):123－128.

5. 叶鹰. 面向学生的推荐书目[J]. 图书馆杂志,2003(4):19－20.

6. 唐玖江,荣维东,薛相锋. 青少年课外阅读推荐书目研究:基于中小学语文课程标准实施视角[J]. 图书馆杂志,2020(5):64－74.

7. 陈哲彦,徐雁. 分众阅读理论下借力读书会的高校图书馆阅读推广探析[J]. 图书馆理论与实践,2022(3):92－97.

8. 陈幼华. 论阅读推广的研究范式[J]. 图书馆论坛,2018(3):81－89.

9. 徐雁. "分级""分众"理念双重观照下的"阅读疗愈"的社会价值——王万清、季秀珍、陈书梅"阅读疗愈"观解析[J]. 图书情报研究,2021(4):3－7,20.

10. 沈固朝. 图书治疗——拓展我国图书馆服务和图书馆学研究新领域[J]. 图书情报工作,1998(4):12－15,54.

11. 王玲. 图书馆"阅读疗愈"服务探究[J]. 新世纪图书馆,2014(9):41－44.

12. 王惠惠. 中小学图书馆开展阅读疗法服务路径探索[J]. 图书馆,2021(11):82－86.

13. 艾雨青,陈菁. "读书身健方为福"——情绪疗愈绘本解题书目及其对学校图书馆开展阅读疗法的启示[J]. 大学图书馆学报,2021(4):87－92,128.

14. 陈菁. "书目疗法"的爝火及"书目疗法专区"的社会实践——台湾大学资讯管理系陈书梅教授的知行合一[J]. 图书情报研究,2021(4):8－13,20.

15. 万宇. 阅读治疗在小学阶段的探索性实践——南京市钓鱼台小学的应用实例[J]. 图书馆杂志,2010(10):37－41,15.

16. 马辉洪,陈敏仪. 从 PIRLS 调查结果思考香港学校图书馆在推广阅读中的角色定位——以蓝田循道卫理小学图书馆为例[J]. 图书馆理论与实践,2018(4):20－23.

17. 周樱格. 日本小学图书馆的发展现状及服务实践研究——以东京学艺大学附属世田谷小学为例[J]. 图书馆

杂志,2017(6):72 - 76.

18. 朱春红,陈庆丽.再造校图书馆空间,创新书香校园建设——以无锡广丰中学图书馆"紫藤苑"阅读共享空间为例[J].山东图书馆学刊,2022(2):119 - 123.

19. 王碧蓉.台湾地区中学图书馆阅读推广现状研究——以台中市大墩中学为例[J].图书馆,2016(12):44 - 48.

第九章　中小学图书馆信息素养教育

本章导读：

　　印度著名图书馆学家阮冈纳赞提出了著名的"图书馆五法则"，其中心思想体现了"书是为了用的"即为了服务的理念。21世纪正值信息与知识经济时代，信息意识和信息检索及利用能力无疑已成为当今图书馆员所应具备的一项基本素质，成为信息技术条件下图书馆深层开发、多元服务、提升品质的重要保障。尤其是随着网络信息技术的迅猛发展，面对实体馆藏与虚拟馆藏并存的现状，如何在浩如烟海的文献信息中快速检索、有效整合、提炼精华，切实地为师生提供最有效的服务。如何培养中小学生获取文献信息的初步能力和自学能力，从而全面提高中小学生的信息素养，已成为每一个中小学图书馆员所面临的核心问题。而了解检索方法，掌握检索技巧，正是解决此问题的最佳途径及必备技能。本章正是从文献检索基础知识入手，结合中小学教学的实践和教学实例，阐述了不同形态文献的信息检索原理与利用方法。

　　通过本章学习，你将了解到：
- 信息检索的相关基础知识
- 常用参考工具书的检索与利用
- 电子信息资源的检索与利用
- 新媒体与网络信息资源的检索与利用

第一节　信息检索基础

　　随着科学技术日新月异地发展，人类步入了信息化时代，人们交流、学习及生活的方式已随之发生了巨大的变化。在这些变化中，我们时刻感受着信息资源的多元化利用及信息的多样化服务。如今，信息资源已同物质资源、能源资源并列成为现代社会资源的三大支柱。文献信息作为一种资源在社会生产和人类生活中起着越来越重要的作用，特别是在中小学生进一步拓展知识视野，有效地提升自我学习能力方面成为一项必备的基本素养。为了更好地掌握这项技能，从小学起就对学生进行信息教育，提高利用信息意识和获取信息技能，掌握信息检索的相关知识是很必要的。

一、信息检索概述

1. 信息检索的含义及类型

　　"信息检索"一词由莫尔斯于1949年首次提出。它是指将信息按一定的方式组织和存储起来，并根据信息用户的需要找出相关信息的过程。信息检索至少包括三层含义：一是按某一主题或某一特征从信息源或数据库中查找到相关的信息并获取线索；二是为解决某一问题从信息源或数据库中获取隐含于文献中的事实、数据、图像或理论等未知的知识,如全文检索;三是将查寻的信息及其知识进行分析加工,提供给用户使用,如定题服务等三次文献服务。

信息检索的类型按不同的分类方式呈现出不同的类别。目前,比较常用的有两种。一是按检索方式分为:①手工检索。通过手工的方式检索信息,其检索工具主要是书本型、卡片式的信息系统,即目录、索引、文摘和各类工具书。②计算机检索。利用数据库、计算机软件技术、计算机网络及通信进行的信息检索,其检索过程是在人、机的协同作用下完成的。③综合检索。是同时使用手工检索与计算机检索两种检索方式的信息检索。

二是按检索内容分为:①文献型信息检索。利用检索工具或检索系统查找文献的过程,包括文献线索检索和文献全文检索。其中文献线索包括书名或论文题目、著者、出版者、出版地、出版时间等文献外部特征,其检索工具有书目、索引、文摘及书目型数据库和索引、题录型数据库。而文献全文检索是以文献所含的全部信息作为检索内容,即检索系统存储的是整篇文献或整部图书的内容。②事实型信息检索。是以特定的客观事实为检索对象,借助于提供事实检索的检索工具与数据库进行检索,其检索结果为基本事实。一般来说,它多利用词语性和资料性工具书,包括字典、词典、百科全书、政书、年鉴、手册、名录、表谱、图录等,也可利用索引、文摘、书目等线索性工具书及学科史著作、科普读物等。③数据型信息检索。是以数值或图表形式表示的,以数据为检索对象的信息检索,又称数值检索。检索系统中存储的是大量的,如电话号码、统计数据等数字数据和图表、图谱等非数字数据。

2. 信息检索与信息素养

随着多媒体时代的来临和新课程标准的全面推行,信息检索能力作为核心素养的关键能力之一,越来越成为当下学生终身学习和可持续发展的必备能力。信息检索可以让学生在遇到疑难问题时,掌握获取知识的路径,从而能快速有效地解决问题,提升自我能力。因此,中小学的信息检索课在学生信息素养的提升中发挥着越来越重要的作用。通过对信息检索知识的系统学习,学生有更强的信息获取能力,对自身的信息需求具有良好的自我意识;能意识到自身潜在的信息需求,成为一种内驱力,促使自己通过查询、加工、筛选、整合、分析等方式获得能够满足自我需求的有效信息。可见,作为学生必备能力的信息检索能力是信息素养教育的重要内容。

而中小学图书馆作为信息中心之一,理应成为信息检索重要的平台与窗口。因此,一方面,中小学图书馆要具备信息检索的硬件与软件设施,可以让师生根据自我需求进行信息检索;另一方面,图书馆老师要具备信息检索的能力,即有敏锐的信息意识,快速且准确获取信息的技能,充分挖掘信息且整合运用的能力,能及时为师生开展定题或专题化服务,以满足师生的最大化信息需求。据此,图书馆老师信息检索能力的提升也是信息素养教育的主要内容。

二、文献信息检索原理

1. 文献信息检索的概念

文献信息检索是从文献信息资源集合中找出所需文献信息的过程。从广义上讲,文献信息检索包括两个过程:一是文献信息的存储过程。存储是选择文献信息,按规范化语言文本揭示与描述文献信息内、外特征并使其有序化的过程。即将大量有关信息集中起来,并对信息的外表特征和内容特征进行著录、标引和组织,经过整理、分类、归纳等处理,使其系统化、有序化,并按一定的技术要求建成一个具有检索功能的工具或检索系统,供人们检索和利用。二是文献信息检索过程。检索是系统根据用户提问按规范化语言进行概念转换,经逻辑匹配输出与提问相关的文献信息。即是指运用编制好的检索工具或检索系统,查找出满足读者要求的特定信息。狭义的检索是指依据一定的方法,从已经组织好的大量有关文献的集合中,查找并获取特定的相关文献的过程。

综上所述,文献信息检索就是将文献信息按照一定的方式组织和存储起来,并能根据用户的需求,找出其相关文献信息的过程。

2. 文献信息检索类型

文献信息检索按不同的标准可以划分为不同的类型。

(1)按文献信息检索存储和检索内容划分,可分为文献型检索、事实型检索和数据型检索

● 文献型检索:是指利用文摘、题录、索引、目录等二次文献信息,查找文献线索和根据文献线索查找原始文献。如查找某一课题、某一著者、某一地域、某一机构、某一事物的有关信息,都属于文献型检索范围。如检索"我国中小学课程改革的论文"。

● 事实型检索:是指对特定的事件或事实的检索,包括事物的性质、定义、原理及发生的地点、时间、前因后果等。凡是利用百科全书、辞典、年鉴等检索工具从存储事实的信息系统中查找特定的事实过程称为事实型检索。如检索"改革开放以来我国中小学教育事业的成果"。

● 数据型检索:是指从检索工具(系统)存储的数据中检索用户所需数据的检索。凡是利用参考工具书、数据库等检索工具检索包含于文献中的某一数据、参数、公式或化学分子式等,统称为数据型检索。如检索"上海杨浦大桥的高度与跨度""2008年我国人均GDP指数"。

(2)按文献信息的组织方式划分,可分为全文检索、超文本检索、多媒体检索和网络信息资源检索

● 全文检索也称全文数据库检索:是指检索系统中存储的是整篇文章乃至整本书。它通过计算机将文件的全貌,包括文字、图形和图像等信息转换成计算机可读形式,直接采用自然语言来设置检索入口,检索时以文中任意信息单元作为检索点,计算机自动进行高速比照,完成检索过程。

● 超文本检索:是指超文本的内容排列是非线性的,它按知识(信息)单元及其关系建立起知识结构网络,如具有图形的信息又称超媒体。超文本(媒体)检索是通过超文本(媒体)链接来实现的。其形式有的在网页的文字处有下划线或以图标方式标志,用户点击这些标志便能进入与此信息相关的页面,超文本起信息导向作用。这样,用户在从一个页面转向另一个页面的过程中就可以获取自己所需要的信息了。

● 多媒体检索:是指能够支持两种以上媒体的数据库检索。多媒体数据库存储以及数据库检索技术对同时存在文字、图形、图像、动画、声音等媒体的数据进行统一的存取与管理,检索时不仅能够浏览对象的文字描述,而且能够做到听其声、观其形。

- 网络信息资源检索：是一种集合各种新型检索技术于一体，能够对各种类型、各种媒体的信息进行跨时间、跨空间检索的大系统。网络信息资源的组织管理需要诸多的信息技术支持，其中以 WWW（World Wide Web，全球浏览）技术最具优越性和可用性，它使用 WWW 浏览器在 Windows 界面下交互作业，能给用户揭示到一篇篇文章的信息，具有很强的直观性。WWW 是一种集超文本技术、多媒体技术和网络技术于一体的新型检索工具。与传统信息检索方式相比较，它具有深入、实时、快速、跨时空共享和多媒体应用等优点。

（3）根据文献信息存储、检索方式和技术划分为手工检索和计算机检索

- 手工检索简称"手检"，是指人们通过手工的方式来存储和检索文献信息。其使用的检索工具主要是书本型、卡片式的文献信息系统，即文摘、索引、目录、手册等。

- 计算机检索简称"机检"，是指人们利用数据库、计算机软件技术、计算机网络以及通信系统进行信息存储和检索，其检索过程是在人机的协同作用下完成的。包括脱机检索、联机检索、光盘数据库检索和网络信息检索（也称 WWW 检索）。

三、文献信息检索语言

1. 文献信息检索语言概述

文献信息检索语言就是文献信息组织与文献信息检索时所用的主要语言。文献信息检索语言又称为情报检索语言、文献标引语言、索引语言。它是因文献信息的加工、存储和检索的共同需要而编制的专门语言，是表达一系列概括文献信息内容和检索课题内容的概念及其相互关系的一种概念标识系统。因其使用的场合不同，文献信息检索语言也有不同的叫法。例如在存储文献的过程中用来标引文献，叫标引语言；用来索引文献则叫索引语言；在检索文献过程中则叫检索语言。

2. 检索语言的作用

检索语言在信息检索中起着极其重要的作用，它是沟通信息存储与信息检索两个过程的桥梁。其主要作用如下：①标引文献信息内容及其外表特征，保证不同标引人员表征文献的一致性；②内容相同及相关的文献信息加以集中或揭示其相关性；③文献信息的存储集中化、系统化、组织化，便于检索者按一定的排列次序进行有序化检索；④便于将标引用语和检索用语进行相符性比较，保证不同检索人员对相同文献内容表述的一致性，以及检索人员与标引人员对相同文献内容表述的一致性；⑤保证检索者按不同需要检索文献时，都能获得最高查全率和查准率。

3. 检索语言的类型

信息检索语言很多，一般按照标识的性质与原理可划分为分类检索语言和主题检索语言两种。

（1）分类检索语言

分类检索语言是用分类法来表达各种文献信息资源的概念，将各种概念按学科、专业性质进行分类和系统排列。我国大多数图书馆采用《中国图书馆分类法》。

（2）主题检索语言

主题检索语言是从内容角度标引和检索文献信息资源的方法。它不像分类法以学科体系为中心，而是利用词语来表达文献信息资源中论述的主题概念。用来表达文献信息内容的词语称为主题词。主题词不同于自然语言，它是将自然语言中的词语规范化处理后作为揭示文献的主题标识，并以此标识、编排、组织或查找文献的编排方法。主题检索语言又可分为标题、元词、叙词、关键词等多种类型。其中，关键词是指出现在文献标题、文摘、正文中，对表征文献主题内容具有实质意义的语词，以及对揭示和描述文献主题内容是重要的、关键性的语词。读者常用的检索语言就是利用关键词进行检索。

四、文献信息检索工具

无论是文献、数据还是事实，它们都广泛分布于各种文献之中，如果不借助一定的工具，要获取它们无异于大海捞针。这种工具是一种特殊的文献类型，汇聚、浓缩某一方面资料并按特定的方法编排起来。检索工具用以存贮和检索文献或报道、累积和查找文献线索的工具，它是在一次文献的基础上经过加工、整理、编辑形成的二次文献。文献信息检索工具分为事实数据检索工具和线索性检索工具。用于查询数据和事实的检索工具，如字典、词典、手册、年鉴等，属于事实数据检索工具。用以报道、存储和查找文献线索的属于线索性检索工具，它是附有检索标识的某一范围文献条目的集合。

目前可供人们使用的检索工具有很多，不同的检索工具各有特点，可以满足不同的文献信息检索的需求。

1. 检索工具的类型

（1）目录

目录也称"书录"，是著录一批相关的文献，并按一定的次序编排而成的一种揭示与报道文献的检索工具。书目实际上是伴随着文献的丰富和人类对文献的整理而出现的，是整理文献后的"副产品"。目前，影响较大的书目有《全国总书目》《全国新书目》（期刊）《中国国家书目》《社科新书目》（报纸）《中国丛书综录》等。对于中小学图书馆而言，目录主要有馆藏图书目录、报刊目录、电子资源目录等。

（2）文摘

文摘是以精练的文字，将文献的主要论点、数据、结论简要地摘录出来，并按一定的方式编排而成的检索工具。文摘以"精"和"快"见长，"精"即力求以较少的文字突出文献内容的关键，摘要精练；"快"即它多以期刊形式刊行，及时向读者传递最新信息，出版周期短，报道时差小。

就某一具体的文摘而言，由于它是全文的提炼和浓缩，信息密度大，于原文就有管窥全貌之功能，有助于我们用较少的时间获得较多的信息，节约时间和精力。就检索工具角度而言，文摘具有报道文献广泛，揭示文献内容专深的特点，是一种重要的检索工具。所以，文摘为读者广泛使用，是二次文献的核心。

常见的文摘，主要有《新华文摘》《教育文摘》《教育卡片文摘》等。

（3）索引

索引一般以文献内部的知识单元或单篇文献为著录基本单位,揭示单篇文献的基本特征、文献中的事物名称和重要信息,特点是"深"和"便",即对文献内容的揭示程度较书目深,提供的检索途径多,检索快捷方便。

常见的索引有两类:一是提供单篇文献线索的篇名索引,如《全国报刊索引》《复印报刊资料索引》《人民日报索引》《中国古典文学研究论文索引》《中国小学教学论文索引》等;二是提供字、词、句及其他重要信息线索的事实索引,如《十三经索引》《全唐诗索引》《二十四史纪传人名索引》《二十五史人名索引》等。每条索引款目通常包括3项:标目、说明语、材料出处或存储地址。

● 标目:为识别特定款目的主要标志,它控制款目在索引中的位置,检索者通过他可以迅速地找出有关款目。作者姓名、主题词等都可作为标目。采用不同形式的标识,就构成不同类型的索引。如关键词索引、分类号索引、作者索引等。

● 说明语:说明语用来限定和进一步细分同一标识下的文献,达到改善索引的功能。文献题名、自编的短语或短句等都可以作为说明语。

● 材料出处或存储地址:指明了索引中款目的文献线索,如页码、题录或文摘的顺序号等。在一般检索工具中,文献描述项和索引之间常用文摘号连接,文摘号是检索系统编制者给每一篇文献确定的一个能代表该篇文献的号码,检索者可以通过索引中的文摘号的指引,检索到文献的描述项,从而获得有关文献的详细信息。借助于索引的指引,人们可以"按图索骥"地获得隐藏在索引中的各种信息的出处。

（4）题录

题录是用来描述某一文献的外部特征包括题名、作者、关键词、作者机构、文献来源等,并由一组著录项目构成的一条文献记录。题录通常以一个内容上相对独立的文献单元(如一篇文章、图书的一部分,但也可以是整本出版物)为基本著录单位。它与目录的主要区别是著录的对象不同。目录著录的对象是单位出版物,题录的著录对象是单篇文献。目前,许多中小学图书馆员在实际工作中编写的学科期刊题录索引,在教师教育教学中发挥着重要的作用。

（5）搜索引擎

搜索引擎是以网页为著录单元,在 Web 中自动搜索信息并将其自动索引到 Web 服务器。索引信息包括文档的地址,每个文档中单字出现的频率、位置等。网络搜索引擎很多,如 Google、百度、搜狗等。

2.检索工具的结构

一般的检索工具由以下五部分组成:

（1）编辑使用说明

为使用者提供的必要指导,包括编制目的、范围、收录年限、著录说明、查找方法及注意事项等。使用者要仔细阅读说明内容,避免偏差,提高检索效果。

（2）目次表

检索工具一般会在正文前编制分类目次表,按分类组织编排,作为从分类途径进行检索的依据。如《全国报刊索引》的分类目录表。

（3）正文部分

检索工具记录的不是文献的全文,仅描述文献外部特征和内部特征,每条著录由若干个款项组成,主要包括文献的篇名、著者及文献来源等。这是检索工具的主体部分。

（4）辅助索引

检索工具的主体部分一般是按分类形式编排的,其检索效率不高,因此需要各种辅助索引,如主题索引、题名索引、著者索引、号码索引等。对于检索工具来说,辅助索引越多,检索途径就越多,检索效率就越高。

（5）附录

它是检索工具内容的补充和参考,通常包括所摘用刊物的种类、各种缩写、文字转译、术语、收藏单位代码等。附录也是检索工具中的重要内容,有助于读者充分地利用正文内容,也能相应提高检索效率。

对于读者而言,利用一种检索工具时应先看使用说明,再根据查找相关课题的学科,对照目次表或分类表,按所需要的学科类目检索相关文献。或利用主题、题名、著者、机构等已知条件,查阅相应的辅助索引,利用索引工具提供的文献线索,检索到所需要的正文内容,直到获取原始文献。

五、文献信息检索的途径、方法和步骤

1. 文献信息检索途径

（1）题名检索途径

该途径是指根据已知文献题名(篇名)来查找文献的途径,它依据的是书名目录(索引)、刊名索引、篇名索引、标准名称索引、数据库名称索引等,这些统称为题名索引。题名索引主要在计算机检索系统中应用较多。

（2）责任者检索途径

该途径是指根据已知文献的作者来查找文献的途径,它依据的是作者索引。作者索引采用文献上署名的著者、译者、编者的姓名或团体名称作为查找的依据。

（3）分类检索途径

该途径是按照文献资料所属学科(专业)类别进行检索的途径,所依据的检索工具是分类索引。如利用《中图法》编制的索引。

（4）主题检索途径

该途径是指通过文献信息资料的主题内容进行检索的途径。主题检索途径的最大优点是直接性,主题法直接用文字做主题,表达概念准确、灵活,易于理解、熟悉和掌握。而且它把同类主题性质的事物集中起来,突破了分类途径的严格框架限制,尤其能适应现代化科学的发展。

2. 文献信息检索方法

查找文献资料,必须掌握科学的检索方法,以便迅速、准确检索到所需要的文献资料,常见的文献检索方法一般有以下几种:

（1）追溯法

追溯法又叫回溯法，是以已获文献正文后的参考文献为线索，进行追溯查找，又叫参考文献法或引文分析法。该方法的优点是简单方便，通过滚雪球式的追踪查找能获得一些所需文献。缺点是查获的文献资料不够全面，查全率低；而且追溯的年代越远，查获的资料就越陈旧。因此，该方法一般是在缺少检索工具或检索工具不齐备的情况下，作为查找文献的一种辅助方法来使用。

（2）工具法

工具法又称常用法，即利用检索工具查找文献的方法。根据检索文献的时间顺序又可分为顺查法、倒查法和抽查法三种。

顺查法是一种以文献信息检索课题起始年代为起点，按时间顺序逐卷（期）检索文献信息的方法。一般适合于内容复杂、时间较长、研究范围广的课题。在需要了解课题历史背景、科研立项或课题鉴定的情况下适用此法。

倒查法即逆查法，是按由近及远的时间顺序检索文献的方法，正好与顺查法相反，此法多用于一些新课题或有新内容的老课题。

抽查法即根据某一学科专业发展的特点，针对课题发表文献较集中的年限，有选择地检索文献的方法。

（3）结合法

结合法就是综合利用工具法和追溯法进行检索的方法，又称循环法或交替法。具体方法是通过工具法查找一批文献，再通过追溯法扩大检索范围，获取更多的相关文献。

3. 文献信息检索步骤

文献信息检索工作是一项实践性和经验性很强的工作，对于不同的检索内容，可能采取不同的检索方法和程序。检索程序与检索的具体要求有密切关系，大致可分为以下几个步骤。

（1）分析检索内容，明确检索目的，了解检索要求

首先应分析检索内容的实质、所涉及的学科范围及其相互关系，要明确查证的文献目的、内容、性质等。明确检索目的，是实施检索的基础。了解检索要求，明确检索所涉及的学科范围和主题内容，根据要查证的要点抽提出主题概念，明确哪些是主要概念，哪些是次要概念，并初步定出逻辑组配。

（2）选择检索工具，确定检索策略

选择恰当的检索工具，是成功实施检索的关键。选择检索工具一定要根据待查项目的内容、性质来确定，选择检索工具时要注意其涉及的学科专业范围、所包括的语种及其所收录的文献类型等，在选择中，要以专业性检索工具为主，再通过综合型检索工具相配合。如果一种检索工具同时具有机读数据库和刊物两种形式，应以机读数据库为主，这样不仅可以提高检索效率，而且还能提高查准率和查全率。为了避免检索工具在编辑出版过程中的滞后性，还应该在必要时补充查找若干主要相关期刊的现刊，以防止漏检。

（3）选择检索方法

检索方法的选择主要取决于课题性质、检索目的、检索范围以及对学科发展状况的了解程

度。选择检索方法的一般原则是:如果检索工具不齐备,研究课题的主题概念不太复杂,涉及面不广,要求查全率的情况下,可用追溯法。如果研究课题要求的信息要"全"要"准",像科研课题立项、成果鉴定等,可用顺查法。如果研究课题属于边缘学科或新兴学科或对老课题补充新资料,要求的信息要"快"要"准",可用倒查法。如果要掌握研究课题的发展特点和规律以及对所属学科发展变化进行详细了解,可用抽查法。在研究课题涉及范围广、主题概念复杂、持续时间长的情况下,可采用综合法。

(4)确定检索途径

检索途径包括内容特征检索途径和外部特征检索途径。一般的检索工具都根据文献的内容特征和外部特征提供多种检索途径。除主要利用主题途径外,还应充分利用题名途径、分类途径、著者途径等多方位进行补充检索,以避免单一途径不足所造成的漏检。

(5)确定检索词,构建检索表达式

检索词要根据检索内容精心选择:对于简单的检索课题,可直接选用课题名称的主要概念做检索词;对复杂的检索课题,要从专业技术的角度对研究内容进行全面分析,析出符合检索内容、切合主题概念的检索词。

(6)找文献线索,获取原文

应用检索工具实施检索后,获得的检索结果即为文献线索。对文献线索进行整理,分析其相关程度,根据需要,可利用文献线索中提供的文献出处,获取原文。

检索实例:

[检索课题]某读者欲查找近年来有关"中学化学实验教学"方面的论文,该如何查找?

[检索工具]《全国报刊索引》《报刊资料索引》《内部资料索引》以及以图书形式集结出版的论文集等。经分析,《内部资料索引》不收这方面的论文,《全国报刊索引》逐月检索太复杂,《报刊资料索引》按年、专题累积,资料集中易查,至于专门的中学化学实验教学方面的教学论文集之类的图书目前还没有,因此选择《报刊资料索引》(第四分册:文化教育体育)进行检索。

[检索步骤]此课题要求信息新、全,宜用倒查法,先查出新论文,再查旧论文。从2004年倒查近三年的有关论文。

确定检索途径。《报刊资料索引》是按专题再按类进行编排的,拟从分类途径进行查找。查《报刊资料索引》(第四分册:文化教育体育)中"G37中学化学教育与学"。

找文献线索,索取原文。在《报刊资料索引》(第四分册:文化教育体育)2004年"G37.71课堂演示实验"部分找到论文46篇,"G37.72学生分组实验"5篇;2003年"G37.51化学实验教学"52篇(包括"G37.511演示实验"7篇)、"G37.52实验能力培养"21篇、"G37.54实验研究"7篇;2002年"G37.51化学实验教学"43篇(包括"G37.511演示实验"7篇)、"G37.52实验能力培养"26篇、"G37.54实验研究"17篇、"G37.55实验教学经验"4篇,共找到三年来相关论文线索221篇。然后根据找到的论文线索,利用本单位、本地区或全国其他图书馆馆藏,最终在收藏有所需文献的图书馆或有关单位,获取所检索到论文的原文。

第二节　常用参考工具书

一、工具书作用

工具书是一种具有工具性能的特殊类型的图书,它广泛汇集各种知识和资料,并按特定的编排形式和检索方法加以组织供人们查检之用,工具书的作用是多方面的,主要表现为以下几点:

首先,工具书是读书治学的良师,人们称之为"案头顾问""良师益友"。具体来说,目录、文摘、索引等能指示读书门径,提供资料线索。字典、词典、百科全书、年鉴等为人们解释疑难,提供各方面的单元知识。类书、政书等则能提供一些参考资料及原始文献。

其次,工具书是读者利用图书馆的工具。图书馆是书刊收藏最集中、最丰富的场所,是人类知识的宝库。而工具书则像一把钥匙,为读者打开这一宝库的大门,使读者充分有效地利用图书馆的藏书。如果不学会利用工具书,读者可能成为图书馆的陌生人。

再次,如果你要做某一项研究,必须先了解国内外有关这方面的研究状况,否则就会做"无用功",而这正需要通过工具书来了解。年鉴、目录、索引、文摘等都可以提供这方面的服务。

最后,工具书能帮助我们节省时间和精力。我们在学习和研究过程中,经常会遇到许多问题需要查找资料,但面对大量的书刊往往不知如何下手,如果我们利用工具书,就能够较快地查到有关资料,节省许多时间和精力。

二、工具书的类型

工具书的类型很多,就其文字来说,有中外文之分;就其编撰时代来说,有古代、近代与现代之分;就其内容来说,有自然科学与社会科学之分;就其功用与特点来说,一般把工具书区分为字典、词典、百科全书、类书、政书、年鉴、手册、年表、历表、名录、图册、目录、索引、文摘等。

1.字典、词典

字典、词典都是汇释字词,按一定方式编排的最常用和通用的工具书。字典解释字的形、音、义及其用法;词典则解释语词的概念、意义与用法,都具有简明性、规范性的特点,是查找字或词的正确写法、标准读音、用法及含义等知识的工具书。在编排上中文字典、词典大都按字部首、音序编排。其结构包括前言、凡例、正文、附录、索引等。

常用的中文字词典有《新华字典》《汉语大字典》《辞源》《辞海》《现代汉语规范词典》《中国近代史词典》《中国历史大词典》等。

相关链接:

(1)《辞海》

《辞海》是我国唯一一部以字带词,集字典、语文词典和百科词典主要功能于一体的大型综合性辞书,其重要性不言而喻。最新版的《辞海》即《辞海》(第七版),自面世以来,以其庞大的规模和丰富的内容吸引了广泛的关注。最新版的《辞海》历经五年编纂,于 2020 年 8 月正式出版。这一版本的编纂汇聚了 160 多位各学科顶级专家担任分科主编,以及 1800 多位学者的共同参与,确保了内容的权威性和全面性。《辞海》(第七版)总字数约 2350 万字,总条目近 13 万条,其中新增条目(含义项)1.1 万余条,超过 75% 的原有词条都进行了修订或更新。此外,该版本还包含了 1.8 万余幅图片,为读者提供了更加直观的信息展示。

最新版《辞海》的内容特色与修订亮点:一是反映时代精神:新版《辞海》在内容方面进行了大量与时俱进的修订和增补,学科架构更趋完善,知识体系更趋系统。它全面反映了党和国家在政治、经济、文化、社会、生态文明建设等方面取得的伟大成就,展现了中国实践和中国话语。二是新增重要条目:新版《辞海》新增了许多反映时代特色的条目,如"习近平新时代中国特色社会主义思想""中国梦""供给侧结构性改革""'一带一路'倡议""中国国际进口博览会""自由贸易区""5G""区块链""量子通信""物联网"等,这些条目的加入使得《辞海》更加贴近当代社会的发展。三是调整学科设置:在上一版的基础上,新版《辞海》对学科设置进行了适当调整,对条目增删进行了反复论证,确保了内容的科学性和准确性。四是系统收录重要思想:新版《辞海》首次以工具书词条形式系统收录了习近平新时代中国特色社会主义思想的条目,全面反映了党和国家在党的十八大以来的一系列重大理论成果和重要发展战略。

《辞海》(第七版)以其庞大的规模、丰富的内容、科学的编排和权威的地位赢得了广泛的赞誉和认可。它不仅是广大读者获取知识的重要工具,也是中华文化传承和发展的重要载体。

(2)《辞源》

《辞源》是我国第一部大规模的语文辞书。它始编于清光绪三十四年(1908 年),至今已经修订再版多次,它凝聚了几代学者的心血。最新版《辞源》为第三版,由何九盈、王宁、董琨主编,于 2015 年 10 月由商务印书馆出版。

最新版《辞源》的内容特色与亮点:一是收录范围广泛:最新版《辞源》收字头 14210 个,复词 92646 个,插图 1000 余幅,约 1200 万字。收录内容一般止于 1840 年以前的古代汉语、一般词语、常用词语、成语、典故等,兼收各种术语、人名、地名、书名、文物、典章制度等。二是编纂严谨:借鉴吸收三十多年来辞书编纂的丰富经验和研究成果,以现代语言文字学理论为指导,充分利用计算机技术提取语料。搜集现代学者关于古籍整理的优秀成果作为修订参考依据,将信息科技与语言研究结合,全面提升《辞源》的学术价值与文化内涵。三是编排科学:全书依十二集(子、丑、寅、卯、辰、巳、午、未、申、酉、戌、亥)和 214 部首为次序排列,同部首的按笔画多少为序。单字条由字头、汉语拼音、注音字母、广韵反切、声钮、释义、书证等组成,一字多音的分别注音,多义的单字或复词则用不同项分项。四是修订详尽:增收典章制度、宗教器物类条目 6500 余个,突出百科知识的贮存功能,揭示中华传统文化的历史渊源。借助大型语料库,探求字、词的形源、音源、义源、典源和证源,择定字形,完善注音,修订释义,补充书证,力求音义契合、义例契合。

最新版《辞源》是一部集权威性、科学性、实用性于一体的大型综合性辞书,对于传承和弘扬中华传统文化具有重要意义。

(3)《新华字典》

《新华字典》(http://zidian. aies. cn)收录简体汉字、繁体汉字共 3 万多个,提供查询汉字的拼音、笔画、部首以及《康熙字典》《说文解字》等的汉字详细解释。在字典查询框里直接输入汉字，或它的拼音、部首，即可查到该汉字在《新华字典》中的详细解释。查字典（http://chazidian.com）可以通过部首检字、拼音检字、笔画搜索来查汉字。另外，也可以通过搜索引擎，直接输入工具书的名称或输入关键词，寻找相关的工具书网站。

2. 百科全书

百科全书是汇集人类一切门类知识或某一学科门类所有知识的概述性工具书。它包括社会科学、自然科学和工程技术等各科的专门术语、重要名词（包括人名、地名、物名、事件名称等）等。百科全书按收录范围分综合性百科全书和专收某学科或某领域知识的专科性百科全书。

百科全书不同于词典等其他的工具书。词典等是对词语条目进行释义，而百科全书是对条目做知识的介绍。因此百科全书比其他工具书使用更多的图像来辅助知识的介绍。而且百科全书对条目的阐释也比其他工具书详细，经常需要分成许多的小标题。

常见的百科全书有《中国大百科全书》《大英百科全书》《新不列颠百科全书》《科学家传记百科全书》等。

相关链接：

《中国大百科全书》是现代大型综合性百科全书，其第一版从1978年开始编撰，历时15年，包含66个学科和知识领域的74卷《中国大百科全书》于1993年全部出齐。其第二版于1995年12月经国务院批准正式立项，是我国"九五""十五"重点出版规划项目。历经14年，集全国各行业专家学者的心血和智慧，于2009年4月由中国大百科全书出版社正式出版。

《中国大百科全书》（第三版）既出版传统的纸质版，又与时俱进推出便捷易查的网络版。纸质版按学科分卷出版，包括《矿冶工程》《心理学》《戏曲学》《情报学》《核技术》《农业资源与环境》《园艺学》《图书馆学》《兽医学》《交通运输工程》等，从网络版甄选、重组条目，形成各学科的科学核心体系框架，是具有完备参见、索引体系的专业性大型工具书，并于2021年7月出版。网络版涵盖13大学科门类、94个一级执行学科，共50万个条目，约5亿字，分为专业版、专题版和大众版3个版块，涵盖国家颁布的所有知识门类和一级学科，按照94个执行学科和近百个专题进行编纂，随文配置图片20万幅、公式表格30多万张、视频3万个（约10万分钟）、音频2400首（约1万分钟）、动画150个（约500分钟），并附有知识链接，内容丰富、形式多样，便于读者浏览和学习。2022年12月底集中发布。

3. 年鉴

年鉴是汇集一年内的重要时事文献和统计资料，并按年度出版的连续性出版物。年鉴资料一般取材于政府公报、文件和重要报刊，比较可靠，内容包罗万象，实质上是一年度的百科全书，供了解国内外大事、各国概况。由于年鉴是按年度汇辑资料，其特点是资料新颖、权威性强、具有实用性和指示性。年鉴为一、二、三次文献的集合体，既可供阅读，又可供查询原始文献。年鉴一般按分类编排,由概况、文选、文献、统计资料、大事记和附录等构成。它具有时限性、资料性、可靠性和连续性等特点。人们通过年鉴可以获得比较系统、可靠的资料和统计数字。为我们掌握某学科领域一年内的发展趋势和一年中的新成果提供了一个重要途径。

年鉴分为综合型、专门型和统计型3类。常用的综合型年鉴有《中华人民共和国年鉴》《中国年鉴》《中国百科年鉴》《世界年鉴》《世界大事年鉴》《世界知识年鉴》等,常用的专门型年鉴有《中国教育年鉴》《世界经济年鉴》《中国农业年鉴》等,常用的统计型年鉴有《中国统计年鉴》《联合国统计年鉴》等。

相关链接:

《中国教育年鉴》

《中国教育年鉴》是中华人民共和国教育部组织编纂的,逐年反映全国教育改革和发展情况的资料性工具书。它是各级教育行政部门,各级各类学校执行党和国家的教育法律法规与方针政策,做好教育工作的经验总结,是中国教育事业发展进程的真实记录。编纂本书是为教育管理决策、教育科研提供参考;为教育战线沟通信息、交流经验开辟园地;为宣传中国教育改革与发展成就设立窗口;并为热心关注和研究中国教育的读者提供信息资料。

年鉴的基本栏目有:党和国家有关教育工作的重要文献,党和国家领导人有关教育工作的重要讲话,国家教育行政部门负责人的讲话或专文,全国教育工作会议和年度工作要点,教育发展统计,教育综合管理,重要教育活动,基础教育,等等。

4. 手册

手册的名称来源于英文"hand book",有手头常用书的含义,是便于随身携带,随时翻阅参考的工具书。手册是以简明的方法介绍一定范围和学科的基础知识及参考资料的工具书。手册类工具书还包括指南、必备、大全、便览、总览、要览、一览等。其特点是小型、专题明确具体、取材新颖、论述简要、实用性强,易于随手翻检。手册又称指南、要览、全书等。

手册就其内容来分有综合性手册,如:《中华人民共和国资料手册(1949—1985)》;专科性手册,如:《农村中小学现代远程教育工程:教师应用指导手册》《中小学教师手册》《经济法手册》《物理化学手册》等。

5. 名录

名录是提供人名、地名、机构名等简要资料的工具书。它以简洁和格式化的文字表达如下内容:某方面人物的生卒年、学历、经历和著作等个人履历资料;某一行政地区的地名及其沿革和相关地理资料;某些企事业单位和机关、团体、学校等的地址、负责人员、主要活动等基本材料。在信息社会中,名录是社会生活交往中不可缺少的参考性工具书。名录按收录内容可分为人名录、地名录和机构名录。

常用的名录有《中国当代名人录》《世界名人录》《中国人名大词典》《中华人民共和国地名录》《中国地名词典》《韦氏地名词典》《世界地名录》《中国政府机构名录》《中国科研单位名录》《世界各国高校名录》《中国高等学校大全》《中国图书馆名录》等。

6.目录、索引、文摘

目录、索引、文摘是人们查检书籍文章等文献情报的重要检索工具，三者以各自不同的方式揭示文献的外在特征和内容特征，为读者提供多种查检文献情报的途径。

（1）目录

目录是著录一批相关文献，并按一定次序编排的一种揭示和报道文献的工具。目录从编制目的、收书的内容范围可以分为以下几种。

国家书目：反映一个国家一定时期内出版的全部书籍的综合性书目。如《全国总书目》《中国国家书目》《民国时期总书目》等。

专题书目：围绕某一项问题编制的图书目录。

推荐书目：是向读者推荐学习研究某一方面问题的书籍的集合。如《中小学图书馆（室）推荐书目》《中小学教师阅读推荐书目》。

联合目录：是反映全国或某地区若干图书馆收藏书刊情况的目录。

馆藏目录：是反映某一图书馆内藏书的目录。

目录可以反映一定历史时期人类科学文化的发展概况，利于人们了解各类知识的分布，引导人们学习。书目是进行图书宣传的有力工具。

（2）索引

索引是将文献中具有检索意义的内容，如书名、篇名、主题、人名、地名、字、词、句等摘录下来，按一定顺序编排组织，注明出处，以供查检的工具书。索引可以帮助读者了解学术新资料和充分揭示文献的内容特征及内含信息。

索引的类别主要有：

词语索引：即将文献中的词语、句子摘出，按一定方式排列组织而成的索引。

篇目索引：即将书刊中论文篇目名称以一定方式排列组织而成的索引。如中小学图书馆编制的期刊题录索引等。

主题索引：即按文献中涉及的主题编排组织而成的索引。

常见的索引有《全国报刊索引》《报刊资料索引》《内部资料索引》《人民日报索引》《中小学教育论文索引（1949—1982）》《中学数学专题研究索引》等。

（哲学、社会科学部分）》与《全国主要报刊资料索引（自然、技术科学部分）》合并而成;1980年起又分成《全国报刊索引（科技版）》与《全国报刊索引（哲社版）》。收录了国内出版的主要报刊上发表的文章,反映了中国政治、经济、军事、科学、文化、文学艺术、历史地理、科技等方面的发展情况,提供了国内外最新的学术进展信息。采用分类编排,先后采用过《中国人民大学图书分类法》和自编的《报刊资料分类表》,1992年起采用《中国图书馆图书分类法》(第三版)进行分类。在著录上,《全国报刊索引》从1991年起采用国家标准——《检索期刊条目著录规则》进行著录,包括题名、著译者姓名、报刊名、版本、卷期标识、起止页码、附注等项。同时,"哲社版"采用电脑编排,增加了"著者索引"和"题中人名分析索引",方便了读者的使用。但由于中国作者的同名现象比较严重,使用"著者索引"时要注意区分同名现象。每年的1月号和7月号后还附有"引用报刊一览表"。

　　1993年起,上海图书馆在《全国报刊索引（哲社版）》的基础上开发了"中文社科报刊篇名数据库",供检索1993年以后的报刊资料出处。该数据库具有关键词、分类号、责任者、文献题名、文献出处、卷期标识、题中人名等多种检索途径,具有检索速度快、检索点多的优势。

　　(3)文摘

　　文摘是以简明扼要的文字对文献原文的摘述。按一定方式组织编排成为报道和揭示文献的检索工具。它用少量的文字将文献浓缩加工,以揭示文献的主要观点、论据、数据等,是当代报道学术动态的简洁明快的方法。文摘分指示性文摘和报道性文摘。

　　指示性文摘:是根据文献编写的带有评价性的摘要,主要介绍所讨论问题的范围、主要结论等,概括性较强;报道性文摘:对原文浓缩,客观摘录原文的基本内容,使读者用较少的时间了解原文的主要精华所在。文摘可以帮助读者尽快了解科学情报和学术动态,是人们广泛了解社会,进行学习的有力工具,并具有索引的功能。

　　常见的文摘有《新华文摘》《中学数学文摘(A)》《世界教育文摘》《教育心理学文摘》等。

相关链接:

　　《新华文摘》(半月刊)

　　《新华文摘》由人民出版社编辑出版,前身是1979年1月创办的《新华月报·文摘版》,1981年正式启用《新华文摘》做刊名。《新华文摘》伴随着我国改革开放的前进步伐,为广大读者展示了政治、哲学、经济、历史、文学艺术、人物与回忆、文化、科技、读书与出版等方面的新成果、新观点、新资料、新信息,以其思想性、权威性、学术性、资料性、可读性、检索性,在期刊界独树一帜。《新华文摘》在1997年、1999年两次被评为全国百种重点社科期刊之一,1999年、2001年连续荣获国家新闻出版署授予的首届国家期刊奖和第二届国家期刊奖。

　　《新华文摘》是大型的综合性、学术性、资料性文摘半月刊,其栏目设有政治、法律、社会、哲学、经济、管理、历史、文艺作品、文艺评论、人物与回忆、教育、科学技术及读书与传媒、国外社会科学、论点摘编、新华观察等。2004年,《新华文摘》改为半月刊,扩充了原有栏目,比如法学、社会学、教育学增加篇幅,独立设栏;将原设栏目"读书与出版",改为"读书与传媒",扩大选编稿件的视野和范围。另外,新设"管理学"栏目,开辟了新的领域;新设"新华观察"栏目,展示中国人文社会科学领域交叉学科中的研究成果,反映重要的学术动态和学术走向,突破了以学科为本位的定式,转向以问题为中心。改刊后的《新华文摘》半月刊,每期保持多个栏目,从而加快了传播速度,增强了时效性;加大了承载容量,提升了前沿性;加强了精选精编,体现了权威性。

三、工具书的检索方法

使用工具书时,要注意"前""中""后"三个部分。"前"指目次表,先查目次表,由查得的页码再转正文;"中"指书中正文部分,按正文编排体例直接查阅正文,如字典、辞典等都可从"中"开始直接查找。"后"指书末索引。许多参考工具书都有书末索引,书末多是按主题词字顺编排的,专指性强,使用起来很方便。

查找工具书可按以下3个步骤进行:①分析研究课题,选择检索工具。②根据参考工具书的排检特点选择检索方法。如一本字典按字顺法编排汉字,则按字顺查找;一部百科全书按分类法编排内容,则按分类法检索;一本手册按主题词编排条目,则按主题词字顺检索。通常,我们可以通过浏览参考工具书的目录、编制说明、使用说明来了解参考工具的排检方法。③查阅和记录检索结果。

四、网上免费工具书网站介绍

1. 字典、词典类

● 《新华字典》(https://zd. diyifanwen.com/)

● 《汉英字典》(https://hanyingcidian. bmcx.com/)在该字典中可输入中文查询英文,也可链接至英汉字典。

● 全球缩写词和缩略语服务(https://www. allacronyms.com/)该网站可以查询缩略语的全称。

另外,我们可以通过搜索引擎,直接输入工具书的名称或输入关键词,回车后可得到一系列相关的网站,选择即可。

2. 百科全书类

● 中国大百科全书数据库(https://h. bkzx.cn/)

《中国大百科全书》是我国第一部大型综合性百科全书,是国家"九五""十五"重点出版工程。该书系统地向世界介绍中国社会、政治、经济、文化的发展成果,对我国文化软实力的提升和综合实力的增强起到了重要的推动作用。参加编纂工作的学科专家累计3万余人,2版历时30年编纂完成。

中国大百科全书数据库主要内容源自《中国大百科全书》第一版和第二版,学科体系搭建完善,包括哲学、社会科学、文学艺术、文化教育、自然科学、工程技术、农业科学、医学以及军事科学等各个学科和领域古往今来的知识。包含近16万个条目,超过80个学科,100万个知识点,2亿文字量,10余万幅图片。

五、常用主题信息检索

1. 人物信息检索

（1）人物信息检索的传统工具

人物信息检索的主要信息源是各种传记工具书，在中小学图书馆的参考咨询服务中，有关人物信息检索占很大比重。

传统的人物信息检索主要利用印刷型的工具书，主要有：

- 综合性辞书，如《辞源》《辞海》。

- 检索人物生平简介的工具书，主要有《中国人名大词典》《中国历史人物辞典》《中国历史大辞典》《中国历代人名大辞典》《中国近代人名大辞典》《中华人民共和国人物辞典（1949—1989）》《中国人物年鉴》《外国人名辞典》《世界人物大辞典》等。

- 检索中国政治人物信息的工具书，主要有《中国革命史人物传略》《中共党史人名录》《中华人民共和国人大、中央和地方政府、全国政协历届负责人名录》等。

- 检索文化、教育、体育界人物信息的工具书，主要有《社会科学人物辞典》《中外教育名人辞典》《中国文学家大辞典》《中国艺术家辞典》《中国戏曲家大辞典》《世界体坛顶峰的中国人——1949—1990 年中国运动员获得世界冠军、打破世界纪录名录》等。

（2）人物信息的计算机检索

- 中国历史人物传记资源数据库（http://p. nlcpress. com/）

中国历史人物传记资源数据库（以下简称"传记数据库"）是由国家图书馆出版社数字出版部与北京大学数据分析研究中心联合研制的大型历史人物传记文献资料库。

截至 2015 年 8 月，传记数据库已收录：传说时期至 1949 年的历史人物 476238 人；文献数量 7450 种；文献图片数量 3615207 张；数据容量大小为 2.68TB。

- 中国科学家官网（http://www. kjchh. com/）

该网站专注于科学家信息的检索，提供了详细的分科浏览查找和多字段检索功能。

用户可以通过输入科学家的姓名、所在机构、研究方向等关键词进行检索，获取科学家的详细资料，包括个人简介、研究成果、学术论文等。

- 中国经济网——地方党政领导人物库（http://district. ce. cn/2t/rwk）

该数据库提供详尽的中国主要地方党政领导、部委人物的简历及相关资料。

- 中国工具书网络出版总库（https://gongjushu. cnki. net/rbook/）

在网站首页，通常会有一个搜索框供用户输入关键词。用户可以直接在搜索框中输入要查询人物的姓名或相关关键词来寻找人物相关的信息。同时，中国工具书网络出版总库还提供了高级检索、通配符检索等多种检索方式，用户可以根据需要选择使用这些高级功能来精确查询人物信息。

2. 机构信息的检索

中小学教师在从事教学和科研中，常常会遇到涉及有关国内外的某机构组织的问题，因而需要了解这些机构的情况。

（1）机构信息检索的传统检索工具

主要有《世界大学名录》《中国高等学校简介》《中国图书馆名录》《中国科学院研究与开发机构名录》等。

（2）机构信息检索的计算机检索工具

- "中国机构编制网"网址：http://www.scopsr.gov.cn/
- "道客巴巴标准文库"http://biaozhun.doc88.com/
- "全国标准信息公共服务平台"https://std.samr.gov.cn/
- "科研机构专利信息检索"https://www.docin.com/
- "国家企业信息信用公示系统"https://www.gsxt.gov.cn/

3. 地理、旅游信息的检索

（1）地理、旅游信息的传统检索

主要有《世界地名录》《21世纪世界地名录》《中华人民共和国地名录》《中国古今地名大辞典》《最新世界地图集》《中华人民共和国分省地图集》《世界名胜词典》《中国名胜词典》《中国历史名城大辞典》《中国旅游大全》《华夏旅游蓝皮书》等。

（2）地理、旅游信息的计算机检索

- 中国国家地理网（http://www.dili360.com/）

中国国家地理新媒体以网络为旗舰，融合手机媒体、电子杂志等新媒体形式，展现中国国家地理品牌的力量，打造中国第一家以专业地理百科知识为基础的线上线下一体化的网站。

- 携程旅行网（https://www.ctrip.com/）

携程集团（Trip.com Group）是全球领先的一站式旅行平台，公司旗下的平台可面向全球用户提供一套完整的旅行产品、服务及差异化的旅行内容。集团能够提供超过120万种全球住宿服务，480多家国际航空公司服务，以及超过31万项目的地内活动。并与超过3万家其他合作伙伴一起满足客户不断变化的需求。

- 中国地图网（www.map168.com/）

中国地图网创建于1999年，由中华人民共和国工业和信息化部中小企业促进发展中心主导。网站地图数据全部采用易图通科技（北京）有限公司自主开发生产的电子地图，经过国家相关测绘部门审核，拥有国家测绘局颁发的电子地图运营服务商审图号及出版号。

另外，还有中国地名网、中国城市网、中国旅游大全、中国旅游网、锦绣中华网、中国旅游联合网、同程旅游、去哪儿、途牛网等。

4. 历史事件信息检索

（1）历史事件信息的传统检索

历史事件是指历史上曾经发生过并有记载的有影响的重大事件，中小学教师在教学中是经常会碰到的。历史事件信息检索常用的传统工具书，主要有百科全书、年鉴、手册、辞典、年表、历表等。

（2）历史事件信息的计算机检索

历史事件信息的计算机检索主要是利用专业数据库资源，主要有：

- 中国年鉴网络出版总库(https://kns. cnki. net/kns8？dbcode = CYFD)

中国年鉴网络出版总库是目前国内最大的连续更新的动态年鉴资源全文数据库。内容覆盖基本国情、地理历史、政治军事外交、法律、经济、科学技术、教育、文化体育事业、医疗卫生、社会生活、人物、统计资料、文件标准与法律法规等各个领域。

- 中国工具书网络出版总库(https://gongjushu. cnki. net/rbook/)

《中国工具书网络出版总库》(以下简称《工具书总库》)集精准、权威、可信于一身,是超大型的中文工具书在线检索平台。由中国学术期刊(光盘版)电子杂志社出版研制发行,是《中国知识资源总库》的重要组成部分,更是"十一五"国家重大网络出版项目、"十一五"国家重点电子出版物规划选题。

《工具书总库》与上海辞书出版社、商务印书馆、中华书局等 500 余家出版社长期合作,汇集了 1.2 万余部工具书,约 2000 万个词条,300 余万张图片。

自 2006 年 3 月立项至今,《工具书总库》的用户已遍布全球,日均检索量达 100 万次,成为人们在书山探宝、学海求知的重要工具,也是海外学者研究中国问题、了解中华文化的快捷通道。

《工具书总库》集成了近 200 家知名出版社的 3000 余部工具书,类型包括语文词典、双语词典、专科辞典、百科全书、图录、表谱、传记、语录、手册等,约 1500 万个条目,70 万张图片,所有条目均由专业人士撰写,内容涵盖哲学、文学艺术、社会科学、文化教育、自然科学、工程技术、医学等各个领域。

《工具书总库》除实现了库内知识条目之间的关联外,每一个条目后面还链接了相关的学术期刊文献、博士硕士学位论文、会议论文、报纸、年鉴、专利、知识元等,帮助人们了解最新进展,发现新知,开阔视野。

- 中国历史网(http://www. lsqn. cn/)

中国历史网又名历史春秋网,成立于 2010 年 6 月 1 日。是一个关于中国历史、国学文化、中华五千年历史文明的公益性历史网站。中国历史网以"知古鉴今,以史为鉴"为宗旨,是专业的中国历史网站,网站包含了上古历史、夏商西周、春秋战国、秦汉三国、两晋南北朝、隋唐五代十国、宋辽金元、明清近代的中国历史。致力于成长为有思想温度、涵盖中国历史文化的网站和有独特内容的文史互动社区,是历史爱好者的学习交流平台。

友情链接中还推荐了历史博客网址、知名历史网站(文字、图片类),如国学网等。

第三节　电子书刊报信息资源

一、电子图书

1. 电子图书的检索与利用

电子图书一般包括网上免费的电子图书和基于商业目的制作的电子图书系统。

电子图书的检索主要是浏览式,其检索和浏览比较简单,主要包括通过访问网站对图书目录进行查找和通过网站对图书进行浏览。查找到需要的图书,然后进行浏览。这里着重介绍国内大型的和著名的电子图书系统,国内目前著名的中文电子图书系统有超星读书、CNKI 中小学数字图书馆和中文在线中小学数字图书馆。

(1)超星读书(http://book.chaoxing.com/)

超星数字图书馆由北京世纪超星信息技术发展有限责任公司建设。目前有电子图书 100 余万种,上亿页的资料,共包括文学、经济、计算机等 50 余个大类。设文学、历史、法律、军事、经济、科学、医药、工程、建筑、交通、计算机和环保等十几个分馆。读者可通过互联网阅读其中的图书资料,也可将图书下载到用户的本地机离线阅读。目前多数省市公共图书馆、高校图书馆购买了超星数据并建立了镜像。

读者阅读及下载超星电子图书,可通过两种途径进行:一是个人用户购买超星读书卡;二是针对高校等集团用户,由学校购买数据库使用权提供本校师生员工检索利用。超星公司以 IP 或用户名方式进行访问控制,同时,也对有条件及有要求的学校提供电子图书的本地镜像。

超星读书提供图书的分类检索、简单检索和高级检索。

● 分类检索。将整个数字图书馆资源划分为"财政、金融图书馆""辞典图书馆""电工、电子、自动化技术图书馆""化学图书馆"等 50 个类目。在各个类目下,又有若干子类目,用户可通过逐层浏览类目查找所需要的文献资料。例如检索"机械设计手册",则选择分类目录中的"工业技术图书馆",根据课题继续选择"机械、仪表工业","机械设计、计算与制图",最终查找到所需要的若干个机械设计类手册,可实现在线阅读或下载。

● 简单检索。简单检索提供图书的书名、作者、出版社及出版日期等检索点,检索操作简单方便。选择检索点,输入检索内容,单击【查询】按钮即可。例如检索"自动化技术方面"的图书。首先进行检索范围的选择,选择"工业技术图书馆"或"全选",再选择"书名"作检索点,然后在检索输入框内输入"自动化技术",单击【查询】按钮,即可输出检索结果。

● 高级检索。单击【高级检索】按钮,进入高级检索界面,按上述方式输入,字段之间默认为"与"关系。单击【检索】按钮,输出检索结果,检出的结果以题录形式显示,在每条记录下均有"阅读""下载""发表评论""添加个人书签"等项,用户可以根据个人需要进行下一步选择。

(2)CNKI 中小学数字图书馆(https://cfed.cnki.net/)

CNKI 中小学数字图书馆是我国第一个面向中小学的数字图书馆。包括"中国基础教育知识仓库""清华同方多媒体教育教学素材库""百科知识库""图书库""教材库"。能很好地满足教师教学、学生学习和学校管理的需要。CNKI 中小学数字图书馆的内容按不同的主题进行了分类,非常容易查找,而且检索起来也很方便,提供了标题、作者、关键词、摘要、全文等各种检索途径,只要输入所找内容的关键词,就可以在图书馆中所有数据库里查询,从而获得大量所需信息。CNKI 中小学数字图书馆的内容来源于正式出版物,并且进行了深度加工和整合,与散布在网上那些未经筛选、真伪难辨且无序的信息有本质区别。CNKI 中小学数字图书馆是通过 Internet、镜像和光盘的方式向中小学学生、教师和教育机构提供服务的,最终读者可以根据自身的条件选择使用方式。

(3)中文在线中小学数字图书馆(http://digitallib.com/)

中文在线中小学数字图书馆是国家"十五"规划教育部重点课题项目"中小学数字图书馆

建设研究"的科研成果,它主要面向中小学生和家长,是学生课后学习、考前复习、开展研究性学习、培养兴趣、拓展课外阅读、开阔视野、全面成长的知识平台,也是家长学习家庭教育方法、工作充电、休闲阅读、热点阅读的知识平台。包括中文 eBook Maker,中文 eBook Writer,中文 eBook Packager,将各种内容格式的数据文件转换为中文格式的数据文件,然后对未加密的图书内容加工(标注、生成目录、增加元数据等),对数据文件进行分类组织、打包、添加附加信息、加密,最后生成加密的图书包并信息描述已经版权授权信息。中文在线中小学数字图书馆管理系统包括图书数据的入库(分类、编目等)、用户的管理、版权控制的设置、安全的借阅和还书(对于非共享的图书,即不计拷贝数的图书);对于共享的图书,通过设备范围限制来达到控制访问的目的。其终端阅读系统支持数字图书馆应用的中文 eBook Reader。

2. 网上免费电子图书的检索

(1)用搜索引擎检索

电子图书是网上比较热门的免费电子资源之一,对网络电子图书感兴趣的读者有很多免费阅读的途径。利用搜索引擎是一个很好的途径,只要任意地键入一些与图书有关的词汇,如电子图书、网络小说等,便可得到较多相关信息。

(2)用网站上的电子图书目录或链接

用网站上的电子图书目录或链接等可更快捷地获得电子图书信息。可提供电子图书目录或链接的网站很多。另外一些大学图书馆等文献资源单位也把网络电子图书作为自身的网络资源服务的一部分,并花费较大精力来建设这部分资源。这些都是可以好好利用的。

(3)网上免费电子图书网站

鸠摩搜书(https://www.jiumodiary.com),书籍种类丰富,极简的搜索界面,不需要注册就可以直接下载。每种书按 MOBI、AZW、EPUB、TXT、PDF 分类,适合需要各种文件格式的读者。

书格(https://shuge.org),一个自由开放的在线古籍图书馆,收录很多国学经典,按经史子集分类。高清的古籍图书和画本都是免费提供的。

图灵(https://www.ituring.com.cn),以科技类的书籍为主,如数学、科技、计算机等,该网站可以看到很多新书,需要注册登录。

熊猫搜书(https://xmsoushu.com),操作界面简洁,可以搜索各类电子书。界面集成了若干搜书网站,可称为电子书网站导航。

书享家(https://shuxiangjia.cn),一个电子书资源整合网站,里面的电子书比熊猫搜书还要多,几乎包含了所有电子书网站,并对这些网站进行了分类,包括 kindle 电子书、PDF 电子书、书单、书评、外文电子书、杂志漫画、数学古籍、书籍搜索八大类。

二、电子期刊

1. 电子期刊的检索与利用

电子期刊的检索主要包括电子期刊目录的检索和电子期刊本身的浏览检索。浏览检索的方法较简单,一般是采用"循序渐进"的浏览方式,用户只要根据期刊上的"导引"就能很好地实现浏览功能。网上有许多电子期刊目录或导航系统免费供用户查询或访问感兴趣的某种期刊所在的站点,这些目录或导航系统有的是综合性的,有的是关于某一领域的。

下面介绍几种主要的电子期刊信息检索工具:

万方数字化期刊(https://c.wanfangdata.com.cn/periodical),学科范围包括:管理科学、数理科学和化学、天文学、地球科学、医学、卫生、农业科学、工业技术。

维普中文期刊服务平台(http://qikan.cqvip.com/),包含"中文科技期刊数据库""中文科技期刊引文数据库""中国科技经济新闻数据库",收录有中文报纸1000种,中文核心期刊、重要期刊等12000种。

中国期刊网"中国期刊全文数据库"(http://www.cnki.net/)。该数据库收录1994年至今国内5300余种核心期刊和专业期刊中的论文全文600万篇。该库分为A~I,9个专辑,即:理工A辑、理工B辑、理工C辑、医药卫生D辑、农业E辑、文史F辑、经济政治与法律G辑、教育与社会科学H辑和电子技术及信息科学I辑。

中国人民大学"人大报刊复印资料全文数据库"(http://www.rdfybk.com/)。这是国内大型的文献数据库,它囊括了1995年以来印刷版《复印报刊资料》百余种专题刊物的全部原文,现有文献记录13万多条,归为教育、文史、经济、政治四大类,每类按年度编排。它的检索非常方便,先选定学科数据库,再按它提供的字段检索和复合检索即可检索到所需资料。该数据库全文浏览阅读时不需要下载专用的浏览器。

随着基础教育领域信息化建设步伐的加快,集中提供利用率高的教育教学资源是最为需求的。为此,龙源期刊网推出的"中小学电子期刊阅览室",将师生经常阅读的千余种期刊做成电子版整合到为学校量身定制的系统平台上,通过便捷的技术手段放到学校的局域网或校园网上,供师生在线阅读的电子期刊内容库。该网以整刊呈现,网络出版,符合师生传统阅读习惯;每刊更新及时,基本与纸版同步面市。同时提供多种格式:有文本格式期刊,大部分采用此方式存储,可以复制、粘贴,使用快捷方便;有原文原貌期刊,基本与纸版无异,并可以直接切换到文本;有语音版期刊,将文章采用男女两种声音版本朗读出来,MP3格式存储,可在线收听,也可以下载到本地收听。如今,龙源期刊网的"中小学电子期刊阅览室"已经被许多中小学图书馆广泛使用,并受到了师生的一致好评。

2.网上免费电子期刊检索方法

(1)检索步骤

● 查找到某一本特定的期刊。一般按照刊物内容所属的专业(specialty)和刊名字顺检索。另外英语以外的其他语种单独排列,对于影响因子较高的期刊、最新加入免费的期刊特别列出,还可以按照免费可得与印刷出版时差的不同选择期刊(比如出版后1—6月、出版后1年、出版后2年以上)。

● 查找到具体的全文。找到具体的期刊以后,通过点击期刊刊名即跳转进入到相应期刊的网站,不同期刊网站中文献的检索方式不尽相同,一些可通过简单的篇名检索得到文献,多数期刊是通过年代、刊期等,逐步点击浏览到具体的文献。

(2)检索途径

● 通过提供电子期刊链接的网站。

● 通过搜索引擎获取。在查找不知网址的电子期刊时,搜索引擎仍然是常用的一种检索方法。有些搜索引擎中提供了关于电子期刊的一些类目,直接单击可以获得一些电子期刊的链接。

此外也可以直接输入期刊名称进行检索,但多数情况下,利用搜索引擎很难直接得到期刊中论文的具体信息。

三、电子报纸

1. 电子报纸的检索与利用

电子报纸一般包括网上免费的电子报纸和基于商业目的制作的电子报纸,后者有些以单独的报纸全文阅读系统的形式出现,有些则被收录进其他的电子出版物,如全文数据库中的电子报纸。

电子报纸在全文数据库中的组织方式主要有两种:一种是将整份报纸内容收录进全文数据库中,在收录的起止年代内,可按年月日进行报纸浏览,也可利用全文数据库的检索功能进行检索。另一种也是将整份报纸内容收录进全文数据库中,但不能实现报纸的年月日浏览,只能通过检索查询到具体的报纸文章后再进行阅读,例如中国期刊网中的"重要报纸数据库"等。

2. 网上免费电子报纸的检索

(1)用搜索引擎检索。目前比较著名的、大型的报纸都已上网,网上有许多免费的电子报纸,利用搜索引擎可以很方便地查找网上免费电子报纸。

(2)用网站上的电子报纸目录或链接。用网站上的电子报纸目录或链接可更快捷地获得电子报纸信息。

(3)网上免费电子报纸网站。重点介绍几种中小学图书馆常见的报纸:

● 人民日报,其网址为 http://paper.people.com.cn

● 光明日报,其网址为 https://epaper.gmw.cn

● 新华日报,其网址为 http://xh.xhby.net

● 中国教育报,其网址为 http://paper.jyb.cn/

● 中国教师报,其网址为 http://www.chinateacher.com.cn

第四节　新媒体与网络信息资源

随着网络的飞速发展和新媒体的层出不穷,网络信息资源已经呈现日新月异、爆炸式增长的态势。我们不难发现,如今的学习、工作和生活等方方面面都在不断地被网络及新媒体所影响和改变。由于网络及新媒体具有形式多样、内容丰富和信息便捷的独特性,因此,人们需要通过学会和掌握新媒体与网络信息资源的检索技能,来不断满足自我对信息资源的需求,从而提升学习和工作成效,以更好地适应多元化、全息化及智能化时代的发展。而新媒体与网络信息资源的检索与利用涵盖了如何获得有用的网址、了解网络资源的特征,以及掌握搜索引擎的分类及其检索方法与技巧等方面内容。

一、新媒体与网络信息资源的概念

新媒体是指20世纪后期在世界科学技术发生巨大进步的背景下，在社会信息传播领域出现的，建立在数字技术基础上，能使信息传播速度大幅加快、信息传播内容大幅扩展、信息传播方式大为丰富，与传统媒体迥然相异的新型媒体。它是利用数字技术，通过计算机网络、无线通信网络、卫星等渠道，以及电脑、手机、数字电视机等终端，向用户提供信息和服务的传播形态。

网络信息资源是通过计算机网络可以利用的各种信息资源的总和。具体说来，它指的是以电子数据的形式，将文字、图像、声音、动画、视频等多种形式的信息通过网络通信技术、计算机技术或终端等方式再现出来的信息资源。Internet是世界上信息资源最丰富、用户最多、影响最大的计算机网络。人们可以通过Internet及时地检索到世界各地的各种信息，如可以方便地检索到世界各地的联机图书馆、数据库，访问其中的信息，获取最新资源。

二、新媒体与网络信息资源的特点

1. 新媒体的特点

（1）数字化

新媒体最为显著的特点即数字化的传播方式。数字技术使新媒体中的信息实现了数字化存储、加工、传播与呈现。它是通过全方位的数字化过程，将所有的文本缩减成二进制编码，并且采用二进制编码形式进行生产、分配与储存。

（2）个性化

以网络环境为基础，基于用户的信息使用习惯、偏好和特点，向用户提供满足其各种个性化需求的服务，这种服务使信息的传播者能针对不同的受众提供个性化服务。

（3）融合化

融合化是新媒体的本质特征之一。一方面，报纸、电视、广播等传统媒体与互联网、手机等新兴媒体传播通道有机结合，衍生出不同形态的信息产品，从而通过不同的平台传播给用户；另一方面，微信、微博、QQ等新媒体也都呈融合形态传播，使用户能同时接收视觉、听觉等多重信息。

（4）互动性

新媒体中的信息传播是双向的，甚至是多向的，在即时性的交互传播中，传播生态在发生变化的同时，实现了网络信息资源的共享，用户之间可以无障碍地沟通交流。交互性使传播者和接受者极易进行角色转换，这种双重身份使用户可以畅所欲言，及时反馈。

2. 网络信息资源的特点

（1）数量大、种类多

Internet是一个基于TCP/IP协议联结各国、各机构数十万计算机网络的通信网，是一个集各种信息资源为一体的信息资源网。由于政府、机构、企业、个人都可以在网上发布信息，因此成为无所不有的庞杂信息源，如在网络教育类信息中，除文本信息外，还包括大量的非文本信息，像图形、图像、声音信息等，总体呈现出多类型、多媒体、非规范、跨地理、跨语种等特点。

（2）内容丰富、范围广

网上信息资源几乎是无所不包，而且类型丰富多样，覆盖了不同学科、不同领域、不同地区、不同语言的信息资源，在形式上包括文本、图像、声音、软件、数据库等，堪称多媒体、多语种、多类型的混合体。内容包括学术信息、商业信息、政府信息、个人信息等。目前教育科学网站大致有两大类：一类偏重大众科学知识的普及，另一类偏重教育理论的研究。用户只需通过鼠标的轻点，便能快速地从相关网站或网页找到所需的教育科学信息，比起到图书馆寻找同样内容的书刊要方便得很多。

（3）形式多样、分布广泛

网络信息被存放在网络计算机上，一方面由于信息资源分布分散、开放，显得无序化；另一方面由于网络特有的超文本链接方式，强大的检索功能，使得内容之间又有很强的关联程度。通过各种搜索引擎及检索系统使信息检索变得方便快捷。

（4）动态发展、更新速度快

网上的信息具有高度动态性，不但各种信息处在不断生产、更新、不断淘汰的状态，它连接的网络、网站、网页也都处在变化之中，任何网站资源都有可能在短时间内建立、更新、更换地址或消失，使得网上的信息资源瞬息万变。如一些网站还在主页上跟踪刷新教育方面的最新动态，突出了网络信息的新颖性，特别是各大学网页含有大量的教育科学信息。网络媒体的信息传播速度及影响范围，使得网络教育信息的时效性增强，信息更新速度增快。

（5）交互性强、共享程度高

网络信息资源中基于电子平台、数字编码的新型信息组织形式——多媒体，不仅集中了语言、非语言两类符号，而且超越了传统的信息组织方式。它能从一种媒介流动到另一种媒介；它能以不同的方式述说同一件事情；它能触动人类的不同感官。多媒体本质上是互动的媒体。而网络教育信息除了具备一般意义上的信息资源的共享性外，还表现为一个 Internet 网页可供所有的 Internet 用户随时访问，不存在传统媒体信息由于副本数量的限制所产生的信息不能获取现象。

同时，由于信息存储形式及数据结构具有通用性、开放性和标准化的特点，它在网络环境下，应用的时间和空间范围得到了最大限度的延伸和扩展。用户不需排队等候就可以共享同一份信息资源。

三、网络信息资源检索的一般方法

读者在网上获取信息，一般有以下几种检索方法：

1. 浏览

用户在网络上随意地浏览，将一些有用信息的网站地址，主要是期刊、数据库以及信息机构等的网址记录下来，方便获取网络资源，这是一种日常对 URL（网址）进行积累的方法。

2. 通过网络资源指南查找信息

这是利用专业人员开发的网络资源主题指南来检索信息的办法。

3.利用网络信息检索工具查找信息

网络信息检索工具为网上查询信息提供了诸多途径。查询不同类型的资源要使用不同类型的检索工具,使用较多的是 WWW 检索工具——搜索引擎。

四、网络信息资源的检索技术

网络信息检索技术是信息检索原理、方法、策略、设备条件和检索手段等因素的总称。Internet 检索工具将整个网上的信息资料加以存储和检索,这个过程一般包括信息的收集、整理、分类、索引,从而产生数据库以提供检索,并将相关联的信息按一定规则组织起来,提供查询方式。它的模式有一个共性,即都有一个与数据库绑在一起的检索工具。工作模式为:有一个自动检索程序经常搜索 Internet 上的内容,并将找到的结果信息送回到集中管理的数据库,然后检索商在它们的站点上提供一种表格,供用户检索其数据库以寻找与他们需求相匹配的内容。要从网上准确获取所需的目标资源,关键在于各种检索技术的运用。

目前,Internet 上的检索工具主要提供分类目录检索和关键词检索两种途径。

1.分类目录检索

分类目录检索索引数据库通常称为目录(Catalog),该目录是由人工进行分类建立的,类似于图书馆的目录,适合于主题较宽或要求较为简单的查询。使用 Web 分类目录时,首先访问分类目录站点,然后从顶层逐步向下查询子目录。当读者选择了一个分类目录时,只要点击下它,此时分类目录或者进入选定的下一级子目录,或者进入一组站点列表。当用户发现自己需要的站点时,可点击站点名称,实现链接。

使用分类目录进行信息搜索的基本步骤是:①在 Web 浏览器中,根据 URL 地址打开搜索工具的主页。②在计算机屏幕上根据分类目录的结构从顶层逐步向下查询子目录。③选择需要的类目,点击进入分类目录或者进入选定的下一级子目录,或者进入一组站点列表。④选择需要的站点,点击站点名称,实现链接。⑤检索结果的显示与选择。

2.关键词检索

关键词检索主要是指利用搜索索引查找网页的方法,适合于主题较为专指、细小或狭窄的查询。

使用搜索索引进行信息搜索的基本步骤是:①根据 URL 地址,调用查询工具的主页。②在计算机屏幕上的信息检索输入框中,键入关键词或查询短语。③查询提交后,搜索索引立即进行实时交互式的信息查询。④显示搜索结果。结果页面通常包括一系列资源标题和相应的资源描述,以及指向这些资源的链接。通过资源标题和 URL 地址,可以进一步搜索所需要的信息。

五、新媒体与网络信息资源检索

1.常用新媒体检索及使用技巧

互联网的迅猛发展给信息传播乃至人们的实际生活都带来新的变革,更将传媒行业带入一个崭新的时代。其中,新媒体信息的传播已非常普及。如今,新媒体主要呈现在:一是以微信、腾讯 QQ 等为代表的社交媒体;二是以微博、各种新闻类 APP 为主的信息资讯媒体;三是以知乎、豆瓣为主的功能性媒体。

（1）微信检索及使用技巧

2011 年 1 月 21 日,微信正式上线。它是一款为智能终端提供即时通信服务的免费应用程序,支持用户跨通信运营商、跨操作系统平台,通过网络快速发送免费语音短信、视频、图片和文字。同时,用户还可以享受流媒体内容的共享内容和使用基于位置的社交插件,如"摇一摇""朋友圈"等。

1）通过微信的搜索入口检索

打开微信首页,点击顶部的搜索标志,可检索朋友圈、文章、公众号、小程序、音乐、表情、服务等指定内容。这是微信最全面的搜索入口。

2）通过"搜一搜"检索

自 2011 年上线至今,微信"搜一搜"功能不断优化。目前用户可通过主动搜索关键词获得公众号、小程序、百科、文章、直播等十多种信息服务的内容。微信"搜一搜"整合了公众号的文章,接入 ZAKER、知乎、豆瓣等平台内容资源。用户还能通过微信会话窗口文字以及语音等搜索操作。此外,用户在浏览公众号文章遇到困惑时,也可长按文字进行检索。

● 搜新闻。当用户在微信的搜索框中输入当下比较热门的词后,搜索框下方就会出现一系列与搜索词相关的新闻,点击打开可浏览和了解热点新闻。

● 搜小说。在微信搜索中输入"小说",便可以直接跳转到"微信读书",其中有海量作品供用户选择和阅读。

● 搜音乐。在搜索框中输入歌曲名或歌手名字,搜索结果中会显示很多同名歌曲或该歌手的歌曲。

● 找翻译。只要在搜索框中输入自己想要翻译的词语,然后在后面加"翻译"二字,就可以看到翻译结果了,非常快速便捷。

（2）百度翻译检索及使用技巧

在百度翻译,用户可通过输入文字、网址,粘贴图片,拖动文档来使用翻译功能。百度翻译能够实现 200 多种语言的互译。通用领域有生物医药、电子科技、网络文学和水利机械等。但百度采用的是机器自动翻译,因而需要用户对译文进行修改和润色。

2. 网络信息资源检索工具

在网络环境中,网络信息资源的检索是由人通过计算机硬件环境和软件系统（即检索系统）来进行的;与传统的文献检索相比,它提高了检索效率和检索的准确性,节约了人力和大量时间,已逐步深入到学习生活的各个方面。网络资源检索中常用的就是搜索引擎,搜索引擎主要是使用一种计算机自动搜索软件,在互联网上检索,将检索到的网页编入数据库中,并进行一定程度的自动标引,用户使用时输入检索词,搜索引擎将其与数据库中的信息匹配,然后产生检索结果。

（1）搜索引擎概述

搜索引擎是专门提供查找各类网络信息资源所在网页和网址的,一种带有自动跟踪标引技术的检索工具或称专门网站。搜索引擎以一定的策略在互联网中搜集、发现信息,对信息进行理解、提取、组织和处理,并为用户提供检索服务,从而起到信息导航的目的。它所提供的导航服务已经成为互联网上非常重要的网络服务,成为人们获取信息的必备工具,只需输入几个关键词,搜索引擎就会将散落在世界各个角落的资讯汇集到眼前。

搜索引擎作为网络信息检索的重要工具,其数量非常之多,人们可以按各种标准对其进行分类。通常使用的有:中文搜索引擎、西文搜索引擎、关键词搜索引擎、目录搜索引擎、文本搜索引擎、专业搜索引擎、多媒体搜索引擎等。

(2)搜索引擎的检索技巧

搜索引擎的出现大大方便了读者搜索网上的信息,但其本身所固有的差别往往使不熟悉的用户难以获得满意的检索效果。为提高检索效果,读者必须掌握一定的检索技巧,灵活运用各种检索策略。

1)选择合适的搜索引擎

检索大量网址信息、广泛性信息或用于扩大检索范围,可用目录式搜索引擎;检索细节性问题、具体问题或用于缩小检索范围,多选索引式搜索引擎。

2)确定搜索途径

主要有两种搜索途径:分类浏览和关键词检索。根据不同的检索目的选择正确的搜索途径,才能达到较好的检索效果。

3)选用搜索选项

搜索引擎的搜索选项,一般用以限定搜索范围,使查找相关内容更加容易。

4)选用准确的关键词

选择关键词时,不使用泛指词,尽量使用专指词和下位词。

5)制定正确的搜索表达式

熟悉所检索的主题,尽可能使用专指词,并有效限制检索范围。

6)使用多种方法,优化检索结果

为提高查准率,可缩小检索范围,使用搜索引擎的词组检索、邻近检索、二次检索、限定字段等;为提高查全率,扩大检索范围,可使用同义词、近义词,以尽可能全面覆盖检索范围;或者尝试其他搜索引擎,使用多种搜索引擎,使用多元搜索引擎,以弥补单个搜索引擎数据库容量不足的缺陷。

7)阅读搜索引擎的帮助信息

注意阅读搜索引擎操作、运算符和使用规则的说明,有助于有效的检索。当然,对于不同的搜索引擎,其具体用法各不相同,必须遵循各自的检索规则,才能获得满意的检索结果。

(3)常用搜索引擎

1)百度搜索(https://www.baidu.com/)

百度是国内最大的商业化全文搜索引擎,是目前国内技术水平最高的搜索引擎。目前全国许多大型网站都采用了百度搜索引擎,可见其影响力之大。

A. 检索方法。在搜索框内输入所要检索内容的关键词,单击【百度搜索】按钮即可得到检索结果。同时,可根据用户需要进行不同功能模块——新闻、网页、贴吧、MP3、图片和目录的任意切换,在无功能模块选择时默认为网页搜索。如用鼠标单击【更多】按钮,进入功能模块全页面显示,可任意选择。如单击【网站】进入百度网站检索界面,它是一个类似于图书馆分类方式的主题目录。百度网站导航也采用主题分类的方法,目前百度网站导航总共分为 5 个大类,70多个子类。用户可以根据需要选择页面左边的分类目录进行检索,也可直接链接右边的相关网站检索,也可进行关键词检索。单击主页面【高级检索】,进入高级检索界面,利用百度搜索引擎的高级检索功能,可以更直观地在各输入框内限定检索范围,包括时间、语言、地区、关键词位置等,同时还可以对结果显示加以限定。所有限定一次到位,不失为一种非常方便的检索方法。

B. 检索技巧

a. 支持布尔逻辑"AND""NOT""OR"的检索。使用时应注意:

使用"AND"时,以空格或"＋"通配符代替"AND"。

使用"－"限定其后的检索词,表达式不用加空格,表示搜索结果不包含某内容。

用通配符"/"来表示"OR"的关系,如要查询"世界杯"或者"意甲联赛"相关资料,只需在检索输入框内键入检索式"世界杯/意甲联赛",单击【搜索】按钮即可。

b. 百度提供相关检索。如果用户无法确定输入什么词语才能找到满意的资料,可以试用相关度检索。即先输入一个简单词语搜索,然后,百度搜索引擎会为用户提供其他用户搜索过的相关词语作参考。这时,只需单击其中一个相关搜索词,就能得到该搜索词的搜索结果。

c. 百度搜索引擎不区分英文字母大小写,所有字母均作小写处理。同时百度提供中文繁简体的检索,只要用户输入标准编码的繁体中文或简体中文,就可以同时搜到繁体中文和简体中文网页。并且,搜索结果中的繁体网页摘要信息会自动转成简体中文,方便用户阅读。

d. 百度搜索引擎支持搜索位置的限定。检索时,在一个网址前加"site:",可以限定只搜索某个具体的网站或某个域名内的网页。需要注意的是:在输入时,关键词与"site:"之间必须用一个空格进行分隔;在一个或几个关键词前加"intitle:",可以限定只搜索网页标题中含有这些关键词的网页。

C. 其他特殊功能

百度快照是一个广受用户欢迎的特色功能,解决了用户上网访问经常遇到"死链接"的问题。百度搜索引擎已先预览各网站,拍下网页的快照,为用户储存大量应急网页;当用户不能链接上所需网站时,百度为用户暂存的网页可用来救急。而且通过百度快照寻找资料的速度往往要比常规方法的快得多。

2)搜狗搜索(https://www.sogou.com/)

随着网络信息资源的迅速增长,人们在利用搜索引擎获得更为丰富的信息资源的同时,也面临了新的困扰。面对繁多的搜索结果,检索者快速获取其所需信息的难度越来越大,花费的时间越来越多,检索信息量的增大反而成为获得有效信息的障碍。基于此,一种全新的更加智能化、人性化、简单化,被称为第三代搜索引擎的检索工具的代表——搜狗诞生了。

它是由搜狐公司推出的全新独立域名的专业搜索网站,其主页同"Google"和"百度"相似,但"搜狗"为互动式搜索。即在搜索过程中,当用户输入一个检索词时,搜索引擎会尝试理解用户可能的检索意图,根据检索要求,迅速智能化展开多组相关主题提示,通过给予多个主题的检索提示,逐层缩小检索范围,引导用户更加快速准确地定位自己所关注的内容,以层层筛选的方法帮助用户更加准确地找到所需的信息。这种与用户的互动,可大幅度地提高检索相关度。

另外,搜狗便利的搜索功能能使用户的查询一步到位,更加方便。如 IP 查询、手机归属地查询、软件查询、区号查询、楼盘查询、成语查询、生字快认、邮编查询、股票查询、便捷计算查询、英文词典、快速搜索人物等。

目前搜狗的页面收录量还远远小于"百度"和"Google"。但互动的搜索方式是搜索引擎技术的一个发展方向,它有助于全球搜索引擎技术的发展,希望能有更多的搜索引擎推出更新。总之,检索技术必将向着更加智能化、人性化、简单化的方向发展。

六、常用中小学教育网站和数据库

中小学教育网站和数据库通过收集、加工、存储教育信息等方式,建立信息库或者建立网上教育平台或者建立信息获取与搜索工具等,提供有关科研、图书以及信息机构和各类学校的校园网、教学网、多媒体教室、教育教学网络和数据库的链接。

1. 国家教育资源公共服务平台(https://www.eduyun.cn/)

"国家教育资源公共服务平台"由中华人民共和国教育部主办,由政府提供教育基本公共服务。平台由教育部教育技术与资源发展中心(中央电化教育馆)网络部承担运行维护工作,自 2012 年 12 月 28 日开通试运行,着力于教育信息化的工作进展、教育资源的推送推广、各类教育活动的举办实施、教育资源信息的智能导航。充分依托现有公共基础设施,利用云计算等技术,逐步推动与区域教育资源平台和企业资源服务平台的互联互通,共同服务于各级各类教育,为资源提供者和资源使用者搭建的网络交流、共享和应用的环境。2020 年 2 月 17 日开通"国家网络云课堂",以部编教材及各地使用较多的教材版本为基础,覆盖小学一年级至普通高中三年级各年级,以教学周为单位,建立符合教学进度安排的统一课程表,提供网络点播课程。

2. 国家智慧教育公共服务平台(https://www.smartedu.cn/)

国家智慧教育公共服务平台是由中华人民共和国教育部指导,教育部教育技术与资源发展中心(中央电化教育馆)主办的智慧教育平台。平台聚合了国家中小学智慧教育平台、国家职业教育智慧教育平台、国家高等教育智慧教育平台、国家大学生就业服务平台等,可提供丰富的课程资源和教育服务,旨在解决各类学习者在使用中遇到的资源分散、数据不通、管理不规范等问题。是为中央和地方教育行政部门、全国各类型学校师生和社会学习者提供高效便捷的教与学服务和大数据分析研判的智能化管理平台。

3. 国家中小学智慧教育平台(https://www.zxx.edu.cn/)

教育部在总结"国家中小学网络云平台"运行服务经验的基础上,研究制定了《国家中小学智慧教育平台建设与应用方案》,并将原云平台改版升级为"国家中小学智慧教育平台",于 2022 年 3 月 1 日上线试运行。平台目前有专题教育、课程教学、课后服务、教师研修、家庭教育和教改实践经验等 6 个板块,现有资源总量达到 2.8 万余条。其中,课程教学版块上线了 19 个版本、452 册教材的 19508 课时资源。

4. 国家基础教育资源网（https：//so. eduyun. cn/national/index）

国家基础教育资源网是中国教育部主办的国家级基础教育资源中心，也是农村中小学现代远程教育工程资源服务平台。国家基础教育资源网将国内教育优势地区的名校、名师资源集中起来，为全国师生提供个性化的空间和服务。促进"优质资源班班通"和"网络学习空间人人通"，让优质资源和创新应用惠及人人。网站由教育部基础教育资源中心和教育部教育技术与资源发展中心（中央电化教育馆）维护。

5. 中国中小学教育教学网（http：//www. k12. com. cn/）

中国中小学教育教学网（以下简称"K12 教育网"）是北京育英网信息技术有限公司创建的，该公司因其所有的 K12 教育网、K12 教育资源库、K12 全系列教育软件、K12 校园网/城域网解决方案而闻名全国基础教育领域。K12 教育网的主要面向对象是中小学生、教师和家长，目前提供教育新闻、教师频道、学生频道、家长频道、教育教学资源交流平台、教育论坛和各学科论坛、教师个人专辑、杂志网上空间、学校与教师免费主页空间、免费电子邮件等大量服务。在"网上课件交流中心"中，各地教师自发上传的课件、教案等已达 10 万个，各类教育教学论坛的文章总数已超过 30 万篇，在 K12 教育网上建立"个人专辑"的老师也已突破 2 万名。K12 教育网目前已成为全国最大的网上教育资源集散地和全国最大的基础教育门户网站。

6. 中国基础教育网（http：//www. cbe21. com/）

中国基础教育网是由教育部基础教育课程教材发展中心与北京师范大学共同创建的，面向全国基础教育工作者、学生、家长的专业服务平台，是中国基础教育领域的综合性网站。中国基础教育网重点在基础教育改革发展、教育观念、素质教育方面的导向性，着重增强涵盖基础教育改革方方面面的指导性，坚持访问对象全面参与的网际开放性。现已完成语文、数学、物理、化学、英语、政治、生物、历史、地理、体育、艺术教育等 11 个学科频道和"教育新闻""地区教育""教坛之声""教育用品""教育社区""博客""原创"等主要栏目，建立了课程标准库、课程资源库、软件素材库、教研论文库等资源数据库。

7. CNKI 中小学数字图书馆（https：//cfed. cnki. net/）

CNKI 工程是以实现全社会知识资源传播共享与增值利用为目标的信息化建设项目，由清华大学、清华同方发起，始建于 1999 年 6 月。在党和国家的领导以及教育部、中央宣传部、科技部、新闻出版总署、国家版权局、国家计划委员会的大力支持下，在全国学术界、教育界、出版界、图书情报界等社会各界的密切配合和清华大学的直接领导下，CNKI 工程集团经过多年努力，采用自主开发并具有国际领先水平的数字图书馆技术，建成了世界上全文信息量规模最大的"CNKI 数字图书馆"，并正式启动建设《中国知识资源总库》及 CNKI 网络资源共享平台。

8. 中国教育科研计算机网（CERNET）（ https：//www. edu. cn/）

中国教育科研计算机网是由国家投资、教育部负责管理、清华大学等高校承担建设和管理运行的全国性学术计算机互联网。它主要面向教育科研单位，是全国最大的公益性互联网之一，也是中国教育行业的门户网站。它全面详细地报道关于教育的政策、硬件网络条件的建设、教育新闻、教育研究等方面的最新最重要的信息，还提供很多大学和科研机构的链接。它收录内容丰富，范围广泛，不仅是教育类的参考资源，而且对各个领域的科学研究都有较好的参考价值。

9.江苏教育网(https://jyt.jiangsu.gov.cn/)

江苏教育网依托互联网技术,发挥网络媒体及时互动、传播面广的优势。网站分"文章""论坛""相册"等栏目。文章内容涉及教育动态、义务教育、高考专题、海外留学、学校招生、政策互动、教师交流、同学交流、考试信息、学习技巧等18个专题的各种教育信息。网站介绍了江苏教育概况,宣传了江苏教育法规,展示了江苏教育形象,整合了全省教育资源和各类教育政务资讯,是江苏省有关教育最新最全的资讯网站之一。

本章小结:

随着网络、手机乃至电子书的出现和普及,师生的信息获取方式在不知不觉间发生了变化,多元化的信息渠道也使得师生的信息摄取量呈递进式聚集。在这种聚集状态的驱动下,师生势必会去寻求更合理有效的方法去加工、处理和整合文献信息,最终达到目标需求。因此,掌握科学的信息检索方法,有效地整合教育教学中有用的信息资源,节约师生查阅的时间,提供便捷且针对性的服务,正成为学校图书馆员的核心工作。本章阐述了信息资源检索的相关知识及常用参考工具书、电子和新媒体与网络信息资源的检索与利用。

通过对文献信息检索的概念、语言、工具、方法与途径的了解,使读者更加明确了开展文献信息检索工作的必要性与切实性,也进一步放大了图书馆的服务效应,引发了现代信息技术下学校图书馆发展的新思考。

同时,对常用参考工具书、电子和新媒体与网络信息资源检索与利用进行了重点阐述,目的是通过方法引领、典型介绍、重点解读来进一步提升读者检索的准确性与有效性,更好地为教育教学提供深层次、立体式和多元化的服务,彰显学校图书馆的服务功能与文化品位。

学习与思考:

1.什么是文献信息检索?文献信息检索工具的类型有哪些?

2.请简要阐述文献信息检索的途径、方法和步骤。

3.常用的工具书有哪些?

4.请说一说字典、词典、百科全书、年鉴、目录、文摘、索引的检索与利用的方法。

5.网上免费工具书网站有哪几类?重点介绍一下字典、词典类和百科全书类。

6.怎样进行工具书的检索?

7.中文电子图书检索系统主要有哪些?

8.如何进行网上免费电子图书的检索?

9.电子报刊如何进行检索?

10.网络信息资源检索的方法有几种?

11.什么是搜索引擎?分成哪几类?

12."搜狗""百度"搜索引擎如何进行检索?

13.常用中小学教育网站和数据库有哪些?

14.什么是新媒体?常用新媒体的检索及使用技巧有哪些?

推荐阅读书目：

1. 刘富霞. 文献信息检索教程[M]. 北京:机械工业出版社,2006.

2. 焦玉英,温有奎,等. 信息检索新论[M]. 武汉:武汉出版社,2008.

3. 罗志尧,胡优新,等. 文献信息检索与利用[M]. 北京:科学技术文献出版社,2003.

4. 乔好勤,潘小明,等. 信息检索与信息素养[M]. 武汉:华中科技大学出版社,2022.

参考文献：

1. 刘富霞. 文献信息检索教程[M]. 北京:机械工业出版社,2006.

2. 孙丽芳. 信息资源检索与利用[M]. 北京:电子工业出版社,2004.

3. 王岩. 社会科学信息资源检索与利用[M]. 北京:海洋出版社,2008.

4. 焦玉英,温有奎,等. 信息检索新论[M]. 武汉:武汉出版社,2008.

5. 罗志尧,胡优新,等. 文献信息检索与利用[M]. 北京:科学技术文献出版社,2003.

6. 汤林芬,苏丽. 文献检索[M]. 长春:吉林大学出版社,2008.

7. 乔好勤,潘小明,等. 信息检索与信息素养[M]. 武汉:华中科技大学出版社,2022.

第十章　中小学图书馆社会合作与服务

本章导读：

中小学图书馆兼具"图书馆职业价值"与"基础教育价值"双重价值，是中小学生获取知识的校园文化设施，也是开展未成年人阅读推广的重要阵地，在共享优质资源、开展多方合作、满足学生个性化学习等方面具有独特优势。对于中小学图书馆来说，社会合作是一个较新的领域，具有重要的理论意义和必要的现实价值。

通过本章学习，你可以了解到：

- 中小学图书馆社会合作基础
- 中小学图书馆社会合作背景
- 中小学图书馆合作的内容及方式
- 中小学图书馆如何与公共图书馆开展合作
- 中小学图书馆如何与高校图书馆开展合作
- 中小学图书馆社会合作的成功案例

第一节　中小学图书馆社会合作概述

一、社会合作的概念

社会合作是指社会共同体当中的不同社会群体或社会成员在社会分工体系当中占据某个特定的位置，按照该位置特有的专业分工或职业分工要求，分别实现特有的专业或职业目标，从而以不同的专业或职业角色，实现单个社会成员或社会群体仅仅依靠一己之力而无法实现的生产或其他方面的目标，以此实现社会的正常运行和发展，并从中得到相应的回报。中小学图书馆社会合作是指通过与公共图书馆、高校图书馆、社区等团体及儿童阅读推广人、作家、学者等个人，为达到满足教师教学、学生学习、提高教育质量和培养人才等的共同目的，实现中小学图书馆建设丰富的文献资源、正确的阅读指导以及多样的阅读活动目标而彼此相互配合的一种联合行动。

二、中小学图书馆开展社会合作的背景

中小学图书馆是我国图书馆事业的重要组成部分，从软硬件配置、服务对象、教育功能、管理制度等方面均有别于公共图书馆和高校图书馆。随着教育理念的变化和基础教育多项改革举措的推行，我国基础教育环境产生了新变化和新要求，这为中小学图书馆发展提供重要的外部契机。在此背景下，中小学图书馆开展社会合作的必要性前所未有地凸显。

1. 教育政策助力

中小学图书馆的发展与中小学的发展紧密相连。我国政府十分重视中小学图书馆的事业发展,教育主管部门制定了一系列加强中小学图书馆建设的规定。国家教委在1991年颁布《中小学图书馆(室)规程》,该规程对中小学图书馆的性质、作用、规模、办馆标准等进行明确界定,是中小学图书馆建设工作的指导性规定。随着信息技术的应用与网络技术的发展,中小学图书馆信息化建设工作不断加强,教育部在2003年颁布《中小学图书馆(室)规程(修订)》,修订版中将中小学图书馆信息化建设作为教育信息化建设的一项重要工作。为进一步发挥中小学图书馆阅读推广职能,我国教育部、文化部、新闻出版广电总局在2015年联合下发《关于加强新时期中小学图书馆建设与应用工作的意见》,意见强调中小学图书馆的重点任务是"推进基础条件建设、确保馆藏资源质量、规范馆藏采购机制、不断提高信息化水平、充分发挥育人作用、带动书香社会建设",中小学图书馆在全民阅读工作中的地位逐渐凸显。中共中央办公厅、国务院办公厅在2021年印发《关于进一步减轻义务教育阶段学生作业负担和校外培训负担的意见》,要求通过阅读等活动充分用好课后服务时间,推动学校教育、家庭教育与社会教育融合,中小学图书馆在落实"双减"工作中具有不可替代的作用。一系列教育政策的变化是激活我国中小学图书馆开展社会合作的契机,为中小学图书馆开展社会合作指引了方向。

2. 文化政策保障

虽然中小学图书馆不隶属于文化部门主管,但是其建设与发展受到国家文化政策影响。近年来,我国出台了一系列公共文化服务的法律法规,在内容中均强调了公共图书馆应与学校开展合作,为中小学校提供公共文化服务。这些法律法规的颁布为中小学图书的发展提供了文化政策保障。2016年12月25日第十二届全国人民代表大会常务委员会第二十五次会议通过的《中华人民共和国公共文化服务保障法》,其中第十条规定"国家积极鼓励公共文化服务与学校教育的联合,公共文化服务要充分发挥教育功能。"2017年11月4日第十二届全国人民代表大会常务委员会第三十次会议通过《中华人民共和国公共图书馆法》,其中第四十八条规定"国家支持公共图书馆加强与学校图书馆、科研机构图书馆以及其他类型图书馆的交流与合作,开展联合服务。"2016年12月,我国首个国家级全民阅读规划《全民阅读"十三五"时期发展规划》发布;2020年10月,我国《关于促进全民阅读工作的意见》下发。国家制度层面对阅读推广工作的重视和文化政策的保障与完善激发了图书馆行业开展儿童阅读推广工作的积极性,中小学图书馆已成为儿童阅读推广工作的重要阵地。

3. 图书馆职业价值驱动

中小学图书馆是图书馆中重要的类型,具备开展社会合作的条件与优势。受到图书馆行业属性的驱动,国际图联和国外一些国家对中小学图书馆开展社会合作秉持积极态度。日本颁布《学校图书馆法》(1953年),对中小学图书馆的性质、功能、任务、设置制度及国家所承担的责任等都作出详细的规定,其中就包括中小学图书馆与其他学校图书馆、社会性图书馆、博物馆等机构相互合作的内容。国际图联十分重视学校图书馆社会合作,在IFLA《学校图书馆指南(第2版)》(2015年)中明确提出"学校图书馆应尽可能与其他图书馆及广泛的文化团体联络,包括公共图书馆和图书馆协会。"基础教育较发达的欧美国家对中小学图书馆的协作合作秉持积极态度。美国学校图书馆员协会(AASL)颁布的《面向学习者、学校图书馆员和学校图书馆的美国学校图书馆标准》(2017年),内容包括"学校图书馆应成为所在学校、社区的学习中心,并应该成为学校和家庭之间、学习者研究项目与现实问题之间、知识学习与更深层次的个性化学习之间的联系枢纽"。

三、中小学图书馆开展社会合作的现实需求

1. 运营经费紧张

我国中小学图书馆的运营经费来源为政府财政拨款,各地教育管理部门依托教育行政专项经费进行统筹安排。因此,中小学图书馆的运营经费与当地政府对中小学图书馆事业的重视程度、所在地经济发展水平、政府文化政策等密切相关。大部分经济欠发达地区的中小学图书馆存在经费紧张的困境,在经济发达地区也存在一些中小学图书馆运营经费被挪用、削减、取消等现实问题。

2. 馆舍、图书资源等基础设施薄弱

我国中小学图书馆与发达国家相比,建设水平整体偏低,部分中小学图书阅览室面积达不到国家标准。在建设过程中,少数中小学为了节约成本将图书馆设置在校内闲置的建筑中;部分中小学图书馆内部空间小、采光差、座位少,整体阅读环境较差。一些中小学图书馆忽视馆藏资源建设,陈旧内容较多,新出版的图书少;个别中小学图书馆甚至存有盗版、错版图书。

3. 馆员业务能力与服务水平较低

中小学图书馆员的业务能力包括基本业务能力和高级业务能力,基础业务能力是指满足中小学生阅读需求的服务能力,如图书采购、上架、读者借阅等;高级业务能力是指满足中小学生阅读提升的服务能力,如阅读指导、书目推荐、活动策划等。中小学图书馆员素质参差不齐,大部分中小学图书馆员无法胜任书目推荐、阅读活动组织等工作,这就造成了中小学图书馆的阅读推广工作无法满足中小学生的需求。

4. 信息化管理能力欠缺

中小学图书馆的服务对象为中小学生和教职员工,受众对象较为单一。相较公共图书馆与高校图书馆,中小学图书馆的信息化管理能力欠缺,信息化服务水平较低。具体表现为:一是软件使用方面,虽然中小学图书馆按照建设标准配备了信息化管理软件,实现了信息化管理,但存在各校管理软件不统一,资源无法共享的现状;在硬件配置方面,因经费缺失和人员较少等现状掣肘,大部分中小学校图书馆没有独立的服务器,存在数据存储困难和无法实现数据共享的现状。

相关链接:

江苏省中小学图书馆(室)面临的困境具有一定的代表性,具体表现在以下几个方面:

(1)部分中小学图书馆(室)开放时间不足

受到应试教育的影响、对阅读重要性认识不足、藏书数量有限等因素影响,江苏中小学图书

馆(室)开放时间受限制较多。到了周末、期中考试、期末考试、寒暑假,中小学图书馆(室)基本关闭。更有甚者,少数中小学图书馆(室)仅在接受上级检查或"书香校园"验收时才开放。

(2)部分中小学图书馆(室)藏书量有限,藏书结构不合理

部分地区的中小学校办公经费紧缺,从而造成一些中小学图书馆(室)没有经费购置新书,一些图书来自上级配发和师生捐献。图书馆存在图书数量整体上不足,质量不高,人均图书数量低的现状,无法适应新课改的需要,也难以满足教师和学生的需求。

(3)大部分中小学图书馆(室)功能单一

经实地走访,在大多数学生的眼里中小学图书馆(室)就是一个学生"看会书""聊会天"的场所,不会利用图书馆(室)提升阅读素养。大部分学校将阅读推广工作交给教导主任、班主任、语文老师等教师群体落实,很少考虑交给中小学图书馆员,其全民阅读阵地作用发挥有限。

面对中小学图书馆自带的"先天不足"和发展中的困境,合作、开放、共建、共享成为中小学图书馆的重要理念和追求。

四、中小学图书馆开展社会合作的理论基础

1. 资源共享理论

20世纪50年代中期,美国图书馆学家肯特提出"资源共享"理论,其主要观点是"资源共享"最核心的含义是互惠,即每个成员拥有一些别的成员需要并且愿意提供一家出来的物品。20世纪70年代,美国图书馆在"资源共享"理论基础上提出"图书资源共享"理论。随着图书馆职能从单一提供藏书查阅到现代信息服务的转变,到20世纪90年代"信息资源共享"概念被提出,其核心由互惠演变为协作共赢,其要义指图书馆基于平等自愿、互惠互利的原则通过协商共同建立馆际或馆与其他机构之间的合作关系,以寻求信息资源效益最大化。

2. 公共产品理论

公共产品又称公共物品,美国著名经济学家保罗·A.萨缪尔森最早提出。公共产品一般是指由政府和公共部门提供的、可供全体居民共同消费和受益的,但不需要或不能够让社会公众按照市场方式分担其费用或成本的产品和服务。公共产品具有两大基本特征:一是非竞争性,即消费的非竞争性,主要是指在一定范围内,任何人对某一公共物品的消费都不会影响其他人对这一产品的消费,并且新增消费者消费的边际成本为零;二是非排他性,即受益对象的非排他性。即某个人消费某种公共物品,不能同时排除他人也能消费这种物品。

3. 教育供给理论

教育供给理论认为教育的进行和教育的发展以一定的人力、物力、财力资源投入为条件,教育机会由政府、企业、社会团体和个人举办的教育机构提供。在多元化办学和教育投入体制下,教育资源供给量取决于政府财政、企业和公民对社会的投入量,而社会经济发展水平则最终决定着政府财政收入、企业收入和居民收入水平,从而决定着教育资源投入量。教育成本与教育机会成反比关系,教育成本低,则相同的教育投入可能提供的教育机会就多;反之,教育资源利用效率通过对单位教育成本的影响,可增加或减少教育机会的供给。

五、中小学图书馆社会合作发展历程

1. 中小学图书馆社会合作的产生

在现有文献资料中,图书馆合作形式最早产生于公元前 200 年,别迦摩图书馆与亚历山大图书馆合作获取文献资料。18 世纪 40 年代,德国的一些大学图书馆开展联合目录编制、文献交换等合作活动;20 世纪,正式的图书馆合作组织产生,如美国的 CLC(Connection Library Consortium)、OCLC(Online Computer Library Center)等。1999 年联合国教科文组织颁布的《全民教育中的中小学图书馆——中小学图书馆宣言》中明确"中小学图书馆为全体学校成员提供学习服务、图书和信息资源,这些能使他们成为有批判精神的思想者和各种形式、媒介信息的有效用户"。至 20 世纪,政府对图书馆合作活动开始重视,在法规、规章制定等方面对图书馆合作活动给予政策导向支持,中小学图书馆作为图书馆的一种类型开始了合作活动。

2. 国外中小学图书馆社会合作的发展

美国是最早兴起中小学图书馆合作的国家。1940 年美国图书馆协会(ALA)制定专门针对中小学图书馆的标准,1951 年美国学校图书馆协会成为一个独立的部门,1960 年《学校图书馆项目标准》出台,学校图书馆合作推进迅猛。英国中小学图书馆依托良好的事业发展基础开展各项阅读推广活动。日本是学校图书馆事业发展最发达的国家,在 2001 年颁布《关于推进儿童读书活动的法律》,其中第七条强调"学校、图书馆应强化合作来保障法律的实施";2002 年颁布的《关于推进儿童阅读活动的基本计划》再一次强调了学校图书馆与公共图书馆合作的重要性。自此,日本公共图书馆与学校图书馆之间以推进儿童阅读为目的不断开展合作。日本文部科学省于 2006 年开展"推进学校图书馆支援中心项目",探索公共图书馆与学校图书馆合作的新方向,明确"学校图书馆支援中心的职责是促进学校图书馆与公共图书馆的合作,为学校图书馆的发展提供帮助与支持"。

六、中小学图书馆社会合作内容与方式

1. 中小学图书馆社会合作内容

2022 年最新发布的《IFLA 公共图书馆宣言(2022)》中指出"学校图书馆应与教师、管理者、家长、其他图书馆员、信息专家及社区等开展广泛合作"。在教育部印发的《中小学图书馆(室)规程》(2018 年版)中明确"学校应根据发展目标,以师生需求为导向,统筹纸质资源、数字资源和其他载体资源,制定图书配备与其他馆藏文献信息建设发展规划。""图书馆应当加强馆际交流,推动校际阅读活动、校本资源和特色资源的合作与共享。""图书馆管理人员应当定期参加教育行政部门或专业学术团体组织的专业培训,并纳入继续教育学分管理。支持图书馆管理人员参加专业学术团体。"基于中小学图书馆工作内容,可将社会合作划分为以下几种类型,如表 10 - 1 所示。

表 10 - 1　中小学图书馆社会合作类型（基于不同合作内容）

类型（合作内容）	典型实践
资源合作	大连地区少儿图书资源全域共享体系等
阅读推广	深圳市福田区图书馆为入学新生赠予包括绘本、读者手册、阅读地图、推荐书目等在内的阅读书包等
馆员培训	厦门市翔安区图书馆创新"翔安模式"等
共享平台搭建	美国印第安纳波利斯公共图书馆"共享系统"等

2.中小学图书馆社会合作方式

通过对目前中小学图书馆社会合作实践进行调研分析，可以发现中小学图书馆开展社会合作的类型日益多样化。根据合作主体的不同，可将中小学图书馆社会合作的类型划分为表10 - 2所示。

表 10 - 2　中小学图书馆社会合作类型（基于不同合作主体）

类型（合作主体）	典型实践
公共图书馆	大连市少年儿童图书馆、深圳市福田区图书馆、福建省晋江市图书馆、美国洛杉矶公共图书馆、日本北海道公共图书馆等
高校图书馆	楚雄师范学院图书馆等
社区	美国部分社区等
出版社	人民时代教育科技有限公司、广西师范大学出版社集团等
农家书屋	部分地区的农家书屋
其他机构	咪咕动漫有限公司、厦门时代华亿动漫有限公司等
馆员培训	厦门市翔安区图书馆创新"翔安模式"等
共享平台搭建	美国印第安纳波利斯公共图书馆"共享系统"

第二节　中小学图书馆与相关机构的合作

在各级政府、教育行政部门和学校的重视下，近年来我国中小学图书馆建设得到了加强，取得了较为快速的发展。但是中小学图书馆依然是我国图书馆事业发展中较为薄弱的部分，普遍存在投入不多、馆舍不够、书刊不足、人员素质不高、管理不善及图书馆利用意识淡薄等各种问题。为了解决这些问题，较为可行的途径就是走合作发展道路，寻求其他图书馆的帮助。

一、中小学图书馆与公共图书馆的合作

1.公共图书馆的优势

我国的公共图书馆是公共文化服务体系中的重要组成部分，在开展公共文化服务时是一个可以独立发挥主导作用并进行经费独立核算的单位,开展活动和服务具有主动性。公共图书馆作为一个地区文献收集和传递的中心,具有丰富的馆藏资源和成熟的阵地服务空间,同时肩负区域内的业务辅导、研究、协作等职能。公共图书馆具有专业人才优势。公共少儿图书馆馆员是专职图书馆专业技术人员,在多年的儿童读者服务工作中积累了较为丰富的工作经验,具有一定的理论水平。

2.中小学图书馆与公共图书馆的合作背景

公共图书馆是开展社会教育的公共文化设施,但受到数量、地区等方面限制,服务范围有限,其社会职能难以体现;若是依靠公共图书馆自身建立大量分馆来拓展服务范围,则需要耗费大量的人力财力。公共图书馆与中小学图书馆进行合作,可以利用中小学在数量和地区分布上的优势,将中小学图书馆作为服务社区、乡村的基点,这样既节省了建设新馆的投资,又拓展了公共图书馆的服务范围,提升公共图书馆的社会影响力。公共图书馆也可利用自身文献资源、人力资源等优势,为中小学教学提供助力,为师生提供阅读服务。例如帮助中小学图书馆进行建设,缓解中小学图书馆在文献资源、人员、技术、资金等方面不足所带来的无法满足师生阅读需求的压力。高质量中小学图书馆的建立能够提升中小学在本地区的影响力,增加民众对于学校的关注度。中小学方面,通过与公共图书馆的合作也能更好地满足青少年阅读需求,激发青少年阅读兴趣,提高学生的阅读效益,满足学校教师的科研、教学、休闲阅读的需求。

3.中小学图书馆与公共图书馆合作存在的问题

(1)跨系统合作难度大

中小学图书馆与公共图书馆之间合作主要阻碍因素之一是分属两个不同的系统,公共图书馆由文化系统管理,而中小学图书馆则是由教育系统管理,想要进行合作有一定的困难。虽然一些中小学图书馆的馆员想要响应公共图书馆的合作请求,在程序上必须通过校方管理层才能建立合作,而公共图书馆的合作请求不一定能得到校方的认可与回应,造成了公共图书馆与中小学图书馆合作内容比较有限的现状。

(2)核销制度不灵活

公共图书馆的馆藏纸质图书与数字资源属于国有资产,有严格的核销制度,不能随意处置。当公共图书馆与中小学图书馆开展图书资源合作活动时,公共图书馆普遍担心国有资产流失问题。中小学生在使用图书的过程中势必会造成一定的损耗,尤其是少儿类图书损耗率更高。严格的国有资产核销制度使公共图书馆在与中小学图书馆开展读书活动时受到限制。

(3)资金投入不足

经费不足是制约中小学图书馆与公共图书馆合作的最重要因素。在现有公共图书馆与中小学图书馆的合作案例中,合作经费大部分依靠公共图书馆方承担,这势必造成中小型公共图书馆经费紧张,物力投入不足的情况。而在合作经费存在缺口的情况下,公共图书馆会选择终止或者暂停与中小学图书馆的合作。

(4)馆员素质参差不齐

中小学图书馆的馆员数量较少、素质参差不齐问题一直以来都存在,部分中小学图书馆没有配备专职馆员。其原因之一是中小学图书馆的待遇普遍比较低,许多工作人员工作没有主动性;原因之二是中小学对于学校图书馆员工作的认可度较低,很难留住人才。

(5)缺乏官方合作平台

中小学图书馆与公共图书馆分属两个不同的系统管理,想要合作有一定的难度,需要一个官方搭建的平台来协调双方的合作。官方应搭建公共图书馆和中小学图书馆共建共享的合作平台,便于为双方合作提供信息和资讯。

4.中小学图书馆与公共图书馆的合作策略

(1)加强政府主导作用,完善相关政策

中小学图书馆与公共图书馆的合作需要政府的大力支持。中小学图书馆作为学校的功能部门,作为教育体系中的一个机构,其组织的组成、管理、运行都受教育主管部门的领导。教育主管部门对中小学图书馆的社会合作应予以一系列的扶持和保障。一是教育主管部门应对中小学图书馆社会合作在规划上进行考虑;二是教育主管部门应对中小学图书馆开展社会合作给予经费上的保障,将合作项目单列专项经费,做到专款专用,从经济源头上给予中小学图书馆发展以有力的支持。公共图书馆与中小学图书馆的合作离不开文化主管部门的帮助和支持。文化主管部门可通过制定行业规范和行业标准(如图书馆总分馆体系),推动公共图书馆对中小学图书馆的合作与投入,并可以通过行业协会的力量加强对中小学图书馆的业务指导和工作帮扶。

政策的完善是双方合作的依据与保障,虽然国家政策支持公共图书馆与中小学图书馆开展合作,但是没有更为具体办法来推动各方力量。政府应通过更为具体的法律条文或者政策规定来保障双方合作有章可循,例如:出台联合办馆的政策或文件,建立合作激励机制,设置合作专项经费等。

(2)增加资金投入,提升保障水平

资金是公共图书馆与中小学图书馆合作必不可少的保障。政府增加公共图书馆与中小学图书馆合作的专项经费能够促使双方积极开展工作,解决图书资源匮乏,馆员培训较少等多个实际问题,使双方合作意向不再受到经费的掣肘。值得思考的是,因中小学图书馆各类资源与公共图书馆存在较大差距,中小学图书馆在合作中是需要帮助的一方,公共图书馆是提供帮助一方,这不利于激发公共图书馆开展双方合作的主动性和积极性。因此,中小学也需要加强图书馆的硬件、软件、文献、人才等方面建设,提升图书馆在校内的地位,减轻公共图书馆方面的压力,从而实现合作共赢目标。

(3)加强人才队伍建设

中小学图书馆与公共图书馆合作的困难之一就是专业人才的缺乏。与公共图书馆相比,中小学图书馆员数量少、专业性低。开展双方合作对于中小学图书馆员而言工作量较大,困难较多,这也降低了中小学图书馆合作的主观能动性。相较而言,公共图书馆员的数量多和专业性更高一些,应通过继续教育、线上培训、协会协作等多种方式对双方合作人员进行专业方面的提升,统一双方工作人员对于合作的认识,加强合作的契合度。

(4)建立官方交流平台

中小学图书馆与公共图书馆隶属不同政府部门管理,信息共享机制缺乏,没有官方建立的信息交流平台。可采取教育系统与文化系统共同建立官方信息交流平台的方式帮助公共图书馆与中小学图书馆了解各自情况、合作优势、合作需求等基本信息。一旦官方建立起便捷的交流渠道，具有合作意向的公共图书馆和中小学图书馆就能够通过平台及时沟通，提高沟通效率，促进双方合作。同时，平台所收集到的信息打通了教育系统与文化系统的信息屏障，可以为政府部门制定相关政策时作为参考依据，发挥优化资源配置的作用。

二、中小学图书馆与高校图书馆的合作

1. 高校图书馆的优势

中小学图书馆和高校图书馆均隶属于教育系统，高校图书馆是中小学图书馆的重要合作对象之一。高校图书馆具有丰富的文献信息资源、高素质的专业人才、高质量的科研能力，这是其他类型图书馆无可比拟的优势。如在馆员方面，高校图书馆的馆员所涉学科专业繁多，学历、职称和科研能力也都很高。在文献资源方面，特别是综合性大学图书馆和师范院校图书馆，十分注重收藏教育类的书刊，电子资源收藏量也十分丰富，如华南师范大学图书馆收藏有教育类图书近 4 万册。因此，高校图书馆凭借人员、资源、经费等方面的优势成为中小学图书馆的重要合作对象。

2. 中小学图书馆与高校图书馆的合作背景

我国政府鼓励、支持高校图书馆开展必要的社会服务。2016 年，我国教育部针对普通高等院校图书馆的功能发展对《普通高等学校图书馆规程》进行了完善和修订。在新修订的规程中，明确提出了普通高等院校的图书馆在促进地方文化建设，实现信息资源共享，实现自身文化职能，推动地区发展方面有重要作用。这表明高校图书馆为社会开展必要的文献信息服务在一定程度上得到了政府的认可和提倡。因此，高校图书馆与中小学图书馆开展合作能够得到政府部门的支持和鼓励。华东师范大学图书馆、湖北教育学院图书馆、浙江教育学院图书馆、宁波大学园区图书馆等诸多高校图书馆都在积极探索和尝试与中小学图书馆合作，并取得了一定的成绩与案例。

3. 中小学图书馆与高校图书馆的合作策略

（1）提高认识站位，树立资源共享的理念

中小学图书馆与高等院校图书馆的合作，并非传统意义上的系统内图书馆之间的合作，两者之间的合作是单向的，即中小学图书馆分享高等院校图书馆的文献资源，分享高等院校图书馆的研究成果，是高等院校图书馆向中小学校的师生提供文献借阅、信息咨询服务。目前中小学图书馆是没有能力和高等院校图书馆实行资源共建的，从共建共享的角度来看，高等院校图书馆是纯粹的提供方、利益输出方。因此，无论是参与合作的图书馆负责人、还是相应的中小学校和高等院校的领导，以及教育行政部门的领导，都要增强资源共享意识，认同中小学图书馆与高等院校图书馆开展馆际合作的必要性。中小学图书馆要转变思想，结束自我封闭，主动对接高等院校图书馆，争取支持和帮助；高等院校图书馆要具备大局意识，要有为中小学师生提供服务的意愿，对于与中小学图书馆开展合作要持积极开放的态度；中小学校、高等院校的领导以及教育行政主管部门要提高政治站位，促进中小学图书馆与高等院校图书馆的交流与合作，从而提高中小学图书馆的整体信息保障能力。

（2）高等院校图书馆主动作为，提高中小学图书馆队伍的专业素质

图书馆员作为知识和智力的载体，是图书馆最重要的资源，是图书馆发展的首要因素。中小学图书馆事业的建设现代化，高素质的馆员队伍不可缺少。2018年新修订的《中小学图书馆（室）规程》第三十三条提出："图书馆应当设专职管理人员并保持稳定性。图书馆管理人员编制在本校教职工编制总数内合理确定。图书馆管理人员应当具备基本的图书馆专业知识与专业技能。中学图书馆管理人员应当具备大学本科以上文化程度，小学图书馆管理人员应当具备大学专科以上文化程度。"目前很多的中小学图书馆管理人员数量配备和人员综合素质都达不到《规程》的要求，加强馆员人才队伍建设应成为中小学图书馆发展的当务之急。高等院校图书馆应将中小学图书馆的人员培训作为合作的重要内容，开展文献分类、编目、检索尤其是网络存取及计算机管理系统运用等图书馆基础业务知识的培训，提高中小学图书馆员队伍的整体素质，以提升中小学图书馆整体办馆水平。如果能在培训的基础上，将部分中小学图书馆的业务骨干安排到高等院校图书馆进行跟岗实习，实地了解图书馆的业务流程和运行情况，效果会更好。

（3）教育主管部门加强监管，协调推进

中小学图书馆与高等院校图书馆开展合作，除了双方有真诚的合作意向，作为地方的教育主管部门，应切实加强领导，要成立机构统一领导，要有整体规划，按照自愿合作与行政推动相结合的原则，制定具体的实施办法，对合作过程中出现的问题，要进行及时的监管协调。唯有如此，才能保证中小学图书馆与高等院校图书馆之间的合作持续发展，有序推进。

（4）地方政府提供经费支持，确保稳定运行

中小学图书馆与高等院校图书馆的合作过程中，高等院校图书馆不计成本，单向支持中小学图书馆的建设，但是在中小学师生利用高校图书馆的过程中，必定会产生诸如网络使用费、资料复印费、文献传送费等额外费用，地方政府应尽可能给予必要的资金支持，以确保馆际合作稳定发展。如果能够对合作的高等院校图书馆给予一定的经费补助，则更能调动高校的积极性，合作效果会更好。

三、中小学图书馆与其他社会机构的合作

中小学图书馆在建设与发展过程中，与政府部门、社区、社会组织及公益机构主动对接，建立良好的合作关系，可以在一定程度上缓解经费不足问题、资源不足问题、专业人员不足问题、宣传推广渠道不足等的压力。

1. 中小学图书馆与社区的合作

（1）社区资源类型

社区资源是指用以满足社区居民日常生活需求、协助社区解决问题、促进社区发展成长的一切物质与人文资源，是一个社区内可运用的各方面的力量。社区资源包罗万象，往往因不同地区发展形态的差异而有不同的社区资源，大致上可分为两大类：一类是硬件的、有形的、具体的、物质的、直接的资源，包括财力、物力、人员、空间、场所、设施等；一类是软件的、无形的、抽象的、精神的、间接的资源，包括组织、技术、文化等。从学校图书馆与社区合作的

角度分析,社区资源可以分为几大部分。一是人力资源:人力资源指的是有助于中小学图书馆建设、发展及开展阅读活动的个人。包括亲戚朋友、学校师生、社团干部、小区领袖人物、文艺人士或企事业单位负责人和从业人员等,皆是中小学与社区开展合作的重要人力资源。二是物力资源:物力资源指的是有助于中小学图书馆建设、发展及开展阅读活动所需求的物质资源,如活动时所需的房屋场地、器材和物料、工具等。三是财力资源:财力资源指的是有助于中小学图书馆建设、发展及开展阅读活动的所需求的经费。如活动时所需的经费,以及工作者举办学习活动所需的花费等。活动经费可以来自政府的补助,也可以是活动的收费或是热心人士和团体的捐款。四是组织资源:组织资源指的是有助于中小学图书馆建设、发展及开展阅读活动的,有助于工作者用来协助小区民众从事学习活动所需求的机构和组织,如各社区内的政府机构、院校、民间社团、企业、文艺团体、媒体甚至辖区的商家都是图书馆可以运用的资源。除此之外,一些社会培训机构或社会上的非营利机构,亦常协助社区活动的举办,这些皆是不能忽视的组织资源。

(2)社区资源的发掘与规划

发掘社区资源可采用调查、访问和公开征求等方法:①调查,对于社区内的居民、团体和散布社区各地的空间、场所、设施等潜在资源,以调查的方式掌握有用信息,广泛征求个体居民或团体配合中小学图书馆建设的意愿。②访问,对于社区内的重要人士、机构负责人、专家学者、学校教师、社会爱心人士,以及重要单位的领导等,以上门访问的方式,征询其参与中小学图书馆建设的意愿。③公开征求,对于中小学图书馆建设与运行过程中一些临时性、突击性的工作安排,通过海报、报刊和广播公开征求方式,让社区内的可用潜在资源,可以快速知道此类消息并迅速做出反馈。对于发掘出来的社区资源,要系统地建立档案,才能方便加以利用。对于人力资源部分,要予以编组档案,档案内容应包括姓名、年龄、性别、联系电话、家庭住址、工作单位、学科背景、可以提供服务的项目和时间等。对于物力资源部分,重点是分类建档,如场地容量、地理位置、设施设备状况、使用需要履行的程序手续、是否收费及收费标准等情况,分门别类建立档案,便于在需要时方便查询利用。

(3)社区资源的利用

运用社区资源的目的,主要在于协助解决中小学图书馆在开展活动和推动发展过程中存在的有关人、财、物不足等方面的问题。各个中小学图书馆会因各自的经营策略而对社区资源有不同的运用方式。依据不同的资源特性,动用时所应注意的重点也不相同。人力资源的动用宜根据其专长,在计划办理活动之时,先行联系,取得其答应后立刻寄出活动邀请函,提示应准备事项及其担任的工作,并注明接送方式,务必使其感到受重视,才可能有第二次动用的机会。物力资源的动用宜把握经济原则,使所获得的资源发挥最大的效用,不可浪费;其次应注意设备的维护,尤其是借用的器物,这才能使物力资源源源不绝。财力资源的动用应做到征信与动支程序合法化,依据预算使用,所有账目公开,主动提供相关人士经费收支明细表,才能确保财源。组织资源的动用应注意互相的尊重和双方的利益,在规划活动时,先行向该组织负责人请教该机构能协助的事项,活动计划完成之后应正式函请协助,若有未尽事宜应随时联络,以增进双方合作关系。

2. 与其他社会组织的合作

（1）政府部门

近年来,随着全民阅读活动的深入开展,各级政府部门如宣传部、工会、妇联、团委、教育局等,都纷纷加入阅读推广的工作,开展包括儿童阅读在内的各类阅读推广活动,如全民阅读月、全民阅读节等。政府主导的阅读活动,覆盖面广,号召力强,往往是辖区多个部门联合推动,中小学图书馆要抓住时机,一方面要将本校开展的师生阅读活动纳入政府部门主导的阅读总体计划安排中去,主动承担阅读活动中的部分项目,另一方面,图书馆要创造机会,与工会、妇联、团委、教育局等部门共同开展校园阅读推广活动。

（2）各类企事业单位

随着经济的发展与社会的进步,国内具有社会责任感、热心公益事业的企事业单位越来越多,中小学图书馆应积极寻求与之合作。在合作对象的选择上,一是重视企业文化建设的企事业单位,二是热心公益慈善事业的企事业单位,三是关注青少年成长的企事业单位,四是生产、经营儿童日常生活学习用品的企事业单位。

（3）非政府组织（NGO）

在国外,图书馆与非政府组织的合作非常紧密,如英国的"阅读起跑线"计划,最初就是由慈善机构图书信托基金会、基层医护服务信托基金会与伯明翰图书馆联合发起的。在国内,非政府组织的活动也十分活跃,它们不但在贫困地区捐建实体图书馆,援助电脑、书架等硬件设施设备以改善办馆条件,还开展面向青少年的丰富多彩的阅读推广活动。如派驻"立人乡村图书馆"的志愿者,除保证日常开馆以外,还组织开展写作比赛、读书会、夏令营、冬令营等活动;快乐小陶子教育公益工作室的"流动图书馆"项目,专门招募志愿者为0—14岁的儿童讲故事。非政府组织对儿童阅读兴趣培养和儿童阅读权利的实现十分重视,是我国基层图书馆建设的重要推动力量,中小学图书馆应加强与此类非政府组织的联系,争取借助它们的力量以促进事业的发展。

（4）阅读推广人

"阅读推广人"是近年来才出现的一个新的社会身份,是指能够进行阅读指导,帮助人们提升阅读能力和阅读兴趣,具备一定资质的专职或兼职人员。阅读推广人可以来自政府部门、图书馆、民间读书会、出版机构、书店,也可以是社会上热心儿童阅读的各类人士,他们都有各自的社会职业,但是都参与了阅读推广的工作。不论身为何种职业,只要是从事阅读推广工作,就是阅读推广人。中小学图书馆开展阅读推广活动,可以寻求阅读推广人的帮助。

（5）服务承包商

随着社会对图书馆工作的要求越来越高,增强核心业务能力,外包非核心业务成了图书馆建设的热点。图书馆业务外包则是对图书馆传统业务领域和业务流程的挑战,外包范围几乎涉及图书馆工作的一切领域,而编目外包是图书馆业务外包中最常采用且最具成效的一种。中小学图书馆人员数量少,业务素质相对偏低,依靠图书馆现有编目力量完成全部分编加工任务已很困难,将编目服务作为文献采购的附加性服务纳入服务外包项目成为趋势。文献供应商的编目队伍逐步参与图书馆的文献编目工作。图书馆应选择信誉好、实力强、规模大的书商来承担,与供应商合作时要特别注意图书馆机读书目数据体系的完整、标准、规范和统一,采取合理的工作流程保证编目质量。通过合作编目,图书馆应加强对编目流程的控制,流水作业规范管理,同时与供应商应加强交流,从而全面了解供应商专业能力、技术水平、书目信息编目的数据及质量、图书到货率、供货周期等,这有助于提升双方的信用度,巩固双方的合作。同时通过深加工服务,供应商能提高服务质量,增强业务能力,在保证编目质量的同时,图书馆也提高了工作效率。

(6)中小学图书馆联盟合作

中小学图书馆共同隶属教育系统,共同接受教育主管部门的领导和教育技术装备部门的管理,建设标准、管理标准、发展目标等均具有一致性。因此采用建立联盟的方式,由各中小学图书馆之间建立馆际合作,既在体制上减少了合作障碍,又能够符合中小学图书馆事业高质量发展目标。中小学图书馆联盟的建立能够促进同一层级教育技术装备部门领导下的中小学图书馆在以下领域实现资源共享:馆际互借、通借通还、采购协作、图书集中编目、文献信息资源利用、参考咨询、联机检索、展览及讲座等。

第三节　中小学图书馆社会合作案例

一、大连市少年儿童图书馆构建全域共享体系

大连地区中小学图书馆普遍存在着经费投入少、馆舍面积不足、文献资源缺乏、技术设备落后等问题。大连市少年儿童图书馆是大连地区少年儿童文献资源中心,纸质文献和电子文献馆藏量丰富,但地处大连市中心,服务难以覆盖全市所有地区。

为了提升服务效能,更好地与中小学图书馆开展社会合作,大连市少年儿童图书馆通过构建全域共享体系跨系统与教育系统的中小学图书馆联合建立总分馆制,即大连市少年儿童图书馆是总馆,各中小学图书馆、幼儿园图书馆以及社会教育机构图书馆为分馆,彼此通过签订协议的方式进行合作。大连市少年儿童图书馆为各分馆提供文献资源,并对所提供的文献资源进行统一的采购、编目以及配送,同时还为分馆免费提供系统服务,对分馆图书馆员定期进行业务和技术培训。各中小学图书馆作为分馆负责提供馆舍、图书馆所需的各种设备以及图书管理人员。总分馆之间以 Interlib 平台为技术支撑,通过互联网将总馆与分馆联系起来,实现多个图书馆业务的平台统一处理与资源整合,形成图书馆集群管理。目标是要构建由一个中心、两个方面、三个群体以及四级机构构成的少儿图书资源全域共享服务网络。一个中心是指由馆藏资源丰富、数字化和自动化程度高、综合实力强的大连市少年儿童图书馆作为总馆,即中心馆;两个方面是指大连地区的中小学校分馆和其他类型(教育机构、社区、文化站等)分馆;三个群体主要是指该网络的服务群体或服务对象为未成年人、教育工作者以及家长;四级结构是指"总馆—分馆—图书流通站—图书流动车",建立起网络远程服务与总分馆体系相结合的少儿图书资源服务网络,实现"一馆办证,多馆借书;一馆借书,多馆还书"的服务模式,实现少儿图书资源服务的全覆盖。

截至 2022 年底,大连市少年儿童图书馆馆外建有 103 个分馆、168 个馆藏地、107 个流通

站、6个智能书库以及1辆流通服务车。其中分馆、馆藏地中有中小学图书馆145个,流通站中有24个;幼儿园分馆(流通站)37个。中小学图书馆被纳入全域共享体系后,学校分馆的图书馆员全部接受了大连市少年儿童图书馆举办的图书馆员专业培训,图书管理专业素养大幅度提升。在图书资源建设方面,政府为总馆投入专项购书经费,由总馆根据合理的采购标准,进行统一购买、统一编目,统一调配,分馆馆藏图书定期轮换,馆际之间资源共享,既充分发挥了公共图书馆的作用,提高了图书资源的利用率,又为各学校节省了大笔购书经费。

二、厦门市翔安区图书馆建立"太阳系式"运行管理机制

厦门市翔安区图书馆针对区和镇街图书馆等全市通借通还的联网图书馆服务半径过大、村居图书室资源稀少、服务单一的问题,推动建设介于镇(街)和村居图书室之间的片区联网分馆,增加片区一级的服务载体,纳入全市联网服务。同时将分散独立的图书馆(室)串成服务网络,构建总馆(区图书馆1个)—镇(街)分馆(4个)—片区联网分馆(8个)—基层服务点(流动图书站、村居图书室等170个)四级服务体系。翔安区图书馆与5所中小学合作成立学校联网分馆,在确保学校教学及阅读需求前提下,以公共图书馆建设标准运营,向社会开放,图书资源全市共享,通借通还。

学校联网分馆是厦门市翔安区图书馆与中小学校在自愿协商的基础上共同建设的,双方将职责分工细化,明确人事、资金、硬件、运营管理、安全责任等事项。为划分双方的职责、明确资产和实际操作,翔安区图书馆负责提供流通图书资源和自助借还书机等图书流通设备、培训工作人员、指导图书馆业务开展、巡查并督促学校做好馆舍安全工作;学校则负责提供馆舍及阅览书桌等其他硬件设施、组织招聘工作人员、具体执行图书馆业务和馆舍安全工作。共建双方在明确以上事项后清点馆舍资产,将职责事项写进共建协议书,确保图书馆有序运营。翔安区图书馆制作学校联网分馆宣传单,向社区居民、学校师生详细介绍总分馆的馆舍资源、地址、联系方式、对外开放时间等,为周边社区居民提供咨询和图书流通服务;简化办证程序,向学校师生批量式、集中式统一办理借阅证,并在校园开展图书馆借阅服务指导;组织品牌活动进校园,例如引进翔安区图书馆品牌活动"智绘书"进校园,同时针对学校需求设计分馆特色阅读推广项目。

三、深圳福田区图书馆"图书馆+学校"合作模式

深圳福田区图书馆立足中小学生课外文化需求,积极推行"图书馆+学校"阅读阶梯计划,以公共文化服务"加法",助推"双减"落地。全区已有7所幼儿园和小学加盟,馆校零距离,传递"双减"政策正能量。

福田区教育、文体等多部门联合发力,创新实施"图书馆+学校"的馆校合作模式。福田区图书馆与各中小学校签订馆校合作协议,建立活动体系和管理制度,落实公共图书馆进校园实施方案。主要措施有:为学校搭建阅读推广平台,邀请知名阅读推广专家袁晓峰、袁本阳、孙莉莉、宁宇等,国内知名儿童文学作家陈诗哥,知名教育心理学家郭骅等人走进校园,为学生提供面对面交流、分享的机会;在学校开展图画书阅读、儿童文学创作、阅读与儿童心理等主题分享

活动,让孩子们享受阅读、爱上阅读;为入学新生赠予包括绘本、读者手册、阅读地图、推荐书目等在内的阅读书包,方便学生们了解和利用身边的图书馆资源。福田区图书馆还为学校提供适合不同年级的阶梯式活动菜单,打造"第二课堂";学校师生、家长可以在周二闭馆日到福田区图书馆开展体验活动,通过身临其境的现场教育使学生了解图书馆;图书馆文化志愿者和校园志愿者队伍双向融合发展,图书馆志愿者进入学校开展各类阅读活动的同时,培训学生成为校园图书馆管理志愿者,进而引领在校学生开展阅读活动;每逢重大节庆或"世界读书日""深圳市读书月",福田区图书馆和学校会共同举办多种多样的阅读活动,成功打造了"绘本剧嘉年华""科幻文学周"等知名品牌,帮助学生们丰富课余生活,推进了公共文化与教育事业融合发展。

四、甘肃省陇南市文县创新开展高校图书馆与中小学图书馆合作

2018 年,甘肃省陇南市文县教育局促使教师进修学校与陇南师范高等专科学校(以下简称"陇南师专")图书馆达成文化扶贫共识,在文县成功举办了第一期全县中小学专(兼)职图书管理员业务培训班,70 余人参加培训。

甘肃省陇南市文县创新高校图书馆以知识、技术等智力提升帮扶开展文化扶贫工作。主要措施包括:一是送教入县,课堂集中培训。陇南师专图书馆派出技术骨干深入县区开展图书情报业务知识培训和技术咨询工作,为中小学图书馆员开展图书分类、编目、排架等基本业务的规范化管理培训。二是现场指导,理论联系实际。对毫无专业基础的中小学图书馆兼职管理员只讲授理论知识无疑是纸上谈兵,只有在图书加工现场边讲理论边实践操作才能取得良好的培训效果。文县举办的培训中,高校图书馆老师先集中讲解基本理论,再将学员带到文县一中正在进行回溯建库的现场让学员亲自动手操作,在工作中发现问题、提出问题、解决问题,使枯燥的理论瞬间变得有趣。三是借助新媒体,搭建新平台。高校图书馆可以借助新媒体为中小学图书室提供业务指导,随时解答中小学图书馆员的问题。文县培训中,高校图书馆老师在面授后充分利用微信、QQ 等进行沟通,实现一对一的业务指导和一对多的经验分享,打破了时间和地点的限制。四是中小学图书馆员到高校图书馆进修。在一定的条件下,高校图书馆可以为中小学图书馆员提供进修机会,让中小学图书馆员进入高校图书馆短期工作,使其系统学习业务知识,提高业务能力。

五、美国学校图书馆与公共图书馆合作案例

1. 夏季阅读项目合作模式

夏季阅读项目是美国公共图书馆执行最为广泛的阅读项目,每年暑期(5 月至 8 月),公共图书馆均会举办夏季阅读项目,该项目一般为本社区 5—18 岁青少年设立。在项目进行前,阅读项目负责人及执行人需就阅读主题、愿景与目标、阅读清单、是否与学校所学内容结合、阅读分级、阅读分科等问题进行策划,而这些内容的制定都可通过与学校的合作来达成。学校在图书资源上的欠缺恰有公共图书馆来弥补,而学校则通过宣传公共图书馆的夏季阅读项目吸引更多学生参与。公共图书馆如科布县公共图书馆、卡罗尔县公共图书馆、摩特诺玛县公共图书馆、

纽波特公共图书馆等,就夏季阅读项目与本地中小学合作制定书目,并同时宣传。学校向学生统一告知阅读项目内容,登记有兴趣参与的学生,而公共图书馆则按照参与学生名单提供藏书及阅读空间,学生家庭也因学校宣传对公共图书馆有了更深入的了解。据调查结果,学生的阅读能力及学习成绩在夏季阅读项目后有了显著提高。

夏季阅读项目在美国长期进行,从国家层面层层向下推进,是具有普遍性的阅读推广项目。地方公共图书馆与本地学校在夏季阅读项目中的合作是双方合作的基本模式之一,通常这种合作是长期、可持续、规律性的,能够在假期期间帮助学生养成良好的阅读习惯,提高阅读能力。而通过夏季阅读项目的合作,公共图书馆员与学校参与成员增进了解,为更多的合作机会做铺垫。

2. 读书讨论项目合作模式

随着阅读推广活动的不断进化和发展,阅读推广形式也在不断细化,针对不同年龄层读者的阅读推广项目应运而生。如读书讨论项目,其特征是有主题,活动范围较小,有针对性、灵活性、趣味性及互动性等特点。学校与公共图书馆合作,灵活选择活动举办场地,公共图书馆可联络不同学校师生,甚至邀请校外人员参与活动。成功案例如俄亥俄州凯霍加县图书馆锦绣花园分馆开展的"男孩与书"项目。该合作模式是同伴教育模式,由高中生带领小学生阅读,学校图书馆员在后方观摩,由公共图书馆员对高中生培训。高中生的"榜样"力量帮助小学生更好地参与到阅读当中,高中生自身也积极参与了社区活动,对领导力提升、社会实践经验积累及自身发展有益。科罗拉多州巴萨尔特区域图书馆举办的午餐时间读书俱乐部,由公共图书馆提供项目资金及藏书,学校提供场地并吸引学生参与。书单由学生投票选择,自行设置阅读进度,图书馆员从旁辅导,年末开展活动效果评估并提出改进建议。持之以恒的活动促进良性循环,通过同伴之间的带动,参与的学生逐渐增多。

3. 拓展项目合作模式及成功案例

相对于读书讨论项目,拓展项目范围较大,主题内涵更加广泛,可吸纳多家机构参与。一般这类项目有多个学校及公共图书馆参与,由城市或地区教育部门及图书馆系统联合统筹规划,宣传力度较大,声势浩荡,为阅读推广的广泛宣传助力。该合作模式投入大、联合机构多,需动用较多人力物力,应力求活动设计精巧,活动策划周密详细。成功案例如西雅图公共图书馆与公立学校合作为小学四五年级学生举办的"环球阅读竞赛"活动。该活动以全市"机智问答"竞赛形式进行,设置比赛名次及奖励,检验学生的阅读成果,目标是保证全市范围内阅读分数较低的儿童能够参与活动并且加强相互之间的合作与团队精神。活动的顺利进行依赖于参与的每一所学校及公共图书馆的支持,项目组织者成立活动筹备委员会,筹备活动物料,确定阅读内容、竞赛题目、比赛场地、活动流程等,并落实细节。

4. 图书资源共享合作模式

图书资源共享的合作为公共图书馆与学校在阅读推广合作中的基本模式之一,而图书资源如何共享,则成为这种模式中主要讨论的内容。

明尼苏达州华盛顿县公共图书馆与南华盛顿县学区合作,通过该学区"用技术改变思维"的课题共享图书资源。公共图书馆员走进校园为学生集中办理公共图书馆读者卡,根据课题内容为学生定制 iPad 电子书应用,宣讲电子资源馆藏及使用方法,提供专门的优惠政策;另为学校多媒体专员提供公共图书馆电子信息卡,其中包含多种信息检索资源。夏洛特梅克伦堡图书馆和纳什维尔公共图书馆则为学生免除办理图书馆卡的麻烦,学生可直接凭借学生卡卡号在公共图书馆借阅。而摩特诺玛县公共图书馆为教育者创立了"书篮子"项目,该项目为自 2002 年起由公共图书馆定期为学校送书。另外,伊利诺伊州、纽约州、罗得岛州、俄勒冈州的图书馆均有启动公共图书馆与学校图书馆间的图书快递业务。吸引在校师生利用公共图书馆资源进行拓展阅读,以各种不同方式传递图书资源。主要特点是打通资源共享渠道,让中小学师生以简便快捷的方式了解和获取公共图书馆资源。另外,公共图书馆与学校共享的资源逐渐从纸质图书扩展到电子资源。电子资源不受地域限制,只需开放权限即可打通共享渠道,因此这方面的资源合作将是未来发展的方向。

5. 读写项目合作模式

读写项目是一种通过阅读培养学生阅读能力、理解能力,扩充学生单词量的阅读推广项目。这种项目有明确的学习目标,能为教学带来辅助作用。读写项目同样有相应的主题,如宾夕法尼亚州匹兹堡卡耐基公共图书馆与当地学校合作创建 BLAST 读写拓展项目。该项目的宗旨是为儿童提供高质量的读写练习、图书和资料。项目的工作人员由图书馆员、教师组成,经过培训参与该项目的实施。读写项目中根据学生年级及适读范围设置阅读篇目,以阅读理解、朗读、生词学习、写作为整个流程,从而提升学生的阅读写作能力。

读写项目的模式特征仍是公共图书馆有针对性地为学校提供阅读素材,学校制定读写项目的活动目标,共同设计各种不同的活动形式。但这种模式更加强调在阅读中学习的功能性,学生们阅读的过程也是学习的过程,既有阅读的输入,又有反馈性的输出,需要一定教学模式的加入。

6. 区域性合作成功案例

纳什维尔公共图书馆和纳什维尔市立公立学校开展了名为"无限图书馆"的合作项目。该项目自 2009 年启动以来,一直保持强劲和蓬勃的发展态势。时任市长的卡尔·迪恩任期内,发起 123 所学校和纳什维尔公共图书馆的合作项目,惠及了 8 万多名中小学学生和教师。接下来两届市长继承了迪恩的做法,继续支持公共图书馆和学校的合作。

如今,一些学校的图书馆安装了自助借还设备,这简化了借阅的流程,也解放了学校图书馆员的手脚。在 2018—2019 学年,"无限图书馆"项目为教师推出专门的教师卡,提供特定资源和服务。纳什维尔公共图书馆还推出了针对课程的馆藏套餐,里面包括课程需要的各种图书、DVD 和操作手册,可以借阅 6 周时间。图书馆推出的另一个活动是通过即将毕业的学生推广图书馆。项目通过即将毕业的学生向学弟学妹介绍自己使用图书馆的体验和经历来推广图书馆。

纳什维尔公共图书馆一直重视和学校图书馆员的关系。学校图书馆员了解学生和教师的真实需求,他们将收集的信息反馈给纳什维尔公共图书馆,这样"无限图书馆"项目就可以有的放矢。如今,整个项目开展已经 9 年了,这一机制一直有效地运转着。

六、日本公共图书馆与学校图书馆合作

免费借出资源是日本公共图书馆开展学校图书馆支援的基本措施。北海道立图书馆、大阪府立中央图书馆、大分县立图书馆等均对当地的学校图书馆提供馆藏资源,学校图书馆负责人通过邮件或到访图书馆提交借入申请书,借取需要的馆藏资源。申请书提交的方式主要有传真、信件、电子邮件以及直接到馆提交。不同图书馆接受申请的方式不同,比如广岛县立图书馆规定将申请书送至本馆,茨城县立图书馆允许校方直接通过电话申请相关资源。而福冈县立图书馆接受传真、电子邮件、信件的方式。日本也有图书馆针对不同的学校规定了不同的申请方式,如福岛县立图书馆规定,中小学校需要通过当地教育委员会提交申请,而其他机构的图书馆则可以通过传真、信件等方式提交申请。

日本公共图书馆提供借阅的资源通常不仅限于书籍,多种类型馆藏资源的提供有助于学校图书馆更好地展开课堂教育。茨城县立图书馆向学校提供视频、音频以及播放设备等资源。在某些抽象的知识教育中,动态的音像资料使学习的过程更加生动,更有助于学生理解教学内容。此外,日本公共图书馆的学校支援对象包括特殊教育学校,部分外借服务中包括专门为残障儿童准备的资源。如埼玉县立图书馆为了促进残障儿童阅读,向特殊教育学校提供布绘本外借服务。布绘本是用线拼贴、缝制而成的绘本,儿童可以通过触摸来了解绘本内容,获取知识。

日本公共图书馆在学校图书馆的运营层面提供图书馆资源推荐和运营指导两方面服务。第一,资源推荐。资源推荐是指学校图书馆购入书籍的书目推荐,是学校图书馆扩充馆藏时重要的参考依据之一。包括音视频资源、纸质或电子书籍的推荐,其中,书籍资源的推荐频率较高,其他资源的推荐频率较低。在资源推荐模式上,公共图书馆主要采用设置专栏的形式,并根据不同主题将资源进行分类后,放置资源推荐的链接,并明确标注其为学校图书馆选书的参考依据。第二,主动开展业务辅导工作是公共图书馆的责任之一。日本公共图书馆为了促进学校图书馆的建设,开展了学校图书馆运营指导,接受学校图书馆的运营咨询。咨询内容包括学校图书馆书架的布局、图书分类的方法、图书馆资源配置的方法等方面。公共图书馆对学校图书馆的业务指导通过以下两种方式进行。其一是由公共图书馆接收到学校图书馆的运营咨询申请后,派出专门的馆员与学校图书馆员商谈。其二是在线咨询。这种咨询方式是通过"对口参考咨询"服务,进行学校图书馆运营相关问题的咨询。比如东京都立图书馆设置了在线参考咨询网页,学校图书馆填写需要咨询的内容、校名、联系方式等基本信息后提交,在一周左右会收到回复。

本章小结:

开展社会合作能够提升中小学图书馆服务效能,创新服务模式,推进变革进程。如何开展社会合作? 中小学图书馆员需要不断学习,借鉴国内外的先进经验,积极与公共图书馆、高校图书馆、社会机构等开展合作,为建设书香社会贡献力量,为全民阅读事业增质提效。

学习与思考：

1. 中小学图书馆可以与哪些机构开展合作？

2. 中小学图书馆开展社会合作的内容包括哪些？

3. 中小学图书馆开展社会合作的意义是什么？

4. 高校图书馆能够为中小学图书馆提供哪些资源及服务？

5. 请你参考国外公共图书馆为中小学图书馆提供的合作项目，策划一份与本地公共图书馆的合作方案。

推荐阅读书目：

1. 王景明.中小学图书馆建设与管理[M].北京:北京师范大学出版社,2000.

2. 王富.学校图书馆导论[M].北京:现代教育出版社,2021.

3. 宫昌俊.中小学图书馆建设与阅读推广[M].北京:朝华出版社,2020.

4. 顾玉青,赵俊玲.社会资源与图书馆阅读推广[M].北京:朝华出版社,2022.

5. 邱冠华,金德政.图书馆阅读推广基础工作[M].北京:朝华出版社,2015.

参考文献：

1. 王景明.中小学图书馆建设与管理[M].北京:北京师范大学出版社,2000.

2. 顾玉青,赵俊玲.社会资源与图书馆阅读推广[M].北京:朝华出版社,2022.

3. 孙蕊.馆校协同儿童阅读推广模式研究[M].北京:北京联合出版社,2020.

4. 吴忠民.社会公正论[M].3 版.北京:商务出版社,2019.

5. 卓毓荣.中小学图书馆与高校图书馆合作问题探索——基于广州市调研数据的实证分析[J].图书馆建设, 2011(6):93-97.

6. 王文英,刘东学,等.公共图书馆与中小学图书馆合作建设探析[J].教育与装备研究,2021(5):21-24.

7. 赵冰,杨玉麟,等.中小学图书馆阅读推广运行机制研究[J].图书馆研究与工作,2022(3):5-9.

8. 邹良琰,薛光梁.基于共建共享理念的公共图书馆与中小学图书馆合作问题研究[J].智库时代,2019(10): 1-2,5.

9. 陆其美.城市公共少儿图书馆与中小学图书馆合作模式研究[J].新世纪图书馆,2011(11):92-93,9.

10. 徐斌.国际图联《中小学图书馆宣言(1999)》解析[J].中国图书馆学报,2001(5):91-93.

11. 周向华.加强资源共享促进中小学书香校园建设[J].中国现代教育装备,2018(4):29-30,44.

12. 曲岩红.大连市少儿图书馆总分馆服务体系建设研究[J].图书馆,2014(2):34-38.

13. 钟伟.试论日本学校图书馆专业职务制度对我国中小学图书馆发展的启示[J].图书馆工作与研究,2012 (9):117-121.

附录　中小学图书馆建设相关法规及指导文件

附录1　中小学图书馆(室)规程

第一章　总则

第一条　为加强中小学图书馆(室)(以下简称图书馆)规范化、科学化、现代化建设,落实立德树人根本任务,提升服务教育教学能力,特制定本规程。

第二条　本规程适用于公办、民办全日制普通中小学校的图书馆。

第三条　图书馆是中小学校的文献信息中心,是学校教育教学和教育科学研究的重要场所,是学校文化建设和课程资源建设的重要载体,是促进学生全面发展和推动教师专业成长的重要平台,是基础教育现代化的重要体现,也是社会主义公共文化服务体系的有机组成部分。

第四条　图书馆的主要任务是:贯彻党的教育方针,培育社会主义核心价值观,弘扬中华优秀传统文化,促进学生德智体美全面发展;建立健全学校文献信息和服务体系,协助教师开展教学教研活动,指导学生掌握检索与利用文献信息的知识与技能;组织学生阅读活动,培养学生的阅读兴趣和阅读习惯。

第二章　体制与机构

第五条　县级以上教育行政部门负责行政区域内图书馆的规划和管理,指导教育技术装备机构和学校做好图书馆的建设、配备、管理、应用、培训、评估等工作。

第六条　图书馆实行校长领导下的馆长负责制,由一名校级领导分管图书馆工作。有关图书馆工作的重大事项应当听取图书馆馆长意见,最终由校长办公会决定。

第七条　学校可根据需要设立阅读指导机构,指导和协调全校阅读活动的开展。

阅读指导机构由一名校领导担任负责人,成员由学校图书馆及相关职能部门负责人、教师和学生代表组成,鼓励家长代表参加。

阅读指导机构应当定期召开会议,制定学校阅读计划,组织阅读活动的实施,反映师生意见和要求,向学校提出改进阅读活动的建议。

第三章　图书配备与馆藏文献信息建设

第八条　学校应根据发展目标,以师生需求为导向,统筹纸质资源、数字资源和其他载体资源,制定图书配备与其他馆藏文献信息建设发展规划。

第九条　图书馆藏书包括适合中小学生阅读的各类图书和报刊、供师生使用的工具书、教学参考书、教育教学理论书籍和应用型的专业书籍。民族地区中小学应当根据教育教学需要配备相应民族语言文字的文献资源。接收残疾学生随班就读的学校应当配备适合特殊学生阅读的盲文图书、大字本图书和有声读物等。

第十条　图书馆藏书量不得低于《中小学图书馆(室)藏书量》(附表一)的规定标准。建立完善增新剔旧制度。图书馆每年生均新增(更新)纸质图书应当不少于一本。图书复本量应当根据实际需要合理确定。

第十一条 图书馆应当建立和完善馆藏资源采购、配备办法,定期公告资源更新目录,注重听取师生意见,建立意见反馈机制,不断提高资源质量和适宜性。定期开展清理审查,严禁盗版图书等非法出版物及不适合中小学生阅读的出版物进入图书馆。

第十二条 图书馆应当把《中小学图书馆(室)藏书分类比例表》(附表二)和教育部指导编制的《全国中小学图书馆(室)推荐书目》作为中小学图书馆馆藏建设的主要参考依据,合理配置纸质书刊。

第十三条 图书馆应当重视数字资源建设,依托区域数字图书馆和信息资源中心获取数字图书和电子期刊等。

地方教育行政部门要统筹推进区域数字图书馆和文献信息资源中心建设,促进优质数字资源共建共享。

第十四条 根据需要,图书馆可参与学校的校本资源开发和建设。

第四章 图书馆与文献信息管理

第十五条 图书馆应当建立健全各项规章制度,并确保执行。

第十六条 图书馆应当建立书刊总括登录和个别登录两种账目。

第十七条 各类型文献应当按照《中国图书馆分类法》进行分类。

第十八条 图书著录应当遵循《普通图书著录规则》;期刊著录应当遵循《连续出版物著录规则》,计算机编目应当遵循《中文图书机读目录格式》。图书馆应当有明确的馆藏图书排架体系。

第十九条 图书馆应当对采集的文献信息进行科学分类编目,建立完善的书目检索系统,实现书名、著者、分类等多种途径的检索。

第二十条 图书馆应当以全开架借阅为主。以学校图书馆为中心,在确保安全的前提下,充分利用走廊、教室等空间,创新书刊借阅方式,优化借阅管理,创建泛在阅读环境。

第二十一条 图书馆应当纳入学校信息化建设整体规划,实行信息化、网络化管理。

第二十二条 图书馆应当建设文献信息管理和服务系统,建立数据长期保存机制,妥善保护师生个人信息、借阅信息及其他隐私信息,不得出售或以其他方式非法向他人提供,保障信息安全。

第二十三条 图书馆应当依据档案管理规范,制定科学管理流程,妥善保存档案资料。

第二十四条 图书馆应当建立完善的资产账目和管理制度。

第二十五条 图书馆应当如实填报各类统计数据,做好统计数据的分析和保存。

第五章 应用与服务

第二十六条 教学期间,图书馆每周开放时间原则上不少于40小时。鼓励课余时间、法定节假日和寒暑假期间对师生有效开放。

第二十七条 图书馆应当做好阅览、外借、宣传推荐服务工作;开设新生入馆教育、文献信息检索与利用、阅读指导课等,鼓励纳入教学计划;为教育教学和科研活动提供有效的文献信息支撑;创新各类资源使用方式,积极创建书香校园,组织形式多样的阅读活动,促进全民阅读工作;鼓励开展图书借阅数据分析,有针对性地改进学生阅读。

第二十八条　图书馆应当加强馆际交流,推动校际阅读活动、校本资源和特色资源的合作与共享。

第二十九条　图书馆应当积极与本地公共图书馆,特别是少年儿童图书馆、高等学校图书馆开展馆际合作,实现资源共享。

各地教育行政部门要重视和加强乡镇中心学校图书馆建设,辐射周边小规模学校。在确保校园安全的前提下,有条件的学校可以探索向家长、社区有序开放。

第三十条　鼓励有条件的图书馆开展纸质图书和数字图书资源的一体化编目和服务。

第六章　条件与保障

第三十一条　图书馆馆舍建设应当纳入学校建设总体规划。有条件的中小学校设立独立的图书馆舍。图书馆应当有采编、藏书、阅览、教学、读者活动等场所。

图书馆应当重视馆内环境的绿化美化,具备良好的通风、换气、采光、照明、防火、防潮、防虫、保洁、安全等条件。接收残疾生源的学校图书馆应当设置无障碍设施及相关标识。

第三十二条　图书馆应当配备书架、阅览桌椅、借阅台、报刊架、书柜、计算机等必要的设施设备,并有计划地配置文件柜、陈列柜、办公桌椅、借还机、打印机、扫描仪、电子阅读设备、复印设备、文献保护设施设备、装订、安全监测等相关设备。设施、设备应当符合学生年龄使用需要。

第三十三条　图书馆应当设专职管理人员并保持稳定性。图书馆管理人员编制在本校教职工编制总数内合理确定。

图书馆管理人员应当具备基本的图书馆专业知识与专业技能。中学图书馆管理人员应当具备大学本科以上文化程度,小学图书馆管理人员应当具备大学专科以上文化程度。

第三十四条　图书馆专业人员实行专业技术职务聘任制。图书馆管理人员专业技术职务聘任参照国家有关规定执行,有条件的地区和学校,可设立中小学图书馆图书资料系列专业技术岗位。图书馆管理人员在调资晋级或评奖时,与学科教师同等对待,并按国家相关规定享受相应的福利待遇。

第三十五条　图书馆管理人员应当定期参加教育行政部门或专业学术团体组织的专业培训,并纳入继续教育学分管理。支持图书馆管理人员参加专业学术团体。

第三十六条　各地教育行政部门和学校应当保障图书馆建设、配备、管理、应用、培训等所需经费,在经费预算和资金保障方面应当向农村学校和薄弱学校倾斜。

图书馆应当积极配合企事业单位、社会团体和公民个人以各种方式支持、参与图书馆建设,依法组织捐赠,确保质量。

第三十七条　地方各级教育行政部门应当建立健全出版物采购廉政风险防控机制,定期组织开展中小学图书馆藏书质量和管理服务的督导评估,推动提高馆藏文献信息质量和服务效能。图书馆建设与管理工作纳入学校和校长考核体系。

第七章　附则

第三十八条　特殊教育学校图书馆参照本规程执行。

第三十九条　本规程自 2018 年 6 月 1 日起施行,2003 年 5 月 1 日发布的《中小学图书馆(室)规程》同时废止。

附表一

中小学图书馆(室)藏书量

	完全中学	高级中学	初级中学
人均藏书量(册)(按在校学生数)	40	45	35
报刊(种)	120	120	80
工具书、教学参考书(种)	250	250	180

附表二

中小学图书馆(室)藏书分类比例表

部类			分类比例	
五大部类	22 个基本部类		小学	中学
第一大类	A 马克思主义、列宁主义、毛泽东思想、邓小平理论		1.50%	2%
第二大类	B 哲学、宗教		1.50%	2%
第三大类	C 社会科学总论		64%	54%
	D 政治法律			
	E 军事			
	F 经济			
	G	文化、科学		
		教育		
		体育		
	H 语言、文字			
	I 文学			
	J 艺术			
	K 历史、地理			
第四大类	N 自然科学总论		28%	38%
	O 数理科学和化学			
	P 天文学、地球科学			
	Q 生物科学			
	R 医药、卫生			
	S 农业科学			
	T 工业技术			
	U 交通运输			
	V 航空、航天			
	X 环境科学、安全科学			
第五大类	Z 综合性图书		5%	4%

附录2 江苏省小学图书馆装备标准

一、图书馆建设

(一)图书馆通用要求

1. 馆藏文献

项目＼数量＼轨数	2轨			4轨			6轨			8轨		
	I类	II类	III类	I类	II类	III类	I类	II类	III类	I类	II类	III类
生均藏书量（册）	30	20	5	30	20	15	30	20	15	30	20	15
年生均新增图书（册/人）	1.5	1	0.5	1.5	1	0.5	1.5	1	0.5	1.5	1	0.5
年生均购书支出经费≥（元/人）	15	10	5	15	10	5	15	10	5	15	10	5
报刊种类≥（种）	60	40	20	80	50	30	90	60	40	100	70	50
工具书≥（种）	80	60	40	100	80	60	120	100	80	140	120	100
文艺类图书占馆藏总量（%）	≤50			≤50			≤50			≤50		
科普类图书占馆藏总量（%）	≥30			≥30			≥30			≥30		

说明:2轨以下参照2轨,3—4轨参照4轨,5—6轨参照6轨,7—8轨参照8轨。

(1)藏书量含数字图书,数字图书不应超过藏书总量的20%(单篇文章、单幅图片不作册数计入。当纸质图书达到生均图书量则数字图书不受此限制),以县(市、区)为中心的共享资源中可供利用的文献信息资源也可纳入学校的馆藏资源总量,但同时还应有本校特色的数字资源。

(2)应注重文献资料的质量,收藏具有馆藏价值的、优秀出版社出版的图书,并做到品种丰富,复本适量。

(3)各类藏书结构比例应符合教育部《中小学图书馆(室)规程要求》。根据学校教育教学和服务对象需要,积极构建科学有效的馆藏体系,并应适合儿童心理特点,思想性、科学性、趣味性、启迪性强。

(4)新建学校图书馆的馆藏文献在三年内逐步达标。

(5)配有数字期刊或通过城域网集中订购数字期刊的学校可适量减少报刊的订阅种数。

2. 馆舍配备

项目＼数量＼轨数	2轨			4轨			6轨			8轨		
	I类	II类	III类	I类	II类	III类	I类	II类	III类	I类	II类	III类
馆(室)面积(m²)	150	120	100	230	200	160	340	300	240	420	350	300
藏书室(m²)	40	30	20	80	60	40	120	80	60	160	110	80
电子阅览座位/学生人数	1/25	1/35	1/50	1/25	1/35	1/50	1/25	1/35	1/50	1/25	1/35	1/50

续表

数 量　　　轨 数	2轨			4轨			6轨			8轨		
项 目	Ⅰ类	Ⅱ类	Ⅲ类	Ⅰ类	Ⅱ类	Ⅲ类	Ⅰ类	Ⅱ类	Ⅲ类	Ⅰ类	Ⅱ类	Ⅲ类
阅览室座位/学生人数	1/12	1/15	1/20	1/20	1/25	1/30	1/20	1/25	1/30	1/20	1/25	1/30
阅览室面积(m²)	70	50	40	80	60	50	120	100	80	160	130	110

说明:阅览室为师生共享借阅一体(内设报刊、工具书、图书等纸质和数字文字资源,其中工具书入带锁柜单独存放),学生电子阅览的计算机数量不足时可在计算机教室进行。

(1)环境:各室自然采光及辅助照明,自然通风;室内环境噪声应低于50分贝;温度以人体舒适度为宜,应安装空调;应有消毒、防火、防尘、防高温、防盗及防潮、防霉、防晒、防虫蛀鼠咬等设施设备,符合消防相关要求,安全出口不少于2个,应方便疏散;创建整洁优美、轻松和谐、健康向上且符合小学生心理生理及视觉习惯的读书阅览环境。

(2)配置:应配备能满足本校全部书刊放置的书架、报刊架、书柜,书架和报刊架的高度应方便小学生使用;应配有足够的书立,还应有借阅台和足够数量的阅览桌椅,借阅台和阅览桌椅高矮适中;应配有办公、装订设备、管理用计算机1—2台,有条件的学校还应配备复印机、打印机等设备。室内装饰、阅览桌椅所选材料必须符合国家环保标准。

3. 人员配备

类型	Ⅰ类	Ⅱ类	Ⅲ类
数量	≥2人(至少专职1人)	≥2人(至少专职1人)	≥1人

(1)人员热爱图书馆工作,有较强的主动服务意识,乐于奉献,勇于创新,身体健康。

(2)具有图书馆专业知识,受过市级以上的专业培训,并持有上岗专业证书(合格证),并具有一定的计算机操作和网络使用技能。

(3)应具备大专及其以上学历,人员年轻化,并保持相对稳定。

(二)专用室要求

1. 藏书、外借处

(1)配置:应配有书架、书橱、空调、抽湿等设备,书架高度应适合小学生使用,书架数量要能够满足图书按《中图法》分类体系组织藏书的需求,书架之间的距离不得小于80厘米,保持过道畅通;馆内还应配有办公桌椅、防霉驱虫剂、窗帘、温湿度计、消毒柜、书车、书梯、书立、灭火器等办公及安全设施;

(2)环境:书库东西向开窗时,应采取有效遮光措施;光照亮度不足时,宜采用乳白色灯罩的白炽灯辅助照明(如采用荧光灯,应配紫外线过滤装置);如开架书库内设有阅览桌,应设局部照明。

(3)流通:文献流通实行计算机管理,包括文献检索、借阅、归还、读者借阅记录、图书流通排行榜、赔偿、注销、删除、借阅率统计、流通率统计等。

2. 阅览室

（1）配置：阅览区应配有书架、书橱、期刊架、报架、阅览桌椅、空调、装订设备等，设备数量要能够满足报刊陈列需求，阅览桌椅数量要能够符合座位设置要求；应配有办公桌椅、温湿度计、消毒柜、装订机等办公设施；资料要能够满足教师、学生的阅读需求，配备一定数量的工具书，要能够满足学生研究性学习和检索查询的需求。

（2）环境：玻地比应不小于1/5，室内光线充足柔和，应以天然采光为主，均匀、无眩光，阅览桌上防止阳光直射；自然光照不足采用人工辅助照明，照度为500—800lx，避免扩散光产生的阴影；阅览区要适合教师、学生视觉生理和心理的需求；室内装饰、阅览桌椅所选材料必须符合国家环保标准；搞好室内绿化，改善室内空气质量；每桌使用面积不少于1.6个平方米（1.8×0.9）。

（3）流通：文献资源的流通实行计算机管理，包括阅览登到、阅览统计、阅览跟踪、期刊检索、过刊检索、音像资料检索等。

3. 电子阅览室（区）

（1）设计：具有良好的防雷、防静电设施，远离强电磁场和强腐蚀性的物体，接地电阻≤4Ω，接入楼体接地系统的接地电阻≤1Ω。湿度适宜，宜设在楼房的中、上层，不宜设在地下或顶层。

（2）座位：每座使用面积不少于1.9平方米，有管理制度，有供学生阅读的数字图书和资料，有固定的开放时间。

（3）环境：自然光及辅助照明，台面的平均照度不低于200lx，书写黑、白板宜设局部照明，垂直的平均照度不低于200lx，台面无阳光直射，宜安装窗帘，室内无眩光；室内环境噪声应低于50分贝；温度以不高于30℃为宜，电子阅览室（区）须有空调，温度适宜。

（4）设备配置

名称	规格与参考型号	单位	数量	备注
计算机	主流配置	台	根据需要	选一种方案
	按"一拖多"架构配置虚拟终端机	套	虚拟终端数根据需要	
空调	柜机，能够在环境温度为35℃时使室内温度不高于26℃，冷/热两用	台		根据面积自定
稳压器	高可靠性	台	1	在电网电压不稳定的地区配用

4. 采编室设备配置

设备名称	数量	单位	用途
电脑桌椅	1	套	
计算机	2	台	一台作为计算机管理服务器使用，一台作为采编数据录入使用。
书柜	1	组	新书分编后，临时上架处。
办公桌椅	1	组	新书核对、盖章、贴条码、书标等办公用。
空调	1	台	调节温度、干湿度，改善空气质量。
扫描仪	1	台	制作阅览证、借书证用。
打印机	1	台	打印各种统计资料、证书、书标签用。

说明：服务器可存放在学校信息中心。

5. 资料室设备配置

设备名称	数量	单位	用途
计算机	1	台	检索、流通或文献资源录入时使用
电脑桌椅	1	套	
书架书柜	1	组	书架陈列报刊合订本,带锁书柜陈列工具书及珍藏书。
阅览桌椅	6	套	
复印机	1	台	供师生复印所需资料。

二、规范管理

1. 加强领导:学校对图书馆有近期和长远发展规划,有检查、有评价、有总结,有学校领导分管,并在经费上予以保证;应根据管理需要设置合理的职称岗位,图书馆必须实行计算机管理。

2. 健全制度:建立健全学校图书馆各项管理制度和岗位职责,如:《管理人员岗位职责》、《书刊的外借制度》《阅览规则》《图书遗失、污损赔偿制度》《音像资料使用规则》《图书、清点、剔旧和处理方法》《电子阅览室管理规定》《图书馆设备管理制度》等,对各种制度应严格执行。

3. 账册设置:应有图书、音像资料的总括登记、个别登记、注销登记账册,其中总括登记册与注销登记册应为纸质;应有期刊现刊登记账册、数字资源登记账册、借阅记录账册、书刊剔除与注销记录账册等。

4. 分类编目加工组织:对图书、音像、期刊、合订本期刊等各类文献应及时验收、登记。按《中国图书馆分类法》(第五版)进行分类,按国家标准进行编目,技术加工;按《中国图书馆分类法》(第五版)组织排架,藏书标识清楚明了,方便读者使用;对内容过时或不健康、长期压架失去使用价值、破损严重无法修补、不符合本馆藏书范围、复本过多、套册不全的图书、期刊和音像资料和教材更换二次后的教学参考书、习题集的复本,予以剔除;应每一年对流通的图书、期刊和音像资料以及每三年对全部图书、期刊、音像资料进行清点,对清点丢失和剔除的图书、期刊和音像资料,严格办理注销手续,保证账、册相符。

5. 文献保护:对仍具有使用价值的破旧文献资料要及时修复,延长使用寿命;读者还回的书刊应先消毒再归架;注意防火,馆区内严禁使用电炉、火炉;做好防尘、防盗、防潮、防霉变、防晒、防虫蛀鼠咬、防止数据丢失等工作。

三、文献信息资源利用

1. 开放时间:图书馆应实行全天开放、全开架借阅,满足不同层次、多样化需求;双休日、寒暑假应定期开放;生均学期到馆不少于 10 次。

2. 借阅要求:Ⅰ类图书馆(室)年生均借阅册数不少于 16 册(次),Ⅱ类图书馆(室)年生均借阅册数不少于 12 册(次),Ⅲ类图书室年生均借阅册数不少于 8 册(次);实行借阅合一的,借阅册数应不低于相应类别要求的 60%(包括阅读课)。

3. 业务统计:读者统计、藏书利用率统计、读者借阅率统计、读者到馆率统计。

4. 宣传推荐:积极运用剪报、图片、图书等开展宣传教育活动,按年级、按内容编制导读书目,引导学生读书;编制新书目录,介绍新书,宣传推荐好书。

5.读书活动:配合学校中心工作开展宣传教育活动;组织形式多样的兴趣活动和主题读书活动,积极构建健康向上的校园文化;主动及时地向学校领导、学科教师、班主任、团队干部、管理人员宣传推荐教育教学参考书和各种活动资料。

6.咨询服务:解答读者口头、电话、短信、网络等各种形式的咨询,代读者查找资料,或提供检索途径指导读者查询;广泛搜集各种资料、采集整理网络教育教学动态和前沿信息,为教育教学服务;有条件的应为读者提供文献资料的复印、复制、下载等服务。

7.阅读指导:对学生进行阅读和图书馆知识的教育,培养学生的利用图书馆意识,为学生的可持续发展服务;开设阅读指导课(包括电子阅读指导)、文献检索(包括网络资源检索)、图书馆活动课,并纳入教学计划。发挥育人功能。

8.学术研究:整合学校文化资源,参与校本课程开发;开展图书馆学术理论研究和交流。

附录3　江苏省初级中学图书馆装备标准

一、图书馆建设

(一)图书馆通用要求

1.馆藏文献

项目	轨数											
	6轨			8轨			12轨			16轨		
	Ⅰ类	Ⅱ类	Ⅲ类	Ⅰ类	Ⅱ类	Ⅲ类	Ⅰ类	Ⅱ类	Ⅲ类	Ⅰ类	Ⅱ类	Ⅲ类
生均藏书量(册)	40	30	25	40	30	25	40	30	25	40	30	25
年生均新增图书(册/人)	1.5	1	0.5	1.5	1	0.5	1.5	1	0.5	1.5	1	0.5
年生均购书支出经费≥(元/人)	24	16	8	24	16	8	24	16	8	24	16	8
报刊种类≥(种)	120	100	80	150	130	100	180	150	120	200	180	150
工具书种类≥(种)	180	150	130	180	150	130	180	150	130	180	150	130
文学艺术类图书占馆藏总量(%)	≤40	≤40	≤40	≤40								
自然科学类图书占馆藏总量(%)	≥28	≥28	≥28	≥28								

(1)藏书量含数字图书,数字图书不应超过藏书总量的20%(单篇文章、单幅图片不作册数计入。当纸质图书达到生均藏书量则数字图书不受此限制),以县(市、区)为中心的共享资源中可供利用的文献信息资源也可纳入学校的馆藏资源,但同时还应有本校特色的数字图书资源。新建学校图书馆在三年内逐步达标。

(2)应注重图书质量,收藏具有馆藏价值的、优秀出版社出版的图书。

(3)各类藏书结构比例应符合教育部《中小学图书馆(室)规程》要求,根据本校的教育教学任务、办学特色及发展方向,构建科学的藏书体系。

(4)藏书品种丰富,复本适量。

(5)配有数字期刊或通过城域网集中订购数字期刊的学校可适量减少报刊的订阅种数。

2. 馆舍配备

项目	轨数											
	6 轨			8 轨			12 轨			16 轨		
	Ⅰ类	Ⅱ类	Ⅲ类	Ⅰ类	Ⅱ类	Ⅲ类	Ⅰ类	Ⅱ类	Ⅲ类	Ⅰ类	Ⅱ类	Ⅲ类
馆舍总面积(m^2)	600	400	200	800	600	400	1000	800	600	1200	1000	800
藏书室(m^2)	180	150	120	200	160	120	280	220	180	240	280	240
电子阅览座位/学生数	1/25	1/35	1/50	1/25	1/35	1/50	1/25	1/35	1/50	1/25	1/35	1/50
阅览座位/学生人数	1/10	1/12	1/14	1/10	1/12	1/14	1/10	1/12	1/14	1/10	1/12	1/14
阅览面积(m^2)	100	80	60	180	150	120	270	230	190	360	300	260
管理办公室面积(m^2)	20	20	15	20	20	15	20	20	15	20	20	15
候借厅学生占有(m^2/人)	40	50	60	40	50	60	40	50	60	40	50	60

说明:学生电子阅览的计算机数量不足时可在计算机教室进行;阅览室为师生共享借阅一体(内设报刊、工具书、图书等纸质和数字文献资源,其中工具书入双门带锁柜单独存放)。馆舍总面积 6 轨Ⅰ类 630m^2,Ⅱ类 450m^2,Ⅲ类 270m^2,6 轨以下参照 6 轨,7—8 轨参照 8 轨,9—12 轨参照 12 轨,13—16 轨参照 16 轨,16 轨以上按下列公式计算:

Ⅰ类	Ⅱ类	Ⅲ类
840m^2 + (C – 24) × 50 × 0.3	600m^2 + (C – 24) × 50 × 0.2	400m^2 + (C – 24) × 50 × 0.1

注:"C"指班级总数,"24"指 8 轨班级数,"50"指班容量,0.3、0.2、0.1 为面积。

(1)选址布局:有条件的宜单独建造,与其他建筑合建时,必须满足图书馆的使用,并符合国家关于图书馆建设承载重量的安全与环境要求,并自成一区,单独设置出入口;馆舍具有藏书、借书、阅览、参考咨询、学术交流、网络检索、开展大型读书活动等功能;艺术特色学校应体现学校的办学特色;宜按借阅合一的方式进行馆内布局,有条件的可按学科或年级设置阅览区。

(2)供电照明:应满足师生用电的需要;室内光线充足柔和,应以天然采光为主,平均水平照度应大于 100lx,均匀、无眩光,阅览桌上防止阳光直射;书库水平照度为 30—50lx,东西向开窗时,应采取有效遮光措施;阅览区玻地比应不小于 1/5,光照亮度不足时,宜采用乳白色灯罩的白炽灯辅助照明(如采用荧光灯时,应增加紫外线过滤装置);如在开架书库内设阅览桌时,应设局部照明。

(3)通风换气:应有进、排气的换气设备和装置,每天开机通风换气时间不少于 4 小时。

(4)安全防护:应符合消毒、防火、防虫、防潮、防鼠、防蛀、防盗、防尘、隔热、温度和湿度、防有害气体要求;数字资源,要定期备份,计算机网络,应具备防磁、防静电和安全防范等条件;要有计算机及网络防病毒措施,要有一套行之有效的计算机和网络安全的管理制度;馆内区域设置应动静分离,内墙墙壁选择环保隔音材料装饰,防止噪音,保持安静;各室符合消防相关要求,书库、阅览区安全出口不少于 2 个,应方便疏散。

(5)温度湿度:书库温度为 5℃—30℃,室内相对湿度为 40%—65%;电子文献的存放温度为 24℃,相对湿度为 30% 左右;普通阅览区的温湿度相对于人的舒适指数为宜;应根据各个区域使用的需求情况配备空调和抽湿机,定期检测各室的温湿度。

(6)给、排水：应设室内给、排水系统，污水管应远离与书库相邻的内墙；各室应设有水池供打扫卫生使用，有条件的应建卫生间；阅览区应设饮水供应点。

(7)配套设施：配备办公桌椅、咨询借阅服务台、文件柜；配备能满足全部藏书需要的书架、书橱、期刊架、阅览桌椅，书架高度方便学生取书，阅览桌椅高矮适中，椅腿底部安装防噪声软垫；馆内各部门配备管理用计算机，应能满足管理和查询需要，配置服务器和不间断电源（也可存放于信息中心），计算机管理软件必须能接受、输出文献编目标准数据，能够实现联合编目、资源共享；建立图书馆网页或网站。

(8)文化环境：创设整洁、和谐、优雅且符合初中学生心理、生理特点的读书阅览环境，做到室内外无尘、安静有序、色彩淡雅协调；有励志性读书名言，有利于培养高中学生审美情趣的艺术作品，有花草点缀；集德育、智育、美育于图书馆环境之中。

以上所有装备必须符合国家相关标准。

3.人员配备

类别	Ⅰ类	Ⅱ类	Ⅲ类
数量	4人以上（至少4人专职）	3人以上（至少3人专职）	2人以上（至少2人专职）

(1)应有较高的政治素质，能在图书馆的各项业务工作中自觉贯彻党的教育方针；有强烈的敬业精神和职业责任感，热爱图书馆工作，主动服务，乐于奉献，勇于创新，身体健康。

(2)有扎实的专业基础知识和基本技能，有丰富的相关知识和较强的应用能力，并且熟悉初中课程标准和教材的基本内容体系，能根据初中教育教学特点开展图书馆工作。

(3)管理员3人以上学校应设图书馆馆长一名。馆长应具备大专或以上学历，专业达到中级及以上水平，熟悉馆内各环节的工作，有较强的组织协调能力；其余人员应达到大专学历，全部人员必须接受市级及以上图书馆专业培训，并持有专业岗位资格（合格）证书。

(4)应实行校长领导下的馆长负责制，馆长享受教研组长待遇；所有人员在晋级、晋升等方面与教师享受同等待遇；图书馆应根据管理需要设置合理的职称岗位。

(5)能熟练操作计算机，并熟悉网络使用。

(二)各专用室要求

1.藏书、外借处

(1)配置：应配有书架、书橱、空调、抽湿等设备，书架高度应适合初中学生使用，书架数量要能够满足图书按《中图法》分类体系组织藏书的需求，书架之间的距离不得小于80厘米，保持过道畅通，书架应与窗户垂直放置，以避免遮挡自然光线；馆内还应配有办公桌椅、防霉驱虫剂、窗帘、温湿度计、消毒柜、书车、书梯、书立、灭火器等办公及安全设施。

(2)流通：图书流通实行计算机管理，包括图书检索、借阅、归还、读者借阅记录、图书流通排行榜、赔偿、注销、删除、借阅率统计、流通率统计等。

2.阅览室

(1)配置：阅览区应配有书架、书橱、期刊架、报架、阅览桌椅、空调、装订设备等，设备数量要能够满足报刊陈列需求，阅览桌椅数量要能够符合座位设置要求；应配有办公桌椅、温湿度计、消毒柜、装订机等办公设施;资料要能够满足教师、学生的阅读需求,配备一定数量的工具书,要能够满足学生研究性学习和检索查询的需求。

(2)环境:玻地比应不小于1/5,室内光线充足柔和,应以天然采光为主,均匀、无眩光,阅览桌上防止阳光直射;自然光照不足采用人工辅助照明,照度为500—800lx,产避免扩散光产生的阴影;阅览区要适合教师、学生视觉生理和心理的需求;室内装饰、阅览桌椅所选材料必须符合国家环保标准;搞好室内绿化,改善室内空气质量,每桌使用面积不少于1.6平方米(1.8×0.9)。

(3)流通:文献资源的流通实行计算机管理,包括阅览登到、阅览统计、阅览跟踪、期刊检索、过刊检索、音像资料检索等。

3.电子阅览室

(1)设计:电子阅览室宜设在楼房的中、上层,不宜设在地下或顶层,接地电阻≤4Ω,接入楼体接地系统的接地电阻≤1Ω。湿度适宜,所有计算机联网,并与校园网相连。

(2)座位:每座使用面积不少于1.9平方米,有管理制度、有供学生阅读的资料,有固定的开放时间。

(3)环境:自然光及辅助照明,台面的平均照度不低于200lx,书写黑、白板宜设局部照明,垂直的平均照度不低于200lx,台面无阳光直射,宜安装窗帘,室内无眩光;室内环境噪声应低于50分贝;温度以不高于30℃为宜,电子阅览室须安装空调,温度适宜。

(4)数字资源,要定期备份,计算机网络,应具有良好的防雷、防静电设施,远离强电磁场辐射和强腐蚀性的物体,有防病毒措施。

(5)设备配置

名称	规格与参考型号	单位	数量	备注
计算机	主流配置	台	根据需要	选一种方案
	按"一拖多"架构配置虚拟终端机	套	虚拟终端数根据需要	
空调	柜机,能够在环境温度为35℃时使室内温度不高于26℃,冷/热两用	台		根据面积自定
稳压器	高可靠性	台	1	在电网电压不稳定的地区配用

4.采编室设备配置

设备名称	数量	单位	用途
电脑桌椅	1	套	
计算机	2	台	一台作为计算机管理服务器使用,一台作为采编数据录入使用。
书柜	1	组	新书分编后,临时上架。
办公桌椅	1	组	新书核对、盖章、贴条码、书标等办公用。
空调	1	台	调节温度、干湿度,改善空气质量。
扫描仪	1	台	制作阅览证、借书证用。
打印机	1	台	打印各种统计资料、证书、书标签用。

说明:服务器可存放在学校信息中心。

5.资料室设备配置

设备名称	数量	单位	用途
计算机	1	台	检索、流通、文献资源录入使用。
电脑桌椅	1	套	检索、流通、资料录入使用。
书架书柜	1	组	书架陈列报刊合订本,带锁书柜陈列工具书及珍藏书。
阅览桌椅	6	套	
复印机	1	台	供师生复印所需资料。

二、规范管理

1.加强领导:学校对图书馆应有近期和长远发展规划,有检查、有评价、有总结,有学校领导分管,有经费保证,图书馆必须实行计算机管理。

2.管理制度:要有明确的岗位职责、各室管理制度、阅览规则,以及计算机应用与管理和维护网络安全的规章制度。

3.计划总结:做好年度工作计划、工作总结;保存开展工作的有关档案资料。

4.文献加工:文献应及时验收、盖章、登录、编目、技术加工、上架流通。

5.账册设置:应设总括登记、个别登记、注销登记账册,借还书刊登记、期刊登到、阅览记录、借阅证制作、书刊剔除与注销、书目编制等;丢失图书及时注销,记入注销账,实行计算机管理后可按年度打印账册。

6.文献分类:馆藏文献按《中国图书馆分类法(第五版)》进行分类,并掌握适当分类级次。

7.文献编目:馆藏文献按国家标准或规则进行著录;实行计算机管理后应以《中文机读目录》格式进行著录。

8.文献组织:按《中国图书馆分类法》分类体系组织藏书,图书排列整齐,书架大、小架标齐全,标识清楚、科学、具体;书标签粘贴整齐划一;库室内颜色、形状、大小一致;索书号清晰、工整,图书按索书号顺序排列不乱;对内容过时或不健康、长期压架失去使用价值、破损严重无法修补、不符合本馆藏书范围、复本过多、套册不全的书刊和教材更换二次后的教学参考书、习题集的复本,予以剔除;应每一年对流通书刊、每三年对全部书刊进行一次清点,对清点丢失和剔除的书刊,严格办理注销手续,保证账、册相符。

9.文献保护:对仍具有使用价值的破旧文献资料要及时修复,延长使用寿命;读者还回的书刊应先消毒再归架;注意防火,馆区内严禁使用电炉、火炉;做好防尘、防盗、防潮、防霉变、防晒、防虫蛀鼠咬、防止数据丢失等工作。

三、文献信息资源利用

1.开放时间:全天开放、全开架借阅,满足不同层次、多样化需求;双休日、寒暑假应定期开放;生均学期到馆不少于20次。

2.借阅要求:学生全部办理借书证,Ⅰ类馆年生均借阅册数不少于20册(次),Ⅱ类馆年生均借阅册数不少于16册(次),Ⅲ类馆年生均借阅册数不少于12册(次),实行借阅合一的,借阅册数应达到相应类别的70%(包括阅读课)。

3. 业务统计:读者统计(教师、学生、班级、年级、年度新增学生读者);藏书利用率统计、读者借阅率统计、读者到馆率统计、藏书流通时间段统计、藏书流通读者群等统计。

4. 宣传推荐:按年级、按内容编制导读书目,引导学生读书;编制新书目录,介绍新书,宣传推荐好书;配合学校中心工作开展宣传教育活动;组织形式多样的兴趣活动和主题读书活动;主动及时地向学校领导、学科教师、班主任、团队干部、管理人员宣传推荐教育教学参考书和各种活动资料。

5. 解答咨询:解答读者口头、电话、短信、网络等各种形式的咨询,代读者查找资料,或提供检索途径指导读者查询;编制各学科题录索引、文摘等二、三次文献,多种途径收集最新教育、教学、教科研动态、前沿信息,并编辑加工、规范管理,及时传递;充分利用网络资源为教育教学服务;实行馆际交流、资源共享;有条件的应为读者提供文献资料的复印、复制、下载等服务。

6. 阅读指导:对学生进行阅读和利用图书馆知识的教育;开设阅读指导课(包括电子阅读指导)、文献检索(包括网络资源检索)、图书馆活动课,并纳入教学计划。发挥育人功能。

7. 读书活动:每年拟定专题开展各种形式的读书活动,为学生的可持续发展服务;根据学校的教育、培养目标,开展特色服务。

8. 学术研究:整合学校文化资源,参与校本课程开发;开展图书馆学术理论研究和交流。

附录4 江苏省高级中学图书馆装备标准

一、图书馆建设

(一)图书馆通用要求

1. 馆藏文献

项目	轨数											
	8轨			12轨			16轨			20轨		
	Ⅰ类	Ⅱ类	Ⅲ类	Ⅰ类	Ⅱ类	Ⅲ类	Ⅰ类	Ⅱ类	Ⅲ类	Ⅰ类	Ⅱ类	Ⅲ类
生均藏书量(册)	50	40	30	50	40	30	50	40	30	50	40	30
年生均新增图书(册/人)	1.5	1	0.5	1.5	1	0.5	1.5	1	0.5	1.5	1	0.5
年生均购书支出经费≥(元/人)	30	20	10	30	20	10	30	20	10	30	20	10
报刊种类≥(种)	180	150	120	200	180	160	240	220	200	280	260	240
工具书≥(种)	220	200	180	240	220	200	300	280	260	340	300	280
文学艺术类图书馆藏总量(%)	≤35			≤35			≤35			≤35		
自然科学类图书馆藏总量(%)	≥28			≥28			≥28			≥28		

(1)藏书量含数字图书,数字图书不应超过藏书总量的20%(单篇文章、单幅图片不作册数计入。当纸质图书达到生均藏书量则数字图书不受此限制),以县(市、区)为中心的共享资源中可供利用的文献信息资源也可纳入学校的馆藏资源,但同时还应有本校特色的数字化图书资源。新建学校图书馆在三年内逐步达标。

（2）应注重图书质量，收藏具有馆藏价值的、优秀出版社出版的图书。

（3）各类藏书结构比例应符合教育部《中小学图书馆（室）规程》要求，根据本校的教育教学任务、办学特色及发展方向，构建科学的藏书体系。

（4）藏书品种丰富，复本适量。

（5）配有数字期刊或通过城域网集中订购数字期刊的学校可适量减少报刊的订阅种数。

2. 馆舍配备

项目	轨数											
	8 轨			12 轨			16 轨			20 轨		
	Ⅰ类	Ⅱ类	Ⅲ类	Ⅰ类	Ⅱ类	Ⅲ类	Ⅰ类	Ⅱ类	Ⅲ类	Ⅰ类	Ⅱ类	Ⅲ类
馆舍总面积（m²）	1200	800	600	1400	1200	1000	1700	1300	1100	2000	1700	1400
藏书室（m²）	240	200	160	340	280	220	440	360	280	540	460	420
电子阅览室座位/学生人数	1/25	1/30	1/50	1/25	1/30	1/50	1/25	1/30	1/50	1/25	1/30	1/50
阅览座位/学生人数	1/8	1/10	1/12	1/8	1/10	1/12	1/8	1/10	1/12	1/8	1/10	1/12
阅览面积（m²）	230	180	150	340	270	230	450	360	300	560	450	370
管理办公室面积（m²）	30	20	15	30	20	15	30	20	15	30	20	15
候借厅学生占有（m²/人）	40	40	50	40	40	50	40	40	50	40	40	50

说明：学生电子阅览的计算机数量不足时可在计算机教室进行；阅览室为师生共享借阅一体（内设报刊、工具书、图书等纸质和数字文献资源，其中工具书入双门带锁柜单独存放）。图书馆总面积8轨以下参照8轨，9—12轨参照12轨，13—16轨参照16轨，16轨以上按下列公式计算：

Ⅰ类	Ⅱ类	Ⅲ类
$1800 + (C - 36) \times 50 \times 0.3$	$1260 + (C - 36) \times 50 \times 0.2$	$630 + (C - 36) \times 50 \times 0.1$

注："C"指班级总数，"36"指12轨班级数，"50"指班容量，0.3、0.2、0.1为面积。

（1）选址布局：宜单独建造，与其他建筑合建时，必须满足图书馆的使用，并符合国家关于图书馆建设承载重量的安全与环境要求，并自成一区，单独设置出入口；馆舍具有藏书、借书、阅览、参考咨询、学术交流、网络检索、开展大型读书活动等功能；艺术特色学校应体现学校的办学特色；宜按借阅合一的方式进行馆内布局，有条件的可按学科或年级设置阅览区。

（2）供电照明：应满足师生用电的需要；室内光线充足柔和，应以天然采光为主，平均水平照度应大于100lx，均匀、无眩光，阅览桌上防止阳光直射；书库水平照度为30—50lx，东西向开窗时，应采取有效遮光措施；阅览区玻地比应不小于1/5，光照亮度不足时，宜采用乳白色灯罩的白炽灯辅助照明（如采用荧光灯时，应增加紫外线过滤装置）；如在开架书库内设阅览桌时，应设局部照明。

（3）通风换气：应有进、排气的换气设备和装置，每天开机换气通风时间不少于4小时。

（4）安全防护：应符合消毒、防火、防虫、防潮、防鼠、防蛀、防盗、防尘、隔热、温度和湿度、防有害气体要求；数字资源，要定期备份，计算机网络，应具备防磁、防静电、和安全防范等条件，要有计算机及网络防病毒措施，要有一套行之有效的计算机和网络安全的管理制度；馆内区域设置应动静分离，内墙墙壁选择环保隔音材料装饰，防止噪声，保持安静；各室符合消防相关要求，书库、阅览区安全出口不少于 2 个,应方便疏散。

(5)温度湿度:书库温度为 5℃—30℃,室内相对湿度为 40%—65%;电子文献的存放温度为 24℃,相对湿度为 30% 左右;普通阅览区的温湿度相对于人的舒适指数为宜;应根据各个区域使用的需求情况配备空调和抽湿机,定期检测各室的温湿度。

(6)给、排水:应设室内给、排水系统,污水管应远离与书库相邻的内墙;各室应设有水池供打扫卫生使用,有条件的应建卫生间;阅览区应设饮水供应点。

(7)配套设施:配备办公桌椅、咨询借阅服务台、文件柜;配备能满足全部藏书需要的书架、橱、期刊架、阅览桌椅,书架高度方便学生取书,阅览桌椅高矮适中,椅腿底部安装防噪声软垫;馆内各部门配备管理用计算机能满足管理和查询需要,计算机管理软件必须能接受、输出文献编目标准数据,能够实现联合编目,资源共享;建立图书馆网页或网站。

(8)文化环境:创设整洁、和谐、优雅且符合高中学生心理、生理特点的读书阅览环境,做到室内外无尘、安静有序、色彩淡雅协调;有励志性读书名言、有利于培养高中学生审美情趣的艺术作品、有花草点缀;集德育、智育、美育于图书馆环境之中。

以上所有装备必须符合国家相关标准。

3. 人员配备

类型	Ⅰ类	Ⅱ类	Ⅲ类
数量	5 人以上 (专职不少于 5 人)	4 人以上 (专职不少于 4 人)	3 人以上 (专职不少于 3 人)

(1)人员有较高的政治素质,能在图书馆的各项业务工作中自觉贯彻党的教育方针;有强烈的敬业精神和职业责任感,热爱本职工作,有乐于奉献、热心服务和创新精神;身体健康。

(2)有扎实的专业基础知识和基本技能,有丰富的相关知识和较强的应用能力,并且了解高中课程标准要求和教材的基本内容体系,能根据高中教育教学特点开展图书馆工作。

(3)管理员 3 人以上学校应设图书馆馆长一名。馆长应具备本科及以上学历,专业达到中级及以上水平,熟悉馆内各环节的工作,有较强的组织协调能力;其余人员应达到大专学历,全部人员必须接受市级及以上图书馆专业培训,并持有专业岗位资格(合格)证书。

(4)能熟练操作计算机,熟悉网络使用。

(5)应实行校长领导下的馆长负责制,馆长享受教研组长待遇;所有人员在晋级、晋升等方面与教师享受同等待遇;图书馆应根据管理需要设置合理的职称岗位。

(二)各专用室要求

1. 藏书、外借处

(1)配置:应配有书架、书橱、空调、抽湿等设备,书架高度应适合小学生使用,书架数量要能够满足图书按《中图法》分类体系组织藏书的需求,书架之间的距离不得小于 80 厘米,保持过道畅通;馆内还应配有办公桌椅、防霉驱虫剂、窗帘、温湿度计、消毒柜、书车、书梯、书立、灭火器等办公及安全设施;

(2)流通:文献流通实行计算机管理,包括文献检索、借阅、归还、读者借阅记录、图书流通排行榜、赔偿、注销、删除、借阅率统计、流通率统计等。

2.阅览室

（1）配置：阅览区应配有书架、书橱、期刊架、报架、阅览桌椅、空调、装订设备等，设备数量要能够满足报刊陈列需求，阅览桌椅数量要能够符合座位设置要求；应配有办公桌椅、温湿度计、消毒柜、装订机等办公设施；资料要能够满足教师、学生的阅读需求，配备一定数量的工具书，要能够满足学生研究性学习和检索查询的需求。

（2）环境：玻地比应不小于1/5，室内光线充足柔和，应以天然采光为主，均匀、无眩光，阅览桌上防止阳光直射；自然光照不足采用人工辅助照明，照度为500—800lx，产避免扩散光产生的阴影；阅览区要适合教师、学生视觉生理和心理的需求；室内装饰、阅览桌椅所选材料必须符合国家环保标准；搞好室内绿化，改善室内空气质量，每桌使用面积不少于1.6个平方米（1.8×0.9）。

（3）流通：文献资源的流通实行计算机管理，包括阅览登到、阅览统计、阅览跟踪、期刊检索、过刊检索、音像资料检索等。

3.电子阅览室

（1）设计：电子阅览室宜设在楼房的中、上层，不宜设在地下或顶层。接地电阻≤4Ω，接入楼体接地系统的接地电阻≤1Ω，所有计算机联网，并与校园网相连。

（2）座位：每座使用面积不少于1.9平方米，有管理制度、有供学生阅读的资料，有固定的开放时间。

（3）环境：自然光及辅助照明，台面的平均照度不低于200lx，书写黑、白板宜设局部照明，垂直的平均照度不低于200lx，台面无阳光直射，宜安装窗帘，室内无眩光；室内环境噪声应低于50分贝；温度以不高于30℃为宜，电子阅览室须安装空调，温度适宜。

（4）数字资源，要定期备份，计算机网络，应具有良好的防雷设施，远离强电磁场辐射和强腐蚀性的物体，有防病毒措施。

（5）设备配置

名称	规格与参考型号	单位	数量	备注
计算机	主流配置	台	根据需要	选一种方案
	按"一拖多"架构配置虚拟终端机	套	虚拟终端数根据需要	
空调	柜机，能够在环境温度为35℃时使室内温度不高于26℃，冷/热两用	台		根据面积自定
稳压器	高可靠性	台	1	在电网电压不稳定的地区配用

4.采编室设备配置

设备名称	数量	单位	用途
电脑桌椅	1	套	
计算机	2	台	一台作为计算机管理服务器使用，一台作为采编数据录入使用。
书柜	1	组	新书分编后，临时上架处。
办公桌椅	1	组	新书核对、盖章、贴条码、书标等办公用。

续表

设备名称	数量	单位	用途
空调	1	台	调节温度、干湿度,改善空气质量。
扫描仪	1	台	制作阅览证、借书证用。
打印机	1	台	打印各种统计资料、证书、书标签用。

说明:服务器可存放在学校信息中心。

5.资料室设备配置

设备名称	数量	单位	用途
计算机	1	台	检索、流通或文献资源录入使用。
电脑桌椅	1	套	
书架书柜	1	组	书架陈列报刊合订本,带锁书柜陈列工具书及珍藏书。
阅览桌椅	6	套	
复印机	1	台	供师生复印所需资料。

二、规范管理

1.加强领导:学校对图书馆应有近期和长远发展规划,有检查、有评价、有总结,有学校领导分管,有经费保证,图书馆必须实行计算机管理。

2.管理制度:要有明确的岗位职责、管理制度、阅览规则,以及计算机应用与管理和维护网络安全的规章制度。

3.计划总结:做好年度工作计划、工作总结;保存开展工作的有关档案资料。

4.文献加工:文献应及时验收、盖章、登录、编目、技术加工、上架流通。

5.账册设置:应设总括登记、个别登记、注销登记账册;丢失图书及时注销,记入注销账,相关资料按年度打印装订成册。

6.文献分类:馆藏文献按《中国图书馆分类法(第五版)》进行分类,并掌握适当分类级次。

7.文献编目:馆藏文献按国家标准或规则进行著录。

8.文献组织:按《中国图书馆分类法》分类体系组织藏书,图书排列整齐,书架大、小架标齐全,标识清楚、科学、具体;书标签粘贴整齐划一;索书号清晰、工整,图书按索书号顺序排列不乱;同一对内容过时或不健康、长期压架失去使用价值、破损严重无法修补、不符合本馆藏书范围、复本过多、套册不全的书刊和教材更换二次后的教学参考书、习题集的复本,予以剔除;应每一年对流通书刊、每三年对全部书刊进行一次清点,对清点丢失和剔除的书刊,严格办理注销手续,保证账、册相符。

9.文献保护:对仍具有使用价值的破旧文献资料要及时裱糊,延长使用寿命;读者还回的书刊应先消毒再归架;注意防火,馆区内严禁使用电炉、火炉;做好防尘、防盗、防潮、防霉变、防晒、防虫蛀鼠咬、防止数据丢失等工作。

三、文献信息资源利用

1.开放时间:全天开放、全开架借阅,满足不同层次、多样化需求;双休日、寒暑假应定期开放;生均学期到馆不少于 20 次。

2. 借阅要求:学生全部办理借书证,Ⅰ类馆年生均借阅册数不少于 26 册(次),Ⅱ类馆年生均借阅册数不少于 22 册(次),Ⅲ类馆年生均借阅册数不少于 18 册(次),实行借阅合一的,借阅册数应达到相应类别要求的 70%(包括阅读课)。

3. 业务统计:应有读者统计(教师、学生、班级、年级、年度新增学生读者)、藏书利用率统计、读者借阅率统计、读者到馆率统计、藏书流通时间段(日、月、学期、年度)统计、藏书流通读者群(教师个人、学生个人、班级、年级、男生、女生等)、阅览统计等统计资料。

4. 宣传推荐:按年级、按内容编制导读书目,引导学生读书;编制新书目录,介绍新书,宣传推荐好书;配合学校中心工作开展宣传教育活动;组织形式多样的兴趣活动和主题读书活动;主动及时地向学校领导、学科教师、班主任、团队干部、管理人员宣传推荐教育教学参考书和各种活动资料。

5. 咨询服务:解答读者口头、电话、短信、网络等各种形式的咨询,代读者查找资料,或提供检索途径指导读者查询;编制各学科题录索引、文摘、综述、述评等二、三次文献,多种途径收集最新教育、教学、教科研动态、前沿信息,并编辑加工、规范管理,及时传递;充分利用网络资源为教育教学服务;实行馆际交流、资源共享;有条件的应为读者提供文献资料的复印、复制、下载等服务。

6. 阅读指导:对学生进行阅读和利用图书馆知识的教育;开设阅读指导课(包括电子阅读指导)、文献检索(包括网络资源检索)、图书馆活动课,并纳入教学计划,发挥育人功能。

7. 读书活动:每年拟定专题开展各种形式的读书活动,为学生的可持续发展服务;根据学校的教育、培养目标,开展特色服务。

8. 学术研究:整合学校文化资源,参与校本课程开发;开展图书馆学术理论研究和交流。

后 记

《中小学图书馆管理与服务》第一版于2007年6月由北京图书馆出版社(现国家图书馆出版社)出版。江苏省教育厅将其作为中小学图书馆管理人员的培训教材。在培训实践中,江苏省教育装备与勤工俭学管理中心广泛收集各方面意见和建议,并于2010年对全书进行了修订。修订后的第二版内容更为充实,结构更加完整,更贴近中小学图书馆工作的实际需要。近些年来,社会发展迅速,知识更新迭代,不断加速。因此,《中小学图书馆管理与服务》第三版修订工作正式启动,此次修订按照《中小学图书馆(室)规程》(2018年版)和《国际图联学校图书馆宣言(2021)》相关原则,对局部内容加以调整,如在基础知识和基本技能的论述上补充了新内容,所举实例也更加注重实用性和可操作性。《中小学图书馆管理与服务》第三版在第二版的基础上,将原第二版第一章"中小学图书馆概述"和第八章"中小学图书馆管理实务"的有关内容整合为新的"中小学图书馆概述";将第二章"文献信息资源建设"、第三章"文献信息分类"和第四章"文献信息编目"的有关内容整合为"中小学图书馆文献资源建设";第五章"读者服务的实践"修订调整为"中小学图书馆读者服务";第六章"文献信息检索与利用"修订调整为"中小学图书馆信息素养教育";第七章"中小学图书馆的现代化建设"修订调整为"中小学图书馆的信息化建设"。同时,在第三版中新增"中小学图书馆馆舍及环境建设""中小学图书馆学科服务""中小学图书馆阅读推广"和"中小学图书馆社会合作与服务"四个章节,此类章节的设置将有利于中小学图书馆管理人员掌握文献信息检索与利用的基本知识和技能,熟悉阅读推广和社会合作服务相关知识,同时提升其指导学生收集、整理、利用信息的能力和终身学习的能力。修订后的教材共十章,附录部分略作调整。

总之,修订后的第三版《中小学图书馆管理与服务》内容更加贴合中小学图书馆的实际和发展趋势,能更好地服务于中小学教育和教学研究工作。

《中小学图书馆管理与服务》第三版全书由吴政、陈亮、徐雁、钱军、茆意宏策划与统稿。其中,第一章"中小学图书馆概述"由冯刚修订,第二章"中小学图书馆队伍建设"由邵援中修订,第三章"中小学图书馆馆舍及环境建设"由华斌编写,第四章"中小学图书馆的信息化建设"由殷成文修订,第五章"中小学图书馆文献资源建设"由蔡玮修订,第六章"中小学图书馆学科服务"由蒋莉、孙兰编写,第七章"中小学图书馆读者服务"由孟玮修订,第八章"中小学图书馆阅读推广"由陈菁编写,第九章"中小学图书馆信息素养教育"由金建雯修订,第十章"中小学图书馆社会合作与服务"由梁雯雯、王志军编写。

此书修订虽历时一年多,但由于修订人员的水平有限,其中难免仍有不足之处,恳请各位专家和同行批评指正。